U0515683

印顺法师
佛学著作选集

戒律学论集

明达心无碍
恬澹身自安
谨和容别大
精进道可成
印顺□

中华书局

图书在版编目(CIP)数据

戒律学论集/释印顺著. —北京:中华书局,2010. 6
(2022. 12 重印)
(印顺法师佛学著作选集)
ISBN 978-7-101-07040-8

Ⅰ. 戒…　Ⅱ. 释…　Ⅲ. 佛教-戒律-文集　Ⅳ. B945-53

中国版本图书馆 CIP 数据核字(2009)第 184174 号

经台湾财团法人印顺文教基金会授权出版

书　　名	戒律学论集	
著　　者	释印顺	
丛 书 名	印顺法师佛学著作选集	
责任编辑	陈　平	
责任印制	陈丽娜	
出版发行	中华书局	
	(北京市丰台区太平桥西里 38 号　100073)	
	http://www.zhbc.com.cn	
	E-mail:zhbc@zhbc.com.cn	
印　　刷	三河市宏盛印务有限公司	
版　　次	2010 年 6 月第 1 版	
	2022 年 12 月第 3 次印刷	
规　　格	开本/880×1230 毫米　1/32	
	印张 20¾　插页 2　字数 430 千字	
印　　数	4001-5000 册	
国际书号	ISBN 978-7-101-07040-8	
定　　价	68.00 元	

目　录

第一篇　律典之集成

一　律　部

（一）广　律

律部，分"广律"、"戒经"、"律论"——三类。先叙"广律"：

A.《铜镍律》：从印度传入锡兰，现在为缅甸、泰、柬、寮——南方五国佛教所传承的广律，以巴利语书写；这是赤铜镍部的广律（简称《铜镍律》）。铜镍部自称上座部，又称分别说部。在部派统系中，这是属于上座部中的分别说部，从分别说部流出的赤铜镍部。这部广律，起初由口诵传入锡兰；到西元前一世纪，Vaṭ-ṭagāmaṇi 王的时代，才以笔墨记录出来。现有罗马字本、泰文本、缅文本①。日译的《南传大藏经》的律藏——第一卷到第五卷，就是依据 H. Oldenberg 氏刊行的罗马字本，参照泰文本而译成。

---

① 参照平川彰《律藏之研究》（六五——六六）。

南传巴利语的律藏(广律),内容分三大部:一、"经分别"(Suttavibhaṅga),是戒经的广释;内分"大分别"(Mahāvibhaṅga)、"比丘尼分别"(Bhikkhunī-vibhaṅga)二部。二、"犍度"(Khandha-ka),是有关僧团的规章制度;内分"大品"(Mahāvagga)、"小品"(Cūḷavagga)二部,共二十二犍度。三、"附随"(Parivāra),附录部分,凡十九章。

B.《十诵律》:《十诵律》为我国最初译出的广律,属于流行罽宾的萨婆多部(Sarvāstivādin),译为说一切有部,如《大智度论》卷一〇〇(大正二五·七五六下)说:

> "罽宾国毗尼,除却本生、阿波陀那,但取要用作十部。"

现存汉译的《十诵律》,依《大正藏》所载,分为六十一卷①。这部律,经四位大师的传译与整理而成的。据《出三藏记集》与《高僧传》所说:初于姚秦弘始六年(西元四〇四)十月起,由罽宾三藏弗若多罗(Puṇyatāra)诵出,鸠摩罗什(Kumārajīva)译文;仅完成三分之二,弗若多罗就去世了。到七年(西元四〇五)秋,因庐山慧远的劝请,西域的昙摩流支(Dharmaruci),依据梵本,与鸠摩罗什继续译出。但仅成初稿,还没有整治,鸠摩罗什又示寂了。后来有罽宾的卑摩罗叉(Vimalākṣa),将《十诵律》的初稿带到寿春的石涧寺,在那里重为整治,开原译的五十八卷本为六十一卷,又将名为"善诵"的末后一诵改名为"毗尼诵"。以

---

① 本书引用汉译经律的卷数,一概依《大正藏》。

上是《十诵律》六十一卷本的翻译经过①。《十诵律》的内容是：初诵到三诵，是"比丘律"；四诵名"七法"；五诵名"八法"；六诵名"杂诵"，内分"调达事"与"杂事"；七诵名（比丘）"尼律"；八诵名"增一法"；九诵名"优波离问法"；十诵的内容极复杂，就是本名"善诵"而改为"毗尼诵"的部分。

　　汉译的律部中，有《萨婆多部毗尼摩得勒伽》，凡十卷，为宋元嘉十二年（西元四三五）僧伽跋摩（Saṃghavarman）所译。一向称为"五论"之一，看作律部的论书。但勘对内容，这就是《十诵律》"优波离问"及"毗尼诵"的异译（部分不全）。详细比对，如《原始佛教圣典之集成》第五章中说。这部《萨婆多部毗尼摩得勒伽》，现存本已有缺佚。因为一卷后半，到三卷上半（大正二三·五六九下——五七九中），名"优波离问分别波罗提木叉"，与八卷到十卷——三卷，内容完全相同，仅文字上有少少的增减。比对《十诵律》，部分不完全，所以可论断为：十卷原本，后三卷应为"毗尼诵"中其他部分，但早已佚失。于是将"优波离问分别波罗提木叉"的初稿与治定本，合成十卷，而一直这样地误传下来。

　　《十诵律》的"毗尼诵"与《萨婆多部毗尼摩得勒伽》中，名符其实的毗尼摩得勒伽部分，G. Macartney 在 Kashgar 地方，曾发现有梵文写本的断片三叶②。

　　C.《四分律》：《四分律》是昙无德部的广律。姚秦弘始十二到十五年（西元四一〇——四一三），罽宾三藏佛陀耶舍（Bud-

①　参照平川彰《律藏之研究》（一二一——一二四）。
②　参照平川彰《律藏之研究》（七七——八五）。

dhayaśas）所出。依《出三藏记集》、《高僧传》等古记，《四分律》为佛陀耶舍所出，竺佛念所译，道含所笔受①。出，是诵出；《四分律》的译出，当时并没有梵本，所以由佛陀耶舍忆诵出来。译，是将诵出的梵文，译为汉语②。笔受，是依所译成的汉语，笔录成文。出、译、笔受，是古代传译的情形。南北朝以下，都依梵本译出；译主每每兼通梵汉，因而出与译不分。关于《四分律》的传译，也就有"佛陀耶舍与佛念共译"，"道含、竺佛念二人笔受"等异说。《四分律》的卷数，古来开合不定，现作六十卷。《四分律》的内容，略分"比丘律"、"比丘尼律"、"二十犍度"、"集法毗尼"、"调部"、"毗尼增一"。

D.《摩诃僧祇律》：Mahāsāṅghi，意译为大众，所以《摩诃僧祇律》也称《大众律》。这是大众部的广律，汉译凡四十卷。据法显《摩诃僧祇律私记》所说：律本为法显西游天竺时，在摩竭提国（Magadha）巴连弗邑（Pāṭaliputra）阿育王塔天王精舍（或作大乘寺）所写得。晋义熙十二到十四年（西元四一六——四一八），法显与道场寺禅师——佛陀跋陀罗（Buddhabhadra）合作译出。这部律的来源，本是从祇洹精舍传来的。在部派分裂中，这部律是根本的、固有的；经大众行筹表决时，是为大多数所遵用的③。这是大众部的传说，与《舍利弗问经》所说相合④。这部

① 《出三藏记集》卷三（大正五五·二〇下）。《高僧传》卷二（大正五〇·三三四中）。

② 我国所译，古来或称"译为晋言"、"译为秦言"等。本书概称之为"汉语"、"汉译"，以资统一。

③ 《摩诃僧祇律》卷四〇（大正二二·五四八中）。

④ 《舍利弗问经》（大正二四·九〇〇中）。

律的组织,与上座部系各部广律非常不同。大致分二:一、"比丘毗尼"——"波罗提木叉分别"、"杂跋渠法"、"威仪法"。二、"比丘尼毗尼"——"波罗提木叉分别"、"杂跋渠法"、"威仪法"。这是分为二部的,但"比丘毗尼"部分共三十五卷,占全书八分之七,可见"比丘尼毗尼"部分实只是附属而已。

僧祐所作《出三藏记集》、《新集律来汉地四部序录》(大正五五·二〇下——二一上)说:

> "婆粗富罗,此一名僧祇律。……婆粗富罗众筹甚多,以众多故,改名摩诃僧祇。"

婆粗富罗(Vātsīputrīya),就是犊子部,在部派传承中属于上座部系。婆粗富罗与大众部,是决非同一的。僧祐将婆粗富罗部与大众部混而为一,当然是误解的,是由于五部的传说不同而来。但大众部,为七百结集中,东方跋耆比丘(Vṛji, P. Vajjī)发展所成,为近代学者所公认。而梵语的犊子部,巴利语作 Vajjiputtaka,恰与跋耆的对音相合。所以,僧祐的这一传说,在部派中,虽显然是误解的,而可能与锡兰的传说有关。

E.《五分律》:《五分律》,或作《弥沙塞律》、《弥沙塞部和醯五分律》,为弥沙塞部(Mahīśāsaka 译为化地部)的广律。律本为法显西游时,在师子国(Siṃhala),即今锡兰得来。直到宋景平元年(西元四二三),罽宾化地部的律师佛陀什(Buddhajīva)来中国,才请他诵出;由于阗沙门智胜译;竺道生与慧严,也曾参与译事①。

———————

① 《出三藏记集》卷三(大正五五·二一上)。

现本作三十卷,分为五分:一、"比丘律";二、"尼律";三、"受戒等九法";四、"灭诤法"与"羯磨法";五、"破僧法等八法",又"五百集法"、"七百集法"。

《弥沙塞部和醯五分律》——题目中的"和醯"二字,意义不明;古代经目中,也缺此二字。弥沙塞部,汉译或作"弥嬉舍娑柯"、"弥嬉舍婆挹"。"婆挹",虽可能为娑柯(sakāḥ)或婆拖(vādāḥ)的误写,但与"和醯"的音相合。所以不妨这样说:化地部的梵音,传为"弥沙塞和醯",为古人所知。但"弥沙塞加醯部五分律",被误写为"弥沙塞部和醯五分律","和醯"二字,这才成为不可解说了!

上来的《十诵律》、《四分律》、《摩诃僧祇律》、《五分律》,就是我国古传的"四律"。

F.《根本说一切有部毗奈耶》:《根本说一切有部毗奈耶》,是根本说一切有部的广律。现有梵文、汉译、藏译三部,但都有部分的缺佚。

一、汉译:唐义净西游印度,特重视律部的探求。回国以后,从武周证圣元年(西元六九五)到唐景云二年(西元七一一),将根本说一切有部的律典,大部译出。属于广律部分的,《开元释教录》卷九,仅出四部,并且说(大正五五·五六九上):

> "又出说一切有部跋窣堵(即诸律中犍度跋渠之类也,梵音有楚夏耳),约七八十卷。但出其本,未遑删缀,遽入泥洹,其文遂寝。"

其后,《贞元新定释教目录》①又搜辑遗文,得七部五十卷(内缺三卷)。但对于说一切有部的"跋窣堵"(事),还是有所遗失的,今总列如下:

《根本说一切有部(苾刍)毗奈耶》(律分别之一)　五〇卷

《根本说一切有部苾刍尼毗奈耶》(律分别之二)　二〇卷

《根本说一切有部毗奈耶药事》(律事之六)　　一八卷

《根本说一切有部毗奈耶破僧事》(律事之十七)　二〇卷

《根本说一切有部毗奈耶出家事》(律事之一)　　四卷

《根本说一切有部毗奈耶安居事》(律事之四)　　一卷

《根本说一切有部毗奈耶随意事》(律事之三)　　一卷

《根本说一切有部毗奈耶皮革事》(律事之五)　　二卷

《根本说一切有部毗奈耶羯耻那事》(律事之八)　一卷

《根本说一切有部毗奈耶杂事》　　　　　　　四〇卷

《根本说一切有部尼陀那目得迦》　　　　　　一〇卷

二、西藏译而属于广律的,"十七事"完全不缺。比对汉译,缺《尼陀那目得迦》(这在《十诵律》中,属"毗尼诵"末后部分)。藏译"毗奈耶藏"的次第组织与其他的律部都不同,现在次第列出,并注明汉译的缺失如下②:

(一)毗奈耶事——1. 出家事

2. 布萨事(汉译缺)

3. 随意事

4. 安居事

---

① 《贞元新定释教目录》卷一三(大正五五·八六八下——八六九上)。

② 平川彰《律藏之研究》(六九——七一),又(六二一——六二四)。

5. 皮革事

6. 药事

7. 衣事（缺）

8. 羯耻那事

9. 拘闪毗事（缺）

10. 羯磨事（缺）

11. 黄赤苾刍事（缺）

12. 补特伽罗事（缺）

13. 别住事（缺）

14. 遮布萨事（缺）

15. 卧具事（缺）

16. 净事（缺）

17. 破僧事

（二）毗奈耶分别——1.（苾刍）毗奈耶分别

2. 苾刍尼毗奈耶分别

（三）毗奈耶杂事

（四）毗奈耶上分（缺）

三、梵文：属于说一切有部广律的梵文断片，在 Gilgit、Bā-miyān（古称梵衍那）等处不断发现。而 Gilgit 发现的根本说一切有部律，数量最大。经 N. Dutt 于西元一九三八年，在 Gilgit Manuscripts, vol, 111, 刊出关于"毗奈耶（十七）事"部分。其中完整无缺的，有"衣事"、"羯耻那事"、"拘闪毗事"、"羯磨事"、"黄、赤苾刍事"、"补特伽罗事"、"别住事"、"遮布萨事"——八事。首尾或中间略有脱落的，有"出家事"、"布萨事"、"随意事"、"安居事"、"皮革事"、"药事"——六事。"卧具事"与"破僧事",没有刊出。"灭净事"缺佚①。

《根本说一切有部毗奈耶》,与《十诵律》同为说一切有部的广律,但组织与内容,都多少不同。《十诵律》的传译,在西元五世纪初;而《根本说一切有部毗奈耶》,汉译为西元八世纪初,藏译在九世纪中。所以称《十诵律》为有部律,《根本说一切有部毗奈耶》为新有部律②,是不妨这样说的(但新与旧的分判,极易引起误会)。龙树(Nāgārjuna)《大智度论》卷一○○(大正二五·七五六下)说:

"毗尼……有二分:一者,摩偷罗国毗尼,含阿波陀那、本生,有八十部。二者,罽宾国毗尼,除却本生、阿波陀那,但取要用作十部。"

龙树所见的二种毗尼,是否就是《根本说一切有部毗奈耶》与《十诵律》? 据《大智度论》卷二(大正二五·六九下)说:

"二百五十戒义,作三部、七法、八法、比丘尼、毗尼增一、忧波利问、杂部、善部,如是等八十部,作毗尼藏。"

龙树所说的《八十部律》,次第与《十诵律》相合,而与《根本说一切有部毗奈耶》(简称《根有律》)的次第不合。《根有律》是否就是《八十部律》呢? 现存的《根有律》,汉译的不完全,西藏译本也是不完全的。而西藏所传《根有律》的组织,是晚期的

① 平川彰《律藏之研究》(九五——九七)。
② 吕澂《诸家戒本通论》(《内学》第三辑五一——五三)。

新组织;在汉译《根有律》的论书中,可以明白地看出,《根有律》
的组织是近于《十诵律》的(如《原始佛教圣典之集成》第六章
说)。《根有律》就是《八十部律》,与《十诵律》为同一原本,只
是流传不同而有所变化。起初,《十诵律》从摩偷罗而传入罽
宾——健陀罗、乌仗那一带,为旧阿毗达磨论师所承用。如《十
诵律》说的结集论藏为:"若人五怖、五罪、五怨、五灭……",与
《阿毗达磨法蕴足论·学处品》相合①。其后,《根有律》又从摩
偷罗传到北方,为迦湿弥罗阿毗达磨"毗婆沙师"所承用。例如
《大毗婆沙论》解说"譬喻"为:"如大涅槃持律者说。"②所说大涅
槃譬喻,出于《根有律杂事》③。又如《顺正理论》,说结集论藏为
"摩呾理迦"④,也与《根有律杂事》相合⑤。流行于北方的说一
切有部,源远流长,化区极广,随时随地而有多少不同。这二部
广律,不全为广略的差别,实为同一原典而流传不同。

(二) 戒　经

　　"戒经"(Prātimokṣa-sūtra),即"波罗提木叉经",为僧团中
半月半月所诵的。汉译每称之为"戒本",也称"戒心"。有直从

---

　　① 《十诵律》卷六〇(大正二三·四四九上)。《阿毗达磨法蕴足论》卷一(大
正二六·四五三下)。
　　② 《大毗婆沙论》卷一二六(大正二七·六六〇上)。
　　③ 《根本说一切有部毗奈耶杂事》卷三五——三九(大正二四·三八二
下——四〇二下)。
　　④ 《阿毗达磨顺正理论》卷一(大正二九·三三〇中)。
　　⑤ 《根本说一切有部毗奈耶杂事》卷四〇(大正二四·四〇八中)。

梵本译出的,也有从广律中录出的。"戒经"因二部僧而不同,有"比丘戒本",有"比丘尼戒本"。除古译而已佚失的以外,现存的戒本不少,今分别叙述如下:

一、比丘戒本:作为戒经的比对研究,虽有《十诵律》《优波离问佛经》、《鼻奈耶》、《萨婆多毗尼毗婆沙》等;但现存"戒经",作为半月半月诵戒用的,共六类十三部。

A.铜鍱部 Bhikkhu-pātimokkha——《比丘波罗提木叉》:巴利语戒本,凡二二七"学处"(汉译旧译作"戒")。锡、缅、泰等国,都有译本,为各国僧团所应用。日译本的《比丘波罗提木叉》,见《南传大藏经》卷五。

B.大众部《摩诃僧祇大比丘戒本》:"东晋天竺三藏佛陀跋陀罗译",凡二一八戒。

C.化地部《弥沙塞五分戒本》:佛陀什等译,凡二五一戒。

D.法藏部《四分戒本》:汉译的现有二本:1.《四分(比丘律)戒本》,题为"后秦三藏佛陀耶舍译",及唐"西太原寺沙门怀素集"并"序",内容与广律相合,实为怀素从广律抄出来的。2.《四分僧戒本》,题为"后秦世罽宾三藏佛陀耶舍译",译文与四分广律大有出入。据《出三藏记集》,佛陀耶舍曾译出四分的比丘戒本①。所以,这部应为在译出广律以前,佛陀耶舍先为译出的。这二部,都是二五〇戒。

E.说一切有部戒本:上面曾说到,说一切有部的广律,有《十诵律》及《根本说一切有部毗奈耶》二部。广律有别部,戒本

_____

① 《出三藏记集》卷二(大正五五·一一中)。

也随时随处而多少差别,现有七本。1. 汉译《十诵(波罗提木叉)戒本》:题作"姚秦三藏鸠摩罗什译"。译笔与鸠摩罗什诵大同,但"众学法"一一三戒,共二六三戒,与鸠摩罗什所译,现存的《十诵律》不同。《十诵律》传译,曾经四位大师的译治而完成。弗若多罗口诵本与昙摩流支的梵本可能不同。这也许是鸠摩罗什最初所译出的口诵本;而现存的《十诵律》,是依梵本而定的。"众学法"一一三,虽与《十诵律》不同,但与同属说一切有部系的《鼻奈耶》却完全相合。2. 敦煌新出的汉译本,矢吹庆辉《鸣沙余韵》所收录①。卷首残缺,题目与译者都不明。译文古拙,经推定为道安当时所见的古本,属《十诵律》系②。3. 梵文本 Prātimokṣasūtra,是在龟兹发现的。首尾及中间,略有残脱。经比对为与《十诵律》一致,仅次第小出入③。上来二部,都是"众学法"一○七,共二五七戒,与《十诵律》相合。4. 题为"五分戒本","宋罽宾三藏佛陀什等译"。据《弥沙塞五分戒本》末附记④,知道这是《十诵比丘戒本》,而错写为"五分戒本"的。这部错题"五分"而实为"十诵"的戒本,"众学法"一○八。5. 汉译《根本说一切有部戒经》,唐义净译。"众学法"九九,共为二四九戒。6. 藏译的 So-sor-thar-paḥi Mdo──《波罗提木叉经》。7. 梵文的 Mūlasarvāstivāda Prātimokṣasūtra──《根本说一切有部波罗提木叉经》,在尼泊尔发现⑤。藏译本与梵本──二部,除"众学

---

① 矢吹庆辉《鸣沙余韵》(三九──四一枚)。
② 平川彰《律藏之研究》(一六五──一六六)。
③ 平川彰《律藏之研究》(七五──七六)。
④ 《弥沙塞五分戒本》附按语(大正二二·二○○中)。
⑤ 平川彰《律藏之研究》(九五、九八)。

法"为一〇八(全部为二五八戒)外,次第与内容,都与《根本说一切有部戒经》相合;这都是根本说一切有部律系统。

F. 饮光部《解脱戒经》:元魏瞿昙般若流支(Prajñāruci)所译,凡二四六戒。《解脱戒经》,并非饮光部律的别名,实就是别解脱(波罗提木叉的意译)戒经的简称。

二、比丘尼戒本:现存五类八部。

A. 铜鍱部 Bhikkhunī-pātimokkha——《比丘尼波罗提木叉》自广律中集出。日译本见《南传大藏经》卷五。

B. 大众部《摩诃僧祇比丘尼戒本》,题为"法显共觉贤译"。大众部比丘戒的众学法,凡六十六,而这部尼戒本,却共七十七戒。《大正藏》本在"不象鼻著内衣"下注云:"此上九戒,丹本及本律大僧戒中并无。"又"不婆薮天披衣应当学"下注云:"此上四戒,丹本及本律大僧戒中并无。"①可见这十三戒,本来是没有的,是在流传中为后人所增入的。末后,"比丘戒本"作:"不生草上大小便"、"不水中大小便"、"不立大小便"——三戒;而"尼戒本"仅有"不得立大小便,除病,应当学"。《摩诃僧祇律》卷四〇(大正二二·五四四下)说:

> "众学法,广说如比丘中,唯除六群比丘尼生草上、水中大小便,余者尽同。"

尼戒应仅此一戒,因为生草上、水中大小便,在僧祇尼律中,已结为"波逸提"②,不应该重出。这样,摩诃僧祇部律的"众学

---

① 《摩诃僧祇比丘尼戒本》(大正二二·五六三中)。
② 《摩诃僧祇律》卷四〇(大正二二·五四三上——中)。

法",比丘戒为六十六,比丘尼戒应为六十四。

C. 法藏部《四分比丘尼戒本》,是唐怀素从广律中集出别行的。

D. 化地部《五分比丘尼戒本》,"梁建初寺沙门明徽集"。

E. 说一切有部比丘尼戒本,现存四本:1.《十诵比丘尼(波罗提木叉)戒本》,"宋长干寺沙门释法颖集出"。法颖,或误作法显。2. 敦煌写本《比丘尼戒本》,据断定为同于《十诵》的比丘尼戒本①。上二部,属于《十诵律》系统。3.《根本说一切有部苾刍尼戒经》,唐义净译。4. 藏译 Dge-sloṅ-maḥi-so-sor-than-paḥi Mdo——《比丘尼波罗提木叉经》。上二部相同,属于《根本说一切有部律》的系统。

(三)律　论

初期的圣典,大概地说:法(经)的论书,有阿毗达磨论、释经论、观行论,形成以阿毗达磨论为主的,离经法而独立的论藏。而毗奈耶——律,与阿毗毗奈耶,综合而组成毗奈耶藏。论书融合于毗奈耶藏,没有别的论书。然在各部广律完成、凝定以后,所有律的论释,就流传于律藏以外了。

关于律的论书,我国旧传"五论"。其中被称为五论之一的《萨婆多部毗尼摩得勒伽》,如本节第一项"广律"中说到,实为《十诵律》中"优波离问"及"毗尼诵"的异译,所以在这里不再

---

① 平川彰《律藏之研究》(四九〇)。

叙及。律论的性质不一,形式不一,部派也不一;今取其有助于
经律结集研究的论书,略述如下:

A.Samantapāsādikā:巴利本,为西元五世纪初,觉音三藏对
铜鍱部广律所作的注释。

B.《善见律毗婆沙》:十八卷,"萧齐外国沙门僧伽跋陀罗
译";这是齐永明七年(西元四八九)在广州译出的。我国古德,
以为这是《四分律》论。卷一六(大正二四·七八七上——中)
曾说到:

> "佛塔中止宿及藏物,此二戒梵本无有。所以无者,如
> 来在世时未有塔。……此上二十戒,梵本无有,如来在世塔
> 无佛故。"

在各部戒本中,惟有《四分律》本有关于佛塔的众学法,古人
应该是据此而为论断的。据近代学者的比对研究,论证本书为觉
音Samantapāsādikā的略译本;但译者曾受到《四分律》的影响①。
上来两部,都是属于铜鍱部的,注释全律藏的论书。

C.《鼻奈耶》,也称《戒因缘经》,现作十卷,"姚秦凉州沙门
竺佛念译"。据《鼻奈耶序》:为晋壬午的来年春天(西元三八
三),罽宾鼻奈(罽宾律师)耶舍(Yaśa)诵出,鸠摩罗佛提
(Kumārabuddhi)写成梵本,竺佛念译为汉文,昙景笔受②。诵出
《鼻奈耶》的耶舍,是随从前部王使鸠摩罗佛提来中国的,与译
出《四分律》的佛陀耶舍(Buddhayaśas)不同。《鼻奈耶》初标三

---

① 平川彰《律藏之研究》所引述(二六一)。
② 《鼻奈耶序》(大正二四·八五一上)。

戒(三学),次别释"波罗提木叉"。先出因缘,次结戒,后解说。这是从广律的"经分别"(就是戒经的广释)中略出来的,为说一切有部戒经的略释。然所说因缘,有些是《十诵律》与《根有律》所没有的。

D.《萨婆多毗尼毗婆沙》:九卷,"失译","附秦录"。卷九初,附有《续萨婆多毗尼毗婆沙序》,为隋"西京东禅定沙门智首撰"①。这部律毗婆沙,起初缺失不全,后经智首的搜访,到大业二年(西元六〇六),才从成都方面传来完本。论中初释"佛婆伽婆",次释"如是我闻"、"佛"、"毗耶离"、"迦兰陀聚落"、"须提那"、"自归三宝受三归法"(此中广论戒法)、"除却须发着袈裟"等。可见从卷初以来,就是解释制淫戒因缘。卷五标"十诵律第二诵初三十事中第十一事"②;卷八标"第三诵九十事第四十一"③,这是与《十诵律》相合的。所说的戒文次第,也大致与《十诵律》相合。这是《十诵律》戒文的解说,惟明"七种受戒"④,与《十诵律》的"十种明具足戒"⑤不同。

E.《根本萨婆多部律摄》:"尊者胜友集",义净于久视元年(西元七〇〇)译出,作十四卷。胜友(Viśeṣamitra)为唯识十大论师之一,护法(Dharmapāla)的门人,约西元七世纪初在世。所作的《律摄》,为《根本说一切有部戒经》的论释。藏译的Ḥdul-ba badus-pa,与此为同本。

---

① 《萨婆多毗尼毗婆沙》卷九(大正二三·五五八下)。
② 《萨婆多毗尼毗婆沙》卷五(大正二三·五三三上)。
③ 《萨婆多毗尼毗婆沙》卷八(大正二三·五五二中)。
④ 《萨婆多毗尼毗婆沙》卷二(大正二三·五一一上——中)。
⑤ 《十诵律》卷五六(大正二三·四一〇上)。

F. Kaṅkhāvitaraṇī：巴利本，为觉音所作铜鍱部比丘及比丘尼的波罗提木叉(戒)的简释。

G.《优波离问佛经》：一卷，题作"宋元嘉年求那跋摩译"。译语留有部分的古译，如"剑暮"、"捐弃"等。文中引有"昙摩罗叉云：五种食者，麨、饭、鱼、肉、煮麦饭也"①。一般论究，推定为《十诵律》前后的失译本，大致可信②。这部名为经而实为律论，先明依止与不依止，其次就一一戒而明其犯重与犯轻，有犯与无犯。"波逸提"九十二事，"众多法"七十二，与铜鍱本、僧祇本相近。但波逸提的前后次第，顺于饮光部的《解脱戒经》(及《十诵律》戒本)，部派的系属不明。

上来五部，C 与 D，属于《十诵律》系统；E 是根本说一切有部的：这都是说一切有部论。F 是铜鍱部论；G 虽不明部系，而可能为代表古型的律释。这五部虽部派不同，详略不同，而都是波罗提木叉戒经的释论。

H.《佛阿毗昙经(出家相品第一)》：二卷，陈真谛所译。初明佛、缘生法、四谛、四果，而以"无上正觉教法如是"作结。接着说"今次论律相"③，内容与"受具足法"相当，所属的部派，从来不明。考真谛三藏所译的，如《律二十二明了论》、《立世阿毗昙论》，都是犊子部与正量部的论书。在他所译的论部中，每插入犊子部系的教义。这部律经可能是犊子部毗奈耶的出家事，因为体裁与《根本说一切有部毗奈耶出家事》相近。中有犊子

---

① 《优波离问佛经》(大正二四·九〇六中)。
② 平川彰《律藏之研究》(二四五)。
③ 《佛阿毗昙经》卷上(大正二四·九六〇上)。

外道来见佛、闻法、证阿罗汉果,为佛所赞一大段①,长达全书七分之一,为其他律部所未见的。特别详述犊子长老因缘,也许正表示犊子部仰推佛世犊子长老的意思(慈恩《异部宗轮论述记》,就传有此说)。真谛所译的,经录中或作九卷。经初(大正二四·九五八上)说:

> "以一千阿僧祇世界众生功德,成佛一毛孔。如是成佛一毛孔功德,遍如来身毛孔功德,成佛一好……"

在文句上,未免起得突然,显然上面已有残脱。而且,标"出家相品第一",应更有第二第三品等。所以,真谛所译的,本为九卷,此下应还有布萨等品。只是文字脱落,仅存二卷而已。这一部是属于犍度部的论书。

I.《毗尼母经》(或作论):八卷,"失译人名,今附秦录"。"毗尼母",就是毗尼的摩呾理迦,所以这是毗奈耶藏中本母的论释。论中引述各部,有迦叶惟(又"迦叶随")、弥沙塞、萨婆多、昙无德说,本论显然不属于以上的诸部。或以为属于昙无德部,所说论藏作"五分",确与《四分律》相同。但所说律部,有"母"而没有"调部"②,与《四分律》的组织不合。不同于《四分律》的,还有如亿耳十二年才受具足,而《四分律》作三年③;五人共分僧物,而《四分律》作四人等④。金仓圆照博士以卷四有"此

---

①　《佛阿毗昙经》卷上(大正二四·九六三上——九六五上)。
②　《毗尼母经》卷三(大正二四·八一八上)。
③　《毗尼母经》卷四(大正二四·八二二上)。《四分律》卷三九(大正二二·八四五中)。
④　《毗尼母经》卷四(大正二四·八二二下)。《四分律》卷五〇(大正二二·九四三中)。

是雪山中五百比丘所集法藏"，推论为雪山部①，可能就是这一
部派的律论。

J.《律二十二明了论》：一卷，陈真谛译。"正量部佛陀多罗
法师造"，以二十二偈及注释而成，为正量部的律论。

K.《舍利弗问经》："东晋失译。"经中论到佛灭以后的僧
团——十八部与五部；佛法经弗沙蜜多罗王(Puṣyamitra)的毁法
而后复兴的情况。律中传说的可疑事项，一一地问答解说。

这实为律论的一种。新律为上座部，"旧律"为摩诃僧祇
部②。在盛行的五部中："摩诃僧祇，其味纯正；其余部中，如被
添甘露。"③可推定为，这是大众部广律凝定以后所出的律典。
经中说到"文殊师利"(Mañjuśrī)④，文殊师利确乎是摩诃僧祇
部所崇信的圣者。

L.《佛说苾刍五法经》：一卷，宋法天(Dharmadeva)译。所
说具足五法得离依止，实与《优波离问经》初段的意趣相合。
"九十二波逸提"，"五十戒法"(学法的异译)；虽传译很迟，但
所传的戒条数目却是极古老的！

　　（录自《原始佛教圣典之集成》，66—88 页，本版
56—75 页。）

---

① 平川彰《律藏之研究》所引(二六三——二六四)。
② 《舍利弗问经》(大正二四·九〇〇中)。
③ 《舍利弗问经》(大正二四·九〇〇下)。
④ 《舍利弗问经》(大正二四·九〇二下)。

二 波罗提木叉经

(一)波罗提木叉与布萨

1. 布萨说波罗提木叉

经藏、律藏,为初期圣典的二大部。二大部圣典的集成,虽以内容及特性不同,形成二大部类,而实是同一时代、同一佛教思潮中结集成立的。思想与制度,有着一定程度的关系。组织形式,也有类似处。为了说明的便利,作为二大部来分别考察,并先从"律藏"说起。

现存不同部派的各部"律藏",组织上彼此是多少差别的。巴利语记录的铜鍱部"律藏",分为三部分:Suttavibhaṅga(经分别),Khandhaka(犍度),Parivāra(附随)。三部分的组织虽不合于"律藏"的古型,但在分类说明上的确是很便利的。"经分别"部分,是"波罗提木叉经"(Prātimokṣa-sūtra)的分别广释。《僧祇律》与《十诵律》,与此相当的部分,称为"波罗提木叉分别(Prātimokṣa-vibhaṅga)①。"经分别"或"波罗提木叉分别"所分别解释的,就是"波罗提木叉经"——"戒经"。但是,不同部派不同传诵的"戒经",每成为独立的一部。虽然是"经分别"或"波罗提木叉分别"所分别的,但由于独立及实用,内容却有了多少差别,这是值得注意的!现在,先以"波罗提木叉经"——"戒经",并以比丘的"戒经"为研究对象,来进行论究。

"戒经",是一部非常重要的圣典!是律藏的核心、根本。在初期佛教的开展延续中,与"戒经"有密切关系的,就是"布萨"(poṣadha)"说波罗提木叉"的制度。"布萨""说波罗提木叉"(汉译每作"说戒")的理解,对"戒经"的研究来说,是必要的。布萨,源于吠陀以来的祭法。在新月祭、满月祭的前夜,祭主断食而住于清净戒行,名为 upāvasatha(优波婆沙即布萨)。佛陀时代,印度的一般宗教,都有于"月八日、十四日、十五日",举行布萨集会的习惯。适应这一般的宗教活动,佛教也就成立布萨制②。信众们定期来会时,为信众们说法;信众们受持"八关斋戒"③。信众们为家务所累,不能如出家人那样的专精修

---

① 《摩诃僧祇律》卷二二(大正二二·四一二中)。《十诵律》卷二四(大正二三·一七六中——下)。

② 《铜鍱律·大品》"布萨犍度"(南传三·一八〇——一八一)。《弥沙塞部和醯五分律》卷一八(大正二二·一二一中)。《四分律》卷三五(大正二三·八一六下)。《摩诃僧祇律》卷二七(大正二二·四四六下)。《十诵律》卷二二(大正二三·一五八上)。

③ 《增支部·八集》(南传二一·一五〇——一五七)。《中阿含经》卷五五《持斋经》(大正··七〇上——七七二下)等。

行,所以每月四次或六次①,来僧众的住处,受持八关斋戒;也就是受持近于出家的——清心寡欲、内心清净的宗教生活。一日一夜的八关斋戒,就是适应这种事实而成立的。每月六次或四次的布萨,是摄化信众,使信众领受深一层的精神生活的制度。

布萨的原语为:poṣadha,upavāsa,upavāsatha,巴利语 posatha,uposatha 等;音译作逋沙他、褒洒陀、优波婆沙等。玄奘意译为"长养",义净意译为"长养净"。《根本萨婆多部律摄》释为"长养善法,持自心故";"增长善法,净除不善"②,与《毗尼母经》的"断名布萨……清净名布萨"③大意相同。古代意译为"斋"最为适当!"洗心曰斋",本为净化自心的意思。佛法本以"八支具足"为布萨④;但布萨源于古制,与断食有关,所以"不非时食"在八关斋戒中受到重视。说一切有部就说:"斋法以过中不食为体。"⑤佛陀适应时代而成立的布萨制,对信众来说,是重于禁欲的,净化自心的精神生活。

在佛的指导下,布萨更成为有深刻意义的僧伽(saṃgha)布萨。发展完成的布萨制度,是这样的:1. 每月二次,半月半月

---

① 古代所传的译典,都是"六斋日"——一月六次。唐义净所译《根本说一切有部毗奈耶》卷三九(大正二三·八四三上),所撰《南海寄归内法传》卷四(大正五四·二三〇上)作"四斋日",就是初八、十五、二十三、二十九或三十日。六斋日是古制,《铜鍱律》(南传三·一八一)也是一样。但如逢月小,没有三十日,就只有五斋日。而十四与十五,继续布萨,对在家信众的家务,是会有些不便的。大概由于这种原因,渐演化为一月四次的"四斋日"。

② 《根本萨婆多部律摄》卷一(大正二四·五二九上)。

③ 《毗尼母经》卷三(大正二四·八一四中)。

④ 《增支部·八集》(南传二一·一四一——一五〇)。《增一阿含经》卷一六(大正二·六二五中——下)。

⑤ 《萨婆多毗尼毗婆沙》卷一(大正二三·五〇八下)。

(阴历十五或十四日,三十或二十九日)举行布萨。2. 在一定区域——"界"内的比丘,旧住的或新到的,有出席参加的义务。这是名符其实的全体会议,如有人不到,就不合法。3. 如因病而不能参加,应委托同住的比丘向大众表示:对布萨大会所举行的一切僧事,无条件地完全同意,这名为"与欲"。4. 如"众不清净,不得为说"波罗提木叉。所以如有过失的,先要悔除清净。"与欲"而没有出席的,也要"与清净",表示自己的清净,没有过失。大众如法集合,如僧伽有事,先要处理解决。如比丘们有所违犯,也要依法处理,或出罪清净。这是布萨说波罗提木叉以前的事,如《十诵律》卷二二(大正二三·一六四下)说:

> "一切先事作已,僧应布萨说波罗提木叉。若应与现前毗尼,与竟;应与忆念毗尼,与竟;若应与不痴毗尼,与竟;若应与自言毗尼,与竟;若应与觅罪相毗尼,与竟;若应与多觅毗尼,与竟。若应与苦切羯磨,与竟;若应与依止羯磨,与竟;若应与驱出羯磨,与竟;若应与下意羯磨,与竟;若应与不见摈羯磨,与竟;(应与)不作摈,恶邪不除摈羯磨,与竟;若应与别住羯磨,与竟;若应与摩那埵,本日治,出罪羯磨,与竟。僧应布萨说波罗提木叉。"

《僧祇律》说到:僧众布萨时,断事羯磨的声音很高。瞿师罗(Ghoṣila)长者进来,大众就默然①。据此可见,在布萨说波罗提木叉以前,通常要将种种僧事处理好。上面所说的,是僧伽布

---

① 《摩诃僧祇律》卷二七(大正二二·四四九中)。

萨以前的事。僧事处理了,过失也悔除了,然后大众一心,和合清净,举行说波罗提木叉;说波罗提木叉,就是布萨。布萨制度,如"布萨犍度"等说①。

关于说波罗提木叉,在佛法的开展中,有不同的二大阶段。而这二大阶段,又有不同的二项传说。1.以制立学处为分别,如《四分戒本》(大正二二·一○三○中)说:

> "善护于口言,自净其志意,身莫作诸恶,此三业道净;能得如是行,是大仙人道。"

> "此是释迦牟尼如来无所著等正觉,于十二年中,为无事僧说是戒经(波罗提木叉)。从是已后,广分别说。"

释迦牟尼于成道十二年来,以此偈为说波罗提木叉。十二年以后,迦兰陀子须提那作不净行,从此制立"学处",也就是以说"学处"为说"波罗提木叉"。说一切有部的律典,所说与《四分戒本》相合②。2.以比丘犯重而不发露为分别,如《五分律》卷二八(大正二二·一八○下——一八一上)说:

> "佛在瞻婆国恒水边。尔时,世尊十五日布萨时,……遍观众僧,默然而住。……佛语阿难:众不清净,如来不为

---

① 《铜鍱律·大品》"布萨犍度"(南传三·一八○——二四一)。《摩诃僧祇律》卷二七(大正二二·四四六下——四五○下)。《弥沙塞部和醯五分律》卷一八(大正二二·一二一中——一二八下)。《四分律》卷三五、三六(大正二二·八一六下——八三○上)。《十诵律》卷二二(大正二三·一五八上——一六五上)。《毗尼母经》卷三(大正二四·八一四中)。

② 《根本说一切有部毗奈耶》卷一(大正二三·六二八上——六二九中)。《根本萨婆多部律摄》卷二(大正二四·五三一下)。《萨婆多毗尼毗婆沙》卷二(大正二三·五一六上)。

说戒。……佛告阿难：从今汝等自共说戒，吾不复得为比丘说。"

有比丘犯了重罪，不知发露，佛从此不再为比丘说波罗提木叉，由比丘们自行和合说波罗提木叉（说戒）。这一传说，虽地点不完全相合，但是一切经律所共有的传说①。铜鍱部学者觉音，在《善见律毗婆沙》卷五（大正二四·七〇八上）说：

"释迦牟尼佛，从菩提树下，二十年中，皆说教授波罗提木叉。后一时，……佛语诸比丘：我从今以后，我不作布萨，我不说波罗提木叉，汝辈自说。何以故？如来不得于不清净众，布萨说波罗提木叉。从此至今，声闻弟子说威德波罗提木叉。"

又于卷六（大正二四·七一二中）说：

"佛成道十二年后，须提那出家。……学道八年后，还迦兰陀村，佛成道已二十年。"

二十年与十二年，虽传说不合，但说波罗提木叉有前后不同的二阶段，与须提那迦兰陀子有关，实与说一切有部、法藏部的传说相合。但觉音的解说，显然将不同的二项传说糅合而为一

————————

① 《摩诃僧祇律》卷二七（大正二二·四四七中）。《铜鍱律·小品》"遮说戒犍度"（南传四·三五三——三五九）。《四分律》卷三六（大正二二·八二四上——中）。《十诵律》卷三三（大正二三·二三九中——二四〇上）。《中阿含经》卷二九《瞻波经》（大正一·六一〇下——六一一上）。《中阿含经》卷九《瞻波经》（大正一·四七八中——四七九下）。《增一阿含经》卷四四（大正二·七八六上——中）。《增支部·八集》（南传二一·七〇——七九）。

了! 依据传说,设想当时的实际情形,推论布萨制度的演进,约可分为三阶段:起初,成道十二年以来①,佛还没有制立学处。当时适应时势而成立的布萨,只是宣说"善护于口言"颂;觉音称之为"教授波罗提木叉",也就是大众部所传的"偈布萨"②。从此以后,佛制立学处("制戒"),向大众公布,要大众忆持,并理解其义。学习佛所制定的学处,大抵是在大众和合布萨的时候。所以起初的"说(学处)波罗提木叉",不但是诵说,而也是分别解说。如《铜鍱律·大品》"布萨犍度"(南传三·一八三)说:

"说者、述说、施设、建立、解说、分别、明说、显示。"

《五分律》与《四分律》③虽译文不大显了,但一经比对,就可了解"说"的原始意义。等到制立的学处多了,比丘有所违犯而不知真诚发露的也有了,这才编集所制的学处(一条一条的戒条),作为布萨所说的波罗提木叉。由僧伽和合,推一位上座,宣说(学处的)波罗提木叉。发挥僧伽的集体力量,使有所违犯的,非悔罪不可,以维护僧伽的和合清净,这就是觉音所说的"威德波罗提木叉"。说波罗提木叉的演变,问题在:随佛出家的佛弟子,起初都道心真切,所以布萨时,佛只说"教授波罗提木叉"。这是道德的、策励的,激发比丘们的为道精进,清净身心以趣向解脱。等到佛法广大弘传,出家的愈来愈多,不免有

---

①　开始制立学处的时间,传说不一。除十二年说、二十年说外,《摩诃僧祇律》卷二(大正二二·二三八上),作"成佛五年冬分第五半月十二日中食后"。

②　《摩诃僧祇律》卷二七(大正二二·四四六下——四四七上)。

③　《四分律》卷三五(大正二二·八一七下)。《弥沙塞部和醯五分律》卷一八(大正二二·一二二上)。

流品杂滥(动机不纯,赖佛以求生活)的情形。于是制立学处,
发挥集体的约束力量。"威德波罗提木叉",是法律的、强制的;
以团体的、法律的约束,诱导比丘们以趣向解脱。这是佛法开展
中的自然历程(也是从佛的摄导,演进到僧伽——教团的领
导),正如中国古代以礼法治国,而后来却不能不颁布刑法一
样。布萨说(学处的)波罗提木叉,表现了组织的、法治的精神。
但在佛法中,还是充满道义的、善意的、互相安慰勉励的特性。
在佛法中,德治与法治相统一,我曾以"导之以法(真理与道德
的感召),齐之以律",来表彰佛陀化世的精神。

　　这可以说到"波罗提木叉"的意义。《铜鍱律·大品》"布萨
犍度"(南传三·一八三)说:

　　　　"波(罗)提木叉者,是初、是面、是诸善法之上首,故名
　　　　波(罗)提木叉。"

ādi 是"初"义,mukha 是"面"义,pamukha 是"上首"义。分
解 pātimokkha 的含义,作如上的解说。同属于分别说部系的
《四分律》也说:"波罗提木叉者,戒也。自摄持威仪、住处、行
根、面首、集众善法,三昧成就。"①《五分律》也说:"波罗提木叉
者,以此戒防护诸根,增长善法,于诸善法最为初门故,名为波罗
提木叉。"②《毗尼母经》说:"戒律行住处,是名波罗提木叉义。"
又"波罗提木叉者,名最胜义。以何义故名为最胜,诸善之本,
以戒为根,众善得生,故名胜义"③。《舍利弗阿毗昙论》也说:

---

①　《四分律》卷三五(大正二二·八一七下)。
②　《弥沙塞部和醯五分律》卷一八(大正二二·一二二上)。
③　《毗尼母经》卷二(大正二四·八〇九上),又卷三(大正二四·八一四中)。

"若随顺戒,不行放逸,以戒为门、为足、为因,能生善法,具足成就……是谓爱护解脱戒。"①这一系列的解说,都是以戒为善法的初基,善法的依住处,一切定慧等功德都由此而成就:依此以解说戒法为波罗提木叉的。

另一重要的解说,是以 mokṣa,P. mokkha 为"解脱"义,如译波罗提木叉为"别解脱"。《根本萨婆多部律摄》卷一(大正二四・五二五上)说:

> "别解脱者,由依别解脱经如说修行,于下下等九品诸惑,渐次断除,永不退故,于诸烦恼而得解脱,名别解脱。又见修烦恼,其类各多,于别别品而能舍离,名别解脱。"

觉音于《清净道论》,于"波罗提木叉三跋罗",也是解说为"别解脱"(律仪)的,如《论》(南传六二・三五)说:

> "此中别解脱律仪,谓学处戒。别别,护者,解脱,脱恶趣等苦,故名别解脱律仪。"

prāti 为"各别"义,所以说波罗提木叉是"别别解脱"。又有"对向"、"顺向"的意义,所以或译波罗提木叉为"从解脱"、"顺解脱"。这一解说,为北传佛教所常用。佛的制立学处,是因事而异、因人而异的。受持各别的学处,解脱各别的烦恼与苦果。依学处——"威德波罗提木叉"说,波罗提木叉是"别解脱"义。然约"教授波罗提木叉"说,当时还没有制立学处。约尸罗——戒的重要性,为一切善法的根本依处,"初"、"面"、"上首"、"最

---

① 《舍利弗阿毗昙论》卷一四(大正二八・六二〇上)。

胜"，是波罗提木叉义。一名多义，随时随事而有所演化。约体以释名，大抵"初"与"上首"等，是波罗提木叉的初义。等到制立学处，诵说波罗提木叉，也就渐被解说为别解脱了。

在佛法的开展中，布萨说波罗提木叉，有前后不同的二阶段，这可说是一项重要的知识。对于《波罗提木叉经》的研究，也同样是极重要的。

2. 波罗提木叉与布萨仪轨

出家弟子有了非法的行为，佛就因而制立学处（旧译作"制戒"、"结戒"），向大众公布，以后不得有所违犯。结集一条条的学处，半月半月中，布萨诵出，名为说波罗提木叉。说波罗提木叉，为从僧伽的和合（团结）清净（健全）中，达成"正法久住"的理想。所以在说波罗提木叉以前，如有违犯的，先要忏悔（发落）清净，这是一切"波罗提木叉经"——"戒经"所同的，如《四分戒本》（大正二二·一〇一五中）说：

> "诸大德！我今欲说波罗提木叉戒，汝等谛听，善思念之！若自知有犯者，即应自忏悔；不犯者默然，默然者，知诸大德清净。若有他问者，亦如是答。如是比丘，在众中乃至三问，忆念有罪而不忏悔者，得故妄语罪。故妄语者，佛说障道法。若彼比丘，忆念有罪欲求清净者，应忏悔，忏悔得安乐。"

在说波罗提木叉以前，三问清净，名为"说波罗提木叉序"。在正说波罗提木叉的过程中，每诵一类学处，就向大众发问：

"是中清净不?"不断地警策大众,要大众反省自己,发露自己的过失。因为在佛法中,惟有无私无隐地发露过失,才能出罪而还复清净;不受罪过的障碍,而能进向圣道,趣入解脱。所以布萨说波罗提木叉,成为教育僧众、净化僧众,使僧众成为清净和合的,极庄严的法会。对于个人的修行,僧伽的和合清净,有重大的意义,不只是熟诵而已。

　　波罗提木叉(经)与说,早就结成不可分的关系。现存不同部派,不同诵本的"戒经",内容都不限于学处——波罗提木叉,而是以波罗提木叉为主体,附有说波罗提木叉的仪式,可说是布萨说波罗提木叉仪轨。"波罗提木叉经"主体,与说波罗提木叉仪轨,在"戒经"成立、演变的研究上,是应该分别处理的。

　　现存不同部派、不同诵本的"戒经",都分为三部分:一、"序说",旧名"波罗提木叉序";二、"正说";三、"结说"。"正说"部分,上座部系统的"戒经"都分为八法,也就是八篇:

　　Ⅰ. 波罗夷法(pārājika-dharma, P. pārājika-dhamma)

　　Ⅱ. 僧伽婆尸沙法(saṃghâvaśeṣa-dharma, P. sanghādisesa-dhamma)

　　Ⅲ. 不定法(aniyata-dharma, P. aniyata-dhamma)

　　Ⅳ. 尼萨耆波逸提法(naiḥsargika-pātayanttika-dharma, P. nissaggiya-pācittiyā-dhamma)

　　Ⅴ. 波逸提法(pātayanttika-dharma, P. pācittiyā-dhamma)

　　Ⅵ. 波罗提提舍尼法(pratideśanīya-dharma, P. pāṭidesaniyā-dhamma)

　　Ⅶ. 学法(saṃbahulāḥ-śaikṣa-dharma, P. sekhiya-dhamma)

Ⅷ. 灭净法（adhikaraṇa-śamatha-dharma, P. adhikaraṇa-sama-tha-dhamma）

大众部的"戒经"，末后增"法随顺法"，共为九法。这八法（或九法），各部"戒经"，每法都分为三段：一、"标名起说"，二、"别说学处"，三、"结问清净"。"别说学处"（从多分说）部分，就是佛所制立的，共二百多条戒。在次第上、文句上，各本虽不免有些出入，但波罗提木叉的部类纲目，可说完全一致，这是"波罗提木叉经"的主体。现在先论波罗提木叉的仪轨部分。

说波罗提木叉的仪轨，也就是"戒经"的"序说"与"结说"（"正说"的标起与结问，且略），各本的出入是很大的。现在列举七种"戒经"，以比对其内容的差别如下：

	铜鍱戒经	僧祇戒本	五分戒本	十诵戒本	解脱戒经	四分戒本	根有戒经
明佛所教（颂）					1		1
策励精进		1	1	1	2		2
问答和集		2	2	2	3	2	3
归敬赞叹（颂）		3	3	3	1		4
布萨作白	1	4	4	4	5	3	5
说序问清净	2	5	5	5	6	4	6
正说部分（别详）	×	×	×	×	×	×	×
结说劝学	3	6	6	6	7	5	7
七佛所说戒（颂及长行）		7	7	7	4	6	8
尊敬戒经（颂）		8	8	8		7	9
结说圆满（颂或长行）		9	9	9		8	10
回向（颂）						9	11

据上表所列的内容，可以归纳为三类：

一、《铜鍱戒经》为一类："序说"仅有"布萨作白"、"说序问清净"。"正说"终了，接着是"结说劝学"。这最简单的布萨仪轨，为布萨说波罗提木叉的必备部分，也是各部"戒经"所共有的一致部分。这一简要的布萨仪轨，可论断为古型的，部派未分以前所组成的。

二、《僧祇戒本》、《五分戒本》、《十诵戒本》（《十诵别本》也相同），又为一类。"序说"部分，先"策励精进"，勉大众精进修学。次"问答和集"：大众有没有都来了？没有来的，有没有"与欲"、"与清净"？有没有尼众来请求教诫？这些，都是举行布萨说波罗提木叉以前应有的问答（《铜鍱戒经》虽没有将这些组集在"戒经"内，但实际上也还是有这些问答的）。经过问答，知道大众和合，如法清净，就以七颂来"归敬赞叹"——归敬释迦佛，赞叹所制立的戒法。然后"布萨作白"、"说序问清净"。"结说"部分，在"结说劝学"后，举"七佛所说戒"。再以二颂半明尊敬戒法；然后"结说圆满"。这三部"戒经"，大致相同①。《十诵戒本》是鸠摩罗什译的，文义善巧，为其余二本所参考。然《僧祇戒本》与《五分戒本》，都是依梵本译出的②。如《五分戒本》，有关"七佛所说戒"的文句，及"结说圆满"为长行，都同于《僧祇戒本》，而与《十诵戒本》不同。所以这三部"戒经"的布萨仪轨，应为梵本的本来相近；《五分戒本》与《僧祇戒本》的译者，曾参考《十诵戒本》的文句，而不是完全抄录的。《僧祇戒本》属大众

---

① 《僧祇戒本》，前列"六念"，末有赞戒功德颂，不是"戒经"的本文，而是译者所附录的（大正二二·五四九上、五五六上）。

② 如平川彰《律藏之研究》所考定（二二六——二二九）。

部,据《摩诃僧祇律私记》,"戒本"源出祇洹精舍,而流行于摩竭陀一带①。《五分戒本》是化地部诵本,为分别说部所分出,成立于阿槃提的部派,流行极广;汉译的梵本,是从师子国得来的②。《十诵戒本》属说一切有部,从摩偷罗而流行于北印度、西域。这是部派中的三大系,分布的区域遍及各方,而说波罗提木叉的布萨仪轨,竟然是这样的一致! 这一类诵本——"序说"与"结说"部分,成立是不会太迟的,大致在部派分立不久的阶段。

　　三、《解脱戒经》、《四分戒本》、《根有戒经》,所有布萨仪轨部分,是成立较迟的一类。《根有戒经》与《十诵戒本》同属于说一切有部,所以次第内容相同(同于第二类),而前后略有增补。在"序说"中,最初举六颂,"明佛所教"。据《根本萨婆多部律摄》说:"上之六颂,是诸阿罗汉结集所置。"③末后增补"回向"颂:"福利诸有情,皆共成佛道"④,已有大乘的倾向。这是说一切有部中,初为经师,后为迦湿弥罗论师所用,流布极广的"戒经"。《解脱戒经》以二颂开端,同于《根有戒经》"明佛所教"的初二颂。《四分戒本》终了,也有"回向"颂说:"我今说戒经,所说诸功德,施一切众生,皆共成佛道。"⑤与《根有戒经》的"回向"颂,也大致相合。《解脱戒经》为饮光部诵本,《四分戒本》为法藏部诵本,同属分别说系;而在开端与末了,与《根有戒经》部分相同,是值得注意的事。《四分戒本》以十二颂开端,"归敬赞

　　①　《摩诃僧祇律私记》(大正二二·五四八中)。
　　②　《出三藏记集》卷三(大正五五·二一上)。
　　③　《根本萨婆多部律摄》卷一(大正二四·五二五下)。
　　④　《根本说一切有部戒经》(大正二四·五〇八上)。
　　⑤　《四分律比丘戒本》(大正二二·一〇二三上)。

叹",广明持戒犯戒的得失。《四分律》开端,有四十六颂半,也是归敬赞叹,广明持戒犯戒的得失。比对起来,《四分戒本》的十二颂,是取《四分律》的颂意而集成的①。《四分律》颂附注(大正二二·五六八下)说:

> "此偈非是迦叶千众集律时人所造,乃是后五部分张,各据所传,即是居一众之首者,将欲为众辨释律相,故先偈赞,然后说之。"

各部"戒经",所有"序说"及"结说"中,赞叹及回向的偈颂,都是后代律师所造,正如《四分律》颂附注所说的。但在这些偈颂中,《四分戒本》流露了特有的精神。"归敬赞叹",第二类的三本及《根有戒经》,都这样赞叹释迦:"合十指爪掌,供养释师子,我今欲说戒,僧当一心听。"②所说的波罗提木叉,为释迦佛所说,归敬释迦佛,可说是当然的事。而《四分戒本》却这样说(大正二二·一〇一五上):

> "稽首礼诸佛,及法比丘僧。……毗婆尸式弃、毗舍拘留孙、拘那含牟尼、迦叶释迦文:诸世尊大德,为我说是事。"

归敬于诸佛及七佛,与归敬释迦的,略有不同。"结说"部

---

① 《佛说犯戒罪报轻重经》(大正二四·九一〇下——九一一上)附有八颂,也是取《四分律》初颂意而成。

② 《摩诃僧祇律大比丘戒本》(大正二二·五四九上)。《弥沙塞部五分戒本》(大正二二·一九四下)。《十诵比丘波罗提木叉戒本》(大正二三·四七〇下)。《根本说一切有部戒经》(大正二四·五〇〇下)。

分,第二类的三本及《根有戒经》,于"七佛所说戒"后说:"七佛为世尊,能救护世间,所可说戒法,我已广说竟。诸佛及弟子,恭敬是戒经。"①恭敬七佛的戒法,文义简洁明白。《四分戒本》与此相当的部分,却这样说(大正二二·一〇二二下——一〇二三上):

"如过去诸佛,及以未来者,现在诸世尊,能胜一切忧。皆共尊敬戒,此是诸佛法。"

"七佛为世尊……说是七戒经。"

"世尊涅槃时,兴起于大悲。……我今说戒经,亦善说毗尼:我虽般涅槃,当视如世尊。"

从三世佛说到七佛,又归结到释迦佛临入涅槃的教诲。《四分戒本》所说的波罗提木叉,以释迦佛所制的为主体,而波罗提木叉的精神已普遍化,成为三世一切佛的戒法。以三世一切佛的戒法为归敬,以"施一切众生,皆共成佛道"为回向:《四分律》的精神,更近于大乘思想的领域。在现存不同诵本的"戒经"中,《四分戒本》的布萨仪轨,最为后出。

除《铜鍱戒经》外,其余六本,都有七佛所说波罗提木叉偈。在《长部》的《大本经》中,说到七佛的故事。又广说毗婆尸佛事,及毗婆尸说波罗提木叉三偈②。汉译的《长阿含经·大本

---

① 《摩诃僧祇律大比丘戒本》(大正二二·五五五下——五五六上)。《弥沙塞部五分戒本》(大正二二·二〇〇上——中)。《十诵比丘波罗提木叉戒本》(大正二三·四七八下——四七九上)。《根本说一切有部戒经》(大正二四·五〇八上)。

② 《长部·大本经》(南传六·三六一——三六八、四二一——四二二)。

经》,仅说一偈①,与"七佛偈"中毗婆尸佛所说的相合。而《长部·大本经》所说的三偈,与"七佛偈"中的毗婆尸佛、迦叶佛(Kāśyapa)、毗舍浮佛(Viśvabhū)所说偈相合。依文句论证,论定七佛所说偈,是基于《大本经》毗婆尸佛所说偈增广而成②,似乎是可以这么说的。然从另一观点去看,觉得未必如此。经师结集的经典,凡说到七佛的,都出发于"佛佛道同"的立场③。《大本经》的结集,列述七佛的故事,意趣也是一样的。详说毗婆尸佛(七佛中的第一位)事,以及毗婆尸佛说波罗提木叉偈,只是举为代表而已。毗婆尸佛说偈,其余的六佛,在结集《大本经》的时代,结集者的心目中,有没有说波罗提木叉偈? 这答案是不会否定的。例如《大本经》所说的三偈,作毗婆尸佛说;或如"七佛偈"中,作为三佛所说。又如"诸恶莫作,众善奉行,自净其意,是诸佛教"一偈,《大本经》作毗婆尸佛说,《根有戒经》作释迦牟尼佛说,其余的"戒本"都作迦叶佛说:这到底是哪一位佛说的呢? 由于文义通一切佛,所以《出曜经》解说为:"诸佛世尊,教诫后人。……贤圣相传,以至今日。"④这是作为一切佛的教诫,所以称为"七佛所说通戒偈"。依佛法的意趣来说,这些偈颂——一偈、三偈,或者多偈,是被传说为七佛所说的(佛佛道同)波罗提木叉。指定为某佛所说,本没有必要(如上所说,传为某佛所说,并无一定);作为某佛所说,也不外乎"指方

　①　《长阿含经》卷一《大本经》(大正一·一〇上)。

　②　平川彰《律藏之研究》(三七三)。

　③　如七佛观缘起成道,见《相应部·因缘相应》(南传一三·六——一五),《杂阿含经》卷一五(大正二·一〇上——中)。

　④　《出曜经》卷二五(大正四·七四一中——下)。

立向"一样,容易为一般信众所接受而已。七佛所说波罗提木叉偈,分别配属七佛,是《铜鍱戒经》以外,各部"戒经"的一致传说,其成立是不会迟于《大本经》的。详说的,如大众部所传的《增一阿含经》①及《摩诃僧祇律》②,这本是持法者(经师)所结集的。

分别说部及大众部的广律③,说到过去的六佛,分为二类:毗婆尸、尸弃、毗舍浮——三佛,不为弟子制立学处,也不立说波罗提木叉,所以佛法不能久住。拘留孙(Krakucchandha)、拘那含牟尼(Kanakamuni)、迦叶——三佛,为弟子制立学处,也制立说波罗提木叉,所以正法久住。毗婆尸佛没有说波罗提木叉,似乎与《大本经》所说不合。其实,虽没有制立学处的波罗提木叉,却有略说教诫的波罗提木叉。如释迦佛在广制学处以前,制说波罗提木叉以前,也有略说教诫的波罗提木叉。波罗提木叉有广说与略说二类,如《四分戒本》(大正二二·一〇二二下)说:

"此是释迦牟尼如来无所著等正觉,于十二年中,为无事僧说是戒经(波罗提木叉)。从是已后,广分别说。"

说一切有部的传说④,与《四分戒本》相同。铜鍱部的《善见

---

① 《增一阿含经》卷四四(大正二·七八六下——七八七中)。
② 《摩诃僧祇律》卷二七(大正二二·四四六下——四四七上)。
③ 《摩诃僧祇律》卷一(大正二二·二二七中——下)。《弥沙塞部和醯五分律》卷一(大正二二·一中——二上)。《四分律》卷一(大正二二·五六九上——下)。《铜鍱律·经分别》(南传一·一二——一四)。
④ 《根本说一切有部毗奈耶》卷一(大正二三·六二八上)。

律毗婆沙》,于二类波罗提木叉,所说极为分明,如卷五(大正二
四·七〇七下——七〇八上)说:

> "(过去三佛)诸声闻弟子不犯非故,亦不结威德波罗
> 提木叉,亦不半月半月说戒,乃至六年,六年止说教授波罗
> 提木叉。此说如来自说,不令声闻说。"

> "释迦牟尼佛,从菩提树下,二十年中,皆说教授波罗
> 提木叉。复于一时,……语诸比丘:我从今以后,我不作布
> 萨,我不说教授波罗提木叉,汝辈自说。……从此至今,声
> 闻弟子说威德波罗提木叉。"

"教授波罗提木叉",就是略说教诫偈。六佛及释迦佛,都
有略说教诫偈,也是铜鍱部所承认的。所以《铜鍱戒经》没有七
佛所说戒偈,只是没有编入半月半月的布萨仪轨而已。释迦佛
初有略说教诫的"偈布萨"(佛佛道同,七佛所说);其后制立学
处,发展为"威德波罗提木叉"的布萨。在说"威德波罗提木叉"
的布萨中,旧传的略说教诫偈,原是不必再诵说的。《铜鍱戒
经》没有七佛所说教诫偈,代表了初期的布萨仪轨。然传说中
的略说教诫偈,也是波罗提木叉,而且是早期诵说的布萨偈。在
佛教的传承中,是不会忘记的。所以大众部说波罗提木叉,不论
是广说、略说,都是"诵偈"的①,作为说波罗提木叉的重要部分。
《五分戒本》、《四分戒本》、《十诵戒本》、《根有戒经》、《僧祇戒
本》,都将七佛所说教诫偈,编入说波罗提木叉的仪轨——"结

---

① 《摩诃僧祇律》卷二七(大正二二·四五〇中)。

说劝学"之后,以表示七佛的共同尊敬戒法。《解脱戒经》自成一格,将七佛所说戒偈,编于"序说"——"布萨作白"以前。也许为了表示:初有略说教授的波罗提木叉,后有制立学处的波罗提木叉吧! 七佛所说教诫偈,源于释迦佛的略说教诫,来源是极为古老的! 但在以学处为主的,布萨说波罗提木叉中,并非"波罗提木叉经"主体,而属于布萨的仪轨部分。

上面所举的七部"戒经",实为布萨说波罗提木叉所用的仪轨。布萨制度强化,波罗提木叉与仪轨相结合。时间久了,布萨的仪轨部分,也就被称为经。如《僧祇律》卷一四(大正二二·三三八下)说:

"波罗提木叉者,十修多罗也。"

"十修多罗"①,就是波罗提木叉序("布萨作白","说序""问清净")及九法(上座部系为八法);戒序也是被称为波罗提木叉及经的。但这到底是流传日久,渐忘本义的解说;原义是应该专指学处的。在"波逸提法"中,有"诈言不知学处戒",如《僧祇戒本》(大正二二·五五四上)说:

"我今始知是法,入修多罗,半月波罗提木叉中说。"

这一学处的文句,各部"戒经"都相近。称波罗提木叉为

① 《摩诃僧祇律》卷二一(大正二二·三九六上)说:"波罗提木叉者,十二修多罗","圣语藏本"缺"二"字。又卷二〇(大正二二·三八六中)说:"教令学十二事,十二事者,所谓戒序,四波罗夷……随顺法。"虽标说十二事,内容实为十事,就是十修多罗,可见"二"字都是衍文。

经,如《律藏之研究》所引述①。一条一条的学处,称为波罗提木
叉——别别解脱,为什么又称为经? 学处有一定的文句,为了便
于忆诵,采用当时流行的,极简洁的,称为修多罗的文体。此外,
还有一重要的意义,如《五分律》卷一(大正二二·一下)说:

> "广为弟子……结戒(学处),说波罗提木叉。佛及弟
> 子般泥洹后,诸弟子虽种种名姓出家,不速灭梵行。譬如杂
> 华,以綖连之,置四衢道,四方风吹,不能令散。何以故? 綖
> 所持故。"②

修多罗的意义,就是綖(线)。制学处,说波罗提木叉,比喻
为如綖贯华,这正是"修多罗"如綖贯华的具体说明。有关出家
众的道德轨范、经济准则、团体纪律等,佛应时应机而制为学处。
有一定文句,次第安布,不能任意变动。又将种种学处,分为部
类,次第组合,所以能持久流传。这就是学处与波罗提木叉被称
为经的原始意义。

制立学处与说波罗提木叉,起初不只是暗诵,而也是分别开
示的。如波逸提法的"诽毁毗尼戒",《铜鍱律》解说"说波罗提
木叉时"为"诵或学习时"③。分别、开示、学习为"说波罗提木
叉";当时的"波罗提木叉经",当然不会附有仪轨。等到布萨说
波罗提木叉,发展为上座宣诵,大众一心听,重于僧伽的和合清
净,说戒就等于暗诵了。"波罗提木叉经",也就与布萨仪轨相

---

① 平川彰《律藏之研究》(二九八——三〇〇)。
② 《铜鍱律·经分别》(南传一·一三——一四),《四分律》卷一(大正二
二·五六九下),《摩诃僧祇律》卷一(大正二二·二二七中),都有同样的记载。
③ 《铜鍱律·经分别》(南传二·二二七)。

结合,渐形成现存形态的"戒经"。

平川彰《律藏之研究》,论到"经与经分别的关系",以现存(作为布萨仪轨)的"戒经","经分别"是这种"戒经"的分别广说①。对于这,我持有相反的意见。汉译的《四分律》、《五分律》、《十诵律》,纯为二百余条文的分别解说,是名符其实的"波罗提木叉(经)分别"。作为布萨仪轨的"戒经",所有的"序说"、"结说",以及"正说"中的"标名起说"、"结说问净",都完全没有。可见分别解说的"波罗提木叉经"——"戒经",是没有仪轨部分的。

"戒经"所有的仪轨部分,部分保留在《铜鍱律》等中,因而引起博士的那种意见:"经分别"所分别的"经",就是现存的(附有仪轨的)"戒经"。其实,现存"戒经"的"序说"——"布萨作白"、"说序问清净",以及波罗夷法的"标名起说",在《铜鍱律》的《大分别》、《比丘尼分别》,都是没有保存的。而保存的仪轨部分,也只是叙列,而没有加以分别解说。所以在"波罗提木叉(经)分别"中,这些只是附录,不能说是所分别的"经",因为根本没有去分别它。

"波罗提木叉(经)分别",应纯为学处等条文的解说,如《十诵律》、《五分律》、《四分律》那样。在"波罗提木叉分别"的形成与流传中,面对当时独立流行,与布萨仪轨相结合的"戒经",有些持律者,也就录取所有的布萨仪轨,附列于"波罗提木叉分别"中。附录进去的,既不是"波罗提木叉分别"所要分别的;没

① 平川彰《律藏之研究》(二九七——三〇四)。

有分别解说,也就不会受到重视,而形成存缺不一的现象。如
《铜鍱律》没有"序说",也没有波罗夷法的"标类起说"。《僧祇
律》仅存《比丘尼毗尼》中僧伽婆尸沙法的"结问清净"一段。
《根有律》录有自部的"序说"及"结说"的偈颂部分。在八篇的
分别解说中,仅存"僧伽伐尸沙法"、"泥萨祇逸底迦法"的"结问
清净"。《根有苾刍尼律》,最为杂乱!"波罗市迦法"、"僧伽伐
尸沙法",仅有"结问清净"。"众学法"仅有"标类起说"。"泥
萨祇波逸底迦法"、"波逸底迦法"、"波罗底提舍尼法"——三
法,前有"标类起说",后有"结问清净"。从各部广律的存缺不
一而论,"波罗提木叉经"的布萨仪轨,曾部分或全部地被录入
"波罗提木叉经分别"中。由于不是分别解说的对象,不受重
视,不免形成零落不堪的现象。

总之,"波罗提木叉"——"戒经",起初专指八篇(对仪轨部
分,姑且这么说)条文,为"经分别"所分别的经本。现存各部的
"波罗提木叉经"——"戒经",是与布萨仪轨相结合的,为布萨
所用的"戒经仪轨"。

(二)波罗提木叉经的组织

1.五部经的原始类集

现存不同部派、不同诵本的"波罗提木叉经"——"戒经",
除去布萨的仪轨部分,分为八法(或九法),是以学处为主的。
佛的制立学处,不是分门别类地拟订规章,而是"随犯随制";或

轻或重,或先或后地制立出来。虽或有重制与修正部分,但都有
一定文句。佛在大众中制定,要传达给大众——比丘(bhikṣu)
或比丘尼(bhikṣuṇī),一致遵行。在这种情况下,佛的常随弟子
中,于学处特别重视的,会将这些学处诵持起来,就有持律者出
现。但轻重次第不一,实在是不容易忆持的①。这自然会依罪
犯的轻重,而形成部类。波罗提木叉的类集,成为部类次第,与
布萨说波罗提木叉的制度,关系最为密切!

　　布萨说波罗提木叉,传说为了使弟子们容易忆持②,但实际
上,已重于维护僧伽的清净(布萨的主要意义)与和合。从开始
制立学处、传诵、分别、学习(也名为“说波罗提木叉”),到成为
布萨的说(学处的)波罗提木叉,应有一时间上的距离。大概地
说,什么时候起,由德化的而移入“律治”的;由佛略说教诫,而
移入声闻弟子主持的说(威德)波罗提木叉,也就是什么时候有
“波罗提木叉经”的类集。因为如没有部类次第集成的“戒经”,
在布萨时是无法诵说的。以佛三十五岁成佛,五十五(或五十
六)岁而选阿难为侍者来说,佛在六十岁左右,渐入晚年,定住
的时间多了。法务渐由舍利弗、大目犍连摄导主持,分化各方。
作为布萨所用的“波罗提木叉经”的类集,极可能在这一期间
成立。

　　“戒经”的部类集成,从佛世到部派分立,组成现存“戒经”
的八篇,是经历了多少阶段;最初是集为“五部”的。律分“五篇

---

①　优波离诵毗尼,苦于杂碎难持,见《摩诃僧祇律》卷二七(大正二二·四四
八上)。
②　《弥沙塞部和醯五分律》卷一八(大正二二·一二一中)。

七聚",是律家所熟悉的名称。"五篇"是一切部派的共同传说，而"七聚"是部分学派的传说，意见也没有一致。"五篇"，实依"波罗提木叉经"的原始部类而来，《僧祇律》称之为"五縰经"，如卷二七(大正二二·四四八上)说：

> "布萨时，应广诵五縰经。若有因缘不得者，应诵四、三、二、一，乃至四波罗夷及偈，余者僧常闻。"

"五縰经"，也称为"五修多罗"①。五部是被称为经的，如说"百四十一波夜提修多罗说竟"②。如约五部经而作罪的分类，名为"五众罪"③，五众是五蕴(Skandha)或五聚(khandha)的异译，就是"五犯聚"(pañca-apattikkhandhā)。《僧祇律》又称为"五篇"，如卷一二(大正二二·三二八)说：

> "犯波罗夷、僧伽婆尸沙、波夜提、波罗提提舍尼、越毗尼，以是五篇罪谤，是名诽谤诤。"

说一切有部的《十诵律》，也但立"五种罪"④。《萨婆多毗尼毗婆沙》、《萨婆多部毗尼摩得勒伽》，也都说到"五篇戒"⑤。"五修多罗"、"五縰经"，约波罗提木叉的五部说；依此而为犯罪的分类，成"五犯聚"或"五篇"。"五縰经"，实为"戒经"的原始

---

① 《摩诃僧祇律》卷三二(大正二二·四九二中)。
② 《摩诃僧祇律》卷四〇(大正二二·五四四上)。
③ 《摩诃僧祇律》卷二〇(大正二二·三八六中)。
④ 《十诵律》卷五六(大正二三·四一二中)。
⑤ 《萨婆多部毗尼摩得勒伽》卷一(大正二三·五六八上)。《萨婆多毗尼毗婆沙》卷二(大正二三·五一五下)。

类集。

《僧祇律》称波罗提木叉为五部经,因而想到了"五种说波罗提木叉"。说波罗提木叉,有广说,有略说,在各部广律中,有"五种说波罗提木叉"的共同传说。依《僧祇律》,这是依波罗提木叉的五部而分的。卷二七所说,依"五縱经",已如上所引。卷二一(大正二二·三九六上)也说:

> "若布萨时,广说五众戒。若复不能者,当广诵四众戒。若复不能者,当广诵三众戒。若复不能者,当广诵二众戒。若复不能者,当广诵一众戒及偈,余者僧常闻。"

依五部经,成为五种说波罗提木叉;大众部所传,表示了说波罗提木叉(还没有序)的原始情形。但在波罗提木叉的传诵中,渐渐地从五部而成为八部;说波罗提木叉序,也成为"戒经"的一分;大众部更成立"十部修多罗"——九法及序。以后来完成的"戒经",配合"五种说波罗提木叉"的古老传说,部派间就不免意见纷纭。如《铜鍱律》、《十诵律》、《五分律》、《四分律》的第一说,《萨婆多部毗尼摩得勒伽》、《律二十二明了论》所说,是较为普遍的一流①。"五种说波罗提木叉"是这样的:

1. 诵波罗提木叉序。

2. 诵序及波罗夷。

3. 诵序、波罗夷及僧伽婆尸沙。

---

①　《铜鍱律·大品》"布萨犍度"(南传三·一九九)。《十诵律》卷二二(大正二三·一五九中)。《弥沙塞部和醯五分律》卷一八(大正二二·一二二上)。《四分律》卷三六(大正二二·八二三中)。《萨婆多部毗尼摩得勒伽》卷五(大正二三·五九五上)。《律二十二明了论》(大正二四·六六六下)。

4.诵序、波罗夷、僧伽婆尸沙及不定。

5.诵全部。

另有一流,如《毗尼母经》、《四分律》的第二说①。《僧祇律》的"四说"②,似乎是这一传说的讹脱。这一流的传说是这样的:

1.诵戒序及波罗夷。

2.诵戒序、波罗夷及僧伽婆尸沙。

3.诵戒序、波罗夷、僧伽婆尸沙及不定。

4.诵戒序、波罗夷、僧伽婆尸沙、不定及尼萨耆波逸提。

5.诵全部。

此外,还有《四分律》的第三说、第四说③,不知属于什么部派。"五种说波罗提木叉",是一致的古老传说。配合后代组织完成的八法(或九法),所以不免意见不一。反显得《僧祇律》的传说,依(波罗提木叉的)五部经,分"五种说波罗提木叉",自然而又合理! 总之,五部经是戒经的原始部类、原始的组织形态。

依五修多罗而为罪的分类,名"五罪聚"。五罪聚的名称、意义,各部律的解说与差别,平川彰博士《原始佛教之研究》④有详细的引述论列,可为参考。现在就五罪(犯)聚的重轻次第与

　　① 《毗尼母经》卷三(大正二四·八一四中)。《四分律》卷三六(大正二二·八二三中)。
　　② 《摩诃僧祇律》卷二七(大正二二·四五○中),名为"四说",缺五说中第二说。
　　③ 《四分律》卷三六(大正二二·八二三中)。
　　④ 平川彰《原始佛教之研究》(二四六——二八八)。

处分不同,略说如下:

1. 波罗夷,意译为"他胜处"、"堕不如",为最严重的罪行。如战争的为他所征服,堕于负处一样。凡波罗夷学处,结句都说:"是波罗夷,不共住。""不共住"是驱出于僧伽以外,失去比丘(或比丘尼)的资格,不能再在僧伽中,共享应得的权利,尽应尽的义务。这与世间的犯了死罪一样,所以比喻为"如断多罗树心,不可复生"①。

2. 僧伽婆尸沙,意译为"僧残"。这如伤重而余命未绝,还可以救治一样。犯这类罪的,要暂时"别住"于僧伽边缘,受六夜"摩那埵"的处分。"别住"期间,可说是短期的流放,褫夺应有的权利。等到期满后,还要在二十清净比丘僧中,举行"出罪"。得全体(二十比丘)的同意,出罪清净,回复在僧伽中的固有地位。犯了这种重罪,几乎丧失了僧格,但还有剩余,可以从僧伽中救济过来,所以名为"僧残"。

3. 波逸提,意译为"堕"。五部中的波逸提,应包括"戒经"八篇中的尼萨耆波逸提(译为"舍堕")与单波逸提。所犯的罪,都是波逸提。意译为"堕",而形容为"烧"、"煮"等。这是陷于罪恶、身心焦灼、烦热,不得安宁的意思。犯了这类罪,应于僧伽中"作白"(报告),得僧伽同意,然后到离僧伽不远,"眼见耳不闻处",向一位清净比丘发露出罪。

4. 波罗提提舍尼,意译为"对说"。犯这类罪的,不必在僧中,只要对一比丘承认自己的过失就可以,这是较轻的罪了。

---

① 《弥沙塞部和醯五分律》卷一(大正二二·四下)。

　　5. 众学法①:众学法的"法",与波罗夷法、波逸提法的"法"一样,是部类(五部、八篇)的通称。众学法的"众",与四波罗夷法的"四"一样,是条文的数目。所以这一部的专名,只是"学";《铜鍱戒经》正是这样的。"学"是应当学的事,结句为"应当学",与前四部的结句"是波罗夷"、"是波逸提"的结罪不同。依五部而成立五罪聚,与这第五部相当的,《僧祇律》作"越毗尼"(Vinayātikrama)②,《十诵律》名为"突吉罗"(duṣkṛta)③。在罪聚中,越毗尼与突吉罗,后来都被解说为:通摄前四部以外的,一切轻罪与重罪。然在五部经的原始组织中,"学"本不是制罪的;即使是非法非毗尼的,约由重而轻的次第说,也应该是极轻的;与越毗尼中的"越毗尼心悔"、突吉罗中的"责心恶作"相当。不要在僧中,也不要对人说,只要自己"心悔念学"④,就可以清净了。

　　"学"与前四部"学处"不同,这里应略为论列:"学",是于佛法中的学习。在佛的教导开示中,学是应当学的事。内容不外乎三学:增上戒学、增上心学、增上慧学。如于应学的事而有所得的,名为有学。如学而圆满成就,名为无学(aśaikṣa)。佛的开示,充满劝发策励的意味。如说四谛,就是"应知"、"应断"、

---

　　① 《根本萨婆多部律摄》卷二有"初部四波罗市迦法"(大正二四·五三一下);卷三有"第二部十三僧伽伐尸沙法"(大正二四·五四〇中);卷五有"第三部三十泥萨祇波逸底迦法"(大正二四·五五一上);卷十四有"第四部四波罗底提舍尼法"(大正二四·六〇四中),又"第五部众学法"(大正二四·六〇五下)。各本不同,或没有"第一部"等部数,但可见五部与"戒经"的组织有关。

　　② 《摩诃僧祇律》卷二〇(大正二二·三八六中)。

　　③ 《十诵律》卷五六(大正二三·四一二中)。

　　④ 《萨婆多毗尼毗婆沙》卷九(大正二三·五六二上)。

"应证"、"应修"。"学"的一部分,日常生活的一部分,特别被称为式叉罽赖尼(śikṣā-karaṇīyā)——"应当学"。

上面曾说到,释迦佛起初以"法"为教,重于真理与道德的实践。只是教人学,应这样,不应那样。广律中说:拘那含牟尼等佛,正法不能久住,就是这样教导的。如《四分律》卷一(大正二二·五六九中)说:

> "彼世尊知诸弟子疲厌心故,但作如是教:是事应念,是事不应念! 是应思惟,是不应思惟! 是应断,是应具足住。"

《铜鍱律》与《五分律》都有类似的说明①。这正是释迦佛没有制立学处、没有制说波罗提木叉以前,略说教诫时代的教化肖影。等到出家众多了,问题也多了,不得不在德化(以法教化)的基础上,融入律治的精神,这就是随犯而制立"学处"。"学",是应该这样、不应该那样的开导。如违反了,虽受到呵责、训勉,但没有强制纠正的力量。如古代的礼治,与礼制不合,虽为社会所呵责与不齿,但没有强制力。"学处",是于学有特定轨范,而非依着这样学不可。"学处"如法律,不只是应该不应该,而是容许不容许。"学处"是以僧伽的和合清净为理想而制立的;运用僧伽的集体力量,执行僧伽的意志,违犯者非接受处分不可。所以在佛法的开展中,先有学而后有学处。学的意义广,学处的内容有限。学处也还是应学的,所以可摄在学的当

---

① 《铜鍱律·经分别》(南传一·一三)。《弥沙塞部和醯五分律》卷一(大正二二·一下)。

中。如跋耆子比丘,以学处的制立过于众多,而感觉到不能继续修学。佛问他:能学三学吗?他说:能!其实三学中的戒增上学,能摄一切学处①。学与学处,不同而又可通,所以汉译每笼统地译为"戒"。如三增上学,《鼻奈耶》译为无上戒戒、无上意戒、无上智戒②。"不应式叉羂赖尼",意思为"不合应当学",却又译为"不应戒行"③。《佛说苾刍五法经》,译学法为"戒法"④。如不净行学处,有"戒羸不舍"句。"不舍戒",实为"不舍学"的异译。学与学处,汉译每泛译为戒,所以意义的区别不明。而实学为应学的一切,学处为属于尸罗学的一分戒条。

　　"学"——应当学的内容极广,一部分出家众的威仪——穿衣、饭食、行来出入、说法、大小便等,在"戒经"的集成时,被组为第五部分。比丘众弃家离欲,过着淡泊的生活,也是谨严的生活。这些威仪礼节,或是传说的清净轨式⑤,或是适应社会的宗教要求:在出家众中,渐形成释沙门的特有威仪,而为出家众所应当学的。说一切有部说:这是五篇戒中最初制定的⑥;正表示比丘们的行仪与僧伽的成立同时,形成一定的法式。五比丘中

---

　　①　《增支部·三集》(南传一七·三七七——三七八)。《杂阿含经》卷二九(大正二·二一二下)。

　　②　《鼻奈耶》卷一(大正二四·八五一中)。

　　③　《鼻奈耶》卷一〇(大正二四·八九五上)。

　　④　《佛说苾刍五法经》(大正二四·九五五下)。

　　⑤　传为过去佛与净居天的仪式,如《十诵律》卷一九(大正二二·一三三中),《根本说一切有部毗奈耶》卷五〇(大正二三·九〇一中),《萨婆多毗尼毗婆沙》卷九(大正二三·五六一下),《根本萨婆多部律摄》卷一四(大正二四·六一二上)。

　　⑥　《萨婆多毗尼毗婆沙》卷九(大正二三·五六一下)。

的马胜,早就以威仪庠序著名。沙门应有的威仪,被组为"戒经"的第五部分。学与前四部的学处不同,略示方隅,应当学;原始的条款,应简要而能多含。或者忽视了佛所领导的比丘众是过着宗教的集体生活,自然要形成一定的威仪。或者不注意先学而后学处的实际意义,以为众学法没有一定条数(其实是逐渐举例加详而已),所以是后起的、附加的。然从"五纵经"、"五犯聚"、"五种说波罗提木叉"的古说看来,在"戒经"的类集为五部时,学法是早已成立了。

　　"学"是应当学的;不这么学,当然是不对的,但起初并无制罪的意义,与前四部不同。在律治精神发达后,渐与学处相近;在依"五修多罗"而立的"五犯聚"中,被判为"越毗尼"或"突吉罗"。起初,佛以"法"为教,善的名为法,不善的名为非法,非法就是恶。如八正是法,八邪是非法①;十善道是法,十不善道是非法②。法与非法,表示了善与恶的早期意义。在佛法的开展中,法与毗奈耶(律),渐被对称起来。法为真理与道德的实践,毗奈耶为虚妄与不道德(烦恼、恶业)的除灭;原为同一内容,显正与遮邪的两方面。"是法是毗尼","非法非毗尼",这一相对的名词普遍流行,在现存的经律中到处可见。但虽有"法毗奈耶"的对称,并无实质的不同意义。大概由于学处的制立,"五犯聚"与"五毗尼"的成立,法与律渐为不同的开展。继承这一倾向,佛灭后的圣典结集,也就为法与律的各别结集。学处制立

---

　　①　《杂阿含经》卷二八(大正二·二〇二下)。
　　②　《增支部·十集》(南传二二下·二二五)。《杂阿含经》卷三七(大正二·二七五下)。

以后,违犯的特有术语:波罗夷、僧伽婆尸沙、波逸提、波罗提提
舍尼等,也就成立。而"非法非毗尼"等成语,仍流行下来,而被
用为第五部,及四部以外的罪名。《根有律》有"越法"罪①,《僧
祇律》有"越毗尼"罪②。《律二十二明了论》的"过毗尼"③,就
是"越毗尼"的别译。越法、越毗尼,是对法与毗尼有所违犯,不
合法与毗尼的规定。这是进入律治时代,从非法非毗尼而演化
来的术语。应当学而不这么学,《僧祇律》名为"越学法"④。这
本都是通泛的名称;在前四部的专门术语成立后,被用为第五
部——学法的罪名。突吉罗意译为恶作,也是一样。应该这么
学——这样做,这样说,如不合规定,就名为恶作。恶作也被用
为第五部,并四部以外的一切罪名,与《僧祇律》的"越毗尼"一
样。第五部名学法,是各部"戒经"所同的。而违犯的罪名,各
派的用语不一。正由于学法是古老传来的,本没有制定罪名;等
到判决罪名,部派开始分化,所以也不能统一了。

2.八部的次第完成

"波罗提木叉经"——"戒经"的原始类集,集为五部,但不
能确知学处共有多少。成立"戒经",布萨说戒以来,学处还在
不断地制立,这是不容怀疑的。从原始类集,到佛灭时,"戒经"
已有学处的增多或部类的分立,及传诵与意见的不同了。说到

---

① 《根本说一切有部毗奈耶》卷八(大正二三·六六四上)等。
② 《摩诃僧祇律》卷一九(大正二二·三七八下)等。
③ 《律二十二明了论》(大正二四·六六六下)。
④ 《摩诃僧祇律》卷二一、二二(大正二二·三九九下——四一二上)。

学处的增多,如提婆达多(Devadatta)的叛教事件,是以别众布萨为形式上的脱离。现存"戒经"的僧伽婆尸沙法,有"破僧违谏学处"、"随顺破僧违谏学处",都因此而制立,为佛七十余岁的事。又如波逸提法,有"诈言不知学处"、"轻呵戒学处",都是制立于布萨说戒以后的。类集为五部,成立说波罗提木叉(说戒)以后,学处是还在不断增多中的。

　　部类方面,初为五部,波逸提是总为一部的。古代的经济生活极为简单,比丘们的日用物质,不外乎衣、钵、卧具、药食。比丘们过着"少欲知足"、"易养易满"的独身生活。可是佛法开展了,信众越多,供养也越厚。对于资生的物品,比丘们也有求多、求精的现象。对于这,不能不多方限制。凡是超过水准的不合规定的物品,都应该舍去(其实是"净施",大都交还本人,只是经一番公开,受一番呵责)。物品应舍去而罪应悔,名为尼萨耆波逸提——"舍堕",与一般的波逸提不同。这一类学处多了,波逸提就自然形成二类:"舍堕"、"单堕",但还是统称为波逸提的。从种种迹象看来,佛的晚年,僧品庞杂的情形日见严重,制立的学处也就越多。如《杂阿含经》卷三二(大正二·二二六中)说:

　　　　"何因何缘,世尊先为声闻少制戒时,多有比丘心乐(修证)习学?今多为声闻制戒,而诸比丘少乐习学?"[①]

　　佛法在发展中,出家众的增多过于迅速,自不免庞杂不纯。

---

　　① 　参阅《相应部·迦叶相应》(南传一三·三二七)。

为此而倾向"律治",制立更多的学处。但在形迹上,似乎制立的学处更多,反不如初期的专精修证。其实,如不多制学处,情形将更为严重。

佛的游化,虽限于恒河一带,但地区不能说不广。交通不便,语言不一,又没有文字记录可以传达远方。以说波罗提木叉——说戒来说,如有新制立的学处,怎样传达到各地区,而能使远地的比丘接受?怎样使新成立的学处,各方都能纳入"戒经"的同一部分? 这显然是很不容易的! 现存"戒经"波逸提法,有"遮传教学处",就是不承认新立学处的宣告。在当时,几年前的学处,还没有能在各区普遍统一,而新的学处又有了多少,这是不可免的现象。这该是佛灭以后,最迫切需要处理的问题。而且,佛法中有重法与重律思想的对立。如王舍城结集中,阿难传达佛的遗命:"小(随)小戒可舍。"①现存"戒经"波逸提法,有"轻呵戒学处",正是针对"何用说此小随小戒"的。如"戒经"早有"轻呵戒学处",那么阿难所传佛命"小小戒可舍",是前言后语自相矛盾了。这实是重法的阿难所传,与重律的优波离所传,互有出入。在王舍结集中,阿难所传的被否决了;优波离所传的,被集入"戒经"波逸提中。现存的律部,都是以优波离所传为正宗的。从传说的王舍结集的事缘而论,"戒经"的结集论定,实为有关教制的迫切大事。大迦叶说:"自今已去,应共立制:若佛先所不制,今不应制。佛先所

① 　各部律都有此说,如《弥沙塞部和醯五分律》卷三〇(大正二二·一九一中——下)。

制,今不应却,应随佛所制而学。"①这是当时结集"波罗提木叉经"——"戒经"的结论。

　　王舍城五百结集,为律家所传,佛教界所公认。从佛教发展的情况而论,应有历史的事实为根据;虽然在传说中,不免杂入多少后起的成分。当时结集的"戒经",大抵近于现存各部"戒经"的八法(八部)。但实际上,未必与现在的八部相同,试列表而再为叙述:

```
        [五部]                    [八部]
  1. 波罗夷法 ——————— 1. 波罗夷法
  2. 僧伽婆尸沙法 ——— 2. 僧伽婆尸沙法
                           3. 不定法
                           4. 尼萨耆波逸提法
  3. 波逸提法
                           5. 波逸提法
  4. 波罗提提舍尼法 ——— 6. 波罗提提舍尼法
  5. 学法 ——————————— 7. 学法
                           8. 灭诤法
```

　　尼萨耆波逸提与波逸提的分立(仍不妨称为一部),是继承旧制五部而自然形成的。不定法、灭诤法,意义却大为不同。《优波离问经》、《佛说苾刍五法经》,所传的波罗提木叉的条目,无疑为古型的,却都没有不定法与灭诤法,这是最值得重视的!不定法与一般学处不同,制立的因缘,由于可信赖的优婆夷(upâsikā)的举发。犯是确定了的,但犯什么罪,还没有确定。或是波罗夷,或是僧伽婆尸沙,或是波逸提;总之,犯是决定了

————————————

　　① 《四分律》卷五四(大正二二・九六七中)。

的。不定法仅二条,与欲事有关。在广律的解说中,也有合一解说的①。《律二十二明了论》(大正二四·六六七上)说:

> "二不定……有余师说:此二不定,似律本义,律余文句,皆为释此。"

二不定的情形特殊,律师间显有不同的意见。有说"此二不定,似律本义",就反显有以为此非律的本义。出家众度着独身生活,清净梵行是特有的德相。比丘出入信众家,可能引起问题,所以取得可信赖的优婆夷的护助,以维护僧伽的清净。所犯的罪,不出于三部:这是波罗夷等三部成立以后,适应特殊情形的补充条款。

灭净法不是个人的戒条,而是处理僧事——相言净、诽谤净、罪净、常所行事净的七项法规。布萨说戒以前,先要处理净事;大众清净,才进行说戒。被称为"波罗提木叉经"的布萨说戒仪轨,为了必须处理僧事,这七项灭净法规大概是附录于篇末的。传诵久了,渐与布萨仪轨——说波罗提木叉序等,成为"波罗提木叉经"的组成部分。

王舍城五百结集时,对旧传五部的"波罗提木叉经",应已重为审定,公认而不再有异议。不定法与灭净法,从《优波离问经》《佛说苾刍五法经》没有说到这二部而论,可见虽已久为佛教界所传诵,而在律学的传承中,显然地存有古说,不以这二部为"波罗提木叉经"。尤其是灭净法,在《僧祇律》、《铜鍱律》、

---

① 《摩诃僧祇律》卷七(大正二二·二八九下——二九〇下)。

《四分律》、《五分律》、《根有律》，所有"经分别"或"波罗提木叉
分别"中，都只列举七灭诤法的名目，而没有加以分别解说。七
灭诤法的解说，都在"灭诤犍度"等中①。可见古代的持律者，虽
将灭诤法编入"戒经"，而仍没有看作"波罗提木叉经"的。仅有
《十诵律》，为七灭诤法作解说②，但又别立"净事法"（与各部广
律相同）③；虽解说的次序多少不同，但显然是重复了。

　　现存不同诵本的"戒经"，分为八法。不定法与灭诤法，都
已取得了一部的地位。在计算戒条时，也都计算在内。可见虽
偶存古说，表示不同的意见，大体说来，都已承认为"戒经"的组
成部分。佛教界公认的七百结集，传说在佛灭百年。此后不久，
就开始部派的分立。这二部为各部派所公认，应于部派未分以
前，七百结集时代，已被公认了。从原始的五部到八部；从对二
部（不定与灭诤）有不同的意见，到公认为"波罗提木叉经"的部
分；这一演进的历程，就是佛陀时代的原始结集，到王舍五百结
集，到七百结集的过程。

　　《僧祇律》别立"法随顺法"为九法，又加波罗提木叉序，成
"十部修多罗"④，那是部派分立以后的事。

_____

　　①　《铜鍱律·小品》（南传四·一一五·一六〇）。《弥沙塞部和醯五分律》卷
二三（大正二二·一五三下——一五六中）。《四分律》卷四七、四八（大正二二·九
一三下——九二二下）。《摩诃僧祇律》卷一二、一三（大正二二·三二七上——三
三五中）。

　　②　《十诵律》卷二〇（大正二三·一四一中——一四七中）。

　　③　《十诵律》卷三五（大正二三·二五一上——二五六中）。

　　④　《摩诃僧祇律》卷一四（大正二二·三三八下）。

(三)戒经条文的多少与次第

1. 条文的多少问题

"波罗提木叉经"——"戒经"八部的条文,各部所传的不同诵本,数目是有多少的;次第也或前或后,参差不一。现在依各部不同诵本的"戒经",略为论列。各部"戒经"的比对研究,经近代学者的努力,所有条目与次第的同异已明白地表示出来,予研究者以非常的便利。《律藏之研究》有极细密的逐项比对,可为参考①。各部"戒经"八部所有的条目,及其总数,先列举如下②:

	波罗夷	僧伽婆尸沙	不定	尼萨耆波逸提	波逸提	波罗提提舍尼	学	灭诤	(总计)
优波离问	4	13	·	30	92	4	72	·	215
僧祇戒本	4	13	2	30	92	4	66	7	218
铜鍱戒本	4	13	2	30	92	4	75	7	227
五分戒本	4	13	2	30	91	4	100	7	251
四分戒本	4	13	2	30	90	4	100	7	250

---

① 平川彰《律藏之研究》(四三一——四七二)。
② 《优波离问经》及《鼻奈耶》等,虽非"戒经",可以明确地考见戒条数目,也一并列出。

解脱戒经	4	13	2	30	90	4	96	7	246
十诵别本	4	13	2	30	90	4	108	7	258
十诵律本	4	13	2	30	90	4	107	7	257
十诵古本	4	13	2	30	90	4	107	7	
十诵戒本	4	13	2	30	90	4	113	7	
十诵梵本	4	13	2	30	90	4	113	7	263
鼻奈耶	4	13	2	30	90	4	113	7	
根有戒经	4	13	2	30	90	4	99	7	249
根有梵本	4	13	2	30	90	4	108	7	258
根有藏本	4	13	2	30	90	4	108	7	
名义大集	4	13	2	30	90	4	105	7	255

据上表,在"戒经"八部中,有六部是完全相同的(仅《优波离问经》少二部),共六十条,这就是:

四波罗夷

十三僧伽婆尸沙

二不定

三十尼萨耆波逸提

四波罗提提舍尼

七灭诤

波逸提与学——二部,各部"戒经"的条数不同。波逸提部,《优波离问经》、《僧祇戒本》、《铜鍱戒本》,同为九十二波逸提。《五分戒本》为九十一波逸提。《四分戒本》、《解脱戒经》、《十诵戒本》、《根有戒经》等,都是九十波逸提。但九十波逸提中,《解脱戒经》为一类;《四分戒本》、《十诵戒本》等为一类;《根有戒经》又为一类。各本的增减不同,仔细研究起来,主要

为各部的意解不同,引起的开合不一。如:

1."用虫水浇泥"、"饮用虫水",各本都以因缘不同,别制二戒。而《五分戒本》作:"知水有虫,若取浇泥,若饮食诸用,波逸提。"①《五分戒本》合二为一;然从内容来说,是没有缺减的。

2.《优波离问》、《僧祇戒本》、《铜鍱戒本》、《五分戒本》,都有"同意(羯磨)僧衣与人而后讥悔",及"知物施僧而回与余人"——二戒。《解脱戒本》仅有"知物施僧而回与余人"戒;《四分戒本》、《十诵戒本》、《根有戒经》、《鼻奈耶》等,仅有"同意僧物与人而后讥悔"戒。这里面,"以僧衣物与人",是同一事实。各部派取舍不同,形成三类。

3."与女人同坐(立)",各部"戒经"都有四戒,惟《解脱戒本》为三戒。这是各本最纷乱的部分,今据八本而为对比如下:

	铜鍱戒本	优波离问	五分戒本	四分戒本	十诵戒本	根有戒经	僧祇戒本	解脱戒经
共尼独在屏处坐	30	30	25	26	28	29	25	·
食家与女人坐	43	44	42	43	42	42	53	43
食家与女屏处坐	·	·	·	44	43	43	54	42
独与女人屏处坐	41	45	43	·	·	28	70	29
独与女人露处坐	45	31	44	45	29	·	·	·

在上表的比对中,可见《解脱戒经》以外的各本,都有"共尼独在屏处坐",及"与在家妇女坐"三戒,但取意不同。"食家(有酒食家,或解说可淫妇女家)与女屏处坐"、"独与女人屏处坐",

---

① 《弥沙塞五分戒本》(大正二二·一九七中)。

《僧祇戒本》与《根有戒经》是作为不同的二戒。《铜鍱戒本》、《五分戒本》、《优波离问经》，没有"食家与女屏处坐"，却有"独与女人屏处坐"。《四分戒本》与《十诵戒本》，没有"独与女人屏处坐"，却有"食家与女屏处坐"。这似乎本是一戒，所以出没不同。《僧祇戒本》与《根有戒经》作为不同的二戒，也就没有"独与女人露处坐"戒。所说虽有差别，而"与在家妇女坐"，共有三条戒，还是一样的。《解脱戒经》将"独与尼屏处坐"，合于"独与女人屏处坐"中。"女人"是可以总括出家女尼及在家女人的。都是女人，都是屏处坐，所犯的又都是波逸提。所以《解脱戒经》的九十波逸提，是开合不同，自成体系的。决非如或者所说，属于九十二波逸提系统，只是脱落了两条①。

4."自往尼住处教诫"，《四分戒本》等缺。"戒经"条文的意义不明，寻各部广律的内容，对列如下：

	铜鍱律	五分律	僧祇律	鼻奈耶	四分律	十诵律	根有律
非僧差教诫尼			21	21			
	21	21			21	21	21
（界外自差教尼）			(23)	•			
教诫尼至日暮	22	22	22	22	22	22	22
自往尼住处教诫	23	23	23	•	•	•	•

"非僧差教诫尼"、"自往尼住处教诫"，到底有什么差别？可能的差别有二：一、"非僧差教诫尼"，是半月半月请教诫时；

————————

① 平川彰《律藏之研究》（四五九）。

“自往尼住处教诫”,是平时。二、“非僧差教诫尼”,是尼众到比丘住处来请教诫(这样,与下一条“教诫尼至日暮”,尼众来不及回去的因缘相合);“自往尼住处教诫”,是到尼寺中去。这二条戒的差别,《五分律》所说不大分明。这都不是僧伽推派的;不论是布萨日或平时,来受教或去教,都是一样。所以《四分戒本》等,都简化而合为一戒。《僧祇律》虽有“自往尼住处教诫”,但因缘为“界外自差教尼”。这一因缘,《鼻奈耶》没有;其余上座部各律,都是附于“非僧差教诫尼”戒之下的。这样,《僧祇律》自成一系,与上座部派的三戒或二戒,共有三类不同。

第七部“学法”,或作“众学法”,意思为众多的学法。这是“应当学”,与其他学处不同,条数似没有严格的规定,所以是条数出入最大的一部。众学法的条数多少,据各部广律,及不同诵本的“戒经”,参照《律藏之研究》①,并为补充条理如下:

	衣着	入白衣舍·坐	受饮食·钵	说法	大小便	上树观望	塔·像	（合计）
僧祇戒本	2	21	24	16	3	·	·	66
优波离问	2	22	29	16	3	·	·	72
铜鍱戒本	2	24	30	16	3	·	·	75
四分戒本	2	25	23	20	3	1	26	100
解脱戒经	10	29	34	19	3	1	·	96
五分戒本	10	40	30	16	3	1	·	100

————————

① 平川彰《律藏之研究》(四六七)。

根有藏本	10	29	39	26	3	1	·	108
根有梵本	10	29	39	26	3	1	·	108
十诵别本	10	46	27	21	3	1	·	108
名义大集	10	29	37	25	3	1	·	105
根有戒经	12	26	35	22	3	1	·	99
十诵古本	16	40	28	19	3	1	·	107
十诵律本	16	41	27	19	3	1	·	107
十诵戒本	16	45	27	21	3	1	·	113
十诵梵本	16	45	27	21	3	1	·	113
鼻奈耶	16	47	26	20	3	1	·	113

　　在这些不同的诵本中,《四分戒本》是最特殊的。由于法藏部的特重塔婆功德,所以增列二十六条①。否则,《四分戒本》的众学法与《铜鍱戒本》是大体相同的。说一切有部系统中,《根有戒经》的众学法,《律藏之研究》计算为九十九条②。然无论是广律、戒经,律的论书,都是或开或合,究竟有多少条,我是怎么也数不过来。这正好说明了,众学法的古型,与其余七部是不同的。众学法没有明确的定数,所以泛称为"众"。在诵本流传中,各有所重不同。《根有戒经》对于受用饮食,分别得较详细,与《解脱戒经》相近。《十诵戒本》等,对于入白衣舍,说得特别详细;《五分戒本》也有类似的倾向。或详于这些,或详于那些,都是部派分化以后,各部的所重不同。众学法条数的多少,并不能决定"戒经"的旧有或新起。总之,众多学法,为比丘众日常

---

　　① 《善见律毗婆沙》卷一六说:"佛在世,未有塔。此戒佛在制,是故无'着革屣入佛塔'。……此上二十戒,梵本无有,如来在世,塔无佛故。"(大正二四·七八七上——中)

　　② 平川彰《律藏之研究》(四三四、四六七)。

外出应供,及为信众说法所有的威仪(上树观望,也与外出有关)。制立学处以前,早已形成比丘众的威仪法式。僧伽的习惯法,在半月半月说波罗提木叉中,组为第五部,本没有明确的条数。如着重威仪的大纲:衣、食、行来出入等,各部"戒经"是终归一致的。除《四分戒本》的塔婆、佛像事与众本不同外,所差仅"上树"一则而已。

"波罗提木叉经"——"戒经",是半月半月诵说的。印度人特重口授;对于半月半月诵说的"戒经",更重于口授;在以文字记录以后,也还是重于口诵①。部派那么多,流行的区域那么广,时间又那么久,而"波罗提木叉经"的传诵,实际上只差三条——波逸提二条,众学法一条。这是不能不钦佩佛教的大德们,对于"波罗提木叉经"的尊重,及忆持力的坚强②!

2. 条文的先后次第

条文的先后次第,《律藏之研究》作了逐部的对比③,可为参考。说到次第,是结集者的工作,编成次第,与佛的制立无关。编为次第,目的在便于持诵。事义相类的集在一起,分为先后,诵持起来,要容易记忆得多。然随类而编为次第,本不是非此不可的。何况最初编次,每不免有点杂乱。所以在部派传诵中,如

---

① 法显于西元五世纪初西游,"本求戒律,而北天竺诸国,皆师师口传,无本可写"。见《高僧法显传》(大正五一·八六四中)。

② 道安命慧常删略戒经,"常乃避席,谓大不宜尔。……戒乃径广长舌相,三达心制,八辈圣士,珍之宝之,师师相付。一言乖本,有逐无赦。外国持律,其事实尔"。在佛教的圣典中,这是最严格持诵的一部。慧常所说,见《出三藏记集》卷一一(大正五〇·八〇中)。

③ 平川彰《律藏之研究》(四四三——四七二)。

认为编在哪里要容易记忆,就不妨编在哪里。各部派的诵本,都不免有些移动次第的,以实际上能便于忆持就是了。在这一意义上,次第先后,即使有旧本与新编的差异,也是无关于是非的。然取不同诵本而为之比较,从次第先后中,发见不同部派间的共同性,对于"波罗提木叉经"的演变情形,是能有助于理解的。古德的结集经、律,随部类而编为次第,每十事(不足十事或多一二事,例外)结为一颂,这也是为了便于记忆①。在十事一偈中,传诵久了,先后或不免移动,但为结颂所限,不会移到别一颂去。如移编到别一偈,那一定是有意的改编,结颂也就要改变了。偈与偈,在传诵中也可能倒乱的。但不倒则已,一倒乱就十事都移动了。对条文的次第先后,应注意这些实际问题!"戒经"八部中,尼萨耆波逸提、波逸提的戒条最多(学法本没有一定数目,不必研究)。从次第先后去研究时,首应注意十事为一偈的意义。同属于一偈(如从一———一〇,从一一———二〇),次第虽有先后差别,仍不妨看作大致相同。这样地去理解,部派间的关系更会明白地显示出来。

尼萨耆波逸提,凡三十事。以十事为一偈,分三部分去观察,各部"戒经"的移动,都在自偈以内。《五分戒本》,比起其他的"戒经"来,以第三偈为第二,以第二偈为第三;这也只是在传诵中,偈与偈的次第倒乱而已。尼萨耆波逸提的分为三部,是一切"戒经"所同的。

波逸提,如上文所说,有九十二、九十一、九十———三类;而

①　《铜鍱律》、《根本说一切有部毗奈耶》,每部都有摄颂。《摩诃僧祇律》波逸提法,也有摄颂。

九十波逸提说中,也有三类。如分为九偈去观察,第二偈、第三偈、第四偈,在波逸提全部中,可说是最稳定的部分(第一偈有二条移到别偈去)。现在以八种"戒经",比对其次第先后;分九偈去观察,次第先后的同异也大致可见了!

	优波离问	僧祇戒本	十诵诸本	根有诸本	解脱戒经	铜鍱戒本	四分戒本	五分戒本
妄语	1	1	1	1	1	1	1	1
毁訾语	2	2	2	2	3	2	2	2
两舌	3	3	3	3	2	3	3	3
发诤	4	4	4	4	4	63	66	5
与女人说法过限	5	5	5	5	5	7	9	4
与未受具人同诵	6	6	6	6	6	4	6	6
向未受具人说得过人法	7	7	7	8	7	8	8	8
非受具人说粗罪	8	8	8	7	8	9	7	9
同羯磨后讥悔	9	9	9	9	·	81	74	80
回与僧物	10	91	·	·	9	82	·	91
毁毗尼	11	10	10	10	10	72	72	10
	※		※			※		
伐草木	12	11	11	11	11	11	11	11
嫌骂僧知事	13	13	12	12	12	13	13	13
异语恼僧	14	12	13	13	13	12	12	12
露地敷僧物	15	14	14	14	14	14	14	14
舍内敷僧物	16	12	15	15	15	15	15	15
牵他出房外	17	16	16	16	17	17	17	16
强敷卧具	18	17	17	17	16	16	16	17
坐脱床脚	19	18	18	18	18	18	18	18

用虫水	20	19	19	19	19	20	19	20
覆屋过限	21	20	20	20	20	19	20	19
※			※			※		
非选而教尼	22	21	21	21	21	21	21	21
与尼说法至日暮	23	22	22	22	22	22	22	22
往尼住处教诫	24	23	·	·	23	23	·	23
讥教比丘尼	25	24	23	23	24	24	23	24
与尼期行	26	26	24	26	27	27	27	28
与尼同船	27	27	25	27	27	28	28	29
非亲尼与衣	28	28	26	24	25	25	24	26
与非亲尼作衣	29	29	27	25	26	26	25	27
独与尼屏处坐	30	25	28	29	·	30	26	25
独与女人(露或屏处)坐	31	70	29	28	29	45	45	44
食尼叹食	32	30	30	30	30	29	29	30
※			※			※		
展转食	33	32	31	31	31	33	32	31
施一食处过限	34	31	32	32	32	31	31	33
受二三钵食	35	38	33	33	33	34	34	34
足食	36	33	34	34	34	35	35	35
劝足食	37	34	35	35	35	36	36	36
别众食	38	40	36	36	36	32	32	32
非时食	39	36	37	37	37	37	37	38
食残宿食	40	37	38	38	38	38	38	39
不受食	41	35	39	39	39	40	39	37
索美食	42	39	40	40	40	39	40	41
※			※			※		
饮虫水	43	51	41	41	41	62	62	·
食家强坐	44	53	42	42	43	43	43	42
屏处与女人坐	45	54	43	42	42	44	44	43

与外道女食	46	52	44	44	44	41	41	40
观军	47	55	45	45	45	48	48	45
宿军中过限	48	56	46	46	46	49	49	46
观合战	49	57	47	47	47	50	50	47
嗔打比丘	50	58	48	48	48	74	78	71
搏比丘	51	59	49	49	49	75	79	72
覆他粗罪	52	60	50	50	50	64	64	74
※		※			※			
驱出他村落	53	44	51	51	52	42	46	76
露地燃火	54	41	52	52	53	56	57	68
与欲后悔	55	43	53	53	51	79	76	79
与未受具人同宿	56	42	54	54	54	5	5	7
恶见违谏	57	45	55	55	55	68	68	48
与被举人共住	58	46	56	56	56	69	69	49
与摈沙弥共住	59	47	57	57	57	70	70	50
捉宝	60	49	58	58	69	84	82	69
不坏色	61	48	59	59	68	58	60	77
半月浴过	62	50	60	60	70	57	56	70
※		※			※			
夺畜生命	63	61	61	61	61	61	61	51
疑恼比丘	64	62	62	62	62	77	63	52
击攊	65	67	63	63	63	52	53	54
水中戏	66	66	64	64	64	53	52	55
与女人共宿	67	69	65	65	65	6	4	56
怖比丘	68	65	66	66	66	55	55	73
藏他衣钵	69	64	67	67	67	60	58	78
净施衣不语取	70	63	68	68	59	59	59	81
无根僧残谤	71	90	69	69	58	76	80	75
与贼期行	72	72	71	71	71	66	67	66

	※		※			※			
与女人期行	73	68	70	70	60	57	30	57
未成年者授具足	74	71	72	72	72	65	65	61
掘地	75	73	73	73	74	10	10	59
过受四月药请	76	74	74	74	73	47	47	62
拒劝学	77	75	75	75	75	71	71	63
屏听四诤	78	78	76	76	76	78	77	60
不与欲	79	79	77	77	77	80	75	53
不受谏	80	77	78	78	78	54	54	58
饮酒	81	76	79	79	79	51	51	57
非时入村落	82	80	80	80	80	85	83	83
	※		※			※			
不嘱同利入村落	83	81	81	81	81	46	42	82
突入王宫	84	82	82	82	82	83	81	65
无知毗尼	85	92	83	83	83	73	73	64
骨牙针筒	86	83	84	84	84	86	86	86
过量床足	87	84	85	85	85	87	84	85
贮绵床褥	88	85	86	86	86	88	85	84
过量雨浴衣	89	88	87	89	89	91	89	89
过量覆疮衣	90	87	88	88	88	90	80	88
过量坐具	91	86	89	87	87	89	87	87
与佛等量作衣	92	89	90	90	90	92	90	90

　　在上表中,"十诵诸本"是《十诵戒本》、《十诵律本》、《十诵古本》、《十诵别本》、《十诵梵本》及《鼻奈耶》。"根有诸本"是《根有戒经》、《根有梵本》、《根有藏本》及《翻译名义大集》。这二大类,各本内部也有好几处先后不同,但都不出于同一偈内,所以简化而总为二类。

1. 从上表的对照中,首先看出:说一切有部本——"十诵诸本"与"根有诸本",在波逸提的次第中,与饮光部的《解脱戒经》,不但偈与偈完全相同,次第也最为接近。除条文内容不同外(如上项所说),例外的不同,是五八、五九、六〇——三条,与六八、六九、七〇——三条,互相移动了一下。虽从第六偈移到七偈,而列于偈末三条,地位还是一样。说一切有部本,与《僧祇戒本》、《优波离问经》,这三条的次第是相同的,所以这是《解脱戒经》的移动。饮光部属于分别说部系统,而思想折衷于说一切有部。"戒经"同于说一切有部,难怪传说为说一切有部的支派了①。

2. 《僧祇戒本》,大众部的"戒经"。《优波离问经》虽为九十二波逸提,但与说一切有部的诸"戒经",次第非常相合,可能为分别说部分离以后的上座部"戒经"原型。试分九偈来考察:《优波离问经》第一偈(一——一一),应为十一事。说一切有部各本,有"同(意)羯磨后悔"戒,没有"回僧物与人"戒;《解脱戒经》有"回僧物与人"戒,却没有"同羯磨后悔"戒,所以都为十事。《僧祇戒本》移"回僧物与人"于第九偈(九一),其余相同,所以也是十事。第二偈(一二——二一),与说一切有部本,《僧祇戒本》,《解脱戒经》——(一一——二〇)相同。第三偈(二二——三二)也应为十一事。在这一偈中,说一切有部本没有"往尼住处教诫"戒(合于"非选而教诫尼"中),《解脱戒经》没有"独与尼屏处坐"戒(合于"独与女人坐"中),所以都为十事。

---

① 《异部宗轮论》(大正四九·一五中)。《岛史》(南传六〇·三五)。

《僧祇戒本》将"独与女人坐"戒移到第七偈（七〇），所以也还
是十事。《铜鍱戒本》与《四分戒本》，第三偈也相同，但将"独与
女人坐"戒移到第五偈去。《僧祇戒本》等都是十事，显然是依
《优波离问经》为底本，而或减或移，成为不同的诵本。四、五、
六——三偈（三三——六二），与《僧祇戒本》、《解脱戒经》，说
一切有部各本，可说都是相合的。只是《僧祇戒本》以五偈为六
偈，以六偈为五偈，次第颠倒了一下。第七偈（六三——七二）
小有出入。《优波离问经》先出"与贼期行"戒，而后"与女人期
行"戒；"与女人期行"，属于下一偈。而《僧祇戒本》、《解脱戒
经》，说一切有部诸本，相反的"与女人期行"戒在前，而"与贼期
行"戒属于下一偈（《铜鍱戒经》与《五分戒本》，这二条戒的次
第与《优波离问经》相同）。此外，《僧祇戒本》，从前第三偈移来
的"独与女人坐"戒，为第七〇戒；因而将本偈的"无根僧残谤"
戒移到第九偈去，仍为十事。第八偈（七三——八二）除"与女
人期行"戒，列于偈初（不同处如上说）外，一切都相合。第九偈
（八三——九二），《僧祇戒本》不同，因为从上面移来的"回僧物
与人"戒，及"无根僧残谤"戒，增入第九偈中，所以《僧祇戒本》
的九偈，共有十二事。从上来的比对说明，《优波离问经》，显然
的更为古老（波逸提部分）！如第一偈与第三偈，都是十一事。
而《解脱戒经》及说一切有部本，虽所减略的不同，而同样的略
去一戒。《僧祇戒本》没有减略，却各移一戒到后面去。于是
《僧祇戒本》等，这二偈都是十事（《铜鍱戒本》的第三偈，也是这
样）。如不以《优波离问经》为底本，那么移动或减略，都不可能
如此的巧合。又如五、六——两偈，《僧祇戒本》移动了，而《优

波离问经》、《解脱戒经》与说一切有部本相合。《优波离问经》
九十二波逸提为古本;《僧祇戒本》虽同列九十二,而已有移动。
《解脱戒经》与说一切有部诸本,已减略为九十波逸提。虽有九
十二与九十的差别,但在次第先后的意义上,这都是维持古传的
同一系统。

　　3.《铜鍱戒本》九十二波逸提,《四分戒本》九十波逸提,但
在次第先后中,这是属于同一系统的。二本的主要不同为:《铜
鍱戒本》第三偈(二一——三〇),《四分戒本》省略"往尼住处
教诫"戒,而移第七偈的"与女人期行"戒来补足第三偈,又移第
八偈的"疑恼比丘"戒来补足第七偈。《铜鍱戒本》第八偈,凡十
二事(七一——八二)。《四分戒本》既移去了"疑恼比丘"戒,
又省略了"回僧物与人"戒。这样,《四分戒本》的第八偈,除去
二事,仍为十事。《铜鍱戒本》与《四分戒本》,在次第先后的整
理上,比《优波离问经》、《僧祇戒本》等一大系统,确有长处! 如
以"掘地"戒及"坏生"戒为次第;"拒劝学"戒、"毁毗尼"戒、"无
知毗尼"戒——三戒自为次第,都事义相类,便于记忆。尤其是
以"女人共宿"戒,与"与女人说法过限"戒为次第,比起《优波离
问经》等,以"与女人共宿"戒,列于"水中戏"戒、"怖比丘"戒的
中间,要合理得多!《优波离问经》等,代表较古型的编次;早期
的编次,还不免带点杂乱。这一系统,是大众部、分别说部的饮
光部、说一切有部所同用的。重律的铜鍱部、法藏部,更作合理
的编次。这虽是稍迟的,但无关于内容的是非。在次第先后上,
这是较为完善的。

　　4.《五分戒本》的次第,出入于《优波离问经》、《僧祇戒本》、

《铜鍱戒本》，而又有独立的编次部分。分别说部是重律的学派，《铜鍱戒本》《五分戒本》《四分戒本》，于波逸提的次第先后，都是下过一番功力的！

（四）戒经的集成与分流

"波罗提木叉经"——"戒经"的结集完成，到部派不同诵本的分化，经上面的分别论证，已可从开展的过程中，作进一步的明确的推定。

"戒经"的集成，是与佛的制立"布萨"，"说波罗提木叉"有关。起初，佛为比丘众制立布萨，是以略说教诫为布萨的，也就是"偈布萨"。后来，出家弟子而有所违犯的，佛随犯而制立学处，传布学习。等到制立的学处多了，布萨制渐发展为大众和合清净，诵说以学处为内容的波罗提木叉。声闻弟子，和合清净，一心诵出这样的波罗提木叉，也就有"波罗提木叉经"的成立。据"五修多罗"或"五縦经"，"五种说波罗提木叉"的古说，推知"波罗提木叉经"的最初集成，是分为五部（经）的：波罗夷法、僧伽婆尸沙法、波逸提法、波罗提提舍尼法、学法。学法是僧伽的威仪部分，早已形成一定的威仪法式，为比丘众应学的一部分。学处的制立，还在进行中。最初集成的"戒经"共有多少条款，是无法确定的。但分为五部；戒分五篇，永为律家的定论（与律有关的法数，也都是以"五"为数的）。

一项古老的传说，受到近代学界注意的，是"一百五十余学处"说。如《瑜伽师地论》卷八五（大正三〇·七七二下）说：

　　　　“别解脱契经者,谓于是中,依五犯聚及出五犯聚,说
　　　过一百五十学处,为令自爱诸善男子精勤修学。”

　　这一古说,也见于《阿毗达磨大毗婆沙论》,如卷四六(大正
二七·二三八上)说:

　　　　“佛栗氏子,如来在世,于佛法出家,是时已制过二百
　　　五十学处,于半月夜,说别解脱经。”

　　《大正藏》依《丽藏》本,作“过二百五十学处”;然宋、元、明
本,都作“过百五十学处”①,与同为玄奘所译的《瑜伽师地论》
相合。与佛栗子有关的经文,见于《增支部·三集》,作“百五十
余学处”②。另外还有说到“百五十余学处”的三则经文③。与
《增支部》经说相当的汉译,是《杂阿含经》,但作“过二百五十
戒”④。《阿毗达磨大毗婆沙论》,属说一切有部。《瑜伽师地
论》所说,是五分中的“摄事分”,是声闻经律的“摩呾理迦”。所
依的契经,与说一切有部所传的《杂阿含经》相同⑤。所依的《别
解脱经》,也应属说一切有部。汉译《杂阿含经》是说一切有部
的诵本,应与《瑜伽师地论》说一样,同为“过百五十戒”。而现
存经本作“过二百五十戒”,可断为依熟习的“二百五十戒”说而
改定的。

────────────

　　①　《阿毗达磨大毗婆沙论》卷四六(大正二七·二三八注①)。
　　②　《增支部·三集》(南传一七·三七七)。
　　③　《增支部·三集》(南传一七·三七九——三八四)。
　　④　《杂阿含经》卷二九(大正二·二一〇中——二一一上、二一二下)。
　　⑤　吕澂《杂阿含经刊定记》之“附论杂阿含经本母”所说(《内学》第一辑二三
三——二四一)。

南北共传的,"百五十余学处"的《别解脱经》——"戒经",为古代某一时期的历史事实,是不容怀疑的。然而"百五十余学处",到底是什么意义?现存各部不同诵本的"戒经",虽条数多少不一,而主要为"学法"的多少不同。如将"学法"除去,就是一五二,或一五一,或一五〇学处,相差仅二条而已。因此,B. C. Law 以为:第一结集所结集的"戒经",是没有众学法的,恰好为"百五十二学处";这当然是继承"铜鍱部"学者的解说①。W. Pachow 以为:"百五十余学处"的余,是"百五十学处"以外的,指众学法而说。这二项解说,可代表一般的意见②。然从上来的论证中,对于这种解说,觉得有考虑的余地。以 B. C. Law 的意见来说,"戒经"曾有"百五十余学处"时期,但这并不能证明为第一结集。"波罗提木叉经"——"戒经"的类集,源于佛陀时代,说波罗提木叉制的确立。结集是佛灭以后,佛弟子的共同审定编次。而结集以前,学处是成文法;佛弟子中的持律者,编类以供说波罗提木叉的实用。"过百五十学处",为什么不说是佛陀时代呢!而且,"戒经"的最初编类,是五部,已有学法在内。《瑜伽师地论》说:"依五犯聚及出五犯聚,说过一百五十学处。""学法"(约犯,名突吉罗或越毗尼)为五聚之一,为什么"百五十余学处"的原始"戒经",没有学法呢?上面曾说到:不定法是补充条款,灭净法是附录的处事法规。这二部都是附录性质,一直到部派时代,还有不计算在戒条以内的。所以,以现存的"戒经"八篇为据,除"学法"而取以外的(不定法及灭净法

---

① 平川彰《律藏之研究》引觉音所说(四七九)。
② 平川彰《律藏之研究》所引(四七九——四八一)。

在内的)"百五十余学处",是不大妥当的！至于 W. Pachow 的解说,也是以学法以外的七篇为"过百五十戒",同样难以采信。

说波罗提木叉,"过百五十学处",有学法而没有不定法与灭诤法,分为五部,这是佛陀晚年,"波罗提木叉戒经"的实际情形。学处的制立还在进行中。波逸提法,甚至僧伽婆尸沙法,也都还没有完成(其实无所谓完成,只是以佛的涅槃为止而已)。这是佛陀在世的时代。

佛灭后,举行第一次结集。"波罗提木叉经"的结集论定,当然是首要部分。在组织方面,仍以五部(波逸提内分舍堕与单堕二类,实为六部)来统摄。二不定法与七灭诤法,从部派时代,大都认为"戒经"的组成部分来说,应已附录于"戒经"。最迟到七百结集时代,"戒经"八篇的组织已为多数所承认了。这就是未来一切部派"戒经"的原本,全经约二〇〇戒左右。这一古本,现在并没有存在,但从仅有的古说中可以理解出来。如《佛说苾刍五法经》(大正二四·九五五下)说:

> "四波罗夷法……十三僧伽婆尸沙法……三十舍堕波逸提法……九十二波逸提法……各四说……五十戒法。"

《佛说苾刍五法经》是赵宋法贤(Dharmabhadra)所译。译出的时代虽迟(法贤于西元九七三——一〇〇一年在中国),而传说却是古老的。九二波逸提说;没有不定法与灭诤法,都与《优波离问经》相同。所说的"各四说",应该是"四各说",就是"四波罗提提舍尼"。"五十戒法",是五十学法的异译。这是众多学法中,分类最少的了。六部合计,共一九三戒。如将终于成为"戒经"组成部分的二不定法、七灭诤法,加入计算,那就共有二〇二戒。这一古说,又可从《律二十二明了论》得到证明。《律二十二明了论》是正量部的律论。正量部从犊子部分出,为犊子部的大系;与说一切有部,同从(先)上座部分出,被称为四大根本部派之一,教势极为隆盛。《论》中明五部罪(大正二四·六六六中)说:

> "律中说罪有五部:第一波罗夷部,有十六罪。第二僧伽胝施沙部,有五十二罪。第三波罗逸尼柯部,有三百六十罪。第四波胝提舍尼部,有十二罪。非四部所摄所余诸罪,共学对(学法的异译),及婆薮斗律所说罪,一切皆是第五独柯多部摄。"

律论所说第五独柯多部(突吉罗的别译),戒数多少不明。其他四部,西本龙山氏在《国译律二十二明了论》注,解说为:四波罗夷,十三僧伽胝施沙,三十及九十——一百二十波逸尼柯,四波胝提舍尼,所有根本罪及方便罪的分别,所说极为正确[1]!《论》中曾分明说到"二不定"、"九十波罗逸尼柯"[2];"七种依寂静所灭",就是七灭诤法[3]。所以在全经八篇中,《律二十二明了论》所没有明说的,只是"学对"——学法而已。《论》(大正二四·六六六上)又说到:

> "如来所立戒,有四百二十。于婆薮斗律,有二百戒。

---

① 西本龙山所说,见平川彰《原始佛教之研究》(二三四)。
② 《律二十二明了论》(大正二四·六六六下)。
③ 《律二十二明了论》(大正二四·六七一中)。

于优波提舍律，有一百二十一戒。于比丘尼律，有九十
九戒。"

《论》分如来制戒为三类，共"四百二十戒"。论文简略，意
义不明。经审细研究，才知道这三大类，为律藏的早期组织分类
（如第六章说）。1. "比丘尼律"，是比丘尼的不共戒。除与比丘
戒共同的而外，比丘尼有九十九不共戒；比现存各部的"比丘尼
戒经"，戒条要少得多。现存的"比丘尼戒经"，最少为《僧祇
律》，比丘尼不共戒，也有一〇七条。《五分比丘尼戒本》，不共
戒多达一九五戒。正量部所传的九十九戒，显然是最简的、更古
的传承了。2. 婆薮斗律：婆薮斗，是 Vastu 的音译，意译为"事"。
《铜鍱律》的"犍度"部分，在根本说一切有部中，是称为"事"
的，共有十七事。正量部的婆薮斗律，虽不知分为多少事，但与犍
度部分相当，是决定无疑的。3. 优波提舍律：优波提舍（upadeśa），
译为"广说"、"广演之教"，这是"十二部经"中的"论议"。然优
波提舍的本义，是共同论议。各部派的经与律①，都说到四优波
提舍。这是对于自称从佛所传，从某寺院所传，多数大德所传，
某一知名大德所传的法与毗尼，不能轻率地信受或拒斥，而应集
多数人来共同论究，决定它是否佛法。说一切有部分为二类，就
是"摩诃优波提舍"、"迦卢优波提舍"，或译为"大白说"、"黑

---

① 《增支部·四集》（南传一八·二九三——二九七）。《长部·大般涅槃经》
（南传七·九九——一〇二）。《长阿含经》卷三"游行经"（大正一·一七中——一
八上）。《十诵律》卷五六（大正二三·四一四上——中）。《根本说一切有部毗奈耶
杂事》卷三七（大正二四·三八九中——三九〇中）。《毗尼母经》卷四（大正二四·
八一九下——八二〇上）。

说"。优波提舍，实为古代对于所传的法与毗尼，所有共同审定的结集论义（论定是否佛说，为结集的主要工作之一）。所以优波提舍律，是结集所出的律，就是"波罗提木叉经"——"戒经"；"戒经"是被称为"佛说"的①。佛所制立的戒法，略有二类：一、成文法，就是学处（集成"波罗提木叉经"，以比丘为主，别出比丘尼的不共戒）。这在佛世，就有一定的文句，经共同审定编次，展转传诵下来的。二、不成文法，如出家受具足（pravrajyā-upasaṃpadā）、布萨（poṣadha）、安居（varṣā）等种种规定，都习惯地实行于僧伽内部，后来才渐次编集，集为犍度等。所以《律二十二明了论》的三类律，就是"波罗提木叉经"（及"经分别"）、事律、比丘尼律。对于这三大律，《论》说："于婆薮斗律，有二百戒；于优波提舍律，有一百二十一戒。"我认为译文（或所传）有错失，应改正为：

> "于优波提舍律，有二百戒。于婆薮斗律，有一百二十一戒。"

这是依义改定，并无古本及其他传说为据。这样改正的理由是：婆薮斗律有多少戒，并没有知道，也无可考证，当然不能说不是"二百戒"。然经优波提舍——共同论决而来的戒——"波罗提木叉经"，是不可能为"一百二十一戒"的。同时，如以优波提舍律为"二百戒"，比对《佛说苾刍五法经》的古说，恰好相合。

---

① "佛说广释并诸事，尼陀那及目得迦"等颂，出《根本萨婆多部律摄》（大正二四・五二五上）。"佛说"，指"波罗提木叉经"。"广释"是"波罗提木叉分别"——"广毗奈耶"。"诸事"是十七事。

"二百戒"为：

> 四波罗夷
>
> 十三僧伽胝施沙
>
> 二不定
>
> 三十尼萨耆波罗逸尼柯
>
> 九十波罗逸尼柯
>
> 四波胝提舍尼
>
> 五十学对（比定）
>
> 七依寂静毗尼

《佛说苾刍五法经》为一九三戒。如加上二不定与七灭净，共二〇二戒。正量部用九十波逸提说，除去二戒，就恰好为"二百戒"。以比丘尼九十九不共戒而说，正量部传承的律学是古型的。推定"学对"为五十，与《佛说苾刍五法经》相同，共为二〇〇戒。我相信，"二百戒"应为优波提舍律，而非婆薮斗律；这应是"二百戒"的最好说明了。

佛灭后的最初结集，"波罗提木叉经"为一九三戒；二不定与七灭净，是附录而非主体。传诵久了，被认为"戒经"的组成部分，就是二〇二戒。这一古传的"戒经"，就是僧伽和合时代，被称为原始佛教的古"戒经"，为未来一切部派不同诵本的根源。

到阿育王时代（西元前二七〇年顷登位），佛教已有三大部的存在：大众部；从上座部分出的分别说部；分别说部分离以后的（先）上座部（说一切有部与犊子部，从此分流而出）。现存的《僧祇戒本》、《铜鍱戒本》、《优波离问经》，可代表这三大部的

"波罗提木叉"。《僧祇戒本》是大众部。《铜鍱戒本》为铜鍱
部,是分别说部中最能保存古义的一派,所以每自称分别说部。
《优波离问经》,如上文所说,波逸提法的第一偈(一——一一)、
第三偈(二一——三二),为《僧祇戒本》、《解脱戒经》,说一切
有部"戒本"所依据,而各各自为改定(《铜鍱戒本》第三偈,也依
之而有所移动)。在次第方面,与三本都相近。尤其是尼萨耆
波逸提的次第,与《十诵戒本》完全相合;《解脱戒经》也相近;
《僧祇戒本》要远一些;所以这是古本而属于上座部的。大众部
与上座部初分,依据原始的"戒经",次第当然差不多。所以《铜
鍱戒本》,一定是重为厘定次第,成一次第更完善的诵本。《优
波离问经》,没有二不定与七灭净,更近于古型。这是着重波罗
提木叉的实体;在实用的布萨仪轨中,应有这二篇在内。这三
部,都是九十二波逸提;众学法虽分别渐详,但都没有"上树观
望"一条。这三部,还是部派初分,大体从同的阶段。《优波离
问经》,众学法七十二,总共为二一五戒。如将终于成为"戒经"
组成部分——二不定与七灭净,加入计算,就有二二四戒。《僧
祇戒本》众学法六十六,共二一八戒。《铜鍱戒本》的学法,凡七
十五,共二二七戒。那一时代的"波罗提木叉经"——"戒经",
全部约为二二〇戒左右。

　　传说佛灭三百年初,到三百年末,部派一再分化①。从先上
座部,分出说一切有部及犊子部。属于分别说部系的化地部、法
藏部、饮光部,也先后成立。现存不同部派的不同诵本,除上三

---

　　① 《异部宗轮论》(大正四九·一五中)。

本外,都应成立于这一时代,随部派的成立而成立。这是依佛"百十六年",阿育王登位而计算的;如据此而换算年代,约为西元前二〇〇——一〇〇年。这一时代的"戒经",一般的特色是:波逸提法,自九十二而倾向简化,成九十一或九十。九十波逸提,更为普遍,为说一切有部、法藏部、饮光部、正量部等所通用。众学法的分别,更为详细。惟一例外的,是犊子部系的正量部,虽采用当代流行的九十波逸提说,而众学法部分,维持古传的"五十学法"。当时的"戒经",《四分戒本》的众学法一〇〇,全部共二五〇戒。《五分戒本》,众学法也是一〇〇,共二五一戒。《解脱戒经》的学法,凡九十六,全部共二四六戒。说一切有部,"戒本"众多,但本是一部。姑取《根有戒经》众学法九十九说,全部共二四九戒。一般传说的"二百五十戒",只是略举大数,为这一时代(西元前一五〇年前后)"波罗提木叉经"条数的公论。

说一切有部,源出于摩偷罗。最初的"戒经",当然只有一部。如以尼萨耆波逸提、波逸提的次第更近于《优波离问经》来说,原本是更近于《十诵》的。后来发展于北印度、西域,教区最广,所以众学法的数目更多,而又极不一致。这都是以后的滋衍、分化,不能据此而论断为说一切有部的"戒经"为后出。实际上,众学法的条目,是从来没有一致的。

"波罗提木叉经",到部派一再分化时,在"二百五十戒"左右。《四分戒本》依《铜鍱戒本》而改组,增列塔事而大异。说一切有部的"戒本",是依《优波离问经》而改定的;《解脱戒经》也属于这一系。《五分戒本》,折衷于《优波离问经》、《僧祇戒本》、《铜鍱戒本》,自成体系。波逸提法的九十二与九十,为先后的不同阶段,切勿看作不同部派的不同系统。

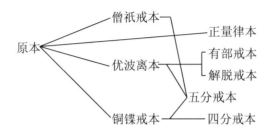

　　总结地说:佛陀在世,"波罗提木叉"集为五部。学处还在制立的过程中,传有"百五十余学处"的古说。僧伽和合一味时代,"戒经"结集为五部(内实六部),附录二部,凡一九三戒。最后形成八部,二〇二戒。部派分立以后,"戒经"也分化,初约二二〇戒左右,后以二五〇戒左右为准。部派分立,戒条的数目增多。其实,只是波逸提法有两条之差,而且是简略,不是增多。学法也只增上树(或加塔像事)一条而已。实质的变化,可说是极少的。这是"波罗提木叉经"——"戒经"的结集完成,部派分化的情况。

　　(录自《原始佛教圣典之集成》,105—184 页,本版89—152 页。)

三　波罗提木叉分别

（一）波罗提木叉分别与毗尼

《铜鍱律》的"经分别"，是"波罗提木叉经"——"戒经"的分别广说，为"律藏"的重要部分。"戒经"的结集完成，分化为不同诵本，已如上一章所说；现在进一步的，对"戒经"的分别广说部分，论究其集成的过程。

《铜鍱律》的"经分别"，有二大部分：一、比丘"戒经"的分别广说；二、比丘尼"戒经"的分别广说。这二大部分，现存的各部广律，标题极不一致，如：

1.《铜鍱律》的二部分，名"大分别"，"比丘尼分别"。古代的律藏，以比丘律为主；比丘尼律本为附属的部分。所以比丘部分，每不加简别。如比丘的"波罗提木叉经"，直称为"波罗提木叉"；比丘的"经分别"，直称为"大分别"，或"波罗提木叉分别"。比丘尼部分，才加以简别，称为"比丘尼波罗提木叉"、"比丘尼分别"，或"比丘尼波罗提木叉分别"（这些名称，如下文所引述）。《铜鍱律》的"经分别"，在日译的《南传大藏经》中，"大

分别"为卷一及卷二(一——一三六),"比丘尼分别"为卷二
(一三七——五六五)。

2.《五分律》的二部,即第一分与第二分。比丘部分,从卷
一到卷一○(大正二二·一上——七七中)。有波罗夷等别题,
没有总题。比丘尼部分,总标"尼律"①,从卷一一到一四(大正
二二·七七中——一○一上)。

3.《四分律》的二部,即第一分与第二分,都没有总题。比
丘部分,从卷一到二一(大正二二·五六八上——七一三下)。
比丘尼部分,从卷二二到三○(大正二二·七一四上——七七
八中)。

4.《僧祇律》的二部,前后不相连续。比丘部分,没有总标,
从卷一到二二(大正二二·二二七上——四一二中),末作"波
罗提木叉分别竟"②。比丘尼部分,总标"比丘尼毗尼",从卷三
六到四○(大正二二·五一四上——五四八上),末作"比丘尼
毗尼竟"③。"波罗提木叉分别"与"比丘尼毗尼",为这二部分
的名称。

5.《十诵律》的二部,也是间隔而不相连续的。比丘部分
(前三诵),没有总题,从卷一到卷二○(大正二三·一上——一
四七中)。比丘尼部分(第七诵),卷初总标"尼律"④,与《五分
律》、《僧祇律》相同,从卷四二到四七(大正二三·三○二

---

① 《弥沙塞部和醯五分律》卷一一(大正二二·七七中)。
② 《摩诃僧祇律》卷二二(大正二二·四一二中)。
③ 《摩诃僧祇律》卷四○(大正二二·五四八上)。
④ 《十诵律》卷四二(大正二三·三○二下)。

下——三四六上）。

6.《根有律》，分译为二部。比丘部分，名《根本说一切有部毗奈耶》，共五〇卷（大正二三·六二七上——九〇五上）。比丘尼部分，名《根本说一切有部苾刍尼毗奈耶》，共二〇卷（大正二三·九〇七上——一〇二〇中）。西藏的译本，作Ḥdul-ba-rnam-par-ḥbyed-pa（Vinaya-vibhaṅga），Dge-sloṅ-maḥi ḥdul-ba rnam-par-ḥbyed-pa（Bhikṣuṇī-vinaya-vibhaṅga），就是"毗尼分别"、"比丘尼毗尼分别"。

《铜鍱律》的"经分别"，在其他的五部广律中，是称为"波罗提木叉分别"，或"毗尼（毗奈耶）分别"，也有但称为"毗尼"（律）的。"经分别"是"波罗提木叉经"的分别广释。"波罗提木叉经"，《铜鍱律》直称为（比丘）"波罗提木叉"；所以《铜鍱律》称"经分别"，《僧祇律》称为"波罗提木叉分别"，原是一样的。在"律藏"中，惟有"波罗提木叉"被称为经；顾名思义，不会引起误解。但在一切佛典中，经是通称，所以称为"波罗提木叉分别"，应该更精确些。"波罗提木叉分别"一名，也见于《十诵律》，如说"二部波罗提木叉分别"①。这一名词，与"经分别"同样的古老。

"经分别"或"波罗提木叉分别"部分，汉、藏所译的广律，每称之为毗尼，或译毗奈耶。如《僧祇律》，称比丘部分为"波罗提木叉分别"，而比丘尼部分，就称为"比丘尼毗尼"。《五分律》与《四分律》，都说到（比丘）"尼律"（律是毗尼的意译）。《根有

---

① 《十诵律》卷二四（大正二三·一七六中——下）。

律》就称为"毗奈耶"、"苾刍尼毗奈耶"。在"五百结集"中,《四分律》说:"集比丘一切事,并在一处,为比丘律;比丘尼事并在一处,为比丘尼律。"①《五分律》说:"此是比丘毗尼,此是比丘尼毗尼,合为毗尼藏。"②称"经分别"为"毗尼",在部派的广律,是极一般的。

《铜鍱律·小品》"五百犍度",也说到"二部毗尼"、"结集毗尼"。但所说的二部毗尼,本指"二部波罗提木叉"说的,这可以在其他的广律中得到证明。《铜鍱律》说到教诫比丘尼的资格,有"善诵二部波罗提木叉,能随条文、分别、说示、决断"③。与此相当的,《十诵律》作:"多闻者,二部大戒合义读诵。"④《根本说一切有部毗奈耶》作:"云何多闻?谓能善诵二部戒经。"⑤《五分律》作:"三者,善能诵解二部戒律;四者,善能言说,畅理分明。"⑥《四分律》作:"诵二部戒利,决断无疑,善能说法。"⑦《僧祇律》但作"毗尼"⑧。二部大戒、二部戒经、二部戒律,都是"二部波罗提木叉"的异译;但《僧祇律》就称为"毗尼"。

《铜鍱律》说到摄受弟子的资格,有"二波罗提木叉善知、善分别、善转,于经文善决择"一项⑨。与此相当的,《五分律》作

---

① 《四分律》卷五四(大正二二·九六八中)。
② 《弥沙塞部和醯五分律》卷三〇(大正二二·一九一上)。
③ 《铜鍱律·大分别》(南传二·八二)。
④ 《十诵律》卷一一(大正二三·八一下)。
⑤ 《根本说一切有部毗奈耶》卷三一(大正二四·七九四下)。
⑥ 《弥沙塞部和醯五分律》卷六(大正二二·四五中)。
⑦ 《四分律》卷一二(大正二二·六四八下)。
⑧ 《摩诃僧祇律》卷一五(大正二二·三四六中)。
⑨ 《铜鍱律·大品》"大犍度"(南传三·一一四)。

"善诵二部律(毗尼),分别其义"①。《四分律》作"广诵二部毗尼"②。《僧祇律》作"多闻毗尼",又作"知二部律"③。《十诵律》作"知诵波罗提木叉,学利广说"④。《根有律出家事》作"知波罗底木叉,广解演说"⑤。说一切有部的广律,与《铜鍱律》相同,称为"波罗提木叉",而其他的律部都称为二部毗尼。

《铜鍱律》说到断事人的资格,有"广解二波罗提木叉经、善分别、善通晓、善决断,于律善巧不动"一项⑥。与此相当的,《四分律》作"三、若诵二部毗尼极利;四、若广解其义"⑦;《五分律》作"解波罗提木叉"⑧;《十诵律》作"通利毗尼,能分别相似句义"⑨。

依上来的文证,可见《铜鍱律》的二部波罗提木叉,各部广律都曾称之为二部毗尼。《铜鍱律·小品》也曾这样称呼的⑩。称二部波罗提木叉为二部毗尼,那时还没有说到经分别。虽说善分别或广解其义,也只分别广解而已;经分别还没有集成部类。其后,经分别逐渐形成部类(不一定与现在的全部相当),《铜鍱律·小品》"七百犍度"就说到"经分别"⑪,"灭诤犍度"说

① 《弥沙塞部和醯五分律》卷一七(大正二二·一一四下)。
② 《四分律》卷五九(大正二二·一〇〇二下——一〇〇三上)。
③ 《摩诃僧祇律》卷二八(大正二二·四五七下)。
④ 《十诵律》卷二一(大正二三·一四九中)。
⑤ 《根本说一切有部毗奈耶出家事》卷三(大正二三·一〇三一下)。
⑥ 《铜鍱律·小品》"灭诤犍度"(南传四·一四九)。
⑦ 《四分律》卷四七(大正二二·九一七下)。
⑧ 《弥沙塞部和醯五分律》卷二二(大正二二·一五四中)。
⑨ 《十诵律》卷四九(大正二三·三六一上)。
⑩ 《铜鍱律·小品》"五百犍度"(南传四·四三〇)。
⑪ 《铜鍱律·小品》"七百犍度"(南传四·四五七)。

到"持经、持经分别者"①。《四分律》与之相当的,作"诵戒、诵
毗尼",或"诵戒、诵戒毗尼"②。戒是波罗提木叉(经),(戒之)
毗尼指经分别。毗尼并非毗崩伽(vibhaṅga)——分别的异译。
对"波罗提木叉经",而称波罗提木叉分别为毗尼,实为佛教界
的一般用语,如《顺正理论》卷一(大正二八·三二九下)说:

> "若不说依,非佛语者,毗奈耶藏应非佛说! ……若言亦
> 劝苾刍当依别解脱经无斯过者,是则应许广毗奈耶非佛所
> 说,便非定量! 若毗奈耶即是广释戒经本故是佛说者……"

别解脱经,是"波罗提木叉经";广释戒经的,名"毗奈耶"。
毗奈耶作为波罗提木叉分别的别名,在汉译律部中,是诸部通用
的。但这是经分别成立以后的用法;二部毗尼的本义,指二部波
罗提木叉说。

佛陀随犯而制学处,将学处集为部类,半月半月说的,名为
波罗提木叉。二部波罗提木叉,被称为毗尼。依"波罗提木叉
经"分别广说,集成波罗提木叉分别;波罗提木叉分别,也被称
为毗尼。进而一切僧伽行法,统名为毗尼。如《善见律毗婆沙》
卷一(大正二四·六七五下)说:

> "二波罗提木叉(二分别)、二十三寒陀、波利婆罗,是
> 名毗尼藏。"

毗尼与法相对称,"是法是毗尼","非法非毗尼",本为佛法

---

① 《铜鍱律·小品》"灭诤犍度"(南传四·一五〇——一五一)。
② 《四分律》卷四七(大正二二·九一八上)。

的通称,为什么专称僧伽的规制为毗尼呢? 我以为,这与对五犯聚而立"五毗尼",及七灭净的编入波罗提木叉有关。毗尼以息灭净事,实现僧伽的和合清净为理想,于是波罗提木叉(及分别),所制僧伽行法、威仪,都被称为毗尼。佛法分化为二类,结集时就称为"法藏"(经藏)与"毗尼藏"。毗尼是遮非的,所以《毗尼母经》说:"毗尼者名灭,灭诸恶法,故名毗尼。"①古人从毗尼(藏)的实际内容,归纳为五义,如《毗尼母经》卷七(大正二四·八四二上)说:

> "毗尼者,凡有五义:一、忏悔;二、随顺;三、灭;四、断;五、舍。云何名为忏悔? 如七篇中所犯,应忏悔除;忏悔能灭,名为毗尼。云何名为随顺? 随顺者,七部众随如来所制所教,受用而行,无有违逆,名为随顺毗尼。云何名灭? 能灭七诤,名灭毗尼。云何名断? 能令烦恼灭不起,名断毗尼。云何名舍? 舍有二种:一者舍所作(法),二者舍(恶)见事。……此二种名舍毗尼。"

随所犯而能如法出罪的,不为恶所障,能向圣道,名为忏悔毗尼。依佛所制而不犯,就是毗尼(随顺毗尼,可通于一切行法)。这二者,或称为犯毗尼。灭毗尼,是七灭净法,也名净毗尼。断毗尼,也叫断烦恼毗尼,如《十诵律》等说②。总之,以种种不同方法制度,使比丘在僧伽中能调伏身语,纳于正轨的,都

---

① 《毗尼母经》卷一(大正二四·八〇一上)。
② "犯毗尼"、"净毗尼"、"断烦恼毗尼",见《十诵律》卷五七(大正二三·四二三中——下)。《毗尼母经》卷八(大正二四·八四八上——八五〇上)。

名为毗尼①。所以古人或意译为"律"。毗尼有法律的特性,运用僧伽的集体力量,发挥平等的制裁作用。毗尼虽是法治的,但运用起来,一定要出于善意的和平精神,融入了德化的、善诱的教育作用,使比丘众乐于为善,不敢为恶,这就是毗尼藏的实际意义。梵语 vinaya,是有"离"义、"分"义的 vi,与含有"导"义的 nī,接合为 vinī,而转化为名词的。这一含义(玄奘译为调伏),与使比丘众乐于为善,不敢为恶的僧伽制度,极为适合。所以有关僧伽法制的一切,都被称为毗尼。这是最恰当的名词!

(二)波罗提木叉——毗尼的论究

1. 波罗提木叉原理的阐明

波罗提木叉成立于佛陀时代。佛所制立的学处,经最初类集而成立的,被称为经,为僧伽所尊重。传如来入灭前,曾这样说:"我令汝等每于半月说波罗底木叉,当知此则是汝大师,是汝依处,若我住世,无有异也。"②波罗提木叉的集成,展转传诵;第一结集以来,已大体凝定。而被称为毗尼的波罗提木叉分别,性质就大为不同。这不是当时结集所成立的;是对于"波罗提木叉经",经律师们的长期论究而逐渐形成,发展分化,而成为现存形态的。半月半月诵说的波罗提木叉经,不只是诵说的。这是僧伽的行为轨范,比丘们日常生活的一切;这是需要深刻了

---

① 《善见律毗婆沙》卷一(大正二四·六七六上)。
② 《根本说一切有部毗奈耶杂事》卷三八(大正二四·三九九上)。

解,而能付之实行的。每一学处的文句,需要明确的解说。制立学处的因缘,需要研究;惟有从制戒的因缘中,才能明了制立每一学处的真正意趣。人事是复杂的,环境是因时因地而变化的,新的事物不断发生,所以要对波罗提木叉作深入的分别抉择,才能适应繁多的事件,予以确当的处理,处理得符合佛陀的意思。这一工作,佛灭以来的持律者(律师),禀承于传承的示导而不断努力。如《铜鍱律·小品》"灭诤犍度"(南传四·一四九)说:

> "广解二波罗提木叉戒经,善分别、善通晓、善决断,于律善巧不动。"

如上项所说,凡是摄受弟子,为人师长的;被差教诫比丘尼的;作断事人,裁决一切诤事的:波罗提木叉的分别抉择,为一不可缺少的必备资格。当时对波罗提木叉研究的重要,也可以想见了。经律师长期间的分别抉择,终于渐渐集成波罗提木叉分别。七百结集时代,波罗提木叉分别,或称"经分别"部分,已经集成,成为未来各部派律藏的主要部分。当然,现存各部广律,与波罗提木叉分别相当的部分,都曾在部派分化过程中,有过程度不等的补充、改组或修正。

佛为什么制立学处? 为什么制说波罗提木叉? 在波罗提木叉的分别探究中,原则与根本问题被显发出来,而为僧众所传诵。制学处与说波罗提木叉的真正意义,被编集于"波罗提木叉分别",这就是:一大理想,十种利益。

一大理想:舍利弗这样的思念:过去的诸佛世尊,谁的"梵行久住",谁的"梵行不久住"? 佛告诉他:毗婆尸、尸弃、毗舍浮——三佛的梵行不久住。拘搂孙、拘那含牟尼、迦叶——三佛的梵行久住。原因在：专心于厌离，专心于现证，没有广为弟子说法（九部经或十二部经）；不为弟子制立学处，不立说波罗提木叉。这样，佛与大弟子涅槃了，不同族类、不同种姓的弟子们，梵行就会速灭，不能久住。反之，如能广为弟子说法，为弟子制立学处，立说波罗提木叉，那么佛与大弟子虽然涅槃了，不同族类、不同种姓的弟子们，梵行不会速灭，能长久存在。于是舍利弗请佛制立学处，立说波罗提木叉法。《僧祇律》、《铜鍱律》、《五分律》、《四分律》，都有同样的传说①。所不同的，《铜鍱律》、《五分律》、《四分律》，作"梵行久住"；《僧祇律》为"（正）法得久住"。正法久住或梵行久住，为释迦牟尼说法度生的崇高理想。要实现这一大理想，就非制立学处，说波罗提木叉不可！这是如来制立学处，立说波罗提木叉的最深彻的意义了！

十种利益：制立学处与说波罗提木叉，有十大利益，如《僧祇律》卷一（大正二二·二二八下）说：

> "有十事利益，诸佛如来为诸弟子制戒（学处），立说波罗提木叉法。何等十？ 一者，摄僧故；二者，极摄僧故；三者，令僧安乐故；四者，折伏无羞人故；五者，有惭愧人得安隐住故；六者，不信者令得信故；七者，已信者增益信故；八者，于现法中得漏尽故；九者，未生诸漏令不生故；十者，正法得久住，为诸天人开甘露施门故。"

---

① 《铜鍱律·经分别·大分别》（南传一·一一——一四）。《弥沙塞部和醯五分律》卷一（大正二二·一中——下）。《四分律》卷一（大正二二·五六九上——下）。《摩诃僧祇律》卷一（大正二二·二二七中）。

　　《僧祇律》的"十事利益",各部广律都曾说到。《五分律》、《十诵律》《根有律》,作"十利";《四分律》作"十句义";《铜鍱律》原语作 dasa atthavasa①。attha,梵语为 artha,译为义,就是义利。十种义利,虽开合不同,而大意终归是一致的。《毗尼母经》说:"初十人(?)制戒因缘,增一中义。"②检铜鍱部《增支部·二集》,有十类——实为六类(第三类为:制现世漏,灭未来漏。此下别出:怨;罪;怖;制现在不善,灭未来不善——四类)的"二利",为如来制立学处、制说波罗提木叉等的因缘③。《铜鍱律·附随·五品》,所说完全相同④。除"哀愍在家者,断绝恶党——二利外,其他的五类二利,就与《铜鍱律》的十利相同。又《四分律》"毗尼增一"中,从"以一义故为诸比丘结戒"⑤,到"以十义故为诸比丘结戒"⑥。从一一别说,到二二相合,到十义结戒。似乎这是从不同的观点,发见如来制立学处、说波罗提木叉等意义,并不限于十事。其后条理综合为十事利益,作为如来制立学处、说波罗提木叉等的理由。"十利",取其圆满而已(律学极重"五"数,十是五的倍数)。以十利而制立学处及说波罗提木叉,是各部律所同的。由于条理综合而来,各部的意趣不

---

　　① 《铜鍱律·经分别·大分别》(南传一·三二)。《弥沙塞部和醯五分律》卷一(大正二二·三中——下)。《四分律》卷一(大正二二·五七〇下)。《摩诃僧祇律》卷一(大正二二·二二八下)。《十诵律》卷一(大正二三·一下)。《根本说一切有部毗奈耶》卷一(大正二三·六二九中)。

　　② 《毗尼母经》卷一(大正二四·八〇一上)。

　　③ 《增支部·二集》(南传一七·一六〇——一六一)。

　　④ 《铜鍱律·附随》(南传五·三八一——三八三)。

　　⑤ 《四分律》卷五七(大正二二·九九〇下)。

　　⑥ 《四分律》卷五九(大正二二·一〇一二上)。

同,所以也有二三事的差异。然只是开合不同,如归纳起来,不外乎六事,试对列如下:

	《僧祇律》	《十诵律》	《根有律》	《铜鍱律》	《四分律》	《五分律》
1 和合	1 摄僧 2 极摄僧	1 摄僧 2 极好摄	1 摄取僧	1 摄僧	1 摄取僧	2 摄僧 1 僧和合
2 安乐	3 令僧安乐	3 僧安乐住	2 令僧欢喜 3 令僧安乐住	2 僧安乐	2 令僧欢喜 3 令僧安乐住	
3 清净	4 折伏无羞人 5 有惭愧人得安乐住	4 折伏高心人 5 有惭愧者得安乐	4 降伏破戒 惭者得安	3 调伏恶人 4 善比丘得安乐住	4 难调者令调 7 惭愧者得安乐	3 调伏恶人 4 惭愧者得安乐
4 外化	6 不信者令信 7 已信者得增长	6 不信者得净信 7 已信者增长信	6 不信者信 信者增长	7 未信者令信 8 已信者令增长	4 未信者信 5 已信者令增长	7 令未信者信 8 已信者令增长
5 内证	8 现法尽诸漏 9 未生漏不生	8 遮今世烦恼 9 断后世恶	断现在有漏 9 断未来有漏	5 断现在世漏 6 灭后世漏	8 断现在有漏 9 断未来有漏	5 断现世漏 6 灭后世漏
6 究极理想	10 正法久住为诸天人开甘露施门	10 梵行久住	10 梵行得久住故显扬正法广利人天	9 正法久住 10 爱重毗尼	10 正法得久住	9 法久住 10 分别毗尼梵行久住故

　　"十利"或"十义"的开合不一,而归纳起来,可以分为六项来说的。一、和合义:《僧祇律》与《十诵律》,立"摄僧"、"极摄僧"二句;《四分律》等唯一句。和合僧伽,成为僧伽和集凝合的中心力量,就是学处与说波罗提木叉。正如国家的团结,成为亿万民众向心力的,是国家的根本宪法一样。二、安乐义:《僧祇律》立"僧安乐"一句,《四分律》等别立"喜"与"乐"为二句;惟《五分律》缺。依学处而住,僧伽和合,就能身心喜乐。《根本说一切有部毗奈耶杂事》说:"令他欢喜,爱念敬重,共相亲附,和合摄受,无诸违诤,一心同事,如水乳合。"①充分说明了和合才能安乐,安乐才能和合的意义;这都是依学处及说波罗提木叉而达到的。三、清净义:僧伽内部,如大海的鱼龙共处一样。在和乐的僧伽中,如有不知惭愧而违犯的,以僧伽的力量,依学处所制而予以处分,使其出罪而还复清净,不敢有所违犯。有惭愧而向道精进的,在圣道——戒定慧的修学中,身心安乐。僧伽如大冶洪炉,废铁也好,铁砂也好,都逐渐冶炼而成为纯净的精钢。所以僧伽大海,"不宿死尸",能始终保持和乐清净的美德! 四、外化义:这样和乐清净的僧伽,自能引生信心,增长信心,佛法更普及地深入社会。五、内证义:在这样和乐清净的僧伽中,比丘们精进修行,能得离烦恼而解脱的圣证。六、究极理想义:如来依法摄僧的究极理想,就是"正法久住"、"梵行久住"。和乐清净的僧伽在世,能做到外化、内证。外化的信仰普遍,内证而贤圣不绝,那么"正法久住"的大理想,也就能实现出来。十事利

---

　　①　《根本说一切有部毗奈耶杂事》卷三五(大正二四·三八四上)。

益的究极理想,就是前面所说的一大理想,但各部广律的文句出
入不一。

	（一大理想）	（十事的究极理想）
《僧祇律》	正法久住	正法久住
《十诵律》		梵行久住
《根有律》		梵行久住
《四分律》	梵行久住	正法久住
《铜鍱律》	梵行久住	正法久住·爱重毗尼
《五分律》	梵行久住	正法久住·梵行久住

　　《僧祇律》所说,始终一贯,以"正法久住"为制立学处,说波
罗提木叉的究极理想。其他的律部,都不能一致。《铜鍱律》说
"梵行久住",又说"正法久住,爱重毗尼"。"爱重毗尼"
(vinayānuggahāya)一句,应为重律学派特有的说明。《五分律》
所说,显为折衷的综合说。《僧祇律》所说"正法得久住,为诸人
天开甘露施门故",与《根本说一切有部毗奈耶》所说,意义是相
通的。《萨婆多部律摄》卷一(大正二四·五三二上)解说得
最好:

　　　"我之净行(梵行)当得久住者,谓如法宣说,广利人
　　天,展转相教,令我正法久住世故。"

　　从僧众修证说,是"梵行久住";从佛陀的证觉施化说,是
"正法久住"。二者是相互关联的,在佛教的大理想中,这是同
一内容的不同说明。当佛陀初成正觉,在赴波罗捺(Vārāṇasī)
的途中,曾宣告自己的理想,如《四分律》卷三二(大正二二·七
八七下)说:

> "世间唯一佛,澹然常安隐。我是世无著,我为世间
> 最;诸天及世人,无有与我等。欲于波罗捺,转无上法轮。
> 世间皆盲冥,当击甘露鼓。"①

"转无上法轮"、"击甘露鼓",说法并不容易,但还是容易的。修行解脱是不容易的,但还不是最难的。佛的正法,能展转无穷地延续,常在世间,不致如古佛那样的人去法灭(近于人亡政息),才是佛陀心中的重要课题。释迦佛的悲智中,确定地认为:惟有为众生广说经法;更重要的是制立学处,立说波罗提木叉法。依和乐清净的僧伽——有组织的集体力量,外化内证,才能从梵行久住中,达成正法久住、广利人天的大理想。古德在波罗提木叉的分别探究中,圆满地窥见了佛陀的深意! 不但阐明了制立学处、说波罗提木叉的真实意趣;法与毗尼的统一,更圆满地表达了佛的精神!

波罗提木叉的分别论究,从种种的观点,得来制立学处的不同意义(如《增一》中说)。然后综合为"十事利益",是各部毗尼(波罗提木叉分别)所共说的。至于一大理想,分别说部系 Vibhajyavādin 的《铜鍱律》、《五分律》、《四分律》是这样说的②:

A. 佛在毗兰若邑安居,三月食马麦。

B. 舍利弗起问,佛为分别古佛的教化情形,以说明"梵

---

① 《铜鍱律·大品》"大犍度"(南传三·一五)。《弥沙塞部和醯五分律》卷一五(大正二二·一〇四上)等,都有此说。

② 参见《铜鍱律·经分别·大分别》(南传一·一〇——三〇)。《弥沙塞部和醯五分律》卷一(大正二二·一上——三中)。《四分律》卷一(大正二二·五六八下——五七〇中)。

行久住",是由于制立学处,说波罗提木叉(这可说是波罗提木叉分别的序说,以阐明制立学处的理想所在)。

　　C.佛到毗舍离,须提那迦兰陀子出家。后因荒歉,乞食难得,回故乡去。为生母与故二所诱惑,陷于重大的恶行;佛陀因此开始制立学处。

《僧祇律》,有 B、C 而没有 A。说一切有部的广律,直从 C 迦兰陀子出家说起,没有 A 与 B 部分。《律藏之研究》,讨论律藏序分的新古,以为:《铜鍱律》与《五分律》最古,其次是《四分律》。《摩诃僧祇律》比上三律为新,因为插入了舍利弗的"前生因缘"。说一切有部律削除了序分,是新的;而《根本说一切有部毗奈耶》最新①。新与古,我在上面说过:有结构(组织形式)的新与古;有材料(内容)的新与古;在材料中,有主体部分或附属部分的新与古;有一般形式——语文的新与古。新与古的论究,原是并不太容易的!《律藏之研究》,似乎没有从律序的主体去体会! 对于这一问题,我持有恰好相反的意见。佛以"十事利益",制立学处,是一切部派所公认的。十事利益,为制立学处的一般利益,多方面的意义,应为部派未分、一味和合时代的公论。在波罗提木叉的论究中,条理十事利益,渐显发了梵行久住或正法久住,为制立学处、说波罗提木叉的究极理想。这一大理想,是存在于十事利益的终了。在部派的三大系中,(分别说部离出以后的)上座部所展开的部派——说一切有部,没有说到,表示了古型的波罗提木叉分别还没有这一部分。大众部

――――――――――――

① 　平川彰《律藏之研究》(三七六——三七九)。

与分别说部的波罗提木叉分别，都有这一（B）传说，可以从阿育王时代，大众部与分别说部合作，而说一切有部被拒北移的事实中得到说明。佛在毗兰若（Verañjā）安居，吃了三月的马麦，《僧祇律》没有说到。三月食马麦，《十诵律》与《根本说一切有部毗奈耶》都是说到过的；这是佛教界公认的事实。但食马麦是一回事，舍利弗起问，阐明制立学处的大理由——梵行久住，又是一回事，并没有什么必然的关系。至少，在说一切有部中，是没有关系的。不能因为说一切有部知道食马麦的故事，而论证A、B部分为说一切有部所有意削除的。以文学的新古而论，说一切有部律关于三月食马麦的叙述，即使文学的形式，比分别说部律为新；但说一切有部所没有的，分别说部律所独有的部分，决不能证明为古型所应有的，而只是削除了。其实，以三月食马麦为律序的部分，只是《铜鍱律》、《五分律》、《四分律》——分别说部律所独有的传说而已。

　　三月食马麦，与制立学处，有什么关联呢？须提那迦兰陀子，为了年岁荒歉，乞食难得，贪求生活的丰裕，还归故乡，因而陷于恶行。佛陀遇到荒歉，三月食马麦，也恬澹地坚忍过去。分别说部的律师们，应该是重视这二事的对比意义。将三月食马麦故事与舍利弗问梵行久住相联合，接着说到迦兰陀子须提那的犯戒。这暗示了：出家受持学处，应有少欲知足、精苦坚忍的精神，不为生活丰裕所诱惑的意义。本来无关的事理，约某一意义而联结起来，甚至集成长篇；在佛教的传说中，这并不是少有的，这应该是能为现代佛学研究者所同意的！

　　在波罗提木叉的分别论究过程中，充分阐明了制立学处，说波罗提木叉的大利益、大理想。说一切有部——一切学派共传的"十事利益"，是古型的。《摩诃僧祇律》与分别说部的广律，揭示制立学处的究极理想——梵行或正法久住，要迟一些。与三月食马麦的传说相结合，以暗示出家学道，要能恬澹精苦，那是分别说部的新编了。但我不是说，三月食马麦的传说是新的。

2. 毗尼的五事分别

"波罗提木叉分别"，或"经分别"，是"波罗提木叉经"的分别广说。在组织上，当然依着"戒经"的组织次第。但所依的"戒经"，是波罗提木叉的实体，而不是布萨所用的说波罗提木叉的布萨仪轨。所以作为布萨仪轨的"序说"、"结说"，以及"结问清净"等部分，在各部广律中，虽有附录或不完全的附录，而都是不加解说的。在"波罗提木叉经"八篇中，也没有解说"灭诤法"。"波罗提木叉分别"，是依波罗提木叉经的前七篇，一篇一篇地、一条一条地分别广说。

"波罗提木叉分别"的集成，是古代的持律者分别论究波罗提木叉的结晶。各部广律，虽名称不一致，而都有大体相同的部分（波罗提木叉的多少与次第不同，"波罗提木叉分别"当然也就不同）。所以在部派未分化以前，波罗提木叉分别的原型应该已经存在。其后随部派的分化，各有多少的补充与修正，形成现有各部广律中，与"波罗提木叉分别"相当的部分。

古代持律者分别波罗提木叉，着重于五项的论究，如《四分律》卷五九（大正二二·一〇〇四中）说：

"毗尼有五事答：一、序；二、制；三、重制；四、修多罗；

五、随顺修多罗：是为五。"

《僧祇律》有类似的五事记，如卷三二（大正二二·四九二中）说：

"毗尼有五事记：何等五？一、修多罗；二、毗尼；三、义；四、教；五、轻重。修多罗者，五修多罗。毗尼者，二部毗尼略广。义者，句句有义。教者，如世尊……说四大教法。轻重者，盗满五，重；减五，偷兰遮。是名五事记。"

"五事答"与"五事记"，应该是同一原文的异译。vyākaraṇa，译为记。如一向等四记，或译四种答。vyākaraṇa 有分别、解说、解答、决了疑问的意思。毗尼——二部毗尼，指波罗提木叉。毗尼有五事答（记），就是对波罗提木叉，有五事的分别解说。这是《僧祇律》与《四分律》共传的古说。《四分律》的五答，是依所制的每一学处说的。"序"、"制"、"重制"——三事，又如《四分律》说："平断犯罪，一、戒序；二、制；三、重制。有三法平断不犯，戒序、制、重制。"①犯与不犯，如要加以平断，要从三事去分别学处。一、制立学处的序——因缘。二、依犯戒因缘而制立学处。三、重制是补充或修正。这三事，是对于制立学处因缘的分别。从这三项去分别论究，才能了解这一学处，确定现在发生的事情是否违犯了这一学处。依三事而分别犯与不犯，也见于《十诵律》："三事决定知（决定知就是'记'）毗尼相：

---

① 《四分律》卷五八（大正二二·九九八中）。

一、本起;二、结戒;三、随结。"①又见于《毗尼母经》:"犯罪凡有三种:一者,初犯罪缘;二者,因犯故制;三者,重制。……是故三处得决(决就是'记')所犯事。复有三处决了非犯。"②《四分律》所说的(第四)"修多罗",是波罗提木叉经,也就是经文(学处)的分别决了。"随顺修多罗",是依修多罗所说,而分别决了。《四分律》所说的"毗尼有五事答",实为上座部各部律的共同意见。

《摩诃僧祇律》的"毗尼有五事记",是约波罗提木叉全体而说。"修多罗",是五篇,是被称为"五部经"的。"毗尼",是二部波罗提木叉。前二者,就是佛世的初编,与最初结集的再编(这是制与重制的另一解说)。"义",是每一学处的文义分别。"教",是四大教法。当时传诵的五经与二部,文义已有传说的不同。所以要经共同的论决,审定佛制的本义。"轻重",就是判决犯与不犯,轻犯与重犯了。大众部所传的"毗尼有五事记",与上座系不完全相同,而古人分别论究波罗提木叉的方法,仍然大体相同。

现存的各部"波罗提木叉分别"是这样的:一、依犯戒因缘而制立学处;二、学处文句的分别解说;三、犯与不犯,轻犯与重犯的分别决了。"波罗提木叉分别"的内容,不就是"毗尼有五事记(答)"吗!《善见律毗婆沙》有类似的四毗尼,如卷六(大正二四·七一六中)说:

---

① 《十诵律》卷五七(大正二三·四二三中)。
② 《毗尼母经》卷七(大正二四·八三九上)。

"于戒句中,于戒本中,于问难中,若欲知者,有四毗尼。……何谓为四? 一者,本;二者,随本;三者,法师语;四者,自意。问曰:何谓为本? 一切律藏是名本。何谓随本? 四大处名为随本。……佛先说本,五百罗汉分别流通,是名法师语。"

四毗尼与毗尼五事,虽不完全相同,而对"戒经"文句的分别问答,有这四事,却是很相近的。尤其是"本"与"随本",与《四分律》的"修多罗"、"随顺修多罗",完全相合。本,是"戒经";随本,《善见律毗婆沙》解说为四大处。四大处的原语为cattāro mahāpadesā,实与《僧祇律》的"四大教法"一致。四大教法,就是四大优波提舍,见《长部·大般涅槃经》、《增支部·四集》等①。所以,"本"是最初结集的经;"随本"是四大教法,随顺经本,而论决所传的是否合于佛法,也就是论决净与不净。"法师语"是从上律师传来的师承家法;"自意"才是后代律师的意见。毗尼——经分别,是含有这些不同的成分;也是综合这些成分,经长期的分别论究而成的。

制立学处的因缘,文句的分别解说,犯相的分别决了,是"波罗提木叉分别"的主体,为诸部广律所共同的,也就是"波罗提木叉分别"的原型。在犯相的分别决了中,共同的必要部分,是初编;不同的部分——扩编、整编,或精密的广分别,是部派分立以后的再编(在再编时,初编也有一定关系的修正)。还有,

---

① 《长部·大般涅槃经》(南传七·九九——一〇二)。《增支部·四集》(南传一八·二九三——二九七)。

与"波罗提木叉分别"相结合的附属部分,那就是各部广律,或有或没有,或多或少的部分,都是属于"波罗提木叉分别"的后起部分。

3. 因缘与文句的分别

在"波罗提木叉分别"的组织中,无论哪一条戒,都是先举制立学处的因缘,次分别学处的文句,然后分别所犯的轻重。佛的制立学处,是"随犯随制"的。凡是有所制立,一定因当时的某种事实,或是遮止罪恶,或是为了避免社会的讥嫌,而有遮止的必要。所以学处与制立学处的因缘,在学处的传诵解说中,就结合而有不可分的关系。制立学处的因缘,古来传有五事:"一、犯缘起处(地点);二、能犯过人;三、所犯之罪;四、所犯境事;五、所因烦恼。"①除"所因烦恼"属于内心的因缘而外,其余四事,就是人、地、事的因缘。每一学处的制立,不一定是一次制定的。有些学处,经多次的补充修正,才成为定制,所以古称为"制"与"重制"。说一切有部律分别极细密,如说"此是初制,此是随制,此是定制,此是随听"②。试以不净行学处为例:以须提那迦兰陀子与故二行淫为因缘,佛初立学处说:"若比丘行淫法,得波罗夷,不共住。"这是"初制"③。其后,毗舍离大林比丘与猕猴行淫,再制为:"若比丘行淫法,乃至共畜生,是波罗夷,不共住。"这是"随制"。后来因为众多的跋耆比丘不乐梵行,不

---

① 《根本萨婆多部律摄》卷二(大正二四·五三〇下)。
② 《根本说一切有部毗奈耶杂事》卷四〇(大正二四·四〇八上)。
③ 《铜鍱律·经分别·大分别》(南传一·三三)。

知舍戒,以比丘身行淫事,所以又制为:"若比丘,共诸比丘同学戒法、戒羸、不舍、行淫法,乃至共畜生,是比丘得波罗夷,不共住。"经这一次重制,准予自由舍戒,而不许以比丘身行不净行,成为"定制"。"随听",也称为"开",是在某种特殊情形下,不受某一学处的约束,也就是不犯。每一学处的制立,一制、再制,或者随听,都以某种事实为因缘,作为制立或修正的依据。

传说中的制立因缘,多数是共同的。虽或者人名不同,如不净行者须提那迦兰陀子,《僧祇律》作迦兰陀子耶舍①。或者地名不同,如毗舍离比丘与猕猴行淫,《十诵律》与《五分律》,作恢萨罗舍卫林中②;《根有律》作羯阑铎迦池竹林园附近林中③;《僧祇律》作王舍城附近的猿猴精舍④。但所传的事实,还是一致的。这可以想见初期的原始传说,由久久流传而有所变化。不过,有关因缘的人名与地名,不免有"众恶归焉"的形迹。原始佛教的律学传统,是优波离的律学传统,已不免杂有人事的因素,这里姑且不谈。

佛陀所制的学处,为了忆持诵习的便利,应用极简练的文体,当时流行的修多罗体。要理解简练文句的意义,就需要分别解说。这些文句的逐项解说,各部广律每有多少不同。这或是定义的分别:如说"比丘",在一般语言中,比丘一词的意义并不一致。波罗提木叉中的比丘,必须确定其界说,也就是确定波罗

<hr>

①　《摩诃僧祇律》卷一(大正二二・二二九上)。

②　《弥沙塞部和醯五分律》卷一(大正二二・三下)。《十诵律》卷一(大正二三・二上)。

③　《根本说一切有部毗奈耶》卷一(大正二三・六二九下)。

④　《摩诃僧祇律》卷一(大正二二・二三三中)。

提木叉所制约的比丘，才能依之而予以制裁。如法律中所说的"人"，也要确定其界说一样。关于"比丘"的分别解说，《僧祇律》但举"受具足善受具足"——正义①。《十诵律》举四种比丘②，《根有律》举五义③。《四分律》举八义④，《五分律》举十一义⑤，《铜鍱律》举十二义⑥。虽列举四义、五义到十二义，但都结示这里所说的，是以一白三羯磨，如法受具足的比丘（谁是原始的？谁是后起的呢）。

　　或是含义的阐明：学处的文句，依当时的因缘而制立，是极简略的。但在实际的情况下，必须引申阐明其意义，否则就会不足应用，或引起误解。如第二学处，《僧祇律》作："不与取、随盗物，王或捉、或杀、或缚、或摈出。""不与取"，解说为"无有与者盗心取"⑦。不与取的本义，当然指盗心取；如不是盗心取，也就不犯这一学处了。但在文字上，不与而取，是可通于盗心及非盗心的。所以分别说部系各律，说一切有部律，戒经的本文就明说为"盗心不与取"。又如"王"，《僧祇律》解说为："王者，王名刹利、婆罗门、长者、居士受职为王。"⑧王是通称一切职司治理的人，不但指国家的元首。《铜鍱律》作"诸王"，定义也是一样⑨。

---

① 《摩诃僧祇律》卷一（大正二二·二三五下）。
② 《十诵律》卷一（大正二三·二中）。
③ 《根本说一切有部毗奈耶》卷一（大正二三·六二九下——六三〇上）。
④ 《四分律》卷一（大正二二·五七一上）。
⑤ 《弥沙塞部和醯五分律》卷一（大正二二·四中）。
⑥ 《铜鍱律·经分别·大分别》（南传一·三七）。
⑦ 《摩诃僧祇律》卷三（大正二二·二四四上）。
⑧ 《摩诃僧祇律》卷三（大正二二·二四四中）。
⑨ 《铜鍱律·经分别·大分别》（南传一·七四）。

《四分律》、《五分律》、《十诵律》、《根有律》，就都明白地改定为
"若王若大臣"①。又如第三学处，《僧祇律》作"自手夺人命"，
解说为："人者，有命人趣所摄。"②《四分律》与《铜鍱律》大意相
同，解说"人"为：从最初(结生)心识，延续到命终③。《五分律》
解说为"若人若似人"④，"似人"指七七日内的胎儿。说一切有
部的波罗提木叉中，就直作"若人若人类"⑤，"若人若人胎"
了⑥。各部波罗提木叉经文句有出入的，一部分从阐明引申而
来。正如本文的夹注，日子久了，有时会成为本文一样。

　　或是本文的意义含蓄，因而引起歧义：如不坏色学处，《僧
祇律》作："得新衣……若不作三种，一一坏色受用者。"坏色
的意义是："三种坏色……持是等作点净。"下文又以"点净"、
"染净"、"截缕净"——三种净对论⑦。可见"坏色"是约"点
净"说的，就是在新得的衣服上，以三种颜色的一种，点染作标
记，以免与外道等混杂不分。《铜鍱律》与《五分律》、《十诵
律》，也是约点净说的⑧。《四分律》作："得新衣……不以三种

---

①　《弥沙塞部和醯五分律》卷一(大正二二·六上)。《四分律》卷一(大正二
二·五七三中)。《十诵律》卷一(大正二三·四中)。《根本说一切有部毗奈耶》卷
二(大正二三·六三七上)。

②　《摩诃僧祇律》卷四(大正二二·二五五上)。

③　《铜鍱律·经分别·大分别》(南传一·一二〇)。《四分律》卷二(大正二
二·五七六下)。

④　《弥沙塞部和醯五分律》卷二(大正二二·八中)。

⑤　《十诵律》卷二(大正二三·八中)。

⑥　《根本说一切有部毗奈耶》卷七(大正二三·六六〇上)。

⑦　《摩诃僧祇律》卷一八(大正二二·三六九中——下)。

⑧　《铜鍱律·经分别·大分别》(南传二·一九〇——一九一)。《弥沙塞部
和醯五分律》卷九(大正二二·六八上)。《十诵律》卷一五(大正二三·一〇九
中)。

坏色"①,约染色说。《根有律》也约"染净"说②。律本的"坏色",含意不明,于是或解说为"点净",或解说为"染净"。《五分律》作:"新得衣,应三种色作帜。"③明说为"作帜",当然是点净派的确定其意义。如本来就有这"作帜"字样,也就不会纷歧为二大流了。

文句与因缘,是互相结合的。但文句是佛所制,经结集的公论审定,口口相传,极为严格,所以出入并不太大。因缘只是口头传说,传说是富于流动性的。所以文句略有解说不同,因缘也就随着变异了。以不坏色学处来说:主张"点净"的《铜鍱律》、《五分律》,都说起因于比丘的衣服,被贼劫去了,无法辨认取回来④。《十诵律》也有这一说⑤。《僧祇律》着重于衣色不分⑥。就因缘而论,这是可通于"点净"、"染净"的。主张"染净"的《四分律》,专说比丘着新的白色衣,与俗人没有分别⑦;《根有律》说比丘着俗人的衣服,去作乐演伎⑧:这就都是在服色的差别上说。文句的解说有了差别,不但因缘也随着变化,就是判罪轻重,也就不同了。如以坏色为"点净"而不是"染净"的,《僧祇律》说:"作截缕净,作染净,不作青(点)净,得一波逸提。作青

① 《四分律》卷一六(大正二二·六七六下)。

② 《根本说一切有部毗奈耶》卷三九(大正二三·八四五上)。

③ 《弥沙塞部和醯五分律》卷九(大正二二·六八上)。

④ 《铜鍱律·经分别·大分别》(南传二一·八九)。《弥沙塞部和醯五分律》卷九(大正二二·六八上)。

⑤ 《十诵律》卷一五(大正二三·一○九上)。

⑥ 《摩诃僧祇律》卷一八(大正二二·三六九上——中)。

⑦ 《四分律》卷一六(大正二二·六七六上)。

⑧ 《根本说一切有部毗奈耶》卷三九(大正二三·八四四下)。

净,不作截缕净,不作染净,得二越毗尼罪。"①这可见,不作点净的,犯波逸提;不作染净的,只是等于恶作的越毗尼罪。但在以"染净"为坏色的,如《四分律》就说:"不染作三种色:青、黑、木兰,更着余新衣者,波逸提。"②而点与不点,反而看作不关重要的了!

4. 犯与不犯的分别

"波罗提木叉"的诵说,主意在用来处理实际发生的非法事项,以维护僧伽的和乐清净。所以波罗提木叉的分别解说,每一学处的分别解说,也就是犯与不犯,轻犯与重犯等分别。这是持律者(律师)所应有的知识,如《四分律》卷五八(大正二二·一〇〇〇中)说:

"有四法名为持律:知犯、知不犯、知轻、知重。复有四法:知犯、知不犯、知有余、知无余。复有四法:知犯、知不犯、知粗恶、知不粗恶。复有四法:知可忏罪、知不可忏罪、知忏悔清净、知忏悔不清净。"

如上所列,持律者应有的知识,《僧祇律》等都有说到③。说到所犯罪的分类,是五罪聚,是依波罗提木叉的五篇而分的。如《僧祇律》卷二〇(大正二二·三八六中)说:

"五众罪者,波罗夷、僧伽婆尸沙、波夜提、波罗提提舍

---

① 《摩诃僧祇律》卷一八(大正二二·三六九下)。

② 《四分律》卷一六(大正二二·六六六下)。

③ 《摩诃僧祇律》卷二五(大正二二·四二八下——四二九上)。

尼、越毗尼罪。"

五众(聚)罪，又称为五篇罪①。《铜鍱律》、《四分律》、《律二十二明了论》②等，一致说到这一分类，实为佛教初期对于罪犯的分类法。以此五类罪而分别轻重等不同的，如《十诵律》卷五六(大正二三·四一二中)说：

"阿跋提者，五种罪名阿跋提。何等五？谓波罗夷、僧伽婆尸沙、波逸提、波罗提提舍尼、突吉罗。于此五种罪，比丘若作，若覆障不远离，是名阿跋提。无阿跋提者，……是五种罪，不作、不覆障远离、净身口业、净命；若狂人、病坏心人、散乱心人作罪，若(未制以)先作，是名无阿跋提罪。轻阿跋提罪者，可忏悔即觉心悔，是名轻阿跋提罪。重阿跋提罪者，若罪可以羯磨得出者，是名重阿跋提罪。残阿跋提罪者，五种罪中，后四种罪可除灭，是名残阿跋提罪。无残阿跋提罪者，五种罪中初种，是名无残阿跋提。恶罪者，谓波罗夷、僧伽婆尸沙。虽一切罪皆名恶，此是恶中之恶，故名恶罪。非恶罪者，波逸提、波罗提提舍尼、突吉罗，是非恶罪。可治罪者，可出可除灭，是名可治罪。不可治罪者，不可出不可除灭，是名不可治罪。"

阿跋提(āpatti)，译为犯。与法不相应，与毗尼不相应；凡一

---

①　《摩诃僧祇律》卷一二(大正二二·三二八下)。《萨婆多部毗尼摩得勒伽》卷一(大正二三·五六八上)。

②　《铜鍱律·附随》(南传五·一五六)。《四分律》卷五九(大正二二·一〇〇四下)。《律二十二明了论》(大正二四·六六六中)。

切有所违犯的，就是过失，所以也译为罪。然在犯（罪）的分别判决中，波罗提木叉的五篇罪，显然是过于简略，不足以适应佛教开展中的僧事实况。如佛制立的受具足、布萨、安居等，如有所违犯，也就有罪，但有些不是波罗提木叉学处所能含摄的。所以《律二十二明了论》，于"优波提舍律"以外，别立"婆薮斗律"①。《四分律》等，于"波罗提木叉学"外，别立"毗尼学"、"威仪学"②。"破戒"以外，有"破威仪"等。总之，波罗提木叉五篇（八篇）以外，还有为僧伽——每一比丘所应受持的律行。还有，佛因犯而制立学处，都是针对既成的罪事而立制。所以每一学处，都是既遂罪，且有一定的标准。但在罪的分别决断中，知道是并不如此简单的。以波罗夷的不与取学处（盗戒）来说：是有主物，有盗心，将物品取离原处，价值五钱：这才构成这一重罪。假如，把无主物看作有主物，起盗心去盗取，当然也是有所违犯的，但所犯的不是波罗夷罪。又如于有主物而起了盗心，作盗取的种种准备，一直到用手拿着物件；在没有将物品取离原处时，还是不与取的方便罪。即使将物品取离原处，如物品不值五钱，也不犯这一学处。像上面所说的，或轻或重，在固有的五部罪中，应属于哪一类呢？

大众部与说一切有部，维持固有的"五罪聚"说，而将第五聚的越毗尼，或突吉罗，给以弹性的解说，以容纳其余四部所不能容摄的一切过失。如《僧祇律》卷二五（大正二二·四二九

---

① 《律二十二明了论》（大正二四·六六六上）。

② 《萨婆多部毗尼摩得勒伽》卷五（大正二三·五九四下）。《四分律》卷五八（大正二二·九九六中），立三学，但以净行代替毗尼学。

上——下）说：

> "越毗尼者,有十三事:阿遮与、偷兰遮、丑偷兰、不作、
> 不语、突吉罗、恶声、威仪、非威仪、恶威仪、恶邪命、恶见、心
> 生悔毗尼。"

阿遮与,是面向佛陀悔谢的。偷兰遮与丑偷兰,是前二聚中
不具分所起的重罪。不作与不语,是不受和尚、阿阇黎的教命,
不去作或不理睬。突吉罗,指"波罗提木叉经"中的众学法。威
仪、非威仪、恶威仪,都是有关威仪的。心生悔毗尼,也作越毗尼
心悔,是心生悔意就能除灭的过失。这些不同的过失,说一切有
部都称之为突吉罗,如《十诵律》卷五一（大正二三・三七二
上）说：

> "有九犯:犯波罗夷,犯僧伽婆尸沙,犯波逸提,犯波罗
> 提提舍尼,犯突吉罗,犯恶口突吉罗,犯偷兰遮突吉罗,犯毗
> 尼突吉罗,犯威仪突吉罗:是名九犯。"

《十诵律》虽分为九犯,其实还是五犯聚,只是将突吉罗开
为五类而已。突吉罗是恶作,恶口突吉罗是恶说。偷兰遮也是
突吉罗所摄。犯毗尼与犯威仪,是属于违犯犍度规定的过失。
总之,大众部与说一切有部,虽因分别抉择而成立不同的罪类,
但仍汇集于固有的五犯（罪）聚的形式之内。

某些部派,觉得五犯聚不足以概罗一切,于是在五犯聚的基
础上,扩大而成立七犯聚,如《四分律》卷五（大正二二・五九九
下）说：

　　"七犯聚：波罗夷、僧伽婆尸沙、波逸提、波罗提提舍尼、偷兰遮、突吉罗、恶说。"

《铜鍱律》也同样的立七犯聚①，但以偷兰遮为第三聚，列于僧伽婆尸沙以下。《五分律》虽没有明说，也应有七犯聚，次第与《铜鍱律》相同，如卷一九（大正二二·一三二下）说：

　　"犯突吉罗罪，向余比丘说，半云是突吉罗，半云是恶说。……犯波罗提提舍尼，乃至偷罗遮亦如是。若犯僧伽婆尸沙，若犯波罗夷……。"

《毗尼母经》，立有多少不同的七种犯戒，如卷三（大正二四·八一三中）说：

　　"犯戒有七种：一、波罗夷；二、僧伽婆尸沙；三、尼萨耆波逸提；四、波逸提；五、偷兰遮；六、波罗提提舍尼；七、突吉罗。"

《律二十二明了论》，也于五犯聚外，别立七犯聚②。名数与《毗尼母经》相同，但以偷兰遮为第三聚。这二类的七罪聚，都是别立偷兰遮为一聚。而不同的是：或开波逸提为二，于波逸提外，立尼萨耆波逸提。或开突吉罗为二，于突吉罗外，别立恶说。重律的学派，对于不同类的罪犯，作严密的整理，成立七罪聚，约为部派开始再分化的时代。这虽是后起的新说，但更为完善！

①　《铜鍱律·附随》（南传五·一五六）。
②　《律二十二明了论》（大正二四·六六六下）。

七罪聚,应与波罗提木叉的七篇有关。起初,波罗提木叉集为五部;依五部而罪分五聚(第五聚容纳四部以外的一切罪),是完全一致的。其后,波罗提木叉集为八篇,而第八"灭诤法",不是"波罗提木叉分别"的对象,始终存有附属的意味。如《铜鍱律·附随》,明"三百五十戒",也是除"灭诤法"而论的①。以五罪聚过于简略,于是比拟七篇②而成立七犯聚。七篇中的"不定法",没有特定的罪性,所以《律二十二明了论》及《毗尼母经》,都除去不定法而代以偷兰遮,立为七聚。但七篇的尼萨耆波逸提,在处理问题上,虽然是物应舍,罪应悔,与波逸提不同。而所犯的罪,还是波逸提,没有什么不同。于是分别说部分出的部派,如《铜鍱律》、《四分律》、《五分律》,进一步地略去尼萨耆波逸提,而于突吉罗外,别立恶说。这样的七犯聚,约罪类的不同来说,最为完善!但与波罗提木叉的七篇,再也不能相合了。

"波罗提木叉分别",是对于每一学处,分别犯与不犯、轻犯与重犯。也就是持律者对犯聚作分别抉择,而应用于每一学处。一味和合时代,律师们分别论究的成果,成为"波罗提木叉分别"的重要部门。汉译有《优波离问经》,就是每一学处分别犯与不犯、轻犯与重犯的简论。所以,犯不犯的分别抉择,起初可能是独立成部的。

---

① 《铜鍱律·附随》(南传五·二四七)。
② 道安传"外国云戒有七篇",见《出三藏记集》卷一一(大正五五·八〇中)。

（三）波罗提木叉分别的先后集成

1. 因缘·文句与犯相分别（主体部分）

　　部派未分以前的"波罗提木叉分别"，因部派分化，形成各部广律中的"波罗提木叉分别"部分。名称也不一致，或名"经分别"，或名"毗奈耶"，或名"毗奈耶分别"。研究从原型而成不同部类的先后，要将主体部分、附属部分，分别来处理。制立学处的因缘，学处文句的分别解说，犯不犯相的分别：这是波罗提木叉分别不可缺少的核心问题。"本生"（Jātaka）、"譬喻"（avadāna），与"波罗提木叉分别"相结合，是可以有而不必有的附属部分。

　　现存的各部广律，都是属于部派的。部派的分裂，并不是突然的，是经长期的酝酿而到达明显的分裂。波罗提木叉分别也是这样，虽可说一切部派共同的原型，其实在分裂以前，或因"戒经"文句的诵本不同，或因师承的解说不同，不同的因素早已潜滋暗长。所以不同部派的，不尽相同的"波罗提木叉分别"，是根源于同一古型，因不同的师承，及部派的一再增编改编而成。现存的各部广律，依师承不同、学风不同，形成不同的部系。同一部系的，相近；不同部系的，差别就较多。然而有些部分，与不同部系相近，与同一部系的反而不合。原因可能并不单纯，教区共同的影响而外，应该还有源于古老的共同传说。如《根有律》与《十诵律》，为同一部的二系。如同于分别说部，反而不同于自部别系，那就可推论到上座部共同时期。如不同于自部自系，反而同于《僧祇律》，就可以推论到部派未分的时期。现存的各部广律，完成虽有先后，而都包含有古老的传承、新起的分别与改编。

"波罗提木叉分别"的原型虽没有传诵保存下来，但"制戒因缘"、"文句分别"、"犯相分别"——三部分，确已规模粗具，相互结合而成立。以四波罗夷为例：迦兰陀子、猕猴①；檀尼迦②、鹿杖③、安居比丘④，为制立四波罗夷的主要因缘。盗满五钱犯重罪，是参照当时摩竭陀的国法⑤。比丘的自杀或他杀，由于不

---

① 《弥沙塞部和醯五分律》卷一(大正二二·三上——下)。《摩诃僧祇律》卷一(大正二二·二二九上——中、二三三上——中)。《四分律》卷一(大正二二·五七〇上——中、五七一上)。《十诵律》卷一(大正二三·一上——中、三上)。《根本说一切有部毗奈耶》(大正二三·六二八上——下、六二九下)。《铜鍱律·经分别》(南传一·二二——二八、三三——三四)。

② 《弥沙塞部和醯五分律》卷一(大正二二·五中——下)。《摩诃僧祇律》卷二(大正二二·二三八上——二三九中)。《四分律》卷一(大正二二·五七二中——五七三上)。《十诵律》卷一(大正二三·三中——四上)。《根本说一切有部毗奈耶》卷二(大正二三·六三五下——六三六下)。《铜鍱律·经分别》(南传一·六六——七〇)。

③ 《弥沙塞部和醯五分律》卷二(大正二二·七中)。《摩诃僧祇律》卷四(大正二二·二五四上——中)。《四分律》卷二(大正二二·五七五下——五七六上)。《十诵律》卷二(大正二三·七中——八上)。《根本说一切有部毗奈耶》卷七(大正二三·六五九下——六六〇上)。《铜鍱律·经分别》(南传一·一一三——一一五)。

④ 《弥沙塞部和醯五分律》卷二(大正二二·九上——中)。《摩诃僧祇律》卷四(大正二二·二五八下——二五九上)。《四分律》卷二(大正二二·五七七中——下)。《十诵律》卷二(大正二三·一一上——中)。《根本说一切有部毗奈耶》卷一〇(大正二三·六七五上——下)。《铜鍱律·经分别》(南传一·一四四——一四七)。

⑤ 《弥沙塞部和醯五分律》卷一(大正二二·六上)。《摩诃僧祇律》卷三(大正二二·二四二下——二四三上)。《四分律》卷一(大正二二·五七三中)。《十诵律》卷一(大正二三·四上)。《根本说一切有部毗奈耶》卷二(大正二三·六三七上)。《铜鍱律·经分别》(南传一·七二)。

净观的厌离心过切,佛因而为大众说安那般那①。这种事缘与"制戒因缘"相结合,是各部派不同广律所同的。"文句分别",以依据"戒经"的共同(小异),解说也相近。如"戒嬴"与"舍戒"的分别,各部都是相同的②。"犯相分别",虽形式与内容各部极不统一,而也有共同的内容。如"不净行"戒,分为人、非人、畜生;男、女、黄门(或增为四·五);大便道、小便道、口中③。各部的"犯相分别"极不统一,可见原型的"犯相分别"部分还没有后代那样的严密。这三部分构成的"波罗提木叉分别"的原型,在部派未分以前,是确实存在了的。

　　"文句分别",依口口传诵的"戒经"。对文句的意解不同,阐述内容的不同,引起文句的补充;分别解说也就增多了。如"不与取"戒,《僧祇律》作"王";《铜鍱律》作"诸王";《四分律》等,都分为王与大臣④。对不与取者的处罚,《僧祇律》作"或捉、

---

①　《弥沙塞部和醯五分律》卷二(大正二二·七下)。《摩诃僧祇律》卷四(大正二二·二五四下)。《四分律》卷二(大正二二·五七六中)。《十诵律》卷二(大正二三·八上——中)。《铜鍱律·经分别》(南传一·一一六——一一七)。

②　《弥沙塞部和醯五分律》卷一(大正二二·四中)。《摩诃僧祇律》卷二(大正二三·二二六上——二三七中)。《四分律》卷一(大正二二·五七一中——下)。《十诵律》卷一(大正二三·二中——下)。《根本说一切有部毗奈耶》卷一(大正二三·六三〇下)。《铜鍱律·经分别》(南传一·三七——四三)。

③　《弥沙塞部和醯五分律》卷一(大正二二·五上)。《摩诃僧祇律》卷二(大正二二·二三八上)。《四分律》卷一(大正二二·五七一下)。《十诵律》卷一(大正二三·二下)。《根本说一切有部毗奈耶》卷一(大正二三·六三〇下)。《铜鍱律·经分别》(南传一·四四)。

④　《摩诃僧祇律》卷三(大正二二·二四四中)。《铜鍱律·经分别》(南传一·七四)。《四分律》卷一(大正二二·五七三中)。《弥沙塞部和醯五分律》卷一(大正二二·六上)。《十诵律》卷一(大正二三·四中)。《根本说一切有部毗奈耶》卷二(大正二三·六三七上)。

或杀、或缚、或摈出”，各律都相同①；惟《十诵律》作“若捉系缚、若杀、若摈，若输金罪”②。输金赎罪，是适应当时的法律，而为《十诵律》特有的增制。“夺人命”戒，《僧祇律》、《铜鍱律》、《四分律》，都说“人”；而《五分律》等，都分为人与人类（胎儿）③。论到杀，《僧祇律》：“自手断人命、求持刀与杀者、教死誉死”（三类）；《十诵律》同④。《铜鍱律》与《四分律》作四类，是分“赞死”与“劝死”为二的⑤。《五分律》作：“若自杀，若与刀药杀，若教人杀，若教自杀（劝死），誉死赞死。”⑥这是将“求持刀与杀者”，分为让他自己杀，及求人去杀他——二类。《根有律》为：“故自手断其命，持刀授与，自持刀，求持刀者，劝死赞死。”⑦这是分析文句，而为更详备的解说。由此而增改“戒经”的文句，“戒经”的分别也就增广了。在“文句分别”上，《僧祇律》与《铜鍱律》是接近原型的，《五分律》与《根有律》出入较大。

---

①　《摩诃僧祇律》卷三（大正二二·二四四上）。《弥沙塞部和醯五分律》卷一（大正二二·六上）。《四分律》卷一（大正二二·五七三中）。《根本说一切有部毗奈耶》卷二（大正二三·六三七上）。《铜鍱律·经分别》（南传一·七四）。

②　《十诵律》卷一（大正二三·四中）。

③　《摩诃僧祇律》卷四（大正二二·二五五上）。《铜鍱律·经分别》（南传一·一二〇）。《四分律》卷二（大正二二·五七六下）。《弥沙塞部和醯五分律》卷二（大正二二·八中）。《十诵律》卷二（大正二三·八中）。《根本说一切有部毗奈耶》卷七（大正二三·六六〇上）。

④　《摩诃僧祇律》卷四（大正二二·二五四中）。《十诵律》卷二（大正二三·八中）。

⑤　《铜鍱律·经分别》（南传一·一二一）。《四分律》卷二（大正二二·五七六中）。

⑥　《弥沙塞部和醯五分律》卷二（大正二二·八中）。

⑦　《根本说一切有部毗奈耶》卷七·（大正二三·六六〇中）。

　　四波罗夷的"制戒因缘"，在"波罗提木叉分别"中，虽地名
与人名不完全相同，而事缘是一致的（其他学处也大致相同，除
对文句的意解不同）。但由于两点意义，各部律的制戒因缘不
免有些出入。一、古代律师的见解，佛是"随犯随制"的。一部
分学处，不是一次制定的，所以有一种以上的制戒因缘；这是从
文句的分别而来的。如"不净行"戒，有"戒羸不自出"一句，《僧
祇律》与《五分律》就别出戒羸因缘一则①。"不与取"戒，有"若
聚落，若空地"二句，所以《僧祇律》、《铜鍱律》、《五分律》于达
尼迦因缘外，别出取空闲处衣物因缘②。"夺人命"戒，鹿杖因缘
外，《铜鍱律》举赞死因缘③；《僧祇律》别出二（三）缘④；《五分
律》别出四缘⑤。这是与"戒经"文句的分别有关。二、与"制戒
因缘"相类，或有关的事缘，佛教界的传说是众多而普遍的。制
戒的因缘，并不限于一事，所以重法的大众部、说一切有部的持
经譬喻师，将类似或有关的事缘，编入波罗提木叉的"制戒因
缘"中。如《僧祇律》的"不净行"戒，列举"非道"、"死尸"等一
四缘⑥。僧伽婆尸沙"摩触"戒，前出支离尼等三缘⑦。说一切
有部的《根有律》，于"夺人命"戒前，列驮索迦等六缘，而说"此

---

　　① 《摩诃僧祇律》卷一（大正二二·二三一下——二三二上）。《弥沙塞部和
醯五分律》卷一（大正二二·四上）。

　　② 《摩诃僧祇律》卷二（大正二二·二四一下）。《铜鍱律·经分别》（南传
一·七三）。《弥沙塞部和醯五分律》卷一（大正二二·六上）。

　　③ 《铜鍱律·经分别》（南传一·一一八——一一九）。

　　④ 《摩诃僧祇律》卷四（大正二二·二五三下——二五四中）。

　　⑤ 《弥沙塞部和醯五分律》卷二（大正二二·七下——八上）。

　　⑥ 《摩诃僧祇律》卷一·二（大正二二·二三三下——二三五下）。

　　⑦ 《摩诃僧祇律》卷五（大正二二·二六四上——中）。

是缘起,未制学处"①。在学处的因缘中,列举事缘而说"未制学处",《根有律》是非常多的。《根有律》与《僧祇律》,与其余的律部不同。这一类的编集,当然比原型要迟一些。

"犯相分别",为各部广律所最不一致的部分,试从《铜鍱律》说起。《铜鍱律》的"大分别",依"波罗提木叉经"而作逐条的解说。每一学处(戒),作三部分:"制戒因缘"、"文句分别"、"犯相分别";体例极为分明,可说是各部广律所同的。"犯相分别"中,四波罗夷,及十三僧伽婆尸沙的前五学处——"故出精"、"摩触"、"粗恶语"、"赞淫欲"、"媒"——九戒。每戒都分二部分:先"约义分别",依对象、方法、意志(有意或无意、自主或被迫等)、结果,而分别犯相的轻重。末了,以不犯相作结,如说:"不犯者,不知、不觉乐、狂、失心、痛恼,最初犯者。"②次"就事分别",这本是当时发生的实际事件,是特殊的、疑难的判决实例。《铜鍱律·就事分别》部分,列举章节如下③:

1. 第一波罗夷:一〇·一——一〇·二七
2. 第二波罗夷:七·一——七·四九
3. 第三波罗夷:五·一——五·三三
4. 第四波罗夷:七——九·六
5. 第一僧伽婆尸沙:五·一——五·一七

----

① 《根本说一切有部毗奈耶》卷六·七(大正二三·六五二下——六五九下)。

② 《铜鍱律·经分别》(南传一·五二)。

③ 上列章节,并见《南传大藏经》卷一,其页数为:1. 五三——六三。2. 九〇——一一一。3. 一三〇——一四二。4. 一六七——一八二。5. 一九五——一九九。6. 二一一——二一五。7. 二一八——二二〇。8. 二二五——二二六。9. 二四二——二四三。

6. 第二僧伽婆尸沙：四·一——四·一一

7. 第三僧伽婆尸沙：四·一——四·一〇

8. 第四僧伽婆尸沙：四·一——四·六

9. 第五僧伽婆尸沙：五·一——五·四

"犯相分别"的"约义分别"部分，属于分别说部系的《铜鍱律》、《五分律》、《四分律》，是非常接近的。如"不净行"戒，初分人等三类、女等四（或五）类、大便等三处。次就自意作淫、被迫作淫，而论不眠、眠、死等①。"不与取"戒，《铜鍱律》分地中、地上等三十类；《五分律》也是三十类，《四分律》二十六类②。"夺人命"戒，《铜鍱律》分自（己动手）杀、教杀等三十类；《五分律》也是三十类；《四分律》为二十类③。这三部律的分类，数目与内容都非常接近；《四分律》简略一些。这显然地出于同一根源，分别说部的原本，是可以推见的。

同出于上座部的说一切有部，"不净行"戒，《十诵律》仅列人等、女等、大便等三类④；《根有律》举颂说："于三处行淫，三疮、隔不隔、坏不坏、死活、半择迦女男、见他睡行淫，或与酒药等，被逼乐不乐，犯不犯应知。"⑤长行的解说虽极为简略，但内

① 《铜鍱律·经分别》（南传一·四四——五二）。《弥沙塞部和醯五分律》卷一（大正二二·五上）。《四分律》卷一（大正二二·五七一下——五七二上）。

② 《铜鍱律·经分别》（南传一·七七——八六）。《弥沙塞部和醯五分律》卷一（大正二二·六中——七上）。《四分律》卷一（大正二二·五七三下——五七五上）。

③ 《铜鍱律·经分别》（南传一·一二三——一三〇）。《弥沙塞部和醯五分律》卷一（大正二二·八中——九上）。《四分律》卷二（大正二二·五七六下——五七七上）。

④ 《十诵律》卷一（大正二三·二下）。

⑤ 《根本说一切有部毗奈耶》卷一（大正二三·六三〇下）。

容分类,与分别说部各本是相近的。"不与取"戒,《十诵律》分地处、上处等十六类;《根有律》分地上、器中等二十六类①。内容也与分别说部相同,只是简要些。分别说部律与说一切有部律的类同,可以推论到上座部的共同时期,所有"波罗提木叉分别"的原型。"夺人命"戒,《根有律》先分内身、外物、内外合——三类,次分毒药、毒粖等一五类②;《十诵律》大致相同,而在前面有自杀、教杀、遣使杀——三类;末了有赞叹杀三类③。说一切有部律对于"夺人命"戒的分类,是略于自杀等分别,而详于杀具、杀法的分类。分别说部律重于自杀、教杀、使杀、赞叹杀,也就是依"戒经"而作细密的分类,杀具仅列坑陷、倚发、毒、安杀具——四类而已。这一分类的不同,是很难说谁先谁后的。

《僧祇律》自成统系,与上座部律的最大差别,是叙述的纷乱。但某些部分,可以窥见古老的成分。简略(而不完备),杂乱(而有待整理),应该是初起的、古老的特色。如"不净行"戒,《僧祇律》分人、非人、畜生,女、男、黄门,上、中、下道,觉、眠、死、被强等④,与《铜鍱律》等大意相合。女、男、黄门的三类,与《根有律》、《十诵律》相合⑤,这是可直溯于部派未分以前的分

---

① 《十诵律》卷二(大正二三·五上——六下)。《根本说一切有部毗奈耶》卷三·四(大正二三·六三八中——六四六下)。

② 《根本说一切有部毗奈耶》卷七(大正二三·六六一上——六六三上)。

③ 《十诵律》卷二(大正二三·八中——一〇中)。

④ 《摩诃僧祇律》卷二(大正二二·二三八上)。

⑤ 《根本说一切有部毗奈耶》卷一(大正二三·六三〇下)。《十诵律》卷一(大正二三·二下)。

类。《铜鍱律》加二根为四类①,《五分律》再加无根为五类②,《四分律》作"人妇、童女、二形、黄门、男子"五类③。四类与五类的分别,也许是更详备的,但却是后起的。又如"觉、眠、死"的三类,比起上座部的,尤其是分别说部的"不眠、眠、醉、狂、颠倒、死",死又分"(鸟兽)未餐、少分餐、多分餐",要简略得多。"不与取"戒,《僧祇律》先出八种物④,次出地、地中物等十六种物⑤,又出物分齐等十三种分齐物⑥。十六种物的分类,与分别说部及说一切有部相通。"分齐物"中,有"寄分齐"、"贼分齐"、"税分齐",这也是其他二系律部所有,而且也是列于末后的。这似乎说明了:初期的分类,先是地、地上物等,而持寄、贼、税等,是较后集成的。说一切有部与分别说部,条理结合而为统一的分类;而大众部承受传说,先后杂出。这一情形,也见于"夺人命"戒的分类:初举刀杀等八类⑦,次出行杀等十三类⑧。重于杀具等分类,与说一切有部相同。在十三类中,如毗陀罗凶杀、示道杀等,说一切有部律也是列于后面的。《僧祇律》的一再分类,而没有统一组合,可据以推论古代分类的渐次形成。当然,现存《僧祇律》的分类,有后起的部分。如"不净行"中,有

---

① 《铜鍱律·经分别》(南传一·四四)。
② 《弥沙塞部和醯五分律》卷一(大正二二·五上)。
③ 《四分律》卷一(大正二二·五七一下)。
④ 《摩诃僧祇律》卷三(大正二二·二四四上)。
⑤ 《摩诃僧祇律》卷三(大正二二·二四五上——中)。
⑥ 《摩诃僧祇律》卷三(大正二二·二四七下)。
⑦ 《摩诃僧祇律》卷四(大正二二·二五五中)。
⑧ 《摩诃僧祇律》卷四(大正二二·二五六上)。

"入定"而被强迫行淫①；"不与取"中，有"幡分齐"、"杙分齐"，是寺塔的庄严物；"夺人命"中，"僧坊杀"、"大臣杀"等，都是其他律部所没有的。大众部是重法（经）的，与重律、重论的上座部比起来，缺乏严密分析、条理综合的治学方法。以"波罗提木叉分别"来说，承袭简略的、杂出的古风，而杂乱的类集，又附入新的成分。

再说"犯相分别"的"就事分别"部分：说一切有部律，也是有的，但比起《铜鍱律》来，极为简略，并限于四波罗夷②。《十诵律》中，1."不净行"一事：难提。2."不与取"三事：施越尼、东方尼、耕作衣。3."夺人命"六事：坐杀小儿、疾走、空地宿、避贼堕杀织师、失鑿杀木师、跳堕杀木师。4."妄说过人法"七事：定中闻声、温泉、战胜、生男、天雨、娑伽陀、毗输多③。《根有律》中，1."不净行"五事：弱脊、长根、孙陀罗难陀、开户睡、四禅比丘。2."不与取"八事：取衣、取钵、取自衣、东方尼、世罗尼、目连、毕陵陀婆蹉取儿、护物。3."断人命"九事：浴室、温堂、坐杀小儿、施醋二事、击攊死、兰若杀贼、老比丘疾走。4."妄说过人法"五事：战胜、天雨、生男、温泉、定中闻声④。分别说部系的《四分律》、《五分律》，在"波罗提木叉分别"的"犯相分别"中，没有

---

① 《摩诃僧祇律》卷二（大正二二·二三八上）。

② 《根本说一切有部毗奈耶》，于波逸底迦中，也偶有"就事分别"的事缘，如"恼他"戒，见卷二九（大正二三·七八七上——七八八中）。

③ 《十诵律》：1.大正二三·二下——三上。2.大正二二·七上——中。3.大正二二·一〇下——一一上。4.大正二二·一二下——一三下。

④ 《根本说一切有部毗奈耶》：1.大正二三·六三一中——六三五上。2.大正二三·六四七上——六五二中。3.大正二三·六六三上——六六八下。4.大正二三·六七七下——六八〇中。

"就事分别"的判决实例。但不是没有,而是在"波罗提木叉分别"以外,成为另一独立的部类。

在现存各部广律中,不属于"波罗提木叉分别",而有"判决实例"意义的,类似内容的,汉译的共有五部。1.《五分律》"调伏法":所举的判例,除与四波罗夷相关的而外,属于僧伽婆尸沙的,有"故出精"、"摩触"、"粗恶语"、"媒"——四戒的判例①。2.《四分律》"调部":内容极广,有关四波罗夷而外,属于僧伽婆尸沙的,有"故出精"、"摩触"、"粗恶语"、"赞淫法"、"媒"、"无根谤"——六戒的判例②。3.《十诵律》"毗尼诵"(的一部分):除四波罗夷以外,属于僧伽婆尸沙的,仅"故出精"、"摩触"、"媒"——三戒的判例③。此外,于不定法、尼萨耆波逸提、波逸提、波罗提提舍尼,有最简略的几则,这多半是出于"优波离问诵"的。4.《萨婆多部毗尼摩得勒伽》(一部分):这是《十诵律》的别译。除四波罗夷以外,属于僧伽婆尸沙的,仅"故出精"、"摩触"、"粗恶语"、"媒"——四戒的判例④,与《五分律》相同。这可见现存的《十诵律》本,已有所增补了。5.《僧祇律》"杂诵",有"毗尼断当事",共三十五则。除有关四波罗夷而外,属于僧伽婆尸沙的,仅"故出精"二则、"粗恶语"二则⑤。《四分律》与《五分律》,是分别说部系;《十诵律》与《萨婆多毗尼摩得

① 《弥沙塞部和醯五分律》卷二八(大正二二·一八二上——一八五上)。
② 《四分律》卷五五——五七(大正二二·九七一下——九九〇中)。
③ 《十诵律》卷五七——五九(大正二三·四二四中——四四五下)。
④ 《萨婆多部毗尼摩得勒伽》卷三——五(大正二三·五八二中——五九三中)。
⑤ 《摩诃僧祇律》卷二九——三〇(大正二二·四六四下——四七〇下)。

勒伽》,是说一切有部;《僧祇律》是大众部。三大系的律典,都有这一(不属于"波罗提木叉分别"的)部类,名为"毗尼"(调或调伏)的判决事例。虽然内容或多或少,或开或合,人名与地名也不完全一致,但于"波罗提木叉分别"——"经分别"以外,成为另一部类,却是相同的,这不能看作偶然的相合。从一切律部来观察,"就事分别"判决的部分,都是有的,只是部类的组合不同。《铜鍱律》全部编入"经分别"中。《四分律》与《五分律》,全部编成另一部类——"毗尼"(调伏)。《十诵律》与《根有律》,少分编入"波罗提木叉分别",又别编为"毗尼诵"(《根有律》没有译出);与《僧祇律》相近,《僧祇律》也是编为二部分的。

　　现在以"不净行"——第一波罗夷为例,来究明各部成立的先后,从古型而分化为不同类型的过程。《僧祇律》近于古型,分为二部分。一、"制戒因缘"中,列叙十九事缘。二、"杂诵""毗尼断当事"中,与"不净行"有关的,共八缘。"制戒因缘"叙列的十九缘,是:1.迦兰陀子,2.离车子,3.戒羸,4.禅难提,5.猿猴,6.非道,7.男子,8.黄门,9.男裹女露,10.女裹男露,11.长根,12.柔支,13.内行外出,14.外行内出,15.坏形,16.口中,17.兀女,18.狂眠,19.死尸。这些事缘,前五缘与一般传说的制戒因缘相合。如3.戒羸,《五分律》也是有的①。4.禅难提,见于《五分律》"调伏法"、《四分律》"调部"、《十诵律》"毗尼诵"等②。十

---

① 《弥沙塞部和醯五分律》卷一(大正二二·四上)。
② 《弥沙塞部和醯五分律》卷二八(大正二二·一八二下)。《四分律》卷五五(大正二二·九七二中)。《十诵律》卷五七(大正二三·四二五上——中)。《萨婆多部毗尼摩得勒伽》卷三(大正二三·五八二下)。

九事缘,是从制戒到依戒实施,从不同的分类,"约义分别"而叙述有关的事缘。如约人、非人、畜生;道、非道;女、男、黄门;裹与露(或译为有隔无隔);口、小便道、大便道;内行外出、外行内出;觉、眠、死。其中15.坏形、16.口中,是假设问答,而不是当时的事实。这些事缘,编集在文句分别以前,而实为从制戒到实施,"约义分别"而组合的,属于"犯相分别"(不只是制戒的因缘)。"毗尼断当事"的八缘,是:1.孙陀罗难陀(罗汉昼眠,蹴打女人),4.(依毗尼断当事次第)开眼林,5.外道出家,6.共期,7.淫女(与制戒因缘的9.、10.相同),25.蹴女人,28.舍妇,29.隔壁。前五则是佛世的事,后三则是佛后"长老比丘"判决的事。"毗尼断当事",都是特出的,不容易判决的;集为一类,是不属于"波罗提木叉分别"的判决实例。

分别说部是重律的部派,对于"戒经"的次第、"波罗提木叉分别",以及僧伽轨则,都曾整理过,而作成新的完善的组织。所有犯与不犯的判决,古型是分为二类的。但到分别说部,或全部编入"波罗提木叉分别"的"犯相分别",是《铜鍱律》;或全部编为"波罗提木叉分别"以外的"毗尼",是《五分律》与《四分律》。无论是《铜鍱律》、《五分律》、《四分律》,都是将古型的二部分综合为一,从制戒到实施,与"约义分别"有关的。古代律师坚持"随犯随制"的原则,所以对"约义分别犯相",也就认为应有违犯的事缘。传说久了,假设问答的,约义分别的,都被看作是"随犯而制"的,而违犯的事缘就渐渐多起来了(《僧祇律》已有这种倾向)。以"不净行"为例:《僧祇律》二部分,除假设的与重出的,实为二十三事。而《五分律》就有二十七事,《铜鍱律》五四事,《四分律》更多到七十二事①。从逐渐增多中,可以了解先后成立的意义。

《五分律》"调伏法",共二十七事:1. 迦兰陀子,2. 阿练若比丘,3. 狂病(散乱心,病坏心,例),4. 孙陀罗难陀跋耆子,5. 二根,6. 二道合,7. 黄门,8. 小儿,9. 小女,10. 木女,11. 泥画女,12. 象,13. 立行,14. 坐行,15. 股脐等,16. 露地熟眠,17. 开户睡,18. 露地熟眠,19. 罗汉,20. 男根刺口,21. 共浴,22. 梦与本二,23. 狗衔,24. 根长,25. 弱体,26. 禅比丘,27. 共天龙等。这些事缘,部分是从"约义分别"来的。如1. 迦兰陀子(《僧祇律》同),2. 阿练若比丘(与《僧祇律》的猿猴同),4. 孙陀罗难陀(与《僧祇律》的离车子同),这三事,是各律相同的"制戒因缘"。3. 狂病,与"不犯者,狂心、散乱心、病坏心、初作"有关(约"不净行"说,就是迦兰陀子)。这是一切戒的"不犯"总相②,而《五分律》却作为事缘了。二根、二道合、黄门、小儿,从女、男、黄门、二根、无根——五类的分别而来。10. 木女,11. 泥画女,12. 象,《五分律》的"约义分别"中是没有的,却见于《僧祇律》:"畜生者,从象马乃至鸡"③;"石木女人、画女人、越毗尼罪"④。《僧祇律》是"约义分别",而《五分律》却作为实事而叙有事缘了。13. 立行,14. 坐行,《五分律》与《铜鍱律》相合,而《四分律》与《僧祇律》,是内行外出与外行内出。19. 罗汉(与《僧祇律》的孙陀罗难陀

---

① 各部事缘的项目,开合不一,计算不易,这只是举大数以表示不断增多而已。

② 分别说系的三部律,每戒都以狂、散乱心、病坏心、初作,结说不犯。

③ 《摩诃僧祇律》卷二(大正二二·二三七中)。

④ 《摩诃僧祇律》卷二(大正二二·二三七下)。

相同），24. 长根，25. 弱体（上二都与《僧祇律》相同），26. 禅比丘，与《僧祇律》的禅难提相合。总之，《五分律》是综合《僧祇律》（应该是上座部律古型，与《僧祇律》相近）的二部分；部分的"约义分别"，已传说为事缘。不同于《僧祇律》的，只有共浴、开户睡、露地眠、梦与本二、狗衔——五事而已。

《铜鍱律》与《四分律》，这一部分的集成应该是迟一些，只要略举几点，就足以说明了。"犯相分别"的"约义分别"，有死而未餐、多分未餐、多分餐、骨出等。《僧祇律》与《五分律》，都是分别而没有事缘。《铜鍱律》就有"五墓处、骨"——六事①。又"约义分别"，有被迫与展转行淫；《僧祇律》与《五分律》，也没有事缘的叙述。《铜鍱律》分别为七事②。《四分律》更详细分别，成为比丘与比丘，到沙弥强沙弥——八事。又从比丘与眠女，到恶比丘、恶沙弥、恶兰若与比丘尼等——二十事③。这都是依原型的"约义分别"而传说为事实的。《五分律》有露地熟眠（二则）、开户睡、罗汉——四缘，《四分律》也仅有罗汉、开户睡、取薪女、担草女——四缘，而《铜鍱律》竟演化为罗汉、舍卫安陀林四事、毗舍离大林三事、重阁讲堂一事，共为九缘④。大同小异的事缘，是这样的增多了。然《铜鍱律》的增多，主要从"约义分别"而来，而新增的并不多，仅莲华色、女口衔生支、败根者、故二强坐等数则（传说的事实，不一定是后起的，但编集

----

① 《铜鍱律·经分别》（南传一·五七——五八）。
② 《铜鍱律·经分别》（南传一·六二——六三）。
③ 《四分律》卷五五（大正二二·九七三上——九七四上）。
④ 《铜鍱律·经分别》（南传一·五九——六一）。

要迟一点)。《四分律》有更多的新事缘,自难陀尼到母子,共十三事①。其中为《五分律》与《铜鍱律》所有的,仅狗衔、股脐等二则。这些新集录的事缘,也见于《萨婆多部毗尼摩得勒伽》②。

说一切有部二系——《十诵律》、《根有律》,这一部分的组织,是古型的,与《僧祇律》一样,分为二类:"波罗提木叉分别"的"犯相分别",及"毗尼诵"。《根有律》的"毗尼诵"(应名为"毗尼得迦"),没有译成汉文,但一定是有的。如《根本萨婆多部律摄》解说"不净行"的犯不犯相,历举种种犯缘,都与"毗尼诵"、《萨婆多部毗尼摩得勒伽》相合③。《十诵律》"毗尼诵",与《十诵律》部分别译的《萨婆多部毗尼摩得勒伽》,内容增多了,与《四分律》相近。比对起来,有更多的新事缘,如《十诵律》与《萨婆多毗尼摩得勒伽》,自非人持著王夫人边,到守园尼,共十二事④;都是其他律部所没有的,而且是集录于末后的。这是说一切有部特有的,集录完成最迟的部分。

"波罗提木叉分别"的主要部分——"制戒因缘"、"文句分别"、"犯相分别",从原型而成现存的各部律,无论是内容或组织形式,古传或新成立的,都是错综复杂的,应分别观察,不可一概而论。从原型而分为大众部与上座部,就有二部不同的初形。从上座部而分化为分别说、说一切有,就各有自部的特有原型。依共同的而再分部派,就又各为编集,而成大致同于现存部派的

---

①　《四分律》卷五五(大正二二·九七四上——下)。

②　前后杂出,可检《萨婆多部毗尼摩得勒伽》卷三——四。

③　《根本萨婆多部律摄》卷一(大正二四·五三三下——五三四上)。

④　《十诵律》卷五七(大正二三·四二五中——四二七上)。《萨婆多部毗尼摩得勒伽》卷四(大正二三·五八四中——五八五中)。

律典(集成后,也还有多少演变,但大致相同)。这里,也只是略举一例,以说明大概而已。

2. 本生与譬喻 (附属部分)

"本生"、"譬喻",为"十二分教"的二分;存在于"波罗提木叉分别"及"律藏"的其他部分,也存在于"经藏"。这二分,在佛法的开展中,因时因地,被称为"本生"与"譬喻"的体裁与意义,都不免有些演变。这一切,留在(本论第八章)"九分教与十二分教"中去研究。

"本生"与"譬喻",在"律藏"中,被称为"眷属"①,也就是附属部分。佛法不外乎"法"与"律";法是义理与修证的开示,律是学处与轨则的制立。在法与律的流传(实行)中,次第结集出来,就与人(畜、非人等)事相结合。经律传说的人事,可归纳为三类:一、佛与弟子的事迹:在传说集出中,佛与弟子的事迹,片段的,局部的,与某一法义,某一规制相结合。又逐渐的联合起来,成为佛及弟子的传记。二、古人的德行:古代印度的名王、名臣、婆罗门、出家仙人,所有的良法美德,透过佛教的观念而传述出来。这表示了世间的真正善法,以遮破传统宗教的迷妄;又表示了世间善法的不彻底,而引向出世解脱。三、举世间事为例证:这有点近于"比况"(aupamya),但不是假设的,也不是一般事物的譬喻。在说明某一善行或恶行时,引述世间(民间)共传的故事,以表达所要表达的意义。这种举为例证的故事,含有教

---

① 《大乘阿毗达磨杂集论》卷一一(大正三一・七四四上)。

训的意味。佛教传说的"因缘"（依制戒因缘而显著起来）、"本生"、"譬喻"等，都由于这些——不同的体裁、不同的目的而成立。

"本生"可分为二：经师所传的"本生"，在传述先贤的盛德时，以"即是我也"作结；这就成为释尊的"本生"，也就是菩萨的大行。律师所传的"本生"，是在说明某人某事时，进一步说：不但现在这样，过去已就是这样了。叙述了过去生中的故事，末了说：当时的某某，就是现在的某某。这一类型的"本生"，《僧祇律》最多，共存五十三则。《十诵律》与《根有律》，也有这一类型的"本生"。然《僧祇律》的"本生"，都在二部"波罗提木叉分别"中，而《根有律》特重于"破僧事"。传说佛为了提婆达多破僧，"广说五百本生"①，这是说一切有部律的特色。

这一类型的"本生"，分别说部系也是有的。与偷罗难陀（Sthūlanandā）比丘尼有关的，《铜鍱律》有"黄金鸟"，显然为"本生"的体裁②。《四分律》也有"黄金鸟""本生"；《根有律》说有"宝珠鹅"（黄金鸟的传说不同）、"贪贼"、"丑婆罗门"、"不贞妻"——四"本生"。但是，《僧祇律》、《五分律》、《十诵律》，却都是没有的。与提婆达多有关的，《铜鍱律》有"小象学大象"事③。虽没有具备"本生"的文学形式，而确是释尊与提婆达多的前生。"小象学大象"事，《四分律》与《五分律》，都明确的是"本生"体裁。《僧祇律》的"本生"很多，但有关提婆达多的，仅

---

① 《十诵律》卷三六（大正二三・二六四中）。
② 《铜鍱律・经分别》（南传二・四一九）。
③ 《铜鍱律・小品》（南传四・三〇八）。

有一则——"野干主"。关于提婆达多的,《铜鍱律》一则,《四分律》三则,《五分律》四则,《十诵律》一则,而《根有律》多达三十六则。在这一比较下,明确地可以看出:上座部系统律部的"本生",有集中的倾向。重视佛教的问题人物,以提婆达多、偷罗难陀比丘尼的恶行为主,而广泛地传说、集录出来。这与《僧祇律》的本生,对一般的比丘、比丘尼而说,没有集中在少数人身上,是非常不同的。这到底谁古谁今呢!

依律部所传的"本生",而论究成立的先后,是不能以有无、多少为准量的。1.先应确认"本生"所表达的意义,这是关联于前生后世,善恶因果的具体化。善恶因果,是佛法的重要论题。然在佛法的开展中,一般的要求,不是抽象的原理、法则,而要有具体的因果事实可以指证。于是,传述的古人善行,指证为"即是我也"。对现在的释尊说,这是前生的善行、高德,而形成前后的因果事实;这是经师所传的"本生"。律部中,举为例证的世间事——过去的人(畜生及非人)物,对现在的佛弟子,在传说中也成为前生后世的因果系;这是律师所传的"本生"。

2.经师与律师所传的"本生",是同类的善恶因果;这是佛法中,善恶因果具体化的早期形态。我们知道,浑括而简要的佛法根本思想,是但说善恶因果,没有做进一步的分类。但立善恶二性的大众部,就是这一思想的继承者。上座部的特色,是三性论,于善、恶外,别立无记性。分别说部,及从先上座部分出的,说一切有部中的"持经者",都立三性说。说一切有部论师及犊子部,成立四性说:善性、不善性,有覆无记性、无覆无记性。"因通善恶,果唯无记";"异类而熟"的异熟因,在上座部系,尤其是说一切有部论师中,发扬广大起来。如认清佛法思想的开展历程,那么律部本生所表现的具体的因果事实,正是初期的善因善果、不善因不善果的说明;与大众部的思想,最为契合。同类的善恶因果说,在上座部中,渐为异熟因果所取而代之("譬喻"),但仍或多或少地,留存于上座系统的律部。

3. 在部派中,学风是不尽相同的。从上座部而流出的阿毗达磨(abhidharma)论师,是究理派。对于"本生"、"譬喻"等,取审慎的抉择态度。如《阿毗达磨大毗婆沙论》说:"诸传所说,或然不然。"①属于《十诵律》系统的《萨婆多毗尼毗婆沙》卷一(大正二三·五〇九中)说:

> "凡是本生、因缘,不可依也。此中说者,非是修多罗,非是毗尼,不可以定义。"

"本生"、"因缘"、"譬喻"等,与经律相结合,而不是经律的实体;这是不可以作为定量的。所以重阿毗达磨的学派,对于本生、譬喻,不予重视。为罽宾论师所重的,"除却本生、阿波陀那,但取要用作十部"②的《十诵律》,真正的意义在此。铜鍱部重律,也有发达的阿毗达磨论。《铜鍱律》仅有"黄金鸟"本生,及"小象学大象",可与《十诵律》作同样的理解。反之,大众部是重于修证,重于通俗,重经法而没有阿毗达磨论的(晚期也有)。《僧祇律》保持了简略的、杂乱的古型(律藏的全部组织,《僧祇律》是古型的,下文当加以证实),却富有同类因果的"本

---

① 《阿毗达磨大毗婆沙论》卷一八三(大正二七·九一六中)。
② 《大智度论》卷一〇〇(大正二五·七五六下)。

生"。在说一切有部中，本为持经者（上座部本重经）所用的《根有律》，有非常丰富的"本生"与"譬喻"。所以论究律中的"本生"，有无与多少不一，有关学风的不同，是不能忽视的一环。

可以简略地总结了。《铜鍱律》仅"黄金鸟"为"本生"，还有近于"本生"的"小象学大象"。《铜鍱律》编集完成时，当时的佛教界，就只有这二种"本生"吗？还是学风不同，简略而不多采录呢？仅有二项，而与上座部的其他律部，特重提婆达多与偷罗难陀，恰好相合，这是不能不引为希奇的！上座律与大众律，对于风行古代的"本生"，态度是显然不同的。同类因果的"本生"传说，是古老的，与大众部的思想及学风相合。所以在《僧祇律》的编集中，保存得最多。铜鍱部是重论的，与某人其事相结合的"本生"传说，在《铜鍱律》的编集中，仅保留了上座部系所特重的，有关提婆达多与偷罗难陀的"本生"。律部的集成，与部派成立的时期，相去不能太远（集成定本，以后只能有多少修正与补充，不能有太大的变动）。说一切有部——经师与论师分化时期，比化地部、法藏部、铜鍱部要迟一些。那时的说一切有部律，提婆达多的"本生"，已经不少。论师系加以删略，重为编定，成为《十诵律》。持经的譬喻者，继承旧有的学风，扩充（"譬喻"部分更多）改编，成为《根有律》。

经、律所传的"譬喻"，也是多少不同的。经师所传的"譬喻"，只是先贤的善行，光辉的事迹。而律师所传的"譬喻"，通于善恶。从（制戒）"因缘"而化为"譬喻"——佛与弟子的事迹；又从"譬喻"而化为（业报）因缘。"本生"与"譬喻"，有一共同的倾向：从现事而倾向于过去的"同类因果"，是"本生"；从现在而倾向于过去的"异类因果",是"譬喻"。这都是因果原理的具体说明,使人可证可信。依"譬喻"的发展情形,而论现存的各部律,说一切有部的《十诵律》,尤其是《根有律》,详于业报"譬喻",最为后起。其次,是《僧祇律》、《五分律》、《四分律》(有伊罗钵龙王宿缘等)①。《铜鍱律》为古。如以"波罗提木叉分别"——部派未分,已大体形成来说,那就还没有什么(业报)"譬喻",惟《根有律》是例外。

　　(录自《原始佛教圣典之集成》,185—250 页,本版 153—206 页。)

---

① 《弥沙塞部和醯五分律》卷一五(大正二二·一〇六上——一〇七上)。《四分律》卷三二(大正二二·七九一上——七九二下)。

四　摩得勒伽与犍度

（一）摩得勒伽

1.犍度部的母体

　　《铜鍱律》的第二部分，名为"犍度"，内容为受"具足"、"布萨"、"安居"，以及衣、食等规制。这是以僧伽的和乐清净为理想，而制定有关僧团与个人的所有规制。在中国律师的解说中，"波罗提木叉"及其"分别"，称为"止持"；"犍度"部分，称为"作持"。"止持"与"作持"，为毗奈耶——毗尼的两大部分。"作持"部分，在不同部派的"广律"中，不一定称为犍度。以部派的传承不同，适应不同，解说不同，不免有些出入，但主要的项目与内容还是大致相同的。所以"犍度"部分，应有各部派共同依据的母体。犍度部的母体，在汉译的律典中，称为"摩得勒伽"，也就是犍度之母。

　　摩得勒伽，梵语 Mātṛkā，巴利语作 Mātikā。古来音译为摩呾理迦、摩窒里迦、摩呾履迦、摩帝利伽、摩夷等。意译为母、本母，或意译为智母、戒母等。摩得勒伽,与经、律并称。"持法、持律、持摩夷",出于《增支部》①。《中阿含》(一九六)《周那经》,作"持经、持律、持母者"②。《中阿含经》与《增支部》说到"持母者",可见《中阿含经》与《增支部》集成的时代,与经、律鼎足而三的摩得勒伽早已存在;这是佛教的古典之一。

占有佛典重要地位的"摩得勒伽",略有二类:一、属于达磨——法的摩得勒伽;二、属于毗尼——律的摩得勒伽。属于毗尼的摩得勒伽,铜鍱部学者觉音解说为:"摩夷者,是二部波罗提木叉。"③依据这一解说,所以《善见律》意译为"戒母"④。日译的《南传大藏经》在本文与注释中,也就意译为"戒母"、"戒本"。这是铜鍱部的新说;至于古义,无论为法的摩得勒伽,律的摩得勒伽,到觉音的时代(西元五世纪),铜鍱部学者似乎已完全忘失了! 在《铜鍱律》"附随"第三章,说到:"附随"是依"两部毗崩伽(分别)"、"犍度"及"摩夷"为根据的⑤。在两部波罗提木叉分别、犍度以后,提到"摩夷";摩夷的古义,是"波罗提木叉经"吗? 这是值得考虑的! 依汉译而为精审的研究,知道"波罗提木叉(经)分别",是依"波罗提木叉经"而成立的;诸"犍度",是依"摩得勒伽"而渐次集成的。毗尼的摩得勒伽,不是波罗提木叉,而是犍度部所依的母体。毗尼的摩得勒伽,汉译

---

① 《增支部·四集》(南传一八·二五九),又《五集》(南传一九·二五〇——二五二),又《六集》(南传二〇·一一一——一一二)。

② 《中阿含经》卷五二(大正一·七五五上)。

③ 《善见律毗婆沙》卷一八(大正二四·七九六下)。

④ 《善见律毗婆沙》卷一(大正二四·六七六上)。

⑤ 《铜鍱律》"附随"(南传五·一四六)。

有不同部派的不同诵本。今先比对抉出摩得勒伽的组织与内容,以为犍度部集成研究的前提。

2. 说一切有部的毗尼摩得勒伽

《萨婆多部毗尼摩得勒伽》(简称《毗尼摩得勒伽》),一〇卷,宋元嘉十二年(西元四三五),僧伽跋摩所译。顾名思义,这是萨婆多部——说一切有部的毗尼摩得勒伽(Vinaya-mātṛkā)。上面曾说到,这部"摩得勒伽",古人是作为律论的,而其实是《十诵律》的"增一法"、"优波离问法"、"毗尼诵"——后三诵的别译。比对起来,二本的次第,是前后参差的;标题残缺不全,而都有错误。《毗尼摩得勒伽》,有重复的,也有翻译不完全的。虽然名为"摩得勒伽",而真正的"摩得勒伽",仅是其中的一部分。所以先要比对《毗尼摩得勒伽》与《十诵律》的后三诵,以抉出真正的"摩得勒伽"部分。

《十诵律》	《毗尼摩得勒伽》
"第八诵增一法"	
Ⅰ.问七法八法	(缺)
Ⅱ.增一法 …………………………	七、增一法
Ⅲ.众事分 ———————	一、众事分
"第九诵优波离问法"	
Ⅳ.问波罗提木叉 ———————	二、优波离问波罗提木叉
Ⅴ.问七法八法 ———————	三、优波离问事
Ⅵ.问杂事 ———————	六、优波离问杂事
"第十诵毗尼诵(善诵)"	
Ⅶ.摩得勒伽 ———————	五、摩得勒伽

Ⅷ.毗尼相　　　　　　　　　　（缺）

Ⅸ.毗尼杂 ——————— 四、毗尼杂

Ⅹ.五百比丘结集品　　　　　（缺）

Ⅺ.七百比丘结集品　　　　　（缺）

Ⅻ.杂品·因缘品　　　　　　（缺）

　　　　　　　　　　　　　八、毗尼三处摄

　　　　　　　　　　　　　九、优波离问（重出）

　　约内容来分别,《十诵律》的后三诵,可分为十二大段。《毗尼摩得勒伽》,可分为九段。如上文的对列,可见二部的同异了。《十诵律》Ⅰ,原题"增一法之一";今依内容,题为"问七法八法"①。这部分,与义净所译的《根本说一切有部毗奈耶尼陀那》相合。《毗尼摩得勒伽》,缺。《十诵律》Ⅱ"增一法",从一法到十法,前后二段②,实为第八诵的主体。《毗尼摩得勒伽》七,也有增一法③,与《十诵律》的后十法相近,略为增广。《十诵律》Ⅲ,原题"增十一相初",性质与增一法不合;为阿毗达磨体裁,作种种的问答分别④。与此相合的,为《毗尼摩得勒伽》一、初标"毗尼众事分",末结"佛所说毗尼众事分竟"⑤;所以今改题为"众事分"。《十诵律》Ⅳ,从"问淫第一"起,"问七灭诤法"止⑥,为"优波离问波罗提木叉"。《毗尼摩得勒伽》二,与此相

---

① 《十诵律》卷四八(大正二三·三四六上——三五二中)。

② 《十诵律》卷四八——五一(大正二三·三五二中——三七三下)。

③ 《萨婆多部毗尼摩得勒伽》卷七(大正二三·六〇七上——六一〇下)。

④ 《十诵律》卷五一(大正二三·三七三下——三七八下)。

⑤ 《萨婆多部毗尼摩得勒伽》卷一(大正二三·五六四下——五六九中)。

⑥ 《十诵律》卷五二——五三(大正二三·三七九上——三九七上)。

合,末结"优波离问分别波罗提木叉竟"①。《十诵律》Ⅴ,标"问上第四诵七法","问上第五诵中八法"②,为"优波离问"问七法、八法部分。《十诵律》虽但标问七法、八法,末后已论到(不属八法的)破僧。与此相合的,为《毗尼摩得勒伽》三,从"问受戒事"起,"问覆钵事"止,末结"优波离问事竟"③。称为"问事",与根本说一切有部,称为(十六或)"十七事"相合。《十诵律》Ⅵ,标"问杂事"④。与此相当的,为《毗尼摩得勒伽》六,没有标题,也是问受戒等事⑤,文义略为简洁。"杂事",是受戒等种种事。《十诵律》的第十诵,名"毗尼诵";鸠摩罗什译为"善诵";《大正藏》本标为"比丘诵",是错的。"毗尼诵"可分为六段(后三段,或名"毗尼序")。《十诵律》Ⅶ,初结"具足戒竟";次结"法部竟";又标"行法",末结"行法竟"。这部分,今改题为"摩得勒伽"⑥。与此相合的,为《毗尼摩得勒伽》五,末作"佛说摩得勒伽善诵竟"⑦,是"善诵"中的"摩得勒伽"。《十诵律》Ⅷ,标"二种毗尼及杂诵",宋、元等藏本,都作"毗尼相"。广明种种毗尼,而结以"如是事应筹量轻重本末已应用"⑧。这是"毗尼"的解说,与《毗尼母经》后二卷相当;《毗尼摩得勒伽》,缺。

---

① 《萨婆多部毗尼摩得勒伽》卷一——二(大正二三·五六九下——五七九中)。

② 《十诵律》卷五四——五五(大正二三·三九七上——四〇五上)。

③ 《萨婆多部毗尼摩得勒伽》卷三(大正二三·五七九中——五八二中)。

④ 《十诵律》卷五五(大正二三·四〇五上——四〇九下)。

⑤ 《萨婆多部毗尼摩得勒伽》卷七(大正二三·六〇五上——六〇七上)。

⑥ 《十诵律》卷五六——五七(大正二三·四一〇上——四二三中)。

⑦ 《萨婆多部毗尼摩得勒伽》卷五——六(大正二三·五九三中——六〇五上)。

⑧ 《十诵律》卷五七(大正二三·四二三中——四二四中)。

《十诵律》Ⅸ，标"波罗夷法"，"僧伽婆尸沙"①。《毗尼摩得勒伽》四，与此相合（广一些）②，标名"毗尼摩得勒伽杂事"，也就是毗尼摩得勒伽的杂事。《十诵律》的Ⅷ、Ⅸ——二段，合标"二种毗尼及杂诵"。可解说为：Ⅷ为毗尼相，Ⅸ为毗尼杂（事或杂诵）。"毗尼杂诵"部分，实与《五分律》的"调伏法"、《四分律》的"调部"相当，是毗尼的种种判例。《十诵律》Ⅹ"五百比丘结集"③，Ⅺ"七百比丘结集"④，《毗尼摩得勒伽》，缺。《十诵律》Ⅻ"杂品"、"因缘品"⑤，与义净所译的《根本说一切有部毗奈耶目得迦》相合。《毗尼摩得勒伽》，缺。《毗尼摩得勒伽》八"毗尼三处所摄"⑥，是《十诵律》所没有的。《毗尼摩得勒伽》九，从卷八到卷一〇⑦，实为前"优波离问波罗提木叉"的重出。

　　经上来的比对，可见《毗尼摩得勒伽》虽在传诵中有少些出入，而为《十诵律》后三诵的别译本，是无可疑惑的。《毗尼摩得勒伽》的后三卷，是重复的，实际只存七卷。从次第参差，还有些没有译出而论，这是一部残本。似乎早就有所残脱，于是或者将"优波离问波罗提木叉"的初稿及治定稿，合并凑成传说中"十卷"的数目。虽然全部名为《毗尼摩得勒伽》，而唯有结为

------

　　①　《十诵律》卷五七——五九（大正二三·四二四中——四四五下）。

　　②　《萨婆多部毗尼摩得勒伽》卷三——五（大正二三·五八二中——五九三中）。

　　③　《十诵律》卷六〇（大正二三·四四五下——四五〇上）。

　　④　《十诵律》卷六〇——六一（大正二三·四五〇上——四五六中）。

　　⑤　《十诵律》卷六一（大正二三·四五六中——四七〇中）。

　　⑥　《萨婆多部毗尼摩得勒伽》卷七（大正二三·六一〇下——六一一中）。

　　⑦　《萨婆多部毗尼摩得勒伽》卷八——一〇（大正二三·六一一中——六二六中）。

"佛说摩得勒伽善诵竟",与《十诵律》"毗尼诵"初相同的部分,才是真正的、古传的"毗尼摩得勒伽",而为现在要加以论究的部分。

《十诵律》"毗尼诵"初(Ⅶ),《毗尼摩得勒伽》的"摩得勒伽",为说一切有部所传的,毗尼的"摩得勒伽"的不同译本。这一部分,《毗尼摩得勒伽》先这样说:"受具戒,应与受具戒,不应与受具足,……威仪不威仪,三聚。"①这是总标一切论题(母),然后一一地牒标解说。《十诵律》没有总标,只是别别地标举,一一解说。这种先标后释,正合于"摩得勒伽"的体裁。今列举二本的论题,比对同异如下:

《十诵律》 (大正二三・四一〇上——四二三中)	《毗尼摩得勒伽》 (大正二三・五九三中——六〇五上)
1.受具足戒 2.应与受具足戒 3.不应与受具足戒	1.受具足戒 2.应与受具足戒 3.不应与受具足戒
4.得具足戒 5.不得具足戒	4.得具足戒 5.不得具足戒
6.二种羯磨 7.羯磨事	6.羯磨 7.羯磨事
8.遮羯磨 9.不遮羯磨	9.非处羯磨 8.羯磨处
10.出羯磨 11.舍羯磨	10.摈羯磨 11.舍羯磨
12.苦切事 13.出罪事	12.苦切羯磨 13.出罪羯磨事
14.因缘事	16.所作事
15.语治事 16.除灭事	14.不止羯磨 15.止羯磨
17.学 18.还戒 19.不舍戒	17.学 19.舍戒 18.非舍戒
20.戒羸 21.戒羸不出	20.戒羸 21.戒羸非舍戒

────────

① 《萨婆多部毗尼摩得勒伽》卷五(大正二三・五九三中——五九四上)。

22. 净事

23. 正取事

24. 灭事

25. 除灭事

26. 说　27. 不说　28. 独住法

29. 痴羯磨　30. 不痴羯磨

31. 不消供养

32. 不现前羯磨　33. 非羯磨

34. 善

35. 如法出罪

36. 白　37. 白羯磨　38. 白二羯磨
　　39. 白四羯磨

40. 苦切羯磨

41. 依止羯磨

42. 驱出羯磨　43. 下意羯磨
　　44. 不见摈羯磨　45. 不作摈羯磨
　　46. 恶邪不除摈羯磨

47. 别住羯磨　48. 摩那埵羯磨
　　49. 本日治羯磨　50. 出罪羯磨
　　51. 别住等四功德

52. 觅罪相羯磨

53. 阿跋提　54. 无阿跋提
　　55. 轻阿跋提　56. 重阿跋提
　　57. 残阿跋提　58. 无残阿跋提

59. 恶罪

60. 非恶罪　61. 可治罪

62. 不可治罪

----

22. 净

23. 摄净事（灭净）

24. 净事不灭

25. 净灭事

26. 说　27. 不说　28. 受

29. 狂人羯磨　30. 不狂羯磨

31. 堕信施

32. 不现前羯磨　33.（非）羯磨

34. 忏罪

35. 白　36. 白羯磨　37. 白二羯磨
　　38. 白四羯磨

39. 苦切羯磨

40. 驱出羯磨　41. 折伏羯磨
　　42. 不见摈羯磨　43. 舍摈羯磨
　　44. 恶邪不除摈羯磨

45. 别住　47. 摩那埵
　　46. 本日治　48. 阿浮呵那
　　49. 别住等四功德

50. 觅罪

51. 戒聚

52. 犯聚　53. 不犯聚
　　54. 轻罪　55. 重罪
　　56. 有余罪　57. 无余罪

59. 粗罪

58. 边罪

63. 摄罪

64. 摄无罪

65. 语 66. 忆念

67. 说事羯磨 68. 萨耶罗羯磨

69. 诬谤

70. 诬谤发

71. 诬谤灭

72. 求听

73. 与听 74. 用听

75. 遮波罗提木叉 76. 遮自恣

77. 内宿 78. 内熟 79. 自熟
　　80. 恶捉 81. 不受 82. 恶捉受
　　83. 初日受 84. 从是出

85. 食木果

86. 池物

87. 受 88. 不受

89. 舍 90. 不舍

91. 可分物 92. 不可分物 93. 轻物
　　94. 重物 95. 属物 96. 不属物

97. 手受物

98. 不手受物

99. 人物 100. 非人物

101. 因缘衣 102. 死衣 103. 粪扫衣

104. 灌鼻 105. 刀治 106. 活帝治

107. 剃毛 108. 剃发

109. 故用

110. 果瓶

60. 罪聚

61. 出罪 62. 忆罪

63. 斗诤

64. 止斗诤

65. 求出罪

66. 遮布萨 67. 遮自恣

68. 内宿食 69. 内熟 70. 自熟
　　71. 捉食 72.（不）受食 73. 恶捉
　　74. 受　75. 不受
　　（义有）

76. 不舍

77. 水食

78. 舍

79. 受迦絺那 80. 不受迦絺那

81. 舍迦絺那 82. 不舍迦絺那

85. 可分物 86. 不可分物 84. 重物
　　83. 轻物 89. 摄物 90. 不摄物

91. 不从他受

87. 人物 88. 非人物

93. 成衣 92. 死比丘衣 94. 粪扫衣

95. 灌鼻 97. 刀 96. 灌下部

98. 剃毛 99. 剃发

100. 唉 101. 净 102. 食 103. 作衣

104. 果食

111. 人用物　112. 非人用物

　　　　　　　　　　　　　105. 非人食

113. 五百人集毗尼　　　　106. 五百集毗尼

　114. 七百人集毗尼　　　　　107. 七百集灭毗尼

115. 毗尼摄　　　　　　　108. 毗尼因缘

116. 黑印　　　　　　　　110. 迦卢沤波提舍

　117. 大印　　　　　　　　109. 摩诃沤波提舍

118. 合药　119. 和合法　　111. 等因　112. 时杂

120. 僧坊净法　121. 林净法　113. 园林中净　114. 山林中净

　122. 房舍净　　　　　　　115. 堂净

123. 时净

124. 方净法　　　　　　　116. 国土净

125. 国土净法　　　　　　117. 边方净　118. 方净

126. 衣净法　　　　　　　119. 衣净

　　（"具足戒竟"）　　　　120. 酢浆净

127. 自恣法　128. 与自恣法　121. 自恣　122. 与自恣欲

　129. 受自恣法　130. 说自恣法　　123. 取自恣欲　124. 说自恣欲

131. 布萨法　132. 与清净法　125. 布萨　126. 与清净

　133. 受清净法　134. 说清净法　　127. 受清净　128. 说清净

135. 欲法

136. 与欲法　137. 受欲法　129. 布萨与欲　130. 受欲

　138. 说欲法　139. 清净法　　131. 说欲　132. 清净

140. 与清净法

141. 欲清净法　142. 与欲清净法　133. 欲清净　134. 与欲清净

　143. 受欲清净法　　　　　　135. 受欲清净

　144. 说欲清净法　　　　　　136. 说欲清净

145. 起塔法　146. 塔地　147. 龛塔法　137. 偷婆　138. 偷婆物　139. 偷婆舍

　148. 塔物无尽　　　　　　140. 偷婆无尽功德

149. 供养塔法　150. 庄严塔法　141. 供养偷婆　142. 庄严偷婆

151. 华香璎珞法	143. 偷婆香华璎珞
152. 坚法	144. 有食
153. 坚坚法	
154. 粥法 155. 啖法 156. 含消法 157. 食法	145. 粥 146. 佉陀尼 147. 含消 148. 蒲阇尼
158. 钵法 159. 衣法 160. 尼师坛法	149. 钵 150. 衣 151. 尼师坛
161. 针法 162. 针筒法	152. 针 153. 针筒
163. 水瓶法 164. 常用水瓶法	
165. 和上法 166. 共行弟子法	158. 和上 159. 弟子
	160. 供养和上
167. 阿阇黎法 168. 近行弟子法 169. 和上阿阇黎共行弟子近行弟子法	161. 阿阇黎 162. 近住弟子 163. 和上阿阇黎共行弟子近住弟子
170. 沙弥法	164. 沙弥
171. 依止法 172. 与依止法 173. 受依止法 174. 舍依止法	154. 依止 156. 与依止 155. 受依止 157. 舍依止
175. 地法 176. 僧坊法	165. 筹量
177. 卧具法	166. 卧具
178. 治塔僧坊法 179. 治塔僧坊人法	167. 营知事
180. 恭敬法	168. 次第
181. 澡豆法 182. 浆法 183. 药法 184. 苏毗罗浆法	170. 屑 172. 浆 171. 药 169. 苏毗罗浆
185. 皮革法 186. 革屣法	173. 皮 174. 革屣
	175. 揩脚物
187. 支足法 188. 机法	
189. 杖法 190. 杖囊法	176. 杖 177. 络囊
191. 啖蒜法	178. 蒜
192. 剃刀法 193. 剃刀鞘法	179. 剃刀 180. 剃刀房

194. 户钩法	181. 户钥 182. 户锁
195. 乘法	185. 乘
196. 盖法 197. 扇法	183. 扇柄 184. 伞 186. 扇
198. 拂法 199. 镜法	187. 拂 188. 镜
200. 治眼法	191. 眼安膳那
201. 治眼筹法 202. 盛眼筹物法	192. 著安膳那物
203. 华香璎珞法 204. 歌舞伎乐法	189. 香华璎珞 190. 歌舞倡伎
205. 卧法 206. 坐法	193. 卧 194. 坐卧经行
207. 禅杖法	
208. 禅带法	195. 禅带
209. 带法 210. 衣鞍带法	197. 腰绳 196. 纽
211. 抄系衣法 212. 跳掷法	199. 反抄著衣 198. 弹
213. 地法 214. 林	200. 地 201. 树
	202. 地物 203. 林树
215. 事	204. 净
216. 破僧	205. 净坏僧
217. 上中下座相看("法部竟")	206. 恭敬
218. 摈比丘行法	207. 下意
219. 种种不共住行法	208. 种种不共住
220. 阄赖吒比丘行法	209. 阄赖吒
221. 实觅罪相比丘行法	210. 实觅罪
222. 波罗夷与学沙弥行法	211. 波罗夷学戒
223. 僧上座法 224. 僧坊上座法	212. 众僧上座 213. 林上座
225. 别房上座法(衍文:阿蓝法)	
226. 林法 227. (阿蓝)别房法	214. 树界 215. 堂前
228. 房舍法 229. 卧具法 230. 户法	216. 房 217. 卧具 218. 户扂
231. 扃法 232. 空僧坊法	219. 户撑 220. 空坊
233. 钵法 234. 衣法 235. 尼师坛法	221. 钵 222. 衣 223. 尼师坛
236. 针法 237. 针筒法	224. 针 225. 针房

279. 下座法	271. 下座
280. 上中下座法	
281. 浴室法　282. 浴室洗法	272. 浴室　273. 洗浴
283. 浴室上座法	274. 浴室上座
284. 和上法　285. 共行弟子法	275. 和上　276. 共行弟子
286. 阿阇黎法　287. 近行弟子法	277. 阿阇黎　278. 近住弟子
288. 沙弥法	279. 沙弥
289. 出力法	280. 治罪
290. 随后比丘法	281. 后行比丘
291. 常入出家比丘法	282. 入家
292. 至家法　293. 住家法	283. 入白衣舍　284. 入家坐
294. 住家上座法	285. 白衣家上座
294. 共语言法　295. 息法	286. 共语　287. 消息
296. 漉水囊法　297. 经行法	291. 漉水囊　290. 经行
298. 虚空法	288. 空中
	289. 迦絺那　292. 下风
299. 便利法　300. 近厕法	293. 入厕　294. 厕边
301. 厕板法　302. 厕上座法	295. 厕屣　296. 厕上座
303. 拭法　304. 洗处法	304. 筹草　297. 洗
305. 近洗处法　306. 洗处板法	298. 大行已洗手处　299. 洗处
307. 洗处上座法	
308. 小便处法　309. 近小便处法	300. 小便　301. 小便处
310. 小便处板法	302. 小便屣
311. 小便处上座法	303. 小便上座
312. 唾法	305. 唾
313. 唾器法　314. 钵支法	306. 器
315. 齿木法　316. 摘齿法	307. 齿木　308. 摘齿
317. 刮舌法	309. 刮舌
318. 摘耳法	310. 挑耳

| ("行法竟") | 311. 威仪(不威仪) |
| | 312. 三聚 |

说一切有部"摩得勒伽"的两种译本,如上所列,论题(律母)虽偶有增减,解说或小有出入,但大体上,可说是完全一致的。说一切有部的毗尼的摩得勒伽,是分为三部分的。如《十诵律》本 126 项下,注"具足戒竟"①。217 项下,注"法部竟"②。318 项下,注"行法竟"③。毗尼的摩得勒伽,分为三部分,也如《毗尼摩得勒伽》卷六(大正二三·六〇五上)说:

"云何三聚? 谓受戒聚、相应聚、威仪聚。"

"三聚",是摩得勒伽末了的总结。一、"受戒聚"(upa-saṃpadā-khandha),如上说"具足戒竟",从最初的"受具戒"得名。这一聚,《十诵律》本为一二六项目;《毗尼摩得勒伽》本为一二〇项目。二、"相应聚"(Saṃyukta-khandhaka):随义类而编为一类一类的,称为相应,为古代集经、集律分类的通称。《十诵律》本为九十一项目(注名"法部");《毗尼摩得勒伽》本为八十六项目。三、"威仪聚"(Ācāra-khandha):威仪就是"行法"。《十诵律》本为一〇一项目;《毗尼摩得勒伽》本为一〇〇项目。末附"威仪"与"三聚"——两目,是这一部分及全部的总结,是《十诵律》本所没有的。说一切有部本的"摩得勒伽"大概是:初聚为一二〇项目,次聚为八〇项目,后聚为一〇〇项目。前二聚

---

① 《十诵律》卷五六(大正二三·四一四下)。
② 《十诵律》卷五六(大正二三·四一七下)。
③ 《十诵律》卷五七(大正二三·四二三中)。

的总和(二○○),为第三聚(一○○)的一倍。在传诵中略有增减,成为现存译本的形态。

3.先上座部的毗尼摩得勒伽

《毗尼母经》,八卷,"失译人名,今附秦录"。"毗尼母",是"毗尼摩得勒伽"的意译,为《毗尼摩得勒伽》的另一传本。这是属于雪山部也就是先上座部所传承的。先上座部为说一切有部的根源,所以这部《毗尼母经》,在解说上,虽然广略不同,意义也大有出入,但所解说的论题(律母),与说一切有部本,尤其是《毗尼摩得勒伽》本,极为接近!

《毗尼母经》的后二卷,初明"三处决断犯不犯"①;次辨毗尼的五义——忏悔、随顺、灭、断、舍②;末后别明种种的毗尼——犯毗尼、净毗尼、断烦恼毗尼、比丘毗尼、比丘尼毗尼、少分毗尼、一切处毗尼③。末了总结说:"推求所犯轻重聚,及起处缘,可灭不可灭经。"④这与《十诵律》Ⅷ."毗尼相"相当;《十诵律》也结说为"如是事应筹量轻重本末已应用"⑤。这是依于同一原本,不同部派的不同诵本,而一向附于毗尼摩得勒伽的。真正的"毗尼母",是前六卷,也分为三分。标目与解说,译文偶有不明晰的地方。参照说一切有部本,条举其标释的论题(律母)如下:

---

① 《毗尼母经》卷七(大正二四·八三九上——八四二上)。
② 《毗尼母经》卷七(大正二四·八四二上)。
③ 《毗尼母经》卷七——八(大正二四·八四二上——八五○下)。
④ 《毗尼母经》卷八(大正二四·八五○下)。
⑤ 《十诵律》卷五七(大正二三·四二四中)。

一、第一分，——九项目。

1. 受具足　2. 得受具　3. 不得受具　4. 可得受具　5. 不（可）得受具

6. 业（羯磨）　7. 应止羯磨　8. 不应止羯磨　9. 摈出羯磨　10. 听入僧羯磨　11. 呵责羯磨　12. 谏法　13. 缘事　14. 调伏　15. 舍摩陀（止灭）

16. 舍戒　17. 不舍戒　18. 戒羸　19. 戒羸事

20. 说戒法　21. 不说戒（此下有"说法"，应属后 29.）

22. 宿食大界内食（内宿内熟）　23. 共宿食残宿食（内熟自熟）　24. 残食法（受·不受）　25. 果　26. 池果

27. 畜钵法　28. 畜衣法

29. 应说　30. 非法说　31. 不应说

32. 失性羯磨　33. 舍

34. 施所堕　35. 羯磨　36. 非羯磨　37. 毗尼　38. 入僧法

39. 白　40. 白羯磨　41. 白二羯磨　42. 白四羯磨（呵责等）　43. 别住　44. 本事　45. 摩那埵　46. 阿浮呵那

47. 犯　48. 不犯　49. 轻犯　50. 重犯　51. 残　52. 无残　53. 粗恶　54. 浊重　55. 非粗恶浊重　56. 须羯磨　57. 不须羯磨　58. 集犯

59. 谏法　60. 忆念　61. 谏时　62. 受谏　63. 止语

64. 止说戒　65. 止自恣　66. 波罗提木叉　67. 布萨　68. 自恣

69. 内宿　70. 内熟　71. 自手作　72. 自取　73. 残食法

74. 根食

75. 受迦絺那衣　76. 不受　77. 舍迦絺那衣　78. 不舍

79. 可分物　80. 不可分物　81. 重衣物　82. 粪扫衣
83. 亡比丘衣物　84. 养生具　85. 非养生具　86. 与
得取　87. 不与不得取

88. 应畜物　89. 不应畜物

90. 剃发法

91. 净肉　92. 故作受用(食)

93. 合毗尼　94. 不合毗尼

95. 人养生具　96. 非人养生具　97. 食果(净法)

98. 五百结集　99. 七百结集　100. 毗尼缘　101. 大广说

102. 和合　103. 不和合　104. 尽形受药　105. 寺中应可
作　106. 寺中应畜物　107. 应入林　108. 有疮听
109. 大小行处　110. 房房中所作事　111. 应二指作
法　112. 共作法　113. 略问　114. 应受不应受
115. 处所　116. 方　117. 随国应作　118. 受迦絺那
衣利　119. 浆法

二、第二分,五十五项目。

120. 夏安居法　121. 自恣法　122. 与自恣欲　123. 取自
恣欲

124. 波罗提木叉法　125. 取布萨欲

126. 物　127. 谏　128. 可分不可分　129. 破僧

130. 房舍　131. 敷具　132. 敷具处所　133. 营事

134. 相恭敬法

135. 苏毗罗浆   136. 散   137. 香   138. 杂香澡豆   139. 药 140. 浆   141. 不中饮酒

142. 屐   143. 革屣   144. 皮   145. 应畜不应畜

146. 杖   147. 络囊   148. 食蒜   149. 剃刀   150. 藏刀处

151. 乘   152. 金扇   153. 拂   154. 扇   155. 盖   156. 镜

157. 眼药   158. 眼药筒   159. 庄饰   160. 歌舞   161. 花鬘璎珞   162. 香

163. 坐   164. 卧具   165. 禅带   166. 带   167. 衣钩纽 168. 擘抄衣

169. 稚弩   170. 地法   171. 树

172. 斗诤言讼   173. 破(僧)   174. 和合

三、第三分,六十五项目。

175. 去   176. 去上座

177. 非时入聚落   178. 非时集   179. 非时上座集法

180. 法会   181. 法会上座   182. 说法者   183. 说者众 上座

184. 语法   185. 不语法

186. 养徒众法

187. 入大众法   188. 众主法   189. 众中说法上座法

190. 说戒   191. 布萨   192. 受安居时筹量法   193. 受安 居法   194. 安居中上座法   195. 安居竟事

196. 众   197. 入僧法   198. 入僧中坐法   199. 上座法 200. 中座法   201. 下座法   202. 一切僧所应行法

203. 浴室法   204. 入浴室洗法   205. 浴室上座所作法

206. 共行弟子共宿弟子奉事和尚阿阇梨法　207. 和尚阿
　　 阇梨畜弟子法　208. 沙弥法

209. 前行比丘法　210. 后行比丘法　211. 为檀越师
　　 212. 入檀越舍　213. 入坐法　214. 入家中上座法

215. 语言法　216. 道行中息　217. 失依止　218. 舍法

219. 经行　220. 经行舍　221. 然火　222. 小便处　223. 洗
　　 足器　224. 熏钵炉

225. 虚空　226. 出气　227. 扫地法　228. 食粥法

229. 上厕法　230. 厕筹法　231. 上厕用水法

232. 嚼杨枝法　233. 涕唾法　234. 擿齿法　235. 去耳垢
　　 法　236. 刮舌法　237. 小便法

238. 行法非行法

　　如上面列举的论题（律母），与说一切有部的摩得勒伽（二本），显然是出于同一原本，而各为不同的解说。《毗尼母经》（119）"浆法"下注"初一分竟"①，与《十诵律》本注"具足戒竟"的地位相合。《毗尼母经》第六卷末说"第三事竟"②，可见《毗尼母经》与说一切有部本相同，也是分为三分的。在三分中，第一分与说一切有部本最相近。（67）"内宿"到（74）"根食"，与二本相当；但别有（22）"宿食"到（26）"池果"，似乎是错简的重译。第二分中，《毗尼母经》较简略。以《毗尼摩得勒伽》为例：（121）"自恣"到（136）"说欲清净"，共十六项目；而《毗尼母经》从（121）"自恣法"到（125）"取布萨欲"，仅略为五项。此下，

①　《毗尼母经》卷四（大正二四·八二二中）。
②　《毗尼母经》卷六（大正二四·八三八下）。

《毗尼摩得勒伽》有"偷婆"类,"有食"类,"钵、衣"类,"依止"类,"和上、弟子"类,从(137)到(164),共二十八项目,都是《毗尼母经》所没有的。《毗尼母经》第三分中说:"共行弟子、共宿弟子,奉事和尚、阿阇梨,和尚、阿阇梨畜弟子法,此皆如上文所说。"①但上文并没有说到,可见第二分中,应有和尚、弟子法,而是脱落了。第三分中,《毗尼摩得勒伽》(207)"下意"起,(243)"客上座"止,共三十六项目,而《毗尼母经》也没有。"闼赖吒"、"实觅罪"、"与学"等,《僧祇律》本也有,所以这大概是《毗尼母经》脱落了的。现存的《毗尼母经》,除译文标释不大分明,缺两大段外,原文的标题与说一切有部本是很接近的。

《毗尼母经》与说一切有部的二本比对起来,与《毗尼摩得勒伽》本更近。如(119)"浆法",与《毗尼摩得勒伽》的(120)"酢浆净";(226)"出气",与《毗尼摩得勒伽》的(292)"下风";(238)"行法非行法",与《毗尼摩得勒伽》的(311)"威仪不威仪",完全相合,而是《十诵律》本所没有的。又如(152)"金扇",(154)"扇"——二事;《毗尼摩得勒伽》也立(183)"扇柄"与(185)"扇"为二,《十诵律》本但立(197)"扇法"为一事。《毗尼母经》的标目,与《毗尼摩得勒伽》无疑是更接近的。

4. 大众部的毗尼摩得勒伽

大众部的《僧祇律》,曾说到"诵修多罗,诵毗尼,诵摩帝利伽"②。与修多罗、毗尼并立的摩帝利伽,显然为摩得勒伽的异

---

① 《毗尼母经》卷六(大正二四·八三五中)。
② 《摩诃僧祇律》卷一三(大正二二·三三四下)。

译。在《僧祇律》中，并没有说到摩帝利伽是什么。然依说一切有部及先上座部的"毗尼摩得勒伽"去观察，确信《僧祇律》的"杂诵跋渠法"、"威仪法"，与摩得勒伽相当；这就是大众部所传的"毗尼摩得勒伽"。《僧祇律》先明"比丘律"（bhikṣu-vinaya），从"明四波罗夷法第一"，到"七灭净法第八"，而后总结说"波罗提木叉分别竟"①。此下，"明杂诵跋渠法第九"，共十四跋渠（varga）。次明"威仪法第十"，共七跋渠。比丘尼律（bhikṣuṇī-vinaya）的组织，也是这样。"杂跋渠法"与"威仪法"，大抵以十事结为一颂，也就是一跋渠（品）。但长行的标释，与结颂偶有几处不合（偈颂分为数事，长行或综合的解说）。今依结颂次第而条列其内容，而附注长行的不同处于下：

一、"杂诵跋渠法"，十四跋渠。

第一跋渠：

  1.受具足　2.不名受具足　3.支满（可受具足）　4.不清净（不得受其足）②

  5.羯磨　6.羯磨事　7.折伏羯磨　8.不共语羯磨　9.摈出羯磨　10.发喜羯磨

第二跋渠：

  11.举羯磨　12.别住　13.摩那埵　14.出罪　15.应不应羯磨　16.随顺行舍　17.他逻咃　18.异住　19.与

---

① 《摩诃僧祇律》卷二二（大正二二·四一二中）。

② 长行先明"四种受具足"；次广明"不名受具足"，而以"是谓不名受具足。是中清净如法者，名受具足"作结，这是合为"受具足"、"不名受具足"二事了。见《摩诃僧祇律》卷二三——二四（大正二二·四一二中——四二二上）。

波罗夷学悔　20.觅罪相羯磨

第三跋渠：

21.举他　22.治罪　23.驱出　24.异住　25.僧断事①

26.田地法②　27.僧伽蓝法　28.营事法　29.床褥

法　30.恭敬法

第四跋渠：

31.布萨法　32.羯磨法　33.与欲法　34.说清净法③

35.安居法　36.自恣法

37.迦絺那衣法　38.非迦絺那衣法　39.舍迦絺那衣法

40.衣法

第五跋渠：

41.看病比丘法　42.药法

43.和上阿阇梨共住弟子法依止弟子法　44.沙弥法

45.钵法　46.粥法　47.饼法　48.菜法　49.麨法

50.浆法

51.苏毗罗浆法

第六跋渠：

52.毗尼法④　53.障碍不障碍法

---

①　颂标"僧断事"，而长行作"羯磨法"，见《摩诃僧祇律》卷二七（大正二二·
四四三中）。

②　长行别明"园田法"、"田宅法"，而总结为"是名田宅法"。见《摩诃僧祇
律》卷二七（大正二二·四四三下——四四四上）。

③　长行标"布萨法者"，而结以"是名布萨法、与欲法、受欲法"。颂中"羯磨"
似即布萨羯磨。见《摩诃僧祇律》卷二七（大正二二·四四六下——四五〇下）。

④　长行初标"非羯磨者"，而以"是名毗尼法"作结。见《摩诃僧祇律》卷二
九——三〇（大正二二·四六四下——四七〇下）。

54. 比丘尼法

55. 内宿内煮自煮　56. 受生肉　57. 受生谷　58. 自取更
受　59. 皮净　60. 火净

第七跋渠：

61. 重物　62. 无常物　63. 痴羯磨　64. 见不欲　65. 破
信施

66. 革屣法　67. 屐法　68. 浴法（揩身石）　69. 香屑法
70. 杖络囊法

第八跋渠：

71. 蒜法　72. 覆钵法　73. 衣纽绁结法　74. 腰带法
75. 带结法①

76. 乘法　77. 共床卧法　78. 共坐法　79. 共器食法
80. 机法

第九跋渠：

81. 为杀　82. 肉（蒜）　83. 皮法　84. 揩脚物　85. 眼药
86. 眼药筒　87. 眼药筹法　88. 伞盖法　89. 扇法
90. 拂法

第十跋渠：

91. 刀治　92. 灌筒法　93. 剃发法　94. 作具（剃具等）
95. 破僧　96. 和合僧

97. 五百比丘集法藏　98. 七百集法藏　99. 略说毗尼

第十一跋渠：

---

①　"带结法"，颂中缺，长行中有。见《摩诃僧祇律》卷三一（大正二二·四八
四下）。

100.毁訾　101.伎乐　102.香　103.华

104.镜法　105.担法　106.抄系衣　107.上树　108.火法　109.铜盂法　110.回向法

第十二跋渠：

111.众生法　112.树法　113.樵木法　114.华法　115.果法　116.种殖　117.听一年①　118.罪法　119.非罪法　120.治罪法

第十三跋渠：

121.灭　122.灭事　123.调伏　124.调伏事

125.听法　126.油法　127.粉法　128.刷法　129.梳法　130.簪法

第十四跋渠：

131.塔法　132.塔事　133.塔龛法　134.塔园法　135.塔池法　136.枝提　137.供养具　138.收供养具法　139.难法

二、"威仪法"，七跋渠。

第一跋渠：

1.上座布萨　2.第二上座布萨　3.一切僧布萨　4.上座食　5.第二上座食　6.一切僧食

7.和上教共行弟子　8.共行弟子事和上　9.阿阇梨教依止弟子　10.依止弟子事阿阇梨

第二跋渠：

---

①　今依颂而分"种殖"与"听一年"为二，见《摩诃僧祇律》卷三三（大正二二·四九六中）。

11. 床敷　12. 春末月治房　13. 夏安居治房　14. 安居竟治房　15. 客比丘治房　16. 旧住比丘治房　17. 一切尽治房

18. 厕屋大便　19. 小便法　20. 齿木法

第三跋渠：

21. 衣席　22. 帘隔障　23. 房舍　24. 涕唾　25. 钵龛　26. 粥法　27. 立住法　28. 经行法　29. 坐　30. 卧法

第四跋渠：

31. 客比丘法　32. 旧比丘法

33. 洗脚法　34. 拭脚法　35. 净水　36. 饮水　37. 温室　38. 浴法　39. 净厨　40. 衣法

第五跋渠：

41. 阿练若比丘　42. 聚落比丘　43. 礼足　44. 相问讯　45. 相唤

46. 入刹利众　47. 入婆罗门众　48. 入居士众　49. 入外道众　50. 入贤圣众

第六跋渠：

51. 着内衣法　52. 着中衣法　53. 着入聚落衣法　54. 白衣家护衣

55. 前沙门　56. 后沙门　57. 倩人迎食　58. 与人迎食　59. 乞食法　60. 食时相待

第七跋渠：

61. 然灯法　62. 行禅杖法　63. 掷丸法　64. 持革屣　65. 尼师坛　66. 謦咳法　67. 嚏法　68. 欠呿频申法

69. 把搔　70. 放下风

《僧祇律》的"杂诵跋渠法"、"威仪法",为大众部所传,有其不同的次第与内容的增减。但就大体而论,与上座部系的摩得勒伽,一望而知为出于同一的原本。如"杂诵跋渠法"的第一、第二、第三跋渠的一部分——(24)"异住"止,与《毗尼摩得勒伽》的第一分的前五十项(除 26 到 31),内容与次第,都非常相近。又"杂诵跋渠法"的(66)"革屣法"起,(96)"和合僧"止,内容与次第,与《毗尼摩得勒伽》的(142)"屣"起,(174)"和合"止,更为一致。又如(97)"五百比丘结集",(98)"七百结集",(99)"略说毗尼"(《十诵律》本作"摄毗尼",解说不同),三事是次第的,位于"杂诵跋渠法"的中间。说一切有部本、先上座部本,也都位于第一分的中间。尤其是和尚阿阇梨与弟子法,见于"杂诵跋渠法"(43),又见于"威仪法"(7—9)。说一切有部本也是这样,见于第二分与第三分。这可见原本如此,而并不是重复的。

比较起来,《僧祇律》本简略,《毗尼母经》本较广,而说一切有部本最为详广。《僧祇律》本,于"上座"事,标列为项目的,仅(1)"上座布萨",(2)"第二上座布萨",(4)"上座食",(5)"第二上座食"——四项。而《毗尼母经》本,有(176)"去上座",(179)"非时上座集法",(181)"法会上座",(183)"说者众上座",(189)"众中说法众上座",(194)"安居中上座",(205)"浴室上座",(214)"入家中上座"——八项。而《毗尼摩得勒伽》本,广列(212)"众僧上座",(213)"林上座",(239)"阿练若比丘上座",(241)"聚落中上座",(243)"客上座",(245)"行上座",(247)"洗足上座",(249)"集上座",(251)"说法上座",(254)"非时僧集上座",(259)"安居上座",(264)"安居中上座",(268)"说戒上座",(274)"浴室上座",(285)"白衣家上座",(296)"厕上座",(303)"小便上座"——十七项。上座部,说一切有部本条列最为详备,也就可见上座地位的特别受到重视了。又如《毗尼母经》(98)"五百结集",(99)"七百结集",(100)"毗尼缘"是毗尼藏略说;(101)"大广说"(说一切有部本分为"白""黑"二类)是结集经律的取舍标准。说一切有部本相同,而《僧祇律》本却没有"大广说"。此下,《毗尼母经》自(102)"和合"起,(108)"有疮听"止;(116)"方"起,(119)"浆"止,共十一项目。《毗尼摩得勒伽》本,自(111)"等因"起,(120)"酢浆净"止,共十项,都是"净法"。这部分,《僧祇律》本没有,是值得注意的事!在七百结集时,佛教界有"十事非法"——"十事不净"的论净。上座部系的"摩得勒伽",在"七百结集"以下,广论"等因"、"时杂"等净法。净法,是在某种情形下,经某种手续,认为是可行的。《僧祇律》于结集时,提出净不净的标准,如卷三二(大正二二·四九二上)说:

> "五净法,如法如律随喜,不如法律者应遮。何等五?
> 一、制限净。二、方法净。三、戒行净。四、长老净。五、风俗净。"

《僧祇律》举"净法"的原则——五净,没有分别而标列于"摩得勒伽"("杂诵跋渠"),可见"等因"到"浆净",是上座部系所补列的。这些,《僧祇律》近于原本,上座系本,显然有增广的形迹。

　　然现存的《僧祇律》本,确有综合简略的地方。如"杂诵跋渠法"颂出:"布萨及羯磨,与欲说清净,安居并自恣。"①而长行综合前四为一"布萨法",结说"是名布萨法、与欲法、受欲法"②,这是综合简略的明证。与此相当的《毗尼母经》,自(120)"夏安居法"起,(125)"取布萨欲"止,共为六项。而《毗尼摩得勒伽》本,从(121)"自恣"起,(136)"说欲清净"止,共达十六项目。在这些上,"摩得勒伽"的原本,相信是近于《毗尼母经》的。总之,现存各本,都是有所增减的。

5. 摩得勒伽成立的先后

　　《十诵律》"毗尼诵"的"摩得勒伽",《毗尼摩得勒伽》的"摩得勒伽",《毗尼母经》的前六卷,《僧祇律》的"杂诵跋渠法"、"威仪法":如上文所说,是出于同一母体的毗尼摩得勒伽。汉译的毗尼摩得勒伽,就是这几部。此外,分别说部系的《四分律》,也一再说到经律(毗尼)以外的摩夷(Mātikā),但实际的内容不明。根本说一切有部的"律藏",义净的传译是不完全的。据《根本萨婆多部律摄》所说"比尼得迦及本母"③,可见《根有律》也是有"摩得勒伽"的,只是没有译出而已。

　　有关摩得勒伽的意义,我曾经有所论列④。概要地说,摩得

①　《摩诃僧祇律》卷二八(大正二二·四五五上)。
②　《摩诃僧祇律》卷二七(大正二二·四五○下)。
③　《根本萨婆多部律摄》卷一(大正二四·五二五上)。
④　拙作《说一切有部为主的论书与论师之研究》第一章第三节第二项。

勒伽的文体,是标目作释的;文义是"决了定义"的。法的摩得
勒伽,是圣道的修持项目,如《杂事》等所说①。律的摩得勒伽,
也是有关实行的项目,如出家受具足、布萨、安居,以及衣、食、住
等僧伽规制。律的摩得勒伽,本是僧伽内部实行的法制及惯例
(不成文法)。结集时,只是列举项目,附于"波罗提木叉"。但
体例与波罗提木叉(成文法)不合,所以依标作释,渐成为律的
另一部分——"摩得勒伽"。

　　摩得勒伽,起初应只是标举项目。《毗尼摩得勒伽》,在依标
作释以前,列举项目,如说:"受具戒,应与受具戒,不应与受具戒,
得具戒,不得具戒;羯磨,羯磨事,羯磨处,非羯磨处……"②而《僧
祇律》在依标作释以后,结为偈颂说:"具足不名受,支满不清
净,羯磨及与事,折伏不共语,摈出发欢喜……"③长行,或者是
偈颂;在前,或者是在后,意义都是一样的,就是列举项目的摩得
勒伽。如《僧祇律》"杂诵跋渠法"的第五跋渠(品),《大正藏》依
高丽本,是偈颂体;而宋、元、明各本,都是长行④。但这些僧制项
目,被称为摩得勒伽的,早就成为偈颂,偈颂是更便于忆持的。

　　集为偈颂的"摩得勒伽",原型是附于"波罗提木叉"后面,
后来才发展而成独立部类的。这一古老意义,应该加以说明。
《僧祇律》的"波罗提木叉经",分为"十修多罗",从"戒序"到
"随顺法"(或作"法随顺法")。在"七灭诤法"后,别立"(法)随

---

　　① 《根本说一切有部毗奈耶杂事》卷四〇(大正二四·四〇八中)。《阿育王
传》卷四(大正五〇·一一三下)。《阿育王经》卷六(大正五〇·一五二上)。

　　② 《萨婆多部毗尼摩得勒伽》卷五(大正二三·五九三中——五九四上)。

　　③ 《摩诃僧祇律》卷二四(大正二二·四二六中)。

　　④ 《摩诃僧祇律》卷二九(大正二二·四六四下,又注㉔)。

顺法"为一部,这是上座部系"戒经"所没有的。"随顺法"的内容,在《原始佛教圣典之集成》第三章——"波罗提木叉经"中,并没有解说。现在"摩得勒伽"的性质已经明了,"随顺法"就是"摩得勒伽"的古义,也就可以进一步地来说明了。(法)"随顺法",是汉译各部"戒经"所一致说到的,只是《僧祇律》特别提出,作为别部罢了。如:

Ⅰ.《四分戒本》:"此是佛所说,半月半月说戒经中来。若更有余佛法,是中皆和合应当学。"①

Ⅱ.《解脱戒经》:"此是……佛陀所说戒经,半月半月说解脱戒经中来。若更有余佛法,皆共随顺……应当学。"②

Ⅲ.《十诵别本》:"是事入佛经中,半月半月戒经中说。若有余学,当一心学。"③

Ⅳ.《五分戒本》:"是法入佛戒经中,半月半月波罗提木叉中说。及余随道戒法,是中诸大德! 一心……应当学。"④

Ⅴ.《十诵戒本》:"是事入佛戒经中,半月半月波罗提木叉中说。及余随道戒法,是中诸大德! 一心……应当学。"⑤

Ⅵ.《根有戒经》:"此是如来应正等觉戒经中所说所摄。若更有余法之随法,与此相应者,皆当修学。"⑥

这是"戒经"的"总结劝学"。总结"波罗提木叉"的八部

----

① 《四分律比丘戒本》(大正二二・一〇二二中)。
② 《解脱戒经》(大正二四・六六五上)。
③ 《五分戒本》(大正二二・二〇六上)。
④ 《弥沙塞五分戒本》(大正二二・一九九下)。
⑤ 《十诵比丘波罗木叉戒本》(大正二三・四七八中)。
⑥ 《根本说一切有部戒经》(大正二四・五〇七中)。

后，Ⅰ、Ⅱ、Ⅲ本又举"余佛法"或"余学"；Ⅳ、Ⅴ本举"余随道戒法"；Ⅵ本举"余法之随法"来劝学。也许解说不完全相同，但在"波罗提木叉"八部外，别有应当修学的法，这是各部"戒经"一致的意见。"随道戒法"，"法之随法"，与《僧祇律》的（法）"随顺法"，显然是原文相近而传译不同。道宣解"余佛法"为："此谓略教之别序也"①，意指七佛的略教。所以定宾解说为："若更有余佛法者，示余佛略也。"②以下是七佛略教诫，所以《四分律》是可以这样解说的。然《解脱戒经》也说"余佛法"，而七佛略教，却在"序说"中。这可见"总结劝学"中的"余佛法"，并不合于道宣的解说。《根本萨婆多部律摄》卷一四（大正二四·六一五上）说：

> "若更有余者，谓是十七事等所说学法，咸应修习。言法及随法者，法谓涅槃清净无累；正行之法八圣道等，能随顺彼圆寂之处，故名随法。"

"余"与"法之随法"，《律摄》作分别的解说。"十七事"是属于毗尼的，"八圣道等"是属于法的。依《僧祇律》的解说，这是属于毗尼的，指"杂跋渠法"、"威仪法"——摩得勒伽。如说："法随顺法者，如二部毗尼随顺者，顺行此法也。"③二部毗尼，是二部波罗提木叉与分别（vibhaṅga）。与波罗提木叉相随顺的，应随顺而行。这是波罗夷……灭诤法（八部）以外的，与结集的

---

① 《四分律比丘含注戒本》卷下（大正四〇·四六二中）。
② 《四分比丘戒本疏》卷下（大正四〇·四九〇上）。
③ 《摩诃僧祇律》卷二二（大正二二·四一二中）。

波罗提木叉相契合的，随顺戒经的部分。又说："威仪者，二部毗尼随顺行，是名威仪。"①据此，可见"威仪法"也是属于"法随顺法"的。又如《僧祇律》卷四〇（大正二二·五四八上）说：

"世尊分别说戒序，八波罗夷、十九僧伽婆尸沙、三十尼萨耆波夜提、百四十一波夜提、八波罗提舍尼、六十四众学、七止诤法，法随顺法偈在后。比丘尼毗尼竟。"

"法随顺法偈"一句，最值得注意！在古代，僧事项目的类集——摩得勒伽，是偈颂，近于《僧祇律》中，"杂跋渠法"、"威仪法"的结颂。"法随顺法"，就是这些，是波罗提木叉以外的，却是随顺于二部毗尼的僧伽规制及威仪。所以在说波罗提木叉仪轨中，终了时也举此劝学。《十诵别本》作"余学法"，《五分戒本》与《十诵戒本》作"余随道戒法"，意义明确，与《僧祇律》相合。《僧祇律》以此为第九部，这是与上座部系不同的地方。

《铜鍱戒经》，没有第九部，也没有"更有余法"等一句。然在《铜鍱律》中，是有"随顺法"的，如"附随"（南传五·二六九）说：

"于经、律、随法、所制、随顺法，勿为无益之诤论。"

依注释②，"经"等五事的内容为：

经（Sutta）——————— 二部波罗提木叉经分别

律（vinaya）——————— 犍度

---

① 《摩诃僧祇律》卷三五（大正二二·五一四上）。

② 《铜鍱律》"附随"（南传五·二七二）。

随法（anuloma）───── 附随

所制（Paññatta）───── 一切律藏

随顺法（ānulomika）── 四大处（四大说）

　　《铜鍱律》"附随"，别有"经"、"随经"、"律"、"随律"[1]；"法"、"随法"、"律"、"随律"[2]。"随法"、"随经"、"随律"，都解说为"四大处"[3]。《善见律毗婆沙》，有"本"、"随本"[4]。随本（Suttānuloma，即"随经"）也是解说为"四大处"的。被解说为"四大处"的"随法"与"随顺法"，似乎本为同一名词（所以解说也一样），而语音小有变化。在《原始佛教圣典之集成》第四章第二节第二项中，说到"四大处"是依据原始结集的法律，对新传的法律予以审定，否决或采录。这是随顺于先结集的经、法、律，所以称为"随经（随顺修多罗）"、"随律"、"随法"或"随顺法"。"波罗提木叉经"，是原始结集的根本律（也称为经、法）。僧伽规制，僧伽威仪的集成，是以波罗提木叉为审决标准，也就是随顺于法（二部毗尼）的。"摩得勒伽"的（最初）类集，是比原始结集略迟的，所以被称为"随、法"。附于"波罗提木叉"终了，劝学众应该修学，这是各部律（除《铜鍱律》）所共传的，而唯有《僧祇律》的"法随顺法偈"，说得最为明确！

　　现存不同诵本的"摩得勒伽"，上座系是分为三分的。《毗尼摩得勒伽》，称为"受戒聚、相应聚、威仪聚"。《十诵律》注作：

---

　　① 《铜鍱律》"附随"（南传五·三一五）。

　　② 《铜鍱律》"附随"（南传五·三一五）。

　　③ 《铜鍱律》"附随"注（南传五·三四八）。

　　④ 《善见律毗婆沙》卷六（大正二四·七一六中）。

“具足戒”、“法部”、“行法部”。第二分与第三分，“法”与“行法”，都是称为“法”的。第一分“具足戒”，是否也称为法呢？《十诵律》本第一分，一二六项，唯（28）“独住法”，及（115）以下，有关“净法”的——“和合法”、“僧坊净法”、“林净法”、“方净法”、“土净法”、“衣净法”——称为法，其余的一一九项，都是不称为法的。第二分九十一项目，仅“塔地”、“塔物无尽”，及末后四事——“林”、“事”、“破僧”、“上中下座相看”，不称为法，其他都是称为法的。第三分，一概称为法。《毗尼母经》第一分，有八项称为法。其中（111）“应二指作法”，（112）“共作法”，（119）“浆法”，是“净法”，附于第一分的。（20）“说戒法”，（27）“畜钵法”，（28）“畜衣法”，（38）“入僧法”，《十诵律》是属于第三分的。其余的不称为法，与《十诵律》相同。《毗尼母经》的第二、第三分，标与结不大合一，或称为法，或不称为法。比对《十诵律》与《毗尼母经》，第一分除末后的“净法”外，是不称为法的。《僧祇律》的情形，也是一样。如（1）“受具足”……（24）“异住”；又（55）“内宿内煮自煮”……（65）“破信施”；又（121）“灭”……（124）“调伏事”，都没有称为法。这些，在《十诵律》是属于第一分的。（95）“破僧”……（99）“略说毗尼”，在《十诵律》中，属第一分及第二分的末后，也是不称为法的。总之，从现存的“摩得勒伽”来研究，第一分（除末后的“净法”）是不称为法的，第二分与第三分是称为法的。《僧祇律》将前二分综合简编，仍旧保持了称法不称法的固有差别。

　　称为“法”的第二分，“布萨”、“安居”等，都是僧伽内部有关僧伽与个人的规制；“法”只是规章制度的意思。第三分称为

"行法"，或译为"威仪法"，主要为每人在行住坐卧中，以行为主的行动轨范。acāra，译为（正）行，也可译为轨则，如说："安住具戒，善能守护别解脱律仪，轨则圆满，于微小罪见大怖畏。"这是经中最常见的"戒蕴"的文句。《瑜伽师地论》卷二二（大正三〇·四〇二中）解释说：

"云何名为轨则圆满？谓如有一，或于威仪路，或于所作事，或于善品加行处所，成就轨则，随顺世间，不越世间，随顺毗奈耶，不越毗奈耶。"

（中略行住坐卧）

"谓如有一，于其所作：若衣服事，若便利事，若用水事，若杨枝事，若入聚落行乞食事，若受用事，若荡钵事，若安置事，若洗足事，若为敷设卧具等事……名所作事。如其所应，于所应作，于如所作，即于此中如是而作。由是作故，不为世间之所讥毁，不为贤良诸正善士、诸同法者、诸持律者、诸学律者之所呵责，如是名为于所作事成就轨则。"

轨则，正就是这些"行法"或"威仪"。日译本的《沙门果经》，译"轨则圆满"为"正行精勤"[1]。约法说，是 acāra——正行，行的轨范。约人说，是 ācārya——阿遮梨耶，人的轨范。"瑜伽行地"与"瑜伽师地"的传译不同，也由此字而来。这一部分，称为"行法"或"威仪法"的，在说一切有部中，决定为 acāra 的意译。《铜鍱律》的"仪法犍度"，以 vatta 为"威仪"，那是部派间用

---

[1]　《长部·沙门果经》（南传六·九五）。

语的不同了。僧伽内部的一切规制,个人的日常行动的轨范,是
"法"与"行法"的意义。据此来观察不称为法的第一分,意义显
然是不同了。如"羯磨"·"羯磨事"·"遮羯磨"·"不遮羯
磨"·"学"·"还戒"·"不舍戒"·"戒赢"·"净事"·"灭
事"·"不消供养"·"白"·"白羯磨"·"白二羯磨"·"白四羯
磨"等,主要为僧伽规制中,所有术语的解说,及内容分别。如
法律中,对"人"·"自由意志"·"假释"·"假扣押"等,确定意
义,或内容的分类一样。"摩得勒伽"的第一分,不是僧伽规制,
是僧伽规制中,所有术语的定义与分类(这就是解说)。在僧伽
制度的发展中,这部分是先集出的;但这一分的集出,意味着僧
伽规制的早已存在。接着是规制——"法"的集出;又以僧伽规
制,个人正行的偏重,而分为"法"与"行法",成为三分。在这称
为法与不称为法的差别中,可以看出"摩得勒伽"次第集成的
情形。

　　在各本的"摩得勒伽"中,"五百结集"、"七百结集",叙列
在中间,这是值得注意的事!我在《印度之佛教》中,曾有所解
说①,今再略为补充说明。一、"摩得勒伽",是僧事项目的类集。
初集成时(比王舍城结集略迟),与第一分相当,为有关僧事术
语的标目。末后以"五百结集"作结,表示为原始的结集,如书
籍的"后记"一样。二、再结集时,约为七百结集时代。对于固
有的标目,应有所整理、增列,成为第一分。在"五百结集"后,
更附以"七百结集"及"毗尼摄"。当时,上座们传来的,完成的

---

　　①　拙作《印度之佛教》(四二——四四,本版四四——四八)。

僧伽规制,也结集出来,称为"法"与"行法"。三、七百结集以后,佛教界以僧伽规制的项目为主,而进行类集的工作。等到二部分裂,大众部将第一分与第二分综合简化,展开其类集工作,而形成《僧祇律》的组织形态。上座部方面,对"摩得勒伽",又将"四大教法"及有诤论的"净法",附编于"七百结集"之后,成为现存三分的形态(《毗尼摩得勒伽》与《毗尼母经》的共同部分)。对于僧制类集方面,就是根据"摩得勒伽",而类集为种种"犍度"了。这是上座部律师们的业绩!

"摩得勒伽"现存的不同诵本,关于成立的先后,应从两方面说。

一、标举项目部分:《僧祇律》二一〇目;《毗尼母经》二三八目;《毗尼摩得勒伽》三一二目,《十诵律》三一八目。上座部系的逐渐增多,由简而详,正表示了成立的先后次第。然《僧祇律》的项目,也有上座部系"摩得勒伽"所没有的。如"杂诵跋渠法"的(52)"毗尼断当事",(54)"比丘尼法",(100)"毁呰",(101)"观伎儿",(107)"上树",(110)"回向物"。如"毗尼断当事",是《五分律》"调伏法"等的渊源。"比丘尼法",是《五分律》的"比丘尼法";《铜鍱律》与《四分律》的"比丘尼犍度";《十诵律》"杂诵"的"比丘尼法",《根有律》"杂事"的"比丘尼法":"犍度"的重要部分,根源于"摩得勒伽",却是上座部系本所脱落了的。"毁呰"等与"波罗提木叉"有关;而"上树"一事,更是《僧祇律》、《铜鍱律》以外的,各部律"众学法"所共有的。所以上座系的"摩得勒伽",对古型的"摩得勒伽",诚然是增列得很详密,但也是有所脱落的。

二、解说部分：由于部派的师承各别，适应不一，解说的广略
也大不相同。《毗尼摩得勒伽》与《十诵律》，《毗尼母经》，《僧
祇律》，解说部分的数量，约为一·三·八之比。说一切有部
本，项目多而解说最简，然简略并不就是古义。如《僧祇律》明
"四种受具足"①；《毗尼母经》说：比丘五种受具，比丘尼五种受
具，综合而除去共同的，实为七种受具②。而《毗尼摩得勒伽》与
《十诵律》，明十种受具足③。依《十诵律》而造的《萨婆多毗尼
毗婆沙》，说一切有部旧义，也还是七种得戒④。这可见《毗尼摩
得勒伽》及《十诵律》的十种受具，不但在部派中，就是在说一切
有部中，也是后起的新说。所以说一切有部本的解说简略，只能
说是维持"摩得勒伽"的古风，也就是维持体裁上的旧形，而并
非内容都是古义的。

　　在律学的开展中，"摩得勒伽"的众多项目，逐渐结合而倾
向于"犍度"的组合。在这点上，《僧祇律》保持"摩得勒伽"形
态，而没有上座部系那样的，发展为各各独立的"犍度"。但在
旧形式下，也逐渐形成新的结构。如结合"具足"、"不名受"、
"支满"、"不清净"，而说"是中如法清净者，名受具足"⑤，与上
座系的"受戒犍度"相当。结合"别住"、"摩那埵"、"阿浮呵
那"，而说"是名别住摩那埵阿浮呵那比丘(尼的误写)摄竟"⑥，

---

① 《摩诃僧祇律》卷二三(大正二二·四一二中)。
② 《毗尼母经》卷一(大正二四·八〇一中)。
③ 《十诵律》卷五六(大正二三·四一〇上)。《萨婆多部毗尼摩得勒伽》卷五
(大正二三·五九四上)。
④ 《萨婆多毗尼毗婆沙》卷二(大正二三·五一〇中——五一一中)。
⑤ 《摩诃僧祇律》卷二三·二四(大正二二·四一二中——四二二上)。
⑥ 《摩诃僧祇律》卷二五·二六(大正二二·四二八中——四三八中)。

与"人犍度"相当。结合"布萨"、"羯磨"、"与欲"、"说清净",而说"是名布萨法、与欲法、受欲法"①,与"布萨犍度"相当。又如"衣法"、"毗尼法"、"比丘尼法"、"五百比丘集法藏"等②,都近于上座部系的"犍度"。《僧祇律》虽有类集的趋势,但始终维持众多项目,依标作释——"摩得勒伽"的形式。从渐有类集的趋势而论,现存《僧祇律》的"杂诵跋渠法"、"威仪法"的组成,应为根本二部初分,"摩得勒伽"正向"犍度"发展的初阶段。在现有律典中,《僧祇律》是这一部分的古型了。大概为阿育王的时代,当然有后来的增编部分。

至于《毗尼母经》,如卷四(大正二四·八一九下)说:

"比丘经、比丘尼经、一切犍度、摩得勒伽、毗尼增一:
此五种总为毗尼藏。"

《毗尼母经》所说的"律藏","摩得勒伽"以外,别有"一切犍度"。别立"犍度"而又保存"摩得勒伽",与说一切有部相同。《毗尼母经》一再说到各种犍度③,显然这是"犍度"成立以后才完成的解说。在《毗尼母经》中,引述"尊者萨婆多说"④,"尊者迦叶

---

①　《摩诃僧祇律》卷二七(大正二二·四四六下——四五〇下)。
②　《摩诃僧祇律》:"衣法",卷二八(大正二二·四五三中——四五五上)。"毗尼法",卷二九——三〇(大正二二·四六四下——四七〇下)。"比丘尼法",卷三〇(大正二二·四七一上——四七六中)。"五百比丘集法藏法",卷三二(大正二二·四八九下——四九三上)。
③　参考平川彰《律藏之研究》(六三六——六三七)。
④　《毗尼母经》卷三(大正二四·八一三上),又卷三(大正二四·八一四上),又卷四(大正二四·八二〇上),又卷四(大正二四·八二一下),又卷四(大正二四·八二二上),又卷五(大正二四·八二五中),又卷五(大正二四·八二六下)。

维说"，"迦叶随比丘"①，"尊者弥沙塞说"②，"昙无德"③的意见。
《毗尼母经》的解说部分，已在律学"五部分流"以后。《毗尼母
经》说到"白业观"（净观地）、"种性地"、"第八人地"等十地④，与
《般若经》所说相合。《毗尼母经》解说部分，应迟到西元以后。

（二）现存的诸部犍度

1.《铜鍱律》

上座部系的犍度部分，是依"摩得勒伽"而次第发展完成
的。要说明这一发展过程，对于名称不同，开合不同，次第不同，
详略不同，与佛及弟子的事缘结合不同——现存的各部律中，与
犍度部相当的部分，有先加叙述，明了各本内容的必要。尤其是
彼此开合不同，或详略大异的部分⑤。

《铜鍱律》的"犍度"部，分为"大品"（Mahāvagga，日译本第
三卷），"小品"（Cūlavagga，日译本第四卷）——二品。"大品"
十犍度，"小品"十二犍度，共二十二犍度。先说"大品"：

---

① 《毗尼母经》卷二（大正二四·八一〇下），又卷三（大正二四·八一五中），
又卷三（大正二四·八一六下），又卷四（大正二四·八二一下），又卷四（大正二
四·八二二上），又卷五（大正二四·八二五中），又卷五（大正二四·八二八中），又
卷六（大正二四·八三八中）。

② 《毗尼母经》卷三（大正二四·八一四上），又卷五（大正二四·八二五上）。

③ 《毗尼母经》卷六（大正二四·八三八中）。

④ 《毗尼母经》卷一（大正二四·八〇一中），又卷八（大正二四·八五〇中）。

⑤ 平川彰《律藏之研究》（五九一——六二六），对现存各部律的犍度部分，详
细地分别内容，可为参考。

一、"大犍度"(Mahākhandhaka):分十诵:前四诵,从佛陀成道起,度五比丘,到舍利弗、大目连出家,为佛传的一部分。第五诵起,成立和尚与弟子,师弟间的授受,白四羯磨得具足的制度,及不得受具足的种种规定。

二、"布萨犍度"(Uposatha-khandhaka):半月半月,僧伽定期集会,诵说波罗提木叉,以维护僧团的和合清净。所以说"与欲"、"与清净"的如法和合,而不许不和合、不如法的布萨。

三、"入雨安居犍度"(Vassūpanāyika-khandhaka):每年一度的三月安居,是适应雨季,而作三月定居,精进修行的制度。时间有"前安居"或"后安居",并对安居期中外出所有的规定。

四、"自恣犍度"(Pavāraṇā-khandha):"自恣"为安居终了,同住比丘互相作善意的忠告,有罪者忏悔,以得清净的仪式。

五、"皮革犍度"(Camma-khandhaka):比丘生活中,有关皮革物品的规定。以首楼那二十亿(Soṇakolivīsa)精进而两足出血,及首楼那亿耳(Sroṇakoṭīkarṇa)出家、见佛、请求"边地"容许"五事"为缘起。

六、"药犍度"(Bhesajja-khandhaka):总括比丘的日常饮食、病时的医药,及饥荒时期的特殊规定。共分四诵:初诵是有关医药的事。第二诵以下,叙述佛的游行,从舍卫城(Sāvatthī)——王舍城(Rājagaha)——舍卫城——王舍城——波罗奈(Vārāṇasī)——阿那伽频头(Andhakāvinda)——王舍城——巴连弗邑(Pāṭaligāma)——渡恒河(Gaṅgā)——拘利村(Koṭigāma)——那陀村(Nātika)——毗舍离(Veśālī)——跋提(Bhaddiya)——阿牟多罗(Aṅguttarāpa)——阿摩那(Āpaṇa)——拘尸那(Kuśinagara）──→阿头（Ātumā）──→舍卫城。佛在游行中,在各处作有关饮食的规制。这一次第游行,自巴连弗邑到那陀村,与佛最后游行的路线相近,内容也有部分的共同①。

　　七、"迦缔那衣犍度"（Kaṭhina-khandhaka）:安居终了,限在一月以内,举行受迦缔那衣的仪式。受了迦缔那衣,比丘们在五个月以内（十二月十五日满）,可以"离衣宿"、"展转食"等五事;就是衣食方面,受到种种的优待。

　　八、"衣犍度"（Cīvara-khandhaka）:关于比丘衣服,如居士施衣、粪扫衣、染色、制作等规定,及安居施衣的分配,亡比丘衣的处分等。耆婆（Jīvaka）童子学医治病的故事,为衣犍度的缘起。

　　九、"瞻波犍度"（Campeyya-khandhaka）:佛在瞻波（Campā）。婆沙婆村（Vasabha）的执事比丘,为人非法举罪,来见佛请示。因此,佛说"非法别众羯磨"、"非法和合羯磨"、"如法别众羯磨"、"似法别众羯磨"、"似法和合羯磨"──都不成羯磨。唯有"如法和合羯磨",才是正当的羯磨。

　　一〇、"拘睒弥犍度"（Kosambī-khandhaka）:拘睒弥（Kosambī）比丘相诤,形成僧伽的分立。佛劝他们和合,说长生王子譬喻,众人不听,佛于是弃之而去,访婆峇（Bhagu）,及和合修行的阿那律（Anuruddha）等,回舍卫城。拘睒弥比丘心悔了,来见佛,请求息诤。对于僧伽互诤对立的比丘,衣食住等,应给以平等的待遇;而所说的法,仅可受如法的言说。──以上是"大品"。以下是"小品":

────────

　　①　对读《长部·大般涅槃经》（南传七·四六──六五）。

一、"羯磨犍度"(Kamma-khandha)：次第说明：苦切羯磨、依止羯磨、驱出羯磨、下意羯磨；不见罪举羯磨、不忏罪举羯磨、不舍恶见举羯磨——七种羯磨，予以十八事或四十三事的处分。如顺行这些处分，应予以解除。

二、"别住羯磨"(Parivāsika-khandha)：这是犯僧残罪者，受别住、本日治、摩那埵、阿浮呵那——出罪的行法。

三、"集犍度"(Samuccaya-khandhaka)：这是犯僧残罪的处分法。在处分过程中，或覆，或忆，或再犯，或犯其他罪，所有复杂的处分法。

四、"灭诤犍度"(Śamatha-khandhaka)：七灭诤的事例与灭诤，及对"四诤事"所取的灭诤方法。

五、"杂事犍度"(Khuddakavatthu-khandha)：杂事，或译为小事，为比丘日常生活中种种琐碎事物的规定。摄颂说："律之小事犍度一百十事。"①

六、"卧坐具犍度"(Saynāsana-khandhaka)：有关精舍的建立，床敷具等(四方)僧伽共有财物的管理、分配等规定。

七、"破僧犍度"(Saṃghabhedaka-khandhaka)：叙述提婆达多破僧(集体叛教)的经过。辨别僧诤(如拘睒弥比丘)与破僧的差别，破僧与和合僧的罪福。

八、"仪法犍度"(Vatta-khandhaka)：有关比丘的日常生活：客比丘、旧比丘、远行、食堂、乞食、阿练若、卧坐具、温室、厕所，及师长与弟子的"仪法"，共"五十五事"②。

---

① 《铜鍱律·小品》(南传四·二二三)。
② 《铜鍱律·小品》(南传四·三四一)。

九、"遮说戒犍度"（Pāṭimokkhaṭhapana-khandha）：比丘犯罪覆藏，如来不再布萨说戒为缘起。对于认为比丘有犯而遮止说戒，如法不如法的分别。应审慎举罪，勿引起僧伽的纷诤别异。

十、"比丘尼犍度"（Bhikkhunī-khandha）：女众出家的缘起，摩诃波阇波提瞿昙弥（Mahāpajāpatī-gotamī）受"八重法"而得具足戒。其他有关尼众的特殊规定。

十一、"五百犍度"（Pañcasatikā-khandha）：摩诃迦叶发起，于王舍城，举行如来遗教的结集（第一结集）。中有阿难传佛遗命——小小戒可舍；阿难被责；富兰那从南方来，对饮食规制不同意见的记载。阿难受优陀延王及宫人们的布施。以梵坛法处罚阐陀的故事。

十二、"七百犍度"（Saptasatikā-khandha）：佛灭一百年时，毗舍离有受持金银等十事非法，引起东西方的大诤论。西方集七百比丘到毗舍离，共同集议，终于宣告十事为非法。称为"第二结集"。

上来二十二犍度，是巴利语的《铜鍱律·犍度部》的概述。

2.《四分律》

《四分律》的犍度部分，与《铜鍱律》非常接近，也分为二十二事。前二十事，名为犍度；而后二事，称为"集法毗尼五百人"、"七百集法毗尼"，没有称为犍度。虽有这些差别，大概说来，与《铜鍱律》是相近的。

一、"受戒犍度"，与《铜鍱律》的"大犍度"相当。二、"说戒犍度"，就是说波罗提木叉犍度，与《铜鍱律》的"布萨犍度"相当。比丘犯而覆藏，如来不再为大众布萨说戒——这是《铜鍱律》"遮说戒犍度"的缘起，《四分律》却移在这"说戒犍度"的中间。三、"安居犍度"，与《铜鍱律》"入雨安居犍度"相当。上来的三犍度，属于《四分律》的第二分（卷三一——卷三七中）①。

四、"自恣犍度"，与《铜鍱律》的"自恣犍度"相当。五、"皮革犍度"；六、"衣犍度"；七、"药犍度"；八、"迦絺那衣犍度"：这都与《铜鍱律》的"皮革犍度"、"衣犍度"、"药犍度"、"迦絺那衣犍度"相当。

九、"拘睒弥犍度"；十、"瞻波犍度"：与《铜鍱律》的"拘睒弥犍度"、"瞻波犍度"相当。十一、"呵责犍度"，与《铜鍱律》的"羯磨犍度"相当。十二、"人犍度"，与《铜鍱律》的"别住犍度"相当。十三、"覆藏犍度"，与《铜鍱律》的"集犍度"相当。

十四、"遮犍度"，与《铜鍱律》的"遮说戒犍度"相当，但没有缘起（移在"说戒犍度"中）。十五、"破僧犍度"；十六、"灭净犍度"；十七、"比丘尼犍度"：都与《铜鍱律》的"破僧犍度"、"灭净犍度"、"比丘尼犍度"相当。十八、"法犍度"，与《铜鍱律》的"仪法犍度"相当。从"自恣犍度"到"法犍度"，共十五犍度，属于四分中的第三分（卷三七中——卷四九）。

十九、"房舍犍度"，与《铜鍱律》的"卧坐具犍度"相当。二十、"杂犍度"，与《铜鍱律》的"杂事犍度"相当，但内容大有出入。试分为六段来说明：1. 从钵、刀起，到栴檀钵——宾头卢现神通取钵止。2. 如来在十五日中大现神通，并说慧灯王本生。

————————

① 　依宋、元、明各本。《大正藏》本，"自恣犍度"分属第二分与第三分。

3. 从贵价钵起, 到担物止。4. 建塔, 种种供养, 并说迦叶佛大塔事。5. 从覆钵起, 到持刀剑止。6. 优陀延王于宾头卢起恶心, 为慰禅王所捉; 后偕王女逃回, 大迦旃延为王说法。佛为比丘们说"大小持戒犍度"。1. 、3. 、5. ——三段, 大抵与《铜鍱律》相近。2. 如来大现神通, 与说一切有部的《杂事》相合。6. 优陀延王事, 也见于《杂事》。"大小持戒犍度", 与《长部·沙门果经》, 佛为阿阇世王（Ajātaśatru）的说法相合①。4.《铜鍱律》缺。《四分律》特详与塔有关的譬喻与规制②, 与重视供塔的功德有关。

　　二十一、"集法毗尼五百人", 与《铜鍱律》"五百犍度"相当, 但缺富兰那与阐陀的故事。二十二、"七百集法毗尼", 与《铜鍱律》的"七百犍度"相当。从"房舍犍度"以来, 属于四分中的第四分（卷五〇——卷五四）。

3.《五分律》

　　《五分律》与《铜鍱律》、《四分律》, 同属于分别说部的系统, 所以较为接近。但《五分律》中, 与"犍度"部相当的部分, 如与《铜鍱律》及《四分律》相比对, 至少有四点主要的出入: 1.《五分律》与犍度相当的, 共二十一法。不称为犍度而称为法, 恰与《十诵律》相合。2. 二十一法, 与《铜鍱律》的二十二犍度, 及《四分律》的二十犍度, 及二种"集法毗尼", 虽然大致相当, 而实大

---

　　① 《长部·沙门果经》（南传六·九四——一二八）。
　　② "杂犍度"而外,"受戒犍度", 佛为贾客兄弟说发爪塔的功德（大正二二·七八二上——七八五下）。《四分律比丘戒本》增列有关佛塔的学法（大正二二·一〇二一中——下）, 都与部派的思想有关。

有开合、增减的差别。3.《五分律》所说，文字取省略的态度，每说"皆如上说"等。这是原本如此，或者为（江东爱好简略的）译者所省略，虽不得而知，但到底是《五分律》的特色。4. 与佛及弟子的事缘相结合的，与《铜鍱律》相近，而多有不同；《四分律》却有近于《十诵律》的倾向。《五分律》二十一法的内容，大略如下：

一、"受戒法"；二、"布萨法"；三、"安居法"；四、"自恣法"；五、"衣法"；六、"皮革法"：这与《铜鍱律》的"大犍度"（《四分律》"受戒犍度"）、"布萨犍度"（《四分律》的"说戒犍度"）、"入雨安居犍度"、"自恣犍度"、"衣犍度"、"皮革犍度"相当。七、"药法"；八、"食法"：这二法，在《铜鍱律》与《四分律》中，是合为"药犍度"的。在佛法中，饮食也只是药物一样，不得已而用，以免除身体的疲倦苦痛而已。九、"迦𫄨那衣法"，与《铜鍱律》及《四分律》的"迦𫄨那衣犍度"相当。——以上九法，为五分中的第三分（卷一五——二二）。

十、"灭净法"，与《铜鍱律》的"灭净犍度"相当。十一、"羯磨法"：《铜鍱律》也有"羯磨犍度"，但内容的广狭不同。"羯磨法"说：1.犯僧残的，或覆或不覆，或再犯，或犯别罪，应予以摩那埵、别住、本日治、出罪的处分，与《铜鍱律》的"集犍度"、《四分律》的"人犍度"相当。2. 拘舍弥净事，与《铜鍱律》及《四分律》的"拘睒弥犍度"相当。3. 因非法举罪，而说羯磨的如法不如法，与《铜鍱律》及《四分律》的"瞻波犍度"相当。4. 接着说呵责羯磨、驱出羯磨、依止羯磨、举罪羯磨——不见罪举，不悔罪举，不舍恶邪见举。又明呵责羯磨、下意羯磨的事缘与处理。这一部分,与《铜鍱律》的"羯磨犍度"、《四分律》的"呵责犍度"相当。——以上二法,为五分中的第四分(卷二三——二四)。

十二、"破僧法",与《铜鍱律》及《四分律》的"破僧犍度"相当。十三、"卧具法",与《铜鍱律》的"坐卧具犍度"、《四分律》的"房舍犍度"相当。十四、"杂法",与《铜鍱律》的"杂事犍度"相当。"杂法"也说佛塔的供养。禁寐王十一梦,及为迦叶佛起大塔事,近于《四分律》的"杂犍度",而事缘增详。十五、"威仪法",与《铜鍱律》的"仪法犍度"、《四分律》的"法犍度"相当。十六、"遮布萨法",与《铜鍱律》的"遮说戒法"相当。但仅有比丘犯而覆藏,如来不再为布萨说戒的事缘。这部分,《四分律》在"布萨犍度"中。十七、"别住法",与《铜鍱律》的"别住犍度"、《四分律》的"覆藏犍度"相当。

十八、"调伏法",《铜鍱律》与《四分律》的犍度部,是没有这一部分的。本书第四章曾有所说明:《五分律》的"调伏法",本为特殊事项,"犯不犯分别"的判决实例。与《僧祇律》"杂诵跋渠法"的"毗尼断当事"相当。后来,或扩编为别部,那就是《四分律》的"调部",《十诵律》的"毗尼诵"(的一部分)。或在"波罗提木叉(经)分别"中,分别编入波罗夷、僧伽婆尸沙的各条的"分别犯相"中,那就是《铜鍱律》。《五分律》的"调伏法",独立于与犍度部相当的部类中;这对于摩得勒伽古典的存在,多一分证成的力量。

十九、"比丘尼法",与《铜鍱律》及《四分律》的"比丘尼犍度"相当。二十、"五百集法";二十一、"七百集法",与《铜鍱律》的"五百犍度"、"七百犍度"相当,也就是《四分律》的"集法毗尼五百人"、"七百集法毗尼"。——以上十法,为五分中的第五分(卷二五——三〇)。

4.《十诵律》

《十诵律》是说一切有部的律藏,与属于分别说部系的(前面所说的)三部律,组织上是不大相同的。与犍度相当的部分,《十诵律》是分散在三处的。Ⅰ.第四诵名"七法",第五诵名"八法",共十五法。"七法"、"八法"的称为"法",与《五分律》相同。分为"七法"与"八法"——二类,与《铜鍱律》的分为"大品"、"小品",显然有着同样的意义。Ⅱ.第六诵名"杂诵"。Ⅲ.第十诵名"毗尼诵"(也名"善诵"),"毗尼诵"中称为"毗尼序"的一部分。这三类,就是与犍度相当的部分。

Ⅰ."七法"中,一、"受具足戒法",与《铜鍱律》的"大犍度"相当(《四分律》为"受具犍度",《五分律》为"受戒法"。凡名义近似的,以下从简)。《十诵律》直从成立和尚与弟子的制度说起,没有佛陀成道以来,众弟子出家,有关佛传的部分。二、"布萨法";三、"自恣法";四、"安居法";五、"皮革法";六、"医药法";七、"衣法":都与《铜鍱律》的"布萨犍度"、"自恣犍度"、"入雨安居犍度"、"皮革犍度"、"药犍度"、"衣犍度"相当。"皮革法"中的亿耳故事,有航海失路,经历饿鬼国的传说(上来卷二一——二八)。

"八法"中,一、"迦𫄧那衣法";二、"俱舍弥法";三、"瞻波法":与《铜鍱律》的"迦𫄧那衣犍度"、"拘舍弥犍度"、"瞻波犍度"相当。四、"般茶卢伽法"：般茶（Paṇḍu）与卢伽（Lohita）比丘，欢喜斗诤，因而制立苦切羯磨，从人立名。在这一法中，次第说苦切羯磨……恶邪不除摈羯磨，与《铜鍱律》的"羯磨犍度"、《四分律》的"呵责犍度"相当。五、"僧残悔法"，明犯僧残者的处分法；与别住及出罪的随顺行法，与《铜鍱律》的"集犍度"、"别住犍度"相当（《四分律》为"人犍度"、"覆藏犍度"）。六、"遮法"；七、"卧具法"；八、"净事法"：与《铜鍱律》的"遮说戒犍度"、"坐卧具犍度"、"灭诤犍度"相当（上来卷二九——三五）。

　　Ⅱ."杂诵"：在"杂诵"的总题下，分"调达事"、"杂法"——二部分。调达，是提婆达多的简译。"调达事"中，广说提婆达多的破僧。有阿难不舍佛（三本生），及舍利弗能破调达的本生。与《铜鍱律》的"破僧犍度"相当。"杂法"分五段：1."上二十法"；2."中二十法上"；3."中二十法下"：与《铜鍱律》的"杂事犍度"相当。4."后二十法上"，或作"明比丘尼法"，与《铜鍱律》的"比丘尼犍度"相当。但有关比丘尼的受戒法及八敬法，《十诵律》属于"比丘尼律"。5."后二十法下"，与《铜鍱律》的"仪法犍度"相当。这样，《十诵律》的"杂法"，包含了"杂事"、"比丘尼"、"仪法"——《铜鍱律》的三种犍度在内（上来卷三六——四一）。

　　Ⅲ."毗尼诵"的"毗尼序"，分为四品。1."五百比丘结集三藏法品"；2."七百比丘集灭恶法品"。这二品，与《铜鍱律》的"五百犍度"、"七百犍度"相当（上来卷六〇——六一中）。

　　有关犍度的部分，《十诵律》主要是称为法的，如"七法"、

"八法"、"杂法"。但也有称为事(vastu)的,如"调达事"。而最后二种,又称为品(varga)。

5.根本说一切有部律

根本说一切有部的律藏,与犍度部相当的部分,依藏译所传,分为"毗奈耶事"(Vinayavastu)、"毗奈耶杂事"(Vinayakṣud-rakavastu)二部。如第二章(第二节第一项)所说:根本说一切有部的"毗奈耶事",是分为十七事的。唐义净曾译成七八十卷,但已残缺不全,仅存四十七卷了。

Ⅰ."毗奈耶事"中,一、"出家事"(Pravrajyā-vastu),义净译为《根本说一切有部毗奈耶出家事》,五卷,现为四卷。以央伽与摩揭陀的兴衰,及舍利子与目乾连出家为缘起。与《铜鍱律》的"大犍度"相当(与《十诵律》"受具足戒法"的缘起不合)。

二、"布萨事"(Poṣadha-vastu),义净译缺,与《铜鍱律》的"布萨犍度"相当。

三、"随意事"(Pravāraṇa-vastu),义净译为《根本说一切有部毗奈耶随意事》,一卷,与《铜鍱律》的"自恣犍度"相当。

四、"安居事"(Varṣā-vastu),义净译为《根本说一切有部毗奈耶安居事》,一卷,与《铜鍱律》的"入雨安居犍度"相当。

五、"皮革事"(Carma-vastu),义净译为《根本说一切有部毗奈耶皮革事》,一卷,与《铜鍱律》的"皮革犍度"相当。

六、"药事"(Bhaiṣajya-vastu),义净译为《根本说一切有部毗奈耶药事》,二十卷,现为十八卷,与《铜鍱律》的"药犍度"相当,但内容增广,与各部律的距离很大。分别来说:1.医药饮食规定，与"药犍度"相当；但杂有冗长的圆满（Pūrṇa）故事（卷一——七）。2. 佛次第游行说法（卷八——九中）。3. 佛与金刚手（Vajrahasta）游北天竺（卷八中——九中）。4. 佛与阿难次第游行，广说宿缘（卷九中——一二中）。5. 佛受波斯匿王（Prasenajit）请，说菩萨本生——长行及偈颂（卷一二中——一五）。6. 佛说毡战女（Ciñcā）带盂谤佛的宿缘（错简，应移在末段。卷一六初）。7. 游无热池（Anavatapta），诸大弟子自说先世业缘（卷一六——一八中）。8. 佛自说山石伤足等业缘（一八中——终）。在这八段中，与药食有关的，仅有第一段。"药犍度"组织的特色，是佛的次第游行。"药事"就应用这次第游行，而不断延长，集录了众多的本生与（业缘）譬喻。

七、"衣事"（Cīvara-vastu），义净译缺，与《铜鍱律》的"衣犍度"相当。

八、"羯耻那衣事"（Kaṭhina-vastu），义净译为《根本说一切有部羯耻那衣事》，一卷，与《铜鍱律》的"迦絺那衣犍度"相当。

九、"拘睒弥事"（Kosambī-vastu），义净译缺，与《铜鍱律》的"拘睒弥犍度"相当。

十、"羯磨事"（Karma-vastu），义净译缺，与《铜鍱律》的"瞻波犍度"相当。

十一、"黄赤事"（Paṇḍulohitâka-vastu），义净译缺，与《铜鍱律》的"羯磨犍度"相当。《十诵律》的"般茶卢伽法"，就是黄赤。

十二、"补特伽罗事"（Pudgala-vastu），义净译缺，与《铜鍱律》的"集犍度"相当。《四分律》作"人犍度"，与补特伽罗名称相合。

十三、“别住事”（Parivāsika-vastu），义净译缺，与《铜鍱律》的“别住犍度”相当。

十四、“遮布萨事”（Poṣadhasthāpana-vastu），义净译缺，与《铜鍱律》的“遮说戒犍度”相当。

十五、“卧具事”（Śayanāsana-vastu），义净译缺，与《铜鍱律》的“卧坐具犍度”相当。

十六、“诤事”（Adhikaraṇa-vastu），义净译缺，与《铜鍱律》的“灭诤犍度”相当。

十七、“破僧事”（Saṃghabheda-vastu），义净译为《根本说一切有部破僧事》，二十卷，与《铜鍱律》的“破僧犍度”相当，但内容增广，与各部律有很大的出入。义净所译的《破僧事》，次第有点紊乱，内容也已有残脱，现在重为整理：

1. 佛传：从释迦族起源，到佛还故国，度释种苾刍及优波离。与《众许摩诃帝经》相合（卷一——九）。

2. 广说宿缘——五苾刍得度・六年苦行……阿难陀（卷一一中——一三中）。

3. 提婆达多修得神通・索众・筹画破僧・……放醉象・破僧・舍利弗率众归佛（卷一三中——二〇中）。

4. 佛化阿阇世王（二〇卷终）。文义不完全，有缺佚，应依《沙门果经》来补足。

5. 阇王不再信提婆达多・杀罗汉尼・佛记地狱一劫・提婆达多还故国・求作王・求耶输陀罗・毒爪害佛・堕地狱・舍利子等往观（卷一〇）。

6.优波离问破僧(卷一一———一一中)。

Ⅱ."毗奈耶杂事",义净译为《根本说一切有部毗奈耶杂事》,全部四〇卷,部帙庞大。《杂事》分为八门,每门十颂。因缘的叙述很详细,又以"内摄颂",附加了佛涅槃等譬喻,所以显得特别广。如将因缘简化,除去"内摄颂",那么《杂事》的内容,与《十诵律》"杂法"的五大段,还是相合的。如一门·一颂"砖石"起,二门·七颂"嚼啖五食"止,合于"杂法"的"上二十法"。二门·八颂"安门扇"起,四门·十颂"栽树"止,合于"杂法"的"中二十法上"。四门·十颂"贼续"起,六门·四颂"刀子"止,合于"杂法"的"中二十法下"。以上,也就与《铜鍱律》的"杂事犍度"相当。六门·四颂"下天宫"起,八门·六颂"不畜琉璃杯"止,合于"杂法"的"下二十法上",也就是"比丘尼法"。八门·七颂"锡杖"起,八门·十颂"礼四老宿",及"内摄颂"的"广说弟子行",合于"杂法"的"下二十法"。这也与《铜鍱律》的"仪法犍度"相当。

《杂事》卷三五,叙述佛的涅槃譬喻。"次明五百结集事"、"七百结集事"。这二部分,与《铜鍱律》的"五百犍度"、"七百犍度"相当。在《十诵律》中,这是不属于("杂诵")"杂法"的,另外成为"毗尼序"的二品。在《杂事》中,这也不是八门·十颂所摄,所以也只是《杂事》的附属部分。

6.《毗尼母经》的诸犍度

上面所说的五部律,代表了分别说与说一切有两大系。犍度部分的分别独立,本为上座部律师的业绩。但上座部中犊子部一大流,没有广律的传译,也就不能明了有关犍度部分的内容。正量部所传的《律二十二明了论》,说到"婆薮斗律"①,可知这一部派的犍度部分,也是称为"事"(婆薮斗 vastu)的;但所知的,仅此一点而已。

《毗尼母经》,被推定为属于先上座部而转名的雪山部。这一派的律藏,有"诸犍度"②、"一切犍度"③。在名称上,与《铜鍱律》及《四分律》一样。《毗尼母经》,每提到各种犍度的名目。《律藏之研究》曾集录出十四种犍度——"受戒犍度"或"受具犍度"、"布萨犍度"、"革屣犍度"、"衣犍度"、"药草犍度"或"药犍度"、"迦絺那犍度"、"拘睒弥犍度"、"章卑犍度"、"呵责犍度"、"破僧犍度"、"三摩兜犍度"、"持戒犍度"、"敷具犍度"、"杂犍度"④。此外,应还有"灭罪犍度"⑤,共十五种。

在可知的十五犍度中,"布萨"、"革屣"(或作"皮革")、"衣"、"药"、"迦絺那"、"拘睒弥"、"章卑"(瞻波的异译)、"破僧"、"杂"——九种,可说与《铜鍱律》及《四分律》相同。"受戒"、"呵责"——二种,与《四分律》相合。而"敷具犍度",却与《铜鍱律》的"卧坐具"相近,与《四分律》的"房舍犍度"不同。《毗尼母经》,虽近于《四分律》,但并不与《四分律》完全一致。此外,"持戒犍度"、"灭罪犍度"、"三摩兜犍度",都显得非常

①　《律二十二明了论》(大正二四·六六六上、中)。
②　《毗尼母经》卷三(大正二四·八一八上)。
③　《毗尼母经》卷四(大正二四·八一九下)。
④　平川彰《律藏之研究》(六三六——六三七)。
⑤　《毗尼母经》卷二(大正二四·八一〇下)。

特别。

　　"持戒犍度"所举的内容,是客比丘与旧比丘的五法恭敬①。《铜鍱律》属于"仪法犍度",《四分律》属于"法犍度",所以或推论为"威仪犍度"的别译。然在《五分律》中,这是属于"受戒法"的②。所以《毗尼母经》的"持戒犍度",极可能与《五分律》一样;"持戒"是"受戒"的异译。

　　"灭罪犍度"所举的内容是:"所犯不隐,尽向人说,名为发露。"③发露灭罪,本通于七篇,如说:"如七篇所犯,应忏悔除,忏悔能灭。"④但在犍度中,重在僧残的除灭罪法。这是《铜鍱律》的"集犍度"、《四分律》的"覆藏犍度"所摄。在《十诵律》中,属于"僧残悔法"。《毗尼母经》称为"灭罪",意义与《十诵律》相近。

　　《毗尼母经》说:"上厕法,一一三摩兜犍度中广明。"⑤以上厕法为"三摩兜犍度",而三摩兜的原语与意义,都不明了。原文的文义,本来不太明白,"一一",可能为"二"字的误写。如《毗尼母经》说:"如是众多,今总说二三。"⑥"二三"连续成句,是略说一二的意思。如这样,原文应为:"上厕法,(已略说)二三,摩兜犍度中广明。"上厕法,《铜鍱律》属"仪法犍度"(《四分律》为"法犍度",《五分律》为"威仪法");"仪法"为 vatta 的对

---

①　《毗尼母经》卷四(大正二四・八二四下)。
②　《弥沙塞部和醯五分律》卷一六(大正二二・一一四上)。
③　《毗尼母经》卷二(大正二四・八一〇下)。
④　《毗尼母经》卷七(大正二四・八四二上)。
⑤　《毗尼母经》卷六(大正二四・八三八上)。
⑥　《毗尼母经》卷六(大正二四・八三〇下)。

译,与"摩兜"相近;"摩兜犍度",也许与"仪法犍度"相合。总之,《毗尼母经》所代表的部派,关于犍度的名称,近于《铜鍱律》及《四分律》,而仍有其特殊的地方。

(三)犍度部成立的过程

1. 成立犍度的三阶段

"摩得勒伽",上座部系的"犍度"部分,已经简略地叙述。现在可以进一步地论究"犍度"部成立的过程。有关犍度部分的成立,平川彰博士以为:犍度部的现在形态,是成立于枝末分派以后的。然从诸律的共通而观,有继承根本律的可能性。在诸律中,巴利——《铜鍱律》与《四分律》,同为二十二章,同名为犍度,这一组织的类同,值得注目,认为这是古型的保存①。博士的论据,虽不止于此,然以二律组织的类同,而断为古型的保存,似乎还值得商讨。因为,在部派分裂的系统中,这是同属于分别说系的。犍度部分组织的近似,也许由于部派的亲近性吧!博士以为:犍度部组织的成立时期,可以上溯于原始佛教的时代②。虽推论为成立于原始佛教时期,而不知原始的组织是什么。所以见《铜鍱律》与《四分律》的类同,而论断为古型。当然,这也应该是受到近代研究者的影响——对巴利语圣典的过

---

① 平川彰《律藏之研究》(五九一、六三〇)。
② 平川彰《律藏之研究》(五九一)。

分推重。

论究犍度部的成立过程,试从各部律的比较着手。各部律的犍度部分,次第与项目,并不一致。然而比较起来,《根有律》、《十诵律》、《四分律》、《铜鍱律》,连《五分律》在内,在前面的大部分,都表现了大致相同的情形,如:

《十诵律》	《根有律》	《四分律》	《铜鍱律》	《五分律》
1. 受具足 ——	1. 出　家 ——	1. 受　戒 ——	1. 大 ——	1. 受　戒
2. 布　萨 ——	2. 布　萨 ——	2. 说　戒 ——	2. 布　萨 ——	2. 布　萨
3. 自　恣 ——	3. 随　意 ——	4. 自　恣 ——	4. 自　恣 ——	4. 自　恣
4. 安　居 ——	4. 安　居 ——	3. 安　居 ——	3. 入雨安居 ——	3. 安　居
5. 皮　革 ——	5. 皮　革 ——	5. 皮　革 ——	5. 皮　革 ——	6. 皮　革
6. 医　药 ——	6. 药 ——	7. 药 ————	6. 药 ⟨	7. 药
				8. 食
7. 衣 ——	7. 衣 ——	6. 衣 ——	8. 衣 ——	5. 衣
8. 迦絺那衣 －	8. 迦絺那衣 －	8. 迦絺那衣 －	7. 迦絺那衣 ——	9. 迦絺那衣

从“受具足”到“迦絺那衣”,共有八法(《五分律》开为九法):虽各律的次第有小小不同,而大体可说是一致的。《毗尼母经》卷四(大正二四·八一九下)这样说:

> “诸经中与毗尼相应者,总为比丘、比丘尼经。诸经中与迦絺那衣相应者,总为迦絺那犍度。比丘经、比丘尼经、一切犍度、摩得勒伽、毗尼增一:此五种总为毗尼藏。”①

---

① 《毗尼母经》卷三,有文意大同的叙录(大正二四·八一八上)。

　　《毗尼母经》立一切犍度,而对犍度部的类集,举"迦缔那衣"为例,这不能不说是奇突的!《五分律》的第三分,就是上列的九法,也以"迦缔那衣法"为最后。这可以解说为:这是犍度部第一阶段集出的内容。第一阶段集出的,以"迦缔那衣"为末后,这是上座部系的共同传说,一致公认;这所以《毗尼母经》以"迦缔那衣"的总集为例吧! 这八法中,"受具足"为出家而成为僧伽成员的仪式;"布萨"为半月一次的诵戒;"安居"为一年一度的三月定住;"安居"的结束是"自恣";然后受"迦缔那衣"。这五法,为佛教内的宗教大典。而"衣"、"药"、"皮革",为日常生活中,有关僧伽及个人的重要事项。犍度部分别成立的初阶段,应就是这些诸律共通的部分。

　　以下的犍度部分,组织与次第,分别说与说一切有系不同。试再分为二类来比较。

《十诵律》	《根有律》	《四分律》	《铜鍱律》	《五分律》
9.俱舍弥	9.拘舍弥	9.拘睒弥	9.瞻　波	
10.瞻　波	10.羯　磨	10.瞻　波	10.拘睒弥	10.灭　净
11.般茶卢伽	11.黄　赤	11.呵　责	11.羯　磨	11.羯　磨
12.僧残悔	12.补特伽罗	12.人	12.别　住	17.别　住
	13.别　住	13.覆　藏	13.集	

　　上列部分,是有关僧事处理的是否如法,及有所违犯的处分法规,自成一类,大致相合。所以这第二阶段集成的,还早在说一切有与分别说——二系未分的时代。《五分律》独成一格,是参考了古代"摩得勒伽"的缘故。

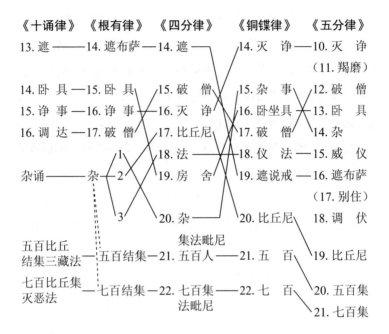

《十诵律》《根有律》《四分律》　《铜鍱律》　《五分律》

13. 遮────14. 遮布萨──14. 遮　　　14. 灭　净──10. 灭　净
　　　　　　　　　　　　　　　　　　　　　　　　（11. 羯磨）

14. 卧 具──15. 卧 具　15. 破 僧　15. 杂 事　12. 破 僧
15. 净 事──16. 净 事──16. 灭 净　16. 卧坐具　13. 卧 具
16. 调 达──17. 破 僧　17. 比丘尼　17. 破 僧　14. 杂
　　　　　　　　│1　18. 法　　18. 仪 法　15. 威 仪
杂诵────杂─2　19. 房 舍　19. 遮说戒　16. 遮布萨
　　　　　　　　│3　20. 杂　　20. 比丘尼　（17. 别住）
　　　　　　　　　　　　　　　　　　　　　　　18. 调 伏
五百比丘　　　　　　　集法毗尼
结集三藏法─五百结集─21. 五百人──21. 五　百　19. 比丘尼
七百比丘集　　　　　　　　　　　　　　　　　20. 五百集
灭恶法　──七百结集─22. 七百集──22. 七　百
　　　　　　　　　　　七百集　　　　　　　　21. 七百集
　　　　　　　　　　　法毗尼

　　这一部分，尽管内容相当，而组织与次第，显然是差别很大！
"五百结集"与"七百结集"，为这一部分中唯一共同的部分。这
是有关结集传说的记录，在上座部系中，早已独立组成，而附于
"法"或"犍度"的末后。如现存的《杂事》，虽有"五百结集"与
"七百结集"，但这并不是《杂事》的"八门"，门门十颂所摄的，
这只是附录而已（《十诵律》也不是"杂诵"所摄）。这二种附
录，起初是没有看作"犍度"或"法"的。如《十诵律》没有称为
"法"，《四分律》也没有称之为"犍度"。这本是不适于称为"犍
度"或"法"的。《铜鍱律》称为"犍度"，《五分律》称为法，那是
各部派重组时代的事了。

　　属于说一切有部的《十诵律》与《根有律》，组织与次第，

大体是一致的。《十诵律》的"杂诵"，含有"调达事"、"杂法"、"比丘尼法"与"威仪"部分。《根有律》的"杂事"，"破僧事"已分离独立了。"杂事"仅含有"杂法"、"比丘尼法"、"威仪法"（又附有二种结集）。"杂诵"与"杂事"所包含的各部分，在分别说系的律藏中，是各别独立的。《律藏之研究》以《铜鍱律》及《四分律》的二十二犍度为原型①，所以对"杂事"与"杂诵"的含有几部分，解说为"犍度的并合"②。其实，"杂事"与"杂诵"，不是并合其他犍度，反而是逐渐地分离出来。如根本说一切有部的犍度部分，是"十七事"与"杂事"；这是唐义净所传、西藏所传的一致传说。然《根有律》卷二七（大正二三·七七五中）说：

"戒者，谓从四他胜，终至七灭诤。……于余十六事处，及杂事处、尼陀那处、目得迦等处。"

《根本说一切有部苾刍尼毗奈耶》，也是这样说的③。十六事与杂事，显然为说一切有部律的初型。《十诵律》但立"七法"、"八法"（《根有律》开为十六），"调达事"还是"杂诵"的一分，这就是十六事与杂事了。等到"调达事"（"破僧事"）分离出来，成为一部，就成为"十七事"与"杂事"。所以，"杂事"与"杂诵"的含有"比丘尼"等部分，决不是并合，而是在诸犍度分

---

　　①　平川彰《律藏之研究》（六三四）。
　　②　平川彰《律藏之研究》（六二〇）。
　　③　《根本说一切有部苾刍尼毗奈耶》卷一二（大正二三·九七三下——九七四上）。

离独立过程中,还没有分离出来。《十诵律》的"杂诵"(《根有律》称为"杂事"),与《僧祇律》的"杂诵跋渠法",不是同名为"杂诵"吗?《僧祇律》的"杂诵",不是含有更多的部分吗?惟有以"杂诵"为原型,以观察其分离独立的过程,对于犍度部的古型与新型,才能明确地辨认出来!

2. 依摩得勒伽而次第成立

上座部系的"摩得勒伽",是分为三聚——"受戒聚"、"相应聚"、"威仪聚"的①。大众部系的《僧祇律》,综合为二法——"杂诵跋渠法"、"威仪法"。说一切有部的"杂诵"或"杂事",含有"威仪法"在内。所以"摩得勒伽"的原型,起初可能是泛称为"杂诵"或"杂品";由于一再增编,才成为"三聚"或"二法"的。

与犍度相当的部分,是依古型的"杂诵"(二法或三分),而分离独立起来的。"摩得勒伽",是僧团中有关僧伽与个人所有的规章法制。这些规制,原始结集时,还没有集出,而是推行于僧伽内部的不成文法。离原始结集不久,早在七百结集以前,律师们已集为标举项目的"摩得勒伽"。这应与法的"摩得勒伽"——相互对论,名为"论阿毗达磨论"的开展同时。依标举

---

① 《毗尼摩得勒伽》卷六(大正二三·六〇五上)。

而作解说,起初是应该极为简要(说一切有部的《毗尼摩得勒伽》代表了那种随标略释的风格)。然在师承传授,适应不同的情形下,到根本二部分裂(约西元前三○○年顷)以前,僧伽间传诵的"摩得勒伽",应该已有了多少出入。现存《僧祇律》的"杂诵跋渠法"及"威仪法",代表了东方(后来成为大众部)的"摩得勒伽"。西方(后来成为上座部)的"摩得勒伽"诵本,当然近于上座系的,次第与内容,有了不少的出入;但二部的距离,是不会相差太远的。在《僧祇律》的"杂诵跋渠法"中,已有"受具戒"、"别住摩那埵阿浮呵那毗尼摄"、"布萨"、"安居"、"自恣"、"衣"、"毗尼"、"比丘尼"、"五百比丘集法藏"、"七百集法藏"——十种,近于上座部系的犍度。但没有分离出来,而是含容在"杂诵"中的。比对上座部系,都有分别独立的诸犍度,可推定为:《僧祇律》的"杂诵",正代表了——在"摩得勒伽"的项目中,以重要的项目为中心,将有关部分类集编次的阶段;这是根本二部将分与初分的形态。分裂以后,大众部维持旧形,而上座部及其再分化的部派,继承固有学风,一再类集为不同的犍度(法或事),而独立成部。

《僧祇律》的"杂诵跋渠法"、"威仪法",是"摩得勒伽"的古型(上座部古诵本,应相差不远);犍度部分,由此而分离成立。对于这一论题,先举三项有力的证明。

Ⅰ.《铜鍱律》的"瞻波"、"拘睒弥"、"羯磨"、"集"、"别住"——五种犍度,在上座系的各部律中,开合不定,而名称也最不一致。

《十诵律》	《根有律》	《四分律》	《铜鍱律》	《五分律》
9. 俱舍弥	9. 拘睒弥	9. 拘睒弥	9. 瞻　波	
10. 瞻　波	10. 羯　磨	10. 瞻　波	10. 拘睒弥	
11. 般茶卢伽	11. 黄　赤	11. 呵　责	11. 羯　磨	11. 羯磨
12. 僧残悔	12. 补特伽罗	12. 人	12. 别　住	17. 别住
	13. 别住	13. 覆　藏	13. 集	

这一部分，开合——或二，或四，或五而外，名义最为含混！如"羯磨"，《根有律》约如法、和合、非法、别众的羯磨说。《铜鍱律》指苦切、依止、驱出、下意、不见罪举、不悔罪举、不舍恶见举——七种羯磨说。而《五分律》的"羯磨法"，几乎把这一部分全都包括了进去。又如《铜鍱律》"集犍度"的"集"，意义也不明了。如比对《僧祇律》的"杂诵跋渠法"，及上座系的"摩得勒伽"，就会充分地明了出来。与此相当的"杂诵跋渠法"，共十四项目，分为七段，文长二卷以上①。内容为：

A. 5"羯磨"·6"羯磨事"：羯磨有"四羯磨"、"二羯磨"……"成就五如法和合作羯磨已后不悔"——十类。羯磨事有"比丘受具足羯磨事"……"和合根羯磨事"——十类。羯磨与羯磨的事，作全部的分类统列，可说是羯磨的大纲②。

B. 7"折伏羯磨"（五类）·8"不共语羯磨"（二类）·9"摈出羯磨"·10"发喜羯磨"（六事）·11"举羯磨"——不见罪举·不悔罪举·不舍见举（三类）。

C. 12"别住"·13"摩那埵"·14"出罪"：结名"别住摩那埵

---

① 《摩诃僧祇律》卷二四——二六（大正二二·四二二上——四四一上）。

② 羯磨与羯磨事，是通于前面的"受具足"，及以下的种种羯磨。

阿浮呵那毗尼摄"。以尸利耶婆犯僧残为缘起,其次解说:"持
律比丘与他出罪时,他语有罪亦知,无罪亦知。覆亦知,不覆亦
知。发露亦知,不发露亦知。应与别住亦知,不应与别住亦知。
如法与别住亦知,不如法与别住亦知。如法行波利婆沙亦知,不
如法行波利婆沙亦知。中间有罪亦知,中间无罪亦知。夜断
知,夜不断亦知。随顺行亦知,不随顺行亦知。应与摩那埵亦
知,不应与摩那埵亦知。如法与摩那埵亦知,不如法与摩那埵亦
知。究竟摩那埵亦知,不究竟摩那埵亦知。中间有罪亦知,中间
无罪亦知。夜断亦知,夜不断亦知。随顺行亦知,不随顺行亦
知。应与阿浮呵那亦知,不应与亦知。如法与阿浮呵那亦知,不
如法与亦知。共覆亦知,不共覆亦知。无量覆亦知,(别覆亦
知,)毗舍遮脚亦知。或有罪合非夜合,或有夜合非罪合,或有
罪合夜亦合,或有非罪合非夜合。本罪,中间罪。""有罪"到"不
发露",是通于一切罪的。对于"有罪",作了极广的论究①。
"别住"以下,专约僧残罪的处分说。

D.15"应不应羯磨":瞻波比丘的净讼为缘起,而说非法不
和合、非法和合、如法不和合、如法和合——四种羯磨。

E.16"随顺已舍":"折伏"、"不共语"、"摈出"、"发喜"、
"举"、"别住摩那埵"——六种羯磨,随顺行五事或七事,然后解
除羯磨。

F.17"吡逻呵":二部众共净举与不举,由中正的断事者来
处分解决。

---

① 《毗尼母经》卷二·三,与此相当的部分,也广明犯相(大正二四·八一一
上——八一三下)。

G.18"异住"：二部众共净，僧破，仍应受供养，得受具足戒。

说一切有部的《毗尼摩得勒伽》，与"杂诵跋渠法"上列七段相当的，是：

A.6"羯磨"·7"羯磨事"……16"所作事"

B.35"白"·36"白羯磨"·37"白二羯磨"·38"白四羯磨"

C.39"苦切羯磨"……44"恶邪不除摈羯磨"

D.45"别住"……49"别住等四功德"

E.51"戒聚"·52"犯聚"……60"罪聚"

F.205"诤坏僧"

G.207"下意"·208"种种不共住"

H.209"闼赖吒"

《毗尼摩得勒伽》的八类，项目杂而且多；"杂诵跋渠法"较为简略。《毗尼摩得勒伽》的 A、B——二类，在"杂诵跋渠法"中，只是 A 类的二项。C 类，与"杂诵跋渠法"的 B 类相合。D、E——二类，与"杂诵跋渠法"的 C 类相合。F 类，就是"杂诵跋渠法"的 G 类。G 类，合于"杂诵跋渠法"的 E 类。H 类，与"杂诵跋渠法"的 F 类相合。

《僧祇律》"杂诵跋渠法"中，如上所列的部分，内容都与"羯磨"有关。虽有成为不同部类的倾向，而还是前后次第，意义关联的。所以，《五分律》除"别住"部分以外，总称之为"羯磨法"。这是依据古型的次第相连、意义相关而总立的，并非如或者所说，将不同的犍度，合而为一①。然"羯磨法"中，问题不一，

---

① 平川彰《律藏之研究》（六一四）。

再分为不同的犍度,从组织的严密来说,也确乎是必要的。本来都是"羯磨",分编者沿用"羯磨"为一部分的名称。但部派间的意见不一,所以《铜鍱律》的"羯磨犍度"与《根有律》的"羯磨事",所指的部分内容,也就不能相合了。

更值得注意的,是"杂诵跋渠法"的"别住摩那埵阿浮呵那毗尼摄"一章。标举项目,仅有"别住、摩那埵、出罪"(梵语阿浮呵那)——三事;而结说时,增列"毗尼摄"。在解说中,广说有罪、无罪,通于一切犯(五聚罪);然后专说僧残罪的处罚及出罪。在《毗尼摩得勒伽》中,"别住"(45)等以下,明"戒聚"、"犯聚"、"不犯聚"(51、52、53)等。《毗尼母经》也是一样。"杂诵跋渠法",是统合这二类了。在"犯"的处分中,僧残罪最为复杂。非详明有犯、无犯、轻犯、重犯……一切犯相,是不可能如法处理的。所以"别住摩那埵出罪",与"犯不犯"、"轻犯重犯"等分别,从来就是相关联的。《毗尼摩得勒伽》末了的"罪聚",是罪(就是犯)的总摄。《毗尼母经》作"集犯"①。"杂诵跋渠法"的"毗尼摄",就是"犯毗尼"的总摄。Samuccaya,应译为"集",但也有译作"摄"的。"别住摩那埵出罪",与犯不犯等"集犯","摩得勒伽"的旧型,是相关联的;所以对有关僧残罪的处分——"别住摩那埵出罪",《铜鍱律》就称之为"集犍度"了。

Ⅱ."杂诵跋渠法"有52"毗尼"(断当事),这是对于波罗夷、僧伽婆尸沙——僧残的违犯,所作的判决实例。上章曾说到:这一部分,与《五分律》的"调伏法"相当。依此扩编而成为

————————

① 《毗尼母经》卷三(大正二四·八一三下)。

别部的,是《四分律》的"调部",《十诵律》的"毗尼诵"(的一部分;毗尼诵是因此立名的)。《铜鍱律》改编在"经分别"中。在波罗夷与僧残的戒条下,"分别犯不犯相",而广举判决的实例①。从分量说,"杂诵跋渠法"的"毗尼",与《五分律》的"调伏法",最为简略。内容的多少出入,那是大众部与上座部的传诵不同了。"杂诵跋渠法",本为犍度部分的母体,依此分出而成为犍度部分,如《五分律》立"调伏法",可说是最合理的。

Ⅲ."杂诵跋渠法"有54"比丘尼法"。"比丘尼法"的集为一类,是很早的。在说一切有部中,还含摄在"杂诵"、"杂事",没有分离独立。分别说系的《铜鍱律》、《四分律》、《五分律》,都分别成立为"比丘尼犍度",或"比丘尼法"。上座部系的犍度部分,都有"比丘尼"的存在。然在上座部系的"摩得勒伽"——《十诵律》"毗尼诵"、《毗尼摩得勒伽》、《毗尼母经》,都没有标举"比丘尼"项目,可说是很费解的!在"杂诵跋渠法"中,明确地证实了古型的"摩得勒伽"是有"比丘尼法"的。这近于部派未分以前的古型;上座部系的"比丘尼犍度"或"比丘尼法",是据此而成立的。现存上座部系的"摩得勒伽",没有"比丘尼"项目,如不是由于上座传统的轻视女性,那一定是脱落了。

上座部系的犍度部分,"羯磨犍度"(或称为法,或称为事)的含义不确定,"集犍度"的意义不明了;《五分律》的"调伏法",各部的"比丘尼法"(或犍度),都从《僧祇律》的"杂诵跋渠法"中,发见其渊源与确定的意义。所以,"杂诵跋渠法"(及"威

---

① 如《原始佛教圣典之集成》第四章第三节第一项所列。

仪法")为"摩得勒伽",为犍度部分的母体,应该是无可怀疑的事。

《僧祇律》的"杂诵跋渠法"与"威仪法",为毗尼的摩得勒伽的大众部诵本。从杂多的项目中,渐类集为犍度部分的形态,但还没有分离为别部。现在来比对《僧祇律》的"杂诵跋渠法"、"威仪法",与上座部律(以《四分律》为代表)的关系。在比对中,说明某些部分已接近成立,或略具雏形,以论断为部派将分未分时代的犍度之母。

(《四分律》)一、"受戒犍度":《僧祇律》的"杂诵跋渠法",类集1"受具(足)"·2"不名受(具足)"·3"支满"(应与受具足)·4"不清净"(不得受具足),结为:"是中清净如法者,名受具足。"①与"受戒犍度"相当,接近完成;地位也是在第一。

二、"说戒犍度":与"说戒犍度"相当的,是31"布萨法"。结为"是名布萨法,与欲法,受欲法"②;而结颂作:"布萨及羯磨,与欲说清净。"③这是类集四、五项目,而总称"布萨法"的,内容相当完备。

三、"安居犍度",四、"自恣犍度":"杂诵跋渠法"中,35"安居法"·36"自恣法",与上面的"布萨法",次第相连,与上座律部的次第相合。"安居法"与"自恣法",比起上座部系的犍度来,要简略得多。

五、"皮革犍度":"杂诵跋渠法"66"革屣法",以恕奴二十亿

① 《摩诃僧祇律》卷二四(大正二二·四二二上)。
② 《摩诃僧祇律》卷二七(大正二二·四五〇下)。
③ 《摩诃僧祇律》卷二八(大正二二·四五五上)。

的故事为主。其他律部,有亿耳故事,《僧祇律》编入"受具足法"。《毗尼摩得勒伽》,分173"皮"与174"革屣"为二项。《毗尼母经》也是这样①。《僧祇律》也在"革屣法"外,别立83"皮法"。所以《毗尼母经》直称为"革屣犍度"②。后来上座部系,类集"皮"与"革屣"为一,也就称为"皮革犍度"了。

六、"衣犍度":"杂诵跋渠法"40"衣法"的类集,近于"衣犍度",但缺略粪扫衣部分。

七、"药犍度":"杂诵跋渠法"有42"药法",极简,与《五分律》的"药法"相近。饮食方面,"杂诵跋渠法"列举"粥法"等多法,散在多处,还没有类集为"食法"的形迹。《五分律》分为"药法"与"食法",不是分一为二,而是"摩得勒伽"的旧形。平日的正常饮食,临时的药物救治——这二类,上座部系(除《五分律》)律,都合为"药犍度"。这意味着厌离情绪的强化,以饮食为不得已的救治了。

八、"迦𫄨那衣犍度":"杂诵跋渠法"有37"迦𫄨那衣法"·38"非迦𫄨那衣法"·39"舍迦𫄨那衣法"。这是摩得勒伽的原型,如《十诵律》"毗尼诵"作:87"受"·88"不受"·89"舍",90"不舍"。"杂诵跋渠法",还没有类集为一。据"摩得勒伽","迦𫄨那衣法"在前,"衣法"的次第在后,与《铜鍱律》相合。

九、"拘睒弥犍度":"杂诵跋渠法"17"呫逻咃"·18"异住",与"拘睒弥犍度"相当。二项简略而独立,还没有统合完成。

---

① 《毗尼母经》卷五(大正二四·八二五中——下)。
② 《毗尼母经》卷四(大正二二·八二一上)。

十、"瞻波犍度"："杂诵跋渠法"15"应不应羯磨"，意义相合，但极为简略。

十一、"呵责犍度"："杂诵跋渠法"7"折伏"·8"不共语"·9"摈出"·10"发欢喜"·11"举羯磨"：列举事缘，比上座部律为详。被羯磨者，应怎样随顺行，然后解除，别属"随顺行舍"。这部分与"呵责犍度"相当，接近完成。

十二、"人犍度"："杂诵跋渠法"12"别住"·13"摩那埵"·14"出罪"，结名为"别住摩那埵阿浮呵那毗尼摄"①。与"人犍度"相当，但与"犯相"的广说相结合。

十三、"覆藏犍度"："杂诵跋渠法"16"随顺行舍"，通于"折伏"、"不语"、"摈出"、"发喜"、"举"、"别住摩那埵"——六种。《毗尼摩得勒伽》的207"下意"·208"种种不共住"，与"杂诵跋渠法"相合。《四分律》的"覆藏犍度"，专约"别住"者说。上来五种犍度，在"杂诵跋渠"中，次第蝉联而来，虽一部分还没有具备犍度的规模，但确为五种犍度未分立前的形态。

十四、"遮犍度"：上座部系的摩得勒伽，本有"止说戒"、"止自恣"——二项。遮说戒部分，在"杂诵跋渠法"的"布萨法"中②。遮布萨的事缘，《四分律》也是编入"说戒犍度"的③。从"杂诵跋渠法"去看，遮止说戒，没有成为一类的意义。

十五、"破僧犍度"：在《僧祇律》中，破僧的因缘，部分编在"波罗提木叉分别"的僧残第十戒中。"杂诵跋渠法"的24"异

① 《摩诃僧祇律》卷二六（大正二二·四三八中）。
② 《摩诃僧祇律》卷二七（大正二二·四五〇中）。
③ 《四分律》卷三六（大正二二·八二四上——八二五上）。

住"·95"破僧",都与"破僧犍度"相当,但没有集成一类的形迹。

十六、"灭诤犍度":"杂诵跋渠法",121"灭事"·122"灭诤事",仅列举了"四诤事"、"七灭诤"的名目。"灭"与"诤事",为"摩得勒伽"的项目,而又同时编入"波罗提木叉经",为波罗提木叉的一部分。上座部系的诸律,"灭诤法"的分别,都编入与犍度相当的部分,而没有作为波罗提木叉的分别。仅有《十诵律》,在"波罗提木叉分别"与犍度部分,都有七灭诤的分别,但不免重复了!《僧祇律》在"杂诵跋渠法"中,没有分别;却在波逸提的"发诤戒"中,广说"七灭诤"与"四诤事"①,内容与"灭诤犍度"相当。《僧祇律》与《十诵律》,与犍度相当部分的组织,是比较古的,而"灭诤法"的解说,却没有一致。可见"七灭诤"部分,起初是怎样的游移于"波罗提木叉分别"及"犍度"部分了!以"杂诵跋渠法"而论,是没有"灭诤犍度"的倾向的。

十七、"比丘尼犍度":"杂诵跋渠法"54"比丘尼法",所集的部分,与"比丘尼犍度"相近;这是类集完成很早的部分。

十八、"法犍度":大概地说,与《僧祇律》的"威仪法"相当。"摩得勒伽",早就分为二类或三类,别立"威仪"——"行法"一类,但这是大概的分类,与犍度部分的"威仪犍度"(或称为法),是略有不同的。《毗尼摩得勒伽》,《毗尼母经》的第三部分;《僧祇律》的"威仪法",其中的一部分,如《僧祇律》七跋渠中的三、四、七——三跋渠,在上座部系的犍度中,都是归入"杂犍度"

① 《摩诃僧祇律》卷一二·一三(大正二二·三二七上——三三五中)。

的。所以《僧祇律》的"威仪法"，是"摩得勒伽"的固有部分，并不等于分离出来的"威仪犍度"。

十九、"房舍犍度"："杂诵跋渠法"中，25"僧断事"·26"田地法"·27"僧房法"·28"营事法"·29"床褥法"·30"恭敬法"，次第相连，与"房舍犍度"相当。

二十、"杂犍度"：《僧祇律》有"杂诵"，这是项目众多，包括僧伽规制的大部分。在上座部系，犍度的分离别立过程中，"杂诵"是越来越小了。说一切有部的"杂诵"，还包含有"破僧"、"比丘尼"、"威仪"部分。等到这都分离独立，剩余的琐细事项成为名符其实的"杂事"——"小事犍度"了。现存的《僧祇律》，"杂诵"还是众多项目的总汇，与"杂犍度"不同。

二十一、"集法毗尼五百人"；二十二、"七百集法毗尼"。"杂诵跋渠法"有97"五百比丘集法藏"、98"七百集法藏"，与之相当。这二部分，有关结集史实，早已集成。关于七百结集，当时的论诤，《僧祇律》仅"受取金银"一事。上座系说，起诤虽仅是为了受取金银，而论诤共有十事。以《僧祇律》所说而论，当时论诤主题，只是受取金银一事。"十事非法"，应为从七百结集起，到二部分裂——上座部成立的时代，僧伽内部所有诤论的总合。

总观上面所说，比对上座部的犍度部分，《僧祇律》的情形是这样的：1. 接近完成的，有"受具足"、"布萨法"、"安居法"、"自恣法"、"衣法"、"别住摩那埵阿浮呵那毗尼摄"、"毗尼法"、"比丘尼法"、"集法毗尼五百人"、"七百集法毗尼"——十类。

2. 粗具雏形的，有"革屣法"、"药法"、"应不应羯磨"、"随顺行舍"——四类。

3.次第相连的,有"迦絺那衣"(三项),"呫逻呰"与"异住"(二项——拘睒弥),"折伏"……"举羯磨"(五项——呵责),"僧断事"……"恭敬法"(六项——房舍)——四类。

4.未曾考虑的,有"遮"、"破僧"、"灭净"——三类,《僧祇律》的集成者,还没有意识到这将成为一部类。而"杂"与"威仪"——二类,要等到一切分离后,剩余的自然整编为二部。

犍度部分的发展成立,可以作这样的结论。"杂诵跋渠法"与"威仪法",为"摩得勒伽"的大众部诵本,与《毗尼摩得勒伽》,"毗尼诵"的一部分;《毗尼母经》,是同一本源的。这是"波罗提木叉"以外的,一切僧伽规制的总集。在佛教的开展中,"摩得勒伽"的解说,以其中的重要项目为主,类集有关的项目,与当时惯行的规制,渐成为一聚一聚的部类。《僧祇律》就是这样,代表了部派将分与初分的形态。遵循这一学风,更为严密的类集,分离而成为一类一类的犍度部分,那是上座部重律学派的业绩!

在本节第一项的比较中,发现上座部的犍度部分,在前面的几类,可说是各律一致的。越到后面,各部律的出入越大。犍度部分的成立,是不止一次集成的。犍度部分,《四分律》与《五分律》,都分属于三分,也可说分为三类。而《铜鍱律》分为"大品"(十犍度)、"小品"(十二犍度);《十诵律》也分为二类——"七法"、"八法"(此外有"杂诵",还没有分为多少法)。《铜鍱律》与《十诵律》,虽数目的多少不合,而都分为二大类,这是应该重视的。在犍度部分的成立过程中,应该有过第二阶段、第三阶段的事实。

犍度的母体是"杂诵"（说一切有部仍保有威仪属于"杂诵"的传统），又分为"杂诵"与"威仪"；一切犍度依此而分离出来。犍度集成（分离出来）的第一阶段，是（依《十诵律》）"受具足"、"布萨"、"自恣"、"安居"、"皮革"、"医药"（《五分律》依古义，分药与食为二）、"衣"、"迦絺那衣"——八种。虽然次第小小出入，而可说大致相同。第二阶段集出的是："俱舍弥"、"瞻波"、"般茶卢伽"、"僧残悔"（或分为二）、"遮"、"卧具"、"净事"——七种，或加"调达"为八类。这是说一切有与分别说部将分与初分的阶段。其他部分，还包含在"杂诵"中。这七种或八种，虽次第的出入较大（前四种，开合不同，而次第相近），但主要差别，只是《四分律》编"房舍"在后面，《铜鍱律》与《五分律》编"遮说戒"在后面而已。等到"比丘尼"别出；旧有"杂诵"的剩余部分，与"威仪"部分，重整理而编成"杂"与"威仪"——二种；加上早已集成的附录部分，五百结集与七百结集：这是第三阶段，分别说部的最后整理。《铜鍱律》不忘过去的二分法，整编为"大品"与"小品"。《四分律》与《五分律》，就分编为三分了。最后的集出、整编，到了分别说部再分派的阶段。最后集出部分，没有从来的传说为依据，只凭自部的意见来编排次第，这所以越到后面，次第的出入越大了。

3. 犍度部的不同名称

现存的犍度部分，各律使用的名称并不一致。《铜鍱律》二十二章，都称为"犍度"。《四分律》也称为犍度，但末后二章，只说是"集法毗尼五百人"、"七百集法毗尼"。还有,被推定为雪山部的律藏,也有"诸犍度"。《五分律》二十一章,都称为"法"(dharma)。《十诵律》也是称为"法"的,如"七法"、"八法";"杂诵"中有"比丘尼法"、"杂法"。但"调达事"是例外,是不称"法"而称为"事"(vastu)的。还有结集传说的附录部分——"五百比丘结集三藏法品"、"七百比丘集灭恶法品",称为"品"(varga)。与《十诵律》同属说一切有部的《根有律》,称为"律事"、"律杂事",一概都称为"事"。正量部立"婆薮斗律"(事律),与《根有律》相同。在这些不同的部派中,《铜鍱律》称为"犍度",《五分律》称为"法",《根有律》称为"事",使用统一的名称。《四分律》与《十诵律》,名称不统一。《律藏之研究》,考得上座部系的犍度部分,起初名称是不统一的。"相应"、"律事"、"犍度"、"法",混合使用。以同一名称而贯彻全部,属于再整理的时期①。这是大致正确的结论!

这些名称,并不起于犍度部分的分立,而早存在于犍度的母体——"摩得勒伽"时代。

一、"法":这是"摩得勒伽"第二分、第三分所用的名词;内容为僧伽内部,僧伽与个人的所有规制。依"摩得勒伽",而"布萨法"、"安居法"等,一类一类地集出,称之为"法",是最自然不过的。分别说部系的《五分律》,说一切有部的《十诵律》,称犍度部分为"法",代表了该部早期的形态。然而"五百结集"、"七百结集",并不是规章法制。而提婆达多的破僧,不是法制,反

———————

① 平川彰《律藏之研究》(六四二)。

而是法制的破坏。在这点上，《十诵律》不称为"法"，显然是更妥当的。而《五分律》也称为"法"，就未免通泛了。

二、"事"：《铜鍱律》的"七百犍度"，说到"瞻波律事"①。"律事"（Vinayavastu），是《根有律》与正量部广泛使用的名称。与《铜鍱律》"瞻波律事"相当的，《十诵律》作"瞻波国毗尼行法中"②。"毗尼行法"，决非"律事"的别译。《十诵律》又说"舍婆提国毗尼药法中"③，可见"行法"与"药法"一样，都是专名。"行法"应为 Ācāra-dharmaka 的意译，本为性罪以外僧制的通称（如破戒、破威仪的分别，就是这样）。"瞻波法"部分，古称"瞻波行法"，可见"法"与"行法"，本没有太大的差别，其后才演化为二类的。《铜鍱律》还有"杂事犍度"，"事"在《铜鍱律》中，是并不生疏的。说一切有部，起初是称为"法"的，但逐渐使用"事"这一名称。如《十诵律》是称"法"的，但稍后成立的"调达事"，已称为"事"；其他的也渐以"事"来代替它。《十诵律》的"优波离问"，是成立于"七法"、"八法"等以后的。在"问波罗提木叉"部分，已偶然地应用，如"盗事"、"杀事"、"妄语事"、"问十三事"、"问波夜提事"④。与此相当的《毗尼摩得勒伽》，在问"七法"、"八法"中，作"问受戒事"、"问布萨事"、"问俱舍弥事"、"问羯磨事"、"问覆藏僧残事"等，而结名"优波离问事

---

① 《铜鍱律·小品》（南传四·四五八）。
② 《十诵律》卷六一（大正二三·四五四下）。
③ 《十诵律》卷六一（大正二三·四五四上）。
④ 《十诵律》卷五二（大正二三·三七九中、三八一中、三八二上、三八三中），又卷五三（大正二三·五九一上）。

竟"①。依此可见,《十诵律》本称为"法",而在律学的传流中,有以"事"代"法"的倾向。《根有律》就是一切称为"事"的一派。大概"事"是通称,一切都是适用的,这才取代了具有轨制意义的称呼——"法"。

三、"犍度":这是《铜鍱律》与《四分律》所用的。在"摩得勒伽"中,就有"犍度"一名;如分为"三聚",三聚就是三犍度了。这是新起的名称。从佛教圣典史去看,在西元前二世纪,《发智论》立八犍度。《尊婆须蜜菩萨所集论》,约西元一世纪作,立十四犍度。《识身足论》立六蕴(就是六犍度)。这是西元前二世纪以来的风尚。"铜鍱部"与"法藏部"(铜鍱部以本上座部、分别说部自居,不合史实)的成立,也在那个时代——西元二世纪。因部派独立,而对僧制的类集,重为整编,称为犍度。《四分律》还知道"五百结集"与"七百结集"不符合犍度的意义,但《铜鍱律》已进而彻底应用这一名称了。

四、"相应"(saṃyukta):是经律结集中的重要术语。南传有"相应部",义净译为"相应阿笈摩"②。初期的结集,片段、杂碎,但不只是资料的堆集,而是将众多资料,以问题为中心,而类集有关的一切。经如"蕴相应"、"处相应"等,律如"布萨相应"、"羯磨相应"等(不过初期的类集,仍不免予人以杂乱的感觉)。"摩得勒伽"的第二分——"布萨法"、"安居法"等,早就称为"相应聚"了。《铜鍱律》的"七百犍度",称"布萨犍度"为

---

① 《萨婆多部毗尼摩得勒伽》卷三(大正二三·五八二中)。
② 《根本说一切有部毗奈耶杂事》卷三九(大正二四·四○七中)。

"布萨相应"①；这是古代用语的遗留。《律二十二明了论》也曾说到："如布萨相应学处中说"②；"于制布萨相应灭（应是"戒"字的讹写）中广说应知"③；"于制羯磨相应戒中"④。约义类相从说，是"相应"；约类集为一聚说，是"犍度"。"相应"的古称，渐为犍度所代而逐渐淡忘了。

（四）受戒犍度——古型与后起的考察

1. 事缘部分——佛传

依"摩得勒伽"而开展为"犍度"，在组织方面，《十诵律》与《根有律》是比较古的。然组织形式与内容，不一定是一致的，所以更应从内容方面去举例说明。在犍度部中，论究新与古的问题，至少要从主体部分、相关部分、事缘部分，还有附属部分（譬喻、因缘）去考察，才不致陷于"以偏概全"的谬误。

《律藏之研究》，举"大犍度"的"受具"及"佛传"为例，进行论究，以明犍度部分的新古。以"受戒犍度"来说，认为《铜鍱律》的"大犍度"是古型的。其次，是《五分律》的"受戒法"，《四分律》的"受戒犍度"。《僧祇律》省略了佛传，是新的。而《十诵律》的"受具足法"，《根有律》的"出家事"，是最后完成的⑤。

---

① 《铜鍱律·小品》（南传四·四五八）。
② 《律二十二明了论》（大正二四·六六八中）。
③ 《律二十二明了论》（大正二四·六六九下）。
④ 《律二十二明了论》（大正二四·六七〇上）。
⑤ 平川彰《律藏之研究》（五七三——五七四、五八八）。

这一新古的论定,主要是以佛传为中心而予以论定的。《铜鍱律》、《五分律》、《四分律》——同属于分别说部系,在"受戒犍度"部分,成立"十众受具"以前,都有次第连贯的佛传。《僧祇律》"杂诵跋渠法"论四种受具足时说:"自具足者,世尊在菩提树下,最后心廓然大悟,自觉妙证(善具足),如綖经中广说,是名自具足。"①《律藏之研究》以为,"如綖经中广说"指大众部的佛传——《大事》。《僧祇律》本来是有佛传的,而现存的《僧祇律》,佛传是被省略了,这是再整理的律②。《十诵律》等没有佛传,当然是后起的了。

以佛传为中心而论"受戒犍度"的新古,非从《僧祇律》"杂诵跋渠法"的认识去着手不可!"杂诵跋渠法",于"受具、不名受(具)、支满(可以受)、不清净(不得受)"的解说部分,可说与上座部系的"受戒犍度"相当,但还不能说是受戒犍度。《僧祇律》标举众多项目,而一一加以解说,始终保持"摩得勒伽"的体裁。这是依"摩得勒伽",渐为重要问题的类集,而移向分离独立的"犍度"阶段。"摩得勒伽"三分中,第一分是不称为"法"的。"杂诵跋渠法",综合简化为二分,而仍保留称法、不称法的差别。受具足等,属于第一分,是不称为法的。这不是僧伽的法制,而是有关僧伽法制的,名称与内容的确定(或论净的决定)。所以摩得勒伽,被解说为"决了定义"③。"杂诵跋渠法"对于这部分的解说,分为二段:一、"四种受具足"。二、"名受具足"与

---

① 《摩诃僧祇律》卷二三(大正二二·四一二中)。
② 平川彰《律藏之研究》(五二六)。
③ 《毗尼母经》卷一(大正二四·八〇一上)。

"不名受具足"，专论"十众受具"，可以不可以，合格不合格的问题（这在《毗尼摩得勒伽》中，是"应与受具足"、"不应与受具足"；"可得受具足"、"不可得受具足"）。先明"四种受具足"："自具足、善来具足、十众具足、五众具足"①，这是"受具足"的解说。大众部的持律者，对传说中——事实上曾经存在的不同方式的受具，作综合的说明，"受具足"是什么。佛成道，就自然地得具足，名"自具足"。佛度五比丘等，"唤善来比丘"而得度出家，名"善来具足"。"十众和合，一白三羯磨，无遮法"，为僧团的正规的受具足法，名"十众具足"。在这里，《僧祇律》叙述了十众受具足的仪轨。因亿耳的请求，为边地方便准予"五众具足"。不同方式的受具足，《僧祇律》分为四种。《毗尼母经》别明比丘五种受具、比丘尼五种受具，实为七种②。《十诵律》与《毗尼摩得勒伽》，明十种受具足③。对传说中的不同受具，及传说中的特殊事例，一一罗列起来，才成为更多种的"受具足"。在这点上，《僧祇律》的四种受具足，可能是不完备的，但确是初期的传说。现存不同传本的"摩得勒伽"，都是先明"受具足"——种种不同的受具足，然后明"应与受具足"等，约十众受具，而论合法不合法，合格不合格。"摩得勒伽"的体例是这样的，《僧祇律》也没有例外，这是上座部系"受戒犍度"的前身。

说到受具足，实以"十众受具"为主。从佛教的制度来看：

---

① 《摩诃僧祇律》卷二三（大正二二·四一二中）。

② 《毗尼母经》卷一（大正二四·八〇一中）。

③ 《十诵律》卷五六（大正二三·四一〇上）。《萨婆多部毗尼摩得勒伽》卷五（大正二三·五九四上）。

在家弟子,受五戒,名优婆塞(upâsaka)、优婆夷(upâsikā),意译为"近事"(男、女),是亲近承事的意思。每月六斋日,在家弟子到寺院里来,受一日一夜的八支净戒,名优波婆沙(upavāsa),意译为"近住",是近阿罗汉而住的意思①。出家受具足,名优波三钵陀(upasaṃpadā),意译为"近圆"。古译"具足",也就是圆满的意思。从受具足的制度来说,是成为僧伽成员的仪式。一方面——受者是请求、誓愿;一方面,得僧伽(十众)同意,准予入僧,从此与大众"同羯磨而住"。从内容来说,这是"舍家非家",投身于和乐清净的僧伽,而倾向邻近于涅槃解脱的生活;"近圆",就是近于涅槃(圆寂)的意思。"受具足"一词的成立,与出家修行而向于清净解脱的生活,是不能分离的。

《僧祇律》的四种受具,是"摩得勒伽",与《毗尼摩得勒伽》、《毗尼母经》一样,是罗列不同方式的出家受具,而说明"受具足"是什么。说明不同的受具足,当然与佛的教化事迹有关,但是各别的,举事实来说明,而没有次第地编述佛传的任何意图。但由此而发展成的,上座部系,特别是分别说部系的受戒犍度,就与此不同。《铜鍱律》的"大犍度",从佛的初成正觉说起。次第地叙述佛的传记,教化弟子出家——"善来受具"、"三归受具",然后说到"十众受具"。《五分律》与《四分律》,从释迦族说起,诞生、出家,更与现存的佛传相近。分别说部系的受戒犍度,重在"十众受具"。从佛的成佛、说法、"善来受具"、"三归受具"的叙述,等于成立"十众受具"的渊源一样。说到"十众受

---

① 《阿毗达磨大毗婆沙论》卷一二四(大正二七·六四八下)。

具"为止;连边地的"五众受具"也没有说到,更不用说"受教诫具足"与"问答具足"了。分别说部系的受戒犍度,以"十众受具"的法制为主体("受戒法");编集者有意地编述佛的史传,以说明受具的不同阶段。《僧祇律》的四种受具,虽与佛的教化事迹有关,近于分别说部佛传中的部分事实,但是说明"受具足"的不同事实,并无次第的佛传意义。说《僧祇律》为本有佛传而只是省略了,那是想像如此而已!

"杂诵跋渠法"的"四种受具"说,《律藏之研究》没有理解为"摩得勒伽"的性质,因而比附于《铜鍱律》的"大犍度",而想像为本来是有佛传的,并引了两项论据:

一、如《僧祇律》卷二三(大正二二·四一二中)说:

"自具足者,世尊在菩提树下,最后心廓然大悟,自觉妙证(善具足),加綖经中广说,是名自具足。"

宋、元、明——三本,没有"善具足"三字。《律藏之研究》以为,"如綖经中广说",是引证大众部的佛传——《大事》;《大事》是说到四种具足的①。然这一解说,不能给以有力的证明。因为,《僧祇律》只是以佛在菩提树下初成正觉的事实,来解说"自(然)具足"。而菩提树下初成正觉,见于经文的,并不在少数,如《增一阿含经》(大众部所传)卷一四(大正二·六一八上)说:

"佛在摩竭国,道场树下,初始得佛。"

此下,从佛的慨念阿罗勒迦蓝等二人的已死,去波罗奈化五

---

① 平川彰《律藏之研究》所引(五二五)。

比丘;然后到优留毗村(Uruvilvā)化迦叶及其弟兄;回迦毗罗国(Kapilavastu)化父王。这也是结合佛的许多故事,具有佛传的意义。佛在菩提树下,初成佛道,《杂阿含经》与《相应部》等也都有说到。大众部的持律者,引经说的初成正觉以成立"自具足",是不能证明为引证《大事》的。而且,"四种受具足",是大众部的持律者对于"受具足"的解说,根源是律部而不是佛传。《大事》立四具足,只能解说为《大事》依律部而编集,决不能解说为律部引证《大事》。其实,即使《僧祇律》引用古本《大事》以说明"自具足",也只是引用佛传为证,而并非《僧祇律》在说明四具足时,是有佛传的;是本来有佛传,而被重整理者所省略的。对《僧祇律》本有佛传的推论,这一项文证,是没有证成力量的。

二、现存梵本的《大事》,首明"中国(佛教的中国)圣大众部中,说出世部所诵律藏之大事"①。《大事》全称为《大事譬喻》(Mahāvastu),为大众部的一派说出世部(Lokottaravādin)的佛传。明四种受具,确与《僧祇律》相合。《大事》与律藏有关,是没有问题的。然《律藏之研究》认为《大事》是出于律藏的。部分的佛传,与《铜鍱律》"大犍度"中的佛传相近,所以《大事》是以这一部分为本,独立而扩大组织,成为现在形的《大事》。结论是:《大事》佛传的一部分,出于律藏,当然是《僧祇律》;《僧祇律》本来是有佛传的②。然从犍度部的成立过程来说,现存的《僧祇律》"杂诵跋渠法",有关"受具足"的解说,还是依标作释的"摩得勒伽",还没有演进到成为独立的、完整而有体系的"受

①　E. Senart, Le mahāvastu, P. 2, LL. 13, 14.
②　平川彰《律藏之研究》(五三一)。

戒犍度"阶段。所以推论原型的《僧祇律》，有"大犍度"那样的佛传，是无法置信的。"杂诵跋渠法""四具足"的解说，与佛的事迹相结合，如《僧祇律》卷二三（大正二二·四一二上——四一六上）说：

> "世尊在菩提树下，最后心廓然大悟，自觉妙证。"

> "如来唤善来比丘，度人出家。……如来所度阿若憍陈如等五人，善来出家，善受具足。……次度满慈子等三十人。次度波罗奈城善胜子。次度优楼频螺迦叶五百人。次度那提迦叶三百人。次度伽耶迦叶二百人。次度优波斯那等二百五十人。次度汝（舍利弗）大目连各二百五十人。次度摩诃迦叶、阐陀、迦留陀夷、优波离。次度释种子五百人。次度跋渠摩帝五百人。次度群贼五百人。次度长者子善来。"

> "从今日制受具足法，十众和合，一白三羯磨，无遮法，是名善受具足。"（佛在王舍城竹园制）

> "舍卫城中，有居士名阿那邠坻，素与（王舍城居士）郁虔，特相亲友，来（王舍）到其家。……佛为说法……欲还舍卫城起立精舍。……遣富楼那入海采宝……既出家已，……到输那国……此中应广说亿耳因缘。"

这些事迹，不是次第连贯的、叙述详细的佛传。但如将这些片段的事迹，连贯而编述出来，不就是佛传吗？这些片段的事迹，不就是佛传的来源吗？《大事》是佛传，《大事》之所以属于律藏，是这样的根据于《僧祇律》，而并非根据什么《僧祇律》的佛传。现在形的《僧祇律》，还没有进展到佛传的阶段，更不用推想原型的《僧祇律》了！

说到佛传，我想另行论究，这里只能简要地说到与此有关的部分。佛传——佛陀一生的传记，以文字集录为大部，传诵或书写而流传下来，是并不太早的。在没有大部以前，先有片段的记录；片段记录以前，是作为事迹而传说于僧伽或信众之间。但无论为传说、为记录的传诵，由于年代久，区域广，彼此间是有多少出入的。在部派未分以前，早就有多少异说；经过传说的事实，就是这样。

佛陀涅槃以后，佛陀的遗迹受到信众的尊崇。如来生处，如来成正觉处，如来转法轮处，如来入涅槃处①：佛的遗迹受到尊敬，事迹也当然传诵于人间。四大圣迹，也就是如来一生的四大事迹。诞生前后，从出家修行到成佛，说得完备些，就形成八相成道（或十相）。佛传是以这些为总线索，结合种种传说而成的。佛的普化人天——八众②，为弟子说法，成立僧制。集出而见于经律的，片段的比较多。佛的事迹，并非只是这些，原型就是这些，而是经与律的结集者，为了说明某一法义、某一制度，而引用传说中的部分事迹，以表示法律的真实意义。律部，原则是"随缘成制"。所以不但"波罗提木叉"，僧伽所有的每一制度，都会有一项或多项的事缘。佛（与弟子有关，也就成为弟子的传记）的事迹在律部中特别丰富，原因就在于此。

佛的一生事迹，在佛教界，本是多方面的片段的传述。为了

---

① 《长部·大般涅槃经》（南传七·一二四）。
② 八众，见《长部·大般涅槃经》，实根源于《相应部》的"有偈品"。

表达某一法义、某一制度、某一事件,由编集者编成次第而叙述出来。由短而长,渐形成大部的佛传。从现有的佛传来说,主要的有二大部分:一、佛从王舍城到吠舍离,最后到拘尸那入涅槃。这一连续的长篇记录,以佛的大般涅槃为主体,如《长阿含经》的《游行经》(《长部·大般涅槃经》)、《增一阿含经·道经》①、《根有律杂事·大涅槃譬喻》②。二、以佛的化众出家,光大僧伽为主体。又有似同而实异的两类:1.《众许摩诃帝经》(西元九八九年译),为《根有律破僧事》(西元六九五——七一一年间译)前九卷的同本异译,为根本说一切有部的佛传。从世界成立、王统次第、释种来源说起,到佛回迦毗罗,化度释种,提婆达多等出家止(下接破僧事)。《中本起经》(约西元二○○——二二○年间译)上卷,也是从瞿昙(Gautama)种姓说起,到调达(提婆达多的旧译)出家为止。虽然详略不同,而实与《众许摩诃帝经》的大意相合。五比丘中有十力迦叶,与《十诵律》同;这是说一切有部的古型佛传。此外,《普曜经》(西元三○八年译)与异译的《方广大庄严经》(西元六八三年译),从菩萨处在兜率天宫,四事观察说起,也是到迦毗罗化度释种为止。《佛本行集经》说:"萨婆多师名此经为大庄严"③,可见这是说一切有部本,但已是大乘化了的佛传,有不少的变化(固有的佛传,还可以节录出来)。2.《过去现在因果经》(西元四五○年顷译),从然灯

---

① 《增一阿含经》卷三六·三七(大正二·七四八下——七五二下)。

② 《根本说一切有部毗奈耶杂事》卷三五——三九(大正二四·三八二下——四○二下)。

③ 《佛本行集经》卷六○(大正三·九三二上)。

佛(Dīpaṃkara)授记说起,到化大迦叶止。又《异出菩萨本起经》(西元三○○年顷译)、《佛说太子瑞应本起经》(约西元二四○年前后译出),也是从然灯授记说起,到化三迦叶止。《五分律》说:"如瑞应本起中说。"①现存的《佛说太子瑞应本起经》,应是化地部的佛传。《佛本行集经》说:"迦叶维师,名佛往因缘。……尼沙塞师,名为毗尼藏根本。"②这几种佛传,与分别说部系的受戒犍度前面的佛传,最为相近。弥沙塞部称为"毗尼藏根本":毗尼藏是僧伽制度,僧制以出家入僧,"十众受具"为主。成佛说法,化众出家,为制"十众受具"的根源,所以这一部分的佛传,或称为"毗尼藏根本"。《佛往因缘》,可能就是《过去现在因果经》的别译。如真是这样,那是迦叶维部(Kāśyapīya,也是分别说系)的佛传了。

西元五八七——五九二年译出的《佛本行集经》,依卷末所记,应是昙无德部的佛传。称为"本行集",每举五部律的异说,共六十卷。这是晚期的扩编本,与《四分律》"受戒犍度"的佛传部分,有种种的差异。而在五十三品以下,与说一切有部的佛传一样,也说到回迦毗罗化释种的事。这是晚期扩编,参综别部传说的诵本。在长期的传说中,部派间都不免相互影响的,不可能部别的体例截然不同。但从大体来观察:有关化度出家、光大僧伽的佛传部分,有这二大流类:分别说部系,以化迦叶、舍利弗等为止;说一切有部系,以回迦毗罗化释种为终。

佛传中,《过去现在因果经》等以化度舍利弗等为止,是建

---

① 《弥沙塞部和醯五分律》卷一五(大正二二・一○二下)。
② 《佛本行集经》卷六○(大正三・九三二上)。

僧的因缘;是分别说系的。《众许摩诃帝经》等以化释种为止,
是破僧的因缘;是说一切有系的。从这一事实的差别去观察,在
分别说系的律部中,对于佛陀化众出家的事迹,也是有这二类
的。《铜鍱律》"大犍度"、《五分律》"受戒法"、《四分律》"受戒
犍度",从如来(种族、诞生、出家、修行)成佛起,到化舍利弗等
止,叙述佛的化众出家,为成立"十众受具"制的因缘。又《铜鍱
律》"破僧犍度"、《四分律》与《五分律》的"破僧违谏戒"①,叙
述佛的化度释种,提婆达多等,为破僧的因缘。虽只限于化度释
种一事,而叙述多事,也是不限于提婆达多的。从这二项不同的
化众出家的记录,可以理会到:佛陀化众出家的事迹,传说是多
方面的。如化度释种,可与"破僧违谏戒"相结合,也可与"破
僧"事相结合。这种事迹,早在"摩得勒伽"时代,或与"受具足"
相结合(片段的、不同的受具事实,还没有编成次第的佛传形
式)。或与"破僧"等相结合,如"杂诵跋渠法"解说"异住"说:
"如提婆达多因缘中广说"②。(法义)制度与事缘的结合是多
方面的,也不是一开始就编集成文的。等到编集而成文字(起
初还是口诵的),如犍度部的别别集出,那就与事缘的结合固定
化。那时候,事缘的属此属彼,广说略说,甚至要不要这些事缘,
部派间的意见,是不能一致的!

　　以"受戒犍度"来说,"摩得勒伽"对"受具足"的解说,是与

---

　　① 《铜鍱律·小品》(南传四·二七八——二八三)。《四分律》卷四(大正二
二·五九〇中——五九一下)。《弥沙塞部和醯五分律》卷三(大正二二·一六
下——一七下)。

　　② 《摩诃僧祇律》卷二六(大正二二·四四二下)。

成佛、说法、度众出家的事缘相结合的。虽是片段的,没有成为次第的佛传形式,但到"受戒犍度"的集成独立,以成佛、说法、善来受具、(三归受具、)"十众受具"等,次第编成佛传的形式,阐明僧伽的形成与僧制发展的过程,可说是极自然的。分别说部的这一手法,不能不给予高度的赞叹!在成佛以前,结合当时传说的诞生、出家、修行等事迹,成一较完整的佛传,也并不新异。这在犍度的集成时代,这些早是教界一般的传说了。

说一切有系中,《十诵律》"受具足法"、《根有律出家事》,与"受戒犍度"相当的,没有分别说部律的佛传部分。这只能说对于部分事缘不加采录,不能说将佛传的部分删去。要知道,说一切有部主流——阿毗达磨者,对于传说、文颂,是取批判态度,而不是一律看作事实的。如《大毗婆沙论》卷一八三(大正二七·九一六中)说:

> "然灯佛本事,当云何通? ……答:此不必须通,所以者何? 此非素怛缆、毗奈耶、阿毗达磨所说,但是传说。诸传所说,或然不然。"

又评马鸣(Aśvaghoṣa)的《佛所行赞》,如《论》卷一七二(大正二七·八六六中)说:

> "此不必须通,以非素怛缆、毗奈耶、阿毗达磨所说,但是造制文颂。夫造文颂,或增或减,不必如义,何须通耶?"

"文颂"是文学作品。如《大事》是譬喻;"本起"是譬喻的异译;"大庄严"也是文学作品的名称。传说中的事缘,除与法义及制度有必要的关联，集入三藏以内；此外佛传等，都流传于藏外。所以说一切有部律，以《十诵律》为例，本是朴素而少事缘的。如"波罗提木叉分别"，直从迦兰陀子须提那说起①。"受具足法"，没有成佛、度三迦叶等事缘②。"调达事"也没有说化度释种③。"皮革法"中，二十亿耳的因缘也极为简略④。"拘舍弥法"，也没有说《长寿王经》⑤。对于这些，《根有律》除"破僧事"与佛传相结合而外，其他的简略或没有说，《根有律》也是一样的。可见这是说一切有部律的本来如此，并非《十诵律》从《根有律》中删略了。如"受具足法"，以"十众受具"为主，这是僧伽制度的真正建立。化度五比丘等，还只是道义的自由结合，对"十众受具"来说，是没有叙述必要的。又如提婆达多破僧，与化度释种，又有什么必要的关系呢？说一切有部，不是没有这种佛陀事迹的传说，而是除必要的叙述外，让它成为传说，而没有录入三藏以内。这是说一切有部的根本立场。但说一切有部的旁系——持经譬喻者，大大地以"本生""譬喻"来充实说一切有部律，成为《根本说一切有部毗奈耶》。在部派的流传发展方面，影响极大，后为迦湿弥罗的毗婆沙师所信用。

说一切有系与分别说系，同从上座部中分化出来。分别说部的"受戒犍度"，广叙佛传部分；"破僧犍度"，也广叙化度释种。而说一切有部集成的犍度部分，却略而不谈。这是学风的

---

① 《十诵律》卷一（大正二三·一上）。
② 《十诵律》卷二一（大正二三·一四八上）。
③ 《十诵律》卷三六（大正二三·二五七上）。
④ 《十诵律》卷二五（大正二三·一八三上）。
⑤ 《十诵律》卷三〇（大正二三·二一五下）。

不同,怎能想像《铜鍱律》的犍度部分为古型,而后以佛传的有无分新古呢? 以受具的事缘来说:《僧祇律》还是"摩得勒伽",有四种具足的事缘,而没有佛传的形式。进展到上座部中犍度部分的独立。而在再分裂为二系时,说一切有部不附佛传形式的事缘;而分别说系是有的。分别说部中,《铜鍱律》简略近古。在说一切有系中,《十诵律》是早于《根有律》的。

2. 相关部分的编入

　　现存五部律的"受戒犍度",佛传部分而外,分别说部系的《铜鍱律》、《四分律》、《五分律》,内容都非常广。经过分析比较,知道不只是"十众受具"的主体部分、还有相关部分也被类集在里面。如将主体部分、相关部分分别开来,不但条理分明,而受戒犍度的源于摩得勒伽,会得到深一层的证实。

　　相关部分,是与"十众受具"多少有点关系,而又并无直接关系的。在"十众受具"中,"和尚"(upādhyāya 亲教师)是极重要的。"受具"是出家而成为僧伽成员的仪式。在"受具"时,和尚是将求受具人推介于僧伽,负有道义的保证责任。这样,和尚是否能胜任来摄导弟子,是一大问题;和尚的资格,也应被规定了,这当然是"受具"的主要问题。和尚与共行弟子(saddhivihārika)间的师资关系成立了:和尚应教导爱护弟子,弟子应敬事和尚,尽其和尚与弟子的应尽义务,这都是平日的事。弟子依和尚修学,是不能轻率离师的。如不幸而和尚死了,或远去了,就要另外依止一位"阿阇黎"(ācārya 轨范师),而构成阿阇黎与近行弟子(antevāsin)的师资关系。资格与义务,都与和尚及共行弟子一样。"受具"后,在一定期限内(最少五年),规定是不能一宿离师的。所以"受依止"、"舍依止"等问题,都一一规定。出家,本来就要"受具足",但有的年龄过小,在佛教中,成为"沙弥"(Sāmaṇera)一类,为比丘(bhikṣu)的预科。和尚度沙弥出家、教导、呵责,这是"沙弥法"。度沙弥在"受具"以前;受依止在"受具"以后;师资间的互相关系,都与"十众受具"没有必要的关系,只能说是相关部分。这类相关部分,在"摩得勒伽"中,是"受具足"以外的独立项目。

《僧祇律》	《毗尼摩得勒伽》①	《毗尼母经》
43. 和上阿阇黎共住弟子依止弟子法(有关依止部分,综合在内)	158. 和上 159. 弟子 160. 供养和上 161. 阿阇黎 162. 近住弟子 163. 和上阿阇黎共行弟子近住弟子	
44. 沙弥法(此上是"杂诵跋渠法")	164. 沙弥 154. 依止 156. 与依止 155. 受依止 157. 舍依止	217. 失依止
7. 和上教共行弟子 8. 共行弟子事和上	275. 和上 276. 共行弟子	206. 共行弟子共宿弟子奉事和尚阿阇黎
9. 阿阇黎教依止弟子 10. 依止弟子事阿阇黎(此上是"威仪法")	277. 阿阇黎 278. 近住弟子 279. 沙弥	207. 和尚阿阇黎畜弟子法 208. 沙弥法

① 《十诵律·毗尼诵》,与《萨婆多部毗尼摩得勒伽》相同,仅缺"供养和尚"一项。

这些问题,被集入《铜鍱律》的"大犍度"中,就是:

弟子承事和尚······二五·八——二四

和尚承事弟子······二六·一——一一

呵责弟子(摈出·悔过·呵摈理由)······二七·一——八

弟子承事阿阇黎······三二·一——三

阿阇黎承事弟子······三三·一

呵责弟子······三四·一

失依止及与依止······三五·一——三六·一

(授具足)与依止度沙弥的资格······三六·二——三七·一

度沙弥······五○·一——五二·一

五岁·五分具足得离依止······五三·一——一三

智者得度二沙弥······五五·一

罚沙弥法······五七·一——六○·一

依止应互相观察······七二·一——二

旅行·病中·看病·林住得离依止······七三·一——四

相关部分而被编入"大犍度"的,如不将佛传部分计算在内,那就占有"大犍度"的十分之四(受具足部分为十分之六),数量是这样的大!大量的相关部分,前后参差地、间杂地叙述在"受具"部分中间;尤其是沙弥与依止,前后分列,不相连接。《四分》与《五分律》,也是参差地编入,而次第又各不相合。这就是应用固有的资料,在插入受戒犍度时,没有公认的、一定的适当地位可以安插的关系。

此外的相关部分,《四分律》"受戒犍度",还有"与学沙弥悔"①。这在《五分律》中,是编入"调伏法"的②。《四分律》又编

────────

① 《四分律》卷三四(大正二二·八○九上——下)。

② 《弥沙塞部和醯五分律》卷二八(大正二二·一八二下)。

入"调部"①。《十诵律》编入"毗尼诵"②,又编在第一波罗夷戒
中③。其实,这也是从"摩得勒伽"来的,如《十诵律》(222)"波
罗夷与学沙弥悔法";《毗尼摩得勒伽》(211)"波罗夷学戒";
《僧祇律》"杂诵跋渠法"(19)"与波罗夷学悔"④。编入"受戒
犍度",是《四分律》一家的意见。

《五分律》"受戒法"中,也有二则:1.下座恭敬上座,有三兽
本生⑤。但在其他律部,《铜鍱律》属于"卧具犍度",《四分律》
"房舍犍度"、《十诵律》"卧具法"⑥,都不在"受戒犍度"中。这
也是源于"摩得勒伽",如《僧祇律》"杂诵跋渠法"(30)"恭敬
法",也有三兽本生;《十诵律》(180)"恭敬法",《毗尼摩得勒
伽》(168)"次第"⑦。在"摩得勒伽"中,"恭敬法"在房舍以
下;那么《五分律》编入"受戒法",是一家的意见了。2.旧比
丘与客比丘的礼敬,《五分律》编入"受戒法"⑧。这在"摩得勒
伽"中,就是《僧祇律》"威仪法"的(43)"礼足";《毗尼母经》
(74)"恭敬法";《十诵律》(294)"共语言法";《毗尼摩得勒伽》

---

① 《四分律》卷五五(大正二二·九七二中——下)。
② 《十诵律》卷五七(大正二三·四二五上——中)。
③ 《十诵律》卷一(大正二三·三上——中)。
④ 《十诵律》卷五六(大正二三·四一八下)。《萨婆多部毗尼摩得勒伽》卷六
(大正二三·六〇一中)。《摩诃僧祇律》卷二六(大正二二·四四一上——下)。
⑤ 《弥沙塞部和醯五分律》卷一七(大正二二·一二一上)。
⑥ 《铜鍱律·小品》(南传四·二四五——二四八)。《四分律》卷五〇(大正
二二·九三九下——九四〇中)。《十诵律》卷三四(大正二三·二四二上——下)。
⑦ 《摩诃僧祇律》卷二七(大正二二·四四六上——下)。《十诵律》卷五六
(大正二三·四一六下)。《萨婆多部毗尼摩得勒伽》卷六(大正二三·六〇〇上)。
⑧ 《弥沙塞部和醯五分律》卷一六(大正二二·一一四上)。

(286)"共语"①。在各部律的集为犍度部时,除《五分律》而外,这都保留于杂及威仪,如《十诵律》"杂诵";《根有律》"杂事";《四分律》"法犍度";《铜鍱律》"仪法犍度"②。

　　说一切有部律的"受具足法"、"出家事",在上座部系中,是比较简单的。原来有些资料,分别说部系编入受戒犍度,而《十诵律》与《根有律》,还是保存在固有的"杂诵"或"杂事"中。如和尚与弟子的互相承事(及依止法),本为独立的项目,如《僧祇律》"杂诵跋渠法"(43)"和上阿阇黎共住弟子依止弟子法"③,《十诵律》在"杂诵"末;《根有律》也在"杂事"④。在"受具足法"与"出家事"中,仅略为提及。同样的情形,《铜鍱律》虽编入"大犍度",而在"仪法犍度"中,也照样地保留着⑤。可见《十诵律》与《根有律》,"受具足法"、"出家事"的简略,不是别的,只是对于部分相关而非必要的,没有编入而已。以编集的过程来说,受具足法的成为犍度,起初应重于主体——受具足。在这点上,说一切有部律是更近于受戒犍度的原型(《僧祇律》还没有到达犍度阶段)。但"受具"与和尚有关;和尚又与教导弟子,阿阇黎受依止,度沙弥有关。一切类集在受戒犍度中,这就是重律

---

①　《摩诃僧祇律》卷三五(大正二二·五一〇中)。《毗尼母经》卷四(大正二四·八二四下)。《十诵律》卷五七(大正二三·四二二下)。《萨婆多部毗尼摩得勒伽》卷六(大正二三·六〇四中)。

②　《十诵律》卷四一(大正二三·三〇〇下)。《根本说一切有部毗奈耶杂事》卷三五(大正二四·三八一中——下)。《四分律》卷四九(大正二二·九三一中)。《铜鍱律·小品》(南传四·三一九)。

③　《摩诃僧祇律》卷二八(大正二二·四五八中——四六〇中)。

④　《十诵律》卷四〇(大正二三·三〇一中——三〇二下)。《根本说一切有部毗奈耶杂事》卷三五(大正二四·三八一下——三八二中)。

⑤　《铜鍱律·小品》(南传四·三三九——三四〇)。

的分别说部。相关部分,简略地说到这里。

3. 主体部分的论究

"受戒犍度"的主体部分,是"十众受具"。在"摩得勒伽"中,《僧祇律》虽分为"受具(足)、不名受(具足)、支满、不清净"四事,《毗尼摩得勒伽》为"受具戒、应与受具戒、不应与受具戒、得具戒、不得具戒"五事,然大意分二:一、"受具足":《僧祇律》说"四种受具"(在"十众受具"中,附有受戒仪轨);《毗尼母经》分二类的"五种受具"(实为七种);《十诵律》与《毗尼摩得勒伽》,明"十种受具足"。二、名受具足不名受具足:《僧祇律》先对明受具足与不名受具足;然后列举种种的不名受具足;末了总结说:"是谓不名受具足。是中清净如法者,名受具足。"[1]上座部系的"受戒犍度",如将佛传部分、相关部分抽去,那剩下的主体部分,也只是专论"十众受具"的,名受具足与不名受具足的详备说明而已。

首先,应确认僧伽中的"受具"事实。"十种受具"(在边地,后通融为"五众"),为出家而成为僧伽成员,"受具法"的最后定制。从佛的制立以来,在次第完成的过程中。有"十众受具"的事实,就有"十众受具"的仪式(没有文字纪录,也有习例的一定轨式);这与有"说波罗提木叉"制,就有"说波罗提木叉仪轨"一样。由于授戒者及受戒者发现某些特殊的事例,受具制度也就经不断的增加条例,而日渐成为严密完善的制度。在部派分裂

---

[1]　《摩诃僧祇律》卷二四(大正二二·四二二上)。

以前,由于师承传授,学风不同(这才会引起分裂),实际推行于僧伽中的"受具法",也不免有些出入。依古典的"摩得勒伽",实际存在的受具法制,集成"受戒犍度"。在上座部系的共同学风中,说一切有系与分别说系虽核心问题大致相同,而组织与内容都不免有详略、增减的差异。推行于僧伽中的受具制度,是不断增订而成;在集成犍度以前,已不免有所出入。所以对"受戒犍度"的主体部分,没有预想哪一部是原型的必要。要说新与古,那是制度的发展,而渐趋完密的过程。

受戒犍度的主体部分,《铜鍱律》"大犍度"始终保持"随缘成制"的原则:一次又一次的事缘,制下一则又一则的规定。如从问题去看,与《五分律》"受戒法"、《四分律》"受戒犍度"、《十诵律》"受具足法"、《根有律出家事》,显然有同样的意义,可以分为三部分。一、"十众受具"制度的次第完成;二、(出家)受戒者的种种规定;三、(临坛)受具的作法。

第一部分,"大犍度"分七节:1. 制立"和尚"(upādhyāya, P. upajjhāya):和尚摄受弟子,负教授教诫的责任。确立师弟的关系,助成佛法的开展(立请和尚法)①。2. 制"白四羯磨":受具者为僧伽所认可(立白四羯磨)②。3. 制"请受具足":三请,以表示真诚的意愿(立三乞受具,白四羯磨受具)③。4. 制(先受具,次)"说四依"④。5. 制"十众受具"⑤。6. 制"十岁·有智·

---

① 《铜鍱律·大品》(南传三·八一——八二)。
② 《铜鍱律·大品》(南传三·九八——九九)。
③ 《铜鍱律·大品》(南传三·九九——一〇〇)。
④ 《铜鍱律·大品》(南传三·一〇一——一〇二)。
⑤ 《铜鍱律·大品》(南传三·一〇三)。

得为和尚授具足"①。7.制"五分具足比丘,得授具足"②。这一次第,显然为"十众受具"制度的渐次完成。这一部分,说一切有部律要简要得多。《十诵律》略为:1.制立"和尚"。2.制"十僧现前白四羯磨"。3.制"十岁·有智·五法成就得授具足"③。《根有律》更略,指"广如余说"④。但叙"十夏苾刍","成就五法",可以度弟子,授"近圆"⑤。与《铜鍱律》同属分别说部系的《五分律》、《四分律》,比《铜鍱律》还详些。《五分律》更有人不如法,不得受具足的规定——不如法的十众,不如法的受戒者与和尚(醉、狂等)⑥;及受戒场所的规定⑦。在《四分律》中,制"说四依",与受戒场所,都编集在第二部分⑧。

第二部分,(出家)受具者的种种规定,现存的五部律虽略有出入,而大体是非常接近的。现在分为三类,对列如下⑨:

---

①　《铜鍱律·大品》(南传三·一〇四——一〇五)。

②　《铜鍱律·大品》(南传三·一一〇——一一五)。

③　《十诵律》卷二一(大正二三·一四八中——一四九下)。

④　《根本说一切有部毗奈耶出家事》卷二(大正二三·一〇三〇下)。这似乎指别行的授戒仪轨而说。

⑤　《根本说一切有部毗奈耶出家事》卷三(大正二三·一〇三一上——下)。

⑥　《弥沙塞部和醯五分律》卷一六(大正二二·一一一中——下)。

⑦　《弥沙塞部和醯五分律》卷一六(大正二二·一一一下——一一二中)。

⑧　《四分律》卷三四(大正二二·八一一上——中)。

⑨　《铜鍱律·大品》(南传三·一一五——一五九)。《弥沙塞部和醯五分律》卷一七(大正二二·一一四上——一一九中)。《四分律》卷三四·三五(大正二二·八〇六下——八一四下)。《十诵律》卷二一(大正二三·一五〇中——一五五中)。《根本说一切有部毗奈耶出家事》卷三·四(大正二三·一〇三二中——一〇四一上)。

《铜鍱律》	《五分律》	《四分律》	《十诵律》	《根有律》
1. 外道［四月别住］	1. 外道	1. 外道	2. 外道	1. 外道
		2. 坏内外道		
2. 重病［五种］	7. 重病［七种］	7. 重病［五种］	6. 重病［五种］	6. 重病
3. 王臣	8. 属官	10. 官人		
4. 盗贼	6. 贼	4. 贼		
5. 笞刑·烙刑				
6. 负债	2. 负债	5. 负债	4. 负债	4. 负债
7. 奴仆	3. 奴	3. 奴	3. 奴	3. 奴
8. 秃头冶工	4. 作人	9. 巧师家儿	5. 锻金小儿	5. 童子
9. 不满二十	5. 不满二十	6. 不满二十	1. 不满二十	2. 不满二十
10. 父母不许	9. 父母不听	8. 父母不听	7. 父母不放	7. 父母不许
		11. 无衣钵		
11. 黄门	18. 黄门	14. 黄门	10. 不能男	10. 具二根
※	※	※	※	※
12. 贼住	20. 自剃头出家	13. 贼心入道	9. 贼住	9. 贼住
	21. 舍内外道	（2 坏内外道）	11. 越济	12. 心乐外道
	16. 非人		16. 非人	
13. 畜生［龙］	17. 畜生	15. 畜生	15. 畜生	11. 畜生
14. 杀母	10. 杀母	16. 杀母	12. 杀母	13. 杀母
15. 杀父	11. 杀父	17. 杀父	13. 杀父	14. 杀父
16. 杀阿罗汉	12. 杀阿罗汉	18. 杀阿罗汉	14. 杀阿罗汉	15. 杀阿罗汉
17. 污比丘尼	15. 破尼梵行	12. 污比丘尼	8. 污比丘尼	8. 污比丘尼

《铜鍱律》	《五分律》	《四分律》	《十诵律》	《根有律》
18. 破和合僧	14. 破僧	19. 破僧	18. 破僧	16. 破僧
19. 出佛身血	13. 出佛身血	20. 出佛身血	17. 出佛身血	17. 出佛身血
20. 二根	19. 二根			
※	※	※	※	※
	22. 曾犯边罪		19. 曾犯边罪	19. 犯边罪
（曾犯粗罪）	（曾犯粗罪）	（曾犯粗罪）	20. 曾犯粗罪	19. 曾犯粗罪
23. 截手…聋哑	23. 截手…口吃	28. 截手等	21. 污染僧人	20. 不完具者
	24. 未受沙弥戒	30. 未受沙弥戒		
21. 不请和尚〔等〕	25. 不请和尚			
	26. 未乞具足	23. 不乞戒		
	27. 裸形	26. 裸形		
22. 不具衣钵	28. 不具衣钵	（11 无衣钵）		
		21. 不称自名		
		22. 不称和尚名		
		24. 衣服不如法		
		25. 眠醉狂		
		27. 嗔恚·强与		
		29. 人不现前		

　　有关(出家与)受具者的种种规定,在上列三类中的第一类,是实际的首先引起问题的一类。如"外道"来出家,可以受具,但要"四月别住",经过短期的考验,观察他是否厌弃外道,

而对佛法有真诚的信乐。"秃头冶工",各律都有类似的事缘。一位不堪苦役的少年,逃来寺院中,有比丘悄悄地为他剃度了。他的父母来查问,都说不知道。后来被父母发见了,因而指责比丘们为欺骗。因此规定:凡是来求度出家的,要"求僧许可",公开地让僧伽知道。如"父母不许",是不得出家。这三类,都不是限定不得受具的。此外,如"重病"、"王臣"、"奴仆"、"盗贼"、"不满二十",都是极一般的,首先引起问题的事项。说一切有部的《十诵律》、《根有律》,没有"王臣"与"盗贼"二事,与分别说部系律不同,这是值得研究的。《铜鍱律》有"笞刑、烙刑者",身上留有受刑的痕迹。在下第三类,《铜鍱律》有"三十二种人不得出家",笞刑与烙刑者,就是其中的二类。《四分律》在"外道"下,有"坏内外道",其他律部,都属于第二类。这一类,相同的共七事。第二类,多少进入了理论阶段。"黄门",是性生理的病态者。"贼住",是私自出家而混入佛教中的。"越济",是出入于佛法及外道,而根本失去宗教信仰的。"污比丘尼",是对清净僧伽的严重恶行。这四者,是佛教界偶而有之的问题。佛制僧伽,为人类而立制;"非人"、"畜生",论理是不得受具,成为僧伽成员的。"杀母"、"杀父"、"杀阿罗汉"、"破僧"、"出佛身血",称为"五逆",可说罪大恶极。"杀母"、"杀父"、"杀阿罗汉",已是极其少有的。而"破僧"与"出佛身血",除了提婆达多,是不可能有第二人的。所以,这都是论理所不得受具的。上面已有"黄门",而《铜鍱律》与《五分律》又别立"二根",可见这些部派对病态性生理的重视。这一类,在佛法的修学上,是不能得戒,不生善法的。在僧伽的组织中,是不准受具足的。如被蒙混进来，一旦发现，就要"灭摈"，逐出僧团。这一类，共同的有九事。第三类，说一切有部律仅有三事：曾经出家而"犯边罪"——四根本罪，这是不得受具的。曾经犯了粗罪——"不见罪"、"不悔罪"、"恶见不舍"，为僧伽所"举"而不愿接受处分，退道还俗，而现在又想出家受具的（这一种人，分别说部——三律，都编在受具作法以后）。"污染僧人"，是残废、畸形、太老，行动不能自主，也就是《铜鍱律》"三十二人"之类。分别说部系律，涉及受具时作法的是否完备，是否合法，如"未受沙弥戒"、"不请和尚"、"不乞戒"、"衣钵不具"等。《四分律》有在"空中"、"隐处"、"眼见耳不闻处"、"界外"，都只是受戒者与"十众"不现前的具体说明。这部分，"摩得勒伽"的《毗尼母经》，也有概略地说到①。说一切有部律没有这部分，而其实另外编集在"优波离问"②。

《僧祇律》的"杂诵跋渠法"，对"受具足"、"不名受具足"的解说，先对辨种种的不成立或成立受具足③，与上第三类所说相合。次列举种种的"不名受具足"：1."坏比丘尼净行"；2."贼盗住"；3."越济人"；4."五逆"（杀母……杀阿罗汉）；5.（六种）"不男"；6."太少·太老……曲脊"（侏儒）；7."王臣"；8."负债人"；9."病"（种种）；10."外道"（四月别住）；11."儿"（父母不听）；12."奴"；13."身不具"（眼瞎·跛脚等）；14."陋形"④。这

---

① 《毗尼母经》卷一（大正二四·八〇六下）。
② 《十诵律》卷五四（大正二三·三九七上——下）。
③ 《摩诃僧祇律》卷二三（大正二二·四一六上——中）。
④ 《摩诃僧祇律》卷二三·二四（大正二二·四一六下——四二二上）。

十四种的前六种,与上列的第二类相近。后八种,与上第一类相近。6.“太少……曲脊”,13.“身不具”,14.“陋形”,在上座部系中是合为一类的(《铜鍱律》也曾前后二次说到)。如将这三类合一,开“五逆”为五种,那就共为十六种,都是上座部系律所有的。《僧祇律》没有“畜生”与“非人”,更为实际。没有“盗贼”,又没有别立“二根”,与说一切有部律相合。列举的种种,重于受具者的规定,近于说一切有部律。而“身不具”(《根有律》用此名)等,分为三类,显为古型的还不曾整理的情况。

第三部分,(临坛)受具作法,也就是受戒仪范。《根有律出家事》没有这受具仪范部分。依《根本说一切有部百一羯磨》①,及《根本说一切有部出家授近圆羯磨仪范》,可见受具仪范,根本说一切有部是适应实际需要而另成部帙的。受具作法的叙述,各部律有详有略;在实际作法时,各部派应都有圆满的仪范。在这受具作法中,试举两点来观察诸律的同异。

Ⅰ.在受具时,有问遮难一项,这是资格的审查。——查问,以确定是否合于受戒者的资格。审查资格,分为二次:一、由屏教师在“眼见耳不闻处”,切实查问。二、如“清净无遮法”,才引入僧(“十众”)中,再在大众前,作正式的查问。所问的不得受具的事,《四分律》有“十三难事”②;《四分律删繁补阙行事钞》分为“十三难”与“十遮”③。《十诵律》泛称“遮道法”④;《僧祇

---

①　《根本说一切有部毗奈耶百一羯磨》卷一(大正二四・四五五下——四五九中)。

②　《四分律》卷三五(大正二二・八一四下)。

③　《四分律删繁补阙行事钞》卷三上(大正四〇・二八下)。

④　《十诵律》卷二一(大正二三・一五六上)。

律》作"遮法"①;《五分律》作"难事"②;《铜鍱律》作"障法"③。成为受具者的遮障,也就是不合受具的查问事项,究竟有多少呢?《四分律》虽然说:"白四羯磨当作如是问"④,指"十三难"说;而在屏处问、大众中问,却没有问到"十三难"。所问的,是被称为"十遮"的,与上座部系的各部律都大致相同,对列诸本⑤如下:

《铜鍱律》	《四分律》	《五分律》	《十诵律》
1. 重病	10. 重病	1. 重病	11. 重病
2. 人		6. 人	
3. 男	9. 丈夫	5. 丈夫	1. 丈夫
4. 自在	7. 奴	4. 奴	3. 奴 4. 客作 5. 买得 6. 破得
5. 负债	6. 负债	2. 负债	10. 负债
6. 王臣	8. 官人	3. 官人	7. 官人 8. 犯官事 9. 阴谋王家
7. 父母许	5. 父母听	13. 父母听	12. 父母听
8. 年满二十	3. 年满二十	7. 年满二十	2. 年满二十
9. 衣钵具	4. 衣钵具	8. 衣钵具	14. 衣钵具
		9. 受和尚	
10. 自名	1. 自名	10. 自字	15. 名字
11. 和尚名	2. 和尚名	11. 和尚字	16. 和尚名

---

① 《摩诃僧祇律》卷二三(大正二二·四一三中)。

② 《弥沙塞部和醯五分律》卷一七(大正二二·一二〇上)。

③ 《铜鍱律·大品》(南传三·一五九)。

④ 《四分律》卷三五(大正二二·八一四下)。

⑤ 《铜鍱律·大品》(南传三·一五九)。《四分律》卷三五(大正二二·八一四下——八一五上)。《弥沙塞部和醯五分律》卷一七(大正二二·一一九下)。《十诵律》卷二一(大正二三·一五六上——中)。

续　表

《铜鍱律》	《四分律》	《五分律》	《十诵律》
		12.曾出家持戒	17.先作比丘清净持戒如法还戒
		14.欲受戒	

　　临坛受具时所问的"遮法",大体相同。《十诵律》的"奴"、"客作"、"买得"、"破得",都是"奴仆"的分类。而"官人"为擅离职守而来出家的;"犯官事",如渎职、贪污等;"阴谋王家",是政治犯:这三者,都是王臣的类别。所以,四部律所不同的,是《铜鍱律》与《四分律》,问"是人否",这是怕"非人"与"畜生"来受戒的意思。而《十诵律》与《五分律》,问:如曾经出家,有没有犯戒? 是否如法舍戒? 这一问"遮法",是与上面所说,"受具者的种种规定"中的第一类相当,而加上一些手续问题。如问:叫什么名字? 和尚叫什么名字? 有没有衣钵? 或(《五分律》)加问:有否(受)请了和尚? 是否愿意受戒? 这是各部律大同的,佛教早期所问的遮法。

　　至于"十三难",是《四分律》所说,而实早见于上座部系的"摩得勒伽"。"十三难",是障碍受具的严重问题。是不得受具的;即使被蒙混而受具了,一旦发现,也是要被"灭摈"的。传说略有出入,今对列《四分律》、《毗尼母经》、《十诵律》、《毗尼摩得勒伽》①如下:

---

　　① 《四分律》卷三五(大正二二・八一四下)。《十诵律》卷五六(大正二三・四一〇中)。《萨婆多部毗尼摩得勒伽》卷五(大正二三・五九四中)。《毗尼母经》卷一(大正二四・八〇六下)。

《四分律》	《十诵律》	《毗尼摩得勒伽》	《毗尼母经》
1. 犯边罪	11. 灭羯磨人	10. 不共住本不和合人	
	6. 先破戒		1. 曾毁五戒八戒十戒
2. 犯比丘尼	9. 污比丘尼	8. 污染比丘尼	2. 破比丘尼净行
3. 贼心入道	7. 贼住比丘	9. 贼住	3. 自剃头
4. 坏二道	10. 越济人	6. 越济	4. 越济人
5. 黄门	8. 先来不能男	7. 非男	5. 黄门
6. 杀父	1. 杀父	1. 杀父	6. 杀父
7. 杀母	2. 杀母	2. 杀母	7. 杀母
8. 杀阿罗汉	3. 杀阿罗汉	3. 杀阿罗汉	8. 杀阿罗汉
9. 破僧	4. 破僧	4. 破僧	9. 破和合僧
10. 恶心出佛身血	5. 恶心出佛身血	5. 恶心出佛身血	10. 出佛身血
11. 非人	12. 非人	13. 化人	11. 非人
12. 畜生			12. 畜生
13. 二形			13. 二根
		11. 不满二十	
		12. 自言非比丘	

从上面的对列看来,《毗尼母经》与《四分律》相同。只是第一项,《四分律》指"犯边罪",是过去曾经出家,而曾犯四根本罪的;而《毗尼母经》,指所受的五戒、十戒,没有清净受持。说一切有部本,《十诵律》标十三事,而解说却仅列十二,应是译者的脱落了。6"先破戒",应同于《毗尼母经》第一项。11"灭羯磨人",指曾被灭摈,也就是出家而曾犯边罪的。《毗尼母经》作"不共住本不和合人"。此外,多列"年不满二十"、"自言非比

丘"，但这二则，与"十三人一向不得具足戒"①，似乎不合。依
《十诵律》"受具足法"，没有"二根"，而有"畜生"（都是要被灭
摈的）。说一切有部的"十三人"，应如《十诵律》所说而加"畜
生"。这"十三难"或"十三事"，也是古老的传说，是严重的，要
受灭摈的。在上面所列举的三类中，是属于第二类与第三类的。
初期的问"遮法"，是第一类的；这可见三类的叙述，有次第成立
的先后意义。第二类等集成，也应该成为"问遮"的内容，于是
《四分律》就有"十遮"、"十三难"的查问了。

　　《僧祇律》与《根有律》所问的"遮法"，不如《四分律》那样，
有"十遮"与"十三难"的分别。"受具者的种种规定"——一、
二、三类集成时，《僧祇律》早就综合为"遮法"的内容②。全部
二十五事，实与《十诵律》的"遮道法"及"十三事"的综合相同，
这是可以比对的。

> Ⅰ 1 父母听不·3 衣钵具不·4 是男子不·5 年满二十不·
> 8 汝字何等·9 和上字谁·19 汝本曾受具戒不犯四事不，
> 不犯十三事能如法作不，本舍戒不·20 非奴不·22 不负
> 人债不·23 非王臣不·24 不阴谋王家不·25 汝无如是
> 诸病不

> Ⅱ 2 求和尚未·13 非自出家不·21 非养儿不

> Ⅲ 6 非是非人不·7 非是不能男不·10 不坏比丘尼净行
> 不·11 非贼盗住不·12 非越济人不·14 不杀父不·15
> 不杀母不·16 不杀阿罗汉不·17 不破僧不·18 不恶心

---

① 《毗尼母经》卷一（大正二四·八〇六下）。

② 《摩诃僧祇律》卷二三（大正二二·四一三中——下）。

出佛身血不·19 汝本曾受具戒不犯四事不

Ⅰ与《十诵律》的问"遮法"相合。Ⅲ与《十诵律》的"十三人"相合。第Ⅱ类,"求和尚未",与《五分律》问"遮法"的"受和尚"相同。"自出家"从"贼住"中分出;私自出家而没有参与羯磨的,名"自出家"。"养儿",据《僧祇律》①,就是"父母不听"。在这"问遮法"中,"父母听不"与"非养儿不"并列,显然是多余的。又"是男子不",与"非是不能男不"并列,也没有必要。《僧祇律》的审问"遮法",有参考《十诵律》而综合的可能,应是译者的意见。《根本说一切有部百一羯磨》问"障法",从"丈夫"到"诸病",共二十六事②。《根本说一切有部授近圆羯磨仪范》,共三十三问③;《佛阿毗经》"出家相品",共为四十问④。这都与《僧祇律》、《四分律》一样,综合三类中应查问的。这当然是三类次第集成以后,佛教界问"遮法"的一般情况。

Ⅱ受具时"十众现前"——和尚、羯磨师、教授师为三师、七证,和合作"白四羯磨"受具:这是上座部系各律所一致的。《僧祇律》却不是这样,和尚是不在"十众"以内的。《僧祇律》说:"和上在十人数,不名受具足。"⑤这是和上不在十人数的明证。那十众中的三师是谁呢?《僧祇律》卷三〇(大正二二·四七二上)说:

　　"和上尼已先与求衣钵,与求众,与求二戒师,与求空

---

①　《摩诃僧祇律》卷二四(大正二二·四二一上——中)。
②　《根本说一切有部百一羯磨》卷一(大正二四·四五七上——中)。
③　《根本说一切有部出家授近圆羯磨仪范》(大正四五·九〇七中——下)。
④　《佛阿毗昙经》卷下(大正二四·九六九中——下)。
⑤　《摩诃僧祇律》卷二三(大正二二·四一六中)。

静处教师:推与众僧。"①

弟子如要受具足,无论是比丘或比丘尼,和上(或和上尼)都应早先为弟子代求三衣钵具;并请清净众,参加受具羯磨;还要求三师,是二位戒师(在作法中,分称为戒师与羯磨师),空静处教师。《僧祇律》——大众部的制度,和上不在十数,所以有两位戒师(比丘中但言"求戒师",没有明说"二"位)。"推与众僧",是和上将弟子交与众僧,由众僧(十众)为他受具。所以,和上是推介者,是愿意摄受教导的证明者(没有是不准受具的)。佛教界旧有这样的论诤传说,如《三论玄义》(大正四五·九上——中)说:

> "上座部云:和上无戒及破戒,阇梨有戒,大众亦有戒,受戒则得——戒从大众得。大众知和上无戒,而与共受戒者,大众得突吉罗罪。……余部言:和上无戒及破戒,大众有戒,则不得戒,戒从和尚得故。因此诤论。"

《三论玄义》的旧传说:上座部戒从大众得,大众部戒从和尚得。然依《僧祇律》看来,恰好相反。和上不在十人数内,可见大众部是戒从大众得的。而上座部系,和尚为十众的主体,戒是应从和尚得的(部派分化,展转取舍,可能不一定如此)。尊上座与重大众,为释尊律制的真精神。然偏颇发展而分化起来,尊上座的,上座有领导僧伽、决定羯磨的地位,成为上座部;始终保持僧事僧决的原则,以大众的意旨为准,成为大众部:这是二

---

① 比丘受具时,"和上先已与求衣钵,与求众,与求戒师,与求空静处教师,推与众僧"。《僧祇律》此文(大正二二·四一三上)大同,仅未明言戒师有二人。

部的根本分歧处。大众部的受具,和上不在十人数内,正是这一精神的表现。戒从和尚得,加深了和尚与弟子间的关系。上座部中,如铜鍱部所传的"五师相承",都是和尚与弟子的关系。上座地位的强化,与师资传承是不能分离的。大众部也有师资的关系,然在受具时,推与僧伽(十人为法定代表),使受具者在佛法(得戒)中,直接与僧伽相贯通。和尚在不在十数,在论究这一制度的新古时,应重视《僧祇律》的独到精神!

依我研究的意见,"白四羯磨受具",当然是在僧中的。而和尚的在不在内,起初应并无严格的规定,如《萨婆多毗尼毗婆沙论》卷一(大正二三·五〇八下)说:

> "若白四羯磨受具足戒,和上不现在前,不得受戒,以僧数(十数)不满故。若僧数满,设无和尚,亦得受戒。"

《萨婆多毗尼毗婆沙论》保存了古义,和尚是可以不在十僧以内的。白四受具,原始应以十众为主,而和尚在不在内,没有严格的规定。在重大众与尊上座的分化中,到二部分立,就形成:上座系和尚为三师之一,大众系和尚在十众以外,明显地对立起来。

受具足的时候,如和尚在三师中,任务是怎样的呢?《铜鍱律》说:和尚教示衣钵。聪明有能的,任教诫者(anusāsaka),在"眼见耳不闻处",问"障法"。聪明有能的,说"羯磨"①。叙述简略,不能完全明白。依《五分律》,和尚只是:"和尚应语羯磨师,长老今作羯磨;复应语教师,长老应受羯磨。"②而"教师"的

---

① 《铜鍱律·大品》(南传三·一六〇——一六二)。
② 《弥沙塞部和醯五分律》卷一七(大正二二·一一九中)。

任务极重：1. 详问和尚。2. 为受具者开示衣钵。3. 问遮法。
4. 还来报告如法；教受戒者礼僧，教乞受具足（三请）①。羯磨师
举行羯磨。《四分律》说：教授师开示衣钵；问遮难；还来报告，
教受戒者礼僧，乞受具戒②。除羯磨师作羯磨外，和尚在戒坛
上，几乎是没有事；而开示衣钵与教令乞求具足，是教授师的事，
与《五分律》相同。但在说一切有部，称教诫者为"屏教师"
（rahonuśāsaka），也就是《僧祇律》的"空静处教师"。"教师"的
任务，局限在屏处问遮难；那开示教授衣钵，教三乞受具的任务
呢？《僧祇律》有"二戒师"：如再作分别，一是"羯磨师"，一是
"戒师"。在受具进行中的任务，《僧祇律》是这样的③：

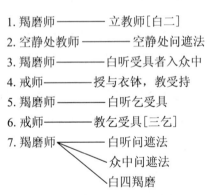

1. 羯磨师————立教师［白二］
2. 空静处教师————空静处问遮法
3. 羯磨师————白听受具者入众中
4. 戒师————授与衣钵，教受持
5. 羯磨师————白听乞受具
6. 戒师————教乞受具［三乞］
7. 羯磨师————白听问遮法
　　　　　　　　众中问遮法
　　　　　　　　白四羯磨

　　《僧祇律》的"空静处教师"，只在空静处问遮法。在《四分
律》《五分律》中，教受持衣钵、教乞求具戒的教授师的任务，《僧
祇律》由羯磨师以外的另一位"戒师"来主持。在说一切有部中，

---

①　《弥沙塞部和醯五分律》卷一七（大正二二·一一九中——下）。
②　《四分律》卷三五（大正二二·八一四下——八一五上）。
③　《摩诃僧祇律》卷二三（大正二二·四一三上——下）。

《根本说一切有部百一羯磨》,教受持衣钵,是和尚的事①(乞求具足,不明)。依《南海寄归内法传》,教弟子乞受具足,教受衣钵,都是优波驮耶(和尚)的事②。然在《十诵律》中,准"尼坛文","尼羯磨师应教授衣钵"③;说一切有部古义,是羯磨——戒师的事,并非和尚。和尚是推介者、保证者,在受具仪轨中,可说是没有什么任务的。教持衣钵与乞受具足,由专责屏处教诫的教师兼任,是分别说系。由众中问遮法,及主持羯磨的戒师兼任的,是说一切有部。(除去和尚)由三师之一的"戒师"负责的,是大众部。和尚在与不在(只要十师满足),都没有关系。以和尚为三师之一,而在坛上一无所事,这才将教持衣钵与乞受具戒——这份工作,由和尚来主持。《根有律》和尚主持这一任务,是后起的。而或由教师,或由戒师兼任的,表示了古代的受具仪轨,部分的任务没有明确规定,这才在部派分化中形成不同的受具规范。

　　可论究的事,是很多的。从遮难的内容、和尚的任务——两点,也多少可见受具制度的演变与分化了。综合事缘部分、主体部分、相关部分来观察,受戒犍度的古与新,是不可一概而论的。至少,《铜鍱律》的"大犍度",是不能看作古型,而据此以衡量其他的。

　　(录自《原始佛教圣典之集成》,215—394 页,本版207—320 页。)

---

① 《根本说一切有部百一羯磨》卷一(大正二四·四五六下——四五七上)。
② 《南海寄归内法传》卷三(大正五四·二一九上——下)。
③ 《十诵律》卷四六(大正二三·三三一中)。

五　比丘尼·附随·毗尼藏之组织

（一）比丘尼毗尼

1.比丘尼毗尼的内容

　　佛教的僧伽（saṃgha）体制，比丘与比丘尼，是分别组合的，所以佛教有"二部僧"的存在。僧伽的组合，既有比丘僧、比丘尼僧的差别，所有的僧伽规制，也自然有些不同。所以在"律藏"的部类中，比丘尼律也有独立的部分。如上面所说，"波罗提木叉（经）"，"波罗提木叉分别"（或作"经分别"），（摩得勒伽与）"犍度"，都是依比丘而说的。比丘尼部分，论理也应该这样。大众部的《僧祇律》，确乎是这样的，但上座部系的"律藏"，多少的变化了。

　　属于上座，分别说部系的三部律，大致相同。一、《铜鍱律》：属于比丘尼的，有三部分：1."经分别"中的"比丘尼分别"，是比丘尼"波罗提木叉经"的分别广说①。2."犍度""小品"中的"比丘尼犍度",是"戒经"以外的,尼众不共规制的类集②。3."比丘尼波罗提木叉",就是比丘尼的"戒经"③。二、《四分律》,也有三部分:1."尼戒"④。2."比丘尼犍度"⑤。3.《四分比丘尼戒本》,是从《四分律》抄出来的⑥。三、《五分律》的三部分是:1."尼律"⑦。2."比丘尼法"⑧。3.《五分比丘尼戒本》,也是从《五分律》中抄出来的⑨。

　　属于上座,说一切有部系的二部律,略有不同。一、《十诵律》:1."尼律",为第七诵⑩。2."比丘尼法",这是属于"杂诵""杂法",与"后二十法上"相当⑪。3.《十诵比丘尼波罗提木叉戒本》,也是从《十诵律》抄出的。二、《根本说一切有部律》:1.《根本说一切有部苾刍尼毗奈耶》,唐义净译,共二十卷。2."比丘尼法"部分,在《根有律杂事》——八门中,第六门五颂起,第八门六颂止⑫。3.《根本说一切有部苾刍尼戒经》,也是唐义净

---

①　《铜鍱律·经分别》(南传二·三三七——五六四)。

②　《铜鍱律·小品》(南传四·三七八——四二三)。

③　《铜鍱律·波罗提木叉》(南传五·三六——五六)。

④　《四分律》卷二二——三〇(大正二二·七一四上——七七八中)。

⑤　《四分律》卷四八·四九(大正二二·九二二下——九三〇下)。

⑥　《四分尼戒本并序》(大正二二·一〇三〇下——一〇四一上)。

⑦　《弥沙塞部和醯五分律》卷一一——一四(大正二二·七七中——一〇一上)。

⑧　《弥沙塞部和醯五分律》卷二九(大正二二·一八五中——一九〇中)。

⑨　《五分比丘尼戒本》(大正二二·二〇六中——二一四上)。

⑩　《十诵律》卷四二——四七(大正二三·三〇二下——三四六上)。

⑪　《十诵律》卷四〇·四一(大正二三·二九〇下——二九八上)。

⑫　《根本说一切有部毗奈耶杂事》卷二九——三四(大正二四·三五〇中——三七四下)。

所译的。说一切有部律，"比丘尼法"部分，还含摄在"杂诵"或"杂事"中。而分别说部系，已独立而成为犍度了。五本对勘，显然是同一原本而传诵不同。

大众部的《僧祇律》，有关于比丘尼的，有五部分：1. 比丘"杂诵跋渠法"中，有"比丘尼法"①。2.《僧祇律》的比丘尼律，与比丘律的组织一致，先明"比丘尼毗尼"（"比丘尼波罗提木叉分别"）②。3. 次明"杂跋渠"：先别出五跋渠③，接着如《律》卷四〇（大正二二·五四八上）说：

> "比丘杂跋渠中，别住、蒜、伞盖、乘、刀治、革屣、同床卧坐、伎乐——九事，应出不说。余残十三跋渠；比丘尼别杂五跋渠。"

这是说明"杂跋渠法"的共与不共。比丘律中，"杂诵跋渠法"，共有十四跋渠。现在应除去"九事"；"应出不说"，是应该除去，而不说在比丘尼律中。余残的，还有十三跋渠，这是比丘与比丘尼通用的。"比丘尼别杂五跋渠"，就是上面所说的五跋渠，是比丘尼不共的。为什么要除去九事呢？或不是比丘尼所能违犯的，如"别住"（异住）④。或是已制为"学处"（sikṣāpada），如"蒜"⑤、"伞盖"等⑥。4. 明"威仪法"，如《律》卷四〇（大正二

① 《摩诃僧祇律》卷三〇（大正二二·四七一上——四七六中）。
② 《摩诃僧祇律》卷三六——四〇（大正二二·五一四上——五四四下）。
③ 《摩诃僧祇律》卷四〇（大正二二·五四四下——五四八上）。
④ 《摩诃僧祇律》卷二六（大正二二·四四二下——四四三上）。
⑤ 《摩诃僧祇律》卷三八（大正二二·五三〇中）。
⑥ 《摩诃僧祇律》卷三九（大正二二·五三八上）。

二·五四八上）说：

"威仪中，阿练若、浴室、厕屋、缝衣箪，应出不说。"

比丘尼没有另外制立的威仪；就在比丘的"威仪法"七跋渠中，除去"阿练若"等四事。因为比丘尼的"杂跋渠"中，已禁止比丘尼住阿练若，浴室中浴，开厕①，坐在缝衣箪上缝衣②。所以这四项法制，是不适用于比丘尼的。5.《摩诃僧祇比丘尼戒本》，这也是从《摩诃僧祇律》所抄出的。

"比丘尼戒经"（"戒本"），虽作为"说波罗提木叉"仪轨而单独流行，或依之而翻译；然主要内容，总不出于"波罗提木叉分别"。所以在汉译中，戒经都从各部广律中抄录出来（加上仪轨）。这样，"律藏"的比丘尼部分，"比丘尼波罗提木叉分别"——"比丘尼毗尼"而外，有关比丘尼的不共规制，在上座部中，就是分别说系的"比丘尼犍度"（"比丘尼法"），说一切有部"杂诵"或"杂事"中的"比丘尼法"了。在《僧祇律》中，虽分说为三，然（1）比丘"杂诵跋渠法"中的"比丘尼法"，专明"八敬法"，而含有二年学法戒，白四羯磨受具足，及遣使受具足；这是着重于"受具足"的。（2）比丘尼不共的"杂跋渠"，仅有五跋渠。（3）"威仪法"，比丘尼并没有不共的。所以只是二类；将"比丘尼法"与"杂跋渠"结合起来，与上座部分别说系的"比丘尼犍度"大致相同，只是简略些而已。兹列举《僧祇律》的内容如下：

（"比丘尼法"）1 八敬法（二年六法，白四羯磨等）

---

① 《摩诃僧祇律》卷四〇（大正二二·五四七中——下）。

② 《摩诃僧祇律》卷四〇（大正二二·五四四下）。

(杂跋渠)1 坐·2 簟席·3 缠腰·4 覆袄衣·5 著严饰服·6 合严饰服出家·7 畜使女·8 畜园民女·9 僧祇支·10 浴衣

11 拍阴·12 胡胶形·13 洗齐指节·14 月期衣·15 女人浴处浣·16 男人浴处浣·17 客浣衣处浣·18 悬注·19 流水·20 种种根出精

21 羯磨·22 㤭舍耶衣·23 覆肩衣·24 客庄严·25 优钵罗华·26 须曼那华·27 结鬘·28 纺缕·29 坏威仪

30 钵(弃死胎)·31 覆钵·32 开厕·33 浴室·34 阿练若处·35 受迦絺那衣·36 舍迦絺那衣(上二,为二众各别举行)

37 食比丘不净比丘尼净·38 食比丘尼不净比丘净·39 比丘得使尼受食·40 比丘尼得使比丘受食·41 三因缘非比丘·42 三因缘非比丘尼(上二,是转根)·43 无残食·44 上座八人余次第坐

上座部系的"比丘尼犍度",与《僧祇律》的内容相近,这是可以比对而知的。上座部系的《十诵律》,有一特殊的情形,就是以受二年学法的"六法坛文",编入波逸提一一一事①。以白四羯磨受具足的"比丘尼坛文",编入波逸提一二七事②。以"比丘尼八敬法",附于"尼律"的末后③。这一编列,是没有什么意

---

① 《十诵律》卷四五(大正二三·三二六中——三二七下)。
② 《十诵律》卷四六(大正二二·三三一中——三三四下)。
③ 《十诵律》卷四七(大正二二·三四五下)。

义的,却表示其独特的组织①。这些部分,在《僧祇律》中,本为
"杂诵跋渠法"的"比丘尼法",而与比丘尼的"杂跋渠"分离。
所以,说一切有部"杂诵"或"杂事"中的"比丘尼法",近于《僧
祇律》中比丘尼的"杂跋渠"。没有别立"比丘尼法"(犍度),所
以分编在"尼律"中。分散在二处,在组织上,虽说是古型的,但
分别说部系结合为一"比丘尼犍度",在组织上,确是整齐得多!

2. 八　敬　法

在佛教的僧伽体制中,比丘尼僧是独立的。但这种独立,仅
是形式的,而实际是比丘的附属体,依比丘僧的存在而存在。这
种事实,使律部的比丘尼部分,与比丘律截然不同。比丘尼律,
只是以比丘的律制为主,而略辨其不同而已。比丘尼律,并非出
于比丘尼僧的结集,而成于比丘的上座们。所以比丘僧的著名
上座,"持二部律"是重要的条件。现存比丘尼的律部,是佛世
的比丘尼制,通过上座们的裁定而形成的。这应该是与事实相
去不远的结论。

"八敬法"(aṭṭhagarudhamma),或译八尊敬法,或作八不可
越法等。传说为:佛的姨母——摩诃波阇波提(Mahāprajāpatī)
请求出家,释尊提出,如女众接受"八敬法",才准予出家。"八
敬法"不是别的,是比丘尼僧属于比丘僧的约法(八章)。说明
了比丘尼在佛教中的地位;也就是比丘尼承认比丘僧的优越领
导权,这是理解比丘尼律发展中的重要环节。有关八敬法的现

---

①　根本说一切有部,关于尼众受戒的作法,见于《根本说一切有部百一羯磨》
(大正二四·四五九下——四六五上)。

存记录,也有一二条的歧异,先列举各本而对列如下①。

	《铜鍱律》	《十诵律》	《明了论》	《僧祇律》	《根有律》	《五分律》	《四分律》
受具百岁应礼迎新受具比丘	1	1	2	1	6	8	1
不得无比丘住处住	2	4	7	7	3	2	7
半月从比丘众请教诫问布萨	3	6	3	6	2	1	6
安居已于两众行自恣	4	5	8	8	8	3	8
犯尊法于两众行半月摩那埵	5	3	4	5	7	7	5
二年学法已于两众请受具足	6	2	1	2	1	4	4
不得骂詈谗谤比丘	7	·	5	·	5		
不得向白衣说比丘过失	·	·	·	·	·	5	2
不得说(举)比丘罪	8	8	6	3	4	6	3
问比丘经律不听不得问	·	7	·	·	·	·	
不得先受	·	·	·	4	·	·	

　　"八敬法"的内容与部派的不同意见,现在依《铜鍱律》的次第而略为叙说。

　　1.比丘尼受具足,即使已经百岁,对于新受具足的比丘,也要礼拜、迎接,以表示尊敬。这是不论年资与德学的,在僧伽体制中,比丘尼是在比丘以下的。在"尼律"的"波逸提"中,《十诵律》(一〇三),《四分律》(一七五),《五分律》(一七八),有见新

———————

　　① 《铜鍱律·小品》(南传四·三八〇——三八一)。《十诵律》卷四七(大正二三·三四五下)。《律二十二明了论》(大正二四·六七〇下)。《摩诃僧祇律》卷三〇(大正二二·四七一上——四七六中)。《根本说一切有部毗奈耶杂事》卷二九(大正二四·三五一上)。《弥沙塞部和醯五分律》卷二九(大正二二·一八五下)。《四分律》卷四八(大正二二·九二三上——中)。

戒比丘不起立礼迎戒①。

2. 比丘尼不得在附近没有比丘的地方,作三月的夏安居。因为附近没有比丘,在安居期间,就不能半月半月地请教诫了。这与下一敬法,是基于同一理由的。在"波逸提"中,《铜鍱律》(五六),《四分律》(一四三),《五分律》(九一),《十诵律》(一四九),《根有尼律》(一二八),都有无比丘住处安居戒的制立②。

3. 佛制:半月半月,"布萨""说波罗提木叉"。比丘尼要在尼僧中布萨说戒,还要推派一位比丘尼,代表大众,到比丘僧处"请教诫人"、"问布萨"。这点,《僧祇律》与《铜鍱律》相合。代表到了比丘住处,向一位"知识比丘",请代为"问布萨"与"请教诫"。那位比丘,在大众中宣说:"比丘尼僧和合礼比丘僧足。与清净欲、问布萨、请教诫",如是三说③。问布萨,是比丘尼众虽自行布萨清净,还要向比丘僧报告清净。"请教诫人",是请求比丘僧,推派比丘去教诫比丘尼。这一敬法,《四分律》、《五分律》、《根有律》,但说"请教授";而《十诵律》与《律二十二明了论》,更局限为"请授八敬法"。这在"比丘尼戒经"的"波逸提"中,《十诵律》(一五一),《四分律》(一四一),《铜鍱律》(五九),《五分律》(一〇〇),《根有尼律》(一二六),都有半月不求

------

① 《十诵律》卷四五(大正二三·三二四下)。《四分律》卷三〇(大正二二·七七六下——七七七上)。《弥沙塞部和醯五分律》卷一四(大正二二·九七下)。

② 《铜鍱律·经分别》(南传二·五〇五)。《四分律》卷二九(大正二二·七六六中)。《弥沙塞部和醯五分律》卷一三(大正二二·八九上)。《十诵律》卷四六(大正二三·三三九中)。《根本说一切有部苾刍尼毗奈耶》卷一九(大正二三·一〇〇九上)。

③ 《摩诃僧祇律》卷三〇(大正二二·四七五上)。

教授戒①,而《僧祇律》(一三二)为:半月僧教诫不恭敬(不去听)②。"问布萨",只有《根有尼律》(一二七),制有"无苾刍住处作长净学处"③。在佛教的流传中,这已专重在半月请求教诫了。

4.三月安居终了,举行"自恣",请别人尽量举发自己的过失,以便发露而回复清净。比丘尼在比丘尼僧众自恣;第二天,一定要到比丘僧住处,与比丘僧和合,举行自恣,请比丘们举发以求清净。在"尼律"的"波逸提"中,《铜鍱律》(五七),《四分律》(一四二),《五分律》(九三),《十诵律》(一五〇),《根有尼律》(一二九),都有不于二部众中作自恣戒④。

5.依《铜鍱律》,尼众犯了"敬法"的,要在二部僧中,行摩那埵。这是"僧残"的忏除法——但比丘的忏法,行六夜摩那埵;而比丘尼要行半月,显然是处分加重了。违犯"敬法"的比丘尼,除了在尼众中"行随顺法",还要每天到比丘住处报告:我行摩那埵,已过了几夜,还有几夜,请僧伽忆持。半月终了,还要在二部僧(共四十人)中出罪。《明了论》说:"犯随一尊法,于二部

---

① 《十诵律》卷四六(大正二三·三三九下)。《四分律》卷二九(大正二二·七六五上——下)。《铜鍱律》"经分别"(南传二·五〇八)。《弥沙塞部和醯五分律》(大正二二·九〇上)。《根本说一切有部苾刍尼毗奈耶》卷一九(大正二三·一〇〇八下)。

② 《摩诃僧祇律》卷三九(大正二二·五四一下)。

③ 《根本说一切有部苾刍尼毗奈耶》卷一九(大正二三·一〇〇八下)。

④ 《铜鍱律·经分别》(南传二·五〇六)。《四分律》卷二九(大正二二·七六五下——七六六中)。《弥沙塞部和醯五分律》卷一三(大正二二·八九中)。《十诵律》卷四六(大正二三·三三九中——下)。《根本说一切有部苾刍尼毗奈耶》卷一九(大正二三·一〇〇九上)。

僧应行摩捺多法"①,与《铜鍱律》相合。《僧祇律》说:"若比丘尼越敬法,应二部众中半月行摩那埵。若犯十九僧伽婆尸沙,应二部众中半月行摩那埵。"②这不只是违越"敬法",而且是犯僧残罪。《四分律》、《十诵律》、《根有尼律》,就只说是犯了"僧残"罪;《五分律》说"粗恶罪"。在佛教的发展中,这一"敬法"的重点,已转移为犯僧残罪的处分了。

6.式叉摩那(śiksamāṇā)学满了二年的学法戒,以比丘尼为和尚,在比丘尼僧中,"十僧现前白四羯磨受具"。然后"即日"就要去比丘僧处,"和合僧二部众十众以上",再受具足戒。这是比丘尼的受具,要经过比丘僧的认可。

7.比丘尼不得骂詈谗谤比丘。这一敬法,《僧祇律》与《十诵律》,是没有的。而《四分律》与《五分律》,更附有不得向白衣说比丘过失的规定。这是各部律出入最大的一条。在"尼律"的"波逸提"中,《铜鍱律》(五二),《四分律》(一四五),《僧祇律》(九一),有不得呵骂比丘戒③。《五分律》(一三一)别有不得向白衣说比丘过失戒④。

8.无论如何,比丘尼不能说——举发比丘,或见或闻或疑的过失,而比丘却可以举发比丘尼。《明了论》作:"比丘尼不得问难比丘及教比丘学。"据下文"安居竟,以三处请比丘僧说问难,

---

① 《律二十二明了论》(大正二四·六七〇下)。
② 《摩诃僧祇律》卷三〇(大正二二·四七五上)。
③ 《铜鍱律·经分别》(南传二·四九八)。《四分律》卷二九(大正二二·七六七上——中)。《摩诃僧祇律》卷三八(大正二二·五三三上)。
④ 《弥沙塞部和醯五分律》卷一三(大正二二·九三中)。

如法受僧正教"①,可见"问难"就是诘问过失的意思。上二条,包含了不得举发比丘的过失;不得为了忠告,而指责比丘的过失;不得呵骂比丘。《僧祇律》与《十诵律》,是作为同一敬法的。举发比丘罪犯,现存的各部律中,都没有制立学处。

《十诵律》别有"问比丘经律,不听不得问"一事。这也是不准比丘尼问难,但专指问难经律,这是为了维护比丘的尊严。《铜鍱律》(九五),《四分律》(一七二),《五分律》(一八五),《根有尼律》(一六九),都制有这一学处②,虽然在八敬法中,并没有这一条。《僧祇律》别有"不先受"的敬法:这是信众如以饮食、房舍、床褥,布施比丘尼,尼众就要让他先供养比丘,然后才可以接受。《十诵律》的不得辄问,是法义的谦让。《僧祇律》的"不先受",是财利的谦让。总之,什么都得让比丘一着。

如上面所说,比丘尼的出家受具足,半月半月布萨,每年的三月安居,安居终了的自恣,这些重要法事,都不能离开比丘而进行。平日,比丘尼礼敬比丘;不能说比丘罪,比丘却可以说。而且,如犯了粗重,非得比丘(二十众)僧同意,是不能出罪的。论法,是不准随意问难的。论财,要让比丘众先受的。这一比丘尼从属于比丘,必须服从比丘僧的优越权威的"八敬法",不是别的,是比丘尼在僧伽体制中的真相。

分别说部、说一切有部的传说:佛以"八敬法"为女众出家

---

① 《律二十二明了论》(大正二四・六七〇下)。

② 《铜鍱律・经分别》(南传二・五五三)。《四分律》卷三〇(大正二二・七七六上)。《弥沙塞部和醯五分律》卷一四(大正二二・九八中)。《根本说一切有部苾刍尼毗奈耶》卷二〇(大正二三・一〇一四下)。

的根本法,如说:"今听瞿昙弥受八不可越法,便是出家,得具足戒。"①因而有摩诃波阇波提"受(八)重法具足"的传说②。然而这一传说,并不是一致的。大众部的《僧祇律》,就没有瞿昙弥(Gautamī)以"八敬法"得具足的话。正量部的《明了论》说:"比丘尼三种圆德:一由善来比丘尼方得,二由遣使方得,三由广羯磨方得。"③依此,瞿昙弥是属于"善来得"的。而且,当时的大众,就有瞿昙弥没有受具足的传说④。如承认这一传说,瞿昙弥是以"八敬法"受具足的,那瞿昙弥领导的释女呢? 也同样的传说不一:1. 也是"八敬法"受具的,如《毗尼母经》等⑤。2. 摩诃波阇波提为和尚尼,在比丘十众中,白四羯磨受具,如《铜鍱律》等⑥。3. 泛说"现前白四羯磨得",如《十诵律》等⑦。所以,以"八敬法"为女众出家的根本法,瞿昙弥受"八敬法"就是出家受具足,只是部分的传说而已。而且,女众还没有出家,就制定

---

① 《弥沙塞部和醯五分律》卷二九(大正二二・一八五下)。

② 《十诵律》卷五六(大正二三・四一〇上)。《萨婆多部毗尼摩得勒伽》卷五(大正二三・五九四上)。《萨婆多毗尼毗婆沙》卷二(大正二三・五一一上)。《根本说一切有部毗奈耶颂》卷上(大正二四・六一八中)。《毗尼母经》卷一(大正二四・八〇三中)。《善见律毗婆沙》卷七(大正二四・七一八中)。

③ 《律二十二明了论》(大正二四・六六八下)。

④ 《铜鍱律・小品》(南传四・三八三)。《弥沙塞部和醯五分律》卷二九(大正二二・一八七中)。《十诵律》卷四〇(大正二三・二九三下)。

⑤ 《毗尼母经》卷一(大正二四・八〇三中)。《四分律》卷四八(大正二二・九二三中——下)。《萨婆多部毗尼摩得勒伽》卷五(大正二三・五九四上——中)。《根本说一切有部毗奈耶杂事》卷三〇(大正二四・三五一下)。

⑥ 《铜鍱律・小品》(南传四・三八三)。《弥沙塞部和醯五分律》卷二九(大正二二・一八六中)。

⑦ 《十诵律》卷四〇(大正二三・二九一上)。《萨婆多毗尼毗婆沙》卷二(大正二三・五一一中)。

"八敬法",制立二年学六法,这与"随缘成制"的毗尼原则,显然
是不合的。

在律部中,"八敬法"出于"比丘尼犍度"、"比丘尼法";是
从"杂诵跋渠"、"杂事"中来的,也就是本于"摩得勒伽"。所以
"八敬法"是僧伽规制,而后被集录出来的。《铜鍱律》第五敬法
作:"犯尊(敬)法,于二部众中,半月行摩那埵。"①《原始佛教之
研究》,以为"犯尊法",不如《四分律》等"犯僧残"为合理②。然
"犯尊法",不只是《铜鍱律》所说,也是正量部《明了论》("随一
尊法")、《僧祇律》("越敬法")所说。而《铜鍱律》、《僧祇律》、
《正量部律》,《原始佛教圣典之集成》第三章中,曾论证其为较
古型的。所以"犯尊法于二部众中,半月行摩那埵",虽不合于
现存的比丘尼律,然应重行认识其古典的意义!凭借这一古义
的启发,相信"敬法"是女众在僧伽体制中的根本立场——尊敬
比丘僧。在修证的立场,比丘与比丘尼,完全平等。然在当时的
现实社会中,男女的地位是悬殊的。女众的知识差、体力弱、眷
属爱重,在男女不平等的社会中,不可能单独地组合而自行发
展,必须依于比丘僧的教授教诫。在比丘"波罗提木叉"("波逸
提")中,已制有教诫比丘尼的学处。教诫比丘尼,不是比丘的
权利,而是名德上座应尽的责任与义务。从"正法住世"的观
点,比丘尼应奉行"敬法"。违犯敬法,是不承认比丘僧的摄导
地位,这等于破坏僧伽体制。不尊敬比丘僧,所以要在二部众中
行摩那埵,向比丘僧认罪。

---

①　《铜鍱律·小品》(南传四·三八一)。
②　平川彰《原始佛教之研究》(五二四)。

　　从经律的传说看来,摩诃迦叶与阿难,曾有意见上的出入①。女众出家,一致认为,释尊是经阿难的一再劝请而后同意的。比丘尼僧,已成为事实,但对佛教带来了更多的问题。比丘僧中的部分上座,如摩诃迦叶一流,对女众出家没有好感,因而对阿难不满。这一传说,说明了女众出家,在比丘僧中曾引起不同的意见——同情或嫌厌。释尊涅槃后,成为佛教主流的上座们,迫使阿难承认求度女众的过失;对于比丘尼僧的加强管教,那是当然的事了。"八敬法",就是源于比丘尼的"敬法"——尊敬比丘僧,服从教导的实施方案。尊敬比丘僧的条例,固有的或增订的,及旧有的"敬法"(第五条),共为"八敬"。"八敬法"的成立,早在部派分立以前;在佛教主流(老上座们)的主持影响下完成,成为全佛教界所公认。但这么一来,显然是过分严厉了!如见比丘来而没有起来礼迎,就要在二部众中,半月行摩那埵,不但是过分苛刻,而且也窒碍难通。所以犯敬法而二部众中出罪的规定,渐演化而成为"犯僧残"的处分。《僧祇律》并说"犯敬法"与"犯僧残",表示了这一制度的逐渐嬗变。从《僧祇律》看,"八敬法"仍然是僧伽规制,还没有演化为"波罗提木叉"的学处。在"尼律"的"波逸提"中,与"八敬法"相关的,有(一三二)"半月僧教诫不恭敬",(一○七)"隔宿去大僧处受具足",(九一)"呵骂比丘"。但《僧祇律》所说,不是不往求教诫,而只是不恭敬、不去听;不是不在二部僧中受具足,只是时间延迟,隔了一天才去。这都不是违犯"敬法"。"呵骂比丘",也不

---

　　① 拙作《阿难过在何处》(《华雨集》三,八七——一一四,本版五八——七六),可以参考。

是犯"敬法"(《僧祇律》没有这一款)。犯"八敬法",起初是沿用旧例,要在二部众中,半月行摩那埵。但敬法的具体化——"八敬法",如见比丘而不起礼迎,都不能看得太严重,决不能看作破坏僧伽体制,否认比丘僧的领导。于是"犯敬法"而要半月行摩那埵的古制,渐嬗变为"僧残"的处分。八敬法也就渐化为学处,而编入"比丘尼波罗提木叉"的"波逸提"中,这是上座部律师的新学风。《铜鍱律》保存了"犯敬法,于二部众中,半月行摩那埵"的古制,又在"波逸提"中,加入(五二)"骂比丘",(五六)"无比丘住处安居",(五七)"不于二部众中自恣",(五九)"半月不请教诫人"——犯"敬法"的新制。古制与新制混合,不自觉地陷于矛盾!《僧祇律》的"波逸提"中,没有"越敬法"的学处,不能不说是古型了。

3. 比丘尼戒经

在律藏中,"比丘尼波罗提木叉分别"(或名"比丘尼分别"、"比丘尼律"),自成一部。然比丘尼僧是依比丘僧的,比丘尼毗尼部分,也由持律的上座比丘结集传持下来。所以比丘尼律,有"共戒"与"不共戒"的分别。比丘戒而可为比丘尼所通用的,名为"共戒"。比丘尼所特有的,名为"不共戒"。作为"说波罗提木叉仪轨"的"比丘尼戒经",当然是叙列全部的戒条;而在"波罗提木叉分别"中,就不是这样。如《铜鍱律》与《十诵律》,没有提到共戒,只列举不共戒而加以分别。《僧祇律》等,或但举共戒的"结颂";或但列共戒的条文;即使叙述事缘,也不多加分别。这可以了解,在律藏的结集过程中,持律的上座比丘是以比丘律为主的。比丘律部分，首先成立。比丘尼部分，形成附属，只略举"不共戒"而已。

比丘的"波罗提木叉"，分为八部；加上"戒序"及"法随顺法"，《僧祇律》称为"十修多罗"。比丘尼的"波罗提木叉"，各部律都没有"不定法"（aniyata），仅有七部；《僧祇律》（加序及法随顺法）为九部，这是组织上的差别。汉译的各部"比丘尼戒经"，除《根有尼戒经》外，都是从"波罗提木叉分别"中抄出，所以应以各部的广律为主，来论究其条文的多少。比丘尼究竟有多少戒？现存的各部律所传，差别极大，特别是"波逸提法"。兹列举各部律的条文多少如下：

	《僧祇律》			《铜鍱律》			《四分律》			《五分律》			《十诵律》			《根有尼律》		
	总	共	不共	总	共	不共	总	共	不共	总	共	不共	总	共	不共	总	共	不共
波罗夷	8	4	4	8	4	4	8	4	4	8	4	4	8	4	4	8	4	4
僧残	19	6	13	17	7	10	17	7	10	17	7	10	17	7	10	20	7	13
舍堕	30	19	11	30	18	12	30	18	12	30	18	12	30	18	12	33	19	14
波逸提	141	70	71	166	70	96	178	69	109	210	69	141	178	71	107	180	72	108
悔过	8		8	8		8	8		8	8		8	8		8	11	1	10
众学	64	64		74	74		99	99		99	99		107	107		98	98	
灭诤	7	7		7	7		7	7		7	7		7	7		7	7	
合计	277	170	107	310	180	130	347	204	143	379	204	175	355	214	141	357	208	149

如上表列举的诸本不同，先略为分别：

一、"波罗夷"（pārājika）：在共同的四波罗夷外，加四波罗夷，成八波罗夷。性质最严重，是各部律所一致的。

二、"僧伽婆尸沙"（saṃghâvaśeṣā）：译为僧残、众教等。上座部系律（除根本说一切有部），共十七僧残，共戒凡七条。《僧祇律》——大众部所传，有两点不同。1. 共戒中没有"污他家戒"，而多一"夫主不听辄度戒"①。有夫的妇女，没有得到丈夫同意，有抚养儿女等责任。任意的引度出家，每增加社会与寺院的因扰。这一戒，在上座部系中，属于"波逸提"②。2. 上座系律有"四独戒"，内含独渡水、独入村、独宿、独在后行。在《僧祇律》中，分为三戒——"独入村"、"独宿"、"独渡"；所以多出二戒，共十九戒。《根有尼律》，没有"诤讼相言（涉讼）戒"，而多一"索亡人物学处"③，可说是诤讼的不同解说。"四独戒"，分为四戒，所以共有二十戒。对于"四独戒"，从《僧祇律》与《根有尼律》的分为多戒来说，可能古义是各别的——事缘也是各别的。后经上座部律师的整理，因意义相近，才合为一戒。

三、"尼萨耆波逸提"（Niḥsargikā-pātayantika），译为舍堕。《根有尼律》，例外的共三十三戒；其他都是三十尼萨耆波逸提。比丘也是三十，所以比丘尼的三十舍堕，是以比丘律为基准的。除去不共于比丘尼的，以有关比丘尼的来补足；除去多少，就加入多少，如《僧祇律》卷三七（大正二二·五二七中）所说④：

---

① 《摩诃僧祇律》卷三六（大正二二·五一九中——下）。

② 《铜鍱律·经分别》（南传二·五三八——五三九）。《弥沙塞部和醯五分律》卷一三（大正二二·九三上）。《四分律》卷二八（大正二二·七六二中——下）。《十诵律》卷四六（大正二三·三三〇）。《根本说一切有部苾刍尼毗奈耶》卷一八（大正二三·一〇〇七下）。

③ 《根本说一切有部苾刍尼毗奈耶》卷六（大正二三·九三六中）。

④ 原文过于简略，所以在（ ）中，略加补注。

（比丘尼萨耆波逸提中）"从比丘尼取衣"，及"浣染"、"淳黑"、"三分白"、"憍奢耶"、"六年"、"尼师坛"、"三由旬"、"擘羊毛"、"雨浴衣"、"阿练若处"——此十一事，应（除）出不说，（故共戒为十九事）。更有（不共戒）十一事：（十事）应内旃跋渠（旃即毡，毡跋渠是第二跋渠）。残（余），从初跋渠初跋渠（初跋渠三字，似衍文）中，出"取比丘尼衣"，（以）"捉金银"补。出"浣故衣"，以"卖买"补。后跋渠中，出"雨浴衣"，以（第二跋渠）"卖金"补。出"阿练若处"，以（不共戒）"抄市"补处。一跋渠，二跋渠，（各除二事，各补二事，）数不减。

《僧祇律》以"长钵"为共戒，《根有尼律》以"非亲里比丘浣故衣"为共戒，所以共戒有十九。余部律，共戒十八。不共戒的内容，不但大众、分别说、说一切有——三系间不合，分别说系中，《四分律》与《五分律》，也比《铜鍱律》多了"多畜器物"及"许衣而不与"（或作辞衣而又取）——二事。《十诵律》与《根有尼律》，所差的更大。大抵比丘尼舍堕，是部派分化时代的共同传说。而彼此的开合不同，取舍不同，形成极度的纷歧。各部完全相同的不共戒，仅"多畜钵"、"乞重衣"、"乞轻衣"——三事而已。

四、波逸提：比丘尼的"尼萨耆波逸提"，尽管出入很大，而有"三十舍堕"作范围，所以学处的条数相近。而"波逸提"，各派的取舍自由。《僧祇律》不共戒七十一，而《五分律》多达一四一。比丘尼"波逸提"的古型，是很难想像的。现略为整理，有三系——大众、分别说、说一切有（取多数）相同的；有二系——

大众与分别说相同的；分别说与说一切有（上座部派）相同的，类列如下。但文句、含义、事缘，是难得一致的，这也只能作为大概的了解而已。

Ⅰ. 大众、分别说、说一切有部相同的：

	《僧祇律》	《铜镖律》	《四分律》	《五分律》	《十诵律》	《根尼律》
1. 自手与俗人外道衣	72	28	107	87	132	142
2. 雨浴衣应量作	75	22	102	82	128	139
3. 自煮（生）食	78	7	76	166	76	77
4. 比丘食时以水扇供	79	6	75	143	77	78
5. 食蒜	80	1	70	70	72	73
6. 作医（咒术）自活	82	49	117、169	144、146	140	150
7. 授俗人医方	83	50	118、170	145、147	141	151
8. 为俗人作务	84	44	113	148	142	153
9. 自咒诅咒诅人	87	19	88	134	93	91
10. 自打啼哭	88	20	89	132	92	90
11. 不自审谛嫌责他	89	18	87	133	94	92
12. 悭护他家	90	55	149	89	156	133
13. 减十二雨畜众	92	74	131	102	106	106
14. 减十二雨僧不听而畜众	94	75	132	103	107	107
15. 减十二雨童女与受具	96	71	121	·	116	115
16. 满十二雨童女不与学戒而与受具	97	72	122	·	121	116
17. 学戒满（二十）僧不听与受具	99	73	124	114	122	·

续　表

	《僧祇律》	《铜鍱律》	《四分律》	《五分律》	《十诵律》	《根尼律》
18. 适他妇减十二雨与受具	100	65	125	104	108	109
19. 适他妇满十二雨不与学戒与受具	101	66	126	105	109	·
20. 不二年教诫	104	68	128	121	114	112、113
21. 不二年供给和上	105	69	129	121	113	·
22. 年年度弟子	106	82	138	118	126	124
23. 许学戒满受具而不与	110	79	136	111	125	·
24. 乘乘	111	85	159	141	145	·
25. 持伞盖著革屣	112	84	158	142	148	157
26. 同敷床褥卧①	114					
27. 受房床褥不舍而去	115	48	·	97	139	149
28. 先不白入比丘住处	116	51	144	101	153	·
29. 无伴异国游行	118	38	97	96	98	103
30. 国内游观林园废墟	119	37	98	198	97	95、104
31. 共一比丘空静处坐	120	·	·	75	80	82
32. 共男子屏处坐	121	12	80	76	82	81
33. 与男子近处共语耳语	122	14	82	80	91	86、87

---

① 《根本说一切有部苾刍尼毗奈耶》卷一八，为"二尼同一床卧"戒（大正二三·一〇〇三上）。《四分律》卷二六，作"同一床卧"、"同一褥同一被共卧"二戒（大正二二·七四四上——中）。《铜鍱律·经分别》，也分为二戒（南传二·四六六——四六七）。《十诵律》卷四四，分为三戒（大正二三·三二〇下——三二一中）。《弥沙塞部和醯五分律》卷一四，更分为四戒（大正二二·九五中）。

续　表

	《僧祇律》	《铜鍱律》	《四分律》	《五分律》	《十诵律》	《根尼律》
34. 暗处有男子无灯而入	123	11	86	128	84	·
35. 观伎乐	124	10	79	174	161	·
36. 不为息灭净事	125	45	111	·	·	148
37. 使俗女涂香揩摩洗浴	126	88	150	153	·	166
38. 使比丘尼揩摩	127	90	152	·	·	161
39. 使沙弥尼揩摩	128	92	154	·	·	163
40. 使式叉摩那揩摩	129	91	153	·	·	162
41. 使俗人妇女揩摩	130	93	155	·	·	164
42. 半月僧教诫不恭敬	132	58	140	110	152	·
43. 辄听男子破隐处痈	133	60	147	168	162	159
44. 安居中游行	134	39	95	92	95	101
45. 安居竟不去	135	40	96	94	96	102
46. 先共住后嫌诃恼	136	35	94	167	86	98
47. 他先安住后来恼乱	137	33	92、173	·	101、100	·
48. 隔墙弃掷不净	138	8	78	135	78	78
49. 生草上大小便	139	9	77	137	77	79

Ⅱ. 大众与分别说系相同的：

	《僧祇律》	《铜鍱律》	《四分律》	《五分律》
1. 辄著他衣	71	25	106	·
2. 僧祇支应量作	74	96	160	181
3. 自手与俗人外道食	81	46	112	130

续　表

	《僧祇律》	《铜鍱律》	《四分律》	《五分律》
4. 与俗人习近住	86	36	99	·
5. 呵骂比丘	91	52	145	·
6. 学戒不满学与受具	98	·	123	115
7. 一众清净停宿大僧受具足	107	·	139	119
8. 不知教诫反嫌责他言	109	76	133	107

Ⅲ. 分别说与说一切有系相同的：

	《铜鍱律》	《四分律》	《五分律》	《十诵律》	《根尼律》
1. 食蒜	1	70	70	72	73
2. 剃隐处毛	2	71	74	73	74
3. 相拍	3	74	71	75	76
4. 独与男子露处坐	13	·	78	83	83
5. 胡胶形	4	73	72	85	94
6. 白衣家坐不语辄去	15	83	·	143	95
7. 不语主辄坐	16	84	129	144	96
8. 不语主辄敷卧具	17	85	164	105	97
9. 同活尼病不护视	34	93	123	102	99
10. 往天祠王宫园林	41	100	99	99	105
11. 度妊女	61	119	116	·	111
12. 度忧嗔女	79	135	·	118	118
13. (父)夫不听辄度	80	134	126	124	121
14. 从索衣	79	137	108	123	122
15. 半月不求教诫	59	141	100	151	126
16. 无比丘住处安居	56	143	91	149	128
17. 不于二部众自恣	57	142	93	150	127
18. 呵骂尼众	53	146	·	·	131

续　表

	《铜鍱律》	《四分律》	《五分律》	《十诵律》	《根尼律》
19. 遮与僧衣	26	105	88	134	144
20. 遮出功德衣	30	109、110	185	136	146
21. 遮如法分衣	27	108	84	137	147
22. 自手纺绩	43	114	163、197	146	155、156
23. 度淫女不令远去	70	129	112	115	160
24. 麻滓油涂身	89	151	154	164	168
25. 辄问比丘义	95	172	186	158	169
26. 著妇女庄严	81	157	161	160	170
27. 裸形洗浴	21	101	81	159	·
28. 受请而不食	54	148	·	157	·
29. 过五日不着大衣	24	104	·	131	·
30. 缝衣过五日	23	103	85	130	·
31. 度乳儿妇	62	120	117	119	·
32. 见比丘不起	·	175	178	103	·
33. 畜庄严具	·	177	158	166①	176、177、178、179、180

　　在“尼律”（不共）“波逸提”的比对中，发见了三系所共的，凡四九戒。大众与分别说系相同的，有八戒。这五十七戒，不妨说是“波逸提法”的原型。大众部在发展中，又有所增订，成七

---

　　① 《十诵律》卷四七，有（一六八）“以刷刷头”，（一六九）“使他刷头”，（一七〇）“以梳梳头”，（一七一）“使他梳头”，（一七二）“编头发”，（一七三）“使他编头发”——六戒（大正二三·三四三中——三四四上），与《根本说一切有部苾刍尼毗奈耶》卷二〇，畜“草刷”、“细枇”、“粗梳”（一七六——一八〇）等戒，同本而传诵不同。

十一戒(有些戒条,可能本来相同,而传说为彼此不合。特别是有关度众受具的部分,但无从断定)。《僧祇律》所没有,而为分别说与说一切有系所共的,有三十三戒。将三十三戒与前五十七戒综合起来,共九十戒,这是近于上座部尼律(不共)"波逸提"的原型。在这九十戒中,《铜鍱律》有八十七戒;与《铜鍱律》九十六"波逸提",所差仅有九戒,可见《铜鍱律》在上座分别说部中,不失为较古的一部。分别说系的《四分律》与《五分律》,说一切有系的《十诵律》与《根有尼律》,又各有所重而更为增订,这才形成更大的距离。在这几部律中,《五分律》与《根有尼律》完成的时代最迟。

上座部系的律师,在不断地增订"波逸提法"。但所说的增订,并非一切创新,主要是将僧伽所习惯推行的成规,条文化而成为"波罗提木叉"的一分。这可以举例说明的:1."八敬法"本不是"波罗提木叉",《僧祇律》本也还是这样。但在上座律中,增订了有关"八敬法"的——"见比丘不起立礼迎"、"无比丘住处安居"、"半月不请求教诫"、"不于二部众中行自恣"、"骂比丘",如《原始佛教圣典之集成》第六章第一节所说。《五分律》更增订(一九〇)"一众受具足",(一三一)"向白衣说比丘过"①,这是八敬法化为学处的明证。2. 比丘尼的例行规制,也形成"杂跋渠"。《僧祇律》有五跋渠,共四四事②。"杂跋渠"的内容,有些也化而为学处,编入"波逸提"中。《僧祇律》已开此

---

① 《弥沙塞部和醯五分律》卷一四(大正二二·九八下),又卷一三(大正二二·九三中)。

② 如《原始佛教圣典之集成》第六章第一节第一项所列。

风气,上座律更大大地增订起来。例如:

《杂跋渠》	《僧祇律》	《铜鍱律》	《四分律》	《五分律》	《十诵律》	《根有尼律》
3. 缠腰	·	·	·	156	·	147
4. 着严饰服	·	81	157	161	160	170
9. 僧祇支	74	96	160	181	·	·
10. 浴衣	75	22	102	82	128	139
11. 拍阴	·	3	74	71	75	76
12. 胡胶形	·	4	73	72	85	94
13. 洗净过分	·	5	72	73	74	75
14. 月期衣	·	47	·	·	133	143
15. 悬注	·	·	·	202	·	·
16. 流水	·	·	·	201	·	·
28. 纺缕	·	43	114	163	146	155、156

"八敬法"与"杂跋渠"的条文化,增编入"波逸提法",是上座部律的共同倾向。还有值得一说的,是上座律中制为"波逸提"的,有些在《僧祇律》中,制为"僧残"与"尼萨耆波逸提"了。如"夫主不听辄度",《僧祇律》为"僧残",而上座系律部,属于"波逸提"①。又如《僧祇律》"舍堕"中,(一七)"拆衣不缝过五日",又(一八)"取衣许受而不与受具",在上座系律中,都是

---

① 《铜鍱律·经分别》(南传二·五三八——五三九)。《弥沙塞部和醯五分律》卷一三(大正二二·九三上)。《四分律》卷二八(大正二二·七六二中——下)。《十诵律》卷四六(大正二三·三三〇中)。《根本说一切有部苾刍尼毗奈耶》卷一八(大正二三·一〇〇七下)。

"波逸提"①。从"犯敬法",本为二部众中行摩那埵(同于"僧残")，而渐演化为"波逸提"；属于"僧残"与"舍堕"的,也转化为"波逸提"而论:佛灭以来,比丘僧(比丘尼律的集成者)对比丘尼的管教,起初是异常严厉的。但在部派一再分化过程中(西元前二〇〇——一〇〇),显然已大为宽容。在比丘尼律部的编集中,琐细的规章却越来越繁重。这是从比丘尼律成立研究中所得的结论。

五、"波罗提提舍尼"(pratideśanīyā),意译为"悔过"。除《根有尼律》外,都是八波罗提提舍尼,而又都是不共戒。《十诵律》虽同为八戒,而缺"蜜"与"黑石蜜",却有"熟酥"与"脯"。《根有尼律》合为一〇戒,又加共戒——"学家受食戒",成为十一,《根有尼律》显为晚出的综合。

六、"众学法"(saṁbahula-śaikṣa):都是共戒,所以大体上与比丘的"众学法"相同。现存的《僧祇比丘尼戒本》,误为七十七条。其中关于内衣的九戒、被衣的四戒,无疑是从比丘"众学法"中抄录时的笔误。如《僧祇律》卷二一(大正二二·三九九中——下)说:

"六群比丘下著内衣、高著内衣……象鼻著内衣(九

---

① "拆衣不缝过五日",如《铜鍱律·经分别》(南传二·四五三——四五四)。《弥沙塞部和醯五分律》卷一二(大正二二·八八中)。《四分律》卷二六(大正二二·七四九中——下)。《十诵律》卷四六(大正二三·三三五中)。

"取衣许受而不与受具",如《铜鍱律·经分别》(南传二·五三四——五三五)。《四分律》卷二八(大正二二·七六三下)。《弥沙塞部和醯五分律》卷一三(大正二二·九一中——下)。《十诵律》四六(大正二三·三三〇上)。《根本说一切有部苾刍尼毗奈耶》卷一八(大正二三·一〇〇七下)。

事）……与诸比丘结戒……整齐着内衣,应当学。"

"六群比丘下被衣、高被衣、婆罗天被衣、婆薮天被衣
（四事）……与诸比丘结戒……齐整被衣,应当学。"

《僧祇律》文,列举种种不如法,着内衣九事,被衣四事,然
后制成二戒——"齐整着内衣","齐整被衣"。现存的《僧祇比
丘尼戒本》,总共列举十五戒,显然是不足依据的。《僧祇律》的
比丘"众学法",六六戒,而比丘尼"众学法",应为六四,如《僧祇
律》卷四〇（大正二二·五四四下）说:

"众学法,广说如比丘中。唯除六群比丘尼生草上、水
中大小便,余者尽同。"

比丘尼的"众学法",应除去二条,因为"生草上大小便"、
"水中大小便",已制为"波逸提"（一三九·一四〇）了。《五分
律》也说:"比丘尼,除大小便生草菜上,余皆如上。"①"生草上
大小便",已制入"波逸提"（一三七）,而《五分比丘尼戒本》,
"众学法"中仍列入"不大小便生草菜上,除病,应当学"②,也是
错误的。在"众学法"一〇〇中,也应除一而为九十九。这样,《四
分律》"波逸提"的七十七,与"众学法"的四十九相重复。这都是
传录的不审,应除去一条:《四分律》的"众学法",应为九十九。说
一切有部的《十诵律》与《根有尼律》,都没有重复的过失。

七、"灭净法"（Adhikaraṇa-śamathā）:七灭净都是共戒。处

---

① 《弥沙塞部和醯五分律》卷一〇（大正二二·七七中）。
② 《五分比丘尼戒本》（大正二二·二一三中）。

理僧伽纷诤的法规,与比丘是完全一样的。

关于比丘尼戒的条数,除上面所说的六律而外,还有正量部
所传的"比丘尼律有九十九戒"①。"九十九戒",是约不共戒说
的。如《原始佛教圣典之集成》第三章中,说到正量部的比丘
律,是二百戒②,依此可推算出正量部比丘尼戒的条数。正量部
为上座部系,可依上座部的共义来推算。正量部的不共戒,除
"波罗夷"四、"僧残"一、"舍堕"一〇二、"悔过"八——共三十
四戒外,"波逸提"应为六十五,合"九十九戒"的大数。这样,加
上共戒:"波罗夷"四,"僧残"七,"舍堕"十八,"波逸提"七十
(这或有一条的差异),学法四十九(五十除一),灭诤七——共
一五五戒。共戒与不共戒合计,总数为二五四戒。这虽然没有
明文,但是可以推算而知的,所差的多不过一戒而已。

比丘尼律的集成,是持律的上座比丘的功绩。佛灭以后,部
派分裂以前,对比丘尼的处理极严。当时所诵的"戒经",随"比
丘戒经"的完成而完成;除去不适用于尼众的,而加入比丘尼的
不共戒。当时所诵的"戒经",可能在"二百五十戒"(如正量部
所传)左右。那时,在比丘的"摩得勒伽"(杂跋渠)中,附有"比
丘尼法"——"八敬法";而其他的不共规制,也集为"杂跋渠"。
等到部派分裂再分裂,对比丘尼的教诫也放宽了。各派自由取
舍,而波逸提的数目才不断增加。"八敬法"与"杂法"部分,在
上座部中,类集为一。说一切有系,附属于比丘的"杂法"或"杂
事";分别说系,别集为"比丘尼犍度"或"比丘尼法"。比起《僧

---

① 《律二十二明了论》(大正二四·六六六上)。
② 见《原始佛教圣典之集成》第三章第四节。

祇律》的"五杂跋渠",内容也增广多了。比丘尼戒数的多少,距
离很远。因为比丘尼律,在持律比丘的编集中,没有被重视,也
没有严格的公认传说。等到部派一再分裂,各自为政,对比丘尼
戒的集成,更没有标准可说。从比丘尼戒条数的多少,杂跋渠
(比丘尼犍度)内容的广略,对于比丘尼律的集成,各部律(尼
律)的先后,应该是《僧祇律》、《铜鍱律》、《四分律》与《十诵
律》、《五分律》与《根有尼律》。至于比丘尼的"波罗提木叉分
别",那当然因"波罗提木叉"的编定,而渐次成立了。

(二) 附　随

1. 列举部类

　　"毗尼藏的主体",是"二部波罗提木叉分别"与诸"犍度",
这已在前面论究过了。此外,《铜鍱律》有"波利婆罗"
(Parivāra),意译为"附随",是附属于律部的有关部分。汉译的
律部,虽没有"附随"部的名称,但在"波罗提木叉分别"、"犍
度"(诸事)以外,确乎也还有部类存在。现在就以"附随"为名,
而观察"波罗提木叉分别"及"犍度"以外的部分。

　　关于"附随"部分,各部律是极不一致的。或有或没有,或
多或少,或短篇或大部,这与经藏的"小部"一样,内容的性质不
一,虽有古典在内,而多数是集出稍迟的。大概地说,这是部派
佛教时代成立的部分。

　　现存的各部律,《僧祇律》与《五分律》是没有"附随"部分

的。《四分律》有"调部"（卷五五——五七）、"毗尼增一"（卷五七——六○）——二部。推定为属于雪山部的《毗尼母经》所传的"毗尼藏"，除"比丘经"、"比丘尼经"、"诸犍度"外，有"母经"、"增一"——二部①。《铜鍱律》的"附随"，共十九种：

一、大分别

二、比丘尼分别

三、等起摄颂

四、无间省略

五、问犍度

六、增一法

七、布萨初解答章·义利论

八、伽陀集

九、净事分解

十、别伽陀集

十一、呵责品

十二、小净

十三、大净

十四、迦绨那衣分解

十五、优波离（问）五法

十六、等起

十七、第二伽陀集

十八、发汗偈

---

① 《毗尼母经》卷三（大正二四·八一八上）。

十九、五品

说一切有部的《十诵律》,后三诵——"增一法"、"优波离问法"、"毗尼诵",都是"附随"部分。前面曾分析内容,知道这三诵虽以"增一法"、"优波离问"、"毗尼"为主体,而更附有其他部分①,总共可分十二部分。其中"优波离问法",含有"问波罗提木叉"、"问七法八法"、"问杂事"——三事可合为一部。"五百比丘结集品"、"七百比丘结集品",一般都附属于"犍度"部分,可以除去不论。这样,实有八部。依《十诵律》的部分异译——《萨婆多部毗尼摩得勒伽》,更有"毗尼三处摄"一段。这样,《十诵律》系的"附随"部分,共有九种:

一、问七法八法(与"尼陀那"相当)

二、增一法

三、众事分

四、优波离问

五、摩得勒伽

六、毗尼相

七、毗尼杂(与"调部"相当)

八、杂品·因缘品(与"目得迦"相当)

九、毗尼三处摄

上面是说一切有部的《十诵律》系,《根本说一切有部律》有没有"附随"部分呢?唐义净所译的,不完全而又有失落;西藏所传的也不完全。大概说来,《根有律》也有"附随"部分,与《十

① 如《原始佛教圣典之集成》第五章第一节第一项所说。

诵律》相近。如《根本萨婆多部律摄》卷一（大正二四・一上）说：

> "佛说广释并诸事，尼陀那及目得迦，增一乃至十六文，邬波离尊之所问，摩纳毗迦申要释，毗尼得迦本并母。我今随次摄广文，令乐略者速开悟。"

颂中前六句，列举毗尼藏的内容。后二句，是《律摄》的作者，表示有所依据而自作略说。所举毗尼藏的内容中，"佛说"，是二部"波罗提木叉"（经）；"戒经"的条文，为佛所制定的。"广释"，是"波罗提木叉分别"，也就是"广毗奈耶"。"诸事"，是"律事"——十六或十七事，及"律杂事"。上来三部分，是"律藏"的主体；义净都曾经译出，但部分的"律事"，已经失落。以下，都是"附随"部分。"尼陀那"、"目得迦"，义净已经译出。"增一乃至十六法"，是"增一法"。"邬波离尊之所问"，是"优波离问"。"毗尼得迦"，是"毗尼杂"，就是"调部"。"本母"，就是"摩得勒伽"。这些，都是《十诵律》所有的。"摩纳毗迦申要释"，不能确指，与《十诵律》及《毗尼摩得勒伽》相对比，这不是"众事分"，一定是"毗尼相"了。

2. 别论附随的部类

先从说一切有部的"附随"部分说起。

一、"尼陀那"；二、"目得迦"：唐义净译，《根本说一切有部尼陀那》，五卷。《根本说一切有部目得迦》，五卷。又合成十卷；这两部在各种记录中，一向是连结在一起的。义净所译，是

《根有律》系本。《十诵律》系本,分在二处:与"尼陀那"相当的,在"增一法"前①。与"目得迦"相当的,在"毗尼诵"末,分为"杂品"与"因缘品"②。关于这二部分,汉译《十诵律》是错乱的。如"目得迦"部分,附于"毗尼序"中。《十诵律》以"五百结集"、"七百结集",为"毗尼藏"成立的由序,立"毗尼序";"目得迦"怎么可称为"毗尼序"呢?"杂品"与"因缘品",其实就是"目得迦"与"尼陀那"的意译。称"目得迦"部分为"杂品"与"因缘品",而将"尼陀那"(因缘)部分,编在别处。在这点上,《十诵律》是不免错乱的。比对义净所译,《十诵律》"增一法"前部分,应正名为"尼陀那"——"因缘"。"因缘品"与"杂品",应合为一部,正名为"目得迦"——"杂"。

"尼陀那"(nidāna),译为"因缘"。"目得迦"的原语呢?《十诵律》与《毗尼摩得勒伽》说到"毗尼"部类时,曾这样说:

　Ⅰ.增一,无本起因缘,比尼共不共③。

　Ⅱ.增一,余残杂说,若共若不共④。

　Ⅲ.增一中,目多伽因缘中,共不共毗尼中⑤。

　Ⅳ.增一,散毗尼,共戒不共戒⑥。

与"散毗尼"相当的,是"杂说",散是零散杂乱的意思。这是"因缘"、"目多伽"二部的总称。义净所译的,二部各有五卷,

①　《十诵律》卷四八(大正二三·三四六上——三五二中)。
②　《十诵律》卷六一(大正二三·四五六中——四七〇中)。
③　《十诵律》卷五七(大正二三·四二四中)。
④　《十诵律》卷五六(大正二三·四一四上)。
⑤　《萨婆多部毗尼摩得勒伽》卷一(大正二三·五六九中)。
⑥　《萨婆多部毗尼摩得勒伽》卷五(大正二三·五九七下)。

而又总合为十卷,可见这二部是或合为一的。与"散毗尼"或
"杂说"相当的,是"目多伽因缘",或"无本起因缘",可见"无本
起"是"目多伽","尼陀那"是"因缘"。这使我们注意到:"十二
部经"中,"尼陀那"与"伊帝目多伽",在说一切有部中,也是次
第相连的。"伊帝目多伽",原语为 itivṛttaka、ityuktaka。"伊帝目
多伽",也有简称为 vṛttaka 的,与"目多伽"恰好相合。"目多
伽"多数意译为"本事",或译为"本末"①。"本事"的意义,就是
"无本起",到第八章"九分教与十二分教"中去解说。或译"相
应"②、"此应"③、"所应"④。所以译为"相应"、"此应"、"所
应",因为"相应"的梵语 saṃyukta,与 yukta 相近。"相应"在汉
译中,从来都是译为"杂"的。所以"无本起"或"杂说",就是
"目得迦",为 vṛttaka 的意译。这是"毗尼"中的"本事"与"因
缘"。

　　"尼陀那"的《根有律》本,分为五门,五门各立子颂。这是
为了便于记诵,并非内容的章段。依《十诵律》本(卷四八),内
容很明白,这是对于"七法"、"八法"——"犍度"部分的补充说
明。部分材料,从律中集录出来,而组成一新的部类,其内容段
落如下:

　　一、受具足戒(大正二三·三四六上)

　　二、布萨(三四六上——三四六下)

---

　　①　《增一阿含经》卷一七(大正二·六三五上)等。《八犍度论》卷一七(大正
二六·八五三下)。

　　②　《长阿含经》卷三(大正一·一六下),又卷一二(大正一·七四中)。

　　③　《光赞般若波罗蜜经》卷一(大正八·一五〇下)。

　　④　《佛说意经》(大正一·九〇一下)。

三、安居（三四六下——三四七上）

四、皮革（三四七上）

五、药（三四七上——中）

六、衣（三四七中——下）

七、食（三四七下——三四八上）

八、迦𫄨那衣（三四八上——中）

九、瞻波（三四八中）

一○、般茶卢伽（三四八中——下）

一一、僧残悔（三四八下——三四九中）

一二、卧具（三四九中——下）

一三、杂法（三四九下——三五二中）

　　末后一段，明建塔及种种庄严供养。最后明菩萨像，如说：
"白佛言：世尊！如佛身像不应作，愿佛听我作菩萨侍像。"①当
时还没有造佛像的习惯，而是供养在家的（释迦）菩萨像。庄严
供养，并举行佛的生日会，及般遮于瑟（Pañca-vārṣika）大会。义
净译的《根有律》本，与《十诵律》的次第内容，都略有出入。五
门中的第五门，专明菩萨像事，如说："我今欲作（菩萨）瞻部影
像"；"为菩萨时，经于几岁而除顶髻？佛言：五岁。我今欲作五
岁大会"②。依《根有律》本，菩萨像是（瞻部）金色的。而以印
度一般的五年大会（般遮于瑟），附合于菩萨的五岁而除顶髻，
成为佛化的五年大会。塔像的庄严，在"尼陀那"中充分表现
出来。

---

　　① 《十诵律》卷四八（大正二三・三五二上）。
　　② 《根本说一切有部尼陀那》卷五（大正二四・四三四中、四三五上）。

"目得迦"的《十诵律》本,就是"杂品"及"因缘品"(卷六一)。虽说到受戒、安居等事,而重在僧伽的日常生活——衣、食、行、住、坐、卧。特注重有关物资与死人衣物的分配;比丘与比丘尼等五众的分配。关于"僧伽婆尸沙"(僧残或众教),如上座及众所知识的大德,犯了而不便于"行波利婆沙,行摩那埵",佛说:"若一心生念,从今日更不作,是时即得清净。"①共有六种人,犯了"僧残",都可以"一心生念"而得清净。这与僧残悔的固有律制,显然有了实质上的变化。《根有律》本也这样,说得更彻底:"凡是罪者,我说由心。能从(心)罪起,不由治罚。"②轻视毗尼的"作法忏",而有"罪从心生,罪从心忏"的意趣。说一切有部律的精神,在转变中。《根有律》本,也分五大门,内容要简略些。比起《十诵律》来,多了建塔、造像等事,而且说:"我欲奉请瞻部影像,来入城中,广兴供养。"③这与晋法显在于阗所见的"行像"④,情形相合。佛教从阿育王以来,供塔的风气大盛。在北印度,西元前一世纪,造像的风气也隆盛起来。说一切有部特有的"尼陀那"与"目得迦",都说到菩萨像(还没有造佛像);根本说一切有部本,更为重视。"尼陀那"与"目得迦"的成立,应为西元前后的事。

三、"增一法":《十诵律》的"增一法",为十诵的第八诵(卷四八——五一)。集录律家的名相,以增一法编成次第,从一法

① 《十诵律》卷六一(大正二三·四五八上——中)。
② 《根本说一切有部目得迦》卷六(大正二四·四三八中)。
③ 《根本说一切有部目得迦》卷八(大正二四·四四六上)。
④ 《高僧法显传》(大正五一·八五七中)。

到十法。有前十法,后十法——二段,应该是不同的,二部增一
法的合编。《十诵律》部分异译的《毗尼摩得勒伽》,也有"增一
法"部分①;与后十法相近,但也没有完全相合,这都是以"十"数
为止的。说一切有部的"增一法",一向保持古义,以"十"为止;
而其他的部派,有十一法。《根有律》所传的"增一乃至十六
文"②,显然是从一法到十六法。不但有了补充与改编,也失去
了说一切有部的特色。

《毗尼母经》所传,也有"毗尼增一",但没有传来。分别说
部系中,《四分律》有"毗尼增一"(卷五七——六○),从一法到
十一法。以下,又举三法,十三种人,十七法,二十二法。十一法
下有三法等,次第不顺,这应该是再编附入的。《铜鍱律》"附
随"第六章,名"增一法",从一法到十一法而止。列举名数,没
有详列内容。

从契经的《长阿含经》、《增一阿含经》以来,佛教界广泛地
使用"增一法",为名数的类集。阿毗达磨论者的随类纂集③,也
是应用这一方法的。律部中"毗尼增一"的集成,为上座部律
者,具有阿毗达磨倾向者所集成。"增一法"的应用于律部,起
源不会太迟。然集成现形的"增一法",已是部派时代,含有部
派的特色。如《十诵律》的"十遮受戒法"④,《四分律》的"十三

---

① 《萨婆多部毗尼摩得勒伽》卷七(大正二三·六○七上——六一○下)。
② 《根本萨婆多部律摄》卷一(大正二四·五二五上)。
③ 参考拙作《说一切有部为主的论书与论师之研究》第二章第二节第四项。
④ 《十诵律》卷五一(大正二三·三七三上)。

种人"①,《铜鍱律》的"十一种人"②。

四、"优波离问":说一切有部律中,这是重要的一部。在《十诵律》中,属第九诵(卷五二——五五)。分三部分:1."问波罗提木叉分别"。2."问七法八法":在"八法"的"灭诤"中,附有"破僧"。3."问杂事":这里的"杂事",并非"杂诵"的"杂法"与"杂事",而是:

一、问受具足(大正二三·四〇五上)

二、问皮革(四〇五上——中)

三、问药(四〇五中——下)

四、问衣(四〇五下——四〇六中)

五、问迦絺那衣(四〇六中——四〇七上)

六、问拘舍弥——破僧(四〇七上——四〇八中)

七、问瞻波——羯磨(四〇八中——四〇九中)

八、问般茶卢伽等(四〇九中——下)

全部体裁,为优波离问,佛答。依"波罗提木叉分别"及"七法""八法"的内容,作为明确的问答。律中意义不明显的,适应实际情形而值得论究的,都给予分别。这是一部对各种疑难问题,分别详备的问答集。这当然是成立于"波罗提木叉分别"及"七法""八法"以后的。"问杂事"部分,实为另一部问答集。如异译《毗尼摩得勒伽》,卷一中起,卷三中止③,为"问波罗提木

---

① 《四分律》卷六〇(大正二二·一〇一四上)。

② 《铜鍱律》"附随"(南传五·二三八——二三九)。

③ 《萨婆多部毗尼摩得勒伽》卷一——三(大正二三·五六九下——五八二中)。

叉分别"，及问"七法""八法"。"问杂事"部分，却在卷七①。前后不相连续，所问也是"七法""八法"部分。可见这本为不同的问答集；以传说为同是优波离所问，而集合成一部的。《毗尼摩得勒伽》后三卷，为"优波离问波罗提木叉分别"部分的重出。《十诵律》本，比起《毗尼摩得勒伽》本，略有增广；这是在流行中，又有所补充了。

《十诵律》、《毗尼摩得勒伽》、《根有律杂事》，凡论到"毗尼藏"内容的，都没有说到"优波离问"。"优波离问"的见于记录的，现存的文记，似乎以《大智度论》（西元二、三世纪作）为最早②。"优波离问"的完成，比"增一"、"毗尼"、"尼陀那"、"目得迦"，还要迟些。"优波离问"，或是新事件的论定。如说："若盗佛舍利，得何罪？……若盗经卷，得何罪。"③那时不但舍利流布，书写的经卷也流行了。而在理论或传说中，被认为可能发生的情形，也加以解答。一再论到变化、他方、非人，成为"优波离问"的特色。如淫戒论到"若比丘咒术作畜生形行淫。……与非人女行淫"④。盗戒有"取拘耶尼人（西洲）物，……取郁单越（北洲）物。……取非人金鬘"⑤。杀戒有"以咒术变身作畜生形夺人命。……若人怀畜生（胎）。……畜生怀人"⑥。甚至说到将钱寄放在非人处的，如说："是衣价属人，寄在天、龙、夜叉、

---

① 《萨婆多部毗尼摩得勒伽》卷七（大正二三·六〇五上——六〇七上）。
② 《大智度论》卷二（大正二五·六九下）。
③ 《十诵律》卷五二（大正二三·三八〇上）。
④ 《十诵律》卷五二（大正二三·三七九上）。
⑤ 《十诵律》卷五二（大正二三·三八〇中——下）。
⑥ 《十诵律》卷五二（大正二三·三八一中）。

罗刹、饿鬼、拘槃荼、毗舍遮等非人边。"①佛教在当时,教团与社会的观念中,比丘持戒的行为,与咒术、变化、他方、鬼神等的关系,竟这样的密切!

五、"摩得勒伽":《十诵律》与《毗尼摩得勒伽》,所有"摩得勒伽"部分,《原始佛教圣典之集成》第五章已有详细的论列。标举项目,是上座部古型的本母;解释也极为简要,不失为说一切有部所传的律部古典!分别说系,依此而类集为种种犍度,一切编入犍度,"本母"也就不被重视而逐渐遗忘了。论法义,"摩得勒伽"已不再有独到的内容;然在犍度部分成立的理解上,"摩得勒伽"是明灯一般的,照亮了发展与成立过程。

六、"毗尼杂"(毗尼):《毗尼摩得勒伽》,标为"毗尼摩得勒伽杂事"(卷三——四)。在《十诵律》中,为第十诵的主体(卷五七中——五九);"毗尼诵"是依此得名的。《毗尼摩得勒伽》称为"杂事";而在《十诵律》,或与"毗尼相"合标为"二种毗尼及杂诵"②。所以推论这是"毗尼相"与"毗尼杂"的总称,这部分应称为"毗尼杂"。《根有律》所传的"毗尼得迦",可能就是这一部。

这是毗尼的判决的种种实例。在《原始佛教圣典之集成》第四章中③,已有所论列。这种疑难的判决实例,起初在"摩得勒伽"中,标名"毗尼"而累积起来④。在"波罗提木叉分别"与

---

① 《十诵律》卷五三(大正二三·三八九中)。
② 《十诵律》卷五七(大正二三·四二三中)。
③ 《原始佛教圣典之集成》第四章第三节第一项。
④ 《摩诃僧祇律》卷二九·三〇(大正二二·四六四下——四七〇下)。

"犍度"的分别类编中,《铜鍱律》编入"波罗提木叉分别";《根有律》与《十诵律》,也部分地编入。《五分律》别立"调伏法",是属于"犍度"部分的。这些,成立比较早。而《四分律》别立为"调部";《十诵律》别立"毗尼诵"(《根有律》为"毗尼得迦"),增入更多的事例,完成的时代要迟些。这已是"波罗提木叉分别"、"犍度"部分的集成以后,形成"附随"的部分。如推求其渊源,是有古老的"摩得勒伽"为原型的。

七、"毗尼相":《十诵律》"摩得勒伽"以后,标名"二种毗尼及杂事";宋、元等本,都作"毗尼相"。开始说:"三事决定知毗尼相:一、本起;二、结戒;三、随结。"①末了说:"如是事,应筹量轻重本末已应用。"②这部分,《毗尼摩得勒伽》缺。《毗尼母经》(卷七、八)在解说"摩得勒伽"以后,开始也说:"犯罪凡有三种:一者,初犯罪缘;二者,因犯故制;三者,重制。……是故三处得决所犯事。复有三处决了非犯:一者,缘;二者,制;三者,重制。……是名三处决断(不)犯。"③末了也说:"推求所犯轻重聚,及起处缘可灭不可灭经。"④虽然二本的详略悬殊,次第也略有参差,然而这是本于同一原型,而流传演变不同,是毫无疑问的。

《十诵律》本,初明"三事决定知毗尼相",有标而没有解说。《毗尼母经》,初约四波罗夷,明犯与不犯;次约"一、钵,二、衣,三、尼师坛,四、针筒,五、道行人,六、人(约受具说),七、房"⑤,

---

① 《十诵律》卷五七(大正二三・四二三中)。
② 《十诵律》卷五七(大正二三・四二四中)。
③ 《毗尼母经》卷七(大正二四・八三九上——中)。
④ 《毗尼母经》卷八(大正二四・八五〇下)。
⑤ 《毗尼母经》卷七(大正二四・八三九上——八四二上)。

而明犯与不犯。其次,《十诵律》明"二种毗尼",如卷五七(大正二三·四二三中)说:

"复有二种比尼:诤比尼、犯比尼。复有二种比尼:净(诤)比尼、烦恼比尼。复有二种比尼:比丘比尼、比丘尼比尼。复有二种比尼:遍比尼、不遍比尼。"

对于上列的种种毗尼,分别解说,而对遍与不遍的解说为最广。《毗尼母经》对于遍不遍的解说更广[1]。《十诵律》明犯毗尼时,如卷五七(大正二三·四二三中——下)说:

"云何犯比尼? 五众犯定犯,摄犯比尼。"

"云何五众(原刻作'种')? 所谓波罗夷、僧伽婆尸沙、波逸提、波罗提提舍尼、突吉罗。犯是五众犯? 应求本起,应觅除灭。"

"本起者,五众罪所起因缘。有身犯非口非意,有口犯非身非意,有身意犯非口,有口意犯非身,有身口意犯,无但意犯,是名犯起因缘。"

"有犯下罪,心念便除灭。有犯中罪,从他除灭。有犯须出罪羯磨;有犯不可除灭。犯出罪羯磨有二种:一者,覆藏;二者,不覆藏。覆藏者,随覆藏日与别住;不覆藏罪,但与六日六夜摩那埵。犯不可治,则不可除灭。"

这一部分,《毗尼母经》立"七罪聚"[2];说"所犯因六处(身、

---

① 《毗尼母经》卷七·八(大正二四·八四三上——八四八上)。
② 《毗尼母经》卷七(大正二四·八四二中)。

口、意、贪、嗔、痴)起,应推六处忏悔"①。罪的本起与除灭,《僧祇律》的"杂诵跋渠法"(卷二五、二六),也有详广的分别②。在上座部系的"摩得勒伽"中,有犯聚。《十诵律》本为(53)"阿跋提"(犯)……(64)"摄无罪"③。《毗尼摩得勒伽》为(52)"犯聚"……(60)"罪聚"④。《毗尼母经》为(49)"犯"……(58)"集犯"⑤。而《僧祇律》合于"别住摩那埵阿浮呵那毗尼摄"。这是对毗尼的判决犯与不犯,而作深广的分别。本来出于"摩得勒伽",其后虽自成部帙,仍旧附于"摩得勒伽"而宏传。《十诵律》本,与"摩得勒伽"的简要相称,应成立于说一切有部初成立的时代。《毗尼母经》的解说,更广又多新的内容。然用来对读《十诵律》本,是更容易了解这一部分的内容。

八、"众事分":这一部分,《毗尼摩得勒伽》,编于最初,及"优波离问"的前面。《十诵律》编于"增一法"后,接着就是"优波离问"。这部分与"优波离问"相连,是二本所同的。这是说一切有部所独有的;称为"众事分",也与"六分阿毗达磨"的一分——"众事分"(奘译名"品类足")相同。初是"法门分别":如"问:犯毗尼罪,作无作耶? 答:犯罪作无作"⑥。这样的"作无作"、"色非色"等二法门,"过去未来现在"等三法门,纯为阿毗

---

① 《毗尼母经》卷八(大正二四·八四八中——八四九下)。
② 《摩诃僧祇律》卷二五·二六(大正二二·四二九上——四三八中)。
③ 《十诵律》卷五六(大正二三·四一二中——下)。
④ 《萨婆多部毗尼摩得勒伽》卷五(大正二三·五九六上)。
⑤ 《毗尼母经》卷二·三(大正二四·八一一中——八一三下)。
⑥ 《萨婆多部毗尼摩得勒伽》卷一(大正二三·五六五上)。《十诵律》卷五一(大正二三·三七三下)与之相当,作:"有所犯事,应言白,应言不白? 答言:犯应言白。""白",是"作"字的讹写。

达磨的论门分别。其次，"犯不犯分别"：以同一情形，而有犯与不犯，犯此或犯彼等为主题而分别，也是阿毗达磨式的。在这部分中，看出阿毗达磨的论式已相当的详备而细密。末以"杀化人得何罪"为结束，应与"优波离问"完成的时代相当。

九、"毗尼三处摄"：这是有关"羯磨"（karman）的短篇。说一切有部，摄一切羯磨为三类："白羯磨"、"白二羯磨"、"白四羯磨"。《毗尼摩得勒伽》卷七（大正二三・六一〇下），列举名数说：

> "问：百一羯磨，几白羯磨？几白二羯磨？几白四羯磨？答：二十四白羯磨，四十七白二羯磨，三十白四羯磨。"

《十诵律》也说到三类，但没有详说①。《根本说一切有部百一羯磨》说："单白羯磨有二十二，白二羯磨有四十七，白四羯磨有三十二。"②这是说一切有部中，二系的小小不同。羯磨的分类，也源于"摩得勒伽"的标目："白"、"白羯磨"、"白二羯磨"、"白四羯磨"③。《毗尼母经》也如此，虽举例而没有详说④。《僧祇律》"杂诵跋渠法"，在"羯磨"、"羯磨事"（也是"摩得勒伽"的项目）的解说中，列举"白一羯磨者，有二十八……白三羯磨有八"⑤，又如卷二四（大正二二・四二二中）说：

————————

① 《十诵律》卷五一（大正二三・三七〇中），又卷四九（大正二三・三五五下）。

② 《根本说一切有部百一羯磨》卷一〇（大正二四・四九九上）。

③ 《十诵律》卷五六（大正二三・四一一下）。《萨婆多部毗尼摩得勒伽》卷五（大正二三・五九五中——下）。

④ 《毗尼母经》卷二（大正二三・八一〇下——八一一上）。

⑤ 《摩诃僧祇律》卷二四（大正二二・四二二上——中）。

　　"应作白三羯磨,白一羯磨不成就。应作白一羯磨,单
白不成就。应单白羯磨,而作求听羯磨不成就。"

　　《僧祇律》是分为四类的:"求听羯磨";"(单)白羯磨";"白
一羯磨"——一白一羯磨,上座系称为"白二羯磨";"白三羯
磨"——一白三羯磨,上座系称为"白四羯磨"。《铜鍱律》"附
随"的末章——"五品"的初品,也是四种羯磨;义稍广而性质是
一样的。四类羯磨中,"求听羯磨"五;"单白羯磨"九;"白二羯
磨"七;"白四羯磨"七①。分为四类;而"白四羯磨"七,也与《僧
祇律》相近。这是依"摩得勒伽"的"白"、"白羯磨"、"白二羯
磨"、"白四羯磨"——四项而来的。然说一切有部以为:羯磨仅
有三类,而"白"不是羯磨。这样,《僧祇律》与《铜鍱律》的"求
听羯磨"、"单白羯磨",在说一切有部中,都是称为白羯磨的。
"百一羯磨",是详加搜简的结论。《铜鍱律》等,都只举当时着
重的几类而已。

　　说一切有部的"附随"部分,共得九种。"摩得勒伽"与"毗
尼相",可说是说一切有部的古典。其余的各部,虽有渊源可
寻,而完成现存的部类形态,是比较晚出的;尤其是根本说一切
有部所传的部分。

　　《四分律》的"附随"部分——"毗尼增一"与"调部",已在
上面附带地说到。

　　《铜鍱律》的"附随",上面提到的,仅"增一法",与"五品"
中的"羯磨品"。《铜鍱律》的"附随",与说一切有部的"附随",

---

　　① 《铜鍱律》"附随"(南传五·三八〇)。

风格完全不同。《铜鍱律》的"附随",可说谨守(传入锡兰的)
古义——"经分别"与"犍度"的内容,很少新的适应、新的解说。
如"羯磨",事实上决不止这二十八种,而维持某一阶段的成说,
不再求详备。体裁方面,除伽陀以外,都为问答方式。如(一)
"大分别"(比丘波罗提木叉),(二)"比丘尼分别",(三)"等起
摄颂",(八)"伽陀集",(一六)"等起",都是以"二部波罗提木
叉"为问答对象。"犍度"方面,(一四)"迦绨那衣分解"而外,
重视"净事",如(九)"净事分解",(一二)"小净",(一三)"大
净"。(五)"问犍度章",只是略举罪数而已。说一切有部,也有
有关"波罗提木叉"(没有比丘尼的)的问答,及"七法"、"八法"
的问答,如"优波离问"、"尼陀那"等。但是就事发问,没有《铜
鍱律》那样的,综合而问答各种问题。《铜鍱律》的"附随",是阿
毗达磨论式的;是分别说部中,传入锡兰的学系,重论而又守旧
的部派所传的。从著作的形式来说,应与铜鍱部的六论成立的
时代相当。"附随"的末了,说到大智慧者提波,为弟子们笔录
这部附随①。这是从律部传入锡兰以来,持律者所传的问答集,
为通达"经分别"与"犍度"的补充读物。

(三)结论毗尼藏的组织

　　三藏之一的"律藏"(Vinaya-piṭaka),从现存各部派所传的
来说,组织与内容,都是不一致的。上来已经逐部地加以论究,
阐明每一部分的来源、性质,及其形成的过程。现在再从"律

———————

　　① 《铜鍱律》"附随"(南传五·三八七)。

藏"的全部组织,论究"律藏"的初期形态,从古型以说明后来的
流演与分化。

现存的六部律——《僧祇律》、《五分律》、《铜鍱律》、《四分
律》、《十诵律》、《根有律》。这六部中,《根有律》的传译不完
全,所以《根有律》的组织全貌,没有其他五律那样的,能给予明
确的决定。除《僧祇律》以外,都是属于上座部系统。以《铜鍱
律》所分的三大类:"经分别"(或称"波罗提木叉分别",或称
"毗奈耶")、"犍度"(或称"法",或称"事")、"附随"来分别,五
律的内容与次第的同异,是这样:

	经分别		犍度	附随
《五分律》	1 比丘	2 比丘尼	3 二十一法	
《铜鍱律》	1 比丘	2 比丘尼	3 二十二犍度	4 十九章
《四分律》	1 比丘	2 比丘尼	3 二十犍度·4 二结集	5 增一·6 调部
《十诵律》	1 比丘	5 比丘尼	2 七法·3 八法·4 杂诵	6 增一等多种
《根有律》	1 比丘	2 比丘尼	3 律事(一七)·4 律杂事	5 增一等多种

"经分别"分比丘与比丘尼二部,各律完全一致。

"犍度"部分:说一切有部系中,初分"七法"、"八法",而其
余的总名为"杂诵"的,是《十诵律》。将"杂诵"的"破僧事"独
立,与"七法"、"八法",合为十(起初是十六)七"律事";称"杂
诵"为"律杂事"的,是《根有律》。在组织上,这二系虽小小不
同,而"杂诵"或"杂事",含有"比丘尼法"、"威仪法"(或附入二
结集)在内,是说一切有部律所一致的。分别说部系中,《五分
律》为二十一法;《四分律》为二十犍度,及二次结集;《铜鍱律》

为二十二犍度。这是进一步的,将"杂事"或"杂诵"中的"比丘尼法"、"威仪法",都独立而自成犍度。分别说与说一切有的一致部分,是上座律的原有形态;此后再分化的部派,都在这共同的基础上,而各为不同的安立。

"附随"部分:《铜鍱律》的"附随",是自成一系的。《四分律》属于分别说系,在"经分别"与"犍度"部分,与《铜鍱律》相近;而在"附随"部分,却与《十诵律》相近。《四分律》有"毗尼增一"与"调(毗尼)部"。《十诵律》的后三诵,虽附有其他的部类,而主要的部类,是"增一法"、"优波离问"、"毗尼"。与《四分律》相比,只多一"优波离问"而已。在分别说部的传承上,《四分律》与《铜鍱律》(还有《五分律》),本来相近。但在铜鍱部与法藏部成为独立的宗派,确立一宗的"律藏"时,一在锡兰,一在印度本土,已有地理上的距离,形成各自的发展。印度本土佛教的开展中,"增一法"与"调部"的形成,分别说与说一切有,并没有太大的不同。说一切有系向北方发展,"优波离问"又逐渐地成立。分别说部系中,化地部的《五分律》,称"调部"为"调伏法",加入二十一法中,因而没有"附随"部分。在"律藏"的组织上,代表了分别说部的早期形态。

说一切有部的"附随"部分,《十诵律》与《根有律》大致相同。《十诵律》后三诵的主体——"增一法"、"优波离问"、"毗尼",与《根有律》的"增一乃至十六文,邬波离尊之所问……毗尼得迦(并本母)"[1],次第相同。这是"附随"的三大部,其他的

---

[1] 《根本萨婆多部律摄》卷一(大正二四·五二五上)。

部类,也就附在里面。《十诵律》末后的"杂品"与"因缘品",上一节已论证为文段错乱。所以说一切有部的"附随",应次第如下:

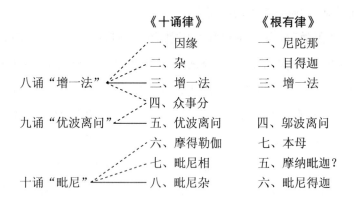

《十诵律》	《根有律》
一、因缘	一、尼陀那
二、杂	二、目得迦
八诵"增一法"—— 三、增一法	三、增一法
四、众事分	
九诵"优波离问"—— 五、优波离问	四、邬波离问
六、摩得勒伽	七、本母
七、毗尼相	五、摩纳毗迦?
十诵"毗尼"—— 八、毗尼杂	六、毗尼得迦

《十诵律》的全部组织,次第是:一到三诵,为比丘的"波罗提木叉分别";四诵为"七法";五诵为"八法";六诵为"杂诵";七诵为"比丘尼毗尼";八诵为"增一法";九诵为"优波离问";十诵为"毗尼"(或译"善诵")。这一组织次第,有最可注意的一点:"比丘尼毗尼"——比丘尼的"波罗提木叉分别",编在第七诵,没有与比丘的"波罗提木叉分别"相连,而被"犍度"——"七法"、"八法"、"杂诵"所间杂。考《大智度论》卷二(大正二五·六九下)说:

"二百五十戒义作三部,七法、八法、比丘尼毗尼、增一、忧波利问、杂部、善部:如是等八十部,作毗尼藏。"

《大智度论》所说的毗尼藏内容,与现存的《十诵律》大致相合,只是将"杂部"("杂诵")从第六而移到第九。然"比丘尼毗尼",没有与"二百五十戒义"——比丘的"波罗提木叉分别"相连,而为"七法"、"八法"所间断,还是与《十诵律》一样。"二部波罗提木叉分别",分散在前后,是值得注意的一点。《十诵律》的后三诵(附随部分),及异译的《毗尼摩得勒伽》中,所说的毗尼藏内容,虽略有出入,而都有难解的同一文句,如说:

　　Ⅰ."若论毗尼时,从何处求? 佛言:应从比丘、比丘尼中求,七法、八法、增一中求,同不同中求。"①

　　"何处求戒相? 答:二波罗提木叉中,十七事——毗尼事中、增一中、目多伽、因缘中、共不共毗尼中。"②

　　Ⅱ."毗尼摄者,二部波罗提木叉并义解、毗尼、增一、余残杂说、若共若不共:是名摄毗尼。"③

　　"云何毗尼因缘? 谓二波罗提木叉毗崩伽,十七毗尼事——七法、八法、善诵、增一、散毗尼、共戒不共戒。"④

　　Ⅲ."二部波罗提木叉并义解、毗尼、增一、无本起、因缘、毗尼共不共。"⑤

　　所叙的毗尼内容,虽有增减;次第也略有参差,但大致相同。"二部波罗提木叉并义解",与现存的《十诵律》本不合。《毗尼摩得勒伽》的译者,熟悉《根有律》"十七事"的传说,所以《十诵律》的"毗尼",或"七法、八法",都译为"十七事——毗尼事";

----

① 《十诵律》卷五一(大正二三·三七八下)。
② 《萨婆多部毗尼摩得勒伽》卷一(大正二三·五六九中)。
③ 《十诵律》卷五六(大正二三·四一四上)。
④ 《萨婆多部毗尼摩得勒伽》卷五(大正二三·五九七下)。
⑤ 《十诵律》卷五七(大正二三·四二四中)。

"十七毗尼事——七法、八法"。"十七事"与"七法"、"八法"并举,比对《十诵律》,可见是译者的增译。在这三则文证中,末了都说"共戒不共戒"、"毗尼共不共"。这是什么部类? 在《十诵律》中,并没有"毗尼共不共"的部类,那是什么意义呢?

"毗尼共不共"的一致传说,从《僧祇律》的组织研究中,终于明白了这一意义。《僧祇律》的全部组织,形式上是比丘与比丘尼分立的:

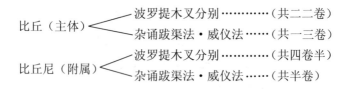

　　比丘（主体）——波罗提木叉分别…………（共二二卷）
　　　　　　　　　——杂诵跋渠法·威仪法……（共一三卷）
　　比丘尼（附属）——波罗提木叉分别…………（共四卷半）
　　　　　　　　　　——杂诵跋渠法·威仪法……（共半卷）

形式上,比丘与比丘尼律,分别的同样的组织。而实际是:"律藏"以比丘律为主。比丘律与比丘尼律,在文段的数量上,不成比例。以比丘的"波罗提木叉",分别解说而成"波罗提木叉分别"。以比丘的僧伽规制(不成文法),标目而成"摩得勒伽"(由一部而分为二部、三部);随标解说,成为"杂诵跋渠法"与"威仪法"。这都是以比丘为主的;极关重要的"比丘尼法"——"八敬法",附于"杂诵跋渠法"中。至于比丘尼律,"波罗提木叉分别"部分,只是将共比丘的共戒,略举名目(内容在比丘律中);别出比丘尼的不共戒。"杂跋渠法"与"威仪法",比丘尼的不共戒更少,更不能与比丘的相提并论;只略明共与不共而已。"律藏"的古型,是以比丘律为主体的;末后,略叙比丘尼戒的共与不共,而完成"律藏"的全体。

这一"律藏"的组织,为原始佛教时代的原型。上座部是重

律的;经持律者的精密论究,"律藏"的组织逐渐演变。主要为:
"杂跋渠法"与"威仪法"——"摩得勒伽"的僧伽规制,逐渐分
类而编集起来。比丘的僧伽规制,类编为"犍度"(或称"法"、
"事")。而比丘尼的"杂跋渠"("威仪"是共同的),分量极少,
就与"八敬法"相合,称为"比丘尼法",而编入"犍度"中。这
样,"律藏"就成为三类:一、比丘的"波罗提木叉分别";二、"犍
度";三、比丘尼的"波罗提木叉分别"。律分三部的体例,传持
(上座部)古型"律藏"的正量部,就在《明了论》(大正二四·六
六六上)中这样说:

> "律中如来所立戒,有四百二十。于婆薮斗律,有二百
> 戒;于优波提舍律,有一百二十一戒;于比丘尼律,有九十
> 九戒。"

如《原始佛教圣典之集成》第三章所论①,《明了论》的三部
律,就是"波罗提木叉(并分别)律、婆薮斗——事律、比丘尼律。
那时的"律藏",初为比丘的"波罗提木叉分别";其次是"事
律"——"七法"、"八法"等;末后为"比丘尼律"(还没有附随)。
这是本上座部时代的"律藏"原型。《十诵律》的组织,"比丘尼
比尼",在"七法"、"八法"、"杂诵"——事律以下,完全符合这
一次第。而说一切有部律的内容,如上所引,以"共不共毗尼"
为末后,也就是这一古型"律藏"传说的遗痕。《十诵律》文,是
出于"摩得勒伽"及"众事分";特别是"摩得勒伽",是有古说为

---

① 《原始佛教圣典之集成》第三章第四节。

根据的。现存的"摩得勒伽"本,完成的时代,佛教界的"律藏",已大为改观。面对当时的佛教情形,"二部波罗提木叉分别",前后相连,也就说"二部波罗提木叉分别",而漠视《十诵律》的固有组织次第。虽说"二部波罗提木叉分别",而还是传承古说,以"共不共戒"为末后。总之,上座部律藏的原型,如正量部所说,《十诵律》所表示的组织,是以"比丘波罗提木叉分别"、"犍度"、"比丘尼律"若共若不共为次第的。

上座部分为分别说与说一切有,依此而一再分裂。在各部派成立,完成自宗的"律藏"时,佛教界的共同倾向,比丘与比丘尼的"波罗提木叉分别",前后相连。这不但分别说系的《铜鍱律》、《五分律》、《四分律》是这样,说一切有系的《根有律》,也是这样。维持固有组织形态的,就现存的资料所知,只有正量部与《十诵律》。但在《十诵律》的"附随"部分,也随众而说"二部波罗提木叉分别"了。

上座部系的"律藏",又有"附随"的成立。地区不同,学风不同,虽有古说的渊源,而更富有宗派的特色。

再引二文,以结束"律藏"部分的研究。

一、《舍利弗问经》(大正二四·九○○中)说:

"时有一长老比丘,好于名闻,亟立诤论。抄治我(旧)律,开张增广。迦叶所结(集),名曰大众律外,采综所遗,诳诸始学,别为群党,互言是非。时有比丘,求王判决。王集二部,行黑白筹。宣令众曰:若乐旧律,可取黑筹。若乐新律,可取白筹。时取黑者,乃有万数。时取白者,只有百数。王以皆为佛说,好乐不同,不得共处。学旧者多,从以为名,为摩诃僧祇也。学新者少而是上座,从上座为名,为他俾罗也。"

二、铜鍱部所传《岛史》(南传六〇·三四)说:

"大合诵比丘……彼等弃甚深经律之一分,而别作类似之经律。彼等除(律之)摘要波利婆罗(附随)、阿毗达磨论、无碍解道、义释、本生之一分,而别有所造。"

《舍利弗问经》,代表大众部,以为上座们把旧律增广了。《岛史》代表铜鍱部(上座部的一派),以为大众部把"附随"除去了。从律藏集成的立场说,《舍利弗问经》的话是正确的。然而律是适应时地而实用的。持律的长老们,禀承佛说,深求佛意,作深细的分别,精密的组织,是应该的。在部派的分立中,上座部正是重律的学派。

(录自《原始佛教圣典之集成》,395—462 页,本版 321—374 页。)

第二篇 律制与教内对立 之倾向

一 依法摄僧的律制

(一)僧制的原则与理想

释尊遗体、遗物、遗迹的崇敬,"本生"、"譬喻"、"因缘"的流传,这些促成"大乘佛法"兴起的因素,是活动于"佛法"——"原始佛教"及"部派佛教"中的。原始的、部派的佛教——"佛法"的固有内容,内部固有的问题,对于"大乘佛法"的兴起,当然有其密切与重要的关系,应该给以审慎的注意! 这里,先从代表"原始佛教"的(一部分)"律"说起。

释尊的成正觉、转法轮,只是"法"的现证与开示,"法"是佛法的一切。释尊是出家的,说法化导人类,就有"随佛出家"的。随佛出家的人多了,不能没有组织,所以"依法摄僧"而有僧伽的制度。"依法摄僧",是说组合僧众的一切制度,是依于法的;依于法而立的僧制,有助于法的修证,有助于佛法的增长广大。这样的僧伽,僧伽制度,不只是有关于身心的修证,而是有关大众的,存在于人间的宗教组织。说到摄僧的制度,内容不一,而主要是团体的制度。一、有些出家修行者,有不道德的行为,或追求过分的经济生活,这不但障碍个人的法的修证,也障碍了僧伽的和合清净,所以制立学处(śikṣāpada,旧译为戒)。一条一条的学处,集成波罗提木叉,是出家者所应该守护不犯的。二、为了佛法的推行于人间,成立受"具足法"(upasaṃpanna-dharma),"布萨法"(poṣadha-dharma),"安居法"(varṣika-dharma),"自恣法"(pravāraṇā-dharma),"迦絺那衣法"(kaṭhina-dharma)等,僧伽特有的制度。三、寺院成立了,出家的多了,就有种种僧事,僧伽诤事的处理法。四、同属于佛法的出家者,要求行为(仪法)方面的合式与统一,如行、住、坐、卧、穿衣、行路、乞食、受用饮食等规制。这一切,由于出家僧伽的日渐广大,越来越多,也越增加其重要性。这些法制,称之为"律",达到与"法"对举并立的地位。梵语 vinaya,音译为毗尼或毗奈耶,意译为"律"或"调伏"。经中常见到法与律对举,如"法律";"法毗奈耶";"是法是毗尼,非法非毗尼"等。法与律,起初是同一内容的两面。"法"——圣道的修证,一定是离罪恶,离缚著而身心调伏的("断烦恼毗尼"是毗尼的本义),所以又称为"毗尼"。所以我曾比喻为:法如光明的显发,毗尼如阴暗的消除,二者本是不相离的。等到僧伽的日渐发展,无论是个人的身心活动,或僧伽的自他共住,如有不和乐、不清净的,就与"法"不相应而有碍于修证。如以法制来轨范身心,消除不和乐不清净的因素,自能"法随法行"而向于正法。所以这些僧伽规制,有了与"法"同等的重要性。古人说毗尼有五:"毗尼者,凡有五义:一、忏悔;二、随顺;三、灭;四、断;五、舍。"①"忏悔",是犯了或轻或重的过失,作如法的忏悔,是约波罗提木叉学处说的。"随顺",是遵照僧伽的规制——受戒、安居等,依法而作。这二类,又名"犯毗尼"。"灭",是对僧伽的诤事,依法处理灭除,就是"现前毗尼"等七毗尼。"断",是对烦恼的对治伏灭,又名为"断烦恼毗尼"。"舍",是对治僧残的"不作舍"与"见舍"。从古说看来,毗尼是个人的思想或行为错误的调伏,不遵从僧伽规制或自他斗诤的调伏。毗尼是依于法而流出的规制,终于形成与法相对的重要部分。

　　法与律的分化,起于释尊在世的时代。分化而对举的法与律,明显的有着不同的特性:法是教说的,律是制立的;法重于个人的修证,律重于大众的和乐清净;法重于内心的德性,律重于身语的轨范;法是自律的、德化的,律是他律的、法治的。从修行解脱来说,律是不必要的;如释尊的修证,只是法而已。然从佛法的久住人间来说,律是有其特殊的必要性。《僧祇律》、《铜鍱律》、《五分律》、《四分律》等,都有同样的传说②:释尊告诉舍利弗:过去的毗婆尸、尸弃、毗舍浮——三佛的梵行不久住;拘楼孙、拘那含牟尼、迦叶——三佛的梵行久住。原因在:专心于厌

---

　　① 《毗尼母经》卷七(大正二四·八四二上)。

　　② 《摩诃僧祇律》卷一(大正二二·二二七中)。《铜鍱律·经分别》(南传一·一一——一四)。《弥沙塞部和醯五分律》卷一(大正二二·一中——下)。《四分律》卷一(大正二二·五六九上——下)。

离,专心于现证,没有广为弟子说法,不为弟子制立学处,不立说波罗提木叉;这样,佛与大弟子涅槃了,不同族姓的弟子们,梵行就会迅速地散灭,不能久住。反之,如为弟子广说经法,为弟子们制立学处,立说波罗提木叉;那么佛与大弟子去世了,不同族姓的弟子们,梵行还能长久存在,这是传说制戒的因缘。"正法久住"或"梵行久住",为释尊说法度生的崇高理想。要实现这一伟大理想,就非制立学处,说波罗提木叉不可。律中说:"有十事利益,故诸佛如来为诸弟子制戒,立说波罗提木叉。"①十利的内容,各律微有出入,而都以"正法久住"或"梵行久住"为最高理想,今略为叙述。十种义利,可归纳为六项:一、和合义:《僧祇律》与《十诵律》,立"摄僧"、"极摄僧"二句;《四分律》等合为一句。和合僧伽,成为僧伽和集凝合的主力,就是学处与说波罗提木叉。正如国家的集成,成为亿万民众向心力的,是宪法与公布的法律一样。二、安乐义:《僧祇律》立"僧安乐"句;《四分律》等别立"喜"与"乐"为二句;《五分律》缺。大众依学处而住,就能大众喜乐。《根本说一切有部毗奈耶杂事》说:"令他欢喜,爱念敬重,共相亲附,和合摄受,无诸违净,一心同事,如水乳合。"②这充分说明了,和合才能安乐,安乐才能和合;而这都是依学处及说波罗提木叉而后能达成的。三、清净义:在和乐的僧伽中,如有不知惭愧而违犯的,以僧伽的威力,依学处所制的而

----

① 《摩诃僧祇律》卷一(大正二二·二二八下)。《铜鍱律·经分别》(南传一·三二)。《弥沙塞部和醯五分律》卷一(大正二二·三中——下)。《四分律》卷一(大正二二·五七〇下)。《十诵律》卷一(大正二三·一下)。《根本说一切有部毗奈耶》卷一(大正二三·六二九中)。
② 《根本说一切有部毗奈耶杂事》卷三五(大正二四·三八四上)。

予以处分,使其出罪而还复清净。有惭愧而向道精进的,在大众中,也能身心安乐地修行。僧伽如大冶洪炉,废铁也好,铁砂也好,都冶炼为纯净的精钢。这如社团的分子健全,风纪整肃一样。四、外化义:这样的和乐清净的僧团,自然能引人发生信心,增长信心,佛法能更普及到社会去。五、内证义:在这样和乐清净的僧伽中,比丘们更能精进修行,得到离烦恼而解脱的圣证。六、究极理想义:如来"依法摄僧",以"正法久住"或"梵行久住"为理想。唯有和乐清净的僧团,才能外化而信仰普遍,内证而贤圣不绝。"正法久住"的大理想,才能实现在人间。释尊救世的大悲愿,依原始佛教说,佛法不能依赖佛与弟子们个人的修证,而唯有依于和乐清净的僧伽。这是制律的意义所在,毗奈耶的价值所在,显出了佛的大悲愿与大智慧!

(二)律典的集成与异议

释尊在世时,法与毗奈耶已经分化了;在结集时,就结集为法(经)与毗奈耶(律)二部。结集(saṃgīti)是经和合大众的共同审定,确定是佛说、是佛制的;将一定的文句,编成部类次第而便于传诵。为什么要结集? 释尊涅槃以后,不同地区、不同族姓的出家者,对于广大的法义与律制,怎样才能保持统一,是出家弟子们当前的唯一大事。这就需要结集,法与律才有一定的准绳。传说王舍城举行第一次结集大会,应该是合理而可信的。当时,由耆年摩诃迦叶领导;律由优波离(Upāli)主持集出,法由阿难主持集出,成为佛教界公认的原始结集。

优波离结集的"律",主要是称为"戒经"的"波罗提木叉"。出家弟子有了什么不合法,释尊就制立"学处"(结戒),有一定的文句;弟子们传诵忆持,再犯了就要接受处分。这是渐次制立的,在佛的晚年,有"百五十余"戒的传说,如《阿毗达磨大毗婆沙论》卷四六(大正二七·二三八上)说:

> "佛栗氏子,如来在世,于佛法出家,是时已制过百五十学处,……说别解脱戒经。"

制戒百五十余的经文,出于《增支部·三集》①。《瑜伽师地论》也说:"依五犯聚及出五犯聚,说过一百五十学处。"②一百五十余学处,是依所犯的轻重次第而分为五部,就是波罗夷(pārājika)、僧伽婆尸沙(saṃghâvaśeṣā)、波逸提(pāyattika)、波罗提提舍尼(pratideśanīya)、众学(sambahula-śaikṣa)。波逸提中,含有尼萨耆波逸提(niḥsargikā-pāyattika)及波逸提——二类。这是戒经的原始组织。优波离结集时,应有所补充、考订,可能为一百九十一戒,即四波罗夷,十三僧伽婆尸沙,三十尼萨耆波逸提,九十二波逸提,四波罗提舍尼,五十众学法。到佛灭百年(一世纪),在毗舍离举行第二次结集时,二不定法(aniyatā)——前三部的补充条款,七灭净法(adhikaraṇaś-amathā)——僧伽处理净事的办法,应已附入戒经,而成为二百零二戒(或综合而减少二戒)③。这是原始结集的重点所在! 学

① 《增支部·三集》(南传一七·三七七、三七九——三八四)。
② 《瑜伽师地论》卷八五(大正三〇·七七二下)。
③ 参看拙作《原始佛教圣典之集成》(一四四——一四九、一七七——一七九,本版一二一——一二六、一四七——一四九)。

处的文句简短,被称为经(修多罗,sūtra)。此外,在原始结集的律典中,还有称为"随顺法偈",不违反于戒法的偈颂。当结集时,僧团内所有的规制,如"受戒"、"安居"、"布萨"等制度;衣、食、住等规定;犯罪者的处分办法,都是不成文法,而日常实行于僧团之内。对于这些,古人随事类而标立项目,将一项一项的事(包括僧事名称的定义),编成偈颂(这是律的"祇夜")。这些"随顺法偈",为戒经以外,一切僧伽制度的纲目,称为摩得勒伽(mātṛkā),意义为"母"、"本母"。依此标目而略作解说,成为广律中,称为"犍度"(khandhaka)、"事"(vastu)、"法"(dharma)部分的根源①。

第二结集(佛灭一世纪内)到部派分化时,"波罗提木叉经"已有了"分别"(称为"经分别",或"波罗提木叉分别",或"毗尼分别"):对一条条的戒,分别制戒的因缘,分别戒经的文句,分别犯与不犯。其主要部分,为各部广律所公认。那时,"法随顺偈",已有了部分的类集。后来重律的部派,更进一步地类集、整编,成为各种"犍度"(或称为"法",或称为"事")。

律的结集,是必要的,但在原始结集时,比丘们传说有不同的意见。在大会上,阿难传达释尊的遗命:"小小戒可舍"②,引起了摩诃迦叶、优波离等的呵斥。依《十诵律》等传说,不是说

───────────

①　参看拙作《原始佛教圣典之集成》(二八七——二九二,本版二三五——二四〇)。
②　《摩诃僧祇律》卷三二(大正二二·四九二下)。《铜鍱律·小品》(南传四·四三〇——四三一)。《弥沙塞部和醯五分律》卷三〇(大正二二·一九一中)。《四分律》卷五四(大正二二·九六七中)。《十诵律》卷六〇(大正二三·四四九中)。《根本说一切有部毗奈耶杂事》卷三九(大正二四·四〇五中)。

舍就舍，而是"若僧一心和合筹量，放舍微细戒"①。小小戒，主要是有关衣、食、住、药等生活细节。这些规制，与当时的社会文化、经济生活有关。如时地变了，文化与经济生活不同了，那么由僧众来共同筹商、决议，舍去不适用的（也应该增些新的规制），实在是释尊最明智的抉择。但在重视小小戒的长老，如优波离等，却以为这是破坏戒法，便于为非作恶。结果，大迦叶出来中止讨论，决定为："若佛所不制，不应妄制；若已制，不得有违。如佛所教，应谨学之！"②从此，僧制被看作"放之四海而皆准，推之百世而可行"的永恒不变的常法。但实际上不能不有所变动，大抵增加些可以通融的规定，不过非说是"佛说"不可。部派分化了，律制也多少不同了，都自以为佛制，使人无所适从。优波离所代表的重律系，发展为上座部，对戒律是"轻重等持"的。重视律制是对的，但一成不变而难以适应，对律制是未必有利的！此外，重法的发展为大众部，起初虽接受结集的律制，但态度大为通融，如《摩诃僧祇律》卷三二（大正二二·四九二上）说：

> "五净法，如法如律随喜，不如法律者应遮。何等五？一、制限净；二、方法净；三、戒行净；四、长老净；五、风俗净。"

"净"，是没有过失而可以受持的。大众部所传的"五净"，

────────

① 《十诵律》卷六〇（大正二三·四四九中）。《毗尼母经》卷四（大正二四·八一八中）。

② 《弥沙塞部和醯五分律》卷三〇（大正二二·一九一下）。上座系诸律都相同。

意义不完全明了。但"戒行净"与"长老净",是哪一位戒行清净的,哪一位长老,他们曾这样持,大家也就可以这样持。这多少以佛弟子的行为为轨范,而不一定是出于佛制了。"方法净"是国土净,显然是因地制宜。从大众部分出的鸡胤部(Kaukuli-ka),"随宜覆身,随宜饮食,随宜住处,疾断烦恼"①。将一切衣、食、住等制度,一切随宜,不重小小戒而达到漠视"依法摄僧"的精神。初期大乘佛教者,不外乎继承这一学风而达到顶点,所以初期大乘佛教的极端者,不免于呵毁戒法的嫌疑!

---

① 《三论玄义》(大正四五·九上)。

二　教内对立的倾向

(一)出家与在家

　　释尊是出家的。释尊教化的弟子,随佛出家的极多。"依法摄僧"而成出家的僧伽,出家的过着共同的集体生活,所以出家人所组成的僧伽,是有组织的生活共同体。在当时,在家弟子是没有组织的,与出家人不同。在佛法的扩展与延续上,出家者是主要的推动者。出家者的佛教僧团,代表着佛教(然佛教是不限于出家的)。出家者过着乞求的生活,乞求的对象,是不限于信佛的,但在家佛弟子,有尊重供给出家佛弟子的义务。这一事实,形成了出家僧众是宗教师,重于法施;而在家者为信众,重于财施的相对形态。世间缘起法是有相对性的,相对的可以互助相成,也可以对立而分化。释尊以后,在僧制确立,在家弟子尊敬供养出家众的情况下,在家与出家者的差别,明显地表现出来。

　　依律制而成的出家僧,受在家弟子的尊敬、礼拜、供养,僧众有了优越的地位。在家与出家,归依三宝的理想是一致的,在修

证上有什么差别吗？一般说,在家者不能得究竟的阿罗汉(ar-
hat)。这是说,在修证上,出家者也是胜过在家者的,出家者有
着优越性。然北道派(Uttarāpathaka)以为:在家者也可以成阿
罗汉,与出家者平等平等。北道派的见解,是引证经律的。如族
姓子耶舍(Yaśa),居士郁低迦(Uttika),婆罗门青年斯特(Setu),
都是以在家身而得阿罗汉,可见阿罗汉不限于出家,应有在家阿
罗汉①。《论事》(铜鍱部论)引述北道派的见解,而加以责难。
《论事》以为:在家身是可以得阿罗汉的,但阿罗汉没有在家生
活的恋著,所以不可能再过在家的生活。《弥兰王问》依此而有
所解说,如"在家得阿罗汉果,不出二途:即日出家,或般涅
槃"②。这是说,得了阿罗汉果,不可能再过在家的生活,所以不
是出家,就是涅槃(死)。这一解说,也是依据事实的。族姓子
耶舍,在家身得到阿罗汉,不愿再过在家的生活,当天就从佛出
家,这是"即日出家"说,出于律部③。外道须跋陀罗(Subhadra)
是佛的最后弟子,听法就得了阿罗汉,知道释尊快要入涅槃,他
就先涅槃了,这是般涅槃说,如《游行经》等说④。依原始佛教的
经、律来说,《弥兰王问》所说,是正确的。北道派与《弥兰王
问》,都是根据事实而说。吴支谦(西元二二二——二五三)所
译的《惟日杂难经》,说到"人有居家得阿罗汉、阿那含、斯陀含、

----

　　①　《论事》(南传五七·三四二——三四四)。
　　②　《弥兰王问经》(南传五九下·四三)。
　　③　《铜鍱律·大品》(南传三·三〇——三二)。《弥沙塞部和醯五分律》卷一
五(大正二二·一〇五中)。《四分律》卷三二(大正二二·七八九下——七九〇
上)。《根本说一切有部毗奈耶破僧事》卷六(大正二四·一二九中)。
　　④　《长阿含经》卷四《游行经》(大正一·二五中)。《根本说一切有部毗奈耶
杂事》卷三八(大正二四·三九七上)。

须陀洹者"①。在家阿罗汉说,很早就传来中国了,不知与北道派有没有关系！北道派,或说出于上座部,或说属于大众部；或说在北方,或说在频陀耶山(Vindhaya)北。这一派的宗义,与案达罗派相同的不少,也许是出于大众部的。北道派的见解,可能是：某一地区的在家佛弟子,在精进修行中,自觉不下于出家者,不能同意出家者优越的旧说。这才发见在家者得阿罗汉果的事实,而作出在家阿罗汉的结论。然在古代的佛教环境中,得阿罗汉而停留于在家生活——夫妇聚居,从事家业、声色的享受,是没有传说的事实可证明的。北道派的"在家阿罗汉"说,引起近代学者的注意,特别是"在家佛教"的信仰者。《在家阿罗汉论》引述原始佛教的圣典,企图说明在家解脱与出家的究竟解脱(阿罗汉)一致②。但所引文证,未必能达成这一目的(除非以为正法的现证,一得即究竟无余,没有根性差别,没有四果的次第深入)！

在家与出家者,在佛教中的地位是怎样的呢？释尊是出家者；出家者成立僧伽,受到在家者的尊敬,是不容怀疑的。然"僧伽"这一名词,在律制中,是出家者集团,有"现前僧"、"四方僧"等。然在经法中,僧伽的含义,就有些出入,如《杂阿含经》卷三三(大正二·二三八上)说：

"世尊弟子,善向、正向、直向、诚向,行随顺法,有向须陀洹、得须陀洹、向斯陀含、得斯陀含、向阿那含、得阿那含、

---

① 《惟日杂难经》(大正一七·六〇五上)。

② 藤田宏达《在家阿罗汉论》(《结诚教授颂寿纪念佛教思想史论集》六三——六六)。

向阿罗汉、得阿罗汉：此是四双八辈贤圣，是名世尊弟子僧。净戒具足、三昧具足、智慧具足、解脱具足、解脱知见具足；所应奉迎、承事、供养，为良福田。"①

在律制中，僧伽是出家集团。只要出家受具足戒，就成为僧伽一分子，受在家弟子的尊敬供养。然在经法中，有"三念"、"六念"法门。其中"念僧"，僧是四双八辈贤圣僧，是念成就戒、定、慧、解脱、解脱智见的无漏功德者。如出家而没有达到"向须陀洹"，就不在所念以内。反而在家弟子，如达到"向须陀洹"，虽没有到达究竟解脱，也是念僧所摄，所以古有"胜义僧"的解说。换言之，在世俗的律制中，出了家就有崇高的地位，而在实质上，在家贤圣胜过了凡庸的出家者。这是法义与律制间的异义。如归依三宝，一般说是"归比丘僧"②。其实，比丘是归依的证明者，依现前的比丘而归依于一切贤圣僧。但在世俗律制的过分强化中，似乎就是归依凡圣的出家者了。

　（一分）在家的佛弟子，在原始佛教中，与僧伽的关系相当密切。波罗提木叉戒经中，有"二不定法"，是各部律所一致的③。二不定的情形，非常特殊，与其他所制的学处不同，是戒律的补充条款。"二不定"与淫事有关，如可以信赖的优婆夷（upâsikā），见比丘与女人在"屏处坐"，或单独地显露处坐。知道这是不合法的，但所犯的罪不定，可能是轻的，可能是重的。

---

　　① 《杂阿含经》卷二〇（大正二·一四五中）。《增支部·六集》（南传二〇·一一）。
　　② 《杂阿含经》卷四七（大正二·三四〇中）。
　　③ 如《弥沙塞部和醯五分律》卷四（大正二二·二二下——二三上）。

"可信优婆夷"可以向僧众举发,僧众采信优婆夷的证辞,应对犯比丘诘问、处分。"可信优婆夷",是"见四真谛,不为(自)身、不为(他)人、不为利而作妄语"的①,是见谛的圣者。这是僧伽得到在家弟子的助力,以维护僧伽的清净(健全)。"可信优婆夷",是成立这一制度的当时情形,"可信优婆塞"(upâsaka),当然也是这样的。而且,这是与淫事有关的,如杀、盗、大妄语,可信的在家弟子发现了,难道就不可以举发吗? 这是原始僧团得到在家者的助力,以维护僧伽清净的实例。

　　上座部系是重律的学派,大众部系是重法的。上座部强化出家众的优越性,达到"僧事僧决",与在家佛弟子无关的立场。如出家众内部发生诤执,造成对立,破坏了僧伽的和合,或可能破坏僧伽的和合。上座部系统的律部,都由僧伽自行设法来和合灭诤,不让在家佛弟子顾问。《十诵律》说到,"依恃官,恃白衣"(在家者)②,为诤事难灭的原因,当然不会让在家佛弟子来协助。但大众部的见解恰好相反,如《摩诃僧祇律》卷一二(大正二二·三二八上)说:

　　　　"当求大德比丘共灭此事。若无大德比丘者,当求多闻比丘。若无多闻者,当求阿练若比丘。"

　　　　"若无阿练若比丘者,当求大势力优婆塞。彼诤比丘见优婆塞已,心生惭愧,诤事易灭。若复无此优婆塞者,当求于王,若大臣有势力者。彼诤比丘见此豪势,心生敬畏,

---

①　《弥沙塞部和醯五分律》卷四(大正二二·二三上)。
②　《十诵律》卷四九(大正二三·三六二上)。

诤事易灭。"

诤事，最好是僧伽自己解决。否则，就求大势力的优婆塞，或求助于国王与大臣。这与《十诵律》所说，恰好相反。制度是有利必有弊的，很难说哪一种办法更好。然《僧祇律》所说，应该是僧团的早期情形。传说目犍连子帝须（Moggaliputta Tissa），得阿育王而息灭诤事，不正证明《僧祇律》所说吗①？僧团的清净，要取得可信赖的在家弟子的助力。僧伽发生诤事，也要得在家佛弟子的助力。早期的出家大众与在家弟子的关系是非常亲和的。又如比丘，如不合理地得罪在家佛弟子，律制应作"发喜羯磨"（或作"下意羯磨"，"遮不至白衣家羯磨"）②，就是僧伽的意旨，要比丘去向在家者忏谢。出家者是应该尊敬的，可信赖的优婆塞、优婆夷，也相当的受到尊重。自出家优越性的一再强化，原始佛教那种四众融和的精神，渐渐地消失了！与此对应而起的"在家阿罗汉论"，相信是属于大众部系的。等到大乘兴起，菩萨每以在家身份而出现，并表示胜过了（声闻）出家者，可说就是这种思想进一步的发展。

---

① 参考龙口明生《对僧伽内部抗争在家者之态度》（《印度学佛教学研究》二二卷二号九四五——九四八）。

② 《铜鍱律·小品》（南传四·二二——三〇）。《弥沙塞部和醯五分律》卷二四（大正二二·一六三中——一六四上）。《四分律》卷四四（大正二二·八九二中——八九三下）。《摩诃僧祇律》卷二四（大正二二·四二五上——四二六中）。《十诵律》卷三一（大正二三·二二四中——二二五上）。

（二）男众与女众

出家众组成的僧伽,男的名"比丘僧"(bhikṣu-saṃgha),女的名"比丘尼僧"(bhikṣuṇī-saṃgha)。比丘与比丘尼,是分别组合的,所以佛教有"二部僧"。信佛的在家男众,名"优婆塞",女的名"优婆夷"。出家二众,在家二众,合为"四众弟子"。佛法是平等的,然在律制中,女众并不能得到平等的地位。女人出家,经律一致地说①:释尊的姨母摩诃波阇波提(Mahāprajāpatī),与众多的释种女子,到处追随如来,求佛准予出家,没有得到释尊的许可。阿难代为向释尊请求,准许女人出家;让女众能证得第四果,是一项重要理由。释尊终于答允了,佛教才有了比丘尼。这一事情,在释尊涅槃不久,王舍城举行结集大会,引起了问题。摩诃迦叶指责阿难,求佛度女人出家,是阿难的过失。当时阿难是不认为有过失的,但为了僧伽的和合,不愿引起纠纷,而向大众表示忏悔。这件事是不寻常的! 在古代男家长制的社会里,女人多少会受到轻视。有了女众出家,与比丘众是不可能没有接触的,增加了比丘僧的困扰。也许释尊为此而多加考虑吧! 但头陀与持律的长老们,将发生的问题一切归咎于女众出家,为此而责备阿难。在结集法会中,提出这一问

---

① 《中阿含经》卷二八《瞿昙弥经》(大正一·六〇五上——六〇七中)。《增支部·八集》(南传二一·一九四——二〇二)。《铜鍱律·小品》(南传四·三七八——三八二)。《摩诃僧祇律》卷三〇(大正二二·四七一上)。《弥沙塞部和醯五分律》卷二九(大正二二·一八五中)。《四分律》卷四八(大正二二·九二二下)。《十诵律》卷四〇(大正二三·二九〇下)。

题,可理解上座们对比丘尼的态度,更可以理解比丘尼地位低落的重要原因。

在摩诃波阇波提出家的传说中,摩诃波阇波提以奉行八尊法(aṭṭha-garudhammā)为条件,所以有摩诃波阇波提以八尊法得戒的传说;但大众部与正量部所传的不同①。八尊法,是比丘尼尊重比丘僧的八项规定。研究起来,八尊法之一的"犯尊法,于两众行半月摩那埵",是违犯"尊法"的处分条款。"尊法"的原则,是尊重比丘僧。"八尊法"中有四项规定,是各部律所一致的,如:

1. 于两众中受具足。
2. 半月从比丘僧请教诫·问布萨。
3. 不得无比丘住处住(安居)。
4. 安居已,于两众行自恣。

比丘尼平日虽过着自治的修道生活,但某些重要事项,却非依比丘僧不可。如一、女众出家,在比丘尼僧中受具足戒,还要"即日"到比丘僧中去受戒,所以称为"二部受戒"。这是说,女众出家受戒,要经过比丘僧的重行审核,才能完成出家受戒手续。如发现不合法,就可以否决,受戒不成就。二、律制:半月半月布萨说戒,比丘尼不但在比丘尼僧中布萨,还要派人到比丘僧中去,"请教诫","问布萨"。请教诫,是请求比丘僧,推选比丘到比丘尼处,说法教诫。问布萨,是自己布萨清净了,还要向比丘僧报告:比丘尼如法清净。三、律制:每年要三月安居。比丘

---

① 拙作《原始佛教圣典之集成》(四〇七,本版三三二)。

尼安居，一定要住在附近有比丘的地方，才能请求教诫。四、安居结束了，律制要举行"自恣"。"自恣"是自己请求别人，尽量举发自己的过失，这才能依法忏悔，得到清净。比丘尼在比丘尼僧中"自恣"；第二天，一定要到比丘僧中，举行"自恣"，请求比丘僧指示纠正。这四项，是"尊法"的具体措施。一般比丘尼，总不免知识低、感情重、组织力差（这是古代的一般情形）。要她们遵行律制，过着集团生活，如法清净，是有点困难的。所以制定"尊法"，尊重比丘僧，接受比丘僧的教育与监护。在比丘僧来说，这是为了比丘尼僧的和乐清净，而负起道义上的监护义务。如比丘尼独行其是，故意不受比丘僧的摄导，就是"犯尊法"，处分是相当重的！"八尊法"的另三则是"受具百岁，应迎礼新受具比丘"，"不得呵骂比丘"，"不得（举）说比丘罪"。这是礼貌上的尊敬。总之，"八尊法"源于比丘尼的"尊法"——尊重比丘僧。是将尊重比丘僧的事例（前四则）、礼貌上的尊敬，及旧有的"犯尊法"的处分法，合组为"八尊法"。但这么一来，八项都是"尊法"，犯了都应该"半月于两众行摩那埵"，那就未免过分苛刻（事实上窒碍难行，后来都作为"波逸提"罪）！从释尊涅槃后，摩诃迦叶等上座比丘对比丘尼出家所持的厌恶情绪，可以想见从"尊法"而集成"八尊法"的目的。"尊法"已不是对比丘尼应有的监护（是否如法）与教育，而成为对比丘尼的严加管理，造成比丘对比丘尼的权威①。

　　上座们对比丘尼的严加管制，从比丘尼的"戒经"——波罗

---

　　①　关于八尊（敬）法，如拙作《原始佛教圣典之集成》第六章第一节第二项所说。

提木叉中,也可以体会出来。比丘的"戒经",是原始结集所论定的。虽经长期的传诵、部派的分化,而"众学法"以外的戒条,还是大致相同。比丘尼的"戒经",情形大为不同,如《摩诃僧祇律》,尼戒共二七七戒;尼众的不共戒,仅一〇七戒。《五分律》共三七九戒,不共戒达一七五戒①。依正量部所传而论,比丘尼不共戒九九,那总数不过二五四戒②。各部的出入,是那么大!原来比丘尼律,是比丘持律者所集成的。因各部派对尼众的态度不同,繁简也大大不同。总之,释尊涅槃后,上座比丘领导下的佛教,对比丘尼加严约束,是明显的事。释尊在世,出家的女众也是人才济济。如"持律第一"钵吒左啰(Paṭacārā),"说法第一"达摩提那(Dharmadinnā,或译作法乐)③等。达摩提那的论究法义,编入《中阿含经》④,成为原始佛教的圣典之一。自受到比丘僧的严格管制,逐渐消沉了。结果,以上座部自居的赤铜鍱部,就是流传于锡兰、缅甸、泰国等佛教,比丘尼早已绝迹了!

　　经与律,都是比丘众结集的。说到有关淫欲的过失,每极力地丑化女人。又经中说:女人有五碍(五种不可能):佛、轮王、梵王、魔、帝释,是女人所不能,而唯是男人所可能做的⑤。这些,在一般女众的心理中,会引起深刻的自卑感,自愿处于低下

---

① 拙作《原始佛教圣典之集成》(四一四,本版三三六)。

② 同上书(四二八,本版三四八页)。

③ 《增支部·一集》(南传一七·三六)。《增一阿含经》卷三(大正二·五五九上)。

④ 《中阿含经》卷五八《法乐比丘尼经》(大正一·七八八上——七九〇中)。《中部》(四四)《有明小经》(南传一〇·二二——三〇)。

⑤ 《中阿含经》卷二八《瞿昙弥经》(大正一·六〇七中)。《增支部·一集》(南传一七·四〇——四一)。

的地位。女人在现实社会中的不平等,是释尊所要考虑的。结果,制立"尊法":比丘尼尊重比丘僧,而比丘负起监护与教育的义务。这是启发而诱导向上,不是轻视与压制的。女众可以出家,只因在佛法的修证中,与比丘(男)众是没有什么差别的。有一位美貌的青年,对苏摩(Soma)比丘尼说:圣人所安住的境界,不是女人的智慧所能得的。苏摩尼对他说:"心入于正受,女形复何为! 智或(疑"慧")若生已,逮得无上法。"①女性对于佛法的修证,有什么障碍呢! 这是佛世比丘尼的见地。在大乘法中,以女人身份与上座比丘们论究男女平等的胜义,可说是释尊时代精神的复活!

(三)耆年与少壮

佛教僧团中,不问种姓的尊卑、年龄的大小,也不依学问与修证的高低为次第,而以先出家受具足的为上座(Sthavira),受到后出家者的尊敬。如《摩诃僧祇律》卷二七(大正二二·四四六上)说:

> "先出家(受具)者,应受礼、起迎、合掌、低头、恭敬。先出家者,应作上座:应先受请、先坐、先取水、先受食。"②

———————————

① 《杂阿含经》卷四五(大正二·三二六中)。《别译杂阿含经》卷一二(大正二·四五四上)。《相应部·比丘尼相应》(南传一二·二二〇——二二一)。

② 参看《铜鍱律·小品》(南传四·二四六——二四八)。《弥沙塞部和醯五分律》卷一七(大正二二·一二一上)。《四分律》卷五〇(大正二二·九三九下——九四〇上)。《十诵律》卷三四(大正二三·二四二中——下)。

僧众出外时,先出家(受具)的上座,总是走在前面,坐高位,先受供养。在平时,也受到后出家者的恭敬礼拜。所以出家受具时,一定要记住年月日时,以便分别彼此间的先后次第。从受具起,到了每年的自恣日,增加一岁,称为"受岁"。一年一年的岁数,就是一般所说的"戒腊"。这是佛教敬老(依受具年龄)制度,于是产生上座制。起初,只是在种种集会中,先出家的为上座,所以有第一上座、第二上座等名称。后来依年资来分别,或说"十夏"以上为上座①;或说二十腊以上的称为上座②。上座、第一上座等,总是耆年大德,受到僧团内部的尊敬。

传说七百结集时的代表们,都是年龄极高的。锡兰所传的"五师",也都是老上座。可见佛灭以后,佛教由上座们领导;上座们的意见,也受到一般的尊重。但依律所制,不只是"尊上座",也是"重僧伽"。所以如有了异议,而需要取决多数时,上座们到底是少数,不免要减色了! 在部派分裂时,重上座的长老派,就名为上座部;多数的就称为大众部。如《阿毗达磨大毗婆沙论》卷九九(大正二七·五一一下)说:

> "贤圣朋内,耆年虽多而僧数少;大天朋内,耆年虽少而众数多。……遂分二部:一上座部,二大众部。"

《舍利弗问经》(大正二四·九〇〇中)也说:

> "学旧(律)者多,从以为名,为摩诃僧祇也。学新者少

---

① 《南海寄归内法传》卷三(大正五四·二二〇上)。
② 《毗尼母经》卷六(大正二四·八三五上)。

而是上座，从上座为名，为他俾罗也。"

《大毗婆沙论》是上座部系，《舍利弗问经》是大众部系，虽所说的事由不同，而对二部立名却有共同性，那就是：上座部以上座为主，是少数；大众部"耆年虽少而众数多"，无疑是中座、下座们的多数。所以二部分立时，大众部为多数的少壮，上座部为少数的耆年。这一差别，是近代学者所能同意的。佛教一向在上座们的指导下，而现在多数的少壮者起来，分庭抗礼，这确是佛教史上的大事。说起来，上座们是有长处的。老成持重，重传承，多经验，使佛教在安定中成长。不过过于保守，对新环境的适应力不免差一些。少壮者的见解，可能是错误，或者不够成熟，但纯真而富于活力，容易适应新的境遇。上座们重事相，少壮者富于想像。从缘起的世间来说，应该是各有所长，也各有所短的。

中国旧传律分五部说。五部是：摩诃僧祇，昙无屈多迦（Dharmaguptaka）、萨婆多（Sarvāstivādin）、迦叶维（Kaśyapiya）、弥沙塞（Mahīśāsaka）。这是《舍利弗问经》与《大比丘三千威仪》所说的①。《大唐西域记》也说乌仗那（Udyāna）有此五部②，可见是曾经流行在北方的部派。五部，在三大系中，是大众、说一切有及分别说部所分出的三部。《舍利弗问经》以为："摩诃僧祇，其味纯正；其余部中，如被添（水的）甘露。"③这是大众部的

----

① 《舍利弗问经》(大正二四・九〇〇下)。《大比丘三千威仪》(大正二四・九二五下——九二六上)。

② 《大唐西域记》卷三(大正五一・八八二中)。

③ 《舍利弗问经》(大正二四・九〇〇下)。

立场。此外,有另一五部说,如《大方等大集经》卷二二《虚空目分》(大正一三·一五九上——中)说:

> 昙摩毱多,萨婆帝婆,迦叶毗,弥沙塞,婆蹉富罗。"我涅槃后,我诸弟子,受持如来十二部经,读诵书写,广博遍览五部经书,是故名为摩诃僧祇。善男子! 如是五部虽各别异,而皆不妨诸佛法界及大涅槃。"

婆蹉富罗(Vātsīputrīya),是犊子部。五部是各别异说的;摩诃僧祇"广博遍览五部经书",在五部以外,能含容五部,正是大乘的特色。鸠摩罗什所译的《佛藏经》,也有类似的说明,如卷中(大正一五·七九〇上——中)说:

> "一味僧宝,分为五部。……斗事:五分事,念念灭事,一切有事,有我事,有所得事。……尔时,世间年少比丘,多有利根,……喜乐难问推求佛法第一实义。"
>
> "尔时,增上慢者,魔所迷惑,但求活命;实是凡夫,自称罗汉。"

五部,都是斗诤事。其中,"五分"是化地部的《五分律》;"说一切有"是萨婆多部;"有我"是犊子部。经中所说五部(五事),大致与《大集经》说相合。而"年少利根","推求第一实义"的,是五部以外的,与摩诃僧祇部相当。不过在大乘兴起时,年少利根的是"人众既少,势力亦弱"的少数。大乘,在传统的部派佛教(多数)中,大众部内的年少利根者宏传出来。大乘佛教的兴起,情形是复杂的,但少分推求实义的年少比丘,应该是重要的一流。大乘经中,菩萨以童子、童女身份而说法的,不在少数。如《华严经·入法界品》,文殊师利童子(Mañjuśrīkum-ārabhūta)教化善财(Sudhana)童子。舍利弗的弟子六千人,受文殊教化而入大乘的,"皆新出家"①。这表示了,佛教在发展中,青年与大乘有关,而耆年代表了传统的部派佛教。

(四)阿兰若比丘与(近)聚落比丘

在律制发展中,出家的比丘(以比丘为主来说),有"阿兰若比丘"、"聚落比丘"二大类。阿兰若(araṇya),是没有喧嚣烦杂的闲静处;是多人共住——村、邑、城市以外的旷野。印度宗教,自《奥义书》以来,婆罗门晚年修行的地方,就是"阿兰若处",所以被称为阿兰若者(āraṇyaka)。佛教的出家者,起初也是以阿兰若为住处的。后来,佛教界规定为:阿兰若处,离村落五百弓②。总之,是听不到人畜嚣音的地方。聚落(grāma),就是村落。印度古代的聚落,是四周围绕着垣墙、篱栅、水沟的(当然有例外)③。《善见律毗婆沙》说:"有市故名聚落,……无市名为村。"④这是分为二类:有市镇的叫聚落,没有市镇的叫村。不过现在所要说的"聚落",是广义的,代表村落、市镇、城邑,一切

---

① 《大方广佛华严经》卷四五(大正九·六八六下)。
② 《铜鍱律·大分别》(南传一·七五)。《摩诃僧祇律》卷一一(大正二二·三二三中)。《四分律》卷一〇(大正二二·六三二下)。《十诵律》卷八(大正二三·五七中)。《根本说一切有部毗奈耶》卷二四(大正二三·七五六下)。
③ 《摩诃僧祇律》卷三(大正二二·二四四上)。
④ 《善见律毗婆沙》卷一七(大正二四·七九四中)。

多人共住的地方。

试从"四圣种"（catvāra-ārya-vaṃśā）说起。四圣种是：随所得衣服喜足；随所得饮食喜足；随所得房舍喜足；欲断乐断，欲修乐修①。依着这四项去实行，就能成为圣者的种姓，所以称为"圣种"。前三项，是衣、食、住——日常必需的物质生活。出家人应该随所能得到的，心里欢喜满足，不失望，不贪求多量、精美与舒适。第四"欲断乐断，欲修乐修"，是为道的精诚。断不善法，修善法；或断五取蕴，修得涅槃，出家人为此而愿欲、爱好，精进于圣道的实行。这四项，是出家人对维持生存的物资，及实现解脱的修断，应有的根本观念。惟有这样，才能达成出家的崇高志愿。

律制又有"四依"（catvāra-nissayā），是受具足时所受的，内容为②：

　　　　粪扫衣（paṃsukūla）

　　　　常乞食（piṇḍa-pātika）

　　　　树下住（rukkha-mūlika）

　　　　陈弃药（pūtimuttabhesajja）

"四依"，其实就是"四圣种"，《僧祇律》说："依此四圣种，

① 《长部》（三三）《等诵经》（南传八・三〇四）。《增支部・四集》（南传一八・五〇——五一）。《中阿含经》卷二一《说处经》（大正一・五六三中——下）。

② 《铜鍱律・大品》（南传三・一六三——一六四）。《弥沙塞部和醯五分律》卷一七（大正二二・一二〇中）。《四分律》卷三五（大正二二・八一五下——八一六上）。《摩诃僧祇律》卷二三（大正二二・四一三下——四一五上）。《十诵律》卷二一（大正二三・一五六下）。《增支部・四集》，作四沙门支（南传一八・四八——四九）。

当随顺学！"①称四依为四圣种，足以说明四依是依四圣种而转化来的。《长部》的《等诵(结集)经》，立四圣种，而《长阿含》的《众集经》，就称第四为"病瘦医药"②。所以，"四依"是除去第四圣种，而改为"陈弃药"，作为出家者不能再简朴的生活标准。其中"粪扫衣"，是别人不要而丢弃的旧布，可能是破烂的。在垃圾(即粪扫)中、路边、冢间，捡些世人所遗弃了的旧布，洗干净了，再缝成整幅，着在身上(印度人的服式，就是这样的)。粪扫衣，是从衣服的来源得名的。其后，释尊制定"三衣"，那是为了保护体温的必要，认为有了三件衣服就够了，所以有"但三衣"的名目。三衣(各有名称)，一般称之为"袈裟"(kaṣāya)，是杂染色的意思。三衣制成田畦形，用长短不等形的布，缝合而成。杂染色与田块形，保持了原始粪扫衣的特征。外道所穿的草叶衣、树皮衣、马尾衣，或一丝不挂的天衣，是释尊所禁止的。"常乞食"，是每天的饮食，要从每天的乞化中得来(不准食隔宿食，有适应热带地区的卫生意义)，不准自己营生。摩诃迦叶(Mahākāśyapa)③或摩诃迦罗(Mahākāla)，曾捡拾遗弃的食品充饥，为释尊所呵斥④。"树下坐"，是坐卧处，不住房舍而在野外的大树下住。"陈弃药"，各部律的解说不一。总之，能治病就可以，不求药品的新鲜、高贵。这一生活准绳，大抵是释尊早年所实行的。释尊离了家，穿着沙门穿过的袈裟；饮食都从乞食而

---

① 《摩诃僧祇律》卷二三(大正二二·四一五上)。
② 《长阿含经》卷八《众集经》(大正一·五一上)。
③ 《弥沙塞部和醯五分律》卷七(大正二二·五三上)。
④ 《十诵律》卷一三(大正二三·九五下)。《根本说一切有部毗奈耶》卷三六(大正二三·八二五上——八二六下)。

来。坐卧都在林野,如在菩提树下成佛;成佛以后,七七日都在树下住。释尊是这样,早期比丘们的住处,也大致是这样。受了竹园(Kalandaka-veṇuvana)以后,还是住在园中的树下。进一层说,这是当时沙门的一般生活情况,释尊只是随顺习俗而已。不过,当时的极端苦行者,或穿树皮衣、草叶衣,或者裸体。不乞食而只捡些根果,或被遗弃的祭品充饥。有的服气、饮水,也有食秽的。夏天暴露在太阳下,冬天卧在冰上;或睡在荆棘上、砂砾上。病了不服药。这些极端的苦行,为释尊所不取;无论怎样精苦,以能维持身心的正常为原则。

"四依",在释尊时代,是有悠久普遍性的,为一般沙门的生活方式。释尊适应世俗,起初也大致相近,只是不采取那些极端的苦行。释尊在世,释尊涅槃以后,佛教的出家众羡慕这种生活方式的,着实不少,被称为"头陀行"(dhūta-guṇa)。"头陀",是修治身心,陶练烦恼的意思(或译作"抖擞")。在原始的经律中,本没有"十二头陀"说。如《杂阿含经》说到:波利耶(Pātheyya)聚落比丘,修"阿练若行、粪扫衣、乞食"①,也只是衣、食、住——三类。大迦叶所赞叹的,也只是这三类②。但与此相当的《相应部》,就加上"但三衣",成为四头陀行了③。后起的《增一阿含经》,就说到十二支④。总之,起初是三支,后来

---

① 《杂阿含经》卷三三(大正二・二四〇中)。《别译杂阿含经》卷一六(大正二・四八五下)。

② 《杂阿含经》卷四一(大正二・三〇一下)。《别译杂阿含经》卷六(大正二・四一六中)。

③ 《相应部・无始相应》(南传一三・二七四)。又《迦叶相应》(南传一三・二九七)。

④ 《增一阿含经》卷五(大正二・五六九下——五七〇上)。

有四支、八支、九支、十二支、十三支、十六支等异说①。这里,且依"十二头陀行"②说。十二支,还只是三类:

"衣":粪扫衣·但三衣

"食":常乞食·次第乞食·受一食法·节量食·中后不饮浆

"住":阿兰若处住·冢间住·树下住·露地坐·但坐不卧

衣服方面:"粪扫衣"而外,更受佛制的"但三衣",不得有多余的衣服。饮食方面:"常乞食",还要"次第乞",不能为了贫富,为了信不信佛法,不按次第而作选择性的乞食,名为"平等乞食"。"受一食法",每天只日中一餐(有的改作"一坐食")。"节量食",应该节省些,不能吃得过饱。如尽量大吃,那"一食"制就毫无意义了。"中后不饮浆":浆,主要是果汁(要没有酒色酒味的才是浆),石蜜(冰糖)也可以作浆③。"日中"以后,不得饮用一切浆,只许可饮水(唐代禅者,许可饮茶)。坐卧处方面:"阿兰若处住",是住在没有嚣杂声音的林野。"冢间"是墓地,尸骨狼藉,是适于修习不净观的地方。"树下住",是最一般的。"露地坐",不在檐下、树下。但冢间、树下等住处,是平时的,在"安居"期中,也容许住在有覆盖的地方,因为是雨季。"但坐不卧",就是"胁不着席"。不是没有睡(人是不能不睡的),而只是没有躺下来睡,不会昏睡,容易警觉。这一支,在其他的传说中是没有的。

依古代沙门生活而来的,严格持行的,是"头陀行"。释尊

---

① 早岛镜正《初期佛教之社会生活》(七八——八二)。

② 《十二头陀经》(大正一七·七二〇下)。

③ 《摩诃僧祇律》卷二九,立十四种浆(大正二二·四六四中)。

"依法摄僧",渐渐地制定"律仪行"。律中所制的,在衣、食、住的生活方式上,与头陀行有相当大的差别。律制是适应多方面,而有较大伸缩性的。如"衣服":在来源方面,捡拾得来的粪扫衣之外,释尊许可受用 gṛhapati-cīvara。这个字,《僧祇律》与日本译的南传"律藏",译为"居士衣"①;《五分律》译作"家(主)衣"②;《十诵律》译作"居士施衣"③;《四分律》作"檀越施衣"④——这是接受在家信者布施的衣。在家人所布施的,虽品质有高低,而总是新的,颜色也会好些。布施的是布(或是布值),制成三衣,虽加上染色,比起粪扫衣来,那要整洁多了! 在数量方面,不只是"但三衣"(比丘尼五衣),也允许有"长衣"(atireka-cīvara),长衣是超过应有的(三衣)标准以上的多余的衣服。古代经济是不宽裕的,比丘们的衣服得来不易。如意外的破坏了,遗失了,水没、火烧,急着要求得衣服,并不容易,所以容许有"长衣"。但三衣以外的"长衣",是不能保有"十日"以上的。在"十日"以前,可以行"净施"。就是将"长衣"布施给另一比丘,那位比丘接受了,随即交还他保管使用。"净施",是以布施的方式,许可持有。如超过了"十日",没有净施,那就犯"舍堕"罪。衣服要舍给僧伽(归公),还要在僧中忏悔;不过僧伽多数会将衣交还他保管使用。这种制度,"舍"而并没有舍掉,"施"也没有施出去,似乎有点虚伪。然依律制的意义,超过

---

①　《铜鍱律·大品》(南传三·四九〇——四九一)。《摩诃僧祇律》卷八(大正二二·二九二中)。

②　《弥沙塞部和醯五分律》卷二〇(大正二二·一三四中)。

③　《十诵律》卷二七(大正二三·一九四下)。

④　《四分律》卷四〇(大正二二·八五四下)。

标准以上的衣服,在法理上,没有所有权,只有保管使用权。在事实上,凡是"长衣",必须公开地让别人知道,不准许偷偷地私蓄。运用这一制度,在"少欲知足"的僧团里,不得已而保有"长衣",也不好意思太多的蓄积了!"饮食",各部"戒经"的"波逸提"中,制有饮食戒十一条①,可说够严格的,但也有方便。平时,如没有吃饱,可以作"残食法"而再吃。在"日中一食"前,也可以受用"早食"。在迦絺那衣(kaṭhina)没有舍的期间,可以应信者的请求而吃了再吃("处处食"),也可以受别众请食。不过,过了中午不食,不吃隔宿的饭食,在印度是始终奉行的。

说到"住处",由于律制有(姑且通俗地称为)寺院的建立,渐演化为寺院中心的佛教,对初期佛教的生活方式来说,有了大幅度的变化。比丘们早期的"坐卧处",如《五分律》说:"阿练若处、山岩、树下、露地、冢间,是我住处。"②依古代的习俗,也有住神祠——支提耶(caitya)的,也有住简陋小屋。如"盗戒"的因缘中,说到檀尼迦(Dhanikā)一再建筑草舍,却都被牧牛人拆走了。舍牢浮伽(Śarabhaṇga)用碎苇来作苇屋③。印度的气候炎热,古代修行者,都住在这些地方。等到雨季来了,才住到有覆盖的地方。这种佛教比丘们的早期生活,在佛法的开展中,渐渐演进到寺院住的生活。寺院住、僧中住的生活渐渐盛行,"头

---

① 拙作《原始佛教圣典之集成》(一六二——一六三,本版一三六)。
② 《弥沙塞部和醯五分律》卷二五(大正二二·一六六中)。参考《铜鍱律·小品》(南传四·二二五)。《四分律》卷五〇(大正二二·九三六下)。《十诵律》卷三四(大正二三·二四三上)。
③ 《小部·长老偈经》(南传二五·二〇七)。

陀行"者就相对地减少了。后来,阿练若比丘都是住在小屋中的;树下住者,住在房屋外的树下;露地坐者,坐在屋外或屋内庭院的露地:与早期的"头陀行",也大大不同了。通俗所称的寺院,原语为僧伽蓝(saṃghārāma)、毗诃罗(vihāra)。阿蓝摩(ārāma),译为"园",有游乐处的意思。本来是私人的园林,在园林中建筑房屋,作为僧众的住处,所以称为"僧伽蓝"。"精舍",音译为毗诃罗,是游履——住处。在后来,习惯上是大寺院的称呼。僧伽蓝与精舍,实质上没有多大差别,可能是建筑在园林中,或不在园林中而已。比丘们住在树下、露地,虽说专心修道,"置死生于度外",但并不是理想的。如暴露在日光下、风雨中,受到蚊、蛇、恶兽的侵害。如住在房屋内,不是更好吗?古代人类,正就是这样进化而来的。比丘们所住的房屋,传说最初接受房屋的布施,是王舍城的一位长者,建了六十僧坊(或精舍)①,这应该是小型的(一人一间)。依"戒经"所说,比丘为了个人居住而乞化的,或是有施主要建大房(精舍),都是许可的。但要经过僧伽的同意;如为自己乞求作房屋,那是不能太大的。依律制,四人以上,称为"僧伽"。僧伽蓝与大型精舍的建立,应该与社会的经济繁荣、出家众的增多有关。从经律中所见到的,如舍卫城东的东园鹿子母堂(Pūrvârāma-mṛgāramātṛ-prāsāda),是富商毗舍佉鹿子母(Viśākhā-mṛgāramātṛ)所建的;城内有波斯匿王(Prasenajit)的王园(Rājakārāma);城南有须达多(Sudatta)长

---

① 《弥沙塞部和醯五分律》卷二五(大正二二·一六六中)。参考《铜鍱律·小品》(南传四·二二五)。《四分律》卷五〇(大正二二·九三六下)。《十诵律》卷三四(大正二三·二四三上)。

者布施的祇树给孤独园。拘睒弥（Kauśāmbī）有瞿史罗（Ghosila）长者所施的瞿史罗园（Ghosilârāma）。王舍城有频婆娑罗王所施的竹园。这些佛世的大寺院，都是得到国王、大富长者的支持。出家众多了，有随从释尊修习的需要，于是出现了大寺院。这可能以祇园为最早、最有名，传说舍利弗是当时建筑的指导者①。自从有了寺院，住在寺院的比丘，对树下、冢间、露地，虽还是经常到那些地方去修行，但是住在寺院，不能说是树下住、露地坐、冢间住的"头陀行"了。有了多数人共住的寺院，住在里面，不再是原来的独住（ekavihārin），而是在大众（僧伽）中住。有了多数人共住，就有种种事，于是"知僧事"的僧职，也由大众推选而产生出来。起初，还保持"安居"以后，到各处去游行，不得长期定住一地的习俗。但有了僧寺、僧物（公物），要有人在寺管理，不能离去，渐渐地成为"常住比丘"。对于新来的，称为"旧（住）比丘"。寺院成立了，逢到布萨的日子，及"安居"终了，信众们都来听法、受戒、布施，形成定期的法会。依律而住的比丘们，过着寺院的集体生活，使佛法更广大地开展起来。为了实现"正法久住"的理想，以寺院为佛教中心，是更契合于释尊的精神，不过寺院制成立，多数人住在一起，制度越来越重要。如偏重制度，会有形式上发展而品质反而低落的可能。在大乘佛法兴起中，对偏重形式的比丘们，很有一些批评。但印度大乘佛法的兴盛，还是不能不依赖律制的寺院。

　　佛教初期，沿用当时的一般生活方式，并无严格标准。如

------

　　① 《十诵律》卷三四（大正二三·二四四中）。

"日中一食",是后来才制定的,贤护(Bhadrapāla)比丘因此而好久没有来见佛①。如頞鞞(Aśvajit)与分那婆(Punarvasu)在吉罗(Kiṭāgiri)的作风,与一般的沙门行,严重地不合②。释尊是顺应一般的需要而次第地成立制度,但不是绝对的,而有宽容的适应性。等到寺院成立了,大众都过着共住的生活,于是渐形成"阿兰若比丘"、"聚落比丘"——二类。这是发展所成,因地区与时代的先后而并不完全相同,这不过大体的分类而已。说到聚落与阿兰若,律中有二类解说。一是世俗的分别:如"盗戒"所说的"聚落"与"空闲处"——"阿兰若",或以聚落的墙栅等为界,墙栅以内是"聚落",墙栅以外就是"空闲处"③。或分为三:墙栅等以内,是"聚落"。从墙栅(没有墙栅的是门口)投一块石头出去,从"聚落"到石头所能到达的地方,是"聚落界",或译作"聚落势分"、"聚落所行处"。投石(或说"一箭")所能及的地方,多也不过十丈吧! 也就是聚落四周约十丈以外,是"空闲处"④。二是佛教制度的解说:"聚落"(城邑),离城邑聚落五

---

① 《中部》(六五)《跋陀利经》(南传一〇·二四〇——二四一)。《中阿含经》卷五一《跋陀和利经》(大正一·七四六中——七四七上)。《增一阿含经》卷四七(大正二·八〇〇中——八〇一中)。《摩诃僧祇律》卷一七(大正二二·三五九中——下)。《毗尼母经》卷二(大正二四·八〇八中)。

② 《铜鍱律·大分别》(南传一·三〇二——三〇四)。《弥沙塞部和醯五分律》卷三(大正二二·二一下)。《四分律》卷五(大正二二·五九六下)。《十诵律》卷四(大正二三·二六中)。《根本说一切有部毗奈耶》卷一五(大正二三·七〇五上)。

③ 《四分律》卷一(大正二二·五七三中)。《根本说一切有部毗奈耶》卷二(大正二三·六三七上)。

④ 《铜鍱律·大分别》(南传一·七五)。《弥沙塞部和醯五分律》卷一(大正二二·六上)。《摩诃僧祇律》卷三(大正二二·二四四上)。

百弓(这五百弓是没有人住的)以外,名为"阿兰若住处"①;阿兰若住处,是比丘们所住的地方。离聚落五百弓,一弓约六、七尺长,五百弓约二里(或二里多些)。这也是三分的:聚落,中间五百弓,阿兰若住处。离聚落五百弓,听不到聚落中的大鼓声,或大牛的吼声,才是阿兰若处。依"戒经","非时入聚落",是不许可的,可见比丘们不是住在聚落中,而是住在阿兰若处的。依这个意义,无论是个人住,二、三人住,或四人(十人,数十人,数百人,数千人)以上共住的,都可说是住阿兰若处;不过四人以上,在僧伽蓝中住,称为僧伽蓝比丘。

　　比丘们的住处,渐渐地变好。从"阿兰若住处",移向"近聚落住处",更向"聚落中"住。这一情形,《十诵律》、《摩诃僧祇律》、《五分律》,表示得非常明白。说一切有部的《十诵律》"毗尼诵",是律的摩得勒伽,说到"阿兰若法","阿兰若上座法";"近聚落住法","近聚落住上座法"②。与"毗尼诵"相当的《萨婆多部毗尼摩得勒伽》,作"阿练若比丘","阿练若上座";"聚落","聚落中上座"③。一作"近聚落住",一作"聚落中",可看作从"近聚落住"发展到"聚落中"住的过程。《五分律》也说到:"阿练若处比丘","有诸比丘近聚落住"④。"近聚落住",就是住在"聚落"与"阿兰若处"的中间地带——五百弓地方。这

　　① 《铜鍱律·大分别》(南传一·七五)。《摩诃僧祇律》卷一一(大正二二·三二三中)。《四分律》卷一〇(大正二二·六三二下)。《十诵律》卷八(大正二三·五七中)。《根本说一切有部毗奈耶》卷二四(大正二三·七五六下)。

　　② 《十诵律》卷五七(大正二三·四一九下——四二〇上)。

　　③ 《萨婆多部毗尼摩得勒伽》卷六(大正二三·六〇二中)。

　　④ 《弥沙塞部和醯五分律》卷五(大正二二·三二上),又卷二七(大正二二·一八〇中)。

里没有人住，随俗也可说是"阿兰若处"（空闲处），其实是聚落边缘，也就是"聚落界"，"聚落势分"。寺院在"聚落中"，如《十诵律》与《摩诃僧祇律》所说的，应该比"近聚落住"的迟一些。如《清净道论》说："阿兰若"比丘，到"近聚落住处"（gāmanta）来听法①。与《清净道论》相当的《解脱道论》，就作"聚落住"②。律制的阿兰若比丘，以专精修行为主，至少要远离城邑聚落五百弓以外。等到寺院兴起，多数比丘共住的僧伽蓝与精舍（大寺），即使在阿兰若处，或保持宁静的传统，但人多事多，到底与阿兰若处住的原义不同。而且，佛教产生了"净人"制，"净人"是为寺院、僧伽、上座们服务的。如《十诵律》说："去竹园不远，立作净人聚落。"③竹园本在城外，但现在是在聚落边缘了。随着人口增加，城市扩大，本来在阿兰若处的寺院，转化为"近聚落住"与"聚落中"的，当然不少。这样，就形成了少数的、个人修行的"阿兰若比丘"，与多数的、大众共住（近聚落住与聚落中寺院中住）的"聚落比丘"——二大类。

　　阿兰若比丘，如果是初期那样的"头陀行"——粪扫衣、常乞食、树下住，一无所有，那真是"无事处"了！但后代的阿兰若比丘，也大都住在小屋中，穿着"居士施衣"——新而整洁的"三衣"，还留些食品，这就有受到盗贼恐怖的可能。"戒经"中，有"阿兰若过六夜离衣学处"，"阿兰若住处外受食学处"，都与贼寇有关。所以律制"阿兰若比丘法"，要预备水、火、食品，知道

---

① 《清净道论》（南传六二·一四四）。
② 《解脱道论》卷二（大正三二·四〇四下）。
③ 《十诵律》卷三四（大正二三·二五一上）。

时间与方向,以免盗贼来需索而遭到伤害①。阿兰若比丘与聚落比丘,可说各有所长,也各有所短,如《摩诃僧祇律》卷三五(大正二二·五一〇上——中)说:

> "阿练若比丘,不应轻聚落中比丘言:汝必利舌头少味而在此住! 应赞:汝聚落中住,说法教化,为法作护,覆荫我等! 聚落比丘不应轻阿练若比丘言:汝在阿练若处住,希望名利! 獐鹿禽兽亦在阿练若处住;汝在阿练若处,从朝竟日,正可数岁数月耳! 应赞言:汝远聚落,在阿练若处,闲静思惟,上业所崇! 此是难行之处,能于此住而息心意!"

二类比丘的风格不同,可以从轻毁与赞叹中了解出来。阿兰若比丘,从好处说,这是专精禅思,值得尊崇与赞叹的。但有些阿兰若比丘,不能专心修行,有名无实,不过为了"希望名利"(一般人总是尊敬这类修行人的),禽兽不也是住在阿兰若处! 聚落比丘,从短处说,这里人事多,只是吃得好些。从好处说,接近民众,为民众说法、授戒,护持正法。经师、律师、论师,都是在聚落(寺院)中住;阿兰若比丘,也要仰仗聚落比丘呢! 如《解脱道论》卷二(大正三二·四〇六中)说:

> "云何无事处(阿兰若处)方便? 或为受戒、忏罪、问法、布萨、自恣、自病、看疾、问经疑处:如是等缘,方便住聚

---

① 《铜鍱律·小品》(略)(南传四·三三一——三三二)。《弥沙塞部和醯五分律》卷二七(大正二二·一七九下——一八〇上)。《十诵律》卷四一(大正二三·三〇〇下——三〇一上)。《根本说一切有部毗奈耶杂事》卷三四(大正二四·三七七下——三七八上)。《萨婆多部毗尼摩得勒伽》卷六(大正二三·六〇二中)。

落,不失无事处。"

住在阿兰若处的比丘,如要忏罪、听法、布萨、养病,都不能不依赖聚落比丘的教导与照顾,佛教到底是以大寺院为中心了。阿兰若比丘与聚落比丘,是各有长处的,如能相互同情而合作,那是很理想的。但由于作风不一致,不免引起误会,或者互相毁谤。《摩诃僧祇律》曾说到:一、某处的阿兰若比丘,与聚落比丘"同一利养"("摄食界")——信众的饮食供养,大家共同受用。但在阿兰若比丘没有来以前,聚落比丘就先吃了。于是阿兰若比丘一早来,把饮食都拿走了,这就引起了纷诤①。二、弗绨虏是一位阿兰若比丘,到聚落住处来布萨。弗绨虏十四日来,聚落比丘说:我们是十五日布萨。等到十五日再来,聚落比丘却提前布萨了。这样的情形,"二十年中,初不得布萨",还要说弗绨虏"叛布萨"②。从这些事例,可见阿兰若比丘与聚落比丘,因住处不同、风格不同,引起了相互的对立。在大乘佛法兴起中,阿兰若比丘与聚落比丘的对立,正是一项非常重要的事实。

(五)出家布萨与在家布萨

佛教有布萨的制度,每半月一次,集合大众来诵说波罗提木叉戒经。这种制度,渊源是很古老的。依《吠陀》(Veda),在新月祭(darśamāsa)、满月祭(paurṇamāsa)的前夜,祭主断食而住于

---

① 《摩诃僧祇律》卷三五(大正二二・五○九下——五一○上)。
② 《摩诃僧祇律》卷三○(大正二二・四六九中——下)。

清净戒行，名为 upāvasatha（优波婆沙，就是布萨）。释尊时代，
印度的一般宗教，都有于"月八日、十四日、十五日"举行布萨的
习惯，释尊适应这一般的宗教活动，也就成立了布萨制①。信众
定期来集会，比丘要为信众们说法。律典没有说到信众们来参
加布萨，还做些什么，这因为律是出家众的制度，所以将在家布
萨的事略去了。

　　布萨制，在出家的僧众方面，起初是"偈布萨"，后来才以说
波罗提木叉为布萨，如《善见律毗婆沙》卷五（大正二四·七〇
八上）说：

　　　　"释迦牟尼佛，从菩提树下二十年中，皆说教授波罗提
　　　木叉。复一时于，……语诸比丘：我从今以后，我不作布萨，
　　　我不说教授波罗提木叉，汝辈自说。……从此至今，声闻弟
　　　子说威德波罗提木叉。"

　　"教授波罗提木叉"（ovādapātimokkha），就是略说教诫偈。由
于制立学处，后来发展为"威德波罗提木叉"（āṇāpātimokhha）。
"教授波罗提木叉"，如偈说："善护于口言，自净其志意，身莫作
诸恶，此三业道净；能得如是行，是大仙人道。"②"偈布萨"是道
德的、策励的；而"威德波罗提木叉"，如所制立的学处（戒条），
是法律的、强制的，以僧团的法律来约束，引导比丘们趣向解脱。

―――――――――

　　① 《铜鍱律·大品》（南传三·一八〇――一八一）。《弥沙塞部和醯五分律》
卷一八（大正二二·一二一中）。《四分律》卷三五（大正二二·八一六下）。《摩诃
僧祇律》卷二七（大正二二·四四六下）。《十诵律》卷二二（大正二三·一五八
上）。《大智度论》卷一三（大正二五·一五九中――一六〇中）。

　　② 《四分僧戒本》（大正二二·一〇三〇中）。

到后代，布萨着重于诵说"波罗提木叉戒经"，这不是布萨的主要意义；布萨的真意义，是实现比丘们的清净。所以在诵波罗提木叉以前，如没有来参加的，要"与清净"，向僧伽表示自己是清净的，没有犯过失。来参加集会的，在诵波罗提木叉以前，如《四分戒本》（大正二二·一〇一五中）说：

> "诸大德！我今欲说波罗提木叉戒，汝等谛听！善思念之！若自知有犯者，即应自忏悔。不犯者默然，默然者，知诸大德清净。若有他问者，亦如是答。如是比丘在众中，乃至三问。忆念有罪而不忏悔者，得故妄语罪。故妄语者，佛说障道法。若彼比丘忆念有罪欲求清净者，应忏悔，忏悔得安乐。"

在说波罗提木叉戒以前，要这样的三次问清净。在正说波罗提木叉的进行中，每诵完一类戒，就向大众三次发问，"是中清净否"？不断地警策大众，要大众反省自己，发露自己的过失。在佛法中，唯有无私无隐地发露自己的过失，才能出离罪恶，还复清净；不受罪过的障碍，而能修行圣道，趣入解脱。所以布萨说波罗提木叉，成为教育僧众、净化僧众的好方法。对于个人的修行，僧伽的和合清净，有着重大的意义！如忘了"清净"的真义，而只是形式地熟诵一遍，那就难免僧团的变质了①！

"布萨"的意义，玄奘作"长养"，义净作"长养净"。《根本萨婆多部律摄》解说为："长养善法，持自心故。……增长善法，

---

① 有关僧众的布萨，可参阅拙作《原始佛教圣典之集成》（一〇五——一二五，本版八九——一〇七）。

净除不善。"与《毗尼母经》的"断名布萨，……清净名布萨"①，大意相同。远离不善，使内心的净法增长，就是布萨。所以说："由此能长养，自他善净心，是故薄伽梵，说此名长养。"②律典说到在家信众来布萨，我以为：如《四分戒本》所说的偈布萨，在家信众不也是一样的适合吗？大众集会，比丘们说法、说偈，策励大众，起初是可能通于在家、出家的。等到布萨制分化了，在一月二次的布萨日，在家众来听法、布施，但不能参加出家者的诵戒布萨。"月八日、十四日、十五日"——六斋日（还有"神足月"），信众们来集会布萨，就以从古传来的过中不食，参入部分的出家行，合为八支，作为在家弟子的布萨。所以说："八戒斋者，是过去现在诸佛如来，为在家人制出家法。"③八支斋，梵语 aṣṭâṅga-samanvāgatôpavāsa，意译为"八支成就布萨"，古译"八关斋"。"洗心曰斋"，以"斋"来译长养净心的"布萨"，可说是很合适的。"八支"，见于《小部》的《经集》，但没有说受持的时间④。在四阿含中，见于《杂阿含经》的"八众诵"、《中阿含经》的《持斋经》、《增一阿含经》⑤。"八支"的次第与分合，传说略有出入，但内容都是：离杀生，离盗取，离淫，离妄语，离饮酒，离

---

①　《根本萨婆多部律摄》卷一（大正二四·五二九上）。《毗尼母经》卷三（大正二四·八一四中）。

②　《阿毗达磨俱舍论》卷一四（大正二九·七五中）。

③　《受十善戒经》（大正二四·一〇二三下）。

④　《小部·经集·昙弥迦经》（南传二四·一四三——一四六）。

⑤　《杂阿含经》卷四〇（大正二·二九五下——二九六上），又卷五〇（大正二·三六四上）。《相应部·夜叉相应》（南传一二·三六三——三六四）。《中阿含经》卷五五《持斋经》（大正一·七七〇中——七七一上）。《增支部·八集》（南传二一·一四一——一七三）。《增一阿含经》卷一六（大正二·六二四中——六二六上），又卷三八（大正二·七五六下——七五七上）。

非时食,离高广大床,离涂饰香鬘及歌舞观听。"八支"与"沙弥十戒"相比,只缺少"不捉持金银"一戒。"八支布萨",如《增支部·八集》(南传二一·一五一)说:

> "圣弟子如是思择:诸阿罗汉,乃至命终,断杀生,离杀生,弃杖弃刀;有耻,具悲,于一切众生哀愍而住。今我亦今日今夜,断杀生,离杀生,弃杖弃刀;有耻,具悲,于一切众生哀愍而住。"

"八支布萨",每一支都是这样的,以阿罗汉(出家者)为模范,自己在一日一夜中,修学阿罗汉的戒法(所以说"为在家人制出家戒")。这是在家的佛弟子,不能出家而深深地敬慕出家法。所以在一般在家的"三归"、"五戒"以外,制立"八支布萨",使在家众能过一日一夜的身心清净生活。对在家戒来说,这是精进的加行!

"八关斋",或称"八戒","近住律仪",是戒法之一,戒是需要授受的。《大毗婆沙论》说:"问:近住(优波婆沙的又一意译)律仪,从谁应受? 答:从七众受皆得,非余。所以者何? 若无尽寿戒者,则不堪任为戒师故。"①依论文,似乎七众弟子——出家五众、在家二众,谁都可以传授八关斋戒。这到底是什么意义?《增一阿含经》说到了授受的情形,如说:

> "善男子、善女人,于八日、十四日、十五日,往诣沙门、

----

① 《阿毗达磨大毗婆沙论》卷一二四(大正二七·六四七中)。

若长老比丘所,自称名字,从朝至暮,如阿罗汉持心不移。"①

"若有善男子、善女人,于月十四、十五日,说戒持斋时,到四部众中,当作是语:我今斋日,欲持八关斋法,唯愿尊者当与我说之!是时四部之众,当教与说八关斋法。"②

布萨日,到"沙门若长老比丘所",或"到四部众中",事实是一样的。在家弟子受八关斋戒,是在在家二众、出家二众——"四部众"(即"七众")中举行的;但教说戒的,是"比丘"、"尊者"。例如出家众受戒,虽由戒师(三人)举行传授,而实"戒从大众得"(应该是大众部义),戒是在(戒)坛诸师授与的。在家人受八关斋戒,也是一样。虽由"比丘"、"尊者"教说,而在"四众"(七众)中举行,也就是从四部众得来的。在会的四部众,一定是受过尽形寿戒的(五戒,也是尽形寿受持)。《大毗婆沙论》所说的"从七众受皆得",就是这个意义。假使不在布萨日,不在大众中,可以从一位在家弟子受,那就不能说是布萨,也不能说以阿罗汉为模范了!(西元四世纪作的)《成实论》说:"若无人时,但心念口言:我持八戒。"③这与大乘戒所说的"千里无师",可以自誓受戒一样。

受八关斋,以一日一夜受持为准。上午(也许可下午后开始)受戒,到第二天天明结束。现在南方佛教区,布萨日,在家

---

① 《增一阿含经》卷三八(大正二·七五六下)。
② 《增一阿含经》卷一六(大正二·六二五上——中)。
③ 《成实论》卷八(大正三二·三〇三下)。

弟子早上到寺院来,从比丘受八关斋,在寺院里听法、坐禅,称为"精进日"①。住在寺院中受持,所以八关斋也被解说为"近住戒"。形式上,近阿罗汉而住,也就是近寺院的出家人而住,修学部分的出家行。对于受持的时间,部派间有不同的意见,如《成实论》卷八(大正三二·三〇三下)说:

> "有人言:此法但斋(齐?)一日一夜。是事不然! 随受多少戒,或可半日乃至一月,有何咎耶?"

《大毗婆沙论》曾否定日间或夜间(即"半日")受,及一日一夜以上的受持②,就是《成实论》一流的主张。然依律意或事实来说,一日一夜以上的受持,应该是可能的。在家人为家业所累,不可能长期受持,所以制定为六斋日的一日一夜戒。如年在四十以上,或儿女大了,家业的负累也轻了,为什么不能作半月、一月以上的受持呢? 而且,六斋日以外,还有"神足月",或称"年三斋",一年的三个月内持斋,这应该不是一日一夜戒了。西元一九五七年,我出席泰国的佛元二千五百年庆典,住在泰国的寺院里。在我所住的附近房屋,住有好几位妇女,每天为我们预备早餐。我问陈明德居士:泰国寺院的规律谨严,为什么也住有妇女? 他说:是州府来受八关斋戒的。我没有进一步地探问,如真的从远处的各州府来,不可能只受一日一夜戒的(也许是每日受的)。而且大会期间(七天),她们都始终住在寺里。所以依事实说,或是年三斋,或是长期受八关斋,都可能长住在寺

---

① 平川彰《原始佛教之研究》(四二三)。
② 《阿毗达磨大毗婆沙论》卷一二四(大正二七·六四七中——下)。

院中,近僧而住。这是俗人而近于寺僧的,是敬慕出家行,而仍处于在家地位的。如果说佛教中有"不僧不俗"者,这倒是事实的存在。

受戒与忏悔,是不能分离的。"忏"是忏摩(kṣama)的略称,是请求"容忍"、"容恕"的意思。"悔"是 deśanā(提舍那)的意译,原义为"说"。佛法中,如犯了过失(除极轻的"自责心"就得),非陈说自己的过失,是不能回复清净的。所以出家人犯了过失,要向僧众,或一比丘,请求容忍(忏),并陈说(承认)自己的过失(悔),一般通称为"忏悔"。在受八关斋时,依《增一阿含经》:先教说"忏悔",次教说"受(八)戒",末后教说"发愿",与《大智度论》所说的相同①。受戒以前的忏悔,是在四众中进行的。如受持而犯了呢? 出家人有一定的忏悔法,称为"作法忏"。现存的经律,没有明确地说到在家戒犯了应怎样忏悔。受八关斋的,或男或女,在四众或比丘前说罪,怕也是不适宜的。《四辈经》说:"朝暮烧香然灯,稽首三尊,悔过十方,恭敬四辈。"②个人向佛(塔、佛像)忏悔,可能是从在家受戒者的忏悔而发展起来的。

(六)佛法专门化与呗噁者

佛教中,早就有了"学有专长"的专才,而且是同类相聚的。

---

　　① 《增一阿含经》卷一六(大正二・六二五中——下)。《大智度论》卷一三(大正二五・一五九中——一六〇上)。
　　② 《四辈经》(大正一七・七〇五下)。

如《相应部·界相应》,说到了"说法者"(dharma-kathika)满慈子(Pūrṇa-maitrāyaṇīputra),"多闻者"(bahussutta)阿难,"持律者"(vinayadhara)优波离等①。《增一阿含经》也说到各人的"第一"②。阿难"侍佛二十五年",听闻而忆持不忘的教法极多,所以称"多闻第一"。满慈子长于教化(演说、阐扬),所以是"说法第一"。优波离是律的结集者,"持律第一"。在原始结集时,优波离结集律,阿难结集法。结集的法,要忆持诵习;对新传来的教法,要依原始结集的"相应修多罗"为准绳,来共同审核编集,所以有了"持法者"(dharmadhara)。结集了的律,要忆持不忘;还要依"波罗提木叉"为准绳,而对僧团沿习而来的规制,加以决定编集,仍旧称为"持律者"。"持法者"与"持律者",是传持佛教圣典者的二大流。其后,从"持法者"(也从"说法者")分出"持母者"(mātṛkādhara),或"持阿毗达磨者"(abhidharmadhara),与前"持法者"、"持律者",就是传持三藏者的不同名称。在重法的经典中,一直是沿用这样的名称。如《中部·牧牛者大经》,列举"多闻"、"传阿含"(āgatāgama)、"持法"、"持律"、"持母"——五类③。"多闻"是阿难以来的名称。"传阿含"是《阿含经》成立了,《阿含经》所有古说的传承者。"持法"、"持律"、"持母",就是三藏的传持者。这五类,《增支部》

---

① 《相应部·界相应》(南传一三·二二九——二三〇)。《杂阿含经》卷一六(大正二·一一五上——中)。

② 《增支部·一集》(南传一七·三四——三五)。《增一阿含经》卷三(大正二·五五七下——五五八上)。

③ 《中部》三三《牧牛者大经》(南传九·三八五)。

曾一再地说到①。在汉译中，《杂阿含经》作"修多罗、毗尼、阿毗昙"②。《中阿含经》也有"知经、持律、持母者"③，都只说到持三藏者。

在律典中，也许律典的完成迟一些，所以出现了更多的专门人才。弘法人才，除多闻者、说法者以外，还有 suttantika、bhāṇaka。现在列举《铜鍱律》所见的如下④：

《经分别》⑤	《自恣犍度》⑥	《经分别》⑦
suttantika	suttantika	suttantika
vinayadharā	vinayadharā	vinayadharā
dhammakathikā	dhammakathikā	dhammakathikā
jhayina		
	bhaṇantehi	bhāṇaka
		bahussuta

Suttantika，或译"诵经者"，"精通经者"，应是"四阿含"或"五部"的诵持者。vinayadhara 是"持律者"。dhammakathikā 是满慈子以来，演说与宣扬法化者的名称。jhāyin 是"坐禅者"。bahussuta 是阿难以来，多习经法（不一定属于一部）的"多闻

① 《增支部·三集》（南传一七·一九〇）。《四集》（南传一八·二五九）。《四集》（南传一八·二九七）。《五集》（南传一九·二五〇——二五二）。《六集》（南传二〇·一————一二）。
② 《杂阿含经》卷四七（大正二·三四三上）。
③ 《中阿含经》卷五二《周那经》（大正一·七五五上）。
④ 塚本启祥《初期佛教教团史之研究》广引（三八七——三九六）。
⑤ 《铜鍱律·经分别》（南传一·二六八）。
⑥ 《铜鍱律·大品》（南传三·二九八）。
⑦ 《铜鍱律·经分别》（南传二·一〇七）。

者"。bhāṇaka,日译作"善说法者"。在"自恣犍度"中,有
bhikhūhi dhammaṃ bhaṇantehi,译作"比丘等说法"。bhaṇantehi
与 bhāṇaka,显然地属于同一类。日译为"善说法"与"说法",似
乎还不能表达这一名称的含义!

　　这可以从一位比丘说起。罗婆那婆提(Lakuṇṭaka-bhadriya),
"婆提"或译"跋提",意译为"贤"、"善和"。婆提是一位矮小而
又丑陋的,所以称为"侏儒婆提"。人虽然矮小丑陋,不受人尊
重,但证得阿罗汉,又生成美妙的音声。《增支部》称之为"妙音
者";《增一阿含经》作"音响清彻,声至梵天"①。《十诵律》卷三
七(大正二三·二六九下)说:

　　　　"有比丘名跋提,于呗中第一。是比丘声好,白佛言:
　　世尊! 愿听我作声呗! 佛言:听汝作声呗。呗有五利益:身
　　体不疲,不忘所忆,心不疲劳,声音不坏,语言易解。"

　　《摩诃僧祇律》没有说到跋提,却另有一位比丘尼,如卷三
六(大正二二·五一八下——五一九上)说:

　　　　"此比丘尼有好清声,善能赞呗。有优婆塞请去,呗
　　已,心大欢喜,即施与大张好氎。……(佛问:)汝实作世间
　　歌颂耶? 答言:我不知世间歌颂。"

　　跋提与某比丘尼,都是天赋的妙音,不需要学习,自然优美
动听。这就是"声呗"、"呗赞"。从所说的"声音不坏"、"语言

————————————

　　① 《增支部·一集》(南传一七·三四)。《增一阿含经》卷三(大正二·五五
八上)。

易解",可知初期的"声呗"是近于自然的吟咏,没有过分的抑扬顿挫,可能近于诗的朗诵,只是音声优美而已。"呗"在《五分律》《四分律》中,译为"呗匿";"呗匿"不正是 bhāṇaka 的对音吗!"呗"与歌唱,是有分别的,佛法是不许歌唱的。《十诵律》容许"声呗",却说"不应歌,……歌有五过失"①。《五分律》不许"作歌咏声说法"②,但可以"说法经呗"③。《四分律》容许"歌咏声说法",但不许"过差歌咏声说法"④。《杂事》说:"不应作吟咏声诵诸经法。……然有二事作吟咏声:一谓赞大师德,二谓诵三启经。"⑤虽然是可以的,还是"不应歌咏引声而诵经法"⑥。如"引声"诵经,就与婆罗门的阐陀(chandas)声诵经相同了。说一切有部似乎比较宽容些,所以说:"若方国言音须引声者,作时无犯。"⑦如上来所引述,可见以美妙的音声来诵经、赞颂、说法,跋提与某比丘尼,是生来的美音,自然合律动听,近于吟咏而不过分的抑扬。部派所容许的"声呗",大抵相近,但经过了人为的练习。说一切有部,也许更接近音乐了。我在泰国,听见多数比丘的集体诵经,音声庄重和雅,有一定的(经过学习的)抑扬顿挫,但不会过分,这是符合古代声呗诵经的原则。但"声呗"无论是诵经、赞颂、说法,都是"听请一人",而不

---

① 《十诵律》卷三七(大正二三・二六九下)。
② 《弥沙塞部和醯五分律》卷一八(大正二二・一二一下)。
③ 《弥沙塞部和醯五分律》卷二六(大正二二・一七六中)。
④ 《四分律》卷三五(大正二二・八一七上)。
⑤ 《根本说一切有部毗奈耶杂事》卷四(大正二四・二二三中)。
⑥ 《根本说一切有部毗奈耶杂事》卷六(大正二四・二三二下)。
⑦ 《根本说一切有部毗奈耶杂事》卷六(大正二四・二三二下)。《根本萨婆多部律摄》卷九(大正二四・五七五中)。

许"同声合呗"①，以免形成歌唱的气氛。

　　bhāṇaka——呗噫者，为佛教的专才之一，而且"呗噫呗噫共"同②，也成为一类。在汉译的各部律中，都说到了"呗"；《铜鍱律》也有，不过被日译为"善说法"而已。静谷正雄著的《初期大乘佛教之成立过程》说到：bhārhut 佛塔，创建于西元前二世纪，发现创建者的碑铭不少。其中称为 bhāṇaka 的，当地的共四人，外地来的共二人；而当地的四人中，一人又是 navakamika——工程营造的督导者。同时代兴建的 sāñcī 塔，有 bhāṇaka 二人。西元一世纪兴建的，kārle 的支提耶（caitya）洞窟，也有 bhāṇaka 一人，是属于法上部（Dharmôttarīya）的。呗噫者对古代佛塔的兴建，是相当热心的。说出世部的《大事》，也提到 bhāṇaka，明显的与音乐有关③。各部派都传有"呗噫"者，他们的特长，是近于吟咏的音声。声呗的应用极广，诵经、赞颂、说法，都可以应用声呗，所以解说为"赞偈"或"说法"，都是不完全的解说。在佛法倾向于宗教仪式的发展中，呗噫是有重要意义的。如在布萨日，安居开始或终了自恣日，及释尊的纪念大会，寺院与佛塔的落成等，信众们来集会、布施，呗噫者都负有重要的任务，这可以从中国早期佛教而理解出来。《高僧传》有"经师"、"唱导"二科。"经师"末论说："天竺方俗，凡是歌咏法言，

---

　　①　《弥沙塞部和醯五分律》卷一八（大正二二·一二一中）。《四分律》卷三五（大正二二·八一七上）。
　　②　《弥沙塞部和醯五分律》卷三（大正二二·一五中）。《四分律》卷三（大正二二·五八七中）。
　　③　静谷正雄《初期大乘佛教之成立过程》（一八——一九）。

皆称为呗。至于此土,咏经则称为转读,歌赞则号为梵呗。"①这
就是诵经与赞颂二类。"唱导"末论说:"唱导者,盖以宣唱法
理,开导众心也。……至中宵疲极,事资启悟,乃别请宿德,升座
说法。……夫唱导所贵,其事四焉,谓声、辩、才、博。非声则无
以警众。……至若响韵钟鼓,则四众惊心,声之为用也。"②"唱
导"——说法(不是经论的解说)也还是着重声音的,所以唐代
所译的《杂事》说:善和比丘"于弟子中,唱导(呗的意译)之师,
说为第一"③。《律释》也说:"若方言,若国法,随时吟咏为唱导
者,斯亦无犯。"④唱导是声呗的说法;转读是声呗的诵经;梵呗
是声呗的赞颂,都是声呗的不同应用而别立名称。在中国古代,
都是个人吟咏作呗的。近代中国的法事,多数是合诵合唱,只有
忏仪中的"梵呗"、"表白",由一个人宣白,虽引声多了些,还保
有声呗的古意。

（录自《初期大乘佛教之起源与开展》,175—231
页,本版151—199页。）

---

① 《高僧传》卷一三(大正五〇·四一五中)。
② 《高僧传》卷一三(大正五〇·四一七下)。
③ 《根本说一切有部毗奈耶杂事》卷四(大正二四·二二三上)。
④ 《根本萨婆多部律摄》卷九(大正二四·五七五中)。

三 律藏所说的别部与异住

　　《初期大乘佛教之研究》,在"律藏所见大乘教团与部派佛教之关系"(页六七五——六九八),论到部派与部派间,是不能共住的,以"异住"(nānāsaṃvāsaka)为别部的意思。如部派与部派不能交往共住,那菩萨也当然不能与部派教团共住了;大乘就不可能从部派佛教中发展出来。该书主张:依寺塔而住,依经营寺塔经济而生活的在家人——"第三佛教的存在"(页六四八——六四九),大乘教团有由此而发展出来的可能性。作者的构想,大乘是从"不僧不俗"的第三者而来的。以作者的广博知识,对汉译经律的熟悉,而作出这样的结论,是令人深感意外的! 在家人在大乘佛教中的地位,是毫无可疑的。然为了证明菩萨教团的属于在家,而引用部派间的不可能共住,是不能成立的,因为部派与部派间不能共住的一切文证,都是脆弱而不能成立的。律藏所说的"异住"、"不共住",这类名词的意义,有作一解说的必要。

　　《摩诃僧祇律》说到二类不同的"异住"。一、提婆达多破僧,名为"异住"①。这不但是僧团的破坏,而且是叛教,与佛教

---

　　① 《摩诃僧祇律》卷二六(大正二二·四四三上)。

相对抗,这与部派的分立是不同的。二、瞻波比丘的分为二部①。上座部系律,也说到瞻波比丘的非法羯磨等;但分为二部,信众应平等供养,是拘睒弥比丘的事。因犯与不犯的论诤而分部,《铜鍱律》等说犯者认罪而回复僧伽的和合。"异住"就是破僧,定义及处分,如《摩诃僧祇律》卷二六(大正二二·四四一上)说:

> "一住处,共一界,别众布萨,别自恣,别作僧事,是名破僧。……是破僧伴党,尽寿不应共语、共住、共食;不共佛法僧;不共布萨、安居、自恣;不共羯磨。"

律制的原则,在同一界内、同一住处,是不得别众——分为二众而各别布萨的;别众布萨、别众自恣,就是破僧。这是"异住"的一类,为佛制所严禁的。但破僧比丘(异住比丘),还是受具足戒的,不犯根本,不失比丘的资格,所以信众们还应该一样地布施他们。假如有诤论,意见不合,到界外去,另外"结界"而举行布萨,就不犯破僧。破僧罪很重,所以这样的破僧"异住",佛教界是很少有的,与部派佛教的自成部派,性质也并不相同。

《铜鍱律·大品》,在说明布萨日可否到别处去,有"同住比丘","异住比丘"②。《十诵律》与之相当的,作"彼间比丘不共住","彼比丘清净共住"③。同住与异住,不共住与清净共住,是什么意义?律藏的意义,可以从比较而明白出来。"异住"与

---

① 《摩诃僧祇律》卷二六(大正二二·四四〇中——四四一上)。
② 《铜鍱律·大品》(南传三·二三九——二四〇)。
③ 《十诵律》卷二二(大正二三·一六三下——一六四下)。

"不共住",《五分律》意义相当的,作"往斗诤比丘住处布萨,往破僧比丘住处布萨"①。这可见布萨日不可往的,并非别的部派。布萨日应在界内布萨说戒,如到界外的清净比丘处,也是可以的。如那边比丘是破僧比丘或正在斗诤中,那是不可以去的。不过,"除僧事、急事"。斗诤的与破僧的异住比丘,并没有失去比丘身份,所以遇到"僧事、急事",还不妨到那边去。这怎么可以解说为不同的部派,部派与部派间不可往来呢!

"共住"、"同住"、"异住"、"不共住",在律藏中是各有定义的。佛在制波罗夷时说:"波罗夷,不应共住",或简作"不共住"。不共住的意义是②:

《铜鍱律》:"不应共住者,同一羯磨,同一说戒,共修学,名为共住。彼不得与共,故说不应共住。"

《五分律》:"不共住者,如先白衣时,不得与比丘共一学……不与比丘共一羯磨……不与比丘共一说戒……是名不共住。"

《四分律》:"云何名不共住? 有二共住:同一羯磨,同一说戒。不得于是二事中住,故名不共住。"

《十诵律》:"不共住者,不得共作比丘法,所谓白羯磨、白二羯磨、白四羯磨、布萨、自恣,不得入十四人数。"

《根有律》:"不共住者,谓此犯人,不得与诸苾刍而作

---

① 《弥沙塞部和醯五分律》卷一八(大正二二·一二八中)。
② 《铜鍱律》(南传一·四四)。《弥沙塞部和醯五分律》卷一(大正二二·四下)。《四分律》卷一(大正二二·五七一下)。《十诵律》卷一(大正二三·二下)。《根本说一切有部毗奈耶》卷一(大正二三·六三〇下)。

共住，若褒洒陀；若随意事；若单白、白二、白四羯磨；若众有
事，应差十二种人，此非差限；若法、若食，不共受用。是应
摈弃，由此名为不应共住。"

"共住"（saṃvasana）的意义极明白，比丘受了具足戒，成为
僧伽的一员，过着共同的生活，有同一布萨、同一说戒、同一羯磨
的权利。犯了波罗夷，失去比丘身份，不再能过共同的僧伽生
活，所以名为不应共住——不共住。如上面所说破僧比丘等
"异住比丘"，《十诵律》也译为"不共住"。这也是"尽寿不应共
语、共住、共食；不共佛、法、僧（即不共修学）；不共布萨、安居、
自恣；不共羯磨"①。但这类"异住比丘"，没有失去比丘身份，
而只是褫夺终身的共住生活权。还有一类，《十诵律》也译为
"不共住"；《铜鍱律》也称为异住，相反的称为同（共）住。这
有三类：一、"不见罪举罪（或译"不见摈"），二、不忏罪举罪
（或译"不作摈"），三、恶邪见不舍举罪（或译"恶邪不除摈"）。
《铜鍱律·小品》说到不见罪举罪（余二例）时（南传四·三
一）说：

"僧伽为阐陀比丘作不见罪举罪羯磨，僧伽不共住。"

这一类的不共住，也是"异住比丘"，所受的处分，如《十诵
律》卷三一，不作摈的行法（大正二三·二二五下）说：

"诸比丘不共汝作羯磨，不共汝住于僧事中，若白羯
磨、白二羯磨、白四羯磨、布萨、自恣，不得入十四人数。"

---

① 《摩诃僧祇律》卷二六（大正二二·四四一上）。

"得不见摈比丘行法者：不应与他受大戒，不应受他依
止，不应畜沙弥，不应受教诫比丘尼羯磨，若先受不应教诫。
不应重犯罪，不应作相似罪，不应作过是罪。不应呵羯磨，
不应呵羯磨人。不应受清净比丘起礼迎送，供养衣钵、卧
具、洗脚、拭脚、脚机，若无病不应受他按摩。心悔折伏柔
软。佛言：若不如是法行者，尽形不得离是羯磨。"

第一类犯波罗夷的，是失去比丘身份，终身不得共住。第二
类犯破僧的，不失比丘身份，终身不得共住。这第三类——不见
罪等三种人，被僧伽羯磨后，当然还是比丘，但无定期地褫夺共
住权。如能"心悔折伏柔软"，得到僧伽的同意，为他解除羯磨，
就恢复清净共住比丘的身份。所以，依后二类"异住比丘"，而
解说为不同部派不能共住，是完全的误解了！"异住比丘"是不
失比丘资格的，所以如能够如法而说，年岁又长（依受戒时间计
算），虽是"异住"，为了重法，清净比丘也还是可以向他礼拜的。
《铜鍱律·小品》，三种人应礼中的"异住"①，就是这后二类的
异住，不是别的部派。

形式上，律都是佛所制的。佛世并没有部派；拘睒弥分为二
部，多少有点分部的意义，但又和合了。等到部派佛教时代，部
派间的关系，律藏中没有明显的论列。如以"异住"为别部，那
是不会正确的。在汉译律藏中，可解说为别部派的，仅有一二，
如《十诵律》卷五六（大正二三·四一六中）说：

---

① 《铜鍱律·小品》（南传四·二四八）。

　　　　"有五因缘舍依止：……四、舍此部到异部中。"

　　"异部"，可能是别的部派。依此而论：受具足戒比丘，五年
内是要受依止的，如没有长成而需要监护人一样。从某部派出
家，应受某部派的依止监护。如到别部派去，那当然就失去了依
止。比对他律，没有这样的规定，可能是说一切有部为了加强部
派性而作的新规定。又如《四分律》卷三六（大正二二・八二二
上）说：

　　　　"到病比丘所受清净已，……若入外道众，若入别部
　　众，……不成与清净。"

　　"若入别部众"，也可能是别的部派。比丘受了病比丘的清
净，应该向界内的僧伽报告。如没有这样做，不问为了什么，到
别的部派中去（当然在界外），那就没有完成取得"与清净"的责
任，当然就不成与清净。上面二则，该书都解说为："布萨日，比
丘入别部众，即失比丘资格。"①律文非常明白，这是"舍依止"，
"不成与清净"，不能解说为失去比丘资格的。还有一则，如《弥
沙塞部和醯五分律》卷二四（大正二二・一六一下）说：

　　　　"时诸比丘，以余法余律作羯磨。……佛言：不成
　　羯磨。"

　　《铜鍱律・小品》与此相当的，作："违法作羯磨，不成羯磨。

---

　　①　平川彰《初期大乘佛教之研究》（六七九）。

违律作羯磨,不成羯磨。违师教作羯磨,不成羯磨。"①可见"余法余律",只是违法违律、非法非律作羯磨的意思。不过,《五分律》译作《余法余律》,可能意味着不同部派的羯磨法。各部派各有成规传统,中间变乱,应该是各派所不许的。这带有部派意味的律文,并不能证明部派间的不能交往、不能共住。

（录自《初期大乘佛教之起源与开展》,380—387页,本版323—329页。）

---

① 《铜鍱律·大品》(南传三·五五一——五五二)。

四 部派间共住的原理与事实

大乘佛教兴起以前，部派间的关系，缺乏足够的资料来说明。但律藏中拘睒弥比丘的诤论分部，与瞻波比丘的非法羯磨，可作为分部的处理原则。依律本说：拘睒弥比丘的论诤分部，起因是小事，代表了律师与法师间的诤论。律师方面，为了小事，对被认为有犯者，作了"不见罪举罪"羯磨。那人自认为无罪，于是向各方控诉，得到不少比丘的支持，因此诤论而分成二部；一在界内，一在界外，分别地举行布萨。后来，法师自己见罪，而解除了举羯磨，这是律师所传的①。瞻波比丘，是多数的客比丘，嫌旧住比丘的招待不好。旧住比丘不承认有罪，客比丘也为他作了举羯磨。这也会引起诤论；后来客比丘自知非法，举羯磨也就宣布无效②。斗诤而引起僧众破散，总不免掺杂些感情成

---

① 《摩诃僧祇律》卷一三（大正二二·三三三下——三三四下）。《弥沙塞部和醯五分律》卷二四（大正二二·一五八下——一六一上）。《四分律》卷四三（大正二二·八七九中——八八五上）。《十诵律》卷三〇（大正二三·二一四上——二一七下）。《铜鍱律·大品》（南传三·五八七——六二一）。

② 《摩诃僧祇律》卷二六（大正二二·四四二上——四四二下、四三八下）。《弥沙塞部和醯五分律》卷二四（大正二二·一六一上——一六三中）。《四分律》卷四四（大正二二·八八五上——八八九上）。《十诵律》卷三〇（大正二三·二一八上——二二一上）。《铜鍱律·大品》（南传三·五四四——五七九）。

分,所以原则来说,是法与非法,应该分明,而在事实上,决不能强行。对诤论中的双方,佛对被举比丘说:有罪呢,应该承认。无论如何,不可因自己的关系而引起破僧,应当容忍。(阿难在五百结集中所表现的:"我于是中不见罪相,敬信大德,今当悔过"①,是一好榜样!)小小事,向大德僧忏悔,也没有什么;大众和合,才是首要的大事。佛对举他的比丘说:要别人自己承认,不可勉强。如觉得这样做了,会引起诤论,引起破僧,那就要容忍,不宜作举罪羯磨。佛只是劝告的,因为佛与僧伽,不是权力机构。僧事要取决于多数,如多数人有异议,即使是非法的,也不能强制执行。佛向双方劝告,可是诤论中的拘睒弥比丘,谁也不听佛的教导,不肯反省,佛就离开了他们。依佛的意见,既然合不来,在一起要斗诤,那么分为两部,也是好事。当时的拘睒弥比丘,一在界内布萨,一在界外布萨,佛都赞许为合法。绝对不可以的,是在同一界内而分别布萨,因为这将一直诤论下去。拘睒弥比丘,双方都自以为是,时常诤论,引起当地人士的不满,双方这才分别到舍卫城见佛。对这些斗诤破僧比丘,佛指示舍卫城的比丘:对斗诤分破的比丘,应该分别地给他们座卧处(住处),不让他们住在一起(免诤论)。对于衣食,要平等地分给他们。佛指示舍卫城的信众,对斗诤分破的双方,要平等地布施,也要去听他们说法,凡是说得如法的,要欢喜信受,这是《铜鍱律·大品·拘睒弥犍度》所说的②。斗诤破僧比丘,都自以为是对的,谁是谁非,在家众怎么知道! 就是其他(如舍卫城)比丘,

---

① 《弥沙塞部和醯五分律》卷三〇(大正二二·一九一中)。
② 《铜鍱律·大品》(南传三·六一五——六一六)。

也不能先入为主地判断谁是谁非,也还要平等对待。《弥沙塞部和醯五分律》卷二四(大正二二·一六〇下)说:

> "汝(信众)当听彼二众语,若如法如律如佛所教者,受其教诫。至于敬待供养,悉应平等。所以者何?譬如真金,断为二段,不得有异。"

> "斗诤比丘已入,我当云何为敷卧具?佛言:应与边房;若不足者,与中房。不得令彼上座无有住处。"

与《铜鍱律》少少不同的。是斗诤比丘的住处,是边房或中房(《四分律》同)。《十诵律》说到:"应与一切二部僧饮食。"不问斗诤的谁是谁非,但对于不能如法说的,"不应尊重供养赞叹;不应教诵经法,答所问疑,不应从受读诵经法,从问所疑;不应与衣、钵、户钩、时药、时分药、尽形药"。不过一般信众,未必能分别如法说、非法说,大概还是同样地布施。斗诤比丘如法和合,那当然不用说了。如分破了不和合,但住处不同,即使是"异部众",久了也会各自发展而延续下去。《摩诃僧祇律》卷二六(大正二二·四四一上)这样说:

> "若于中布施,故名良福田。于中受具足,故名善受具足。"

在比丘,可能分为异部,但信众平等布施,不是属于哪一部派的。别部众可以作如法羯磨,也可以为人受具足戒,佛教一样的可以延续下去。所以僧伽破散,是不理想的,但不在同一界内作布萨,对别部异众,不是不可容忍的。古代的部派佛教,起初应有过诤论。但分裂为十八部,主要还是地区的、语言的各别发展,不一定都有互相斗诤的事实。在这点上,印度大陆的部派佛教,继承原始的容忍精神,称十八部为"异部",异部只是不同的部派。法与律,都可能有批判,自以为最好的,但谁也承认别部派的合法性,是佛法。锡兰的铜鍱部,律藏所说的,虽还是一样,而在教团的传统上,自以为就是原始结集传来的上座部正宗,而称其余的十七部为"异师"①。这种精神,可能与岛国的民情有关。

佛教在发展中,寺院为佛教的活动中心,与分裂的部派相关联,而成为寺院中心的部派佛教。依律制说:僧伽有四人成僧,五人成僧,十人成僧,二十人及二十人以上成僧,似乎僧伽是小单位。其实,这是"现前僧伽"(saṃmukībhhūta-saṃgha)。为空间所局限,不可能使全体比丘和合在一处,而产生一定区域内的和合共住,同一布萨,同一说戒,而过着共同生活。然僧伽不只是这样的,依律制,如受具足戒的,成为僧伽一员,不只是加入当前界内的僧伽(现前僧),而是成为全体僧伽的一员。全体的僧伽,称为"四方僧伽"(cātuddisa),所以受具足戒的,无论到哪里,在半月半月布萨的日子,都要与所在地的比丘们和合,同一布萨说戒。由于寺院财产规定属于全体——从现在到未来,都属于僧伽全体,不许分配,称为"四方僧物"。僧——四方僧,不为当前的时空所限,而有永久性与普遍性,成为佛法住世、佛教延续的实体。因此律制的共住,不限于当前界内的少数比丘,而

---

① 《岛史》(南传六〇·三五)。

是到处可与比丘(到处都是现前僧)们共住。依此律制的原则，僧伽分破，分破而不失比丘资格的，"譬如真金，断为二段，不得有异"。彼此分部而住，各别布萨，只是为了减去无谓的诤论，而不是失去共住的资格。在部派佛教时代，斗争而分裂的事实，早已随时间而过去。不同部派的比丘，如说不能在别部的寺院中共住，这是难以理解的。有了部派分别，当然以住在自部寺院为主，但因事外出，没有不能与别部共住的理由。在"布萨不可往"中，为了"僧事、急事"，虽然是"异住比丘"，也一样的可以去那里布萨①，这是最明白的文证。或以为各部派的波罗提木叉经，戒条有多少，处罚也有轻重出入，所以在别部中不能和合共住。这理由也不能成立，如说一切有部，有《十诵律》、《根本说一切有部毗奈耶》，戒经的条文有多少，处分也有出入，然并不因此而成为二部，因此而不能互相往来，这是事实证明。布萨与自恣犍度，说到旧比丘与客比丘的关系，可引用为别部派往来的原则。客比丘少数，或人数相等，都要顺从旧比丘。如布萨日，十四或者十五，旧比丘总有自己的成规，客比丘应顺从旧住比丘。如客比丘人数很多，可与旧比丘洽商，或出界外去布萨。可见少数的客比丘，是应该尊重、随顺旧比丘的。何况受具足戒，不是受某部派的具足戒。波罗提木叉经原本只是一种，不同也只是传诵演化而来，并非两种不同的戒法。为了参学，为了宏化，为了瞻礼圣迹，为了游方观化，二三人出去，到别部寺院，当然"入境问俗"，"客随主便"。如自以为是，把别部看成异端，那

---

① 《十诵律》卷二二(大正二三·一六四上——中)。《铜鍱律·大品》(南传三·二三九)。

只有安住自部的寺院,免得出去生闲气了。

旧比丘与客比丘,本是寺院中旧住的与新来的,但在寺院(与部派)佛教的发展中,形成主与客的不同地位。原始的律制,每年三月安居,九月游行。但安居制逐渐演变,留住寺院的时间延长为四个月,更演进到八个月①,安住寺院的时间就长了。寺院大了,布施多了,有田园,有净人,有房屋、床卧具,以及种种物品。这需要人管理、经营、支配,僧伽中的"知僧事"——职僧也多了。职僧是经住众共同羯磨而选出来的,在职的期限内,不可能离去,要常住寺内。定居期的延长,寺院经济的发达,旧比丘会形成寺院的常住比丘。寺院属于部派,这些知僧事的,自然会由自部的旧住者来担任。四方僧物是不许分配的(可以使用),所有权属于僧伽。但经营、管理、分配等权,属于旧住比丘,久了就形成寺院的主体人。印度出土的铭文中,记载布施物的,有"某某部四方僧伽领受"字样②。四方僧伽,又属于特定的部派,可说是矛盾的!四方僧哪里有部派的差别?然在部派时代,属于部派的四方僧物,是事实上的存在,僧制是因时因事而有的。如四方僧与现前僧外,律中又有安居僧。三月内,多少比丘定住在一处。到安居终了,信众为安居僧而布施,平等分给安居者。临时来的比丘,虽是现前僧,却无权享受为安居者的施物。所以在部派初分,严重对立时期,少数比丘到别部寺院去,除现前僧物外,待遇是不可能与旧住比丘完全相同的。西元七世纪后期,义净到西方去,那是大乘佛教时代。部派是存在的,

---

① 佐藤密雄《原始佛教教团之研究》(五五八——五六〇)。
② 平川彰《初期大乘佛教之研究》所引(五五六——六六六)。

但论净对立的时代早已过去,旧住比丘(主人)与客比丘的差别,也多少不同了。如《大唐西域求法高僧传》卷下(大正五一·九中)说:

> "西国,主人稍难得也。若其得(成为)主,则众事皆同如也。为客,但食而已。"

主人与客人的待遇是不平等的。要怎样才能成为主人?如《南海寄归内法传》卷二(大正五四·二一三下)说:

> "多闻大德,或可一藏精研,众(僧)给上房,亦与净人,供使讲说。寻常放免僧事,出多乘舆,鞍畜不骑。又见客僧创来入寺,于五日内,和众与其好食,冀令解息,后乃常僧(原作僧常)。若是好人,和僧请住,准其夏岁(长住),卧具是资。无学识,则一体常僧。具多闻,乃准前安置,名挂僧籍,同旧住人矣。"

这里有二类不同(大善知识例外):一、和僧:就是旧住人。如有多闻的好人来,虽是客比丘,也可与旧住比丘一样。二、常僧:如客僧来而无学识的,受五天与旧僧一样的待遇,以后就过常僧的生活。这就是主人与客人。旧住比丘的良好待遇,应该是四方僧物中可分的部分,如《南海寄归内法传》卷四(大正五四·二三〇下)说:

> "现今西方所有诸寺,苾刍衣服,多出常住僧(物)。或是田园之余,或是树果之利,年年分与,以充衣直。"

田园与果树,都是四方僧物,不许分配。但田园果木的产物,提出多少来分给常住的旧僧;这是客比丘所没有份的。寺院内住众的分为二类,中国禅寺也有同样情形。常住的职僧,以及在禅堂参学的,每年分二期,期头都记载入册;非特殊事故,不能中途进退。另有挂单的,住在"上客堂",时间可久可暂,来去自由。这不是常住上的人,一期终了,也没有单银(及俵钱)。名为"上客",其实待遇差多了。分为旧僧与客僧二类,在法显时代(西元三九九——)也大致相同,如《高僧法显传》(大正五一·八五七上——八五九中)说:

> "偊夷(即焉者)国僧亦有四千余人,皆小乘学,法则齐整。秦土沙门至彼,都不预其僧例。……偊夷国人,不修礼仪,遇客甚薄。"

> "乌苌国……皆小乘学。若有客比丘到,悉供养三日。三日过已,乃令自求所安。"

> "毗茶,佛法兴盛,兼大小乘学。见秦道人往,乃大怜愍,作是言:如何边地人能知出家为道,远求佛法!悉供给所须,待之如法。"

> "摩头罗……众僧住止房舍、床蓐、饮食、衣服,都无缺乏,处处皆尔。众僧常以作功德为业,及诵经坐禅。客僧往到,旧僧迎逆,……房舍卧具,种种如法。"

乌苌(Udyāna)与摩头罗(Madhurā)的待遇客僧,是一般的正常现象。偊夷国(Agni)根本不接待中国去的比丘,而毗茶国(疑是钵伐多国,Parvata)特别厚待中国的客比丘,可见各地的情形并不一致。早一些而可考见的,诃黎跋摩(Harivarman)是西元三、四世纪间的大德①,本是说一切有部出家的,但意见不合,就与"僧祇部僧"共住②。然诃黎跋摩所作的《成实论》,并不是大众部的论义。在西元一世纪中期,印度犊子部法喜上座的弟子们,到锡兰的无畏山寺,到上座部道场,而能受到寺众的欢迎③,这是部派不同而共住的又一事实。

　　从上面的论述,无论是共同布萨说戒,或物资的分配,部派时代的寺院是不会拒绝客比丘的。布萨与安居等,客比丘要顺从旧住比丘,不能说是违犯戒律。物资的待遇,客比丘要差一些,那是短期往来,不能与常住的旧僧相比,是事实所必然的。如临时来会,不能均分安居施一样。部派时代的情形,虽不能充分明了,然依据早期的律制、后期的僧制,及部派佛教的少数事实,也可以推论出大概的情形。所以对部派时代的佛教界,设想为彼此间的交往不可能,无疑是一项严重的误解!

　　（录自《初期大乘佛教之起源与开展》,387—398页,本版329—338页。）

---

　　①　拙作《说一切有部为主的论书与论师之研究》(五七四,本版四八五——四八六)。

　　②　《出三藏记集》卷一一《诃黎跋摩传》(大正五五·七九上)。

　　③　W. Rahula, *History of Buddhism in Ceylon*, p. 84 – 86.

第三篇　戒学之实践

一　道德之实践

（一）中道泛论

1. 人类的德行

（1）从神到人

佛法，不是为了说明世间，而是为了解放自己，净化世间。佛法是理智的、德行的、知行综贯的宗教，要从生活的经验中实现出来。说它是最高的哲学，不如说它是完善的道德，深化又广化的道德好。释尊从正觉中开示了缘起支性，更开示了圣道支性。圣道是恰到好处的道德，是向上、向正觉所必经的常道，所以称为"中道"、"正道"、"古仙人道"。这是佛陀所开示的惟一的人生正道——八正道。正道的具体说明，关涉到极深极广，现在先略说它的两大特色。

　　神教者以为德行的根源是神的,德行只是人怎么服事神,人怎么体贴神的意思来待人。如离开了神,德行即无从说起。所以在神教中,不但人的德行变成了神的奴役,而迷妄的宗教行为也被看为道德的、有价值的。释尊的中道行与神教相反,从人与人——自他的合理行为,深化到内心,扩大到一切有情、无边世界。从人本的立场,使德行从神的意旨中解放出来。《中含·伽弥尼经》说:"梵志(婆罗门)自高,事若干天,若众生命终者,彼能令自在往来善处,生于天上。"这种神教的祈祷、祭师的神权,佛以为,这等于投石水中,站在岸上祈祷,希望大石会浮起来。实则我们前途的苦乐,决定于我们行业的善恶,决不会因天神与祭师的祈祷而有所改变,所以说:"奉事日月水火,唱言扶接我去生梵天者,无有是处。"(《长含·三明经》)神教的祭祀万能,特别是血祭,释尊也反对它:"若邪盛大会,系群少特牛,水特,水牸,及诸羊犊,小小众生悉皆伤杀。逼迫苦切仆使作人,鞭笞恐怛,悲泣号呼。……如是等邪盛大会,我不称叹。"(《杂含》卷四·八九经)"作是布施供养,实生于罪。"(卷四·九三经)这种残杀牺牲、虐待仆役的大祭祀,哪里是布施,简直是作恶! 所以当时的人,都以为"沙门瞿昙,呵责一切诸祭祀法"。对于《吠陀》,特别是《阿闼婆吠陀》中的咒法,以及占卜星相等迷信,如《长含·梵动经》说:"沙门瞿昙无如是事。"这些,都是无知的产物,凡是"见(真)谛人,信卜问吉凶者,终无是处。……生极苦……乃至断命,舍离此内,更从外(道)求……或持一句咒、二句、三句、四句、多句、百千句咒,令脱我苦者,终无是处。"(《中

含·多界经》)说得彻底些,如《杂含》(卷四〇·一一一八经)
说:"幻法,若学者,令人堕地狱。"总之,因神教而引起的祈祷、
祭祀、咒术,种种迷信行为,佛法中一概否认。不但否定神教的
迷信行为,而且巧妙地改造它。如婆罗门教的祭祀用三火,佛也
说三火,但三火是:供养父母名根本火,供养妻儿眷属名居家火,
供养沙门婆罗门名福田火(《杂含》卷四·九三经)。神教徒礼
拜六方,佛也说礼拜六方,但这是亲子、师生、夫妇、亲友、主仆、
宗教师与信徒间的合理的义务(《中含·善生经》)。释尊肃清
了神教的宗教道德,使人生正道从神教中解放出来,确立于人类
的立场,为佛法中道的特色。

(2)从少数人到多数人

人类原为平等的,由于职业的分化,成为不同的职业层;由
种族的盛衰,造成自由民与奴隶,这是古代社会的一般情形。初
期的宗教与种族相结合,成为氏族的宗教,这才因种族的盛衰,
而弱者的宗教被排斥,宗教就成为胜利者的特权。如耶和华为
以色列人的上帝,以色列人是上帝的选民;婆罗门教为婆罗门、
刹帝利、吠奢的宗教,首陀罗没有依宗教而得再生的权利。印度
的四姓阶级制,不但是世俗的,而且与宗教相附合。佛以为:
"四姓皆等,无有种种胜如差别。"因为无论从财力说,从法律
说,从政治说,从道德说(《杂含》卷二〇·五四八经);从女人所
生说,从随业受报与修道解脱说(《中含·婆罗婆堂经》),四姓
完全是平等的,是机会均等的,四姓不过是职业分化。人为的非
法阶级——婆罗门假托神权的四姓说,等于"如有人强与他肉,

而作是说:士夫可食! 当与我直"(《中含·郁瘦歌逻经》)。佛说四姓平等,即种族优劣的根本否定。这在宗教中,佛法即为一切人的宗教,所以四姓"出家学道,无复本姓,但言沙门释迦弟子"(《增含·苦乐品》)。优婆离尊者,出身贱族,为持律第一上座,这可见佛法的人类平等精神。

　　男与女,约信仰、德行、智慧,佛法中毫无差别。如在家的信众,男子为优婆塞,女子即是优婆夷。出家众,男子为沙弥、比丘,女子即为沙弥尼、比丘尼。女众与男众,同样的可以修道解脱。依这道器的平等观,生理差别的男女形相毫无关系。如《杂含》(卷四五·一一九九经)苏摩尼所说:"心入于正受,女形复何为!"女众有大慧大力的,当时实不在少数。但释尊制戒摄僧,为世俗悉檀(《智论》卷一),即不能不受当时的——重男轻女的社会情形所限制。所以对女众的出家,释尊曾大费踌躇,不得不为她们定下敬法(《中含·瞿昙弥经》),女众虽自成集团,而成为附属于男众的。释尊答应了阿难的请求,准许女众出家,这可见起初的审慎,即考虑怎样才能使女众出家,能适应现社会,不致障碍佛法的弘通。由于佛法多为比丘说,所以对于男女的性欲,偏重于呵责女色,如说:"女人梵行垢,女则累世间。"(《杂含》卷三六·一〇一九经)其实,如为女众说法,不就是"男人梵行垢,男则累世间"吗? 二千多年的佛法,一直在男众手里,不能发扬佛法的男女平等精神,不能扶助女众,提高女众,反而多少倾向于重男轻女,甚至鄙弃女众,厌恶女众,以为女众不可教,这实在是对于佛法的歪曲!

　　总之,佛法为全人类的佛法,不论贵贱、男女、老少、智愚,都为佛法所摄受,佛法普为一切人的依怙。

(3)从人类到一切有情

佛法不但是人类的,而且是一切有情的。佛法所要救济的,是一切有情,所以学佛者应扩大心胸,以救护一切有情为事业。这是佛法的广大处,如菩萨的悲心激发,不惜以身喂虎(本生谈)。然而佛在人间,佛法的修学者与被救护者,到底是以人类为主。如基于自他和乐共存的道德律,杀生的罪恶,对于人、畜生、蝼蚁,是有差别的;对于畜生、凡夫、圣人的布施,功德也不同。如忽略这普度一切有情而以人类为本的精神,如某些人专心于放生——鱼、蛇、龟、鳖,而对于罹难的人类反而不闻不问,这即违反了佛法的精神。

2.正觉的德行

(1)依法修行的现觉

佛法的中道行,为人类德行的深化又广化。它所以超胜人间一般的德行,即因为中道是依于正法而契入正法的。中道行是德行的常道,与世间常遍的真理相随顺、相契合,所以经中常说"法随法行"。依中道行去实践,能达到法的体见,称为"知法入法"。体见正法的理智平等,称为"法身"。所以佛法是依法见法的德行,真理与德行,并非互不相干。依真理而发起德行,依德行去体见真理,真理与德行的统一,达到理与智、智与行的圆满,即为佛法崇高的目的。

　　从法性空寂或诸行无常、诸法无我、涅槃寂静等法印说,这是法法如此的,可说真理无所不在。但有情由于"无明所覆,爱结所系",拘束于狭隘的自我私欲中,所知所行的一切,不但不能触证这本然的法性,反而障碍它。如迷方者,不但不能分别东与西,而且固执地以东为西。这样,有情住著五蕴,五取蕴成为炽然大苦。不知道无常而执常执断,无常也成为大苦。对于自然、社会、身心,弄到处处荆天棘地,没有不是苦迫的。这无明、我爱为本的一切活动,构成有情内在的深刻特性,沉没于生死海中。如不把这迷情勘破而解放过来,即永远在矛盾缺陷的苦迫中讨生活。佛法的中道行,即为了要扭转迷情的生活为正觉的生活,扭转困迫的生活为自在的生活。这所以以实证此法为目的,以随顺此法的思想行为为方法,以厌离迷情而趋向正觉为动机。因此,专修取相的分别行是不够的,佛所以说"依智不依识"。如专谈法法平等,不知行为有法与非法——顺于法与不顺于法的差别,也是不对的。所以说:"信戒无基,忆想取一空,是为邪空。"释尊的教导修行,不外乎依法而行,行到法的体证。

　　依法修行,虽因为根性不同,不一定现生就达到见法的目的,但佛法对于法的体悟,决不认为要实现于死后,或实现于来生、实现于另一世界。佛弟子的依法修学,决不等到未来、他方,而要求现在的证验。如现生都不能体悟得解脱,将希望寄托在未来、他方,这过于渺茫,等于不能真实体验的幻想。所以佛法的中道行,重视"自知自觉自作证"。有人以为比丘的出家,为了希求来生的幸福,某比丘告诉他:不! 出家是"舍非时乐,得现前乐"(《杂含》卷三八·一〇七八经)。现前乐,即自觉自证的解脱乐。关于法的体见,不是渺茫的,不是难得的,如佛说:"彼朝行如是,暮必得升进;暮行如是,朝必得升进。"(《中含·念处经》)这是容易到达的,问题在学者是否能顺从佛陀的开导而行。对于法的实证与可能,佛曾归纳说:"世尊现法律,离诸热恼,非时通达,即于现法,缘自觉悟。"(《杂含》卷二〇·五五〇经)这非时通达,即"不待时",是没有时间限制的,什么时候都可以开悟。即于现法,或译作"即此见"(《杂含》卷八·二一五经),意思是:如能修行,当下即会体悟此法的。佛法对于如实证知的如此重视,即表示学者充满了——理智的、德行的佛法的新生命,不是传统的、他力的宗教信仰而已。这是对于迷情生活的否定,转化为正觉生活的关键。这是凡圣关,大乘与小乘没有多大差别,不过下手的方便与究竟多少不同罢了。

(2)正觉的生活

随顺于法而现觉于法的中道行,即八正道。八者是正行的项目;而它所以是中道的,释尊曾明确地说到:"莫求欲乐极下贱业,为凡夫行,是说一边。亦莫求自身苦行,至苦非圣行无义相应者,是说二边。……离此二边,则有中道。"(《中含·拘楼瘦无诤经》)有人以为佛法的中道,是不流于极端的纵欲,也不流于极端的苦行,在这苦乐间求取折中的态度。这是误会的!要知道一般的人生,不是纵我的乐行,即是克己的苦行。这虽是极端相反的,但同是由于迷情为本的。情欲的放纵乐行,是一般的。发觉纵我乐行的弊病时,即会转向到克己的苦行。一般的人生倾向,不出这两极端与彼此间转移的过程中。不论纵我的

乐行,克己的苦行,都根源于情爱,不能到达和乐与自由。所以
释尊否定这两端,开示究竟彻底的中道行,即是正见为导的人
生。自我与世间,惟有智——正见为前导,才能改善而得彻底的
完善。不苦不乐的中道,不是折中,是"以智化情"、"以智导
行",随顺于法而可以体见于法的实践。

智慧为眼目的中道,顺随法而达到见法,即进入了正觉与解
脱的境地,成为圣者。到此,可说真的把握了、实现了佛法。然
而依法见法的中道行,是为了解脱人生的系缚苦迫,为了勘破迷
情的生活,实现正觉的生活。所以到得这里,有以为一切完成
了;有以为正觉的生活,恰好从此开始,有此彻悟深法的正觉,才
能"行于世间,不著世间",做种种利他的工作,完成佛陀那样的
大觉。

（录自《佛法概论》,170—179 页,本版 113—120 页。）

（二）德行的心素与实施原则

1.德行的心理要素

（1）道德的意向

中道的德行,出发于善心而表现为合理的、有益自他的行
为。又以合理的善行净化内心,使内心趋向于完善——无漏。
所以论到德行,应从内心与事行两方面去分别。有情内心的活

动本是非常复杂的,是相互依存、相互融入,又相互凌夺、互相起伏的。每一心理活动,复杂相应,而没有丝毫自体性;分析内心的因素,不过从它的相对特性加以叙述而已。关于道德的心理因素,如道德的根源,是"无贪"、"无嗔"、"无痴",已约略说过。今再论道德的意向,道德的努力,道德的纯洁。

惭与愧,可说是道德意向。一般人陷于重重的罪恶中,善根力非常微薄,惟有惭愧的重善轻恶,能使人战胜罪恶,使善根显发而日趋于增进。释尊说:惭愧是人类不同于禽兽的地方。这可见惭愧是人类的特点,是人的所以为人处。什么是惭愧? 在人类相依共存的生活中,自己觉得要"崇重贤善,轻拒暴恶";觉得应这样而不应那样。换言之,即人类倾向光明、厌离黑暗的自觉。这种向上的道德自觉,经常与"无惭"、"无愧"的恶行相起伏。但即使被压倒,惭愧的道德自觉也仍有现前的机会,这即是一般所说的"良心发现",如说"内心负疚"、"问心自愧"。这道德意向的自觉,应使它充分扩展,成为德行的有力策发者。但它不但每为无惭、无愧的恶行所掩没,由于有情是迷情为本的,智力不充分、不正确,离恶向善的道德判断、良心抉择,不一定是完善的,而且是常有错误的。这所以佛说:惭愧心"自增上,法增上,世间增上",即是说:惭愧应依(增上是依义)于自、法、世间三者的助缘来完成。

一、依自己:人类应自尊自重,佛说:一切有情有解脱分;一切有情有佛性。谁也有止恶行善的可能,我为什么不能? 人人应努力于身正心正、自利利他的德行,圆成崇高的圣性。所以说:"彼既丈夫我亦尔,不应自轻而退屈。"自我的卑劣感,自暴自弃,萎靡颓废,无论它的原因怎样,自甘堕落而缺乏自拔的向上心,在自觉的行为中到底是不道德的。一切损他的恶行,大多从这自甘堕落而来。如能自觉人格的尊严,即能使向善离恶的惭愧心活跃起来。二、依法:道德行为虽因时代环境而多少不同,但决非纯主观的,必有它的合法则性,德行是顺于法——真理的行为。由于理解真理、顺从真理(信受贤圣的教授,也属于此),所以能趋向于应行的正道。佛法的依法修行而证入于法,也即此依法的最高意义。由于尊重真理、顺从真理,向善的惭愧心即会生起来。对于应止应行的善恶抉择,也必然的更为恰当。三、依世间:人类生而为依存于世间的,世间的共同意欲虽不一定完全合于真理,但世间智者所认为应该如何的,在某一环境时代中,多少有它的妥当性。所以离恶向善的惭愧心,不能忽略世间而应该随顺世间。释尊说:"我不与世间(智者)诤。"由于尊重社会意旨,避免世间讥嫌,即能引发惭愧而使它更正确。从上面看来,道德是源于人类的道德本能,而它的引发增长到完成,要依于重人格、重真理、重世间。道德的所以是道德,应该如此非如此不可,即依这三者而决定。德行的增长完成,即对于自己人格、社会公意、宇宙真理,在向善离恶的抉择中,作得恰到好处。这其中,真理——法是更主要的,惟有从真理的理解与随顺中,能离去自我的固蔽,促进世间的向上。同时也要从自我的解脱、世间的净化中,才能达到法的完满实现,即德行的完成。

(2)道德的努力

德行的实践,由于自我的私欲、环境的压力、知识的不充分,想充分实现出来并不容易,这需要最大努力的。这种推行德行的努力,经中称为精进与不放逸。精进是勤勇的策进,不放逸是惰性的克服。精进是破除前进的阻碍,不放逸是摆脱后面的羁绊。经中说:精进是"有势、有勤、有勇、坚猛、不舍善轭",这如勇士的披甲前进,临敌不惧,小胜不骄,非达到完全胜利的目的不止。然精进是中道的,如佛对亿耳说:"精进太急,增其掉悔;精进太缓,令人懈怠。是故汝当平等修习摄受,莫著,莫放逸,莫取相。"(《杂含》卷九·二五四经)从容中努力前进,这是大踏步地向前走,不是暴虎凭河般的前进。至于不放逸,即近人所说的警觉,所以说:"常自警策不放逸。"(《杂含》卷四七·一二五二经)警觉一切可能对于自己不利的心情及环境,特别是顺利安适中养成的惰性。能时时地警策自己,不敢放逸,即能不断向上增进。经中对于一切善行的进修,认为非精进与不放逸不可。这种心理因素,对于德行的进修有非常重要的价值!

(3)道德的纯洁

对于佛、法、僧三宝的"信"心,在德行中,有着重要的意义。佛法所说的信,与一般宗教的信仰,是多少不同的。信是什么?"心净为性",即内心的纯洁,不预存一些主观与私见,惟是一片纯洁无疵的心情。有了这样的净心,这才对于觉者、真理、奉行真理的大众,能虚心容受,从"信顺"、"信忍"、"信求"到"证信"。信顺,是对于三宝纯洁的同情,无私的清净心,能领解事理,所以释尊说:"我此甚深法,无信云何解?"(《智论》卷一引经)世间的事理,如预存主见,缺乏同情,还难于恰当地理解对方,何况乎甚深的佛法? 学佛法,要有净信为基础,即是这样的纯洁的同情,并非盲目的信仰。依此而进求深刻的理解,得到明确的正见,即名信忍,也名信可。由于见得真,信得切,发起实现这目标的追求,即名信求。等到体证真理,证实了所信的不虚,达到自信不疑的境界,即名证信——也名证净。证信是净心与正智的合一:信如镜的明净,智如镜的照物。佛弟子对于佛法的不断努力,一贯本于纯洁无疵的净信。这样的信心现前,能使内心的一切归于清净,所以譬喻为"如水清珠,自净净他"。这样的纯洁心情,为修学正法的根基,一切德行依此而发展,所以说"信为道源功德母"。以此为善的,可见佛法的德行,对于真理是怎样的尊重! 德行的心理因素,此外还有,但以上面所说的八法为最要。

2. 德行的实施原则

(1)从平常到深刻与广大

德行不但是内心的,是见于事实的。引发人类的德行本能,使它实现出来,才成为善的行为。从全体佛法去理解,佛法的德行以人生的和谐、福乐、清净为理想,为标准。生存是最基本的,如离开这一根本事实,一切皆无从说起。但人类不只需要生存,更需要和谐的、福乐的、清净的生存。如充满私欲、倒见、欺凌、压迫、侵夺——杂染而不清净的生存,即无生的幸福,彼此也难于和谐,即违反人类互依共存的要求。人世间无论怎样的充满矛盾、苦痛、罪恶,无论和谐福乐清净怎样难于实现,但这到底是契于理而顺于情的人生终极的理想,到底是人类生活中的部分事实。人生德行的自觉,有意无意地以此和乐清净的人生为理想,以身心行为而契合这一标准的为善行;从自他关系中,不断努力而使它增进。

然而,自他的和乐清净,应该从无限时空的观点去眺望,这比一般所见的要扩大得多。世间的有情,如人、如畜,更低级的,或更高级的,有情是无限的众多。有情依住的器世间,也不但是渺小的地球;像地球那样的,更大更小,空间是无限的广大。有情从无始以来,在死死生生的不断相续中,时间是那样的悠久。有情与世间的一切有情,从过去到现在,都有过相依共存的关系;现在如此,将来也还要相依共存的。所以实现和乐清净的人生理想——道德准绳,不仅是这一世间、这一时代的人类。不过佛出人间,为人类说人法,还是依这人类为本,再延续于无限的时间,扩展到无限的空间,织成自他间辗转相依,辗转差别的网络。

自他生存的和乐清净,不能单着眼于外表的事行。内心会策导我们趋向于合理的行为,或误趋于不合理的行为,所以内心的是否清净,是否出于善意,对于自他的和乐清净,有着深切的关系。那么,人类的德行,应内向地深刻到内心的净化,使道德的心能增进扩展而完成。净化自心的"定慧熏修"、"离惑证真",达到法的现觉,即德行的深化。由于自心净化,能从自他关系中得解脱自在,更能实现和乐清净的人生理想于世间,所以说"心净则众生(有情)净"。佛法的德行,不但为自他相处,更应从自心而扩大到器世间的净化,使一切在优美而有秩序的共存中,充满生意的和谐,所以说"心净则国土净"。佛法的德行,是以自他为本而内净自心,外净器界,即是从一般的德行,深化广化而进展到完善的层次。大体地说:人天的德行是一般的;声闻的德行,进展到深刻的净化自心;菩萨的德行,更扩大到国土的严净。

(2)德行深化的真义

佛法的德行,不但是深化的。但否定世间而倾向于超脱的深化,确是佛法德行的核心。考释尊的教法,世间是"危脆败坏"的别名(《杂含》卷九·二三一经);有情是迷情为本的蕴聚,生死死生的流转者;世间是无常苦无我不净的;学者应该"依远离,依无欲,依灭,向于舍"(《杂含》卷二七·七二六经)。确认世间的无常苦迫,勤修戒定慧,即对于现实的要求超脱。现实的超脱,决不是常人所误解的悲观、厌世、否定人生。依一般说:人生是无常的,也是相续的;是苦,而色等也有乐(《杂含》卷三·八一经);是不净,也是有净相的;是无我,也有相对的假我。依人事论人事,佛法决不否定人生,反而肯定人生,以人生的和乐为道德标准,确定行为的价值,使人类努力于止恶行善。至于深化的德行,从无常苦迫的世间观,修戒定慧,倾向于无生解脱,这是另有它的深意。如《杂含》(卷一七·四七三经)说:"我以一切行无常故,一切诸行变易法故,说诸所有受悉皆是苦。"又(四七四经)说:"以诸行渐次寂灭故说,以诸行渐次止息故说,一切诸受悉皆是苦。"这是比对于寂灭而观察无限生死的流转,即不能不如此说。生而又死,死而又生,一切苦痛的领受,不消说是苦的;即使是福乐、定乐,也霎眼过去,在不知不觉的无常中幻灭。有情即生死流转的存在,终久在忽苦忽乐、忽进忽退的生死圈中。这样的生死,包含从生到死,从死到生,无限生死中的一切活动、一切遭遇。这不彻底、不究竟、不自由的生死,实在是"生老病死,忧悲苦恼"的总和,如不给予彻底解放,什么总是归于徒劳。深化的德行,即解脱生死的实践,并非专重"临终一着",专门讲鬼讲死了事。解脱生死的德行,即彻底解脱这迷情为本、自我中心的生活,使成为正觉的生活。因为现实一般的是生死,所以称超脱了的正觉为无生;现实一般的是世间,所以称超脱了的为出世。无生与出世等,即是净化这现实一般的正觉。无生与出世,即在这生死与世间中去实现。这例如革命,认定了旧政权的自私——家天下的本质,非彻底推翻,不能实现共和的新国家,这才起来革命,推翻统治层。但革命不就是破坏,同时要建立新的政权,改造社会,促进社会的自由与繁荣。佛法深化的德行,似乎重于否定,也恰好如此。这是彻底的自我革命,洗尽私欲倒见,才能从自我——我、我家、我族、我国等本位中解放出来,转移为人类——有情、法界本位的。从有漏到无漏,从世间到出世,从凡情到圣觉。这深化的德行,从一般的人生德行而进修到深入无生,又从无生出世的立场而广行自他共利的大行。深化的德行,好像否定现实一般的人生,实即是充实了完成了人生。

　　(录自《佛法概论》,181—191 页,本版 121—128 页。)

（三）一般道德与佛化道德

　　道德，不独是佛法所有的。世界的各宗教、各民族、各时代，都有它的道德，不过佛教的道德观，在一般共通的基础上，更有它独到的特质而已。所以，现在想从一般的道德，说到佛化的道德。

　　人类（进一步到一切众生）能和乐共存，互助合作，实现家齐、国治、天下平的理想，道德是显得极其重要的。如忽视道德，则家庭、国家、国际都会混乱不堪。从前释迦佛出世时，印度传统的婆罗门教失去了权威，而新起的思想界就有怀疑道德、否定道德的。他们大抵依据机械的、唯物的观点，觉到世间无所谓道德与不道德，没有善与恶，也没有从善恶而引起的苦乐果报。他们破坏了道德的轨律，破坏旧道德的轨律，破坏旧的而不能凝成新的宗教、新的道德。然而世间不能没有是非，不能不分别善恶邪正，故释尊呵斥那些抹煞道德的为"邪见"人，为引导人类堕入恶趣者。释尊的大觉而创立佛教，就是重新肯定道德价值的宗教。所以真正的学佛，就是从一般的道德实践起，进步到最圆满的道德生活的完成。

1. 道德与不道德

　　说到道德，就有不道德。道德与不道德，佛法中称为善与恶。这二者，不能从物质的观念中得来，所以唯物论的人生观等于从根否定了善恶的意义。道德与不道德，大概地说，是人类以上的文明产物,从有意识的实践中表现出来。善与恶,依什么作标准? 怎样是善的? 怎样是恶的? 从事相来说,可有二义。一、从将来的结果来说:人们的起心动念,说话做事,如因此而引起将来的良好果报,就是善。如这样做去,会得到将来的不良后果,就是恶。二、从当前所对的人事说:不问什么事,如对他人有利益,叫做善;否则就是恶。依此而分析起来,可以有四种:假使这样做,自己与他人都能得好处,这当然是善的。如自己吃亏而他人能得利益,这也是善的,而且极有意义。如自他都无利益,都受损害,这当然是恶的。如自己虽得利益,而他人却受到损害,这不能不说是恶的。上面二种解说,善恶的判断是一致的。因为,现在所作而于他有利的,即使现在自己有损,而将来一定会感受乐果,所以是善。反之,即使现在自己沾些便宜,将来也会招受大苦,所以是恶。如深一层说,佛法就称善与恶为“法与非法”。依中国话说,即合理与不合理。凡契合于正理的,是法、是善。不合理的,是非法、是恶。违理与非法的,一定会引起他人的损害,是恶。反之,合于法理的,一定会于人有益,所以是善。善与恶的简单分别,大略如此。

2. 最一般的道德与道德律

　　什么是一般的道德? 不是佛教所独有的,是各宗教、各民族、各时代所可能共有的道德。在这一般的道德中,最根本的,或可说是道德的根本,为一切道德行为所不可离的。如离开了这,虽也多少有其价值,但是微不足道,或可说不成其为道德的——这就是最一般的道德。释迦佛出世前后,印度的宗教界编集有"法经"、"法论"（法即是道德），近于中国的礼。在这些道德法规中，以慈悲不杀为最一般的道德。这不只是印度人，或是某一阶级的道德，而是一切人类所应有的道德。出现于印度的佛教，也以"慈悲为本"，而看作首要的、根本的道德。慈与悲，佛法中小小有差别。希望他人得到快乐，帮助他人得到快乐，这是慈心慈行。希望他离去苦痛，帮助他解除苦痛，这是悲心悲行。一般人的慈悲，虽与佛法所说的大慈悲不完全相合，但这是深度与阔度的不同，论性质还是共通的。一切的道德心行，都以此为本。

我们学佛的，首先要受皈依。皈依的愿文说："从今时乃至命终，护生。"进而受戒，先要受持不杀生戒。护生与不杀生，便是慈悲心行的实践。佛教的一切德行，都是不能离开慈悲不杀的。从佛法看来，众生的生命延续虽说是苦痛的根源，但又没有不贪恋生存。因为众生所有相对的喜乐，都以生存为先决条件，所以苦痛充满的众生，为了爱好不彻底的世乐，都怕自己（一期）生命的毁灭。众生没有不是爱生恶死的、厌苦求乐的，佛法的护生与不杀生，以及大乘佛教的不肉食，都契合于众生的共欲，合情合理的，所以是道德的。这种最一般的道德，在中国文化主流的儒家中，就是仁。德行虽是很多的，如孝悌忠信礼义廉耻等，但仁是最根本的，向来都以仁为德行的核心。此外，如老子所说的三宝中有慈，墨子说兼爱，以及基督教的爱，都无非慈悲的别名。大家都把一切德行，归纳到仁、爱、慈，这可见印度文化中说慈悲为最一般的道德，实在非常确切。因此，道德的基石是仁慈，是"与乐"、"拔苦"。现在有些人提倡阶级的爱、阶级的道德,事实上,从仇恨斗争的基础出发,使全人类普遍陷于斗争残杀的恐怖中,这哪里是道德! 从不道德——仇恨斗争的动机出发,无论怎么说、哪样做,只是增长人类的苦痛。不但毁灭别人,自己也被毁灭,实是抹煞道德的伪道德。

为什么仁、慈、爱是道德的根本,是最一般的道德律? 我们知道:道德是表现于自他关系上的,而仁就是人与人间的合理关系,发为应有的合理行为。佛法说有"自通之法",这是从自己要怎样,推知他人也要怎样。这是"以己(心)度他心",就是儒家絜矩的恕道。依自通之法来说:我要解除苦痛,他也同我一样,那么我不应增加他人的苦痛,而且应帮助他解除。我要有喜乐,他人也一样的要有喜乐,那么我不能夺去他人的福乐,更应该协助他获得。自己要去愚痴,要得智慧,要身体健康、人格健全,都应使他人和我一样。这样的以己心度他心,即是慈悲与一切德行的源泉。耶稣说:"你要人怎样待你,你也要怎样待人。"我要人待我好,所以我也要待人好。虽近于自通之法,然在自他关系上,还是从为了自己出发。佛法说:我希望如此,可见他人也是希望如此的,所以应该对他人如此,这只是对人的同情,并无功利观念。儒家说:"己所不欲,勿施于人";"己欲立而立人,己欲达而达人",与佛法的精神,更为相合!

众生的生命,是心色和集,又是自他增上,彼此依存,苦乐相关的。人与人(众生)间有这样的关切,所以损害他是不合理的;自他既是相依而存,害他即等于害己。反过来说:帮助他减少痛苦,也就等于减少自己的痛苦,这当然是合理——善。这利他而后能自利、损他等于损己的道理,一般人不一定清楚地了解,或者还会反对而不愿信受道德的法则。可是我们从无始以来,生生不已的活动,不能不受这自他相依、苦乐相关的法则所影响,所以在不离自他依存的生活中,虽没有人教导,也会自觉到自他间的同一性,引发他人的需要与我一样的意念。见人受苦而生悲恻心,见人得利而生欢喜心,每从无意间流露出道德意识的自觉。这种道德意识,或称良心、良知,什么人都是多少有的。不过有些人为物欲——色情、名誉、利养权势等所迷覆,道德意识的自觉不容易显发,专门为私为己,损他害己,甚至见他失利而幸灾乐祸,见他得利而嫉妒障碍。然而穷凶极恶的,在某种环境下也会良心发现,感到自己的罪恶而痛哭流涕的。

　　无始来不离自他依存而引发的,根源于仁慈的道德意识,不但是人人所共有的,而且是一切道德所不能离的。例如孝养父母,虽说是天经地义,然如为了奉养,从掠夺、贪枉、欺骗而得来财物,也不能说是善的,不能不说是非法——恶的。因为获得财物时,对人失去了道德——慈悲的缘故。所以说到道德的心行,应该重视这最一般的道德意识。

3.道德的变与不变

　　部分人的看法,道德是"放诸四海而皆准,百世俟诸圣人而不惑",似乎一毫变动不得。另一些人,却以为道德是依经济及社会情况的变动而变动,并无一成不变的。这虽都有部分的意义,而实是:慈悲为道德的普遍轨律,无可变动;而表现于实际的德行,有着种种性,有着变动性,虽然内容还是有着一贯性的。

　　这可以分三点来说:一、表现于自他的社会关系时,如对家庭、区域、国家、世界,由于应对各社会层的不同关系,所表现的德行也就多少不同,如《善生经》说:父子、夫妇、师弟等间,彼此都有应守的德目。依一般说:如家庭的孝道,是无可疑的应有德行,但在社会或国家的立场,就有"移孝作忠",或"大义灭亲"的德行,而不能拘守家庭的孝道。经上曾说:"为家忘一人,为村忘一家,为国忘一村,为身忘世间。"这是为了(大社会层)大的利益,就不能不牺牲(小社会层)小利。不过,道德不是法律,重于自发自觉的操持;可以启发诱导,而不能强人所难,硬性地要别人如此。否则,不免有人要假借"为公忘私"、"全大舍小"的美名,强迫人类做违反人伦、国谊的罪行,陷人类于大苦痛,恰好是违反慈悲,残酷而无同情的恶行。

二、表现于时间的前后关系时,由于社会情况有着某种变动,道德的措施也就会多少不同。如家天下时代的忠君,到民国便不同。又如男女间应守的德行,从母性中心时代,到现今的一夫一妻制,贞操的含义,有着多少不同的。但这决不是道德无标准,忠贞永远是人类应有的美德,仅因时而表现不同,或从不完全而演进到更完全而已!

三、表现于根机的浅深关系时,同一社会,同一时代,而由于个人的根性,德行会多少变化。如佛法中,人乘法只要不邪淫就是持不淫戒,而声闻乘的出家者却完全遮禁。同是一样的戒,如不杀、不盗等,小乘要止,大乘中有可做的。在小乘中,不那样做是持戒,大乘中可能认为犯戒,要这样才算持戒。表面看来,大小乘的德行相反,其实不过由于发心不同,目标不同,对于戒德的运用,小小差别。而对于某一德目的尊重,某一德行的信守,始终是一致的。

总之，道德的根源在慈悲，这是不可能变动的；没有慈悲，即是不道德或非道德的。从此而表现于自他间多方面的合理关系，有孝悌忠信等不同德目。这些，可因时、因地、因对象、因志趣而不同，但这些德行，永远是人类相互依存所应有的准则。古人说"盗亦有道"，大盗的劫掠残害当然是不道德的，但大盗的能成大盗，至少在对于部属间，必有他的合理关系，这才能团集而成为大盗。如完全背弃了自他间的应有关系，大盗也是不能成就的。这说明了有人类、有社会，人与人间的应有德行永远不可能背弃的。所以，我们鼓励人类尊重道德，实践道德，要从道德的根本去启发他，激发人类的慈悲，去实现于一切事行。如忽略根本，只知拘守陈迹，死执教条，那不但不能契合道德的真意，反而会引起对于道德的误解，甚而障碍了道德的开展。

4. 佛化的道德在般若

上来所讲的，大抵与世间所说的相通，还不能表显佛法的特色。佛法能完成究竟圆满的德行，它的特质何在？佛化道德的特质在般若。

梵语般若，华语为智慧。但此所说的智慧，意义极深，指通达我法空性的真慧，不是一般智慧所可比拟的，所以《智度论》说："般若甚深，智不足称。"为什么说佛化的道德在般若？这可从不道德说起。不道德的恶行，从什么而发生？是由于烦恼而来的。一切烦恼，以萨迦耶见——我见为本。一般世间的一切动作，都从我见而流出。做坏事，固然由于我见的策动；即使是做善事,也还是不离我见。一般人为着自身利益遵行道德的生活,看来是洁身自好,为众服务,为社会国家谋利益,其实还是为自己的,离不了我见的力量。

　　为了满足个己的(我家、我国等)愿望,如损他而做不道德的事,固然要不得,就是行善——像布施、持戒,如觉得我能修行,我比他好,我救了他,也还是和我见纠缠在一起。从私我的情见出发,即使高扬着为人类为社会的旗帜,也是不理想的。因为从私我的情见出发,好事非我来做不可;救人救世,也非我(我们)不可。我才能行善,我才能救国救世界,你不行。这种两贤相嫉,大抵是为了这个。依佛化的道德看来,这是不彻底不完善的。道德与不道德相杂,想行善而往往误入恶径。只要是善事,别人做与我做,同样的是善事;我应该做,他人能做更好。如非自己行善不可,对他即不能不争,或者并无多大不同而还是非争不可,这样的善行,问题可就大了! 这是不能自利利他,不足以救济世间,不足以证得菩提的。所以,一般的恶行,增长生死,生起苦痛。就是一般的善行,也还在生死中,还是不能脱离苦痛的。由于一般的善行,并无彻底的善行,为善也从自己出发,于是世间的邪见者怀疑道德,否认有纯粹为他的德行。实则,一般的善行,不离自己的情见,就是凡夫;凡夫本来如此,就凡夫说凡夫,这不能责他怪他,还是应该奖励他为善。不完善的德行,到底比作恶好得多。凡夫的善行虽如此,而圣者的德行却与此不同。

　　佛化的道德,建立于般若——无我智的磐石;是破除私我、扫荡执见的特殊智慧。从这种智慧所摄持、所引导的,便与凡夫的德行截然不同。不再专为自我,为我的家庭、我的庙子、我的故乡、我的国家而着想,能从整个人类、一切众生的立场去看一切。这在佛法,称为缘法界众生而发心。不但求自己得益,动机在使大家都得到利益。那些说世间都为自己,没有真实为人道德的怀疑者,若研求佛法,就知道佛法中确有不为自己的真道德。菩萨为利益众生而发心,必要从无我智透出。如体悟一切法无我,真慈悲即活跃于内心;私情与爱欲,能当下断尽。菩萨悟入世间是相依相关的,法法平等不二,这才见众生乐如己乐,见众生苦而如亲受苦痛一样。与乐拔苦的慈悲油然而生,而且是无限地扩展。这样的慈悲,似乎与儒者的仁、耶教的爱相近,然这是无我的慈悲,实在是大大的不同了。通达无我法性,发大慈悲心,这是真情与圣智协调的统一心境;学佛的最高道德,即从此而发现出来。

学佛,重在祛除私我,但不依方法,还是祛除不了。如遍地的荆棘蔓草,不锄尽根株,决不能生长嘉谷。我们心中的私欲,也是根深蒂固,非着力地痛下功夫,也不能清净而完成崇高的德行。所以修持悟入,目的在净化身心,从此而完成圆满究竟的德行。不知者以为佛法的修持与世间与人类无关,这是重大的误解。要化除我、我所见,要依戒、定、慧——三学去修习。如儒家于道德的修养,也有一番功力,防范于起心动念之前,时时照顾,要人致敬、慎独。然佛法的修持,不但要息心而"制心一处",还要于一心中,勘破自我,定慧齐修。从染恶根源——我见去锻炼一番,琢磨净尽,才能心地发光,显发为完善的德行。真能做到私我净尽,般若现前,那就不但了脱生死,而一切行为无不随顺正法,能真实地度脱有情。佛教所说的一般道德,与其他相通;唯有从般若而流出的无漏德行,才是佛化的不共道德。道德与真理慧浑融,表现出佛化道德的特色。

5.学佛即是道德的实践

学佛是道德的实践,这说明了学佛是人人应学,不论男女长幼的。信佛的,到寺里来进香礼佛,持名诵咒,这是对于佛菩萨的崇敬,或请求佛菩萨的加被。真正学佛的不但是信仰,不但是遵行佛教的礼仪,而要信智并重。学佛也不是专重教理,研究一番就算数,而要解行并重。

学佛的主题,不外乎三学——戒、定、慧,或开广为六度,这都是实践德行。其中,戒是一般的德行,重在止恶防非。然不单是止,如应做而不做,也是违犯的。能够持戒,身语的行为就会合乎法度。不过,外表的行为虽谨持不犯,而还不能将内心的乱念息下。散乱、失念、不正知,这都是使心地蒙昧不明、使我们走向罪过的动力。所以进一步,应当集中精神,专心一境,使内心进入安定而纯净的境地,这就是定。得了定,部分的烦恼降伏了,但要断除烦恼,非引发无漏慧不可。真慧——二无我慧,是廓清我见、妄执的利器,如炽烈的猛火一样,烧尽一切的烦恼。内心经过慧火的锻炼,毕竟清净,这才能内心外身,所行都能合法。慈悲心净化而增长了,能舍己为人,显发为圆满的德行。从这学佛的过程看,学佛不是别的,只是从外表清净而到内心清净,从内心净化而使外表的行为更完美、更圆满,学佛实只是道德的实践。这一完美的实践过程,虽不能人人都做到,但要做一世间的善人,也得合乎学佛的戒学才得。

（录自《佛在人间》,305—322 页,本版 204—215 页。）

（四）关于素食问题

素食——不肉食,千百年来为我国佛教界的传统美德,符合深刻而崇高的佛教精神！唯有具备深厚文化根柢的中国佛徒,才能把它充分地发挥出来,不但成为个人的行持,深入人心,而且戒杀、禁屠,曾影响到国家的政制。素食的意义,虽并不是一般素食者所完全了解,但到底是我国佛教界的优良特色！可惜！近三十年来,复杂的因素侵袭它,素食制逐渐地衰落,种种邪论谬说,大大地流行起来！这不能不说是我国佛教精神可悲的没落！难怪真诚护法的佛子,如印光大师等,要为此而痛心疾首,大声疾呼！

佛教徒为什么要素食？是否一定要素食？能否做到彻底的素食？为什么不能吃荤？这一类问题,时常有人问起。这确是社会人士所容易误解的,一般初学所急需了解的,也是护持中国佛教所不容忽视的。首先,我们要知道:在佛法中,荤是荤辛,指葱蒜薤韭等臭味极重的蔬菜。如大家吃它,倒也彼此无所谓;一人、少数人吃,而大众不吃,那股怪味,别人闻到了是不免恶心的。所以佛弟子避免食它;如由于治病而不能不食,即不许参加群众的集会,以避免别人的嫌厌。佛教遮制食荤,本义如此,与一般所说的不食荤（不食肉）,并不相同。至于一般所说的素食,大体上与蔬食及不肉食相近。然依佛法说:佛教徒并非绝对的蔬食(吃菜)主义者,蔬菜中的荤辛——蒜薤等是不食的。也不是绝对的反肉食(从动物而来的食品)者,牛羊的乳酪,是佛所许食的。所以佛法不是一般所想像的食菜、不食肉,佛教徒的不食肉,只是"不杀生"的实践。

不杀生,为佛教处世利生的根本法则。一切戒行——道德的行为,都是以此为根源的。如归依是初入佛门的信行,归依时就说:"从今日乃至命终,护生。"实践护生,就不能不受戒。五戒、十善戒,首先是不杀生。归纳戒善的意义,是这样:不杀,是不伤害他人的内命;不盗,是不侵害他人的外命。尊重他人的身命财产,所以能护人的生。不淫,是不坏他人的家庭和谐,所以能护家族的生。不妄语,使人类能互谅互信,不欺不诤,所以能护社会、人类的生。如离去护生的精神,对人对世的一切行为,都恶化而成为不善的邪行了! 所以,"护生"为佛法的重要核心,是佛教所本有的,大乘佛法所彻底发扬的。慈悲为本的不杀生、不食肉,都根源于此。

有的主张不妨食肉,有的认为非食肉不可。这些肉食者的见解,极为庞杂,而最欺人的,是挂起一面虚伪的科学招牌。认为:我们不能不杀生,非杀生不可;所以从不杀生而来的不肉食,毫无意义。他们以为:草木也有生命,所以蔬食还是不免杀生。又以为:素食(不肉食)是不能彻底的,饮一口水,水中就有多少生物! 吸一口空气,空气中就有多少生物! 如真的不杀生,不肉食,那就不能饮水,不能吸空气,唯有死亡而已。又以为:如基于仁慈的见地,如儒家的"君子远于庖厨"等,那只是不彻底的自我欺骗。这种见解,在一般社会人士,可说情有可原。如部分的佛教徒也附和而如此说,这不免太笑话了!听说日本的佛教界,也有这种类似的见解,我很难相信。日本的佛学,听说相当昌明,怎么会说出这种外行话来?也许偶有不入流的学者,顺从口舌而附和世俗的谬说吧!

　　佛法所说的杀生与不杀生,有着善恶——道德与不道德的性质。这不属于物理化学的科学世界,也不是显微镜与望远镜底下的东西(在物理科学中,善与恶是无法分别的);这是属于情理参综的道德世界,心色相关、自他相关的有情世界的东西,应从情理、心境的关系中去说明。先从所杀的对象来说:杀生,指杀害有情识的众生(近于一般所说的动物)说。有情识的众生,都有求生恶死的意欲。如受到伤害或死亡,会引起恐怖、苦痛,引起怨恨、愤激、敌对的行为。例如人与人间的相杀,会造成彼此积怨,相仇相杀的敌对情形。草木是无情识的众生,虽也有繁殖、营养等生命现象,但受到伤害时,仅有物理的反应,而不会有心识的反应。如砍伐草木,不会激动草木,引起彼此相仇害的敌对性;更不影响自己,保有残杀的业感力。所以佛法所说的杀生,着重在对方有否心识的反应,会不会因此引起相仇相敌的因果系。"食蔬也是杀生"的论调,显然没有弄清楚这种事实,没有明白杀生所以要禁止的真实意义!

　　佛法的杀生,专约有情的众生说。虽是一样的有情,由于对人的关系不同,杀生的罪过也有轻重。如杀人,这是重罪。如杀害对自己、对人类有恩德的父母、师长、圣贤,那是罪大恶极了!如杀害牛羊鸟雀虫鱼,虽是有罪的,但过失要轻得多。同时,杀生罪的构成,应综合杀者的心境来论定。这又可略分三类:一、明确地知道对方是有情,由于贪、嗔、邪见,经审虑而起决定杀害的意欲。这样而杀人,固然是极重罪;杀畜生,罪过也还不轻。二、如牛羊虫蚁等众生,不但应该避免杀害,也是可以避免杀害的。如不能警策自己,漫不经心地在无意中伤害它,这虽然有罪,不过是"恶作"轻罪了。三、如杀伤时,不但没有杀害的心,也没有知道有众生,这如平常的饮水与呼吸一样。这即使有所伤害,是不成立杀生罪的。佛法所说的杀生,指构成罪恶的杀生;这与世间的法律大体相近,不过彻底一些罢了! 如世间的法律中,蓄意杀人,无意中过失杀人,犯罪是轻重不等的。又如失性的狂人、愚骏的幼稚,即使无意中造成伤害的事实,也不成立杀罪。

佛法所说的杀生与不杀生,是合情合理的,不是难懂的。而挂起科学招牌的杀生论者,却把它混沌一团,看作无关于情理、心境的——非人的事实。这才从不能避免杀生,作出不妨杀生、非杀生不可的结论。照他们这种见解来推论,世间不免斗争,就应该不妨残酷地斗争,或非残酷地斗争不可。对于反对残酷斗争,而倡导不相侵害的和平,也应该被反对了。这些杀生论者,不是别的,是真理与道德的抹煞者! 如佛教徒而附和此说,那无疑是"破见"的痴人!

有以为:佛教徒,就是出家的僧众,也不妨食肉。因为依据经律的记载,释尊与弟子都是不禁肉食的。到现在,锡兰、缅甸、暹罗的僧众,生活起居,还近于印度旧制,也都是肉食的。蒙、藏的喇嘛,日本的僧侣,也都是如此。这可见,不肉食是中国内地佛徒的特殊习惯,并非佛教徒必守的规戒。这种依据各佛教国的事实来说明,看来极有道理! 然而这里有一先决问题,不能不弄明白——佛教以护生为处世利生的指导精神,以此为崇高的理念,而使人从实际的生活中,不断向上进步。这必须透过时地因缘,从可能处做起,逐渐地提高扩大,不能一概而论,成为空洞的高调。所以佛法有人天法、出世法等级别。我们应该谅解渐入的方便的,引导而进入彻底的究竟的法门,而不能偏滞于不彻底的部分。

不错,印度佛教——佛世与后来的弟子们,是肉食的,然而并不杀生。在戒律中,不但严禁杀人,并不得故意害众生命;连水中有微虫,还得常备漉水囊,以免无故的伤害。不杀生,无疑是佛法严格贯彻的。然因为佛与弟子过着乞食的生活,只能随施主家所有的,乞到什么就吃什么。佛与弟子决不许为了口舌的嗜好,亲自去伤害众生,或非要肉食不可。为了游化乞食的关系,随缘饮食,不能严禁肉食。既不起心去杀,也非专为自己而杀。这虽然肉食,并不曾违犯杀生戒。所以当时的肉食制,也有限制:对于施主供施的肉食,看到他为自己而杀;或者听人说是为了自己而杀的;或者疑惑是特为供养自己而宰杀的,就谢绝而不受。因为这样的肉食,众生由我而死,本是可以避免的而不知避免,是违犯不杀生的。佛法的遮禁肉食,并不因为它是肉,而因为是杀生。一般不知道不杀生的意义,不知为了不杀生而不食肉,并非为了是肉而不食肉,这才不免异说纷纭了。这样,过着乞化生活的比丘,只要是不见不闻不疑,肉食是不犯杀生戒的。然而如受某一信徒的长期供养,那就应该告诉他,不要为自己而特设肉食。否则岂不明知他为自己杀生,怎可推诿为佛所许可的！如肉食惯了，觉得非肉食不可，这是为味欲所拘缚，即使他是锡、缅、暹等地的僧众，也是根本违犯了佛陀的慈训，丧失了佛教的精神！

佛教的出家制，本是适应印度当时的乞食生活。在这种生活情况下，对于一般食物，是无法十分拣择的，只能有什么吃什么。这是适应时地的方便，在释尊的悲心中，决不以三净肉为非吃不可。所以将佛陀精神充分地阐发出来，在《象腋》、《央掘》、《楞伽》、《涅槃》、《楞严》等大乘经中，明朗地宣说：佛弟子不应食肉。食三净肉是方便说，食肉断大悲种，（故意杀生）食肉是魔眷属。大乘不食肉的教说，是绝对契合佛陀精神的。这并不是一种高调，是适合实情而可行的。因为比丘们起初虽过着乞化的生活，在佛教发扬时，得到了从国王及信众布施而来的广大土地，虽由净人耕作，净人送供，而实是自己的东西。一部分，受某一信徒的长期供养（还是每日托钵的）。沿门乞化（临时上门乞化，或得或不得）的生活，逐渐变质。在这种情形下，如比丘而肉食，当然是为了自己的嗜欲而肉食，怎能说不犯如来的禁戒？所以大乘隆盛的时代，坚决地反对肉食。又如我国的寺院，都过着自耕、自买、自煮的生活。如我国的僧众而食肉，试问怎能不犯如来的禁戒？不要说大乘，声闻律也是不会许可的。有些为了自己要吃肉，而引证锡兰、缅甸等僧众的肉食为例，解说为中国僧众也不妨吃肉，这是不究实情的、顺从私欲的妄说！

蒙、藏的佛教徒，也是肉食的。蒙、藏为畜牧区（印度与中国内地，都是农业区），主要的食品离不了牛羊。在这种环境下，不肉食是不大容易的。比例于乞食生活而受三净肉的方便，蒙、藏区的肉食,如能不自杀,不教他杀,是可以的,不犯杀生戒的。

　　另一肉食的主要理由,蒙、藏所重的佛教,是秘密乘,与声闻乘及大乘,是多少不同的。显教大乘所崇仰而趣求的佛果与菩萨大行,是大悲大智,示现柔和忍辱的慈容,特别表现了慈悲的德相。以此为典范来修学,重于慈悲,所以不食肉为信徒的戒行。密乘所崇仰的本尊,是(说是佛菩萨化身而)表现为忿怒、贪欲的夜叉、罗刹相。以欲界(三十三)天的夜叉、罗刹身——执金刚为理想,自己生起我就是金刚的天慢(也名为佛慢),向夜叉、罗刹学习,希望自己能成就夜叉相的金刚身。夜叉与罗刹,一向是饮血啖肉(残害人类),邪行淫乱。在声闻与菩萨藏中,降伏他们,教化他们,要他们不再血食,远离淫乱,不杀生类,护持佛教。而密乘呢,向他们学习、看齐,所以学他们那样的肉食,向他们看齐,当然非肉食等不可。听说,食肉对于淫欲为道,是极有意义的。

　　从环境说,蒙、藏区的肉食,是不得已的方便。从信仰说,发心修学饮血啖肉(说是佛菩萨化身)的夜叉法、金刚法,这是密乘学者的信仰自由,我们无话可说。对于现夜叉、罗刹相的本尊,当然不能以人的道德,以示现慈悲柔和相的菩萨行来批评。不过我们的浅见,总希望依菩萨乘法而化夜叉,不赞成依密乘而夜叉化。

　　约环境,约信仰,蒙、藏佛教徒的肉食,值不得批评,也值不得效法。如秘密乘而传入农业区的中国内地,肉食惯了,不能不肉食,就大有问题。不过中国的佛徒,既然想修学饮血啖肉的(说是佛菩萨化身的)金刚法,发心向夜叉、罗刹看齐,那我们没有别的,只能寄予慨叹的同情! 但愿不久的将来,不致变成罗刹、夜叉的世界。

然而受有蒙、藏佛教影响的肉食论者,离奇的解说愈来愈多。有的说:学密而非肉食不可,为了破执。这个世界,充满了肉食者,不肯素食者,不提倡素食以破肉食论者的妄执,却一味向少数的素食者,引诱他们肉食,这是什么道理? 难道肉食的密乘,专为少数的素食者而说教吗? 有的说:我们肉食,是为了要度它。照他们的解说,为牛羊加持念诵,就与它结得度的因缘了。假使真是为了度它,难道不想度你的父母,度你的儿女,为什么不吃你的父母、儿女? 如以为父母、儿女,另有更好的度法,那么普度众生,蜈蚣、癞虾蟆、粪蛆、蛔虫,这一类众生,难道不用度它? 为什么不吃它? 肉食论者的一切诡辩终归徒然! 老实地说吧:为了要吃它,所以说要度它;哪里是为了度它,所以要吃它!

一分内地的佛教徒,既不生长畜牧区,又不奉行秘密教,却援引蒙、藏佛教徒的肉食,为自己的肉食作辩护,真是可怜可笑!

日本佛教,过去承受中国的佛教;一直到现在,真宗而外,大本山还过着素食的生活。从真宗开始,带妻食肉,其他的宗派也跟着学,这才渐与中国佛教脱节。日本佛教,虽有僧侣,但大都不曾受出家戒;实际上,可说是在家众的佛教。说日本佛教是超脱声闻乘的出家制,进入在家本位的菩萨乘,倒不如说是从出家的声闻制,退居一般的人乘。日本佛教徒的肉食,我们是不应该用严格的、崇高的标准去评论他们。

护生,是佛教的根本精神。这是一贯的原则,而在实践上,是不能不适合环境,不能不适合根性的。从环境说:或由于乞食制,而方便地许受三净肉;或由于畜牧区,而方便地习行肉食。这只要不自杀、不教他杀、不直接为自己而杀,肉食是不违背不杀生戒的。然如中国的僧众,自买自煮,这是无论如何,肉食总是有违犯的。环境有它的特异性,不可一概而论。而佛法的大悲护生,应始终作为最高的理想,切不可偏执方便来反对究竟!

　　从根性说:如真为大乘根性,学大乘法,那应该绝对地禁断肉食,长养慈悲。如是着重为己的声闻,如来有三净肉的方便。如为一般信众,既不曾发出离心,更不曾发菩提心,实还是仰望佛法的人天乘。这除了不得杀人而外,对于畜生类的杀伤与啖食,虽然是杂染的、过失的,却不能严格地苛责。因为无始以来,颠倒轮回,众生一向是如此的。为了引导他们趣入佛法,不妨于白月黑月(中国通用朔望),或六斋日,或短期的,勉励学众来严持不肉食戒,以为趣入佛法的加行。换言之,对于一向肉食的信众,一下子禁断肉食,不如方便地渐次引入的好。

　　中国佛教徒,素食惯了,每误会为"学佛非素食不可"。对于学佛而肉食的,存着轻蔑心、毁谤心。这不但使肉食者不敢学佛,更引起肉食论者的邪谬反应。肉食者肉食惯了,或者舍不了口舌的滋味,于是乎造作种种理论,从不妨肉食,说到非肉食不可。不但学佛可以食肉,而且反对素食者。以肉食为合理的,应该的;反对素食,破坏素食的种种道理,都是不成道理的道理!希望劝人肉食,而自己非肉食不可的朋友,少作谤法恶业。朋友! 这是断灭佛种的谬说呀!

　　(录自《教制教典与教学》,96—108 页,本版 56—64 页。)

二　在家众的戒学

在这人天乘的法行中,想依人身而渐向佛道,应多修什么呢? 应重于持戒。因为世人的修集布施福业,多不能如法,多杂有烦恼染污。不论施福怎样广大,如不修戒行,那连人身都不可得,只能在旁生、饿鬼、阿修罗中享痴福,前途万分危险。修禅定,当然是殊胜的,但在修行时,厌离五欲,或者隐遁山林,专重自己的定乐,走向独善的途径。等到报生二禅以上,都是独往独来的。这对于实现和乐人间,而趋向化度众生的菩萨行,是不大相应的。所以希望来生不失人身,并能依人身而渐向佛道,不能不以五戒、十善等戒行为宗要。初学菩萨的,名十善菩萨,也是着重十善行的。

有戒行,就能生在人间;即使贫穷,也不一定障碍学佛。如有戒而能修布施,能得人中广大福业,那更好了。同样的,如有戒而没有定,不失人身,有戒而深修定法,反而会上生长寿天,成为学佛的大障碍。所以依人身而引入佛道,应以戒行为主,就是重视人间的道德,健全人格。在这戒行的基础上,应随分随力来布施。如想修定法,应修四无量定,因为这与利益众生的出世大乘法,有着密接相通的地方。

（录自《成佛之道》,120—121 页,本版 81—82 页。）

（一）佛徒的不同类型

1. 在家众与出家众

由于根性习尚的差别，佛弟子种种不同，如在家的、出家的。从归信佛法说，在家出家是一样的。从修证佛法说，也没有多大差别。传说：在家弟子能证得阿那含——第三果，出家能证得阿罗汉——第四果。如在家的得四果，那一定要现出家相。在家人不离世务，忙于生计，不容易达到究竟的境界，所以比喻说："孔雀虽有色严身，不如鸿雁能远飞。"但也不是绝对不能的，不过得了四果，会出家而已，所以北道派主张在家众也有阿罗汉。那么，在家众与出家众有什么分别呢？一、生活的方式不同：印度宗教，旧有在家与出家的二类，在家的是婆罗门，出家的是沙门。出家的远离家庭财产等世务，乞食为生，专心修行，与在家众不同。释尊最初弘法时，听众每当下觉悟。这或者自愿尽形寿归依三宝，为在家优婆塞、优婆夷。或者自愿出家，佛说"善来比丘"，即名出家。纯由信众的志愿，虽没有受戒仪式，即分为二众。所以在家与出家，仅能从生活方式的不同来分别；后来，当然应从受戒差别去分别。二、负担任务的不同：比丘等从佛出家，开始僧团的组合。佛世的在家众，是没有组织的。释尊曾命比丘们分头去教化，将佛法普及到各方（《五分律》卷一六）。考释尊的出家，即为了不忍有情的苦迫；以法摄僧，即为了"正法久住"。出家人没有妻儿家业等纷扰，度着淡泊的生活,在当时确能弘法利生。出家众重法施,在家众重于财施。这虽不一定是一般出家者的本意,但释尊确是将弘法利生的任务托付出家僧。惟有在这生活方式、负担任务的不同上,能分在家众与出家众。如约信解行证说,实难于分别。

（录自《佛法概论》,197—199 页,本版 132—133 页。）

2. 声闻弟子

德行,声闻法重在精持净戒,这是到达出世的正道。从出世解脱的立场说,世间一般的布施,每与解脱不相应:或为了虚荣,为了聚众,为了趋吉避凶,为了希求人天果报,这都是世俗生死心,与解脱的佛法不相应。佛法是称叹布施的,但单是财物的施舍,如一般人以世俗心作布施,这是不能成为解脱道的。修出世法的重视净戒,戒中即含得一分苦行。穿衣、吃饭、睡觉,这些要清苦澹泊,少欲知足。如外道那样的无意义的苦行,如夏天在烈日下曝晒,冬天裸体挨冻等,在声闻的解脱道中,彻底地呵责他。当时印度所修的瑜伽以为能完成解脱,佛一概摄于禅定中,如四静虑、四无量、四无色定,皆属于定。这些定,修得再高深些,也不能得证涅槃。假使修此而能了生死,就不需要佛法了。印度外道重定,佛法的特质是慧。要了生死,必得灭除妄想,断尽烦恼,空去我执。有些外道,以为修习瑜伽,一切粗显的心念不生起,甚至一些微细的分别也不生起,这就是了生死而得真我的解脱。依佛法说,内心的妄想分别,由于不能正见世间的一切法真相而来;如不将这错误的认识纠正过来,但以心力将妄想降伏下去,这只能离一分烦恼而得定,根本烦恼还是潜在的。佛法所以能得真解脱,是必将生死的根株断了。生死的根源是什么?外道所说个人自体的"我",与宇宙本体的"梵",看作常住不变的,安乐自在的,常住不变的小我、大我,都从生死根本的我见中来。必须以慧观察,悟到他是无常、苦、无我(空),才能将生死的根本烦恼解决了。佛法不共外道的地方,在这上明显地表示出来。这如除草一样,外道仅将草头剃去,根还留在地里,有了雨水的滋润,它马上又长起来。佛法的断烦恼草,是从它的根本去断尽了,这才再没有生起的可能。学佛法的,要将错误观念扭转过来,从无常、苦、无我的正见中引发真慧,就必能得到解脱。

(录自《佛在人间》,53—55页,本版37—38页。)

3. 菩　萨

声闻是释尊教化的当机,但有极少数更能契合释尊正觉真精神的,称为菩萨,如弥勒、善财等。释尊未成佛前,也称为菩萨。菩萨,意译为"觉有情",是勇于正觉的欲求者。菩萨的修行,如本生谈所说,或作王公、宰官,或作商人、农工,或作学者、航海家等,侧重于利益有情的事业,不惜牺牲自己,充满了慈悲智慧的精进,这不是一般声闻弟子所及的。菩萨如出家,即像《弥勒上生经》说:"不修禅定,不断烦恼。"这是急于为众而不是急于为己的;是福慧并重而不是偏于理智的;是重慧而不重定的;是不离世间利济事业而净自心,不是厌世隐遁而求解脱的。佛世的阿难,为了多闻正法,侍奉佛陀,不愿意急证阿罗汉;沓婆得阿罗汉后,为了广集福德而知僧事;富楼那冒险去化导犷悍的边民,都近似菩萨的作风。这类重于为他的根性,在佛法的流行中,逐渐开拓出大乘,显示释尊正觉的真义。

（录自《佛法概论》,201 页,本版 134—135 页。）

（二）在家戒法的类别

1. 归依三宝

佛法的中道行,不论浅深,必以归戒为根基。归依、受戒,这才成为佛法的信徒——佛弟子,从此投身于佛法,直接间接地开始一种回邪向正、回迷向悟的,革新向上的行程。

释尊开始教化时,即教人归依三宝。归依,有依托救济的意思。如人落在水中,发见救生艇,即投托该船而得到救济。归依三宝,即在生死大海中的有情,信受佛法僧三宝,依止三宝而得到度脱。归依的心情是内在的,但要有形式的归依,所以学者必自誓说:"我从今日,归依佛,归依法,归依僧。"(《杂含》卷一·三〇经)佛是佛法的创觉者,即创立佛教的领导者;法是所行证的常道;僧是如实奉行佛法的大众。如通俗地说,佛即是领袖,法即是主义,僧即是集团。归依于三宝,即立愿参加这觉济人类的宗教运动,或作一般的在家众,或作特殊的出家众,以坚定的信仰来接受、来服从、来拥护,从事佛法的实行与教化。经上说:佛如医师,法如方药,僧伽如看病者——看护。为了解脱世间的老病死病、贪嗔痴病,非归依三宝不可。归依三宝,即确定我们的信仰对象,从世间的一般宗教中,特别专宗佛法,否定一切神教,认为唯有佛法才能解脱自己,才能救拔有情。所以归依文说:"归依佛,永不归依天魔外道"等。归依是纯一的,不能与一般混杂的。回邪向正、回迷向悟的归依,决非无可无不可的,像天佛同化,或三教同源论者所说的那样。

归依三宝,不能离却住持三宝,但从归依的心情说,应把握归依三宝的深义。归依本是一般宗教所共同的,佛法却自有独到处。三宝的根本是法,佛与僧是法的创觉者与奉行者,对于佛弟子是模范,是师友,是佛弟子景仰的对象。修学佛法,即为了要实现这样的正觉解脱。所以归依佛与僧,是希贤希圣的憧憬,与归依上帝、梵天不同,也与归依神的使者不同。因为归依佛与僧,不是想"因信得救",只是想从善知识的教导中,增进自己的福德智慧,使自己依人生正道而向上、向解脱。论到法,法是宇宙人生的真理、道德的规律,是佛弟子的理想界,也是能切实体现的境地,为佛弟子究竟的归宿。初学者归依三宝,虽依赖外在的三宝引导自己,安慰自己,但如到达真——法的体悟,做到了佛与僧那样的正觉,就会明白:法是遍一切而彻内彻外的缘起性,本无内外差别而无所不在的。归依法,即是倾向于自己当下的本来如此。佛与僧,虽说是外在的,实在是自己理想的模范。所以归依佛与僧,也即是倾向于自己理想的客观化。从归依的对象说,法是真理,佛与僧是真理的体现者。但从归依的心情说,只是敬慕于理想的自己,即悲智和谐而实现真理的自在者。所以学者能自觉自证,三宝即从自己身心中实现,自己又成为后学者的归依处了。

（录自《佛法概论》，193—195 页，本版 129—131 页。）

※　　　※　　　※　　　※

三宝，是佛法的总纲。"归敬三宝"，是进入佛门的初基。三宝的功德，真是无量无边，不可思议，但如不能归向三宝，就不能得到，无缘受用，正像不进入公园的大门，就不能领略林园花木的幽胜一样。所以发心学佛，首先要归依三宝。

归依，要有求归依的诚心。如人落在大海中，随波逐浪，四顾茫茫。在这生死边缘，见到草束浮沤，也会伸手攀援；听到风响鸟鸣，也会大声呼救。求救护的心情，恳切万分，可说唯有此求生的念头。那时，如有船只经过，抛下绳索或救生圈来，还不立刻抓住，尽力攀登船只吗？求归依的诚恳，应该如落海者的求生一样，这才能圆满成就归依的胜妙功德。

（录自《成佛之道》，2—3 页，本版 1—2 页。）

※　　　※　　　※　　　※

三宝，是我们的归敬对象，在一切宗教的教主、教理、教徒中，三宝是最圆满、最清净的。然佛像与僧众，不一定能符合这一意义吧！这应该知道：如现在，佛是或玉、或石、或金、或铜、或木雕、或土塑、或纸画的佛像；法是三藏经典，或古今大德的法义；僧是出家众。这称为住持三宝，是佛灭后，佛教流传于世间时的三宝，恭敬供养，依此而归向于真实的三宝。又如释迦佛出世时，释迦佛是佛宝；佛所开示的教说——四谛、缘起、涅槃等是法宝;随佛出家的凡众圣众,是僧宝。这是化相三宝,是佛出人间教化时,以此三相为三宝。恭敬供养,依此而归向十方一切佛、正法、一切贤圣僧。化相与住持三宝,都是佛教在世间的具体形相;以此为归依对象,从而更深入一层。

论究到真实的归依处,是三宝的真实功德,这在古来,又有好多分别,现在略说二类。一、佛的无漏功德是佛宝:依声闻来说,是五分法身;依大乘说,是无上(四智)菩提所摄的一切无漏功德。正法或涅槃,是法宝。有学无学的无漏功德是僧宝:依声闻乘说,即是四双八辈的无漏功德;依大乘说,是菩萨,摄得声闻、辟支佛的无漏功德。二、大乘教所说:究竟圆满所显的最清净法界(摄得体相业用),是佛宝。少分显现清净法界的,是僧宝。遍十法界而不增不减、无二无别的法界(或名真如、实相等),是法宝。平常所说的一体三宝、理体三宝、常住三宝,都不过此一意义的不同解说。所以,三宝的真实功德——真实的三宝,是无漏的,是不与烦恼杂染相应的,也不为烦恼杂染缘起的。又是性清净的:无漏的有为功德,称为清净;无为功德,不但是离垢清净,在杂染中,也还是本性清净的。无漏而性净的三宝,才是真正的归依处。

不过,从佛法化导世间、利益众生来说,不但应该归敬于真实的三宝功德,亦应归敬于世俗事相的住持三宝(佛世为化相三宝)。因为,但归依世俗,自不免流于形式的崇拜;而专重胜义(真实),也不免过于高深,不是一般所能明了。所以必须归依现实事相的住持三宝,依此进向真实的三宝。佛教的重视"像教",其理由就在此。住持三宝为事象的,从此表显真实三宝的功德,这才能浅深由之,事理无碍,佛法才能得长存世间,为一切众生作救护,作福田。

佛法僧三宝,是没有污染的,具足功德的,所以是真正的归依处。受归依的,先要恳切忏悔,生恭敬心、清净心。长跪合掌,在归依本师前,依师长教,自己立下誓愿说:我弟子某某,尽形寿,归依佛,两足尊;尽形寿,归依法,离欲尊;尽形寿,归依僧,众中尊(三说)。愿大德忆持,慈悲护念,我是优婆塞。我从今者乃至命终,护生。归依佛竟,归依法竟,归依僧竟(三说)(依《大名经》及律说)。凡发愿受持归依的,哪怕是生死关头,也不能中途变悔。就是说笑,也不可说我不信三宝,或者说我不是三宝弟子。如归依而又弃舍,生生世世,受苦无穷。所以,要切记"尽形寿归依"的誓言。

依上面所说,此归依三宝,在一切归依中,最尊,最胜。如有求归依的真诚,那当然非归依佛教的三宝不可了! 不要邪正不分,以为归依什么宗教都一样! 其他宗教的教主、教法、教徒,没有能究竟离染污的,也没有具足功德的;自救不了,怎能为他人作归依处呢? 所以,即使归依外道,也决不会由其余的归依,而能得到有为功德的安乐,得到无为功德的安隐。安隐,就是安稳,指涅槃的究竟常乐而说。

归依的要求、归依的对象、归依的仪式,都已经说过了。但所说的归依,到底是什么呢? 这是深切的信顺,信得这确是真归依处,的确是能因之而得种种功德的。知道三宝有这样的功德,就立愿做一佛弟子,信受奉行,恳求三宝威德的加持摄受。归依,就是以此信愿为体性的。所以受了归依,就要将自己的身心归属彼三宝,不再属于天魔外道了。随时随地,都要倾向彼三宝,投向三宝的怀抱。例如迷了路的小孩,在十字街头乱闯,车马那么多,不但迷路,而且随时有被伤害的危险。正在危急时,忽见母亲在他的前面,那时,他投向母亲的怀抱,归属于母亲而得到平安了。归依三宝的心情,也应该这样。能这样,就能依彼三宝的威德,得到救济。在梵语中,归依是含有救济意义的。所以,三宝的功德威力,能加持受归依的,摄导受归依的,使他能达到离苦常乐的境地。总之,从能归依者说,归依是立定信愿,恳求三宝的摄受救济。从所归依的三宝说,不思议的功德威力,加持受归依的,引摄众生,迈向至善的境地。

　　一般说来,归依是信仰,希愿领受外来的助力,从他力而得到救济。一般他力宗教,都是这样的。然佛法不只如此,而更有不共外道的地方。佛在涅槃会上,最后教诫弟子说:"自依止,法依止,不余依止。"这是要弟子们依仗自力,要自己依着正法去修学,切莫依赖别的力量。这正如《楞严经》中阿难说的:"自我从佛发心出家,恃佛威神,常自思惟,无劳我修,将谓如来惠我三昧,不知身心本不相代",一切还得靠自己去修习。所以归依的深义,是归向自己(自心,自性):自己有佛性,自己能成佛;自己身心的当体,就是正法涅槃;自己依法修持,自身与僧伽为一体。佛法僧三宝,都不离自身,都是自己身心所能成就显现的。从表面看来,归依是信赖他力的摄受加持;而从深处看,这只是增上缘,而实是激发自己身心,愿其实现。所以说:若人自己归命——命是身心的总和,归命是奉献身命于三宝。能依自力,自己依止自己而修正法,而不是阿难那样的,以为"恃佛威神,无劳我修",那么是人也就能契合于归依的真实义了。

（录自《成佛之道》,27—34 页,本版 18—23 页。）

　　※　　　※　　　※　　　※

　　归依最胜第一义谛,即是归依如来,归依常住大悲的如来,并非归依现生现灭的化相。第一义谛,指如来不可思议微妙常住的真体,所以也不是归依世俗的如来。从如来即第一义说,此法僧二归依的第一义谛,也即是究竟归依如来了。就世俗相说,三乘众有恐怖,不是究竟归依处。然约第一义说,三乘众同有如来藏性,与如来不二。一乘道法也如此,法法不离法性,不离第一义如来藏性。这可见,法僧二归依的第一义,就是归依如来,法僧也即有可归依的真义了。如来是圆满成就第一义的;法道,是不离第一义,而还在修行的过程中;三乘众虽没有究竟成就,而不离第一义如来藏性。如黄金是金,金矿呢? 就现象还不是真金,但经炼净后,就显现真金。不可说这是金,那不是金,应说矿藏的本质,也就是金。所以约第一义说,法僧也是归依处,也是等于归依如来。这意思说:约归依第一义说,无别异所归的如来,也无别异的法僧二归依,二在第一义谛中,是平等无别的,所以归依如来,即是三归依。

　　依此,归依佛法僧三,实即归依众生自己。佛法与外道的不同,也就在此。外道要归依一外在的神;佛法归依三宝,或归依如来,而同是本身所具有的,本具如来藏性,即真归依处。依此修行为僧;以此为修行,即法;修行圆满成就,就是佛。所以,一切众生本具如来藏性;归依三宝,无非依如来藏性为本,而使其显发出来,达到究竟。

　　(录自《胜鬘经讲记》,199—200 页,本版 132—

　133 页。)

　　　　　　※　　　　※　　　　※　　　　※

　　修学佛法的第一课,即是归依三宝,归依了三宝,就不许更归依邪恶鬼神及其他各种宗教,因为信仰是专一的。所以说要尽形寿的归依,信心才有着实的归宿。否则见这也归依,见那也归依,信心泛乱而分散,等于没有信仰。真正归依三宝,必须记着:如有人说什么三教同源、五教同源,即是外道邪说,切不可信! 或有人说:信了佛不能连财神爷都不要。须知佛法是丰富的宝藏,求财求寿求男女,佛教中样样现成,都能满足众生的心愿;何必供养非佛教的财神? 信佛而不归依魔外,为归依三宝最根本的原则。

　　(录自《药师经讲记》,141—142 页,本版 92 页。)

2. 五　戒

　　归依三宝,不但是参加佛教的仪式,还是趋向佛法的信愿。做一佛弟子,无论在家、出家,如确有归依三宝的信愿,必依佛及僧的开示而依法修行。归依是回邪向正、回迷向悟的趋向,必有合法的行为,表现自己为佛化的新人。所以经归依而为佛弟子的,要受戒、持戒。戒本是德行的总名,如略义说:“诸恶莫作,众善奉行,自净其心,是诸佛教。”止恶、行善、净心,这一切,除

了自作而外,还要教他作、赞叹作、随喜作(《杂含》卷三七·
一〇五九经)。戒律本不拘于禁恶的条文,不过为了便于学者
的受持,佛也特订几种法规。这所以由于所受禁戒的不同——
五戒、十戒、二百五十戒等,佛弟子也就分为优婆二众、沙弥二
众、式叉摩那尼众、比丘二众——七众。归依与持戒,为佛弟子
必不可少的德行。

　　凡在家弟子,应受持五戒,五戒是不杀生、不偷盗、不邪淫、
不妄语、不饮酒。这是最一般的,近于世间的德行,而却是极根
本的。这五戒的原则,即为了实现人类的和乐生存。和乐善生
的德行,首先应维护人类——推及有情的生存。要尊重个体的
生存,所以"不得杀生"。生存,要有衣食住等资生物,这是被称
为"外命"的。资生物的被掠夺,被侵占,巧取豪夺,都直接间接
地威胁生存,所以"不得偷盗"。人类的生命,由于夫妇的结合
而产生。夫妇和乐共处,才能保障种族生存的繁衍。为了保持
夫妇的和睦,所以除了合法的夫妇以外,"不得邪淫"。人类共
处于部族及国家、世界中,由语文来传达彼此情感,交换意见。
为维护家族、国家、世界的和乐共存,所以"不得妄语"。妄语
中,如欺诳不实的"诳语",谄媚以及诲盗诲淫的"绮语",挑拨是
非的"两舌",刻薄谩骂的"恶口",这总称为妄语而应加禁止,使
彼此能互信互谅而得到和谐。酒能荒废事业,戕害身体,更能迷
心乱性,引发烦恼,造成杀、盗、淫、妄的罪恶。佛法重智慧,所以
酒虽似乎没有严重威胁和乐的生存,也彻底加以禁止。这五者,
虽还是家庭本位的,重于外表的行为,没有净化到自心,而实为
人生和乐净的根本德行,出世的德行只是依此而进为深刻的,并

非与此原则不同。

（录自《佛法概论》，195—197 页，本版 131—132 页。）

　　※　　　　※　　　　※　　　　※

　　布施，（主要）是牺牲身外的财物来利益众生，是极有价值的德行，但还不是难得的。止恶行善，达到自心的清净，为佛法的宗要，所以比施舍身外物更殊胜的，是戒了。戒是从克制自己的私欲中，达到世间能和乐善生的德行，就是从克己以利他的。如持不盗戒，不是今日不盗、明日不盗，也不只是不盗张姓、王姓，而是从此以后，不盗取一切人、一切众生的资具。所以持不盗戒，是对一切人、一切众生的资财，给予安全不侵害的保障。如不邪淫，不是限定某些人，而是从此以后，对一切异性，决不以诱惑、强暴等手段，为了满足自己的私欲，而破坏其贞操，破坏其家庭的和好。所以，佛赞五戒为"五大施"，这种利他功德，实在比一般布施为大，更有高上的价值。

　　受持戒行，要克制自己的私欲，所以要有坚毅的决心，忍受种种的考验：忍受艰难困苦；忍受外来恶劣环境的诱惑、威胁、强迫；忍受内心的私欲而不让它胡闹，甚至要有"宁持戒而死，不毁戒而生"的决心。要这样坚忍地克制情欲，克服环境，才能持戒而保持净戒，不致毁犯戒行；不致多年的持戒功德，毁于一旦（只要一犯，就全部失败了。如人一生守法，一次犯法，就要受法律的制裁）。

　　现在说三类戒：五戒、八戒、十善戒，这是五乘共法的戒德。先说五戒。

　　五戒,是在家的善男(优婆塞)善女(优婆夷)所应持的戒律,称为"近事"(优婆的意译)戒。这虽然是家庭本位的戒德,但戒德的基本原理,彻上彻下,就是菩萨戒,也没有例外,不过更彻底、更清净而已。五戒,都是本于"以己度他情"的。一、莫杀,是不杀生戒。无论是自己动手,或使他人去杀(同意他人去杀也有罪),断了众生命,就是杀生。不过不存心的误杀,虽要负有责任,但不成重罪。在杀害众生中,当然是杀人的罪业最重。莫行杖,是禁止以刀杖瓦石等伤害众生;伤害,虽还没有构成杀罪,但是杀的流类,不过罪轻一些。二、勿盗,是不与取戒。无论是国家的、私人的、佛教的,凡有所系属的(有主的)一切物资,如不得对方同意,加以窃取、强夺、霸占、吞没,就犯了盗戒。依佛法,不能以饥饿、疾病,或者孝养父母、供给妻儿等理由来盗取,盗取的一律成罪。三、勿邪淫,是不邪淫戒。如男女同意,得保护人的同意,不违反国法,经当时公认的婚仪而结为夫妇;这种夫妇的正淫,为家庭组成的要素,子孙延续所必要,是正当的、无罪的。反之,在家士女,即使取得对方的同意,而为佛法所不许(如受八关斋戒时),国法所不容,或为亲属保护人所不同意,都属于邪淫,而为佛教在家信众所应戒除的。因为这不但伤害对方的自由意志,也是破坏家庭和乐,扰乱社会秩序的恶行。四、勿作虚诳语,是不妄语戒。为了自己的利益,亲族友朋的利益,或使怨敌受害,而作不尽不实的妄语。不知道的说知道,知道的说不知道;有的说没有,没有的说有;是的说不是,不是的说是。因此虚诳的语言,使自己或亲属得益,使别人受害,是犯了严重的妄语罪。其他的妄语,有罪而轻一些。

　　上面四戒，称为性戒，其本身就是罪恶；无论受戒不受戒，都是犯罪的。不但佛法所不许（不过佛法更彻底），国法也是要制裁的。五、勿饮酒，是不饮酒戒。凡是能使人乱性的，就名为酒，绝对饮不得。虽然有些人说，饮酒于健康有益。但从佛法看来，可说一无是处。一、饮酒能乱性，每是不能自制的。醉了，不但误事，而且平时不能说不能做的恶行，都会做出来。律记载有：一位佛弟子，本来持律谨严，为了饮酒醉了，同日犯了杀盗淫妄四重罪，所以说：败众德。其实，不但佛法中功德，就是世间的家庭幸福、朋友友谊、事业资财，也每因饮酒而破坏了。二、一切罪恶的根源，就是颠倒无知。而饮酒使人陷于迷乱颠倒状态；饮酒成习，对于正念正知是大障碍。有些人，因为常在醉乡，生下儿女来，也精神失常，或者患着严重的白痴症。所以，饮酒虽似乎并非罪恶，而实是障碍智慧、败坏众德的罪魁。所以不但前四戒，佛子也应该谨严地受持不饮酒戒，以护持德行，并进而趣向以慧为本的出世法门。

　　上来所说的五戒，是优婆塞与优婆夷应持的净戒。归依时，自愿说"尽形寿归依佛法僧"，所以五戒也要尽形寿受持。归依是志向三宝的信愿，受五戒是归向三宝的实行。归依而不受持五戒，只可说假名优婆塞、假名优婆夷，实只是假名归依而已。归依时说："从今日乃至命终，护生"，这就是誓愿受戒。戒是本于慈悲的自通法，所以以不杀生——护生为本；不盗、不邪淫等，都是护生的分别说明。有人译"护生"为"舍生"，更明显的是举五戒中不杀生戒为例（受戒时，不一定要说明一切戒条，受比丘戒也如此）。所以归依后再受五戒，不过分别戒相而已。真诚地归依三宝,是不会不受持五戒的。有信仰而无行为的改善,便是缺乏真实信仰的明证,算不得圆满的优婆塞。然如来大慈,觉到在家士女的习染深重,一时不容易清净地全部受持;如严格了,反而会不敢来亲近三宝,所以又随各人能持的多少,说有一分(持一戒的)优婆塞、少分(持二戒的)优婆塞、多分(持三戒四戒的)优婆塞、满分(持五戒)优婆塞——四类。所以在归依三宝的在家弟子中,以能持五戒清净的为上上。

受五戒而能持戒清净的,那可说是众福之所归;如得了摩尼宝,一切珍宝都会来归集一样。由于持戒,现生不犯国法,受到社会的尊重,真是人天欢喜,天龙护持。邪恶的鬼神,退避都来不及,所以事事吉祥。持戒的,不作一切罪恶,心地清净,报生人间天上;也可为定慧所依,引发出世功德。五戒的功德,实在说不尽!

（录自《成佛之道》,101—108 页,本版 69—74 页。）

3. 八支斋戒

净戒的第二类,是八支斋戒,也叫近住戒。八支戒是:一、不杀生;二、不盗;三、不淫;四、不妄语;五、不饮酒。此五支,与五戒相同;但不淫戒,在受戒的期限内,就是夫妇的正淫,也绝对禁止,与出家人相同,所以但说不淫。六、不香花鬘严身,歌舞观听(或分为二支),是不得涂脂抹粉插花,及严丽贵重的首饰;歌舞是不能看不能听的,当然自己也不可作。七、不得坐卧高广严丽的床座。八、不得非时食,就是过午不食。后三戒,与出家人相

同。八戒中的不非时食,名为斋。在家佛弟子,不能出家修行,
而对于出家生活,却非常钦慕。所以佛制八戒,为在家弟子的加
行,一日一夜持戒。这是随顺出离行者——阿罗汉等,学习谨严
淡泊的出家生活。受此戒的,近于僧伽或阿罗汉而住,所以叫近
住戒。五戒是终身持的,但到底是在家的德行,所以短期来学习
出家行,受此八戒。如再加受不捉持金银戒,就是正式出家的沙
弥戒了。

八支斋戒,佛制一日一夜受持,一般都在六斋日——每月
(农历)初八、十四、十五、二十三、二十九、三十日,是印度习俗
布施修善的日子。这一天早上,大抵到寺院里来,请阿阇黎传授
这日夜戒。当天持戒,不得毁犯,到了明日天光,东方发白,就宣
告完毕。下次要持戒,再来请师长传授。在家人,不可能长期过
着出家生活,所以佛制一日一夜受持。但有的以为:不必限定一
日一夜,随受戒人的发心,三日、五日、一月,都没有不可以的。

比起五戒来,八支斋戒要精严得多。但五戒终身受持,也自
有胜过八支斋戒的地方。所以五戒与八戒的功德,随持戒的受
持情况而定,很难说谁优谁劣。还有,五戒为在家弟子的正常戒
行;进一步地学习出家生活,才偶尔受持八支斋戒。但也有不能
终身受持五戒,却发心短期修此八支斋戒。虽属例外,但佛法以
导人向善为主,所以也认为可以。

　　(录自《成佛之道》,108—110 页,本版74—75 页。)

4.十 善 戒

净戒第三,十善业也称十善戒。在如来制订的律仪——

有授受仪式的律仪中,并无十善业。但依《华严经·十地品》、《优婆塞戒经》等,《入中论》、《摄波罗蜜多论》等,同说十善业道为菩萨戒。从《阿含经》以来,十善业为主要的德行,与五戒并称。佛法中,戒与律仪,是同而又多少不同的。无论是自誓受,从师受,都是戒,根本为十善业。依据修学者环境、根性,制订不同的应守规律,如五戒,八戒等八种律仪(摄尽声闻法的戒律),是戒,也是律仪。所以在这戒福业中,再说德行根本的十善业。

十善业,分身口意三类。身善业有三:不杀生、不盗、不邪淫,与五戒的前三相同。语善业有四:不妄语,不两舌,不恶口,不绮语。不妄语,与五戒同。不两舌是:不存破坏他人和好的动机,东家说西,西家说东,搬弄是非,挑拨离间。不恶口是:不说粗恶的,使人难堪的语言,如呵骂、冷嘲热讽、尖酸刻薄的批评、恶意攻讦等。不绮语是:不说无意义语,如诲盗诲淫,情歌艳曲,说笑搭讪,或者天南地北,"言不及义"。这不但浪费时光,而且有害身心。十善业的重视语业,正说明了这是人类和乐共处的根本德行。人类以语言而传达彼此的情意,如人与人间,尽是些妄语、两舌、恶口、绮语,试问人类的和乐——齐家治国平天下,从何说起? 语言的传达,虽说"人口快如风",到底还不易传播。自从有了文字,就能传远传久;加上近代发明的电话、电视等,这一世界的人类意识,更是息息相通。然而息息相通的,充满了妄语、两舌、恶口、绮语(黄色黑色等),我们现在正进入这样的世界。宣传建设人类的永久和平,而违反人类的正常德行,真是缘木而求鱼了! 意善业有三:离贪欲,离嗔恚,离邪见。离贪欲是:

对于他人的财物、妻室（丈夫）、权位，不起贪恋而欲得的心理，不作取得他财等计划，自己安分知足，离贪欲心。离嗔恚是：对他不起嗔恚忿恨心，不作损害他人的设想。离邪见就是正见，正见有善恶、业报、前生后世、凡夫圣人等。意业虽是内心的，但发展出来，就会成为身语的行为。十善业的反面，是十恶业。离十恶，行十善，实为任何人所应行的德行。

诸善业，原是极多的，但从显见的重业来说，是十善。所以善业的根本，佛说就是十善业。在大乘法中，这是菩萨戒；也是声闻、缘觉、天、人——一切善行的根本，所以说：人天善所依止，三乘圣法由之而成立。在佛法中，十善业是彻始彻终的德行，如《海龙王经》说："诸善法者，是诸人天众生圆满根本依处，声闻独觉菩提根本依处，无上正等菩提根本依处。何等名为根本依处？谓十善业。"又说："十善业道，是生人天，得学无学诸沙门果，独觉菩提，及诸菩萨一切妙行，一切佛法所依止处。"

（录自《成佛之道》，110—113页，本版75—77页。）

（三）特胜的信众行

1. 五法具足

优婆塞与优婆夷，以在家的身份来修学佛法。关于家庭、社会的生活，虽大体如上面所说，但另有独特的行持，这才能超过一般的人间正行而向于解脱。修行的项目，主要为五种具足

(《杂含》卷三三·九二七经等)。一、信具足：于如来生正信，因佛为法本，佛为僧伽上首，对如来应有坚定正确的信仰。信心是"深忍乐欲，心净为性"，即深刻信解而又愿求实现的净心——这等于八正道的正见、正志。二、戒具足：即是五戒。五戒不仅是止恶的，更是行善的，如不杀生又能爱护生命。在家信徒于五戒以外，有加持一日一夜的八关斋戒的：于五戒外，"离高广大床"；"离花鬘、璎珞、涂香、脂粉、歌舞、娼妓及往观听"；"离非时食"；淫戒也离夫妇间的正淫。有的彻底离绝男女的淫欲，称为"净行优婆塞"。这八关斋戒与净行，是在家信众而效法少分的出家行，过着比较严肃的生活，以克制自心的情欲。三、施具足：如说："心离悭垢，住于非家，修解脱施、勤施、常施、乐舍财物、平等布施。""心住非家"，即不作家庭私产想，在家信众必须心住非家，才能成出离心而向解脱。供施父母、师长、三宝，出于尊敬心；布施孤苦贫病，出于悲悯心。也有施舍而谋公共福利的，如说："种植园果故，林树荫清凉，桥船以济渡，造作福德舍，穿井供渴乏，客舍给行旅，如此之功德，日夜常增长。"(《杂含》卷三六·九九七经)上二种，等于八正道的正语到正精进。四、闻具足：施与戒，重于培植福德。要得佛法的正知见，进求正觉的解脱，非闻法不可。这包括"往诣塔寺"、"专心听法"、"闻则能持"、"观察甚深微妙义"等。五、慧具足：即"法随法行"而体悟真谛——这等于八正道的从精进到正定。佛为郁阇迦说四种具足，将闻并入慧中，因为闻即是闻慧。这样，才算是"满足一切种优婆塞事"。以信心为根本，以施、戒为立身社会的事行，以闻、慧为趋向解脱的理证。名符其实的优婆塞、优婆夷，真不容易！但这在佛法中，还是重于自利的。如能自己这样行，又教人这样行，"能自安慰，亦安慰他人"，这才是"于诸众中，威德显曜"的"世间难得"者(《杂含》卷三三·九二九经)！五法而外，如修习禅定，在家众多加修四无量心。

2. 六 念

在家的信众，于五法而外，对心情怯弱的，每修三念：念佛、念法、念僧。或修四念，即念三宝与戒。或再加念施；或更加念天，共为六念，这都见于《杂阿含经》。这主要是为在家信众说的，如摩诃男长者听说佛与僧众要到别处去，心中非常难过(《杂含》卷三三·九三二、九三三经)；还有难提长者(《杂含》卷三〇·八五七、八五八经)，梨师达多弟兄(《杂含》卷三〇·八五九、八六〇经)也如此。诃梨聚落主身遭重病(《杂含》卷二〇·五五四经)；须达多长者(《杂含》卷三七·一〇三〇经等)，八城长者(《杂含》卷二〇·五五五经)，达摩提离长者(《杂含》卷三七·一〇三三经)也身患病苦。贾客们有旅行旷野的恐怖(《杂含》卷三五·九八〇经)；比丘们有空闲独宿的恐怖(《杂含》卷三五·九八一经)。这因为信众的理智薄弱，不能以智制情，为生死别离、荒凉凄寂的阴影所恼乱，所以教他们念——观想三宝的功德，念自己持戒与布施的功德，念必会生天而得到安慰。这在佛法的流行中，特别是"念佛"，有着非常的发展。传说佛为韦提希夫人说生西方极乐世界，也还是为了韦提希遭到了悲惨的境遇。所以龙树《十住毗婆沙论》说：这是为心情怯弱者所作的方便说。这种依赖想念而自慰，本为一般宗教所共同的;神教者都依赖超自然的大力者,从信仰、祈祷中得到寄托与安慰。念佛等的原理,与神教的他力——其实还是自力,并没有什么差别。经中也举神教他力说来说明,如说:"天帝释告诸天众,汝等与阿须轮共斗战之时生恐怖者,当念我幢,名摧伏幢,念彼幢时恐怖得除。……如是诸商人!汝等于旷野中有恐怖者,当念如来事、法事、僧事。"(《杂含》卷三五·九八〇经,又参《增一含·高幢品》)。他力的寄托安慰,对于怯弱有情,确有相对作用的。但这是一般神教所共有的,如以此为能得解脱,能成正觉,怕不是释尊的本意吧!

　　(录自《佛法概论》,210—213 页,本版 141—143 页。)

　　　　　　※　　　　　※　　　　　※　　　　　※

　　有些人,心性怯弱,多有种种的怖畏。如夜晚独行,或个人独住静室时,怕神怕鬼。又有怕病的,怕死的,怕死后堕落的。内心充满忧愁变悔,弄得苦恼不堪。像这些心性怯弱怖畏的,佛说应修六念法门。念是系念,忆念,使心在所念的境上转。念是习定的方便,所以深的能得一心不乱,浅的也能念念相续。什么是六念呢?一、念佛的相好庄严;智德、恩德、断德等功德。二、念佛的正法,是清凉能得解脱的。如能受持奉行,什么时候都能通达证知。三、念声闻僧的四双八辈,有戒、定、慧、解脱、解脱知见等功德,是世间福田。又念菩萨僧,大悲大智,自利利他。这是系念三宝功德,自己归向三宝,为三宝所摄受护持;自心安住三宝的清净威德中,便能离恶觉,离欲染,也就能离去忧悔怖畏了。经中比喻说:如帝释与阿修罗作战,帝释的部属,那伽、夜叉等,望见了帝释幢(等于帝释的帅旗),就会勇气百倍。众生如正念三宝功德,深信自己为三宝所摄受护持,心得安定,那还有什么畏怯呢? 四、念自己能持不破不缺的清净戒。五、自己忆念到,曾在福田中,修习如法清净的布施。六、自念曾修施戒功德,所以能得七宝庄严,胜妙福乐的欲界天报。怕病怕死怕堕落,经中多教修此六念。人不能无病,不能不死,如曾修功德,来生会好过现在,那等于出黑暗而入光明;走出茅屋而进入华堂大厦;免去低级职务而调升高级职务。如能如此忆念,那欢喜庆贺都来不及,还会忧怖吗? 其实值得怖畏的,不是老死到来,而是没有修习归依施戒等功德,空过了一生。

系念三宝功德,从归信三宝而来。如极乐世界,也还是“念佛、念法、念僧”。如真能圆满地归依三宝,也就会正念三宝。无论是系念三宝功德,忆念施、戒、天功德,都是由念而引发坚定的信解。深信三宝的摄护,深信善因善果的必然,坚定不疑,自然是如入大光明聚,而怯畏忧悔的阴暗,一下子就会立时消失了。

（录自《成佛之道》,121—123 页,本版 82—83 页。）

（四）一般的世间行

1.人　天　行

出世的德行,是一般德行的胜进,是以一般人的德行为基础而更进一步的。佛法为了普及大众,渐向解脱,所以有依人生正行而向解脱的人天行。佛弟子未能解脱以前,常流转于人间天上;而佛法以外的常人,如有合理的德行,也能生于人天,所以佛法的世间正行,是大体同于世间德行的。释尊为新来的听众说法,总是"如诸佛法先说端正法,闻者欢悦,谓说施、说戒、说生天法"(如《中含·教化病经》)。我们知道,生死是相续的,业力的善恶会决定我们的前途。在没有解脱以前,应怎样使现生及来生能进步安乐,这当然是佛弟子关切的问题。佛法不但为了"究竟乐",也为了"现法乐"与"后法乐"。怎样使现生与未来能生活得更有意义,更为安乐,是"增上生"的人天心行。也即是修学某些德行,能使现实的人生更美满,未来能生于天上人间。释尊的时代,一般人或要求人间的美满,或盼望天宫的富乐自由。依佛法真义说,天上不如人间;但随俗方便,也说生天的修行。印度宗教的人天法,充满了宗教的迷信生活——祭祀、祈祷、咒术等;而佛说的人天法,即纯为自他和乐的德行——施与戒,及净化自心的禅定,主要为慈悲喜舍的四无量心。

布施不如持戒,持戒不如慈悲等定,这是佛为须达多长者所说的(《增一含·等趣四谛品》)。布施是实际利他的善行,但一般常含有不纯正的动机,如"有为求财故施,或愧人故施,或为嫌责故施,或畏惧故施,或欲求他意故施,或畏死故施,或诳人令喜故施,或自以富贵故应施,或净胜故施,或妒嗔故施,或憍慢自高故施,或为名誉故施,或为咒愿故施,或解除衰求吉故施,或为聚众故施,或轻贱不敬施"(《智论》),这都不是佛陀所赞叹的。即使是善心净心的布施,究竟是身外物的牺牲,不及持戒的功

德。持戒是节制自己的烦恼,使自己的行为能合于人间和乐善
生的目标。然一般地说,持戒还偏重身语的行为,如慈悲喜舍等
定,降伏自心的烦恼,扩充对于一切有情的同情,这种道德心的
净化、长养,更是难得的。即使还不能正觉解脱,也能成为解脱
的方便。所以释尊常说:布施、持戒,能生人天;要生色界天以
上,非修离欲的禅定不可。不过,禅定是倾向于独善的,偏重于
内心的,如修慈悲、欣厌等禅定而取著,即会生于天国。从正觉
的佛法说,还不如持戒而生于人间的稳当。

2. 正常的经济生活

在家众,首先应顾虑到经济生活的正常,因为有关于自己、
家庭的和乐,更有关于社会。释尊曾为少年郁阇迦说:"有四
法,俗人在家得现法安现法乐。"(《杂含》卷四·九一经)一、方
便具足:是"种种工巧业处以自营生"。如没有知识、技能从事
正当的职业,寄生生活是会遭受悲惨结局的。《善生经》也说:
"先当习技艺,然后获财业。"正当的职业,如"田种行商贾,牧牛
羊兴息,邸舍以求利,造屋舍床卧,六种资生具"(《杂含》卷四
八·一二八三经);"种田、商贾,或以王事,或以书疏算画"(《杂
含》卷四·九一经)。一切正当的职业,都可以取得生活。如有
关淫、杀、酒,以及占卜、厌禁、大称小斗等,都是不正当的,特别
是像陀然梵志那样的,"依傍于王,欺诳梵志、居士,依傍梵志、
居士,欺诳于王"(《中含·梵志陀然经》)。他为了女人,而假借
政府的力量来欺压民众,利用民众的力量来欺压政府,从中贪
污、敲诈、剥削、非法取财,这是不能以家庭负担或祭祀、慈善等

理由而减轻罪恶的。二、守护具足：即财物的妥善保存，不致损失。三、善知识具足：即结交善友，不可与欺诳、凶险、放逸的恶人来往，因为这是财物消耗的原因之一。《善生经》说：财产的损耗有六种原因，即酗酒、赌博、放荡——非时行、伎乐、恶友与懈怠。四、正命具足：即经济的量入为出，避免滥费与悭吝。滥费，无论用于哪一方面，都是没有好结果的。悭吝，被讥为饿死狗，不知自己受用，不知供给家属，不知供施作福，一味悭吝得卢至长者那样，不但无益于后世，现生家庭与社会中也不会安乐。释尊提示的正常经济生活，在当时的社会环境中，可说是非常适当的办法。

3. 合理的社会生活

人在社会中，与人有相互的关系。要和乐生存于社会，社会能合理地维持秩序，应照着彼此的关系，各尽应尽的义务。佛曾为善生长者子说六方礼，略近儒家的五伦说。善生长者子遵循遗传的宗教，礼拜天地四方，佛因教他伦理的六方礼。六方礼，即以自己为中心，东方为父母，南方为师长，西方为妻，北方为友，下方为仆役，上方为宗教师。这六方与自己，为父子、师弟、夫妻、亲友、主仆、信徒与宗教师的关系。彼此间有相互应尽的义务，不是片面的，如《长阿含》、《中阿含》的《善生经》详说。六方中的夫妇，应彼此互相的保持贞操。没有君臣、兄弟，可摄于亲友中。亲友，原文含有上下的意味，近于长官与部属的关系。对于自己的友属，应以四摄事来统摄。"布施"，以财物或知识提高友属的物质与精神生活。"爱语"，以和悦的语言来共同谈论。"利行",即顾到友属的福利事业。"同事",即共同担任事务,与友属一体同甘苦。这四摄是社团,尤其是领导者必备的条件,所以说:"以此摄世间,犹车因工(御工)运。……以有四摄事,随顺之法故,是故有大士,德被于世间。"(《杂含》卷二六·六六九经)菩萨以四摄来化导有情,负起人类导者的责任,也只是这一德行的扩展。主人对于仆役,除了给以适宜的工作而外,应给以衣食医药,还要随时以"盛馔"款待他,给以按时的休假。这在古代社会,是够宽和体贴的了!六方中,特别揭示师弟、宗教师与信徒的关系,看出释尊对于文化学术的重视。

4. 德化的政治生活

释尊舍王子的权位而出家,对当时的政治情势、互相侵伐的争霸战,是不满意的。他常说"战胜增怨敌,败苦卧不安,胜败二俱舍,卧觉寂静乐"。释尊为国际的非战主义者,对于当时的政治,对于当时的君主,少有论及,更不劝民众去向国王誓忠。关于国族的兴衰,佛曾为雨势大臣说七法(《长含·游行经》)。古代政治,每因国王的贤明与否,影响国计民生的治乱苦乐,所以佛曾谈到国王有十德:一、廉恕宽容,二、接受群臣的诤谏,三、好惠施而与民同乐,四、如法取财,五、不贪他人的妻女,六、不饮酒,七、不戏笑歌舞,八、依法而没有偏私,九、不与群臣争,十、身体健康。如《增一含·结业品》所说,这是重在陶养私德,为公德的根本。《中本起经》说:"夫为世间将(导),顺正不阿枉,矜导示礼仪,如是为法王。多愍善恕正,仁爱利养人,既利以平均,如是众附亲。"这是极有价值的教说!国王临政的要道,主要是公正,以身作则,为民众的利益着想;特别是"利以平均",使民众经济不致贫富悬殊,这自然能得民众的拥护,达到政治的安定繁荣。

佛经传说轮王的正法治世,一般解说为佛教理想的政治,其实是古代印度的现实政治,留传于民间传说中。传说阿私陀仙说:释尊如不出家,要作轮王。依佛经所记,从众许平等王以来,古代有过不少的轮王。上面说过,轮王的统一四洲,本为印欧人扩展统治的遗痕。佛化的轮王政治,略与中国传说的仁政、王政(徐偃、宋襄也还有此思想)相近。正法治世,是"不以刀杖,以法治化,令得安稳"的。对于臣伏的小国来贡献金银,轮王即说:"止!止!诸贤!汝等则为供养我已。但当以正法治,勿使偏枉,无令国内有非法行。"(《长含·转轮圣王修行经》)正法即五戒、十善的德化。轮王的统一,不是为了财货、领土,是为了推行德化的政治,使人类甚至鸟兽等得到和乐的善生。

(录自《佛法概论》,203—210 页,本版 136—141 页。)

(五)人间正行

中道以正见为先,修证以定慧为主,然对于个人修持、佛法的久住世间,戒却是无比重要的。戒是人间的正行、善行,如在家弟子五戒中的杀(人)、盗、邪淫、妄语(作假见证等),也正是善良风俗所不容,国家法律所要制裁的。"佛出人间",为众生说法,是依人间的正行——"诸恶莫作,众善奉行",而引向"内净其意"的定慧熏修,正行是与解脱道相应的。所以,如说修说证,而不知身在人间,所行的却是放辟、淫乱,或者类似颠狂,那不是知见不正,就是修持上出了毛病。如狂妄的自以为是,那不是释迦弟子。佛为弟子制戒,而出家戒的内涵更为深广。出家,是离家而入僧伽。构成僧伽的每一成员,人人是平等的;僧伽是法治的;僧伽事务,由大众会议来决定,所以是民主的。在僧团中,彼此互相勉励,互相警策,互相教导,也互相举发别人的过失,经忏悔而保持清净。这是"见(解)和同解"、"利(经济)和同均"、"戒(法制)和同遵"的僧团。律典说:这样和、乐、清净健全的僧团,才能达成"正法久住"、"梵行久住"的理想。当时印度宗教的风尚,远离、独处,受到世人的尊敬,但释尊却渐渐引导,使出家者纳入有轨律的僧团。所以佛曾劝优波离、大迦叶住在僧团内,并给"常乐独住"以有实质意义的新解说。

当时印度的神职人员,依信施而生活的婆罗门及(六师)沙门,流行低级的迷妄行为。《梵网经》列为"中戒"、"大戒",《四分律》总名为"大小持戒犍度"。现在依《长阿含经》(二一)《梵动经》,录"大戒"如下:

> "瞻相男女、吉凶、好丑,及相畜生。"
>
> "召唤鬼神,或复驱遣(鬼神)。种种厌祷,无数方道恐热于人。"
>
> "能为人安胎、出(胎)衣,亦能咒人使作驴马,亦能使人聋盲瘖痖。"
>
> "现诸伎术,叉手向日、月(天),作诸苦行。"

"为人咒病,或诵恶咒,或诵善咒;或为医方、针灸、药
石、疗治众疾。"

"或咒水、火,或为鬼咒,或诵刹利咒,或诵鸟咒,或支
节咒,或安宅符咒,或火烧、鼠啮能为解咒。"

"或诵知死生书,或诵(解)梦书,或相手、面(书),或诵
天文书,或诵一切(鸟兽)音书。"

"瞻相天时:言雨不雨、谷贵谷贱、多病少病、恐怖安
稳。或说地动、彗星(现)、月蚀、日蚀,或言星蚀,或言
不蚀。"

"或言此国当胜,彼国不如;或言彼国当胜,此国不如:
瞻相吉凶,说其盛衰。"

在《长部》(一)《梵网经》中,更有:

火、杓子、壳、粉、米、熟酥、油、口、血——护摩。

问镜,问童女,问天(神),拜太阳,供养大梵天,请吉祥
天。净地,嗽口,沐浴,举行供牺牲的祭祀。

这类迷妄的低级宗教行为在印度盛行,但释尊"无如是
事",也从不称赞这类行为。《梵网经》所说的"小戒",是十善、
十戒,及某些物品不得接受等。"中戒"是种植,贮畜享受,歌舞
等娱乐,赌博,卧室香油等奢侈,闲谈世事,净论义理,为国王奔
走等。"大戒"是占卜,预言,推算,咒术,护摩,供神,治病。医
药古代与巫术相关联;纯正的医药是世间正事,也无关于宗教的
信行。这些低级的宗教行为,称为"大戒",是佛教出家僧团所
严重关切的。这些宗教行为是否有效,为另一事,"佛法"是决

不采用的。如印度盛行的咒术，是"佛法"所鄙弃的，如《中阿含经》（一八一）《多界经》（大正一·七二四上）说：

> "若见谛人，生极苦甚重苦，不可爱、不可乐、不可思、不可念，乃至断命。舍离此内佛法，更从外求，或有沙门、梵志，或持一句咒、二句、三句、四句、多句、百千句咒，令脱我苦……终无是处。"

见谛人，是证见四谛的（初果以上）圣者。佛教的圣者，如因病而引生极大苦痛，面临死亡威胁，也不可能去从哪位沙门、婆罗门求诵咒语以延续生命的。可见咒语是凡愚的事，是真正佛弟子所鄙弃的。又如出家戒中，不知四谛而说"我知"四谛的；没有见到天、龙、夜叉等鬼神，而说"我见"，这不是为了"名闻"，就是为了"利养"，虚诳的说神说鬼，在僧伽中是"大妄语戒"，要逐出僧团，取消比丘资格的。因为采用咒语等行为，妄说见神见鬼，会增长社会的迷妄；有些人会夸谈灵异，惑乱人心，终将造成僧伽内部及社会文化的祸害。释尊一律严格地禁止，对印度宗教来说，树立了理性的觉者的形象，这才是正见、正行、正觉者的"佛法"！

（录自《华雨集》二，34—39 页，本版 22—25 页。）

三 声闻乘的戒学

(一) 出家众与僧伽生活

1. 出家与入僧

信众的出家,过着淡泊的乞士生活,称为比丘。在家的虽同样的可以解脱,而释尊的时代,出家是比较适宜些。如说:"居家至狭,尘劳之处;出家学道,发露旷大。我今在家,为锁所锁,不得尽形寿修诸梵行。我宁可舍少财物及多财物,舍少亲族及多亲族,剃除须发,着袈裟衣,至信舍家,无家学道。"(《中含·迦缔那经》)家有什么可厌? 如经中所说:由于人类财产私有,男女系属,这才引发淫、盗、杀、妄等社会纠纷。为避免人间的混乱而成立国家,但从来的国家制,建立于家庭的私欲占有基础,所以虽多少限制彼此的冲突,而不能彻底实现人间的和乐。国家权力的扩张,每征收过分的赋税,甚至掠夺人民,不断引起国族间的残杀。所以在家的五戒,也还是基于一般的家庭基础。如淫以不得非法(当时的法律习惯)侵犯他人男女为标准。不盗,一切公物私物不得非法占有。这不过顺从当时——男女互相系属、财产彼此私有的社会,节制自我,维持不完善、不理想的秩序,实是不完善的道德。所以出家的真义,即为否定固有社会的价值,放弃财产私有,眷属系著,投身于新的世界。"不拜王","四姓出家,同名为释",即不受姓氏种族限制的集团,否认王权的至上。这难怪以家庭伦理为本位的儒家,要大惊小怪起来。

真实的出家者,为了"生老病死忧悲苦恼"的解脱。解脱这些,需要内心烦恼的伏除,也需要社会环境的变革。内心清净与自他和乐,本是相关的。释尊为深彻的悲慧所动,冲破旧社会而出家,适应当时的机宜,以宗教者的身份阐扬根本的彻底的教化。出家即自我私有的否定,营为舍离我执的生活。当然,也有为了国事、盗贼、债务、生活的逼迫而出家,或身虽出家,而依然在经济占有、男女爱著的心境中过活,不能契合出家真义的。凡是真实的出家者,一定不受狭隘的民族、国家主义所拘蔽。但出家并不能出离社会,不过离开旧的而进入新的社会——僧伽。

（录自《佛法概论》,217—219 页,本版 146—147 页。）

2. 僧团生活的一斑

参加僧团,即依戒律而过集团的生活,参加释沙门团而过平等自由的生活。关于僧团生活,这里只能提到一点。参加僧团,要经受戒的仪式。如中途不愿出家,不妨公开地舍戒,退出僧团。"见和同解",出家的有不可缺少的五年依止修学的严格义务,养成正确而一致的正见。如自立佛法的邪说,先由师友再三地劝告,还是固执的话,那就要运用大众的力量来制裁他。"戒和同行",基于任何人也得奉行的平等原则。大众的事情,由完具僧格的大众集议来决定。这又依事情轻重,有一白三羯磨——一次报告,三读通过;一白一羯磨——一次报告,一读通过;单白羯磨——就是无关大体的小事,也得一白,即向人说明。出家人的个人行动,完全放在社会里面。议事的表决法,经常采用全体通过制。如一人反对,即不能成立;也有行黑白筹而取决多数的。如违反净化身心、和乐大众的戒律,都要忏悔,向大众承认自己的错失。如犯重的,要接受大众的惩罚,令他为公众作苦工,或一切人不与他交谈,不与他来往,使他成为孤独者。如犯不可忏悔的重罪,即不能容他存留在僧团,这才能保持僧团的清净。所以说:"佛法大海,不宿死尸。"僧团中没有领袖,没有主教,依受戒的先后为次第;互相教诫,互相慰勉,结成一和合平等的僧团。尊上座,重大众,主德化,这是僧团的精神。"利和同均",出家众过着乞士的生活,一切资生物——衣食住药四缘,都从乞化、布施而来。这或有属于团体公有的,或有属于私人的。释尊依当时的社会经济状况,制定生活的标准。但由于人类私欲的根深蒂固,不能不设法逐渐调伏,也容许有过量的衣物,但必须"净施"。净施,是特殊的制度,公开地奉献于大众、别人,然后由大众交还他管理使用。出家者在这样的民主的、自由的、平等的僧团中,度着少欲知足的淡泊生活,游行教化,专心定慧,趋向清净的解脱。

　　(录自《佛法概论》,219—220 页,本版 147—148 页。)

3.六 和 敬

正法的久住,要有解脱的实证者、广大的信仰者,这都要依和乐清净的僧团而实现。僧团的融洽健全,又以和合为基础。依律制而住的和合僧,释尊曾提到他的纲领,就是六和敬。六和中,"见和同解"、"戒和同行"、"利和同均",是和合的本质;"意和同悦"、"身和同住"、"语和无诤",是和合的表现。从广义的戒律说,佛教中的一切,团体的、个人的,都依戒律的规定而生活。律治内容的广泛,与中国古代的礼治,有着同样的精神。律,包含实际生活的一切;但释尊特别重视思想与经济,使它与戒律并立。这就指出大众和合的根本问题,除了律制以外,还要注重思想的共同、经济待遇的均衡。思想、律制、经济三者,建立在共同的原则上,才有和乐、清净的僧团。在僧团中,有关大众与个人的法制,固然有要求参加僧团者严格服从遵行的义务,但如有特权阶级,特别是执法者不能与守法者同样的遵守律制,必然要影响大众的团结。戒和同行,为律治的精神所在;就是释尊也不能违反律制,何况其他! 我们在社团中,要有物质上与精神上的适当营养。但一般人,在物质的享受上,总是希求超过别人的优越待遇;在思想上,又总是满意自己的意见。这物欲的爱著——"爱"、思想的固执——"见",如不为适当的调剂、节制,使它适中,就会造成经济上的不平衡、思想上的分歧。在同一集团中,如让经济的不平、思想的庞杂发展起来,僧团会演成分崩离析的局面。在释尊当时,能注意思想的同一、经济的均衡,不能不说是非凡的卓见! 释尊说:"贪欲系著因缘故,王、王共诤,婆罗门居士、婆罗门居士共净。……以见欲系著故,出家、出家而复共净。"(《杂含》卷二〇·五四六经)这还不过从偏重而说,从佛教的僧团看,经济与思想并重,释尊的不偏于物质,也不偏于精神,确是到处流露的一贯家风。僧团确立在见和、戒和、利和的原则上,才会有平等、和谐、民主、自由的团结,才能吻合释尊的本意,负担起住持佛法的责任。有了上面所说的三和——和合的本质,那表现在僧团中的,就必有后三者。彼此间,在精神上是志同道合的;行动上是有纪律而合作的;语言文字上是诚实、正确,充满和谐友谊的。这样的僧团,才是释尊理想中的僧团。

　　(录自《佛法概论》,21—23 页,本版 14—15 页。)

　　　　　　※　　　　　※　　　　　　※　　　　　※

　　和合僧,是缘起的和合。缘起的和合中,是有相对的差别性,所以在一切佛弟子中,分为在家与出家二众。在家众中,男的称为优婆塞——近事男,女的称为优婆夷——近事女,这是亲近三宝的。佛教的在家信众,接近佛教,在思想与行动上,接受佛法的指导,照着去行,所以叫近事。出家众中也有男女不同。男众又分两级:沙弥——勤策,是青年而没有履行完全律制的,可说是预科;比丘——乞士,是以佛为模范,而学佛所学、行佛所行的。女众却分为三级:在预修的沙弥尼——勤策女和正式的比丘尼——乞女之间,有式叉摩那尼——正学女,这是为了特殊情形而制定的两年特训。其中,沙弥是隶属于比丘的,沙弥尼与式叉摩那尼是属于比丘尼的。这男众女众的"二部僧",虽然男女各别组织,但在思想上与精神上,比丘僧是住持佛法的中心。综合这七众弟子,成为整个的佛教信众。

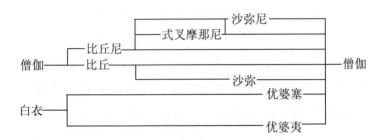

　　释尊适应当时的环境,在出家弟子中,有事相上的僧团。在家弟子仅是信仰佛法,奉行佛法,没有成立团体。所以在形迹上,有出家的僧伽,有在家白衣弟子。但从行中道行,现觉正法而解脱来说,"理和同证",在家与出家是平等的。白衣能理和同证,也可称之为僧伽;而且这还是真实僧,比形式上的僧伽更值得赞叹。反之,出家者如没有现证的自觉,反不过形式而已。这事和与理和,本来是相待而又不相离的。但在佛法的流行中,一分青年大众——出家者,与白衣弟子们,重视理和同证的僧伽;忽略六和僧团的作用,忽略发挥集团的力量,完成正法久住的重任,因此而轻视严密的僧制。白衣者既没有集团,而青年大众僧中"龙蛇混杂",不能和乐清净。结果,理想中的真实僧,渐渐的比虚伪更虚伪。号称入世的佛教,反而离开大众,成为个人的佛教。另一分耆年的老上座,重视事相的僧伽,但忽略释尊制律的原则不变、根本不变,而条制、枝末的适应性,不能随时随地地适应,反而推衍、增饰(还是为了适应),律制成为繁琐、枝末的教条。僧俗的隔碍,也终于存在。从僧伽中心的立场说,这是各走极端,没有把握事和与理和、原则与条规的综合一贯性,不能圆满承受释尊律制的真精神。

（录自《佛法概论》,23—25 页,本版 15—17 页。）

※　　　※　　　※　　　※

释迦佛成佛说法,就有好多人随佛出家,佛就把他们组织为僧伽——或简译为僧。僧是群众,是有组织有纪律的集团,所以古人意译为"和合众"。佛凭什么来集结僧众呢? 不是凭自己的才能,所以佛说"我不摄受众"。佛是依法以摄受他们,使之成为僧伽的。法,是人生的正道,究竟的涅槃;佛是以此法来感召大众,让大众为这人生大事而集合拢来。法也是律法制度,就是契合于人生正道的规制;佛是本着这自他共处的完善法则,制为规章法度来组织大众的。

依法而组合的僧众,以和乐净三者为根本的特色。一、和合,这又有事和或理和二种。事和又分为六,名为六和。1. 见和同解:大众有一致的见解,这是思想的统一。2. 戒和同遵:大众奉行同一的戒律,这是规制的共同。3. 利和同均:大众过着同样的生活受用,这是经济的均衡。思想、规制、经济的和同,为佛教僧团的实质。能这样,那表现于身心的活动,彼此间一定是: 4. 身和共住;5. 语和无诤;6. 意和同悦了。此六和,是出家僧众所应该一致奉行的。还有理和,是佛弟子证到的真理——法或涅槃,内容是彼此完全一致,所以说:"心心相印";"与诸佛一鼻孔出气"。这是圣者所特有的,而且是通于在家出家的。单是事和,是世俗僧;理和是胜义僧。不过,释迦佛在这五浊恶世,依法摄僧,成为住持佛教的中心力量,却是着重事和。二、安乐:僧众在这事和(或理和)的集团中,大众都能身心安乐,精进修行。三、清净:在和乐的集团中,互相勉励,互相警策;如有了罪恶,也能迅速地忏悔清净,僧团才能做到健全。佛制的僧伽,原来是这样完善的集团。

从自修到身心清净来说,僧伽是使我们得安乐得清净的殊胜因缘,是陶贤铸圣的大冶洪炉。从利他的弘扬佛法来说,僧伽是推动佛法的集体力量。僧伽为三宝之一,佛弟子应归依敬礼僧伽。宗教的大众集团,本不限于佛教,如印度的六师沙门团,都是有僧众的。但在各教的僧众中,奉行佛法的僧伽,最为尊胜,所以称赞为众中尊。

（录自《成佛之道》,22—24 页,本版 15—17 页。）

4. 僧团生活的要义

佛教本来是重视团体生活的,现代社会也倾向于此。不但政治重组织,就是农工商学等也都组织自己的集团——工会、商会、农会等。佛法是应该适应时代的,时代已进向集体组织,佛法也就该更着重于此。民国以来,出家(在家)的组织佛教会,在家的创立正信会、居士林等,可说都与此时代风尚相合。佛教会的成立,起初是重在对外,遇到利用政治或地方恶势力想侵凌摧残佛教,就运用此团体来抵抗护持。然佛教的团体组合,不专是为了对外;对于自身的分子健全、组织严密,实有更重要的意义。学佛的主要目的,在自利利他。照佛说毗奈耶所指示,要生活在团体中,才能真实地自利利他。就是自利的断烦恼、了生死,依团体的力量,也是更为容易。这在一般看来,也许觉得希奇! 不知学佛的进入佛教团体,过着有规律的生活,行住坐卧,语默动静,一切都不能违反大众共守的制度。因为佛教的集体生活有着三项特色:互相教授教诫,互相慰勉,互相警策。佛弟子住在一起,关于法义,是互相切磋、问难。你会的讲给我听,我会的讲给你听。当然,精通三藏的上座们,是更负起住持正法、引导修学的义务。如有意见不合,或有不合佛法的见解,由大众集会来议定,将错误的见解纠正过来。初学的或者心起烦恼,想退失道心,就用柔软语安慰他,勉励他,帮助他的信心坚定起来,努力向上。如有性情放逸,不专心佛法的,就用痛切语警策他。犯了戒,一定要亲向大众求忏悔。知道他犯罪,大家有警策他、教他忏悔的义务。这种集体生活,充满着大众教育的意味。所以佛在世时,虽有发心不纯正的,但一经出家,在团体中锻炼一番,也能引发真心,用功办道,了脱生死。这种集体生活的精神,古代的禅宗很有些类似。如在禅室中放逸昏沉,供养他几香板。如参禅不能得力,向和尚及班首们请开示。因有教授教诫、慰勉警策的精神,所以禅宗能陶贤铸圣,延续了中国佛教一千年的慧命。佛教的集体生活,不只是生活在一起,上殿过堂就算了,不只是注重表面的秩序,而是在同一生活中,引导大众走上正常而向上的境地。这样的集团生活,自能发生真正的力量。

　　佛教僧团,可说是自我教育、大众教育的道场。僧团与学校不一样,学校只是老师教学生,僧团是进一步的互相教授教诫。依佛说:上座而不发心教导新学比丘,是没有慈悲,违犯上座的法规。教授、教诫、慰勉、警策，是佛教集团的真精神。这样的相互教育，可实现在团体中的自由；而每人的真自由，即佛法所说的解脱。依律说：在僧团中，一切是公开的，真能做到"无事不可对人言"。做错了，有大众检举，自己也就非忏悔不可。这样的集团生活，做到"知过必改"，人人向上，和乐共处，养成光风霁月的胸襟，清净庄严的品格。净化自己，健全佛教，发扬正法，一切都从此中实现出来。近代组织的佛教会，对于健全僧品、发扬佛教，一时还不能发生力量。如外面由于时代的需要，内部尊重佛教的精神，复兴佛教的集团生活，相信不但能健全佛教，佛教也必迅速地发皇起来。因为，大众和乐，僧品清净，在有组织的集团中，不会因内部的矛盾冲突而对消自己的力量。在和谐一致的情形下，信心与热忱增强，大家能分工合作，充分发展为教的力量。过去，由于隐遁的、个人的思想泛滥，佛教的集团精神受到了漠视，这才使佛教散漫得沙砾一样。现在社会已进入集团组织的时代，为了发扬人间佛教，要赶快将集团的精神恢复起来！

（录自《佛在人间》，118—121 页，本版 80—82 页。）

（二）出家戒法的类别

初说增上尸罗：尸罗是梵语，意译为戒，有平治、清凉等意思。一般听到戒，就想到戒条，其实这是成文的规制，是因时因地因机而不同的；重要的是戒的实质。戒的力用，是恶止善行。依佛的本意，决非专从法制规章去约束，而要从内心的净治得来。烦动恼乱的内心,为非作恶,那就是热恼忧悔。如心净持戒,就能不悔,不悔就能得安乐,所以戒是清凉义。又烦恼如满地荆棘,一定嘉谷不生。心地清净的戒,如治地去草一样,这就可以生长功德苗了。然心地怎能得清净呢?这就是信,就是归依。从"深忍"(深切的了解)、"乐欲"(恳切的誓愿)中,信三宝,信四谛。真能信心现前,就得心地清净。所以说信是:"心净为性,……如水清珠,能清浊水。"从此净信中,发生止恶行善的力量,就是一般所说的"戒体"。所以说到得戒,无论是在家的优婆塞、优婆夷戒(八戒,是在家而仰修出家戒的一分);沙弥、沙弥尼戒(式叉摩那戒,是沙弥尼而仰修比丘尼戒的一分);比丘、比丘尼戒,起初都是以三归依得戒的。自愿归依,自称我是优婆塞等,就名为得戒。后来为了郑重其事,比丘、比丘尼戒,才改订为白四羯磨得戒。如没有净信,白四羯磨也还是不得戒的。所以戒是从深信而来的心地清净,从心净而起誓愿,引发增上力,有护持自心,使心不犯过失的功能。

　　戒,也称为律仪。梵语三跋罗,如直译应作等护;意译为律仪,从防护过恶的功能而得名。律仪有三类:一、如真智现前,以慧而离烦恼,就得道共律仪。二、如定心现前,以定而离烦恼,就得定共律仪。三、如净信(信三宝四谛)现前,愿于佛法中修学,作在家弟子或出家弟子,就得别解脱律仪。从净治清凉来说,这都是戒;这都是先于戒条,而为法制戒规的本质。从归信而得的别解脱律仪,属于人类。这或是男人,或是女人;或是在家,或是出家;或是成年,或是童年。由于社会关系、生活方式、体力强弱等不同,佛就制订不同的戒条,如五戒、十戒等,使学者对于身语行为的止恶行善,有所遵循。因此,称为波罗提木叉,意义为别解脱戒。这是逐条逐条的受持,就能别别地得到解脱过失。一般重戒律的,大抵重视规制,每忽略佛说能净内心的戒的本质。古代禅师,每说"性戒",是重视内心清净,德性内涵的。但偏重证悟的清净,也不是一般所能得的。其实,佛法是"信为能入","信为道源";真切的净信,誓愿修学,才是戒学的根本。

1.沙 弥 戒

在声闻弟子中,出家的戒法,分类为五:

一、沙弥戒;二、沙弥尼戒。这是出家而还不曾完备出家资格的,可说是出家众的预科。沙弥,意译为勤策,是精勤策励,求脱生死的意思。男的叫沙弥,女的叫沙弥尼,意义完全一样。只是女众,在语尾上附有女音(尼)而已(印度语法,男性女性是尾音不同的)。论到戒法,沙弥与沙弥尼相同,都是十戒。十戒是:一、不杀生;二、不偷盗;三、不淫;四、不妄语;五、不饮酒;六、不香华鬘严身;七、不歌舞倡伎及故往观听;八、不坐卧高广大床;九、不非时食;十、不捉生像金银宝物。前九戒,与近住戒相同。

出家以后,受了这十戒,才算是沙弥或沙弥尼。这是出家戒,所以完全制断淫行。六、七、八——三戒,都是少欲知足的淡泊生活。佛制的出家生活,以少欲知足为原则。衣食住药——四资生具,都从乞化得来。衣与食,不得多蓄积,以免引起无限的贪欲,何况手持金银宝物呢!常行乞食法,所以奉行过午不食戒。后二戒,虽只关于饮食与财物,但在佛的制度中,与不淫戒显出了出家人的特性：舍离了夫妇关系，也舍弃了经济私有。在我国，虽说僧众是募化为生，但实是采取了经济自决办法。如饮食是自己煮食（这就难怪持非时食戒的少了），财产是自己经营，房屋是自己修建。至于田产收租、经忏论价等，与出家生活的本意，越来越远。所以我国的良好僧众，也每只是严持根本戒而已。严格地说，我国的比丘僧，也许还不及沙弥呢！

2. 具　足　戒

三、比丘戒；四、比丘尼戒：这是过着完全远离恶行与欲行的生活，完备僧格的出家人，为僧团的主体。比丘，意译为乞士，是过着乞化生活的修道人；女的就叫做比丘尼。从戒法来说，比丘与比丘尼戒，是同样完全的。只是由于社会关系，情意强弱，佛分别制为比丘及比丘尼戒。平常说：比丘二百五十戒，比丘尼五百戒，这是大概说的，意味着尼戒要严格得多。实际是：比丘戒二百五十左右，比丘尼戒三百四十左右。

发展完成了的僧伽制度，出家后先受沙弥（沙弥尼）戒，再受比丘（比丘尼）戒。研求佛的本制，原是摄受归心三宝，而自动发心（成年而有自由意志的）出家的。所以发心出家的，或者说："善来比丘！于我法中快修梵行"，就算得比丘戒，成为比丘。或者说三归依的誓词，就算得戒，名为比丘。这本是不需要沙弥这一级，当然更不需要先受沙弥戒了。后来，为了信徒的儿女，父母死了，孤零无依，佛才慈悲摄受他们，在七岁以上的，出家作沙弥（沙弥尼），受沙弥戒，修学出家法的一分。等到年满二十，再给他受比丘戒。从此，比丘（比丘尼）以前，有此预修一级。甚至二十以上出家的，或因缘不具足，没有受比丘戒，也叫做（老）沙弥了。然在僧制中，如年满二十出家的，虽没有受沙弥戒，就直接受比丘戒，也还是得戒的——这是吻合佛制本意的，不过从发展完成的僧制来说，似乎不太理想而已。

3. 式叉摩那戒

　　五、式叉摩那戒：这是女众，属于沙弥尼以上、比丘尼以下的一级。式叉摩那，意译为学法女，是在二年内受持六法戒的一类。这实在还是沙弥尼（女众出家的预修），不过仰修比丘尼戒的一分而已。佛制女众出家，起初当然也只是比丘尼；其后增立沙弥尼；后来又增列式叉摩那；成为出家女众的三级制。起因是：有曾经结婚的妇女来出家，她早已怀了孕。受比丘尼戒后，胎相显现，生了儿子，这是会被俗人误会讥嫌的，有辱清净僧团的名誉。因此，佛制定式叉摩那：凡曾经结过婚的，年在十岁以上（印度人早熟早婚）；没有结婚的童女，年在十八岁以上，在受沙弥尼戒后，进受六法戒二年。起初虽为了试验有没有胎孕，但后来已成为严格考验的阶段。如在二年中，犯六法的，就不能进受比丘尼戒，要再受六法二年。二年内严持六法不犯，才许进受比丘尼戒，这是比沙弥尼戒严格得多了。女众的心性不定，容易退失，所以在完成僧格（比丘尼）以前，要经这严格的考验。天主教中，修女出家，也要经三次考问，比男众严格得多。不过这一制度，我国也许从没有实行，也许印度也不受尊重。因为沙弥及尼戒、比丘及尼戒，虽各部多少不同，而大致都还算一致。唯独这二年的六法戒，各部的说法不同。旧有部的《十诵律》，法藏部的《四分律》，都说六法，而不完全一样。新有部的《苾刍尼毗奈耶》，"二年学六法六随行"，这是二种六法。大众部的《僧祇律》，"二岁随行十八事"，这是三种六法。二年六法的古说是一致的，而六法的内容不同，这可以想见，这一学法女的古制，早就不曾严格遵行，这才传说纷纭了。

　　　　※　　　　　※　　　　　※　　　　　※

　　佛弟子虽有在家二众，出家五众；论戒法，虽有八类（加近住的八戒），但戒体的清净，有防非止恶的功能，有生长定慧的功德，却是一样的。所以，在家也好，出家也好；男众、女众、童年、成年也好，只要信赖恳切，发起净戒，都是可以依之而解脱生死的。

　　于此八种戒中，比丘与比丘尼所受的，名为具足戒。具足，是旧译，新译作"近圆"（圆就是具足）。近是邻近，圆是圆寂——涅槃。这是说：受持比丘、比丘尼戒，是已邻近涅槃了。虽然佛制的每一戒法，如能受持清净，都可以生长定慧的，解脱生死的。但比较起来，比丘、比丘尼戒，过着离欲（五欲，男女欲）出俗的生活，在这物欲横流的世间，比其他的戒法，是最严格的，最清净的，最能胜过情欲的。所以，这在佛制的戒法中，最为殊胜。受了具足戒的，位居僧宝，为僧团的主体，受人天的供养。

　　具足戒是戒法中最殊胜的，所以受具足戒也是最不容易的。论年龄，要满二十岁。论受戒的师长，要有三师——和尚，羯磨阿阇黎，教授阿阇黎；还要有七师作证明。就是在佛法不兴盛的边地，也非三师、二证不可。这比起在家戒的从一师受，沙弥及尼戒的从二师受，显然是难得多了。假使是受比丘尼戒，先要受二年的六法戒，还要从二部受戒，这是怎样的郑重其事！所以发心受具足戒的，要求三衣，要求师，要得僧团的许可；这是以殷重恳切的心情，经众多的因缘和合，才能受得具足戒。得来如此不易，那就应特别珍惜，好好地护持，如渡海的爱护浮囊，如人的爱护眼目一样。切莫疏忽放逸，在环境的诱惑下，烦恼的冲动下，失坏了这无价的戒宝！如不能依此殊胜的戒法，生人间天上，或解脱生死，反而袈裟下失却人身，这是多么可痛心的事呀！

（录自《成佛之道》，172—180页，本版117—123页。）

（三）持戒与慈悲

戒律的广义，包含一切正行。但依狭义说，重在不杀、不盗、不淫、不妄语等善。出家众的四根本戒，比在家五戒更严格。淫戒，连夫妇的正淫也禁止；妄语，重在未证谓证等大妄语，这都与定学有关。不杀、盗、淫、妄为根本的戒善，出家众多从消极的禁止恶行说。但在家众持戒，即富有积极的同情感。要知戒善是合法则的，也是由于同情——慈悲喜舍的流露而表现于行为的。如《杂含》（卷三七·一〇四四经）佛为鞞纽多罗聚落长者说："若有欲杀我者，我不喜；我若所不喜，他亦如是，云何杀彼？作是觉已，受不杀生、不乐杀生"——淫盗等同。释尊称这是"自通之法"，即以己心而通他人之心的同情，近于儒家的恕道。所以身语根本戒的受持不犯，不但是他律的不可作，也是自律的觉得不应该作。这例如不杀,不使一切有情受杀生苦,也是给一切有情以安全感。进一步,更要爱护有情的生命,戒不即是慈悲的实践吗?《杂含》(卷三二·九一六经)佛为刀师氏聚落主说:"若于有心杀生,当自悔责不是不类。若不有心杀生,无怨无憎,心生随喜。……心与慈俱。……如是偷盗对以悲心,邪淫对以喜心,妄语对以舍心。"这以四无量心别对四戒,不过约它的偏重说,其实是相通的。如《中含·波罗牢经》佛为波罗牢伽弥尼说:"自见断十恶业道,念十善业道已,便生欢悦;生欢悦已,便生于喜;生于喜已,便止息身;止息身已,便身觉乐;身觉乐已,便得一心。伽弥尼,多闻圣弟子得一心已,则心与慈俱,……无结、无怨、无恚、无诤"——悲喜舍同。依五戒、八戒、十善业而说到四无量心,这是经中常见的教说。尤其是《增一含·三宝品》,以施为"施福业",五戒四无量为"平等福业",七觉支为"思维福业",这即是施、戒、定三福业,而佛称戒与四无量为平等福业,属于戒善,这是极有意义的。平等即彼此的同一,大乘所说的平等慈、同体悲,即是这一深义的发挥。慈悲喜舍与定心相应而扩充它,即称为四无量。这本是戒的根源;由于戒业清净,同情众生的苦迫,即引发慈悲喜舍的"无上人上"法。戒与四无量的相关性,可证明佛法——止恶、行善、净心的一切德行,本出于对人类——有情的同情,而求合于和乐善生的准则。戒与慈悲,是侧重于"无嗔"善根的。但这在限于时机的声闻法中,还不能充分地发挥出来!

（录自《佛法概论》,231—233 页,本版 156—158 页。）

（四）犯戒与忏悔

在具足戒中，比丘戒约二百五十戒左右。其中极重的戒，有四（尼戒有八）。极重戒，是绝对不可犯的；犯了如树木的截了根一样，如人的断了头一样，也像作战的失败投降，为他方取得完全的胜利一样。犯了极重戒，在僧团中可说是死了。四重戒是：一、淫行：这是绝对禁止的，无论过去曾有过夫妻关系，或者人与畜生，凡发生性行为的，即使是极短的时间，也是犯重。但佛法并非理学家那样的重视皮肉的贞操，主要是因为心有欲意，心生快感。所以如遇到被迫的行淫，而心无欲乐意思的，仍是不犯。二、不与取，就是窃盗，主要是财物的窃取。凡不经同意，存着窃取的心而取，无论用什么手段，都是。不过极重戒是有条件的，依佛的制度，凡窃取五钱以上的，就是犯重。这五钱，是什么钱呢？古今中外的币制不一，佛为什么这样制呢？因为当时的摩竭陀国法，凡窃取五钱以上的，就宣判死刑；所以佛就参照当时的国法，制定盗取五钱以上的犯重戒。这样，如犯不与取的，依当时当地的法律，凡应判死刑的就犯重，应该是合于佛意的。三、杀生，极重戒指杀人而说。这包括自己下手，或派人去杀，以及堕落胎儿等。这在五戒、十戒中，也一样是禁止的。四、大妄语，是妄语中最严重的。如没有证悟的而自称证悟，没有神通的而自说有神通，或者妄说见神见鬼，诱惑信众。或者互相标榜，是贤是圣；或者故意地表示神秘，使人发生神圣的幻觉。这都是破坏佛教正法，毫无修学的诚意，最严重的恶行。犯了这四重戒,就破坏失去了沙门的体性,也就是失去了沙门——出家人的资格。沙门,是梵语,意译为勤息,是勤修道法,息除恶行的意思。如犯了这四重戒,虽然出家,已完全失去出家的资格了。

在佛制的僧团中,如有人犯重,就逐出僧团,取消他的出家资格。不但不是比丘,连沙弥也不是。犯重的,是会堕落的。不过,如犯淫而当下发觉,心生极大惭愧,恳求不离僧团的,仍许作沙弥,受持比丘戒。不过无论怎样,现生是不会得道成圣的了!

除了不准忏悔的极重戒而外(不容许忏悔而留在僧团内),犯了其余的戒,或是轻的,或是重的,都应该如法忏悔。轻与重也有好多类,最轻的只要自己生惭愧心,自己责备一番就得了。有的要面对一比丘,陈说自己的错失,才算清净。严重的,要在二十位清净比丘前忏悔,才得出罪。但总之,是可以忏悔的,应该忏悔的。

这里,有一要点,就是犯戒者,切勿覆藏自己的罪过。忏悔,意义是乞求容忍,再将自己所有的过失发露出来。如犯戒而又怕人知道,故意隐藏在心里,这是再也没法清净了。依佛法来说,谁没有过失?或轻或重,大家都是不免违犯的。只要能生惭愧心,肯忏悔,就好了。这正如儒家所说的"过则勿惮改"。凡是犯戒而又覆藏的,过失是越来越重。一般人,起初每是小小的过失,犯而不忏悔,就会继续违犯下去;久了,就会恬不知耻地犯极重戒。举喻说:如瓮中藏有秽物、毒素,如把它倒出来暴露在日光下,很快就清净了。如盖得紧紧的,生怕秽气外泄,那不但不会清净,而且是越久越臭。所以佛制戒律,对于犯重罪而又覆藏的,给予加重的处分。同时,凡有惭愧心、慈悲心的比丘,见到同学、师长、弟子们犯罪,应好好地劝他忏悔。如不听,就公开地举发出来(但也要在适当的时候)。这才是助人为善,才能保持僧团的清净。在僧团中,切勿互相隐藏,而误以为是团结的美德。

忏悔,佛制是有一定方法的。如依法忏悔了,就名为"出罪",像服满了刑罪一样。出了罪,就还复戒体的清净,回复清净的僧格。凡是出罪得清净的,同道们再不得旧案重翻,讥讽,抨击;假使这样做,那是犯戒的。关于忏悔而得清净,可有二种意义。凡是违犯僧团一般规章的,大抵是轻戒,只要直心发露,承认错误,就没有事了。如属于杀、盗、淫、妄的流类,并非说忏悔了就没有罪业。要知道犯成严重罪行的,不但影响未来,招感后果;对于现生也有影响力,能障碍为善的力量。如一落入黑社会中,就受到牵制,不容易自拔一样。发露忏悔,能消除罪业,对于今生的影响,真是昨死今生一样。从此,过去的罪恶不再会障碍行善,不致障碍定慧的熏修,就可以证悟解脱。这如新生一样,所以称为清净,回复了清净的僧格。假使不知忏悔,那恶业的影响,心中如有了创伤一样。在深夜自思,良心发现时,总不免内心负疚,热恼追悔。热恼忧悔,只是增加内心的苦痛,成为修道为善的障碍。所以一经忏悔,大有"无事不可告人言"的心境,当然是心地坦白,不再为罪恶而忧悔,也就自然能心得安乐了。儒家说"君子有过,则人皆见之",又说"君子坦荡荡",这都是心无积罪、心安理得的气象;这才有勇于为善的力量。

出家众的戒,极为深细,学者应研求广律,才知开遮、持犯,还出、还净的法门。

　　　　（录自《成佛之道》，180—185 页，本版 123—126 页。）

※　　　　※　　　　※　　　　※

　　八正道的内容，即戒、定、慧三增上学，今再分别地略为论说。厌倦一般生活，感到私欲占有的家庭罪恶，痛切有情的自相残杀，一切是无常与苦迫。发心出家的，必对于这样的人生有所警觉，对于过去的自己有所不满。对生死有厌离心，即对于自己有忏悔心，这才能生活于出家的僧团而得佛化的新生。在家的信众，也要有"住非家想"的见地，才能成解脱分善根，或者现身证觉。所以在受戒时，举行真诚的忏悔是非常重要的。释尊初期的弟子，都有过人生的深切警觉与痛悔。动机的纯正与真切，没有什么戒条，也能自然地合律。等到佛法风行，动机不纯的出家者多起来，佛这才因事制戒。但在外人看起来，似乎制戒一多，僧品反而卑杂了。《中含·伤歌逻经》即这样说："何因何缘，昔沙门瞿昙施设少戒，然诸比丘多得道者？何因何缘，今沙门瞿昙施设多戒，然诸比丘少得道耶？"依释尊以法摄僧的意义说，需要激发为法的真诚；依僧团律制的陶冶，也能使学者逐渐地入律。所以说："我正法律，渐作渐学，渐尽渐教。……为比丘、比丘尼、优婆塞、优婆夷施设禁戒。"（《中含·瞻波经》）就是发心纯正的出家者，有时也会烦恼冲动起来，不能节制自己而犯了戒。这对于佛法的修习是极大的障碍，需要给以戒律的限制；已经犯戒的，即责令忏悔，使他回复清净。经中常说："有罪当忏悔，忏悔即清净。"因为一度的烦恼冲动，铸成大错，即印下深

刻的创痕,成为进修德行的大障碍,不能得定,不能发慧。如引
发定慧,必是邪定、恶慧。佛法的忏悔制,于大众前坦白地披露
自己的过失,接受僧团规定的处罚。经过一番真诚的痛切忏悔,
即回复清净。如瓶中有毒,先要倒去毒物,洗涤干净,才可以安
放珍味。如布帛不净,先要以灰皂等洗净,然后可以染色。所以
惟有如法的忏悔,才能持律清净,才能使动机不纯的逐渐合律。
忏悔与持戒,有着密切的关系。所以戒律的轨则,不在乎个人,
在乎大众;不在乎不犯——事实上每不能不犯,在乎犯者能忏悔
清净。学者应追踪古圣的精神,坦白地发露罪恶,不敢覆藏,不
敢再作,使自己的身心清净,承受无上的法味。

（录自《佛法概论》,229—231 页,本版 155—156 页。）

（五）戒学清净——定学的方便

在家出家的七众弟子,在修学（世）出世道中,首先要安住
净戒,以净戒为根本。凡能持于净戒的,身口意三业都能清净,
这才能生、能证世出世间的一切功德。如《遗教经》说:"若人能
持净戒,是则能有善法;若无净戒,诸善功德皆不得生。"如约比
丘、比丘尼的具足戒来说,那就要:一、守护所受的别解脱戒;如
犯了,不可覆藏,立刻生惭愧心,如法忏悔。二、对佛制的"轨
则"——行住坐卧等威仪;衣食等应守的规定;尊敬师长,护侍
病人,听法,修定等一切善行。这些,都要如法学习,做到合于律
的规定,又适应世间,才能不被社会的正人君子、教内的高僧大

德所呵责。三、不要到歌舞娼妓、淫坊、酒肆、政治机关去走动，因为这是容易生起不净心行的地方。四、就是小小的罪，也不可看为轻易，而要谨严地护持。能这样受持学习，就能安住于净戒，引生一切善功德了！这包含了四项修法。

1. 密护于根门

　　就是《遗教经》的制伏五根及制心。六根——眼、耳、鼻、舌、身、意，是认识的门路，也是六识——劫功德贼的入门，所以叫根门。五根是见色、闻声、嗅香、尝味、觉触的；意根是知一切法的，为六根中最主要的。在我们的日常生活中，不外乎见色、闻声……知法。这可要严密地守护，像看门人，见到鸡犬乱闯，小偷等进来，就加以拒绝，或立刻驱逐出去。一般人，在见色、闻声等时，总是取相。合意的，就取相而引生贪欲等；不合意的，就取相而引生嗔恨等。不能控制自心，跟着烦恼转，就会造业而堕落，像牛的乱闯，踏坏苗稼了。所以，在见色、闻声等时，要密护根门。这并不是不见色、不闻声，而是在见了闻了时，能"制而不随"烦恼转。如见美色而不起淫意，见钱财而不作非分想。这要有正知、正念才得。对于外来的境界，或内心的境界，要能正确认识它的危险性，是好是坏，叫正知。对于正知的，时时警觉，时时留意，叫正念。如没有正知，外境现前，心随烦恼转，认贼作父，欢迎都来不及，那怎么能制伏劫功德贼呢？如没有正念，时时忘失，如小偷进门，大箱小笼搬了走，还呼呼地熟睡，没有发觉，那怎能制伏呢？能谨密地守护根门，才能止恶，才能恶法渐伏，功德日增。说修行，在平常日用中，要从这些地方着力！

2. 饮食知节量

　　对于出家众,依赖施主,依赖乞食而生活的,这是特别重要的。生在人间,为生理所限制,饮食是免不了的,没有便无法生活,所以佛说"一切众生皆依食住"。但依赖施主而生活的,应该思量到:饮食是维持生活所必须的,不可在美味上着想。落下咽喉,还有什么美呢? 在家人为了物资的取得、保存,发生了种种的苦难(战争原因,也大半为了这个)。现在,施主为了福德而施舍,不应该好好修行,报施主的恩德吗? 所以饮食,不是为了淫欲;也不是为了肥壮、勇健、无病,或者长生不老;更不是为了面色红润端严。只是为了生存,为了维持短暂的生存。就是维持营养的需要,不致因饥渴、疾病而苦恼。身心有力,才能修行,出离生死。如不知节量,贪求无厌,不但专在身体上着想,滋味上着想,对施主也会起颠倒心,生嫌恨心——多生烦恼,多作恶业。在家人对于经济生活,尚且要知节量,何况依施主而生活的出家人呢!

3. 勤修寤瑜伽

　　这是有关睡眠的修持法。为了休养身心,保持身心的健康,睡眠是必要的。依佛制:初夜(以六时天黑,夜分十二小时计,初夜是下午六时到十时),后夜(上午二时到六时),出家弟子都应过着经行及静坐的生活。中夜(下午十时到上午二时)是应该睡眠的,但应勤修觉寤瑜伽。换言之,连睡眠也还在修习善行的境界中。睡眠时间到了,先洗洗足,然后如法而卧。身体要右胁而卧,把左足叠在右足上,这叫做狮子卧法,是最有益于身心的。在睡眠时,应作光明想;修习纯熟了,连睡梦中也是一片光明。这就不会过分的昏沉;不但容易醒觉,也不会做梦;做梦也不起烦恼,会念佛、念法、念僧。等到将要睡熟时,要保持警觉;要求在睡梦中,仍然努力进修善法。这样的睡眠惯习了,对身心的休养最为有效,而且不会乱梦颠倒,不会懒惰而贪睡眠的快乐。佛制:中夜是应该睡眠而将息身心的。头陀行有常坐不卧的,俗称不倒单,其实是不卧,并非没有睡眠,只是充分保持警觉而已。《遗教经》说:"中夜诵经以自消息,无以睡眠因缘,令一生空过。"然依一切经论开示,中夜是应该睡眠将息的。在初夜静坐时,如有昏沉现象,就应该起来经行,如还要昏睡,可以用冷水洗面,诵读经典。所以,不可误会为:中夜都要诵经,整夜都不睡眠。这也许译文过简而有了语病,把初夜(后夜)诵经译在中夜里,或者"诵经以自消息",就是睡眠时(闻思修习纯熟了的)法义的正念不忘。

4. 依正知而住

出家人在一般生活中,无论是往或还来;(无意的)睹见或(有意的)瞻视;手臂支节的屈或伸;对衣钵的受持保护;饮食、行、住、坐、卧、觉寤、语、默、解劳睡等,都要保持正知。在每一生活动作中,知道自己在做什么;应该做不应该做;适当或是不适当的时候;做得好不好。总之,在这些事情中,能事事正知,就不会落入错误过失中去。

5.知足、远离

　　修学出世道的,要能够随遇而安。不可多求多欲,俗语也说:"人到无求品自高。"对衣服、饮食、医药、日常用品,随缘所得的,就要知足。不但多得了心意满足,就是少得了,或者得到的不太合意,也能知足。能这样,烦恼就少了,心也安了,容易修行。人不能离群,有群就有人事。如欢喜谈话,欢喜事务,欢喜人多,就障碍远离。有的,整天忙碌碌地在事务上转。有的,与人聚谈,"言不及义",整天说些"王论、贼论、食论、饮论、妙衣服论、淫女巷论、诸国土论、大人传论、世间传论、大海传论"。总之,这都是增长爱染,不能身心远离,在静处修行的。所以要心远离,不欢喜世论、世业,才能专心佛法。说到远离,一般是远离群聚,住在清净处,或者一个人住("独住");如闭关就是这一作风。但主要还是心远离;心不能远离,住茅蓬、闭关,都是徒然。过去大陆上,常见闭关的,有些精神失常;有的托名病缘,中途出关。这都由于心不远离,过不了安静修行的生活,这怎么能解脱生死呢? 所以对物欲要知足,对人事要心远离,这才能顺于解脱的三乘法门,能趣向出世解脱的道果。

　　这是结前起后;现在要从戒增上学,说到心(定)增上学了。

　　上面所说的:密护根门,饮食知量,觉寤瑜伽,正知而住,知足,远离,都是能净尸罗的;能这样去行,戒学一定会如法清净。虽然戒以杀、盗、淫、妄为根本,但如在日常生活中,贪求饮食,贪乐睡眠,不能守护根门,不能自知所行,对物欲不满足,对人事不远离,那一定会烦恼多,犯戒作恶。所以佛制戒律,不但严持性

戒,并且涉及日常生活、团体轨则、举止威仪。将一切生活纳入
于如法的轨范,犯戒的因缘自然就少了;犯戒的因缘现前,也就
能立刻警觉防护了。这样,自然能做到戒法清净。所以说到戒
学,切勿轻视这些饮食等日常生活,以为无关紧要才是!

　　这样的戒学清净,也就是定学的方便。这是修定所必备的
基础,也可说是修定的准备工作。经上说:"戒净便得无(热恼
追)悔;无悔故欢;欢故生喜;由心喜故,身得轻安;身轻安故,便
受胜乐;乐故心定。"这因为,持戒清净的,一定心安理得,自然
能随顺趣入定学。如从日常生活的如法来说:不会贪求滋味,饮
食过量;不会贪著睡眠,终日昏昏的;随时能防护根门,正知所
行,这都就是去除定障。所以戒清净的,"寝安,觉安,远离一切
身心热恼";"无诸怖畏,心离惊恐";身心一直在安静中。如加
修定学,自然就顺理成章,易修易成。一般人只是爱慕禅定功
德,却不知从持戒学起。不知道自己的身心一直在烦动恼乱中,
如狂风骇浪一样,就想凭盘腿子、闭眼睛、数气息等,一下子压伏
下去,这就难怪不容易得定了。就使有一些定力,由于戒行不
净,意欲(动机等)不正,也就成为邪定;结果是为邪魔非人所娆
乱,自害害人。

　　(录自《成佛之道》,185—193 页,本版 126—131 页。)

(六)出家戒法成立的三阶段

　　《中》、《长》、《增一》集成的时代,对于修学的历程,主要是

三学——"戒"、"定"(或作"心")、"慧"的进修次第。经中对于戒学,有三类不同的说明。我在《原始佛教圣典之集成》中,曾加以列举,现在更作进一层的说明。戒学的三类是:一、"戒成就":如《中部》(五三)《有学经》,(一〇七)《算数家目犍连经》,(一二五)《调御地经》。所说"戒成就"的内容是"善护波罗提木叉律仪,轨则圆满,所行圆满,于微小罪见大怖畏,受学学处"。《中阿含经》没有《有学经》;而《调御地经》与《算数目犍连经》,与"戒成就"相当的是"当护身及命清净,当护口意及命清净"。二、"四清净":如《中部》(三九)《马邑大经》;《中阿含经》(一四四)《算数目犍连经》,(一九八)《调御地经》。四清净是:身行清净,语行清净,意行清净,命行清净。清净是"仰向(公开的)发露,善护无缺"的意思。三、"戒具足":如《中部》(五一)《迦尼达拉经》,(七六)《萨尼达迦经》,(三八)《爱尽经》,(一一二)《六净经》;《中阿含经》(一八七)《说智经》(与《六净经》同本),(八〇)《迦绨那经》。《增支部》的《优波离经》,也相同。所说的"戒具足",依《六净经》叙述如下:

1. 离身三不善业、语四不善业

2. 离植种、伐树

3. 离非时食,离歌舞观听,离香华鬘庄严,离高广大床,离受金银

4. 离受生谷类,离受生肉

5. 离受妇女、童女,离受奴婢,离受羊、鸡、豚、象、牛、马,离受田、地

6. 离使命奔走

7. 离买卖,离伪秤、伪斗、伪货币

8. 离贿赂、虚伪、骗诈、欺瞒,离割截、殴打、系缚、埋伏、掠夺、暴行

"戒具足"的内容,与《长部》(一)《梵网经》的"小戒"相合。《长部》自(一)《梵网经》到(一三)《三明经》,经中都有"戒"的说明,而《梵网经》又分为"小戒"、"中戒"、"大戒"——三类。"中戒"是离植种伐树,过多的贮蓄,歌舞戏乐,赌博,过分的贵重精美,闲谈,诤论法律,奔走使命,占相禁厌。"大戒"是远离对解脱无益的学问,特别是宗教巫术的种种迷信。《长阿含经》与《长部》的相同部分,共十经,只有《阿摩昼经》详细叙述了戒法,其他的虽说到而都简略了。属于法藏部的《四分律》,以迦旃延(Mahākātyāyana)不受慰禅国(Ujjayainī)忧陀延王(Udyāna)的不如法的布施为因缘,"为诸比丘说大小持戒犍度",大体与《长部》的《沙门果经》相同。拿"小戒"来说,《长阿含经》与《四分律》,比起《长部》,没有(4)离生谷与生肉,也没有(2)植种伐树;但在离身语七不善业下,却增列了"离饮酒"。属于说一切有部的《中阿含经》,与法藏部所传相合,但又缺离诈欺、隐瞒等。在上面所见的经典中,"戒成就"、"四清净"、"戒具足"——三类,是对"戒"的不同叙述,而又都是出家者的"戒"。但后来,这三类渐渐被结合起来。如《中阿含经》的《迦绤那经》,先说"受比丘学,修行禁戒,守护从解脱,又复善摄威仪礼节,见纤介罪常怀畏怖,受持学戒";接着说离杀生等身语不善业等。这是"戒成就"与"戒具足"的结合。又如《长部》(二)《沙门果经》说:"出家,善护波罗提木叉律仪,住持戒,精勤

正行,见小罪而怖畏,受学学处。清净身业、语业具足,命(生
活)行清净具足。"什么是"戒具足"? 这才列举身语七不善业
等。这是"戒成就"、"四清净","戒具足"的大联合。然在《长
阿含经》的《阿摩昼经》,《四分律》的"大小持戒犍度",都只是
"戒具足"。可见《长部》所说的,本来只是"戒具足",而后来又
加上"戒成就"与"四清净"。大概认为"意清净"不属"戒"法,
所以把"意清净"省去了!

　　对于出家者的"戒",经中用三类不同的文句来叙述,这三类
有什么不同呢? 1."戒成就"的内容,是"守护波罗提木叉,……受
学学处",是约比丘(比丘尼)律仪说的。学处、波罗提木叉,都
是"律藏"所说比丘所应受学的戒法。这是"持律者"所集的戒
律,是先"受戒"而后持行的。2."戒具足"的意义不同,没有说
学处、波罗提木叉,而列举远离身语七不善业等。《中部》所说
的"戒具足",就是《长部·梵网经》所说的"小戒"。《长部》以
(沙门)婆罗门为化导对象,所以增列一些出家者所应离的——
过多的贮蓄,过分的精美,赌博、嬉戏等;以及婆罗门教所说,无
关于解脱的种种学问——明(vidyā)。依根本部分("小戒")来
说:远离杀、盗、淫、妄、酒,就是在家优婆塞的"五戒"。五戒加
离非时食,离香华鬘严身,离歌舞观听,离高广大床,就是"八关
斋戒"。再远离受持金银,就是沙弥"十戒"。这是没有制立学
处("结戒")以前,比丘们所奉行的"戒"。在当时一般沙门的
行为轨范中,佛弟子自动实行的合理行为。所以都说"远离",
而没有说"不许"。受八关斋戒的优婆塞们,都是这样想:阿罗
汉这样的离杀生,我也要这样的一日一夜离杀生……。可见远

离身语的不善业,是当时比丘的行为准则;这就是"八正道"中的"戒"。佛初期开示的"中道行",就是八正道。八正道中有"正语"、"正业"、"正命",内容就与"戒具足"(小戒)相当,如《中部》(一一七)《大四十经》,《中阿含经》(一八九)《圣道经》。《中阿含经》卷四九《圣道经》(大正一·七三六上——中)说:

> "云何正语? 离妄言、两舌、粗言、绮语,是谓正语。"
>
> "云何正业? 离杀、不与取、邪淫,是谓正业。"
>
> "云何正命? 若不求无满意,不以若干种畜生之咒,不邪命存活;彼如法求衣被,……如法求饮食、床榻、汤药,诸生活具,则以法也,是谓正命。"

《大四十经》以"欺骗、饶说、占相、骗诈、求利"为邪命,更与"小戒"相合。"正语"、"正业"、"正命",是佛弟子初期"戒具足"的主要内容。后来,佛制立"受具足",制立"学处",制立"波罗提木叉",于是圣者们初期的"戒"行,渐演化为出家而没有受具足的沙弥们所奉行的戒法。扼要地说,在成立"受戒"制以前,圣者们所奉行的,是八正道中的戒行。"持律者"重视受戒、持戒——僧伽纪律的戒法;而"持法者"——重法的经师们,对初期圣者们的戒行,依旧传诵结集下来,存着无限的尊重与景仰! 3. 四清净,是身行清净、语行清净、意行清净、命行清净。身清净、语清净、意清净——三清净,也名三妙行。内容是:身清净——离杀、不与取、淫;语清净——离妄语、两舌、恶口、绮语;意清净——无贪、无嗔、正见。三清净就是十善;四清净是十善加正命,比"戒具足"增多了无贪、无嗔、正见——意清净。虽然,身语七善被称为"圣戒",无贪、无嗔、正见,是七善的因缘,可说意三善(净行)是身语善行的动力。但佛法所说的"戒",不只是身语的行为,更是内在的清净。在修道的历程中,列举四种清净,意清净不能不说是属于"戒"的。

"戒"是什么意义?依中国文字说,戒是"儆戒无虞"(《尚书·大禹谟》);"戒慎恐惧"(《大学》);"必敬必戒"(《孟子》);"戒之在色"、"戒之在斗"、"戒之在得"(《论语》);以兵备警戒叫"戒严":都是戒慎、警戒的意思。以"戒"字来翻译梵语,主要有二:一、学(śikṣa)、学处(śikṣāpada),古来都译为"戒"。如初戒的"戒羸"、"不舍戒",原文为"学羸"、"不舍学"。如"众学法",原语是种种的应当"学";犯了也称为"越学法"。这些学法,是二百五十戒(学处)的一部分。制立学处,古译为"结戒";学处是学而有条文可资遵循的。学而不许违犯的,古译为"戒",于是戒有"戒除"、"戒绝"的意义了。"学"被译为戒,所以佛法的三增上学,也被译为"三戒:无上戒戒、无上意戒、无上智戒"了。三增上学与"学处"(戒)的关系,如《杂阿含经》卷二九(大正二·二一二下)说:

> "尊者跋耆子……白佛言:世尊!佛说过二(应作'一')百五十戒,令族姓子随次半月来,说波罗提木叉修多罗,……我不堪能随学而学。佛告跋耆子:汝堪能随时学三学不?跋耆子白佛言:堪能。"

当时,制立的学处(戒),已超过了一百五十戒。跋耆子

（Vṛjiputra）觉得太烦琐，自己学不了。佛说：那么简要些，能学三种学——戒吗？在这一经文中，发现学处的过于法律化、形式化，为某些学者所不满。如大迦叶问："何因何缘，世尊先为诸声闻少制戒，时多有比丘心乐习学？今多为声闻制戒，而诸比丘少乐习学？"制戒（学处）少，比丘修学而证入的多；现在制戒多了，修习证入的反而少。这一事实，与跋耆子的意见是相通的。佛说的"戒"，应重视启发人的乐于修习，而不能只依赖规制来约束。学与学处而被译为"戒"的，流散而众多，所以归纳为三学。

　　三学中的"戒"学，原语尸罗（sīla），尸罗是译为"戒"的又一类。尸罗译为"戒"，原义如《大智度论》卷一三（大正二五·一五三中）说：

　　　　"尸罗，此言性善。好行善道，不自放逸，是名尸罗。或受戒行善，或不受戒行善，皆名尸罗。"

　　《大毗婆沙论》与《菩提资粮论》，各列举了尸罗的十种意义。有些是依譬喻说的，重要而相同的有：

《大毗婆沙论》	《菩提资粮论》
1. 清凉义	3. 清凉义
2. 安眠义	4. 安隐义 · 5. 安静义
3. 数习义	1. 习近义 · 2. 本性义

　　《菩提资粮论》说："尸罗者，谓习近也，此是体相。又本性义，如世间有乐戒、苦戒等。""习近"，就是《大毗婆沙论》的"数习"。不断地这样行，就会"习以成性"，所以说"本性"。这是通

于善恶,也通于苦乐的。现在约"善"说,不断地行(习)善,成为善的习性,这就是尸罗。这种善的习性,"好行善法",是乐于为善,有向善行善的推动作用。"不放逸",是"于所断修防修为性"。对于应断除的不善,能防护不作;应修的善法,能够去行。所以《增一阿含经》说"无放逸行,所谓护心也"(约防恶说)。尸罗是善的习性,所以说"此言性善",是戒的体相。有力地防护过失,修习善法,成为为善的主动力。尸罗,可说是人类生而就有的(过去数习所成),又因不断地为善而力量增强。所以不论有佛出世——"受戒"的,或没有佛出世,或佛出世而不知道——"不受戒"的,都是有尸罗——戒善的。"十善道为旧戒。……十善,有佛无佛常有",就是这个意义。尸罗是不必受的,是自觉的,出于同情,出于理性,觉得应该这样去做。经中所说远离身语的七支善法,就是这样,例如:

"断杀生,离杀生,弃刀杖,惭愧,慈悲,利益哀愍一切众生。"

"若有欲杀我者,我不喜。我若所不喜,他亦如是,云何杀彼!作是觉已,受不杀生,不乐杀生。"

意净行的无贪、无嗔、正见,也是这样,如说:"无贪,不贪他财物;属他物,不应属我。无嗔,无怒心,于有情无怨、无害、无恼、安乐。"正见是对世间(出世间)法的正确了解。总之,尸罗——"戒"是善性,有防恶向善的力量。"戒"是通于没有佛法时,或不知佛法的人,这是十善是戒的主要意义。

十善是尸罗——"戒",通于有佛法及没有佛法的时代。如十善化世的轮王,多数出于没有佛法的时代。十善分为身、口、意三类,正是印度旧有的道德项目。释尊肯认十善是"戒",而以戒、定、慧三学的"八正道"为中道行。初期的"戒具足",近于"礼",依一般沙门行,而选择更合理的为戒——"正语、正业、正命"。然佛法所说的尸罗,与一般泛泛的善行,应该是多少不同的。要习性所成的善性,有"好行善法,不自放逸"的力量,才显出尸罗——戒的特性。生来就"性自仁贤",是少数人;一般人却生来为习所成的恶性所蒙蔽,所掺杂,都不免要为善而缺乏力量。一般人的奉行十善,都是或经父母、师友的启发,或是宗教,或从自身的处事中发觉出来。内心经一度的感动、激发,于是性善力大大增强,具有防护过失、勇于为善的力量,这才是佛法所说的尸罗。所以戒是内在的,更需要外缘的助力。释尊重视自他展转的增上力,知道集团的力用,所以"依法摄僧",制立学处、律仪。一般说:律仪与学处,是外来的约束,而戒(尸罗)是自觉的、内发的,似乎矛盾,而其实也不尽然。尸罗,要依外缘助力,发生防恶、行善的作用;而制立的律仪,正是外缘的助力。如受具足戒的,依自己恳笃的誓愿力,僧伽(十师)威力的加护,在一白三羯磨的作法下,诱发善性的增强,也就是一般所说的"得戒"。律仪(saṃvara)是"护",正是尸罗作用的一面,所以律仪都称为戒。后代律师们,多少忽视了戒的通于"有佛无佛";忽视了性善的得缘力而熏发,偏重于戒的从"受"而得,于是问题发生了。如成立"受具足"制度以前,佛弟子出家而证果的不少,又怎能成就戒善呢? 于是成立了"善来得"、"见谛得"等名词。重于"受",重于学处及制度的约束,终于形式化而忽视性善的尸罗。受戒,除了团体制度外,着重于激发与增强性善的力量,这非受戒者为法的真诚不可。等到佛教发展了,利养多了,出家者的出离心淡了,为道的真诚也少了;受戒的不一定能发戒,受了戒也不一定能持,也许根本没有想到受持。凭一点外来的约束,维持僧团体制,比丘们的戒功德,从哪里去生起增长呢!

《中》、《长》、《增一》所传的三类戒法,可说是佛教戒法的三个阶段。第三阶段是:由于出家弟子的众多,不能没有僧伽和合(团体)的纪律;部分行为不正不善的,不能不制定规律来禁约。"依法摄僧"而制立律仪戒,就是"戒成就"。定型的文句为:"善护波罗提木叉,……受学学处"。第二阶段是:释尊起初摄化弟子,还没有制立学处、制说波罗提木叉、制受具足的时代。那时佛弟子奉行的戒法,就是"戒具足"——八正道中的正语、正业、正命。定型的文句,如《长部》(一)《梵网经》所说的"小戒"。第一阶段是:释尊从出家、修行、成佛、转法轮以前的"四种清净"——身清净、语清净、意清净、命清净。"四种清净"可通于一般(在家)的十善行;"戒具足"可通于一般沙门的正行;"戒成就"是佛教有了自己的制度、禁约。佛教出家戒法的发展,有此三阶段。初期的"四种清净"(十善及命清净),与第二期八正道中的正语、正业、正命,是一贯相通的(四清净中的意清净,在八正道中,就是正见、正思惟、正念、正定等)。由于十善是通于一般的,所以被看作人天善法。八正道是出离解脱的正道,所以说是出世的无漏功德。其实,十善与八正道是相通的。如《中部》(一一七)《大四十经》,对正见、正思惟、正语、正业、正命,都分为有漏福分、无漏圣道二类。而《杂阿含经》,以为八正道都有世俗有漏有取、出世无漏无取二类。世俗的、有漏的福分善,也就是人天善法。十善——戒,作为人天善法的,经说固然不少,然也有通于出世的。如《杂阿含经》说:十善是"出法",(度)"彼岸法","真实法"。《增支部》说:十善是"圣法","无漏法","圣道","应现证"。在《杂阿含经》与《增支部》中,对十善与八正道(《增支部》加正智、正解脱为"十无学法"),是以同样的意趣与语句来说明的。十善通于无漏圣法,是圣典所明确表示的,所以《杂阿含经》卷三七(大正二·二七三上)说:

> "离杀生乃至正见,十善业迹因缘故,……欲求刹利大姓家,婆罗门大姓家,居士大姓家,悉得往生。……若复欲求生四王、三十三天,乃至他化自在天,悉得往生。所以者何? 以法行、正行故,行净戒者,其心所愿,悉自然得。若复如是法行、正行者,欲求生梵天,……乃至阿伽尼吒,亦复如是。所以者何? 以彼持戒清净,心离欲故。若复欲求离欲恶不善法,有觉有观,乃至第四禅具足住。……欲求慈悲喜舍,空入处……非想非非想入处。……欲求断三结,得须陀洹、斯陀含、阿那含,……漏尽智(阿罗汉),皆悉得。所以者何? 以法行、正行故,持戒、离欲,所愿必得。"

《中部》(四一)《萨罗村婆罗门经》,大致相同。十善是"正行"、"法行",是"净戒",是生人中大家,诸天,得四禅以上的定(及果),得四果的因缘。十善净戒,是戒——尸罗的正体,是戒的通相;其他一切戒善,不过依此而随机施设。所以《大智度论》说:"十善为总相戒。……说十善道,则摄一切戒。"

从原始佛教的三类戒学，可以结论为："四清净"——十善与命清净，是戒（尸罗）学的根本。释尊出家修行的生活，就是这样的戒。十善是固有的，而释尊更重视"命清净"。反对欲行与苦行，而表示中道的生活态度，也包括了（通于在家的）如法的经济生活。"戒具足"——正语、正业、正命，是从教化五比丘起，开示八正道的戒学内容；这也是在家所共行的。上二类，律家称之为"化教"。"戒成就"，由于一分出家者的行为不清净，释尊特地制立学处，制威德波罗提木叉，就是"制教"。到这，出家与在家戒，才严格地区别出来。佛教的戒学，曾经历这三个阶段。七百结集——集成四阿含时，虽是僧伽律制的时代，但比丘们的早期生活——阿兰若处、八正道，与释尊修行时代的出家轨范（十善加命清净），还在流传而没有忘却，所以"持法者"就各别地结集下来。平川彰博士《初期大乘佛教之研究》，见"初期大乘佛教的戒学"，十善为尸波罗蜜多，离邪淫而不说离淫，因而重视初期大乘佛教的在家意义。在家在大乘佛教中，是有重要地位的。然十善戒的"离邪淫"，约通于在家（并不只是在家）说；如《圣道经》说正业为"离杀、不与取、邪淫"，难道可说八正道的戒学局限于在家戒吗？十善为菩萨戒，应该注意十善的原始意义。戒律，自大迦叶强制地决定"若佛所不制，不应妄制；若已制，不得有违"，流于形式的、繁琐的制度。重法的大众部系，是不能完全同意的。如鸡胤部一切"随宜"，等于舍弃了律制。因为"随宜住处"，不用"结界"，那佛教的一切轨则都无法推行了。重法学派不满"制教"，而向往"制教"以前的——正语、正业、正命为戒，或身清净、语清净、意清净、命清净为戒，就与十善为戒的大乘戒学相通。不满论师的繁琐名相,不满律师的繁琐制度,上追释尊的修证与早期的生活典范,为大乘佛教兴起的重要一着。如忽略这一意义,而强调在家者在初期大乘的主导地位,是与初期大乘经不合的!

（录自《初期大乘佛教之起源与开展》,287—299页,本版246—259页。)

四　菩萨道的戒学

（一）菩萨行通说

1.空与慈悲

前来所说的在家与出家,约释尊适应当时的一般声闻弟子说。本章的菩萨,虽不出于在家与出家,但约追踪释尊精神、发挥释尊本怀的佛教徒说。菩萨道源于释尊的本教,经三五百年的孕育长成,才发扬起来,自称大乘。大乘教虽为了适应时机而多少梵化,然而它的根本原理,到底是光华灿烂,能彻见佛法真髓的!

先从空与慈悲来说明菩萨道。空,是《阿含》本有的深义,与菩萨别有深切的关系。佛曾对阿难说:"阿难! 我多行空。"(《中含·小空经》)这点,《瑜伽论》(卷九〇)解说为:"世尊于昔修习菩萨行位,多修空住,故能速证阿耨多罗三藐三菩提,非如思惟无常苦住。"这可见菩萨是以修空为主的,不像声闻那样的从无常苦入手。《增一含·序品》也说:"诸法甚深论空理，……此菩萨德不应弃。"如从缘起的三法印的深义说，无常即无有常性，本就是空的异名。但一般声闻弟子，对于无常故苦的教授，引起厌离的情绪极深。声闻、辟支佛们，不能广行利济众生的大事，不能与释尊的精神相吻合。他们虽也能证觉涅槃空寂，但由于厌心过深，即自以为究竟。声闻的方便适应性，限制了释尊正觉内容的充分开展。佛从菩萨而成，菩萨的观慧直从缘起的法性空下手，见一切为缘起的中道，无自性空、不生不灭、本来寂静。这样，才能于生死中忍苦而不急急地自了，从入世度生中向于佛道。

与戒律有关的慈悲，声闻也不能说没有的。但佛灭百年，已被歪曲为粗浅的了（《四分律》七百结集）。声闻者不能即俗而真，不能即缘起而空寂，以为慈悲等四无量心但缘有情，不能契入无为性。不知四无量心是可以直入法性的，如质多罗长者为那伽达多说：无量三昧与空三昧、无相三昧、无所有三昧，有差别义，也有同一义。约"无诤"义说，无量与无相等，同样是能空于贪、嗔、痴、常见、我、我所见的（《杂含》卷二一·五六七经）。从空相应缘起来说，由于有情无自性，是相依相缘相成，自己非独存体，一切有情也不是截然对立的，所以能"无怨无嗔无恚"。了达有情的没有定量性，所以普缘有情的慈悲——无缘慈，即能契入空性。四三昧中，三三昧即三解脱门，依三法印而成观；无量三昧，即是依苦成观。观一切有情的苦迫而起拔苦与乐的同情，即"无量心解脱"。由于声闻偏重厌自身苦，不重愍有情苦；偏重厌世，不能即世而出世，这才以无量三昧为纯世俗的。声闻的净化自心，偏于理智与意志，忽略情感。所以德行根本的三善根,也多说"离贪欲者心解脱,离无明者慧解脱",对于离嗔的无量心解脱,即略而不论。声闻行的净化自心是有所偏的,不能从净化自心的立场成熟有情与庄严国土;但依法而解脱自我,不能依法依世间而完成自我。这一切,等到直探释尊心髓的行者,急于为他,才从慈悲为本中完成声闻所不能完成的一切。

德行是应该均衡的、和谐的扩展,不能如声闻行那样偏颇。如针对厌离情深的声闻,应重视大悲的无嗔。对于不善根的根治,也认为贪欲是不善的,但不是最严重的。贪欲不一定厌弃有情,障碍有情,世间多少善事,也依贪爱而作成;惟有嗔恚,对有情缺乏同情,才是最违反和乐善生的德行,所以说"一念嗔心起,八万障门开"。恶心中,没有比嗔恚更恶劣的。菩萨的重视慈悲,也有对治性。论理,应该使无痴的智慧、无贪的净定、无嗔的慈悲,和谐均衡地扩展到完成。

2. 净化自心与和乐人群的统一

佛法,从一般恋世的自私的人生,引向出世的无我的人生。这有不可忽略的两点,即从家庭而向无家,从自他和乐而向自心净化。其中,出家的社会意义,即从私欲占有的家庭,或民族的社会关系中解放出来。这一出家,从离开旧社会说,多少带点个人自由主义的倾向;如从参预一新的社团说,这是超家族、超国界的大同主义。声闻的出家众,虽有和乐——自由、民主、平等僧团,但限于时机,乞食独身的生活,在厌世苦行的印度思潮中,偏重于"己利"的个人自由。出家的社会意义,是私欲占有制的否定,而无我公有的新社会,当时还不能为一般所了解,只能行于出家的僧团中,戒律是禁止白衣旁听的。但彻见佛法深义的学者,不能不倾向于利他的社会和乐。菩萨入世利生的展开,即是完成这出家的真义,做到在家与出家的统一。这是入世,不是恋世,是否定私有的旧社会,而走向公共的和乐的新社会。同样的,一般人的自他和乐,道德或政法,基于私欲的占有制,这仅能维持不大完善的和乐。声闻者发现自我私欲的罪恶根源,于是从自他和乐而向自心净化的德行。然而净化自心,不但是为了自心净化,因为这才能从离欲无执的合理行为中,促进完成更合理的和乐善生。这样,菩萨又从自心净化而回复到自他和乐。从自他和乐中净化自心,从自心净化去增进自他和乐,实现国土庄严,这即是净化自心与和乐人群的统一。所以菩萨行的特点,是透出一般人生而回复于新的人生。

菩萨行的开展,是从两方面发展的:一、从声闻出家者中间发展起来。起初,是"外现声闻身,内秘菩萨行";自己还是乞食、淡泊、趣寂,但教人学菩萨,如《大品经》的转教。到后来,自认声闻行的不彻底,一律学菩萨,这如《法华经》的回小向大。现出家相的菩萨,多少还保留声闻气概。这称为渐入大乘菩萨,在菩萨道的开展中,不过是旁流。二、从声闻在家信众中间发展起来。在家众修行五法而外,多修六念与四无量(无量三昧能入真,也是质多长者说的),这都是大乘法的重要内容。如维摩诘、善财、常啼、贤护等十六大士,都从在家众的立场,努力于大乘思想的教化。这称为顿入大乘的菩萨,是菩萨道的主流。新的社会——净土中,有菩萨僧,大多是没有出家声闻僧的;天王佛成佛,也是不现出家相的。印度出家的释迦佛,仅是适应低级世界——其实是印度特殊的宗教环境的方便。佛的真身,是现在家相的,如维摩诘,"示有妻子,常乐梵行";常啼东方求法,也与女人同车。这是从悲智相应中,做到了情欲与离欲——情智的统一。声闻的出家者,少事少业,度着乞食为法的生活。佛法为净化人类的崇高教化,度此淡泊精苦的生活,不是负社会的债,是能报施主恩的。换言之,真能修菩萨行,专心为法,过那独身生活,教化生活,当然是可以的。然而,菩萨行的真精神,是"利他"的。要从自他和乐的悲行中去净化自心的,这不能专于说教一途,应参与社会一切正常生活,广作利益有情的事业。如维摩诘长者的作为,如善财所见善知识的不同事业:国王、法官、大臣、航海者、语言学者、教育家、数学家、工程师、商人、医师、艺术家、宗教师等,这些都是出发于大愿大智大悲,依自己所作的事业,引发一般人来学菩萨行。为他利他的一切,是善的德行,也必然增进自己,利益自己的。利他自利,在菩萨行中得到统一。

（录自《佛法概论》,245—251 页,本版 166—170 页。）

（二）三轮体空的菩萨净戒

如修布施行,而不能使自己的身心如法,所作所为时常损害恼乱众生,这样的慈济利他,是不能达成利生的目的。就是孩子,一面给他吃糖,又一面打他骂他,孩子也不会与你结善缘的。而且,如果自己堕落不堪,事业与财富也一定丧失;来生失却人身,这还能布施利他吗？所以修行布施,更有修持净戒的必要。

戒,虽有世间的、出世间的、出世间上上的,但原则是一样的——护生。护生,就得同情别人,尊重别人;尊重爱护别人的权利与自由,就要使自己的身心如法持戒,不损害他才得。所以,戒以能断损他的愿心为本。从不损他的意愿,而表现于对人类、对众生的身语行为,就是守法的戒行了。因此,戒是对人类、对众生,而普遍地施与无畏,造成彼此间无威胁、无恐怖的和乐与自由。如持不杀戒的,不是不杀甲,不杀乙;或今天不杀,明天不杀,而是从今以后,于一切众生离杀害心。持不杀戒的,什么时候,谁也不会对他有被杀害的威胁与怖畏了。这是约律仪戒说,就有积极的利生意义。能这样,才能说得上摄善法戒,饶益众生戒。

为什么不能受持净戒？因为不知道犯戒的过失,持戒的功德。重戒——性戒,不问有没有受戒,犯了都是罪恶的。所以有的听了犯戒的过失,而不敢受戒,极为可笑！实际上,外依三宝的加持,内发深切的誓愿而受戒,是更能做到清净不犯的。从违犯而失戒的过失来说,这是众患的根本,主要是堕落三恶趣,及受贫困的果报。平常说:悭吝不舍得贫穷报,犯戒得堕落恶趣报,这是约特殊的意义说。生在鬼、畜,有堕落而受福报的;在人中,有贫苦不堪的,这是施与戒的不同果报。如犯重戒而堕地狱,一定贫乏得什么都没有;如持(世间)上品净戒而生天,一定是非常富乐的。可见犯戒也是贫乏因,持戒也是富乐因了。要知道,专知私德而洁身自好的,(如不布施)才会生人而得贫乏报。如与慈心相应而持戒,充分表现积极利他的意义,生天是一定能得富乐尊荣的。

从持戒的功德来说,那是三善的根本。三善是:一、以增上生心而持戒的,能得增上生,生人天而得富乐自在的果报。二、以出离心而持戒的,能得决定胜果。决定,是证得圣果胜法的,一得永得,决定不再退堕生死。三、如以菩提心持戒,为利乐他而持清净的尸罗(戒),这就入于大乘,名大乘戒,为成佛的因。所以,优婆塞戒也好,沙弥戒也好,比丘戒也好——七众的别解脱戒,从菩提心出发而受持的,就是菩萨的别解脱律仪。有人以为:七众别解脱戒是小乘的,我是大乘学人,所以不用受持声闻的别解脱戒。有人听到持戒,就以为是小乘。这是大邪见,为佛教衰落与混乱的原因!

受持净戒而又毁犯,不是环境的诱惑力太强,就是烦恼的冲动力太强。但重要的,还是自己净戒的力量太弱。否则,如城防坚固的,虽有强大的敌人来侵袭,也能坚持而不致陷落的。所以护持净戒而使戒力增强,是重要的修习。没有犯重戒以前,一般总是忽视轻微的过失,而不知这是大失败的远因。如涓滴不塞,会造成堤防的溃决一样。举不肉食来为例,如素食成了习惯,内心有对肉食腥臊的厌恶心,这是不容易犯的。如本没有不肉食的决心,或者会想到肉食而生快感,那虽然素食很久了,由于戒力的羸弱不堪,还是容易破戒的。如持戒而时有微小的违犯,不知道警觉,不知道忏悔而使净戒清净;积小成大,就随时有犯重的危险了,所以戒经有如护浮囊的比喻。浮囊是游水所依而不致沉没的,如现代的橡皮圈。这应该特别珍惜爱护它,如小小泄气,不知道补救,一定会渗水而有灭顶的危险。菩萨在未得忍力以前,在生死大海中,常愿生在人间,见佛闻法,利益众生;净戒就是确保人身而不致失败堕落的浮囊。所以菩萨的受持净戒,"轻重等护",比声闻人的持戒还要谨严得多。

菩萨净戒,是不离三心而修的,所以菩萨虽自己严持净戒,而决不轻视毁犯戒法的众生。从大悲心来说,这是可怜悯,而不是可轻视的。虽然犯戒,不是不可能还复清净,不是不可能成佛的。凡轻视毁犯的,一定是自以为持戒,自己是怎样的清净如法。不知道这早落在我执我慢的分别心中,不成菩萨的戒波罗蜜多了。而且,如轻视毁犯,由于意识上的对立,不容易教化他,也就失去菩萨利他的方便。倒不如不轻毁犯,怜愍而安慰他,容易把他感化过来。所以菩萨的净戒,是无所得的空慧为方便,对于持戒犯戒,都是不著相的。能达"持戒犯戒不可得故",就是三轮体空的净戒波罗蜜多了。

(录自《成佛之道》,280—285 页,本版 192—194 页。)

(三)初期大乘的菩萨戒

"大乘佛法",是依"经藏"(《阿含经》),及传说的"本生"、"譬喻"、"因缘"等而发展起来的;有关僧制的"律藏",对于初期大乘,关系是极为轻微的。初期大乘也有出家菩萨、菩萨比丘,与声闻比丘所持的戒律,有什么差别? 这是应该研究的重要问题! 平川彰《初期大乘佛教之研究》,历举《般若》《华严》及其他大乘经,论证初期大乘以"十善"为菩萨戒。中国一向所说的菩萨三聚净戒,以七众律仪为菩萨的"摄律仪戒",出于《解深密经》《瑜伽师地论》,是中期大乘(依本书,应称为后期大乘)的后起说,这是很正确的!但据"十善"戒,解说初期大乘的菩萨为在家生活,在家立场的宗教生活,还值得审慎的研究!

　　菩萨行,以六波罗蜜为主,是依传说的菩萨"本生",归类而成立的。"本生"所传说的菩萨,有的是在家人,也有出家的(还有鬼神与畜生);或生于佛世,或生于没有佛法的时代。通于在家、出家,有佛、无佛时代的菩萨,所有的戒波罗蜜,与释尊为弟子所制的戒律,意义有点不同。释尊为在家弟子,制立"五戒"与"八关斋戒";为出家弟子,制立"比丘戒","比丘尼戒","沙弥、沙弥尼戒","式叉摩那戒"。这是分在家与出家的为两大类,出家中又分男众与女众、比丘与沙弥等不同。适应现实世间——在家与出家的生活方式不同,男众与女众等不同,制立不同的戒法。佛制的戒法,特别是出家戒,不但是道德的轨范,也是共同生活的轨范。传说的菩萨,或出于没有佛法的时代,所以菩萨戒法,是通于在家、出家的,有佛或无佛时代的,也无分于男女的善法。"十善"是符合这种意义的,所以"十善"成为菩萨戒波罗蜜的主要内容。《大智度论》说:"十善为总相戒";"十善,有佛、无佛常有"。初期大乘经以"十善"为菩萨戒,理由就在这里。

　　类集菩萨"本生"所成的"六波罗蜜集",传于中国的,有吴康僧会所译的《六度集经》八卷。卷四(大正三·一六下)说:

　　　"戒度无极[波罗蜜]者,厥则云何?狂愚凶虐好残生命,贪饕盗窃,淫妷秽浊,两舌,恶骂,妄言,绮语,(贪)嫉,

恚,痴心[邪见]。危亲[杀父·杀母],戮圣[杀阿罗汉],谤佛
[出佛身血],乱贤[破和合僧]。取宗庙物,怀凶逆毁三尊。如
斯尤恶,宁就脯割菹醢市朝,终而不为。"

戒波罗蜜的内容,菩萨应该远离而决不可为的,是"十恶";
"五逆";"取宗庙物"是盗用塔物;"毁三尊",是诽谤三宝(或破
灭佛教)。菩萨通于在家、出家,有佛、无佛的时代,所以离十恶
的"十善"为主。菩萨通于有佛法的时代,而"本生"也是部派佛
教所传出的,所以"五逆"及佛灭以后的盗用塔物、破灭三宝,佛
教界所认为罪大恶极的,也在不得违犯的戒波罗蜜中。犯戒,是
应该忏悔的。原始的礼佛"忏悔法门",如《舍利弗悔过经》,在
十方佛前忏悔的,也就是"五逆";"十恶";"盗佛寺中神物,若比
丘僧财物";"轻称小斗短尺欺人";不敬父母,诽谤三宝等。"十
善为总相戒",所以初期大乘经都以十善为主要内容。

菩萨,从传说的"本生"、"譬喻"而来。到了印度佛教界,有
发心修菩萨道的,菩萨不再是传说的,成为印度佛教界的事实。
菩萨行人的出现,就是大乘佛法的兴起。从初期大乘经看来,有
的菩萨是出家的。如《阿弥陀经》上说:往生的三辈人中,"最上
第一辈者,当去[出]家,舍妻子,断爱欲行,作沙门"。《阿閦佛
国经》说:阿閦菩萨立愿"世世作沙门","常着补纳之衣","常
行分卫"[乞食],"常在树下坐"。"下品般若"说,"乐佛法中而
得出家"。或以为:菩萨的戒波罗蜜,"十善"为菩萨戒。十善的
"离欲邪行"(kāma-mithyâcāra),是在家的"不邪淫"。菩萨没有
受具足(upasaṃpadā)二百五十戒,所以出家作沙门的,也不是比
丘。这一解说,是希望大乘初期与传统的比丘无关的。然吴支

谦所译的《老女人经》、《七女经》，都说到了"菩萨比丘"，可见出家菩萨是称为比丘的。后汉安玄所译的《法镜经》，出家菩萨也是住在比丘中的。我们知道，出家受具足戒，与二百五十戒没有一定的关系，如铜鍱部的《律藏》说：佛为五比丘等说："来比丘！于我善说法中，正尽一切苦，净修梵行。"佛准许五比丘等在佛法中出家修学，就是出家受具足戒。受具足，只是准予加入出家僧的意思。后来，弟子们分散到各方，度人出家，授三归依，就是出家受具足。出家众已经多到千二百五十人以上了，佛才制定"白四羯磨"为受具足，成为后代受具足的正轨。"白四羯磨受具足"，是师长将弟子推介给僧众；然后十师现前，"一白"——一次报告，"三羯磨"——三次通过；经现前的十师审定认可，成为比丘僧伽的一员。受具后，授"四依"——依乞食，依粪扫衣，依树下坐，依陈弃药，这是出家比丘的生活轨范。从"善来受具足"，到初制"白四羯磨受具足"，当时都还没有二百五十戒，但的确是受具足的比丘了。二百五十戒的戒，梵语（śikṣāpada），应译为"学处"。由于比丘们有不如法的事，佛随犯随制，为比丘们所应该学的，所以叫"学处"。《四分律》及《根本有部律》说：释尊成道以来，十二年中是无事僧，比丘没有非法违犯的；十二年以后，才因比丘们的违犯而制立学处（戒）。《善见律毗婆沙》说：佛成道二十年以后，才制立学处。开始结戒的时间，虽所说略有出入，但都以为：佛教早期的比丘受具足，是还没有学处的。所以初期大乘经没有提到二百五十戒，不能说菩萨出家的不是比丘。

不持二百五十戒的，不一定不是比丘，也不一定就没有戒法。《初期大乘佛教之起源与开展》第五章,说到"戒学的三阶段"。《长阿含经》与《中阿含经》,叙述了戒定慧的修学次第,所说的戒学,有三说不同。一、身清净,语清净,意清净,命清净。二、小戒,中戒,大戒。三、善护波罗提木叉律仪等。小戒、中戒、大戒,如《长部·梵网经》等说。三戒中的小戒,是离身三不善业,离口四不善业,及离伐树、耕种、买卖等,与"八正道"中的正业、正语、正命相当。身、语、意清净,就是"十善";命清净就是正命。十善的身三善中,"离欲邪行"或译作"不邪淫",约在家的淫戒说;也就因此,或偏执菩萨十善戒是在家的宗教生活。其实,"十善"是通于出家的。如《梵网经》作离"非梵行"(abrahmacarya),就约出家戒说。《阿毗达磨集异门足论》卷六(大正二六·三九〇上)说:

> "三清净者,一、身清净,二、语清净,三、意清净。"
> "身清净云何? 答:离害生命,离不与取,离欲邪行。复次,离害生命,离不与取,离非梵行。"
> "语清净云何? 答:离虚诳语,离离间语,离粗恶语,离杂秽语。"
> "意清净云何? 答:无贪,无嗔,正见。"

《集异门足论》,是《长阿含经·众集经》的解说。三清净就是"十善";身清净的离淫欲,有"离欲邪行"与"离非梵行"二说,可见十善是通于出家的。上面所说的三类戒法,是戒法的三个阶段。《善护波罗提木叉律仪》,与比丘二百五十戒相合,是佛成道十二年(或说二十年)以后,逐渐制立所成的。《梵网经》

所说的小戒等，与八正道中的正业、正语、正命相当，是佛初转法轮、说四谛时的戒法。四种清净——十善与正命，可通于释尊出家修行以来的戒法。十善是世间——印度旧有的道德项目，佛引用为世间与出世间，在家与出家，一切善戒的根本。这三类，都是流传于佛教界的戒法。"七百结集"时代，集成《长阿含经》与《中阿含经》，将这三类一起结集流传，这是"持法者"（持律者专说波罗提木叉戒）的结集。对于戒法，佛教界一直存有不同的意见，如"五百结集"时，阿难提出了佛遗命的"小小戒可舍"，引起纷净，后来服从多数，违反佛的遗命，"小小戒"全部保存下来。"七百结集"时，又为了"受取金银"，引起了大净论。重律的，也就是不舍小小戒的，发展为上座部；重法的，律重根本的，发展为大众部。现存大众部的《摩诃僧祇律》，"波罗提木叉经"与"随顺法颂"，虽接受了二次结集所成的律制，但在应用的态度上，提出了五净法："一、制限净，二、方［地区］法净，三、戒行净，四、长老净，五、风俗净"，方便随宜，与上座部大为不同。方便随宜而有文证的，如《三论玄义》（大正四五·八下——九上）说：

> "灰山住部……引经偈云：随宜覆身，随宜饮食，随宜住处，疾断烦恼。随宜覆身者，有三衣佛亦许，无三衣佛亦许。随宜饮食者，时食佛亦许，非时食亦许。随宜住处者，结界住亦许，不结界亦许。疾断烦恼者，佛意但令疾断烦恼。此部甚精进，过余（部）人也。"

灰山住部，唐译鸡胤部，是大众部分出的部派。从结集而定形的律制，鸡胤部不一定反对它，认为也是可以的；但不一定严

格奉行,认为不受持,也是佛所许可的。衣服与饮食,是小事,住
处的结界与不结界,关系可大了!依律制,比丘们过着共同的集
体生活。比丘的住处,有一定界限;经大众同意而决定住处的范
围,名为结界(sīmābandha)。在界以内的比丘,过着共同的生
活。如半月半月的布萨诵戒,三月安居,处理重要的"僧事",要
界内比丘全体出席。如不结界,那律制的一切"僧事",都无法
进行了。鸡胤部,显然是重于法的修证,轻视教团繁密的律制。
不重律制的学处(戒),并不是没有戒——尸罗如四清净,如八
正道的正业、正语、正命,都可能是比丘的戒法。所以,见十善而
说是在家生活;见作沙门而说不是比丘,在声闻法中也是不能成
立的,何况是菩萨法!大乘佛法的兴起,是根源于大众部系的。
重智证的一流,主要是阿兰若行者(留在下一项说),是源于部
派中倾向菩萨行的一群,渐渐开展为大流的。不重视律制,所以
取佛教早期的四清净说,以十善为戒波罗蜜。如《法镜经》的出
家菩萨,奉行"十善"而不著,及"四依"的生活,不正是佛教早期
的比丘生活吗?

　　初期大乘的出家菩萨,有住阿兰若的,如《法镜经》所说,也
可从《阿閦佛国经》,阿閦菩萨所立的愿行,了解大概的情形。
初期大乘的菩萨,有崇高的理想,表现在清净佛土中。有的净
土,没有女人,无所谓出家与在家,都是菩萨。有的净土,有菩萨
与声闻。如东方的阿閦佛土,有男有女,所以声闻与菩萨,都有
在家与出家的二类。声闻的出家众,没有释尊所制那样的律制,
如《阿閦佛国经》卷上(大正一一・七五七中——下)说:

　　"不行家家乞,时到,饭食便办。"

　　　　"不复行求衣钵也。亦不裁衣,亦不缝衣,亦不浣衣,
　　　亦不染衣,亦不作衣,亦不教人作。"

　　　　"(佛)不为诸弟子说罪事。"

　　　　"不复授诸弟子戒,……不如此刹诸弟子于精舍
　　　行律。"

　　　　"不共作行[羯磨],便独行道;不乐共行,但行诸善。"

　　阿閦佛土中,衣食是自然而有的,所以没有衣食琐事。没有
作恶的,所以不说罪事。没有烦恼,所以不用授戒。独自修道行
善,所以不在寺院中住。这是出家的声闻;出家菩萨也只说到
"不在(精)舍止",当然也无所谓律制。这是理想的净土生活,
在我们这个世界——五浊恶世,当然是不适用的。初期大乘的
菩萨们,继承传统佛教的思想。我们这个世界,在家有男女的眷
属关系,有衣食等经济问题,比出家的生活更为烦杂不净,所以
《法镜经》与《菩萨本业经》,从在家说到出家,都说到厌患在家
生活的不净。"下品般若"说到在家受欲,也有厌患的心境。如
以为初期大乘的菩萨,重视在家的生活,是与经说不相符的。大
乘初期的出家菩萨,对传统的律制——种种教团的人事制度,虽
不作明白的反对,但并不尊重,如《大宝积经》卷一九《不动如来
会》(大正一一·一〇三上)说:

　　　　"若比丘、比丘尼、优婆塞、优婆夷有诸罪衅,若说其所
　　　犯,则为违背诸佛如来。"

　　古译《阿閦佛国经》,译为"其刹所有比丘、比丘尼、优婆塞、
优婆夷,若有罪恶者,及谗罪恶者,我为欺是诸佛世尊"。古译

约净土果说,《不动如来会》约菩萨因行说。依《不动如来会》说,见四众弟子犯罪的,菩萨决不说他们的违犯,这是初期出家菩萨的态度。说到这一问题,还有:《摩诃衍宝严经》:"他犯不犯,不说其过,不求他人误失之短。"异译《普明菩萨会》:"不出他人罪过虚实,不求人短。"《大迦叶问大宝积正法经》:"不说他人实不实罪,亦不见他过犯。"《遗日摩尼宝经》:"不说人恶。"《须真天子经》:"身所行恶,常自责悔;他人所作,见而不证。"《持心梵天所问经》:"不求他短。……终不睹见他人瑕阙。"异译《思益梵天所问经》:"见他人阙,不以为过。……不说他人毁禁之罪。"《胜思惟梵天所问经》:"于他阙失,不见其过。……不说他人毁禁之罪。"《发觉净心经》:"不求他过。于菩萨乘富伽罗所,有犯罪处而不发觉。"异译《发胜志乐会》:"于诸众生不求其过;见诸菩萨有所违犯,终不举露。"

《遗日摩尼宝经》与《阿閦佛国经》,是后汉支娄迦谶于西元一八〇年前后所译。《须真天子经》与《持心梵天所问经》,是西晋竺法护于西元二八一——二八六年译出的。这几部经一致说到:别人的犯与不犯——所犯是实的或是不实的,都不说他们的过失。不举发,也不证实他们有罪。这一态度,与释尊的律制相反。依律制,比丘过着共同的集体生活,为了僧团的和乐清净——团结与健全,如见到共住比丘有违犯的,要出来举发,使犯者"忆罪"、"见罪"——承认过失。因为有了过失,会障碍道的进修,如能"见罪",就可以依法忏悔,回复清净。这对于犯者及僧团,都是必要的。但菩萨比丘却不问别人的罪恶,见了也等于不见,不说别人。僧制的举罪,本意是达成僧伽成员的清净,如僧伽成员缺乏真诚为道的精神,再加上人与人的意见不和,举发别人过失,会引起僧团内部的纠纷。释尊在世时,拘舍弥比丘的大纷诤,就是为了见他过失举罪而引起的。去佛的时间越远,僧伽的诤事越多,菩萨比丘的不见不说人罪,可能与不满部派的纷诤有关。释尊的律制,初期的菩萨比丘虽没有公然反对,却并不尊重。如每年雨季,佛制比丘作三个月的定居,名为雨安居(vārṣika)。现出家相的文殊师利,"尽夏三月初不现佛边,亦不见在众僧,亦不见在请会,亦不在说戒中。于是文殊师利竟夏三月已,说戒尚新[自恣]时,来在众中现"。原来文殊"在此舍卫城,于和悦王宫采女中,及诸淫女、小儿之中(住)三月":这是不守安居制。还有,印度的比丘,在午前饮食,名为时食;过了中午,比丘不得再进食。转女身菩萨以时间在各处没有一定,暗示比丘时食的不必拘执。总之,初期的菩萨,有崇高的理想,达一切法不生灭,契入平等、无碍的境地。不同意僧制的拘泥事相,多数是阿兰若行,精进修证,所以说:"下须发菩萨,不肯入众,不随其教。"初期大乘菩萨的风格,有点近似老、庄,轻视社会的礼制。初期大乘菩萨,菩萨与菩萨间,仅有道义的维系,与释尊的教化不同。释尊设教,比丘与比丘间,是将道德纳入法律的轨范,成为共同生活的僧伽。

初期的菩萨比丘,多数住阿兰若,以四清净——十善及正命为戒。西晋竺法护所译的《诸佛要集经》说:"出家受具足戒为比丘。"《慧上菩萨问大善权经》说:"若有闿士[摩诃萨],学得脱戒[别解脱戒],得脱戒者,则二百五十禁。"《海龙王经》说:"立于拥护,不舍所说,悔过首罪。""立于拥护",应是"安住(波罗提木叉)律仪"。在竺法护译经中,发现菩萨比丘与"受具足戒"、"波罗提木叉[别解脱]律仪"的关系。菩萨对"波罗提木叉律仪"的立场,与声闻比丘不完全一致,但到底菩萨比丘已受"具足戒",受持"波罗提木叉律仪"了,这最迟是西元三世纪初的情形。菩萨比丘不离传统的比丘僧团,即使"不肯入众,不受其教",过着"独自行道行善"的生活,也没有独立的菩萨僧。净土模式的菩萨僧,是不可能在这个世间实现的。在这个世间行菩萨道,不重视律制,那么虽有"菩萨比丘僧"的名目,也只是道义上的维系而已!《龙树菩萨传》(大正五〇·一八四下)说:

> "(龙树)自念言:世界法中,津涂甚多;佛经虽妙,以理推之,故有未尽。未尽之中,可推而演之以悟后学,于理不违,于事无失,斯有何咎? 思此事已,即欲行之,立师教戒,更造衣服,令附佛法而有小异。欲以除众人(疑)情,示不受学。择日选时,当与谓('谓',应是'诸'字的误写)弟子受新戒,着新衣。"

龙树出家以后,读遍了声闻三藏,又读了部分大乘经,因而有了一个新的构想:离传统的比丘僧团,别立大乘教戒,使菩萨僧独立于声闻比丘僧以外。菩萨从声闻比丘中出来,不离比丘僧,而所说所行却与声闻法大有不同,这正是使人怀疑的地方。为了"除众人(疑)情,示不受(声闻)学",所以想别立菩萨僧。但仅有这一理想,并没有成为事实。总之,大乘佛法,到龙树时代,并没有菩萨僧团的存在。龙树时,"出家菩萨,总说在比丘、比丘尼中",出家菩萨是不离传统僧团的。而且,《大智度论》所引的《诸佛要集经》《海龙王经》，说到了菩萨比丘受具足戒，安住律仪，可见当时的菩萨比丘，有的已接受"波罗提木叉律仪"。所以干潟龙祥所作《大智度论的作者》，对《智论》说"出家菩萨总说在比丘、比丘尼中"，推想为译者鸠摩罗什所增附，是不正确的！

　　早期的菩萨比丘，以十善为戒，多数过着阿兰若、四圣种的精严生活，后来渐渐接受了佛制比丘的"波罗提木叉律仪"。《初期大乘佛教之研究》指出：初期为十善戒。《十地经论》依《华严·十地品》，立三净戒："一、离戒净，二、摄善法净，三、利益众生净。""离戒净"的内容，就是离十恶的十善。《瑜伽师地论》说"三聚净戒"，与"离戒净"相当的"摄律仪戒"，是在家与七众律仪：沙弥、沙弥尼的十戒，式叉摩那的六法戒，比丘、比丘尼的受具足戒。菩萨比丘受共声闻比丘的律仪，与早期大乘不同，解说为参杂有小乘佛教的教理。指出前期与后期不同，是非常正确的，但菩萨比丘接受波罗提木叉的律仪，是否小乘教理的折衷，是值得研究的。上面说到，《诸佛要集经》《海龙王经》、《慧上菩萨问大善权经》——竺法护所译的经典，已有菩萨比丘受具足戒，持别解脱戒的明文；在大乘佛法的发展中，菩萨比丘接受别解脱戒，渐渐形成，是由于事实所必要的。"律藏"中说：过去佛，有的"不为弟子制立学处，不立说波罗提木叉"，所以佛与大弟子涅槃了，佛法就迅速地消散灭去，不能久住。有的"为弟子制立学处，立说波罗提木叉"，佛与大弟子涅槃了，不同族类、不同种姓的弟子们能延续下去，正法久住。由于这一意义，佛在成佛十二年（或说二十年）以后，渐渐地制立学处，立说波罗提木叉。释尊成佛说法,起初的比丘,也是早期大乘比丘那样,住阿兰若,奉行"八圣道"的戒,过着四圣种的生活。十二年以后,制立学处,渐渐成立僧伽制度,决不是什么小乘,而是理解到流布人间的佛法,要达成正法久住,不能没有健全的组织(清净和合僧),将道德纳入律制的轨范。有清净和乐的僧团,比那仅有道义维系,没有组织的僧众,对于佛法的宏传延续,确实是有效得多。僧制是适应世间的,由于时代及地区的不同,不可能一成不变;一成不变,就会窒碍难行。释尊的律制,由于原始结集违反佛的遗命——"小小戒可舍",而说"若佛所不制,不应妄制,若已制不得有违",律制成为固定化。在佛法发展中,律制成为繁密、琐碎的事相。过分着重事相,会冲淡定慧的修证。大乘从大众部律制随宜中兴起来,菩萨比丘取戒以前的戒法,不重波罗提木叉律仪。这固然由于大乘的理想主义、平等主义,着重于内心的修证,也由于律制繁密,多起诤论所引起的反应。菩萨比丘在不拘小节、精勤修证的风气中,在西元一、二世纪,非常兴盛,经典也大量流传出来。然在发展中,菩萨比丘没有僧制,对宏扬大乘佛法于永久来说,是不够的,终于回复到比丘"波罗提木叉律仪"的基础上,而在实行上加以多少通变。这是从"大乘佛法"而移向教团的"大乘佛教",正如原始佛教,从"佛法"而移向僧伽的"佛教"一样。

十善是菩萨戒,但不一定是菩萨戒,因为十善是通于人天及二乘的。菩萨戒要有菩萨戒的意义,如《大树紧那罗王所问经》卷三(大正一五·三七八下)说:

"戒是菩提心;空无不起慢;起于大悲心,救诸毁禁者。"

　　菩萨戒是与菩提心相应的,如失去菩提心,起二乘心,那就不是菩萨戒,犯菩萨戒了。《思益梵天所问经》也说:"何谓菩萨能奉禁戒? 佛言:常能不舍菩提之心。""空无"是空无所有,体达持戒、犯戒空不可得。《般若经》说:"罪不罪不可得故,应具足尸罗波罗蜜。"《思益经》说:"持戒及毁戒,不得此二相,如是见法性,则持无漏戒。"如见(实)有持戒与犯戒,就会见他人的毁犯,自以为持戒而心生高慢,所以要达持犯空无有性,与般若波罗蜜相应。菩萨戒是以利他为先的,所以要起大悲心,使毁犯者住清净戒法。菩提心、般若无所得心、大悲心,《大树紧那罗王经》颂,总说了菩萨戒的重要内容。大乘虽有重智证与重信愿的两大流,而智证大乘是主流,这可以说到初期大乘中,对"毗尼"的见地。"毗尼"(vinaya),意译为"调伏",或译为"灭"、"律",在声闻佛教中,毗尼成为戒律的通称,"律藏"就是(vinaya-piṭaka)。"毗尼",传说有五种意义——忏悔、随顺、灭、断、舍,多在事相上说。竺法护所译《文殊师利净律经》,鸠摩罗什译为《清净毗尼方广经》。经中约菩萨与声闻的心行,辨"声闻毗尼"与"菩萨毗尼"的差别。次说:"毗尼者,调伏烦恼;为知烦恼,故名毗尼。"调伏烦恼,是不起妄想,不起妄想就不起一切烦恼;"烦恼不起,是毕竟毗尼"。知烦恼,是"知于烦恼虚妄诈伪,是无所有,无主无我无所系属,无来处去处,无方非无方,非内非外非中可得,无聚无积无形无色"。这样的知烦恼,烦恼寂然不起,"无所住名毕竟毗尼"。"究竟毗尼",是菩萨毗尼,通达烦恼不起而寂灭的。这一"毗尼"的深义,与五义中的断毗尼有关,而作本来寂灭的深义说。竺法护所译的《决定毗尼经》,所说戒与毗尼部分,与《清净毗尼方广经》大致相合。声闻与菩萨戒的差别,说得更为明确;大乘戒的特性,可以充分地理解出来。"毗尼"是这样,"戒"也是这样,如《大宝积经》卷一一二《普明菩萨会》(大正一一·六三六下——六三七上)说:

"善持戒者,无我无我所,无作无非作,无有所作亦无作者,无行无非行,无色无名,无相无非相,无灭无非灭,无取无舍,无可取无可弃,无众生无众生名,(无身无身名、无口无口名,)无心无心名,无世间无非世间,无依止无非依止,不以戒自高不下他戒,亦不忆想分别此戒,是名诸圣所持戒行,无漏不系,不受三界,远离一切诸依止法。"

《普明菩萨会》,是《古宝积经》、《大宝积经》的根本经。《长阿含经·游行经》,佛为周那(Cunda-karmāraputra)说四种沙门,《宝积经》也说四种沙门,意义是相近的。《宝积经》所说的四种沙门,内容为:

一、"形服沙门":形服具足,被僧伽梨,剃除须发,执持应器——三业不净,破戒作恶。

二、"威仪欺诳沙门":威仪安详,修四圣种,远离众会,言语柔软——著有畏空。

三、"名闻沙门":持戒,读诵,独处,少欲知足——但为名闻,不求解脱。

四、"实行沙门":不著生死,不著涅槃,本来寂灭,无缚无脱。

《宝积经》又说似乎持戒而其实破戒的四种比丘,内容为:

一、履行戒法,四种清净——说有我论

二、诵持戒律(律师),如说而行——我见不灭

三、具足持戒,缘众生慈——怖畏本来不生

四、十二头陀——见有所得

四种破戒比丘,都是依不契合无漏净戒说的;所说的善持净戒,就是智证寂灭,不著生死,不著涅槃。约声闻比丘说,而实通于菩萨比丘。这是与律制相关的,不否定律制,而从大乘智证的立场,阐明出家比丘持戒的真实意义。菩萨比丘戒法而与律制有关的,汉译中还有五部,不过集出与译出的时代,要迟一些。如:

一、《佛藏经》,三卷,姚秦鸠摩罗什译。

二、《大方广三戒经》,三卷,北凉昙无谶译。

三、《宝梁经》,二卷,北凉道龚译。

四、《摩诃迦叶经》,二卷,元魏月婆首那译。

五、《护国菩萨经》,二卷,隋阇那崛多译。

（录自《初期大乘佛教之起源与开展》,1189—1206页,本版1012—1030页。）

(四)《宝积经》中之戒学示要

菩萨的修行,六度、四摄等都是。依遍通三乘行来说,宗要是戒定慧——三增上学。在三学中,本经是特重于戒慧的。这

也许是继承佛陀根本教学的风格吧!《杂阿含经》(卷二四)说:
"当先净其戒,直其见,具足三业,然后修四念处。"佛法是不离
世间的,要处世而做到自他和乐,非戒不可;戒行是基于慈悲的
同情。佛法即世间而出世解脱,这非智慧的达妄契真不可。这
二者,戒如足,慧如目。从自证说,这才能前进而深入;从利他
说,这才能悲智相成,广度众生。假使不重戒慧而偏重禅定,不
但有落入邪定、味定的可能;即使是正定,也会倾向于隐遁独善。
当然,大乘广摄一切根机,也有独善风格的"声闻菩萨行"。但
在利他为先的大乘法中,如本经的着重戒慧,才是更契当于菩萨
道的精神。

　　戒律,本于慈悲的同情,不忍损害他而来。律仪戒中的别解
脱,重于身语的止恶。但每一持戒的,都是可能违犯的,这一定
要"所犯众罪,心不覆藏,向他发露,心无盖缠"。能随犯随忏,
才能保持自心的无忧无悔,戒行清净。不过仅是身语的止恶,是
不够的。戒——尸罗的意译为清凉,也重于自心的净除烦恼。
释尊的略教诫说:"诸恶莫作,众善奉行,自净其意,是诸佛教。"
所以,意地的种种烦恼,戏论分别,如不能远离,不能算是真正的
持戒清净。本经在兼说声闻行时,四沙门中的形服沙门、威仪欺
诳沙门、贪求名闻沙门,不消说是不够清净的。四种持戒比丘
中,说有我论的、我见不息的、怖畏一切法空的、见有所得的,总
之,只要是执我执法的,无论怎样的持戒,都不能符合如来律行
的本意。因为这样的持戒者,虽好像清净持戒,而终久——今生
或后世要破坏戒法的。所以本经从一般的律仪戒说起,而深意
在道共戒,如说:"诸圣所持戒行,无漏不系,不受三界,远离一

切诸依止法。"这无漏相应的,圣智相应的戒行,本经在正明菩萨道中,也深切地说出:"无有持戒,亦无破戒。若无持戒无破戒者,是则无行亦无非行。若无有行无非行者,是则无心无心数法。若无有心心数法者,则无有业,亦无业报。若无有业无业报者,则无苦乐。若无苦乐,即是圣性。"不但圣者以此为体性,也是圣者以此为因性的(共三乘说为圣性。专约大乘说,就是佛性)。从慈悲不忍损他,到远离忆想分别,深入真空的戒行,为本经的要义之一。

现证慧——圣智、净智,是依定修观而成就的。本经说:"不以戒(律仪戒)为最,亦不贵三昧;过此二事已,修习于智慧。"又说:"依戒得三昧,三昧能修慧;依因所修慧,逮得于净智。"戒、定、慧的三学相资,次第修发;修定与修慧不同,本经都说得明白。智慧(般若),不是泛泛的知识,而是通达我空法空——空寂法性的圣智。这不但依戒、依定而修得;在慧学自身,也有修学次第,这就是依闻慧而起思慧,依思慧而进起修慧(与定相应的观慧,叫修慧),依修慧才能得现证的圣智。所以本经重智慧,也就重于多闻、修行。如说:"菩萨有四法得大智慧。何谓为四? 常尊重法,恭敬法师(这是自己乐意多闻);随所闻法,以清净心广为人说,不求一切名闻利养(这是乐意使他人多闻);知从多闻生于智慧,勤求不懈,如救头然(知多闻的功德而勤求);闻经诵持,乐如说行,不随言说(这是由闻而思而修,不为文字所封蔽)。"本经说菩萨行,以"得大智慧"为第一要行;而说智慧从多闻生,明白地开示了慧学的进修次第。

"依因所修慧,能得于净智",可见观慧的修习是极为重要的。本经广明如实的中道正观,即一切(我)法性空观。空(无相无愿无生灭等)是本性空,是中道,所以增减不得。有些人,取空著空,以为有空可得,这是增益了。这不但辜负了佛说空观的本意,反而著空成病。如以药除病,"药不出,其病转增"一样。龙树依据经义,所以在《中观论》上说:"大圣说空法,为离诸见故;若复见有空,诸佛所不化。"一切是本性空的;众生著有,起种种见而流转生死,而一切法空,还是本来如此。由于"一切诸见,唯空能灭",所以说空;灭诸戏论妄执,即显一切法本性空寂,并非别有空理可住可得。有些人著有成迷,怖畏法性空寂,不生不灭。佛说这些人,如怖畏虚空而想逃避虚空一样,这是减损了。其实,空是一切法性,虚空那样的遍于一切,有什么可怖畏,有什么可舍离的?想离空立有,真是狂乱失心了!龙树说:"五百部闻毕竟空,如刀伤心",就是这一类人。能于一切法性空,不增不减地如实观察,是引发真实圣智的方便。一切法本性空:以如幻性空的观心,观如幻性空的观境;心境并冥。经说如幻食幻的比喻,极为明白。观心是分别伺察,圣智是无分别智,依分别观怎么能引生无分别智呢?这如经上说:"真实观故,生圣智慧;圣智生已,还烧实观。"要知道,如实观慧,是观一切法无自性空的。这虽是世俗的分别观察,但是顺于胜义的,观自性不可得的。所以这样的观慧,能引发无分别圣智。等到圣智现前,那如实空观也就不起了。唯有理解这个道理,才知观慧的必要,不致于落入一味息除分别的定窟。

　　本经以律仪戒而深入到道共戒;从闻慧、修慧而深入到现证慧。在法空性的现证中,戒智不二;也就是无漏戒定慧的具足。

这可说是本经的宗要所在了。

（录自《宝积经讲记》,9—14 页,本版7—10 页。）

1.四种直心之相

再来说菩萨的"四直心之相"。有了直心,就有直心的事表现出来。行事能表达内心的正直,所以叫直心之相。四直心是什么? 当然是与上邪行相反的四种。

一、"所犯众罪,终不覆藏,向他发露,心无盖缠":菩萨在佛法中,有深切的信顺恭敬心,那对或有违犯的众罪,或重或轻,怎么也不会隐覆地掩藏起来。因为覆藏只是增长罪恶,多生疑悔。如把臭物严密地封存起来,一定是越久越臭。所以佛制比丘,有罪不准覆藏(覆藏的加重治罚),而应该向他人发露。发露,就是忏悔。随犯罪的轻重,依律制而作如法的忏悔,就是对人而将自己的罪过吐露出来。这是什么罪,应受怎样的治罚,一切依僧伽的规律而行。过失一经忏悔,或接受了处分,如把瓶中的臭物倒在太阳下,又加以洗净一样,戒体就回复清净,不再有疑悔等盖缠,不再会障碍圣道的进修了。盖是五盖:贪欲、嗔恚、疑、昏沉睡眠、掉举恶作(恶作就是悔)。缠是十缠:无惭、无愧、嫉、悭、悔、眠、掉举、昏沉、忿、覆。

二、"若失国界、身命、财利,如是急事,终不妄语,亦不余言":在大众中,如有了违犯,经人举发,决不说欺诳师友的妄语,老实认罪。也决不说其他的话,如处分不适当、不公平等。国界等是譬说,假使说了老实话,会因此而(国王)失去国土,会丧失身命,会损失财物:这样的关系重大,也还是不说妄语。意思说:犯了罪,无论后果怎样,哪怕是逐出僧团,也要直心实说。

三、"一切恶事:骂詈、毁谤、挝打、系缚,种种伤害。受是苦时,但自咎责,自依业报,不嗔恨他":上面第三邪行,是于他利养生嫉妒心。这虽也因为贪染心,主要还是由于不信业报。他受种种利养,如知道是福业所感,就应该生随喜心。即使他不如法得来(如没有福业,不如法去追求,也是得不到),那是他自造来生的苦果,应该悲悯他,这都不会嫉妒的。与这相反的正行,从自己遭受的种种恶事来说。如被人辱骂,被人毁谤,被人用手脚棍棒来殴打,被人捆缚或者监禁起来。名誉、身体、财物、自由,受到了种种的伤害。一般人有此遭遇,总是怨天尤人,气愤得不得了。但菩萨是深信业报的,所以受到这种的苦难,只是自己怪自己,责备自己:为什么造了恶业? 不与人广结善缘? 由于自己依业报的信仰而安心(中国人称为安命),所以不会嗔恨别人。其实,嗔恨有什么用呢?

四、"安住信力,若闻甚深难信佛法,自心清净,能悉受持":菩萨如听闻甚深难信的佛法,如不思议的佛境界、一切法空性等,能安住于信力中,也就是能尊敬佛说而能起仰信。经上说:"信如清水珠,能清浊水。"所以能安住信力,就能自心清净,也就能随顺深入,完全受持这甚深的法门。所以说:"佛法大海,信为能入。"

（录自《宝积经讲记》,42—44 页,本版 29—30 页。）

2.持戒善净不善净

(1)不净持戒

再约持戒的善净不善净来说,先说不净持戒。持戒是难得的,但净见——正知正见,是比净戒更重要的。凡是没有清净知见的,也就一定是破戒的了。如来说:大迦叶! 有四种破戒比丘,实际是破戒的,而看起来好似善净的持戒者。这是持戒比丘所不可不知的! 哪四种呢?

一、有一类比丘,能具足受持戒法。对于有所违犯的大罪,如波罗夷、僧伽婆尸沙等;小罪,如突吉罗等,在这大小一切罪中,都如临深渊,如履薄冰,心常怀有怖畏,生怕犯罪而堕落。所以对所闻戒法,都能履行,能做到"身业清净、口业清净、意业清净",经济生活的"正命清净"。那可说是很难得的了! 但是这类比丘,宣说有我论。主张在生死轮回、系缚解脱中,有一生命主体,叫做真我、大我、不可说我等。由于宣说有我,与佛说的无我正见相违。这是初一类破戒而似善持戒的。这为什么称为破戒呢? 依佛法说:"依法摄僧","依法制戒":戒是为了令人随顺正法,趣入正法,与正法相应而安立的。如思想、主见,根本违反了空无我性的正法,那一切都与法相违,也就不成其为戒了。而且,戒(梵语尸罗)是清凉义。而取我著相,为戏论分别根源,一切烦恼炽燃所依止。如来说依戒而定而慧而解脱,为如来制戒的根本意趣。从这一根本立场来说,有我论者所持的净戒,不能依此而解脱,不能依此而得清凉,所以也就是违犯如来的清净戒了。

二、有一类比丘,能诵持戒律,熟悉律部的开遮持犯,随律典所说而实行。这是持律的律师了,比上一类比丘更难得!而且,他也不宣说有我论。可是内心的身见——(我见)不灭,一切还是以自我为中心:我能持戒,我能清净持戒,我是怎样,我要怎样。这样的比丘,即使不说有我,而思想行为一切依我见而行,是名第二类破戒比丘似善持戒。

三、有一类比丘,不但具足持戒,而且慈心广大,不止如上的自利了。但同样的有我相、人相、众生相,取众生相而行慈心,是凡夫的"众生缘慈"。由于取著我、人、众生相,所以闻一切法本来无生,无我相可得,无法相可得,就会心大惊怖,以为非佛所说,而进行诽毁甚深法义。像这类比丘,是名第三类破戒比丘似善持戒。

四、还有一类比丘,持戒精严,能具足修行十二头陀法。头陀是梵语,是抖擞的意义,这是过着极端刻苦生活的称呼。十二头陀行中,衣着方面有二:但三衣、粪扫衣。饮食方面有四:常乞食、不余食、一坐食、节量食。住处方面有五:住阿兰若、冢间坐、树下坐、露地坐、随地坐。睡眠方面有一:即常坐不卧。这样的苦行头陀,而心中见有所得,以为有法可得,实有法性可证,违反了性空不可得的正法。这样,是名第四类破戒比丘似善持戒。

从这四类来说,凡是取相、著有、执我、立我的,他们的知见,与世俗甚至与外道一致的,那不管他怎样持戒,也就是破戒,违反如来戒法的真义!

（2）善净持戒

不善净持戒的四类破戒比丘，已如上说；那怎样才是善巧的、清净的持戒呢？说明这点，如来又对迦叶说：真实的善持戒者，一定是无我无我所的；这是标要。从离执一边说，没有我见我所见（也就没有我爱我所爱等）。从契入正法说，是通达无我无我所，也就是我空法空性的。这才是善净持戒，否则执我执我所，与正法不相应，就是前面所说的破戒比丘了。本着这样的净戒立场，所以说"无作无非作"。依世俗说，戒是善净的表业——动作而有所表示的，与无表业——无所表见的。表与无表，旧译为作与无（非）作。在这法性本空的正觉中，没有法是作的；作都不可得，更无所谓非作了。由于作不可得，所以无有所作的戒，也无受戒持戒的作者。没有能作者与所作法，也就"无行无非行"了。行是迁流造作的意思。广义为一切有为法；要略为以思心所为主的身口意行。什么是戒？有的说是表无表色，有的说是名所摄的思。也可说：身口业是色，意业是名。然从上面无作无行来说，当然也无色无名。这样，无相可以表示；相都不可得，更无非相可得了。以毗尼来说，毗尼的意义是灭，灭一切不如法的罪恶过失。但在我法空性中，一切法本来不生，也就无法可灭。灭尚且不可得，自无所谓非灭了。由于正觉法性，无取无舍，所以无某些法而可取可持；也无某些法而可弃可舍。——上来约正觉以观戒法。

戒是世界悉檀。每一类戒，每一条戒，每一项规章制度，都是与人地、心物有关。约人来说，或是对社会，或是对教团，男女老少,都离不了人;广义即离不了众生。在真实的净戒中,无众生可得,众生只是假名,其实假名也是不可得的,所以又说"无众生名"。这正如《般若经》所说:菩萨不可得,菩萨名字也不可得。戒是依内心而动发于外的;但在真实戒中,超越意识的卜度,所以无心也无心名。戒是世间法,不离地域性,而真实戒不属于地域性,所以无世间;但这并非说遗世独存,所以又无非世间。戒为学佛者所依止,如佛的依正法而住一样。但这是无依止相可得,也无非依止。如著于依止或无依止,即乖失佛意。——上来约正觉以观戒所关涉的事件。

这样,真善净戒的,一切如法,清净不染,决不以持戒而自高傲的;不自高,也就不会以低下来看他人的戒行。不嫌恶他人的不清净,有违犯,以平等舍心而住。这如《般若经》说:"尸罗波罗蜜,持犯不可得故。"不著持犯相,不起高下见,也不忆想分别此戒,以为如何如何。这样的善持戒,是什么戒? 是名诸圣——声闻、缘觉、佛所持的戒行。这是最胜妙的,如佛在菩提树下,正觉法性而成佛,即名为"自然戒"、"上善戒"。一念般若现前,自然的心地清净,无往而不自得,所作没有不合于法的。这样与圣道相应的戒,就是一般所说的道共戒。这是不与漏相应的无漏;不为烦恼所缚的不系;不受三界生死果报;远离一切诸依止法,如不再爱乐欣喜阿赖耶,不著于一切。这样的戒,才是善净的持戒,才是如来戒学的究极意义。

说了上面清净持戒,那时世尊为了要显示明了此清净持戒的深义,所以又重说偈言。偈,即伽陀,为印度文学中的诗歌体。凡经中先长行直说,又以偈重说,使意义更显了的,称为重颂,属于十二部经的祇夜。佛在这里所说的重颂，都是显了清净持戒，凡九节，可分二段。

第一段，直据持戒以明清净：一、如来所说的清净持戒，到底是怎样的呢？无垢污杂染，清净得都无所有。这样的了无纤毫可得的清净持戒，无憍慢心，不会以自己能持戒或有功德而起憍慢的；心也无所依止，不会落入任何窠臼。这样的清净持戒，无烦恼根本的愚痴——无明，也无有依无明而起的诸缚，烦恼都是系缚。持戒非常清净，不但不犯罪，也无少少尘污的沾染；对僧众的规制，也无有违失。这样的持戒，心善调伏柔软，能成法器。安住于毕竟常寂灭中，能远离于一切的忆想分别。心不为戏论所动，所以能解脱诸动念。经上说："动即为魔缚，不动为法印。"这样的离念安住毕竟寂灭，才是清净持佛戒者。二、清净持戒的，不贪惜自己的身命，一心为道，不会因爱著自己而作种种非法，这约不贪爱现身说。不用诸有生，约不贪爱未来说。有是欲、色、无色三有，生是胎、卵、湿、化四生。众生的造作，凡夫的持戒，都是为了未来的果报——有生。清净持戒，是不为这些生死法的。唯修习于正行——八正道行，不向生死，而住心寂灭。不著现未身命，一心安住正道中的，是名为佛法，真实净持戒。三、清净持戒，不染著世间生死，也不依如幻错乱的世法。不染不依，得智慧的光明，自然无愚痴黑暗。无所有相——无法相；又无我相，无彼相——无人相。人相与法相都不可得，已知见诸法的真相，如说："一相无相，所谓实相。"这样，是名为佛法，真实净持戒。四、戒为波罗蜜，能登彼岸。但在清净持戒的，无生死的此岸可著，也无涅槃彼岸可住。在生死与涅槃，彼此二岸的中间，或以烦恼为中流，或以戒等道为中流。既不著生死，不住涅槃，也无有中间可住。这样的两边不著，中道不留，所以说"于无此彼中（间），亦无有所著"。心地清净，无种种系缚，无诸漏——欲漏、有漏、无明漏。心无烦恼，正见一切而无有虚妄欺诳的乱相，是名为佛法，真实净持戒。五、清净持戒的，心不著名色，即不著精神与物质的一切境相；内心又不生我我所执见。这样的不著境相，不起执见，也就是总结上来的广说，是名为安住，真实净持戒了。

　　第二段，约持戒而进求究竟以明清净。六、清净持戒的，虽行持诸戒，如比丘、比丘尼戒等，而谦下柔和，其心不自以为高而起憍慢，也不以持戒为最上的，不以自己的持戒为了不起，不以受持的戒行为究竟，这就能进一步地超过戒行而上求圣道。宽泛地说，戒定慧都是圣道；彻底地说，唯有无漏慧才是圣道。佛法出世解脱的圣道特质，就在于此。如清净持戒而又能进求圣慧道的，是名为真实清净持戒者的德相。七、持净戒的，不但不以戒为最上，也不贵重三昧。三昧是梵语，意译等持，即正定。戒是世界悉檀，定是共世间学。如没有中观相应，都只是世间生死法，那有什么可贵呢？所以，能超过此戒定二事，而修习于智慧。这不是世俗的事相的智慧，是胜义观慧，以观一切法毕竟空寂无所有为法门的。如能证入空寂无所有，那就是三乘诸圣贤之圣性。能这样，才是清净持戒，为十方诸佛所称赞。八、这样的依戒而修慧，在智慧心中，即能解脱身见。不为我见所系缚，且更能除灭我我所而不起。这样的无我慧，能深彻信解于诸佛所行的空寂法。这样的持圣戒，为一切中最上妙的，无有比的了！九、末了，总贯这一意义说：依戒修定，能得三昧；依三昧能修胜义观慧。与定相应的，名修所成慧。依因此所修慧，能逮得于净智——无漏的圣智。已得净智的，能所并寂，才是具足清净戒。

从如来的重颂来说，如来赞扬道共戒，而确认为应依戒而定，依定而慧，三学的次第增上不可废，但不宜拘守于戒定。这样的圆满清净持戒，显示了戒学与慧学的合一，法毗奈耶不二。这样的戒，才是正法，才是如来所称赞的。

（录自《宝积经讲记》，225—236 页，本版 148—156 页。）

3. 增上戒学

本经以菩萨道为主，而兼说声闻道。菩萨与声闻，是同证法空性的。基于同一正法，所以是"无所得大，无所得小"，声闻法决不是法有我有，或法有我无的。因为大小同得无所得正观，一定能信解空义。所以《般若经》说：须陀洹一定能信般若法门。《法华经》也说：不信一乘，是增上慢人——自以为然的假名阿罗汉。现在，如来本着这佛法不二、解脱一味的深见，再来开示声闻道。经文分正说、巧说、密说三科；正说是一般开示的声闻常道。在声闻法中，以出家的比丘为主，所以先说比丘的应行不应行。应修行的，就是戒定慧三学。

佛说三学，以戒为依止，依戒而进修定慧，依慧而得解脱，所以名为增上。如来又告诉大迦叶说：汝等声闻弟子，应当自己反观自身,反观内心,发现自己的烦恼而降伏它。能内观,才能进入佛法,才能修三学,得真解脱。切莫如世人一样,意马心猿地向外驰骋。心在外境——尘欲上追求,那是驰求不了,永不满足;也就是生死不了,永没有安心立命处。"当自观内,莫外驰骋",可说是佛法的标帜,为戒定慧三学内在共同的特质。

如来开示戒学说:大迦叶! 我为比丘们制戒,现在的声闻弟子,多数能如法如律,深见如来的意趣。可是当来比丘,怕就不知佛法的真实意趣,专在形式仪表上着力,如犬的追逐土块一样。怎么说比丘如犬逐块呢? 譬如有人,以土块投掷守门的犬,犬忘了守门,不知去追逐那个人,竟然舍人而往逐那土块,这不是愚痴吗? 不追逐人,人不逃走,那土块是永远投不完的。忙忙碌碌地逐块,结果是门也忘记守了。如来说了譬喻,才合法说:如是,迦叶! 有些勤修众善、止息恶行的出家沙门(沙门是梵语,意译为勤息),还有持戒修清净行的在家婆罗门(婆罗门是梵语,意译是净行;不一定指婆罗门种姓说)。这些出家在家人,为了怖畏那好的色、声、香、味、触——五欲,不敢迷恋五欲,而免堕落恶道,不得解脱苦恼,这才住空闲处——僻静的环境;独自居住而无师友等侣,远离大众的喧嚣愦闹,一心去修行。可是他们虽身离五欲,而心欲却并不能舍离。不知道微妙的五欲,可能引发内心的贪欲,称为欲而并不是真欲,真欲是内心的贪欲。这样,不知道降伏内心的贪欲,而专于避免、控制外在物欲的享受、诱惑,不等于痴犬的逐块而不逐人吗? 这样的严持戒行,头陀苦行,不贪五欲,最后是必然失败的! 是人——住空闲处修行的,有时或忆念曾经受用的好色、声、香、味、触。他们尽管山居苦行,但在事相上着力,贪心乐著五欲,而不知观察内心,不知道怎样才能当得远离色、声、香、味、触——五欲,不再受它的诱惑。他们始终不知从根去解决,所以虽长期地住山持戒,而一直过着物欲与离欲的矛盾生活!人不能永远山居独处的,有时为了什么,又来入城邑聚落,在人众中,遇到了诱惑的境遇,内心控制不了(特别是内心压抑久了,更易冲动),于是还为好色、声、香、味、触——五欲所缚,也就是舍戒还俗了,从山林出来,重过喧嚣的生活;或犯戒而仍混在僧团中过活。这是现生就失败了的,非堕恶趣不可!即使他终老山林,严持戒律,苦行头陀到底,但他在空闲处所持的,是俗戒,仅是世俗的事相戒。以这种持戒功德,死得生天。欲界天上,是最微妙的五欲所在,天子天女,欲乐自在。那时的持戒苦行,早不知哪里去了,又为天上的五欲所缚,而过着欲乐的生活。等到天寿尽了,从天上没(与殁同),持戒功德已受用尽了,恶业现前,也不得脱于四恶道——地狱、饿鬼、畜生、阿修罗道的苦报。众生生死的趣向有六,名六趣或六道。人与天为二善道;地狱等为四恶道。地狱是最苦的处所,有八热、八寒大地狱,及游增地狱等。饿鬼中,虽也有多福的,受用不了;但多数是无福的,常受饥饿苦,所以以饿鬼为名。畜生,实包括一切的禽、兽、鳞、介。阿修罗,意译为非天。这是本住忉利天,而现退住须弥山下的大海中,可说是堕落的天神。上面说的那种沙门、婆罗门,在制御外来的五欲上着力,怎样持戒,怎样苦行,而不知在内心的贪欲上下一番功夫。知外而不知内,知形仪而不知心地,是名比丘如犬逐块。

佛又告大迦叶,那要怎样才比丘不如犬逐块呢?上从心离贪欲说,今再从心离嗔恚说,以说明降伏内心的任何烦恼,是达成清净持戒的心要。若有比丘,遇到恶因缘,不管是自己不对,他人不对,或者是误会,总之,如为人所骂而能不报以骂詈;受到别人的打、害、嗔恨、毁辱,也不加报复,不会你打我也打,你毁辱我我也毁辱你。这样的不为嗔恚烦恼所动,能忍辱而不还报,才能清净持戒。对外不采取报复态度,中国也有"唾面自干"等忍辱法。但一般的修养,如遇重大的逆境当前,要忍也难忍了!佛说:要坚忍持戒,非要自己内观,以求降伏其心,不随嗔恚等转不可。降伏其心的方法是,内心作如是念:骂我者为谁? 受骂者为谁? 打者、害者、毁者、嗔者,又为谁? 这大有中国禅师看话头的风格。谁? 谁? 谁? 观察推求起来,由于一切法无我,骂者不可得,受骂者也不可得。骂者与被骂者不可得,骂也就不可得了。骂不可得,那还会气愤不平吗? 还会报骂报打吗? 以我法空的观慧来自观其心,嗔恚早就不可得了! 这就是《金刚经》"降伏其心"的法门。这样的比丘,不为环境所动转,能自观我法空而离嗔(离贪、离痴也如此),是名比丘不如犬逐块。是能知佛法的真实意趣,才是能清净持戒的人。

依经文来说,戒律好像是一套外来(佛制的)的法制规章,从轨范身口以节制内心。其实戒律的真意义,还是要从净化内心中去严净戒律。没有出世正见,怎会有出世的正业、正语、正命呢!

（录自《宝积经讲记》,192—199 页,本版 127—131 页。）

※　　　　※　　　　※　　　　※

以下，据现证无为而显示圣性，先约泯绝诸相说。佛先总标说：若无为法，那就是一切诸圣——三乘圣者的根本。无为法本来如此；如以此为所依而体证这无为法，那就成为圣人——声闻四果、缘觉、大地菩萨、佛。圣是正义，离惑而证真的，叫做圣人。《金刚经》也说："一切贤圣，皆以无为法而有差别。"如离去无为法，就没有圣人可说。诸圣者所现证的无为法，是没有时空相，没有能所相，没有心境、名义、质量等相待相。所以，在这现证的绝对空性——无为中，是无有持戒，也无破戒可得。本经在宣说菩萨广大正行时，特重于戒律（下面也如此），所以在六度万行中，举戒来说。戒，如受持不犯，不染污，不渗漏，不破损，名为持。犯了戒行，损坏了戒体，叫做破。从现相边说是如此，但深求一切法的真相，无性空不可得——无为，这是没有能持所持的相对，也没有受持与破坏的增减。所以《般若经》说："戒性空，持犯不可得故。"若无为中，无持戒，无破戒，那就无行、无非行了。行是身行、语行、意行。持戒与破戒，都是行；持戒破戒不可得，就无行；无行也就无非行。若无有行，无非行，那就无心、无心数法。心数，即心所的旧译。心是六识，心数是受想行等。无行与非行，当然无心与心所可得。若无有心心数法，就无有业、无业报。业是思心所相应，及引起的身语动作；心是受业的果报主。所以如没有心与心所，就没有业与业报可说。若无有业无业报，就无苦乐，苦乐约业力所感的苦报乐报说。若无苦乐，那就超脱了生死系缚的业报，那即是离系的圣性。上文揭示无为为圣者的根本，展转论证，到这才归结到就是圣性。圣者以此而成,也就是圣者以此为性。如在大乘不共学中,就称为佛性。圣性、佛性,只是无为——法空性的别名。从上来的显示,可见圣性中是无业、无起业的人;所以无有身业,无口业,无意业。圣性中没有行业,所以没有优劣,没有增减,没有得失,一切平等,所以说是中无有上中下差别。圣者所现证的,圣者以此为性的,就是这样的无为。《金刚经》也说:"是法平等,无有高下。"

（录自《宝积经讲记》,186—188 页,本版 123—124 页。）

(五)《胜鬘经》中之戒学示要

归依以后,应发愿修行。既立志大乘归依,应受大乘戒、发大乘愿、修大乘行。此下十受、三愿、摄受正法的三章,即是大乘行愿。先明受十大受:上受约能受说,是领受、承受、禀受;下受约所受说,即所受的戒。十大受,唐译作十弘誓。因为,受戒以发愿要期遵行为相的;所以大乘的三聚戒,即愿断一切恶、愿度一切众生、愿成熟一切佛法。约受戒说,即愿;约持戒说,即行。

大乘戒与声闻戒不同:一、通戒与别戒:释尊适应时宜而制的戒是别戒,如在家者受五戒,沙弥沙弥尼受十戒,式叉摩那受六法戒,比丘比丘尼受具足戒。不但有浅深层次,而且是男女别受的。七众弟子,就是约所受戒的不同而分。菩萨戒是通戒,信佛的七众弟子都可以受。如先受五戒,再受菩萨戒,即名菩萨优婆塞或菩萨优婆夷;沙弥受菩萨戒,名菩萨沙弥;比丘受菩萨戒,即名菩萨比丘。菩萨戒,是不问在家出家,男女老小,为一切发菩提心者所通受。二、摄律仪戒与三聚戒:声闻七众所受的是摄律仪戒,着重在防非止恶。此上,虽还有定共与道共戒,但不是由受得的,也还是着重于离恶的。菩萨戒,除摄律仪戒外,还有摄众生戒、摄正法戒。菩萨以化度众生为主,所以以摄化众生为愿行,受持不犯。学菩萨法而成佛,不是离染不作就算了,如园地中,不但是拔掉莠草,还要种植有用的植物。所以,菩萨应广学一切佛法,圆成一切功德,非常的积极。菩萨戒的内容,有这三方面,即显出大乘的特色。三、受戒仪式:声闻七众戒,都要从师受,特别是受具足戒,要有三师七证等,是极重仪式的。菩萨戒即不重仪式。《菩萨璎珞本业经》说有三品受戒:上品从佛受,这是顶难得的。中品从佛弟子受。下品,如佛不出世或佛过去了,千里内无佛弟子可师,即在佛像前受。甚而没有佛像,依《普贤观经》说,可观想释迦佛为和尚、文殊为阿阇黎、弥勒为教授,即可受戒的。无佛无佛弟子时,虽可在佛像前或观想佛受戒,但如有佛弟子时,仍应从佛弟子受戒为宜。四、新得与熏发:声闻戒可说是外铄的,大乘戒可说是本有而熏发的。如受七众戒,经受戒仪式而得戒,犯了根本重戒,戒就失了。同时,声闻戒是尽形寿的,一期的生命结束了,戒也随之失去。所以声闻学者,或以戒体为无表色,或以为不相应行。接近大乘的经部师,以为是心相续中的思功能,也还是新熏的。菩萨戒是自心本具的,所以《璎珞本业经》说:"一切菩萨凡圣戒,尽心为体;心无尽故,戒亦无尽。"《梵网经》也说:"金刚宝戒,是一切佛本源,一切菩萨本源,佛性种子。一切众生皆有佛性;一切意识色心,是情是心,皆入佛性戒中。"这可见,众生本具如来藏心中,本有防非止恶的功能,有慈悲益物的功能,有定慧等无边净功德法的功能。受戒,不过熏发,使内心本有的戒德长养、发达而已。所以,心为戒体,一受以后,即不会再失。死了,戒还是存在。犯了重戒,或者也说失了,但不妨再受。菩萨初发心以来,自心的戒德日渐熏长,现在再受戒,也不过以外缘熏发,使它熏长成熟而已。

五、关于戒条:比丘戒,通常说有二百五十戒,其实,如僧祇律本仅二百十八;而旧传有部律,凡二百六十戒;仍可说大体相近。菩萨戒,如《梵网经》为十重四十八轻戒;《瑜伽论》为四重四十三轻戒,出入很大;但重戒也还是大致相近的(见三十九页表)。一般受戒,以为一条条地受。其实,受戒而引发内心中的防非止恶等的功能,决不限于条文的,决非戒律中没有说到的就一定可做。如酒戒,佛弟子从居士到比丘,都是要受持的;可是没有说到烟,也没有禁止鸦片、海洛因等毒品。有人就以为:佛没有制烟戒,即不妨吸烟。不知佛在世时,还没有吸烟及鸦片等毒品的恶习,所以未制。如从佛制饮酒——麻醉剂,有害身心来说,这当然也应禁止,不可以吃。戒律的明文规定,不过应机而择要的举例而已。菩萨戒,经论所说多少不同,也应作如此理解。今胜鬘受十大戒,戒条虽少,而包括的意义很广。

先说胜鬘受戒的仪式。尔时,即那时候。胜鬘夫人闻佛为她受记以后,她就恭敬而立在佛前,发愿受十大受。受戒,一般是恭敬而跪着受的,今胜鬘立着,这也许因佛在空中的缘故。一般受戒,先由戒师为作羯磨,问受戒的:"能持否?"受戒的回答:"能持。"但现在佛没有说,胜鬘即直说要受什么,这可见胜鬘是深入了佛法,熟悉菩萨的戒法。而且,受菩萨戒,佛像前也可以受,观想也可以受,这有谁为作羯磨呢?胜鬘所面对的是乘通而现的佛,实与观想受戒等类似。所受的十大受,即约三聚戒为三类:前五是摄律仪戒,次四是摄众生戒,后一是摄正法戒。

这是摄律仪戒的总相。胜鬘对佛立誓说:世尊!我从今日起,一直到菩提场成佛为止,在这长期修学中间,对于所受的一切戒,决不起一念的毁犯心。犯心都不起,当然不会有毁犯的事实了。发心受戒的,本来都可能不犯。但由于内心的意乐不净,不能从起心动念处用力;久而久之,烦恼日强,戒力也日渐薄劣,于是乎不能严持而犯戒了。大乘的特重意戒,是极为重要的。如对所受的戒能做到不起犯心,才算净戒圆满。

本来,戒最重者,是杀、盗、淫、妄。如《梵网》、《璎珞》的十重戒,都先制杀等。但瑜伽戒及本经所受的十戒都没有说到,这不是不受此戒,实因这是七众共制的戒,所以在菩萨戒中可以略而不说。诸尊长,在家的,即父母、伯叔、师长等;出家的(佛也在内),如和尚、阿阇黎、上座、大德等。佛教一向尊重上座,所以对于尊长,要生恭敬心,不应起轻慢心。近如自己师长,远如过去的大德。有了轻慢心,即但见过失,不见功德,会觉到他们也不过如此。从轻慢尊长心而发展下去,会生起邪见,抹煞一切。毁谤三宝,谤大乘法,都从此慢心中来。这在《梵网经》中,是毁谤三宝;《瑜伽论》是谤菩萨法藏。对于尊长的慢心,成为修学大乘法的最大障碍,所以应谨护而不犯。

诸众生,虽泛指一切,而主要的是人。恚心,即嗔心,与此相近的,如忿、恨、害等,与慈悲心相反。菩萨以慈悲心为本,若以嗔心对众生,缺乏慈悲,即失大乘与菩萨的意义。声闻法的大患是贪心,心起贪染,就难于出离世间。大乘法的大患是嗔心,心起嗔恚,就不能摄受众生。所以大乘法有忍波罗密多,以防制嗔心。于众生起嗔恚心,《梵网》、《瑜伽》,都有此重戒。

菩萨发心要使一切众生都得福乐。所以对众生所有的福乐,应心生欢喜。不应如一般人那样,想自己比别人好,对于别人的福乐生嫉妒心。因此,胜鬘说:我于他身色及外众具,不起嫉心。他身色,指众生的身体康强,相好庄严。外众具,指众生所有上好的衣服、饮食、住宅,以及种种什物等。对这些,都不起嫉妒心。此戒,等于《梵网》和《璎珞经》的自赞毁他戒。自赞毁他,就是由于不能随喜他人的好事而引起;根底,即是嫉妒心。

胜鬘说:我于内外法不起悭心。内外法,可作二释:一、内法,指自己的身体;外法,指身外的饮食衣物等。二、内法,指佛法说;外法,指世间学术技能说。菩萨所通达的一切法,都是为了一切众生。举凡世出世法,有人来求,菩萨不应有悭悋不舍的心。悭悋不舍,即失去菩萨的精神了。

上面讲的四条摄律仪戒,一是于尊长起慢心;二是于一般的众生起恚心;三是于他人的起嫉心;四是于自己的起悭心。前二约尊卑说,后二约自他说。菩萨以利益众生为前题,如毁犯了这四戒,即失菩萨戒。杀、盗、淫、妄等四根本戒,确然是重要的,但还共二乘。此慢、恚、嫉、悭四心,为利益众生的最大障碍,为菩萨的不共重戒。在《梵网经》中,属于十重戒的后四;也即是《瑜伽》菩萨戒的四他胜处法。

以下有四戒,属于摄众生戒。胜鬘宣誓说:我从今日,乃至成菩提,决不自为己受畜财物。畜,与蓄同。一般人的蓄积财物,是为了自己,为了自己的家庭。为自己而蓄积财物,为现社会一切罪恶的根源。声闻乘中,出家,即舍弃自己所有的一切财物,根本否定了私有的经济,不敢聚蓄。但菩萨不应像声闻比丘的少事少业少希望住,为了救度众生,所以有积蓄财物的必要。不过菩萨的积蓄财物,不是为了自己,是凡有所受的,一切都为了成熟贫苦众生。以财物去救济那些贫苦的众生,众生得到了救济,就可以摄化他们,使他们成熟佛法的善根。初发菩提心时,要有这样的愿心:凡属于自己所有的一切,一切都施舍而属于众生;随众生的需要而施与一切。但这不是说,把所有的财物一次布施完了就算事(这就类同小乘了)。这些财物,还是要去经营它,发展它,但这是为了众生而经营,不再看作自己的,自己仅是一管理者。除了自己的生活——合理的消费而外,适应贫穷众生的需要而随时布施。菩萨布施波罗密多的真精神,是社会主义心行的实践。

四摄法是:布施、爱语、利行、同事。菩萨要摄受众生,非实行这四法不可。布施,是用财(经济)、法(思想)去施给众生,众生受了布施,自易接受菩萨的指导。爱语,是凡有所说,都从众生着想,发为亲爱的语言;不得发粗恶声,盛气凌人。人是有自尊心的,欢喜听好话的。利行是:菩萨作事,都要为众生的福利打算,肯帮助人得利益,众生自然欢喜,乐意接受菩萨的教化与指导。同事,是说菩萨要以平等的身份,与众生站在同一阶层上来共同工作。如维摩诘,入刹帝利中,就作刹帝利事,于是能领导刹帝利;入农工中就作农工,于是能领导农工。这四摄,不但菩萨非实行不可,世间的任何团体组织,乃至帮会的领导者,也是需要这些的。如合不上这四条件,就是家庭、师徒间,也会涣散而貌合神离。有了这四条件,人就都会摄聚团结起来,所以这是想摄受领导众生所必备的条件。但世间人的实行四摄,是为了自己或自己这一部分人的利益,是为了要作领导者,才使用这些方法去吸引组织别人。菩萨是不自为己的利益——领袖欲,而是为一切众生的福乐。菩萨要教化众生,就必须要具备四摄。所谓"未成佛道,先结人缘"。与人结缘,就容易教导人学习佛法。菩萨行四摄法,是为了利济众生,因此要以三种心去行:一、不爱染心:父母、子女、师徒、眷属等,虽也有少分的四摄行,但这是出于私欲的爱染心。菩萨不应如此,否则爱染心重,就会党同伐异,甚至曲解对方,丑诋对方,而为自己方面的错误辩护。二、无厌足心:菩萨的发心是广大的,不能因为摄受了一些众生,就心满意足起来,应有摄受一切众生、度尽一切众生的宏愿。三、无罣碍心:菩萨应依般若波罗密,而心无罣碍,如有执著、有罣碍,这对于摄受众生就成为大障。"摄受众生"一句,通贯上三种心,即菩萨应以"无爱染心摄受众生","无厌足心摄受众生","无罣碍心摄受众生"。以此三心而行四摄,是菩萨摄众生戒的要行。

上二戒,重在摄受众生;以下二戒重在菩萨救度众生。胜鬘说:我从此以后,若见孤独幽系疾病,种种厄难困苦众生,终不暂舍。年小而无父母的叫孤;年老而无子女的称独。幽,是被幽禁于监牢里;系,是为绳锁等所系缚。疾病,即生理和心理的种种病痛。孤独、幽系、疾病,这三类,都是世间的大苦。此外,还有种种：厄与厄同；战争、水灾、火灾等，是厄难；贫穷、无知识等，是困苦。菩萨见到这些苦痛的众生，无论有否力量援助，决不起暂时的舍弃心——由他去，谁管得了。因为菩萨以救济众生为事业，所以对苦痛众生，必欲安隐（隐与稳同）——必定要使他得到安乐。这需要以义饶益，用合理的义利使众生得利益，脱众苦。众生脱离痛苦，得到安乐，菩萨然后乃舍。菩萨是应该救济众生的，但没有救济众生的能力和不想救济众生，这是不同的。菩萨可能还没有能力去救济，然而也决不会舍弃众生，始终存有救济众生的心，觉得非设法使他脱离众苦才行。

众生中，有住于恶律仪的。律仪的梵语是三波罗，是护的意思，护即防非止恶，遮灭罪恶的意义。受了具足戒等，即名得律仪，有了护令不犯戒的功能。恶律仪，其实不是律仪，由于众生的立意作恶，内心有了罪恶力量，反而能遮断一切善事。佛弟子的生活来源，应建筑在正当职业上。凡是依赖杀盗淫妄而生活的，就是恶律仪者。阿毗达磨论说十二恶律仪，如《俱舍》（十五）说："屠羊、屠鸡、屠猪、捕鸟、捕鱼、猎兽、劫盗、魁脍、典狱、缚龙、煮狗、及置弶等。"《涅槃经》说十六恶律仪，《杂集论》十五恶律仪，但现在只简略地说"若见捕养众恶律仪"，捕如捕鱼捕鸟等；养如豢养猪羊等。经论中说的十二、十六，都还不过是举例而已，实际上，这类的事情是很多的。扼要地说，凡是依杀盗淫妄为职业而生活的，都是恶律仪。如屠者（养者也是）、猎者、刽子手等，是杀业类；土匪、走私、漏税、聚赌抽头、贪官污吏，是盗业类；卖淫、设妓馆，是淫业类；纵横捭阖，靠宣传吃饭等，是妄业类。还有酿酒、沽酒、贩卖鸦片、巫卜等。总之，凡是作于众生有害的事业来解决生活,都是恶律仪。又有众生,虽非恶律仪,但是犯戒者,不能专精守持而犯戒。菩萨如见到恶律仪及犯戒的,不因为他们的罪恶而弃舍,反而要发心终不弃舍。但犯戒已不容易摄化,而恶律仪者,这是他的生活与改业问题,更不易得到解决。虽不能一一地为他解决,应这样地存心:等我得力时一一地济度他。得力时,即在佛法中得到力量,而堪能感化的时候;也是在思想或政治上有了力量,能纠正恶律仪的众生,使他改营正常职业的时候。到那时,应于彼彼处所,见此恶戒犯戒的众生,应折伏的即加以折伏。因为众生刚强难服,不能纯以德服,菩萨就使用威猛强力的手段,打击他,制伏他,使他们不敢作恶。如应摄受的,即加以摄受,这是用柔和的手段,以恩德去教化他们。折伏与摄受,同时出于菩萨的慈悲,教化众生的方法。方法尽管不同,只要出于悲心,能使众生因此而离恶行善,即是菩萨的正行。如应折伏而不折伏,纵恶养奸,即犯菩萨戒。

对恶律仪及犯戒人,何以要折伏摄受呢？因要这样,佛法才能久住世间。如世间的恶律仪及犯戒者多,那就是恶法增长,善法损减。要想佛法在这样的人群中发扬起来,那是不可能的。因为大家都作不律仪与犯戒,做的人多了,时间长了,习以为常,反而要把不律仪及犯戒看作当然的行为,连辨别是非心也没有了。例如中国古代女子缠脚,这风气盛行的时候,谁也不觉得它不对,如父母而不为自己的女儿缠足,还要引起亲属邻里的指责。如前清鸦片盛行时,不但以鸦片待客,连小儿也就学会了。恶律仪与犯戒的人多了,必然地会善法减少,恶法增长。恶因恶果，人间走向堕落，学佛法会被讥笑，当然就难得存在。所以，菩萨从护持佛法的立场，要发心折伏摄受众生，以达到正法久住的目的。正法久住于世间，善因善果，所以天人充满，地狱、畜生、饿鬼等恶道减少。佛法虽普为一切众生，但修学佛法，至少要得到暇满（离八难）的人身，或进而至于天才行。所以如天人充满，即能于如来所转法轮而得随转。如来所转法轮，约声闻说，是四谛法轮；依本经说，即一乘的无作四谛法轮。法轮，是把佛法喻如轮子一样。佛以所悟证的和所得的功德教化众生，而使它于所化的众生身心上转；即使众生也因而证悟，圆满种种功德，这就称为转法轮。今菩萨发心，使世间人天充满，即能如佛所转的法轮而转。这样，佛法即久住世间，而众生也普得利益了。胜鬘说：我见是利故，于恶律仪和犯戒的众生，要发心救摄不舍。依本经所开示，唯有发心救摄众生，才能护持佛法。这对于不能多做救摄众生事业的中国佛弟子，该是怎样的重要呀！

此为摄善法戒。胜鬘先标示摄正法戒说：从今以后，我摄受正法，终不忘失。本经以下的义理，都从摄受正法而来，所以应特加注意。什么是摄受正法呢？如释尊成道后，觉得世间一切法没有可以为佛所依的；佛因证正法而成佛，所以说："诸佛于正法，恭敬尊重，奉事供养，依彼而住。"（《阿含经》）这可见，正法是佛所自证的，也即是真如、法性、实相。这是不偏不邪的究竟法，所以名正法。又如《华严经》说："正法性远离，一切趣非趣。"趣，即六趣轮回；非趣，即二乘涅槃。正法性是远离凡夫的生死，小乘的涅槃；生死与涅槃，于正法性中皆不可得。又如

《妙法莲华经》,依梵语 Saddharma-Puṇḍarīka 也可译为正法芬陀利(芬陀利是白莲花)。如竺法护的译本,名《正法华经》。本经说一乘,《法华经》也说一乘,而一乘的根源,即正法。"诸法实相者,言辞相寂灭",这是正法的说明。佛证此法而成佛,即一乘与佛乘的宗本。所以摄受正法一句,应特别留意。摄受,可通深浅:初发心的,如听闻、摄持而领受、记忆在心,也名摄受。如《璎珞经》说:"一切诸法门,摄在我心中,念念不去心。"然从此深入,如精勤修行、证悟而实现正法,即是究竟的摄受。总之,为正法而学习、修行、悟证,都名为摄受正法。

次说明摄受正法的重要。何以需要摄受正法呢? 因为,忘失正法,则忘大乘;若忘大乘,则忘波罗密。这里说,忘失正法,即忘失三事:正法、大乘、波罗密。正法,虽可摄正行,而着重于佛所自证的诸法实相,这是学佛的根本目的,不能忘失。如忘失了,即忘失大乘。大乘虽通摄一切,而着重于菩萨因行:发菩提心,修六度四摄行。如忘失了大乘,也就忘失波罗密。波罗密,此云到彼岸,有六波罗密、十波罗密、八万四千等波罗密,以及佛果的四波罗密。这里,可约究竟成办的果德说。这是境行果次第:忘失理性,即忘失因行;忘失因行,即忘失果德,一忘即一切忘了。

上明忘失三事,此下更说二种不欲:忘波罗密者,则不欲大乘,这是说没有大乘的胜解欲,欲即愿欲。如没有重视,甚至完全忘却波罗密的如来果德,这当然不想修大乘行,于大乘不起胜解的愿欲。若菩萨不能以胜解心,决定趣入大乘,则不能得摄受正法欲,这是说没有正法欲。不想趣入大乘,这对于如来自证的正法,也就不求摄受了。既不决定趣入大乘,也就不能随所乐而悟入圣果——不能入圣,所以也就永不堪任越凡夫地。本经特重于摄受正法——受持如来自证的正法,是有甚深意义的。不知此正法,说妙谈玄,哪里能理解得一乘的心髓!

三事二欲,可以多种不同的方言去说,今且约此意。

胜鬘的所以受此大受,即由于见到忘失正法的如是无量大过。同时,又见未来摄受正法的菩萨摩诃萨,有无量福利,即摄受正法,就能趣大乘行,得波罗密果等。菩萨摩诃萨,为菩提萨埵、摩诃萨埵的略称。菩提萨埵,意译为觉有情,即求得如来正觉的有情。摩诃萨埵,意译为大有情。发大愿,修大行,断大见,趋大果,于一切有情中大,所以又称为摩诃萨埵,这是初地以上的大菩萨。

菩萨修行,本不为自己,重于教化大众。胜鬘受十大戒,在阿逾阇国及当时会众中,起着领导作用。为了摄引大众,都能受此大戒,所以于佛前立誓现瑞。

法,是从佛自证而宣说出来的,所以称世尊为法主。《阿含经》常说:“佛为法根,佛为法本”,也即是此义。胜鬘说:我受十大受,如来现前为我证明,也唯有佛世尊才能现前证知,证知我确能受戒而持行。而诸众生中,有善根微薄的,听说受此十大戒,或者会起疑网,以十大受是极难度的。疑惑是网一样的,为疑网所缠缚,即不能正信佛法了。度,即到彼岸,也是究竟成办义。十大受过于广大,本是不容易究竟圆满的,所以善根微薄众生,会疑而不信,不但自己不能受戒修行,还要疑菩萨也不能受持,即还要毁谤正法。所以彼疑谤的众生,或者要因此而在生死长夜中流转不息,常起种种非义的不饶益事,不得安乐。谤法的罪重,会历劫受恶果而得不到安乐。所以胜鬘于受十大戒后,为了安彼善根微薄众生,今又于佛前说诚实誓。诚实誓,即真诚的誓愿。

立誓说:如我受此十大受,而真能如说行的,即以此诚实的誓言故,于大众中,空中当雨(落下)天花,发出天上的妙音。花喻发菩提心,受十大戒,将来必得大果。妙音声是有所诠表的,表示胜鬘所说的誓愿必有实行,所以求雨花出音来证明。

这类誓愿,即谛语,本经谓之为诚实誓,大乘及本生谈中多载此事。菩萨由于自心清净,功德庄严,特别是言行一致,所以能依誓言而现不思议事。

胜鬘夫人说是语时,虚空中即雨众天花,并发出妙声说:如是如是,如汝所说,受十大戒而能如说修行,是真实不虚的。胜鬘发诚实誓,即刻有此瑞相。彼见妙花及闻音声的——与会的眷属及阿逾阇国人一切众会,大家都疑惑悉除。胜鬘发诚实誓,本非要显自己的伟大,不过望大家能信受除疑,也照着去做。所以大众断疑生信,即喜跃得不可说,大家都发愿言:我们愿恒与胜鬘常共俱会。恒,是常常时义。现在与胜鬘俱会一处,将来生生世世也愿与她俱会一处,而且要同其所行。胜鬘受十大戒,我们也要受十大戒,也要如说而行。前面说过,菩萨净佛国土,是要摄受大众一起发愿,同住共行,才能成就的。

（录自《胜鬘经讲记》,51—73 页,本版 34—49 页。）

（六）《药师经》中之戒学示要

1. 戒行清净愿

前四愿，依药师如来的自证功德，利乐众生；此下，因众生有了缺陷、苦痛，需要援助救济。上来是与乐，此下是拔苦。药师如来对苦难众生的悲济，以及消灾免难，将由这第五大愿起，逐一显示出来。

此愿说：将来成佛时，假若有无量无边的有情，于我药师佛的正法中，修行梵行。梵行，一、约一般意义说，指一切清净行（梵是清净的意思）；二、约特殊意义说，专指出家的不淫戒；三、约中义说，凡佛所制的戒行名为梵行。在药师佛土的净法中修行、受戒：不问所受的是比丘戒，或是沙弥戒，或五戒，或菩萨戒，凡参加过药师法会、听闻药师圣典、称念药师名号的众生，一切皆令获得圆满的不缺戒。缺就是犯戒或仅持一分；不缺即能圆满受持。比方受五戒，全部都持守得严格、清净，便是不缺；若只能持得三四戒，或部分犯轻垢罪，即是缺戒。仗药师慈光威德的加被，受戒，或受戒而有所缺犯的，都能得圆满受持，而且都能具足大乘菩萨的三聚戒。三聚戒：一、摄律仪戒，即五戒、十戒、二百五十戒等。二、摄善法戒，如修布施、持戒等六度四摄。三、饶益有情戒，大乘菩萨一切要以利益众生为前提，若但为自利而不利他，即是犯戒。能依药师的净土法门去修，即能得到三聚戒的圆满不缺。佛法中受戒，先是未受令受，已受的令守。受了戒以后,不一定能清净严持,这是多数人难免的现象,即在佛陀时代,有的圣者也还有不能圆满受持的,何况一般烦恼深重的凡夫?因此,佛法中有忏悔法门。如只知受戒而不持,或有所犯而不知忏悔,即难得清净。所以药师如来本愿,更进一步地说:设有众生毁犯了禁戒,但由听闻了我佛的名字,还可得到清净。清净就是罪障消除;罪业消除,自然就不堕恶趣了。恶趣,即地狱、饿鬼、畜生的三恶道。众生因闻佛的圣号而如法忏悔,便得免堕三途,这是药师如来的慈悲与方便,也是为了忏悔业障。称佛名号,戒行能重获清净,是方等大乘的忏悔法。然并非一听佛号就等于忏悔,必须一心一意地持佛圣号,对过往错失至诚发露忏悔,礼拜,供养,时时摄心于佛号佛德上。久而久之,罪业自然消除,内心感受佛的光明,恢复了本来的德行清净。

(录自《药师经讲记》,61—63页,本版40—42页。)

2. 离毁犯见慢恶

释尊又告诉曼殊室利说:若诸有情,虽于如来正法中,受诸学处,而却破坏了尸罗。学处,即戒律,为佛弟子所应当修学的处所。佛法有种种学处,如在家众受五戒,比丘众受比丘戒,菩萨众受菩萨戒,其学处各各不同,所以说诸学处。受了学处,就得守持不犯。但众生烦恼重,或环境恶,往往因放逸而毁犯了。梵语尸罗,是清净的意思,意译为戒。持戒能灭除一切烦恼业障,得到清凉自在,所以名为尸罗。破尸罗,即破犯杀盗淫妄等性戒。有的人虽不破尸罗——性戒,而破了轨则。佛弟子受戒,还兼受有关于僧团生活的轨则，或处群入众的轨则。破尸罗罪重，但是损坏私德；如破了轨则，更是违犯团体的公共规律。事关公共，罪过实也不小。这即是私德好而公德不好。有的人，对于尸罗、轨则都能受持遵守，不曾毁犯破坏，然而毁坏了正见。这即是说，行为虽不坏，但思想错误、不正确。知有善恶、因果，有生死、解脱，有圣贤、凡夫，这是世间正见；解苦、空、无常、无我、涅槃寂静、法性如如，是为出世正见。佛住世时，有一比丘，以为涅槃是什么都没有，这是破坏正见的邪见。戒德、规律虽守好，可是破了正见，罪恶更大！因为破了正见，会影响别人，如对佛法的见解不正，传播邪谬的教法，受害的人就多了。有的人，虽能不毁正见，而舍弃多闻。这类众生，知见虽然正确，可是忽略了法门无量誓愿学的精神，而以一部经、一句佛为满足，甚至把其他无边经论视为多余的。这样，对于佛所说契经的甚深义理，当然不能解了，每每误以不了义为了义。假使学佛的都如此，丰富的三藏宝典那便只有置之高阁。断人慧命，灭人眼目，罪过该是如何重大呢！有的虽不弃多闻，对佛法很有体会，造诣极高，可是起增上慢——依增上法而起慢，即未证谓证，未得谓得。世间学者，学识高人一等，每起骄慢；学佛的也这样，广学多闻，或于止观小有修验，不觉就起了增上慢。这种人，由于增上慢的覆蔽心志，狂慢得不可一世，自是——自己对，而非他——说别人不对。结果，他是诽谤了正法，自认为如来嫡子，独得正法，而不知实已成为魔的伴党了！如是愚人，不但自己行于邪见，同时复令无量俱胝（亿）有情也堕落邪见的大险坑！

　　此诸有情学佛法而入歧途，罪大恶极，合应堕于地狱、旁生、鬼趣,流转生死无有穷尽,一直受诸苦恼。但药师佛的慈悲威力是不可思议的。所以在他破尸罗到起增上慢的一生中,若得闻此药师琉璃光如来的名号,便能悬崖勒马,痛改前非,舍弃一切恶行。破尸罗的能转持净戒,犯轨则的能遵守,乃至不弃多闻,不起增上慢;反而勇猛精进,修习种种善法——持戒、正见、多闻、离增上慢,就此能不再堕恶趣。这如从层楼堕地,而从半途中把他救济过来。

业障轻而善根深的,称念药师如来的圣号,可以因慈悲愿力的加被而改恶向善,不致堕落恶趣。但如有罪业太重,善根微劣,一时在思想上、行为上转不过来,不能舍诸恶行,修行善法的,当然不免要堕落恶趣。但以彼药师如来的本愿威力,令此罪恶众生,现前暂得听闻药师名号。以此功德,即能从彼恶趣命终,还生人趣。这回受了教训,吃了大苦,痛定思痛,深觉从前毁戒破见的不是,而得住于正见的基础。继而精进修行,善能调伏内心的意乐,使它合理。因为切实体验到三恶道的可怕,深感佛德的崇高及其慈悲救济的恩德,所以不再恋著世间,便能舍离家庭,趣向于非(出)家,在如来的正法中,受持种种学处(戒),恐惧戒慎,无有毁犯。而且起正见,求多闻,解了契经的甚深义理,远离增上慢,不再毁谤正法,不致堕魔坑而为魔伴党。这样的渐次升进,修行诸菩萨的六度万行,功德便可迅速地得到圆满。

这段文,对修学佛法的,尤其是末法的现在,显得更为重要。若犯了以上的种种过失,将堕落而无以自拔,那便应就此现生,勤加修习药师法门,称念药师名号,祈求药师如来慈悲愿力的加被,使我们消除业障,改恶向善。莫待堕入三途受苦,回头再来修行。

　　(录自《药师经讲记》,91—95 页,本版 60—62 页。)

(七)《摄大乘论》中之增上戒学

　　每一波罗蜜多中,都有一离一得的两个意义:一、布施,在离一方面,能破裂悭悋贫穷。悭悋是贫穷的因,贫穷是悭悋的果,能修行布施,则能舍离。在得一方面,能引广大财位的福德资粮。由具有这两方面的作用,所以名为施。二、持戒,在离一方面,能息灭恶戒恶趣。恶戒有二种:一是所持的不正戒,像外道的戒;一是不持善戒,犯杀盗等,这都叫恶戒,是因。三恶趣,是恶戒应得的果报。守持正戒,能息灭这两者。在得一方面,未来世能取得善趣可爱的果报;现在世能得等持,因为不犯戒,就没有懊悔热恼,不受他人的讥嫌,心念放下,就能引发安定。因这些意义,故名为戒。

　　(录自《摄大乘论讲记》,365 页,本版 239 页。)

　　　　　※　　　　　※　　　　　※　　　　　※

　　依增上戒而修学,名为增上戒学。关于菩萨增上戒学的戒体、戒相等,本论并没有一一地解说,只是指出它的说处罢了。如菩萨地正受菩萨律仪中说,这菩萨地,是瑜伽《十七地论》中的第十五地;在这地中,有一戒品,广谈菩萨的律仪。真谛又说:

这菩萨地是指《十地经》中的第二地。《十地经》中的第二离垢地,确乎也说到菩萨的戒法,但本论所指的应该是《瑜伽论》。《瑜伽》先出,《摄论》后造,在《瑜伽》既详细说过,这里指出它的说处就是,不须重说了。

菩萨的增上戒,殊胜于小乘戒的,这可由四义来说明。

差别是品类的意思,小乘戒的品类少,大乘戒的品类多,所以大乘戒是殊胜的。大乘菩萨戒有三品别:一、摄律仪戒,二、摄善法戒,三、饶益有情戒。像在家二众所受的五戒、八关斋戒,出家五众所受的比丘戒、沙弥戒、比丘尼戒、沙弥尼戒、式叉摩那戒都是律仪戒,是七众弟子各别受持的。它的功用,重在消极的防非止恶。菩萨的律仪戒,像梵网戒、瑜伽戒,是七众弟子修学大乘的通戒,兼有积极行善利生的功能。这里的律仪戒,为摄善法、饶益有情二戒建立的所依,后二戒要依律仪戒才能成立。要自己先离恶,才能进一步地修十波罗蜜多的善法,以饶益成熟一切有情。而且不修善法、不利有情,也就违犯菩萨的律仪。这自他二利的功德,都是依律仪戒的防非止恶而成立的。摄善法戒,建立在自己修习一切佛法的功德上,菩萨所修的波罗蜜多等都属此。饶益有情戒,建立在利益成熟一切有情上,如四摄四无量心等行门都是。大乘菩萨有三聚净戒,小乘没有后二,所以大乘戒殊胜。

菩萨与声闻的学处——戒,有一部分是共通的,有一部分是彼此不共的,从这一点上建立菩萨的学处殊胜。这可分为二类:一、约二罪说:菩萨对于杀盗淫妄一切性罪,这不论如来制与未制,犯了就是有罪的,菩萨一定不现行,这与声闻人的不犯性罪,是完全共同的。但关于遮罪的不现行(奘译"相似遮罪"的"相似"二字,其余的译本都没有。"相似遮罪有现行故"一句,应作"遮罪不现行故",奘译误),菩萨与彼不共。遮罪,要佛制后才犯,未制是不犯的,如过午不食、坏生、掘地等。这本来无关善恶,但以时节因缘,经佛陀制止,那犯了就有罪。因为这是适应时地的关系而制为僧团共守的规则,如果违犯了就不行。关于遮罪,学处中有声闻犯菩萨不犯的,如在安居期中,声闻人纵然知道某一件事情,如果超过开缘以外,出界去做了,对众生有大利益,但为了团体的规则所限,是不能开的,否则就有犯戒的罪了。假使是菩萨,他就不妨出界去做,不但不犯罪而且得大功德。其中,也有菩萨犯声闻不犯的,如对众生有大利益的事情,菩萨应该去做而不去做,就犯了菩萨的遮罪;在声闻人却因谨守遮戒而不犯。所以在这遮罪的不现行(不犯)上,大小乘有着不同。二、约三业说:菩萨具有身语心的三业戒,不但身犯成罪,心犯也会招过;但声闻唯有身语二戒,要身语犯了才有罪,心中的起心动念,虽是犯戒的方便,但并不成罪。小乘律仪并不是不注重内心的动机,不过单单心思意念,未通过身语二业,是不成罪的。菩萨则虽在心中思念,还没有见之身语二业的实行,已是犯戒了的。因之,菩萨心亦有犯戒而非诸声闻。扼要地说:凡是关于饶益有情的事业,只要是无罪的,不论是身语意业,在行菩萨道的菩萨,皆应该行与修学的,否则就是犯罪。为什么要说无罪身语意业呢? 这是说:利益有情,要不是恶或有覆性的才不犯,不然,虽说是利益有情,仍然是犯。以杀戒来说,杀一救多,固然是可以的,可是还得看菩萨的用心怎样。若以慈悲心救多数众

生,杀一恶众生,是无罪的;若以嗔恚心杀那恶众生,虽说救多数
的有情,还不能说无罪。这上面所说的,就是共不共殊胜。

广大殊胜,由四种广大来显示:一、大乘有种种无量的学处,
平常说"三千威仪,八万细行",这是依律仪戒数量上的广大而
说的。二、修习菩萨的律仪,能够摄受无量福德资粮,这是依摄
善法戒的功德说。三、菩萨摄受一切有情,使他们于现生中获得
种种利益,于未来生中得到安乐,菩萨利他的意乐广大殊胜,这
是依饶益有情戒意乐上说。四、由上三种的广大为所依,菩萨律
仪,能建立无上正等菩提,这是从广大果说的。小乘虽有律仪,
但在离恶行善利他得果上看,都没有菩萨律仪的广大。

从它的量上看是广大,从它的质上说,微妙难思议,是甚深
殊胜。这又可以分为三类:

一、方便善巧行十恶业:如有众生要作无间大罪,这时菩萨
知道了,如没有好的方便阻止他,而又不忍眼看他堕落,这不妨
以恶业来阻止他。《杂宝藏经》就有这样的记载:释尊为菩萨
时,以怜愍心,为救五百商人的性命,宁愿自己堕落无间狱,杀了
一个恶心船主。凡是菩萨能以由是品类——悲心为出发,方便
善巧行杀生等十种作业,这不但无有罪业,并且生无量福,速证
无上正等菩提。

二、现行变化身语两业:前行杀生等的十种恶业,杀的是实
在的众生,现在不然,是菩萨现行的变化身语两业。这化业也是
甚深尸罗。像菩萨示现作国王时,示行种种逼恼有情的事,而安
立有情在毗奈耶中,守法行善,不作犯戒堕落的事。如《华严
经》所说:善财童子参礼无厌足王时,见国王作恶多端,以剁割

耳鼻等种种残酷刑法加诸人民,励行杀戮,便生厌恶心,不去参礼。忽闻空中说:去,去! 不要疑惑。原来无厌足王的杀戮有情,不是真实的有情,是神通变化的,使真实有情不敢作恶。这就是身语二业变化的一例。

三、现诸种种本生事:佛陀在过去生中为菩萨时,曾现行种种诸本生事,或逼恼一部分有情,真实摄受另一部分有情,使所摄受的有情,心中深生净信,然后展转地教化他成熟,度他解脱。关于这一类事,所摄受的是实有情,所逼恼的是示现的,因菩萨修行,决不害一部分人去利益另一部分人。

上面略说的四种殊胜,不是二乘所能做到,可以说明菩萨律仪的最胜。

菩萨学处,广说有无量差别,如毗奈耶藏的瞿沙方广契经中详说。此经中国没有传译。瞿沙的意译是妙音,有人说这是人名,从问法的人得名,所以叫《瞿沙方广经》。大乘戒没有像小乘戒那样在达磨藏外另有毗奈耶藏,都是附在经中说的,像《虚空藏经》、《梵网经》、《璎珞本业经》等,都是大乘的律仪经。

（录自《摄大乘论讲记》,405—413 页,本版265—271 页。）

(八)《大乘起信论》中之戒波罗密多

修行戒门中,有二节:一、菩萨的共戒,二、出家菩萨的不共戒。大乘戒律的核心,当然是菩提心戒;然表现于行为,就是十善行。依十善行去做了,就是受持菩萨戒。菩萨戒,可以赅括一切菩萨的大行,但既别分为六波罗密多,戒即着重在止恶。据实,菩萨受持三聚净戒:摄律仪戒、摄善法戒、饶益有情戒等,是不限于止恶的。

先说菩萨的共戒:"不杀、不盗、不淫",是身三善业;"不两舌、不恶口、不妄言、不绮语",是口四善业。绮语,即是说一些没有义利的好听话。意的三业中,不贪的内容,略有引申:一、远离贪嫉:贪是贪求,嫉是嫉妒。嫉妒是贪心所的等流。他人有了好事,自己不能生随喜心,反觉心里难过,即是嫉。二、远离欺诈:如经商的,为了达到自己的贪财目的,不惜使用一切欺骗手段。有的出家人专门说神说鬼说梦,以达某种目的,也属于此类。三、远离谄曲:谄媚不直的心,叫谄曲。逢迎他人的意思去说,令他生欢喜心,肯布施,肯扶助。嫉妒、欺诈、谄曲,都是从贪心而来的,所以本论说远离贪欲时,把这些都说了。远离嗔恚、邪见,这是意三业中的后二种。三毒为贪、嗔、痴。邪见与痴,是多少不同的。痴的意义,广大而又深细;邪见,虽狭小而病重。如听了外道的宣传而不信业果三宝等,是邪见。

次明出家菩萨的不共戒(即与声闻乘共的)。若菩萨是出家的,那么为了折伏自己的烦恼,应远离愦闹,常处寂静的地方。愦闹是城镇乡村人口密集的地方。为了折伏烦恼,要住到山间僻静的地方,甚至一个人独自地去静修。在寂静的阿兰若处,修习少欲知足头陀等行。出家者是乞食为生的,所以在没有得到

的时候,不要妄生希求多得的心,名为少欲。凡自己所得到的衣
食等,不要嫌少,嫌不好,名为知足。头陀,意思是抖擞。头陀
行,有十二种,或说十三种。这主要为穿衣、吃饭、住处的淡泊精
苦的生活。这头陀行,不是一人必须具足了,才算是头陀行者。
如在树下住了,即不能在冢间坐。所以,只要能够照着头陀行的
规定去做了,即是属于头陀行者。出家人的衣食住,应该是清苦
的,随得多少,即应满足,不应该在这些上去多计较。戒有轻重
的分别:出家戒中,如波罗夷、僧伽婆尸沙,是重;波逸提、恶作
等,是轻。然出家菩萨,应该轻重等持,即使是小罪,也心生怖
畏,惭愧改悔,不得轻于如来所制的禁戒。众生的心行善恶,都
从熏集而来的。常见到,有最初持戒精进的人,到后来,解放得
什么恶事都做,这大都是由于轻视小戒而渐次演变成的。不知
小戒是重戒的前卫,不防微杜渐,势必如河水的由小孔的渗透而
成为大灾害。所以,对于小罪也要生怖畏心,犯了要诚恳地惭愧
忏悔。

　　小罪中,或是重罪的等流,可以引发重罪;或是随顺社会习
惯,避免一般无谓的讥嫌。所以又说:当防护世俗的讥嫌,不令
众生因讥嫌而妄起过罪。有些无关重要的事,本是算不得什么
的;但要是一般人以为不好的,出家人也不应该去做,以免世人
的无理批评。如佛在世的时候,印度的外道,有以为草木等是有
生命的。这虽不合佛法,但出家人有时去铲草伐木,外道见了,
就讥嫌起来。佛为了防护当时外道的讥嫌,便禁制比丘不得坏
生种。所以,持戒不单是范围自己的身心,防非止恶;对于当时
社会也要照顾到,这就是随顺众生。不然,众生发嫌恶心,招致

罪过,这是学佛者所应极力避免的!

　　(录自《大乘起信论讲记》,351—354 页,本版 230—
232 页。)

(九)《大树紧那罗王所问经》中之安住净戒

云何住于戒,不生于戒慢,救于毁禁者,大乘无有上?
戒是菩提心,空无不起慢,起于大悲心,救诸毁禁者。

　　此处问要如何才能安住于戒中? 持戒,最主要的是要使心
及行为安住于戒中而不动,若犯了戒即是非住。又问:如何才能
够不因为持戒而生起贡高我慢? 一个人学佛,不论他是在家出
家,都要持戒。当他受戒之后,自己能善持禁戒,见到别人持戒
不清净、不持戒,甚或败坏戒行,他便会看不惯;越看别人不成样
子,就越觉得自己好,这就是因戒而起的贡高我慢。所以持戒精
严的人,有时候会显得高不可攀,好像别人要亲近他都不容易。
此由于他觉得自己好,别人太差的缘故。但这种现象,就大乘佛
法来讲,并不是件好事,所以这里就问,怎样才能持清净戒而不
生于戒慢? 不但不起,还要救于毁禁者,对于犯戒者还要救助
他,帮助他忏悔,唤起他的忏悔心而走上忏悔之路。即使是犯了
重戒不通忏悔者,也要引发他的惭愧心,教导他多修功德,力求
补救,这才合乎大乘戒之精神。

　　后一颂是答复,告诉我们持戒的真义何在。一般人总以为
持戒有多大的功德,将来可以如何如何好,完全是出于一套功利

观念。做善事得善报,在因果上是必然的;但专在功利上打算,就不合出世的佛法。如有人以为吃素来生可以得长寿,所以为了得长寿而吃素,这不但不符合大乘精神,连小乘的境界都谈不上。所以持戒与布施一样,同样一件事情,由于用心之不同,境界与等级可以相差得许多。

出于慈悲心持戒,大小乘都一样。持戒,和儒家的恕道是相似的,都是己所不欲,勿施于人。自己不愿被人杀伤、打伤,因而想到一切众生莫不如此。即使是一个小虫受到伤害,它不会喊叫,但是它的痛苦,我们仍是可以看得出、想像得到的。我们不应该增加,反而要设法减少众生的痛苦,所以要制戒,禁止伤害他人,这便是出于慈悲心。若不以慈悲心,而只是为了持戒有多大的功德,有多少的好处;好处固然是有,但绝对不能以此为出发点,否则外教徒就可以批评我们,认为佛教所提倡的道德只不过是功利观念而已。佛每每说犯戒的人没有慈悲心,如有慈悲心,自然而然地也就不会犯戒。大乘更进一步地讲到,菩提心才是真正大戒。《大般若经》说:持戒是不起声闻心、缘觉心,也即是不失菩提心;否则即是犯了大乘戒的根本。因为小乘人虽有慈悲心,但是其终极目的,仍是只为自己了生死、求解脱,这便是有悖于大乘戒之精神。

大乘戒是以菩提心为主,戒是菩提心,有菩提心即有菩萨戒,所以经上说:发菩提心受菩萨戒者,即名菩萨。受菩萨戒,并非呆板地只是戒本上所说的,这只是菩萨戒在实行中的条例。持菩萨戒,要本着菩提心,而从一切实际生活行动中去实践完成。例如受出家戒,必须是下定决心,发出离心及慈悲心,来接受团体的轨范。但在受戒时,戒师并没有将戒条逐一宣读给戒子听,只是举其中几条说明,然后让大家回去跟着师父慢慢学习。大乘戒也是一样,是以菩提心为根本,再来学习其他条例。若没有菩提心,也就不成其为菩萨,还谈什么菩萨戒呢?所以我们应重视戒的根本——小乘是出离心,大乘是菩提心。修行人的功德,不是依戒的多少来分判高下的。有的人仅受持五戒,却因此种下出世善根或大乘善根。有的人二百五十戒,条条都守得好,但是出世善根却并未成就。这是什么道理呢?虽说五戒是人天善法,但若能够以出世心及菩提心来受持,那就是解脱的善根、成佛的善根了。受持戒要注重根本,菩萨戒以具足菩提心为本,也就具足了出世的根本。

　　偈颂中问:如何能够不起戒慢?回答是:空无不起慢。空无也就是空无我,而不是有常有我。慢,都是由有我而来,越是把自己放在主体则慢越高。所以这句话说:发菩提心也就是要把我执减少,去掉了我执,则贡高我慢心也就自然不起了。事实上,贡高我慢不但对自己不好,于整个佛教也不是好现象。自己持戒而轻视别人,很可能生起争端,分成派别。菩萨是要救度众生的,若你自以为好而使众生都退怯不前,或站在对立地位,如何还能够教化众生呢?一个人慢心生起时,慈悲心就减少了;慈悲心必须包含着谦虚容忍的美德。有戒慢的人,虽然在这一生之中把戒持得很好,但来世怕难免会孤独而没有人缘的。此由于自己太高,别人就不敢与他接近了。因此菩萨必须是起于大悲心,救诸毁禁者,一方面要生起智慧,不要由我执而产生戒慢;另一方面则是对于众生须具有悲心。若见人犯戒,就不客气地把人呵斥一顿,有的人虽也可能就此忏悔,但多数总是容易引起反感。相反地,若能够以慈悲的真诚心,令其感到犯戒的过误,让他自觉不是,然后还能安慰勉励他,众生自然地就会接受其教化救度了。

（录自《华雨集》一之《大树紧那罗王所问经偈颂讲记》,38—42 页,本版 28—31 页。）

五 忏悔业障

(一)"佛法"的忏悔说

在"佛法"中,"忏悔"是进修的方便,与"戒学"有关。到了"大乘佛法","忏悔罪业"为日常修持的方便。从大乘经去看,几乎重"信"的经典,说到"念佛"(不一定念阿弥陀佛),都会说到消除生死重罪的。中国佛教流行的种种忏法,就由此而来。忏,是梵语 kṣama——忏摩的音略,意义为容忍。如有了过失,请求对方(个人或团体)容忍、宽恕,是忏的本义。悔是 deśanā 的意译,直译为"说":犯了过失,应该向对方承认过失;不只是认错,要明白说出自己所犯的罪过,这才是"悔"了。《三曼陀跋陀罗菩萨经》说:"所当悔者悔之,所当忍者忍之。"悔与忍合说,就是忏悔,成为中国佛教的习惯用语。此外,kaukṛtya 也译为悔,或译恶作。对自己的所作所为,觉得不对而起反悔心,就是 kaukṛtya。这种悔——恶作,或是善的,或是恶的,但无论是善悔、恶悔,有了悔意,心绪就不得安定,成为修定的障碍。悔——恶作,与忏悔的悔——"说",意义完全不同,这是应该知道分别的。

古人称"佛法"戒律中的忏悔为"作法忏"。中国佛教是以"大乘佛法"为主的,对"作法忏"似乎不太重视。释尊"依法摄僧",将出家人组合起来,名为僧伽,使出家众过着和、乐、清净的僧团生活。维持僧伽大众的清净,就是佛所制的戒律,内容包含了道德的(如杀、盗等)轨范,生活的(衣、食、住等)准则,团体的(如受具、布萨、安居等)规制。僧伽的和、乐、清净,能使社会大众增长信心,内部僧众精进而易于解脱。达成"正法久住"世间的目的,就依赖这如法清净的僧伽。僧伽的戒律,如国家的法律,人人有尊重与遵守的义务。如违犯了,如极其严重,是不容许忏悔的,逐出僧团(如世间的"死刑"),不再是僧伽的一员。如不太严重的,准予依律忏悔。如不承认过失,不肯忏悔的,那就摈出去,大家不再与他往来、谈论(如世间的"流刑")。但还是出家弟子,什么时候真心悔悟,请求忏悔,就为他依法忏悔出罪。犯过失而可以忏悔的,也轻重不等。犯重的是僧残:如犯重而没有覆藏,自己知道过错,当日请求忏悔的,要接受六(日)夜摩那埵的处分。处分的内容,主要是褫夺部分的权利(如世间的"褫夺公权");坐卧到旁边、下位去;尊敬比丘众,并为大众服务。如六夜中诚意地接受处分,就可以举行出罪(阿婆呵那)。如犯重而怕人知道,覆藏起来,或经同住者的举发,或后来省悟到非法,请求准予忏悔,那就要加重处分了。覆藏多少天,先要受别住——波利婆沙多少天的处分。别住以后,再经六夜的摩那埵,然后可以出罪。别住的处分,与摩那埵相同。犯僧残罪的,要在二十比丘僧前,举行出罪手续,然后回复了固有的清净比丘（没有罪了）身份。犯过失而比较轻的，或在（四人以上）僧中，向一比丘说罪（悔）；或但向一比丘说；也有所犯极轻的，自心呵责悔悟就可以了。释尊为比丘众制定的忏悔法，是在道德感化中所作的法律处分。如经过合法的出罪手续，就回复清净比丘身份，正如受了世间的法律处分——徒刑、罚锾等，就不再有罪一样。在僧伽制度中，举发别人的过失，是出于慈悲心，因为唯有这样，才能使他清净，如法修行。除极轻的"心悔"外，犯者都要在大众或一人之前，陈说自己所犯的过失（以诚意知罪为要）。忏悔以后，人人有平等自新的机会，旁人不得再提起别人从前的过失，讽刺或歧视。如讽刺歧视已忏悔的人，那就是犯了过失。僧伽中没有特权，实行真正的平等、民主与法治；依此而维护个人的清净、僧伽的清净。"佛法"中忏悔的原始意义，如佛教而是在人间的，相信这是最理想的忏法！

出家的应依律制而行，有所违犯的，犯或译为罪，是应该忏悔的。如一般的十不善业，那是罪恶的，不论你受戒与不受戒，在家或者是出家，这是损他的，就是不善业。但释尊所制的戒律，不只是这类不道德的不善业，还有违犯生活准则、团体规律的；有些是为了避免引起当时社会的误会——"息世讥嫌"而制定的。为了维护和、乐、清净的僧伽（对外增进一般人的信仰，对内能安心地修证，达成"正法久住"世间的目标），制定了种种戒律，凡出家"受具"而入僧的，有遵守律制的当然义务，如人民对国家颁布的法律有遵守的义务一样。在佛法中出家修行，是难保没有违犯的。如犯了而覆藏过失，没有忏悔，那无惭无愧的，可以不用说他；有惭愧心而真心出家修行的，会引起内心的忧悔、不安,如古人所说的"内心负疚"、"良心不安"那样。这不但是罪,更是障碍修行的。所以僧制的忏悔,向大众或一人,陈说自己的过失,请求忏悔(就是请求给予自新的机会)。如法忏悔出罪,就消除了内心的障碍,安定喜乐,能顺利地修行。所以说:"有罪当忏悔,忏悔则安乐。"律制的忏悔,不是一般想像的忏悔宿业,而是比丘对现行违犯的忏悔。为解脱而真心出家修行的,有了过失,就如法忏悔——向人陈说自己的违犯。在僧伽内,做到心地质直、清净,真可说"事无不可对人言"。如法精进修行,即使出家以前罪恶累累,也不妨道业增进,达到悟入正法,得究竟解脱。这是"佛法"中"作法忏"的真意义。

"忏悔业障"的业,梵语羯磨,是造作(也是作用)的意思。依"佛法"说:身体与语言(文字)的行为,是思心所所引发的。对于当前接触的事物,怎样去适应、应付? 由意识相应的思(心所),审虑、决定,然后发动身体与语言的动作去应付,这就是身业与语业;内在思心所的动作,名为意业。身业、语业与意业,总名为"三业"。这种内心与表现于身、语的行为,佛也还是一样,如"十八佛不共法"中,有"身业随智慧行"、"语业随智慧行"、"意业随智慧行",三业与智慧相应,一切是如法的善行。在这三业的造作中,如内心与贪、嗔、邪见等相应,损他或有损于自他的,表现于外的身业、语业,是不善业——恶业。如与无贪、无嗔、惭、愧等相应,利他或自他都有利的,表现于外的身业、语业,就是善业。这样的善业与不善业的身语动作,为内心所表现的,所以名为表业。这种善恶业的行为,影响于他人——家庭、社会、国家(所以恶行要受国法的制裁),更深深地影响自己,在自己的身心活动中留下潜在的力量。这种善恶的潜力，在"缘起"法中，名为"有"——存在的；也名为"行"——动作的。潜存于内在的善恶业，名为无表业。无表业在生死相续中，可以暂时不受"报"（新译异熟），但是在受报以前，永远是存在的，所以说"业力不失"。众生没有真实智慧，一切受自我染著的影响而动作，善业与不善业，都是要感果报——异熟果的。善业感得人、天的乐报，不善业感地狱、畜生、饿鬼——三恶趣的苦报。众生无始以来，不断地造业，或轻或重，或善或不善。过去的无边业力，感报而消失的是少数，现在又在不断地造业。众生无始以来所造的业，实在是多得无数无量。好在善恶业力在彼此消长中，强有力者感得未来的果报（"强者先牵"），所以大可不用耽心过去的多少恶业，重要的是现在的多作善业；善业增长了，那就恶消善长，自会感到未来的乐报。不过，过去的业力无量无边，现在又不断地造作，即使是来生生在人间、天上，报尽了还有退堕恶趣的可能，要怎样才能彻底地解脱生死流转呢？这是说到佛法的主题了。招感生死果报的业力，为什么会造作？如来与阿罗汉等，也有身语意业，为什么不会感报？原来业力是从因缘生的，如没有萨迦耶见为本的烦恼，就不会造成感生死报的业；已有的业，如没有烦恼的助成，也不会招感生死的果报。烦恼对于善恶业，有"发业"、"润生"的作用，所以如烦恼断了，就不会再造新业；过去旧有的无边业力，也就失去了感报的可能性。在"佛法"中，当然教弟子不可造恶业，但对过去无量无边的善不善业，是从来不用担心的；值得佛弟子注意的，是怎样修行以断除烦恼，体见真谛。见真谛，断烦恼，生死苦也就解脱了，如《杂阿含经》卷三一（大正二·二二四中）说：

> "正见具足世尊弟子，见真谛果，正无间等现观，彼于尔
> 时，已断已知，断其根本，如截多罗树头，更不复生。所断诸
> 苦（报），甚多无量，如大湖水；所余之苦，如毛端渧水。"

过去所造能感生死苦报的业，多得是难以数量的。具足正
见的佛弟子，如能现观真谛（如四真谛），就断萨迦耶见（或译
"身见"）等而截断了生死的根本。过去无量无边的业，因烦恼
断而失去了感果的可能性，仅剩七番人天往来（生死）。如大湖
水干了，仅剩一毛端的水滴。依经说，最多七番生死（如继续进
修，现生就可得究竟阿罗汉果），一定要究竟解脱的。如经说：
"如实观察已，于三结断知。何等为三？谓身见、戒（禁）取、疑。
是名须陀洹（果），不堕恶趣，决定正向三菩提，七有天人往生，
究竟苦边。"

比丘众犯了戒，如覆藏而没有忏悔（说罪），内心会忧悔不
安，罪过更深，如臭秽物而密藏在瓮中，得不到太阳空气，那会越
来越臭的。所以犯戒的发露忏悔，出罪清净，就不致障碍圣道的
进修，但不是说罪业已消失了。出家弟子在修学过程中，对于恶
业，除了谨慎不犯外，犯了就要忏悔，努力于圣道的进修就是。
如颂说："若人造重罪，修善以灭除，彼能照世间，如月出云翳。"
这是初期"佛法"对于恶业的态度。在恶业中，有极重的恶业，
被称为业障。《大毗婆沙论》引经说："若诸有情成就六法，虽闻
如来所证所说法毗奈耶，而不堪任远尘离垢，于诸法中，生净法
眼。何等为六？ 一、烦恼障，二、业障，三、异熟（报）障，四、不

信,五、不乐(欲),六、恶慧。"所引经文,与《增支部》"六集"相同。依据这一经文,后来有烦恼障、业障、异熟障——三障的名目。有了这三障中哪一障,虽然听闻正法、修行,不可能悟入正法,离尘垢(烦恼)而得解脱。业障的内容,是五种无间罪业,通俗地称为"五逆罪":一、害母,二、害父,三、害阿罗汉,四、破僧,五、恶心出佛身血。杀害父、母,是世间法中最重罪。杀害阿罗汉,阿罗汉是究竟解脱的圣者。破僧,如提婆达多那样,不但使僧伽分裂破坏,还是叛教。恶心出佛身血,如提婆达多的推石压佛,伤到了佛的足趾而流血。害阿罗汉、破僧、出佛身血,是出世法中的最重罪。有了业障的任何一种,等到此生终了,没有可以避免的,决定堕入地狱,所以名为无间业。业力在善恶消长中,来生不一定受报的(不是消失了),但无间罪是决定的。这里有一实例,是在家弟子的无间业,如《沙门果经》说:阿阇世王曾犯杀父夺位的逆罪,内心忧悔不安。晚上来见佛,佛为王说法,王悔过归依。佛对阿阇世王说:"汝迷于五欲,乃害父王,今于贤圣法中能悔过者,即自饶益。吾愍汝故,受汝悔过。"阿阇世王回去后,佛对比丘们说:"若阿阇世王不杀父者,即当于此坐上得法眼净;而阿阇世王今自悔过,罪咎损减,已拔重咎。"阿阇世王没有能悟入正法,就是受到杀父重业的障碍。业障——"障"的本义,如此。然有业障而能悔过,到底是好事,阿阇世王听佛说法,还是有所得的。大众部的《摩诃僧祇律》说:"世尊记王舍城韦提希子阿阇世王,于声闻优婆塞无根信中,最为第一。"与大众部有关的《增一阿含经》、说一切有部的《毗奈耶》,都说到阿阇世王闻法得无根信。无根信,可能是有信心而还不怎么坚

固的。犯极重恶业，听法、忏悔，还是有利益的。无间业的力量
削弱了，来生是否还要堕地狱？《阿阇世王问五逆经》说："摩竭
国王虽杀父王，彼作恶命终已，当生地狱，如拍毱球；从彼命终，
当生四天王宫。"这是说：虽已悔过，地狱还是要堕的。不过堕
到地狱，很快就脱离地狱，如拍球一样，着地就跳了起来。大乘
的《阿阇世王经》说："阿阇世所作罪而得轻微"；"阿阇世虽入泥
犁地狱，还上生天"。这可见（无间）业障的堕地狱，是决定的，不
过忏悔以后，业力轻微了，很快会从地狱中出来。业障的忏悔，
佛法中起初是这样说的。

　　（录自《华雨集》二，165—176页，本版104—112页。）

（二）"大乘佛法"的忏悔说

　　在重信的大乘教典中，"忏悔业障"已成为修行的方便；"大
乘佛法"所说的忏悔，有了不少的特色，如：

　　一、向现在十方佛忏悔：上节已说明了，僧伽内部所遵行的
忏悔；在家众又应怎样的忏悔呢？ 一般在家人，如所作所为而属
于罪过的，有国家法律的制裁、（社会及）宗族惯例的处分，佛教
是无权过问的。如归依三宝，成为佛的弟子，就应受佛教的约
束。归依三宝是信，有正信就应有良好的行为，这就是近事的五
戒。这是说：在归依三宝的当下，就是受了五戒（起初可能还没
有制立五戒，但受三归的，自然会有合理的行为）。五戒是："不
杀生"，以不杀人为主。"不偷盗"。"不邪淫"，凡国法及民俗所

不容许的男女性行为，一律禁止。"不妄语"，主要是不作假见证。违犯这四戒的，也必然违反国法与民俗的习惯。佛弟子正信三宝，当然不可违犯，不过更严格些。佛法是以智慧为本的，所以"不得饮酒"，养成清明的理性，以免情意昏乱而丧失理智。但在佛法的流传中，可能为了佛教的推广，受戒的尺度显然地放宽了（也可说佛弟子的品质降低了），这就是归依三宝的，可以不受戒；受戒的，可以受一戒、二戒，到具足五戒。这是大众部所传的，如《摩诃僧祇律》、《增一阿含经》说；佛教也就分为归依了就受五戒、归依可随意受戒的两大流。五戒是"尽形寿"——终身受持的，如违犯了，又怎样忏悔呢？在家弟子中，又有近住的八支斋戒，一日一夜中近僧伽而住，过着近于出家的清净生活。近住戒虽是短期的，也不能说决定不会违犯，如犯了又怎样的忏悔？

释尊的在家弟子，虽名为优婆塞众、优婆夷众，是自由地信奉佛法，没有出家众那样的独立组织，也不像西方神教那样的将信众纳入组织。在家弟子犯戒的，忏悔是自动自发的忏悔；所犯虽有轻有重，但没有僧伽内部那样的不同忏悔法。《杂阿含经》说，有尼犍弟子，想难破释尊的佛法，经释尊解答，尼犍弟子就向佛悔过："世尊！我今悔过！如愚如痴，不善不辩，于瞿昙所不实欺诳，虚说妄语。"如上所说，阿阇世王向佛忏悔杀父的罪恶。这都是如来在世时，向佛忏悔的实例。向佛忏悔，没有佛就向出家众忏悔，应该是没有问题的。依经论所说，三归当下就是受戒，所以说三归、五戒时，忏悔的意义不明显。但受近住——八支斋戒的，与忏悔有密切关系。佛教有布萨制度，半月、半月，僧众举行集会,布萨、说波罗提木叉。其实,半月、半月,断食而住于清净行,名为优波沙他(即布萨),源于印度吠陀的祭法。释尊时,印度一般神教都有于"月八日、十四日、十五日"(半月、半月,即六斋日),举行布萨集会的宗教活动;佛教适应世俗,也采取了布萨制。起初,释尊成佛十二年内,只说"善护于身口"偈,名为布萨。后来渐渐分别了,大抵在六斋日,信众们来会,为信众们说法,信众们受八支斋戒(就是布萨);半月、半月晚上,僧众自行集会布萨,说波罗提木叉(俗名"诵戒")。布萨,玄奘意译为"长养",义净意译为"长养净"。《萨婆多部律摄》解释为:"长养善法,持自心故";"增长善法,净除不善",与《毗尼母经》的"断名布萨"、"清净名布萨",大意相同。古人意译为"斋",最为适当;"洗心曰斋",布萨本为净化自心的宗教生活。八支斋戒的授受,《增一阿含经》这样说:

1.　"善男子、善女人,于八日、十四日、十五日,往诣沙门,若长老比丘所,自称名字,从朝至暮,如阿罗汉持心不移。"

2.　"若有善男子、善女人,于月(八日)十四日、十五日,说戒持斋时,到四部众中,当作是语:我今斋日,欲持八关斋法,唯愿尊者当与我说之!是时四部之众,当教与说八关斋法。"

布萨(斋)日,到"沙门若长老比丘所",或说"到四部众中",事实是一样的。在家弟子受八关斋法,是在在家二众、出家二众——"四部众"(即"七众")中举行的;但教说戒的,是

"比丘"、"尊者"。这如出家受具足戒,虽由戒师(三人)传授,而实"戒从大众得"(是大众部义),戒是在坛诸师授与的。同样的,在家受八支斋戒,虽由"比丘"、"尊者"教说,而在四众中举行,也就是从四部众得来的。在会的四部众,一定是受尽形寿戒的(五戒也是尽形寿持);《大毗婆沙论》说:"从七众受皆得",就是这个意义。《增一阿含经》说:受八关斋戒的,教授者("尊者")先教他忏悔,然后为他说八关斋戒。依《智度论》,先受三归依,其次忏悔,然后说八戒及"不过中食"。《论》上说:"我某甲,若身业不善,若口业不善,若意业不善;……若今世,若过(去)世,有如是罪,今日诚心忏悔。身清净,口清净,心清净,受行八戒,是则布萨。"失译的《受十善戒经》,所说的受八戒法,也是先归依,次忏悔,后受戒。戒是在"大德"、"和上"前受的,而忏悔是:"今于三世诸佛、阿罗汉前,和上僧前,至诚发露,五体投地,忏悔诸罪,是名行布萨法",已有大乘忏悔的意义。在家弟子的忏悔与受(八)戒,通常是六斋日在四部众中,由出家大德来教说的。但近住(八)戒的流布,显然演变到可以从受尽形寿戒的在家弟子受,所以《大毗婆沙论》说:"从七众受皆得。"西元三、四世纪间造的《成实论》,竟说"若无人(可作师)时,但心念、口言:我持八戒",就是受戒了。这一摄化在家弟子的八戒,在佛教传宏中,某些部派是相当宽的,达到可以离出家众而忏悔受戒的地步(可说是"在家佛教"的先声)。这一演变,应该是由于事实上的困难。例如年纪老了,想受近住戒,却不能到寺院中去,那就变通为:从受尽形寿(五)戒的在家弟子,或"心念、口言"的受持八戒,也就不必向僧众忏悔了。在十方佛现在的信

仰流行中,大乘就向十方佛忏悔:这是一项最可能的原因。出家
众方面,一向是在僧团中依法忏悔,但也有困难的情形发生。如
犯僧残罪的,不敢覆藏,意愿发露忏悔。但犯僧残的,要有二十
位清净比丘,如法举行出罪羯磨,才能回复清净。可是,有些地
方出家众不多,无法举行出罪。尤其是教团在流行中,有些是品
质越来越有问题,要集合二十位清净比丘,也真是不太容易。在
"律"中,也说到可以暂时搁置,等因缘和合时,再举行出罪。但
僧团可以暂时搁置,而犯戒者内心的罪恶感是无法消除的,这不
是有心忏悔而忏悔无门吗? 出家众舍僧团而向佛——十方佛忏
悔,这是最可能的原因了!《法镜经》(大正一二·一八下)说:

> "时世无佛,无见经者,不与圣众相遭遇,是以当稽首
> 十方诸佛。"

《法镜经》在说"三品法"——忏悔、随喜、劝请时,说到礼十
方佛。为什么礼敬十方佛? 因为,"时世无佛",佛已涅槃了;虽有
佛(遗体)舍利塔,但只能使人供养作福。"无见经者",没有通达
经义而为人宣说的。"不与圣众相遭遇",没有遇到四双、八辈的
圣僧。在这佛灭以后,正法衰微,出家众徒有形仪的情形下,恰好
十方佛现在说流行,也就自然向十方佛礼敬而修忏悔等行了。

二、忏悔今生与过去生中的恶业:忏悔的本义,是对自己这
一生所作恶业,知道错了,请求忏悔。出家与在家的忏法,虽略
有不同,但无论是"制教"——律,化教——(阿含)经,都是忏悔
这一生——现生所作的恶业。"大乘佛法"的忏悔,不只是今
生,忏悔到无始以来所作的恶业。一般熟悉的《普贤菩萨行愿

赞》(大正一〇·八八〇上、中)说:

> "我曾所作众罪业,皆由贪欲、嗔恚、痴,由身、口、意亦如是,我皆陈说于一切。"

> "礼拜、供养及陈罪,随喜功德及劝请,我所积集诸功德,悉皆回向于菩提。"

《普贤行愿赞》是唐不空所译的。在《四十华严》中,"我曾所作"译为"我昔所造",长行作"我于过去无始劫中";"陈说"与"陈罪",都译作"忏悔"或"忏除"。可见《华严经》十大愿中的忏悔,是忏悔到无始以来的恶业;"陈罪"与"陈说",还是"说"罪——发露不敢覆藏的古义。无始以来,每一生中都曾造作恶业(也造有善业),在佛法中是公认的。但过去到底造了些什么罪? 一般人是谁也不会知道的。不知道造些什么罪,那又怎样忏悔呢?《普贤行愿赞》总括地说:一切恶业,不外乎贪、嗔、痴(总摄一切)烦恼所引发,依身、语、意而造作,所以在十方佛前,就这样的发露陈说——忏悔了。初期的大乘忏悔法,如《佛说舍利弗悔过经》,忏悔法,是在十方佛前陈说的。先说犯罪的原因是:为贪、嗔、痴烦恼所逼,就是烦恼所发动;不知道佛、法、僧;不知道是善是不善。其次,发露陈说自己无始以来的恶业,内容为:

1. 恶心出佛身血·谤正法·破僧·杀阿罗汉·杀父·杀母

2. 十不善业道——自作·教他作·见作随喜

3. 骂詈诽谤·斗秤欺诳·恼乱众生·不孝父母

4. 盗塔物·盗僧物·毁佛经戒·违逆和尚与阿阇黎

5. 毁辱三乘人·恶口毁佛·法说非法·非法说法

1. 是最重的五无间罪,"大乘佛法"多一毁谤经法的重罪。如《智度论》说:"声闻道中,作五逆罪人,佛说受地狱一劫。菩萨道中,破佛法人,(佛)说此间劫尽,复至他方(地狱)受无量罪",如《大品般若经》(四一)《信毁品》所说。2. 十不善业道,是世间最一般的恶行。3. 是世间的恶行。4. 是出家人在佛教内所犯的恶业。5. 一般人对佛、法、僧的毁谤破坏。这些无始以来所作的恶业,其实就是当时大乘佛教所面对的(教内教外的)种种罪恶。现在十方世界有佛,所以向十方佛发露忏悔。自己虽见不到十方佛,十方佛是知者见者,知道自己的罪恶,自己的发露,也能受自己的忏悔。忏悔是希望"净除业障"(经名"灭业障碍"),"愿以此罪,今生轻受";以后不堕三恶道,不生八难(应译为"八无暇"),能在人间(天上)修学佛道。

大乘忏法,是日三时、夜三时——每天六次在十方佛前忏悔。"佛法"的本义,只忏悔现生所作的恶业,随犯随忏,勿使障碍圣道的修行(僧伽内部,更有维护僧伽清净的意义)。过去生中所作的恶业,可说是不加理会的。重要的是现生的离恶行善,降伏、断除烦恼,如烦恼不起、降伏、断除,身、语、意三业一定清净,能修善以趣入圣道;趣入圣道,那过去的无边业力,一时失却了感报的可能性。"大乘佛法"的易行道,特重忏悔无始以来的恶业(主张离烦恼根本的我法二执的,是智证的大乘),与"佛法"有着非常不同的意义。虽然能真诚忏悔的,时时忏悔的,改往修来,也有离恶行善的作用,然从佛法思想发展来说,这是值得重视的。可能是,佛教界业报说的发达。本来,"四谛"说中,集谛是生死(流转)苦的因缘,内容是"爱",或说是"无明"与"爱",这都是以烦恼为生死苦的因素。"缘起"说也是这样;被解说为业的,是"行"(福行、非福行、不动行)与"有"。《杂阿含经》(修多罗)只说到"十善业"与"十不善业"。《中阿含经》与《增一阿含经》,已大大地分别解说了。如《中阿含》的《鹦鹉经》、《分别大业经》,不但说业感总异熟(报)——生人、生天等,还论到同样的人间,有贫富、寿夭等,都是由于业报的不同。《杂阿含经》("祇夜")说到:摩诃男前生悭吝无比,布施了又后悔;杀异母弟而夺他的财产。所以今生富有而不能受用;没有儿子,死后产业归公;还要堕落地狱。又如《杂阿含经》("记说")中,勒叉那见到种种不同的鬼,说到他们前生所作的恶业。这种业报故事,非常流行;通俗传布的"本生"与"譬喻",也多说到前生与今生的业报关系。业报说,可说是印度文化主流的婆罗门教、东方的耆那教所公认的(与佛法的解说不同)。在业报说通俗流布中,一般信众,可能带一些宿命论的倾向。如西元二世纪来中国的安世高,自己说:前生晚年,"当往广州毕宿世之对";到了广州,路逢一少年,就不明不白的被杀了。这一生中,"吾犹有余报,今当往会稽毕对"。到了会稽,市上有乱,世高又被误杀了。像这类业报故事,多少有点宿命论倾向。面对世间的人际关系、经济生活、身心病变等,如认为一切由过去业力来决定(忽略了现生因缘的影响),那就会感到自己的无能为力,但又想要去改善它。在"佛法"固有的忏悔制,及或说"一切业皆可转故,乃至无间业亦可令转"的启发下,就会意想到过去恶业的怎样消解净除,这应该是忏悔宿生恶业的思想来源。

"大乘佛法"的六时忏悔,是世俗迷妄行为的净化:业,净除恶业,是印度神教所共信的。有被称为"水净婆罗门"的,以为在(特定的)水中洗浴,可以使自己的众恶清净,如《瑜伽师地论》说:"妄计清净论者……起如是见,立如是论:若有众生,于孙陀利迦河沐浴支体,所有诸恶皆悉除灭。如于孙陀利迦河,如是于婆湖陀河、伽耶河、萨伐底(沙)河、殑伽河等中,沐浴支体,应知亦尔第一清净。"《论》义是依据《杂阿含经》、《中阿含经》的。水净婆罗门以为:"孙陀利迦河是济度(得解脱)之数,是吉祥(得福德)之数,是清净之数。若有于中洗浴者,悉能除人一切诸恶。"佛告诉他:"若人心真净,具戒常布萨。……不杀及不盗,不淫、不妄语,能信罪福者,终不嫉于他。法水澡尘垢,宜于是处洗。……若入净戒河,洗除众尘劳,虽不除外秽,能祛于内垢。""佛法"是以信三宝、持戒(布萨)、布施、修定等来清净自心,洗净秽心(二十一心秽)与恶业的。从水中洗净罪恶,得生天、解脱,是印度神教的一流。后代,似乎特重殑伽——恒河,如《大唐西域记》说:"殑伽河……彼俗书记,谓之福水。罪咎虽积,沐浴便除。轻命自沉,生天受福。死而投骸,不堕恶趣。扬波激流,亡魂获济。""水净"的末流,真是迷信得到家了!净除罪恶,不只净除今生所作的,也是净除与生俱来的罪恶。如犹太教以为:人的老祖宗犯了罪,从此子子孙孙,生下来就有罪恶。耶稣以前,就有呼吁人"悔改"而从水得清净的。耶稣从施浸者约翰,在约旦河浸浴,而得到宗教的经验。所以后来的基督教,信徒的悔改信神,要受"浸礼";多数改用象征的"洗礼",以表示原罪的净除。"浸礼"只一次（平时从祈祷中悔改），而印度的"水净"者，却是时常洗浴求净的。如《方广大庄严经》说："或一日一浴，一日二浴，乃至七浴。"每天多次洗浴，是为了净除诸恶而达到解脱。《别译杂阿含经》说："具戒常布萨……法水澡尘垢。"以善法来净除内心垢秽，不是沐浴那样吗！受戒、布萨，是不离忏悔的，那么六时忏悔，净除无始以来的恶业，不是与一日多次沐浴求清净有同样的意义吗？当然，大乘的六时忏悔，没有那种从沐浴求净的古老迷信了。向十方佛六时忏悔，净除业障，可以解决业报说通俗发展所引起的问题，也适应、净化了世俗"水净"的迷妄行为，在"大乘佛法"兴起中发展起来。

三、**忏悔罪过涵义的扩大**：业障，本是指五无间罪说的。犯了五无间罪，即使忏悔，现生也不可能悟入正法，所以名为业障。没有归信三宝以前，犯杀、盗等重罪；归依或出家的，如违犯佛所制的戒律，对修行也是有障碍的。所以《普贤行愿品》所说的"忏悔业障"，不限于五无间罪，而是广义的，通于一切不善业。忏悔是犯罪——造作不善业者的发露忏悔，所以忏悔是对不善业而说的。但在六时忏悔的流行中，忏悔有了进一步的扩张，不再限于业障了，如隋阇那崛多共笈多译的《大乘三聚忏悔经》（大正二四·一〇九一下）说：

> "是众生等有诸业障，云何忏悔？云何发露？谓烦恼障、诸众生障、法障、转后世障，云何忏悔？云何发露？"

这是忏悔五种障——业障，烦恼障，众生障，法障，转后世障。同本异译的,安世高所译《舍利弗悔过经》,没有说到。梁僧伽婆罗译的《菩萨藏经》也没有说到,只说:"从无始生死以来所造恶业,为一切众生障碍";"欲得于一切诸法清净无有障碍,应当如是忏悔诸恶业障"。但五种障说,古来就已有了,如西晋竺法护译的《文殊悔过经》说:"以此功德,自然弃除五盖之蔽。"同时的聂道真所译《三曼陀跋陀罗菩萨经》,立"五盖品第一"。经文说:"一切诸罪盖、诸垢盖、诸法盖悉除也。"盖,显然是障的异译。罪盖是业障,垢盖是烦恼障,法盖是法障,虽只说三种,而法盖与五障中的法障,无疑是相同的。与阇那崛多同时的那连提耶舍译出《日藏经》与《月藏经》,有四障说:

> 1."彼人所有无量生死恒沙业障、众生障、法障、烦恼障,能障一切善根,未受、未尽、未吐者,如是等业皆悉灭尽。"

> 2."一切业障、烦恼障、法障——罪业皆尽,惟除五逆、破毁正法、毁谤圣人。"

> 3."彼诸天、龙乃至迦吒富单那,向彼菩萨摩诃萨边,忏悔业障、众生障、法障、烦恼障。"

在以上三文中,除第二外,都说忏悔四种障;四障就是五种障中的四障。五障与四障的意义,可能众生障是异熟(报)障,法障指修学大乘法的障碍。虽意义不明显,但有烦恼障在内,是确然无疑的。烦恼,怎么也可以忏悔呢? 我以为,这是西域变了质的佛法。竺法护与聂道真,是西元三世纪后半世纪的译师。法护世居敦煌,"随师至西域,游历诸国。……大赍胡经,还归中夏";护公所译的经本,是从西域来的。阇那崛多与那连提黎耶舍,是西元六世纪中后的译师,所译的经本,是"齐僧宝暹、道邃、僧昙等十人,以武平六年,相结同行,采经西域。往返七载,将事东归,凡获梵本二百六十部",也是从西域来的。从西元三世纪到六世纪,从西域来的经本,都有忏悔四障、五障说,所以四障、五障说,决非偶然的误译。佛经从北印度而传入西域,西域的文化低,对佛法的法义缺少精确的认识,如佛法初传我国,汉、魏、晋初期,对佛法的误解很多。西域流行的佛法,强调通俗的忏悔,因误传误,演化出忏悔三障、四障、五障的异说。印度所传的正统论义,是没有这种见解的。经本从西域来,推定为西域佛教的异说,应该是可以采信的。后魏北印度三藏菩提流支,译出《佛名经》十二卷。有人扩编为三十卷,也就是叙列一段佛名(加上经名、菩萨名),插入一段文字;每卷末,附入伪经《大乘莲华宝达问答报应沙门经》一段。插入的忏悔文,文章写得相当好,如说:"然其罪相,虽复无量,大而为语,不出有三。何等为三? 一者烦恼障,二者是业障,三者是果报障。此三种法,能障圣道及以人天胜妙好事,是故经中目为三障。所以诸佛菩萨教作方便忏悔,除灭此三障。""如此忏悔,亦何罪而不灭,亦何障而不消! ……经中道言:凡夫之人,举足动步,无非是罪。……此三种(障)法,更相由籍,因烦恼故所以起恶业,恶业因缘故得苦果,……第一先应忏悔烦恼障。"这不是译出的经,是中国人纂集编写的忏法。丽藏本附记说:"心知伪妄,力不能正,末法之弊,一至于此,伤哉!"忏悔三障,是这部《佛名经》所明说的。西域流行的妄说,影响中国佛教,极其深远!

　　以上是所忏悔法的扩大。还有能忏悔法的扩大，如智者大师《摩诃止观》的"五悔"。五悔是：忏悔，劝请，随喜，回向，发愿。前四事，如《舍利弗悔过经》，也就是《十住毗婆沙论》所引的经说。易行道的四事，加发愿而称之为五悔。忏悔只是一事，智者以为"忏名陈露先恶，悔名改往修来"（中国自己的解说，与原义不合），所以总名为五悔："行此忏悔，破大恶业罪；劝请破谤法罪；随喜破嫉妒罪；回向破为诸有罪"（没有说发愿破什么罪）。"悔"的本义是"说"，是陈说己罪；智者解说为"改往修来"，意义通泛不切。修行善法的，一定会对治（破）不善；如称为"悔"，那一切善行都是悔了。在习惯用语中，悔就是忏悔，于是易行道的方便，除念佛往生净土外，几乎都统一于忏悔了。近代中国的通俗佛教，难怪以经忏佛事为代表了。

　　罪业——不善业，真的可依忏悔而除灭吗？龙树有明确的说明，如《十住毗婆沙论》卷六（大正二六·四八下——四九上）说：

　　　　"我不言忏悔则罪业灭尽，无有报（异熟）果；我言忏悔罪则轻薄，于少时受。是故忏悔偈中说：若应堕三恶道，愿人身中受。……又如阿阇世害得道父王，以佛及文殊师利因缘故，重罪轻受。"

　　依《十住毗婆沙论》意，忏悔业障，并不能使罪消灭了，只是使罪业力减轻，"重罪轻受"。本来是要在来生，或后后生中受重报的，由于忏悔善，现在人中轻受，重罪业就过去了。《金刚般若经》说："善男子、善女人受持读诵此经，若为人轻贱，是人先世罪业应堕恶道,以今世人轻贱故,先世罪业则为消灭。"读诵经典而能消(重)罪业,与《毗婆沙论》意义相同。不过,后起的经典极多,取意不同,有些是不能这样解说的。

(录自《华雨集》二,177—196 页,本版 112—127 页。)

第四篇　僧制论

一　关于小小戒

　　据传说:什么是小小戒,由于阿难没有问佛,所以法会大众异说纷纭。结果,大迦叶出来中止讨论,决定为:"若佛所不制,不应妄制;若已制者,不得有违。如佛所教,应谨学之。"(《五分律》三〇)什么是小小戒,既然大家莫衷一是,那不如奉行如来的一切律制。已制的不得舍除,没有制的不得再制,那是怎样的忠于佛制!然而,"小小戒可舍",到底是释尊最后的遗命。所以大迦叶的硬性决定,不免违反佛陀的本意。为了这,大迦叶指责阿难,为什么没有详细问佛,犯突吉罗罪。这一问题,导火线一样,大迦叶接着提出一连串的指责。所以阿难的被责,决不只是为了没有问明白,而更有内在的问题。

　　什么是小小戒? 小小戒,或译微细戒、杂碎戒、小随小戒、随顺杂碎戒禁。在结集法会上,虽并没有定论,但在各家律典中,都曾给予明白的解说。

一、一切戒法(《十诵律》一〇;《鼻奈耶》七;《萨婆多毗尼毗婆沙》六)

二、除四事(《根有律》二七;《萨婆多部律摄论》九;《二十二明了论》)

三、除四事十三事(《僧祇律》一四;《四分律》一八)

四、除四事十三事二不定法(《五分律》六)

如照第一类(《十诵律》等)解说,那佛说"小小戒可舍",不等于全部取消了律制吗? 这是决无可能的。那怎么会作这样的解说? 这无非强化反对"小小戒可舍"的理由。照这类律师的看法,小小戒可舍,那就等于取消了一切律制! 所以凡主张小小戒(杂碎戒)可舍的,就是不重律、不持戒的比丘。这一推论,是有充分根据的。比较有关五百结集的各家广律,阿难的传达佛说,有二类不相同的句法。

一、如《僧祇律》的"我当为诸比丘舍微细戒";《四分律》的"自今已去,为诸比丘舍杂碎戒";《有部杂事》的"所有小随小戒,我于此中欲有放舍,令苾刍僧伽得安乐住"。看起来,这是为了"苾刍僧伽得安乐住",而作无条件的放舍。其实是衬托出舍小小戒的过失,而刻划出那些主张舍小小戒的丑恶。原来,小小戒可舍,在现存的律典中是被看作非法的。如大迦叶在来拘尸那途中听到跋难陀说:"彼长老(指佛)常言,应行是,不应行是(即律制)。我等于今始脱此苦,任意所为,无复拘碍。"(《五分律》三〇)这里的不再持律,无复拘碍,不就是舍小小戒,得安乐住吗? 但这是大迦叶所反对,为此而发起结集的。又如波逸提中的轻呵毗尼戒(学处)也是说:"用是杂碎戒为? 半月说戒时,令诸比丘疑悔热恼,忧愁不乐。"(《十诵律》一〇)这是说,这些杂碎戒,使人忧愁苦恼,所以不必要它。这岂非与舍小小戒,令僧安乐一致!大迦叶为此而决定了发起结集毗尼,而阿难竟公然传达如来的遗命"小小戒可舍",这简直与大迦叶为难。明了大迦叶与律师们的见地,根本不同意小小戒可舍,那对一连串的责难阿难,也就不觉得可怪了!

二、另有一类不同的句法,如《十诵律》说:"我般涅槃后,若僧一心共和合筹量,放舍微细戒。"南传《铜鍱律》及《长部》(十六)《大般涅槃经》说:"我灭后僧伽若欲舍小小戒者,可舍。"《毗尼母经》说:"吾灭度后,应集众僧舍微细戒。"这不是说随便放弃,也不是说舍就舍,而整篇地舍去众学法、波逸提等。这是要"僧伽一心和合筹量"的共同议决,对于某些戒,在适应时地情况下而集议放舍。这里,请略说释尊制戒的情形。释尊因犯制戒,是发生了问题,才集合大众而制为学处(戒)。其中重要的,如不净行、大妄语等,一经发现,立刻集众制定,不得再犯。有些当时只呵责几句,以后又有类似的情形发生,觉得有禁止必要,于是集众制定。要知道,"毗尼中结戒法,是世界中实"(《智度论》一);是因时、因地、因人而制的,多数有关于衣食行住医药等问题;是为了僧伽清净和乐,社会尊敬信仰而制立的。所以如时代不同、环境不同、人不同,有些戒法,就必须有所改变。就是释尊在世,对于亲自制定的学处(戒),或是一制,再制;或是一开,再开;或是制了又开,开了又制。因为不这样,戒法就不免窒碍难行。所以如戒法(学处)固定化,势必不能适应而失去戒法的意义。释尊是一切智者,深深理会到这些情形,所以将"小小戒可舍"的重任交给僧伽,以便在时地机宜的必要下,僧伽可集议处理小小戒;这才能适应实际,不致窒碍难通。但苦行与重戒者,以为舍小小戒,就是破坏戒法,不要一切戒法,只是为了便于个人的任意为非。这与释尊"小小戒可舍"的见地,距离实在太远,也难怪他们坚决反对了!据《五分律》(四)等说:僧伽也可以立制——波逸提等。但头陀苦行的优婆斯那,不肯尊敬僧伽的制立,而只承认佛制。大概头陀行者、重律制者,确信律制愈严密、愈精苦愈好,这才能因戒法的轨范而清净修行。所以佛所制的,或佛所容许的(头陀行),也就是他们自己所行,也许自觉得行而有效的,不免做了过高的评价;认为这样最好,学佛就非这样不可。这才会作出这样的结论:"若佛所不制,不应妄制;若已制,不得有违。"从此,戒律被看为惟佛所制,僧伽毫无通变余地。在律师们看来,戒律是放之四海而皆准,推之百世而可行的。从此不曾听说僧伽对戒可以放舍,可以制立(如有制立,也只可称为清规等,而一直受到律师们的厌恶)。二千多年来的佛教界,只容许以述为作,私为改写(否则各家律典,从何而来差别),不能集思广益,而成为僧伽的公议。时过境迁,明知众多学处的无法实行,而只有形式上去接受(受而不持是犯,所以陷于犯戒的苦境而无可奈何)。有些索性把它看成具文,一切不在乎。总之,释尊所制的戒律,本是适应通变而活泼泼的;等到成为固定了的、僵化了的教条,就影响到佛法的正常开展。追究起来,不能不说是由于拒绝"小小戒可舍"的如来遗命所引起的。

　　阿难传佛遗命,不但没有为大众所接受,反而受到一连串的责难。这是既成事实,也不必多说了。惟各家律典,同有轻呵毗尼(学处)戒,再为一说。由于阐陀或六群比丘,宣称"用是杂碎戒为",而经如来制立学处,结为波逸提罪。佛世早已制立学处,判为非法,那释尊又怎么遗命——小小戒可舍?不准比丘们说小小戒可舍,而又遗嘱说小小戒可舍,这似乎矛盾得有点难以相信。这总不会是:重法的阿难学系,传佛小小戒可舍的遗命,被大迦叶所领导、优波离等重律学系所拒绝。为了不使重法学系的重提遗命,而特地制立这一学处吧!论理是不会这样的,但矛盾的事实,值得律师们多多思考!

(录自《华雨集》三,91—96 页,本版 60—64 页。)

※　　　※　　　※　　　※

什么是小小戒?由于阿难没有问佛,所以大众的意见纷纭。大迦叶出来中止讨论,决定为:"若佛所不制,不应妄制;若已制,不得有违。如佛所教,应谨学之。"为了这,大迦叶指责阿难,为什么不问佛,犯突吉罗(恶作,duṣkṛta)。阿难的传达佛说,比较各家广律,有二类不同的句法。1. 如《僧祇律》说:"我当为诸比丘舍细微戒。"《四分律》说:"自今已去,为诸比丘舍杂碎戒。"《根有律杂事》说:"所有小随小戒,我于此中欲有放舍,令苾刍僧伽得安乐住。"这似乎为了比丘们得安乐住,而无条件地放弃了小小戒法。在现存的律典中,不受持小小戒,是被看作非法的。如大迦叶在来拘尸那的途中,听到跋难陀说:"彼长老(指佛)常言:应行是,不应行是,应学是,不应学是。我等于今始脱此苦,任意所为,无复拘碍。""无复拘碍",不就是舍小小戒得安乐住吗？大迦叶反对这种意见，才决定发起结集。又如轻呵毗尼戒（学处）说："用是杂碎戒为？半月说戒时，令诸比丘疑悔热恼，忧愁不乐。"这是说，这些杂碎戒使人忧愁苦恼，这与舍小小戒，令僧安乐，是同一意思。2. 另一类是这样说的，如《十诵律》说："我般涅槃后，若僧一心和合筹量，放舍微细戒。"南传《铜鍱律》及《长部·大般涅槃经》说："我灭后，僧伽若欲舍小小戒者，可舍。"《毗尼母经》说："吾灭度后，应集众僧舍微细戒。"这不是随便放弃，说舍就舍，而是要僧伽的共同议决，对于某些戒，在适应时地情况下议决放舍。戒律中多数有关衣、食、行、住、医、药的制度，是因时、因地、因人，为了僧伽清净和乐、社会信敬而制立的。如时代不同，环境不同，有些戒条就必须修改。佛住世时，对于亲自制定的学处（戒），或是一制、再制，或是制了又开，开了又制；因为不这样，就不免窒碍难行。佛是一切智者，深深理会这些意义，所以将"小小戒可舍"的重任交给僧伽，以便在时地机宜的必要下，僧伽可集议处理，以免佛教的窒碍难行。阿难传述佛的遗命，是属于后一类的。但在头陀（苦行）第一大迦叶，持律第一优波离他们，认为舍小小戒就是破坏戒法，便于个人的为非作恶（第一类看法）。这才违反佛陀的遗命，而作出"若佛所不制，不应妄制；若已制，不得有违"的硬性决定。佛所制戒，本是适应通变而活泼泼的，但从此成为固定了的、僵化了的规制，成为佛教的最大困扰（如今日中国，形式上受戒，而对某些规制，明知是行不通的，不能受持的，但还是奉行古规，非受不可）！

（录自《初期大乘佛教之起源与开展》，319—320

页,本版273—275页。)

※　　　※　　　※　　　※

五百结集会上,大迦叶与阿难的问题,论戒律,阿难是"律重根本"的,小小戒是随时机而可以商议修改的;大迦叶(与优波离)是"轻重等持"的,舍小小戒,被看作破坏戒法。这就是"多闻第一"的重法系,"头陀第一"、"持律第一"的重律系的对立。论女众,阿难代表修道解脱的男女平等观;大迦叶等所代表的,是传统的重男轻女的立场。在这些问题上,阿难始终站在佛的一边。从大迦叶起初不要阿难参加结集来说,怕还是受到释族比丘中心运动的影响!

五百结集终了,富兰那长老率领五百比丘,从南山来,对大迦叶主持的结集,提出了异议,如《铜鍱律·小品》(南传四·四三三)说:

"君等结集法律,甚善! 然我亲从佛闻,亦应受持。"

这是说,富兰那长老所亲闻的佛说,也要受持流通了。《五分律》举出富兰那自己的意见:"我亲从佛闻:内宿,内熟,自熟,自持食从人受,自取果食,就池水受,无净人净果除核食之。……我忍余事,于此七条,不能行之。"依《五分律》说:"内宿"是寺院内藏宿饮食;"内熟"是在寺院内煮饮食;"自熟"是比丘们自己煮;"自持食从人受",是自己伸手受食,不必从人受(依优波离律,要从别人手授或口授才可以吃);"自取果食","就池水受"(藕等),都是自己动手;"无净人净果除核食",是得到果实,没有净人,自己除掉果实,就可以吃了。这都是有关饮食的规制,依优波离所集律,是禁止的,但富兰那长老统率的比丘众却认为是可以的。富兰那长老的主张,不正是小小戒可舍吗? 对专在生活小节上着眼的优波离律,持有不同意见的,似乎并不少呢!

　　(录自《初期大乘佛教之起源与开展》,322—323页,本版276—278页。)

二 关于不捉持金银戒

在"戒经"中,与金银有关的,属于尼萨耆波逸提的有三戒(学处),属于波逸提的一戒(捉取他人遗落的金宝)。属于尼萨耆波逸提的三戒是:不得受取金银;不得出纳求利;不得贩卖。贩卖,即一般的商业。出纳求利,是贸易金银(如现在的买卖黄金、美钞、股票,以求利润),抵押存放生息。这可见比丘是容许持有金钱的;否则也就不会有贩卖,出纳求利了。现在,专门来说不得受取金银的实在情形。

统观各部广律,对于金银钱等(货币),有"净受"与"不净受"的二类。不净受,是不如法的受取,犯尼萨耆波逸提。这是说,不如法受取的金钱,应该舍(尼萨耆)去。不如法受取的过失,应该向僧众忏悔(波逸提)。对于不净受的金钱,应该"舍",是怎样的舍呢? 中南部旧传的《僧祇律》、《五分律》、《铜鍱律》,是比较严厉的。依《五分律》(五)说:凡受取而不净的,"应僧(四人以上)中舍,不得(舍)与一二三人"。舍给大众,大众也还是不要,委派一位比丘,把金钱拿去丢在河里、坑里。这似乎相当的严厉,而事实却并不如此。被委派的比丘,不必丢弃,也不用向僧众请示(请示,那就行不通),可以自己作主(论理,这是非法的),"使净人以贸僧所(须)衣食之物来与僧,僧得受。若分者,唯犯罪人不得受分"。净人买了东西来,大众心照不宣,就共同受用了! 我想,这也许是金钱的得来不易,说丢弃,未免不合实际,才有这表面上丢弃,而暗地里受用的现象。戒律流于形式,虚伪,这是最不足取法的了!《僧祇律》(一○)与《五分律》,原则上相近,似乎真实些。《僧祇律》没有作形式的丢弃,而是"僧中舍已,不得还彼比丘,僧亦不得分。若多者应入无尽藏中"。无尽藏,是寺院的公有经济机构,对外存放而收取利息。多的舍入无尽藏,少的用作四方僧卧具等。《僧祇律》是严格的,更近于古制的。

流传于北方的《有部律》、《四分律》,对于不净受的金钱,处理的态度是宽容的多了! 依《四分律》(八),不净受的金银钱等也是要舍的,但并非舍给僧众,而是对一位守(护僧)园人,或归依佛法的优婆塞说:"此是我所不应,汝应知之。"这就是舍。既然是守园人或优婆塞,是明白这一"作法"的意义的,所以,"若彼人取还与比丘者,比丘当为彼人物故受,敕净人使掌之"。这是说,比丘已经舍了,守园人或优婆塞(为比丘作净人的),会还给比丘的。那时,就不要以为这是自己的,要作为是对方所有的金钱,叫他管理。自己什么时候需要,就什么时候向净人索取物品。这样的"净施"一番,不净受来的金银,就可以想作别人的而等于持有了,也就是不净的成为净了。有部《十诵律》(七)、《萨婆多毗尼毗婆沙》(五)态度更宽容些。先将金银等分为"重宝"与轻物:铁钱、铜钱……木钱,如不净而受了,犯突吉罗。这是不必舍的;可见低值的铁钱、铜钱,是可以(自己)

持畜的了。金银(琉璃、玛瑙)等重宝,重价的货币,是应该舍的,但又分多与少。数目太小,那就"少应弃",丢了就是舍。如多呢,与《四分律》一样,舍给"同心(知心、知己)净人",而事实上仍旧属于自己所受。总之,《五分律》等是舍给大众,不再为本人所有;而《四分律》等是舍给知心的净人,实际上还是属于本人。

　　上面所说,是对于"不净受"的处置办法。但怎样是"不净受",怎样才是"净受"呢? 如有布施金银钱,而"比丘自手捉金银及钱,若使人捉,若发心受"(《五分律》五),就是不净受。《四分律》说五种取:手拿也好,用衣服拿也好,要施者把钱放在衣角(在中国当然是衣袋了)里也好,放在地上也好,叫净人拿也好,总之,如自己想受取这些金钱,看作自己所有的,那就是"不净受",犯尼萨耆波逸提。这应该是佛制的本意。原始的出家特性,是舍离夫妇等家庭关系,及舍弃私有的财物,而过着乞化的生活,名为比丘。所以佛制,除生活的必需品而外,比丘不得受取金银等(珍宝)货币。不得受取,当然不必说"乞求"了。"不得捉取",中国习俗以为两手不能拿钱,早就误解了! 然而这一原则,在实施起来是非常困难的。我们的生活必需,饮食最简单,当天乞食为生就得了。就是乞不到,饿一天也没有什么了不起。但其余的衣、医药、旅费,到临时乞化,有时会发生困难的。而且,有的信众施衣、施药,所施的金钱(这可能信众的事务繁忙;对僧众来说,也可以买得更适合些),难道就不要吗?这就产生佛教特有的"净人"制。每一比丘,应求一"执事"的净人。这或是寺内的"守园人",或是归依的优婆塞(现在泰国都是少年），请他发心代为管理。如得到净人的答应，那就好办了。如《根本说一切有部毗奈耶》（二一）说："若有他施衣价，须受便受；受已，便作彼人物心而持畜之。"除了有部的特别方便外，一般是：比丘不能作自己物想，不能自己拿，也不能叫净人拿走。只能作为别人的东西，而对净人说："知是！看是！"叫净人看到金钱，叫净人知道，净人是懂得代为拿去，而不要明说的。这样才是净受，不犯。

可是，问题又来了。如还没有净人，或者净人不在场，那怎么办呢？据《善见律》（一五）看来，那只有留着等待净人，或佛教的信众了。但如时间不早，又没有人来，不知道应该怎么办？一切仰赖净人，到处有净人跟着，这在古代印度，也就不可能完全做到。《根本说一切有部毗奈耶》（二一），据一般来说，也是"应使人持，不应自捉"的。但另有一套非常方便的办法，比丘自己把金银受过来。"受已，持物对一苾刍而作是语：长寿（即长老）存念！我苾刍某甲，得此不净物，我当持此不净物，换取净财。如是三说，随情受用，勿致疑心！"换句话说，不妨自己先拿了，只是向别的比丘申明，这就是净受。北方的有部，对于铁钱、铜钱，是不犯舍堕（犯突吉罗），是可以持有的。即使是金银，也可以自己捉取，自己保存。只要不作私人所有想，向别的比丘申明，就称为净。有了这种制度，北方有部比丘，大概都是自取自持。有部比丘来我国的最多，中国僧众没有净人制，很少手不捉金银，大概是深受一切有部的影响吧！蕅益大师也觉得："怀素所集羯磨，亦后采取此法。此在末世，诚为易行方便，断宜遵奉矣。"（《重治毗尼事义集要》五）

有部律师,我国的四分律师——怀素、满益,虽推重这一自己拿、自己持有的办法,认为清净,但从佛制"不得自手捉"的明文来说,总不免感到有点问题。有部的化区,净人制并不普遍,这才不能不有通变办法。其实,净人制也是问题多多。净人受取的金钱,略分二类:一、完全由净人保藏;二、由净人拿来放在比丘房里。这都有时会发生困难的,如放在比丘的房里,"若比丘多有金钱(而)失去"(《僧祇律》一〇),或是被人偷去,也许是藏在哪里而自己忘记了。比丘平时不能手摸钱,不见了,也不能翻箱倒笼去找的。找到了,是犯尼萨耆波逸提的。这因为,原则上不能说是自己的钱呀!想作自己的钱而去找,就犯了。如放在净人那里呢,到要衣要钵时,可以去向净人求索(衣钵,不是索钱)。如净人不买给比丘呢,可以明白地向他求索三次。再不给,可以一声不响的,到净人面前去三次。再不给呢?如再去求索,求到了犯尼萨耆波逸提。因为原则上,这不是比丘的钱呀!所以如三索三默而还是不给,或请别的长老去说,或向布施的施主去说;让施主知道了去索回。这一制度,除了比丘真能心无系著,否则是纠纷不了。即使不起纠纷,也会气愤不过,增长烦恼。论理,金钱不是比丘私有的,所以没有法律上的保障。比丘也不许强索,不免助长了净人吞没金钱的风气。

原则上,比丘私人不应该持有金钱,而在人事日繁,货币越来越重要的社会中,事实上又非持有不可。没有钱,有钱,都是够麻烦的!律制的根本意趣,是不得私有,当然也不得乞求。但在实际情况中,不得私有,已经过"净施"而成为可以持有;不得

乞求,当然也要演化为清净的乞求了!跋耆比丘的乞求金银,是
这样的:逢到六斋日,信众们来寺院礼佛听法。拿放满了水的
钵,放在多人集坐的地方,"指钵水言:此中吉祥!可与衣钵革
屣药值"。这是公开的乞求;为众的乞求;将布施所得的金银,
均平地分给比丘们。这是在东方经济的日渐繁荣,货币流通越
来越重要的情况下,适应环境而有的新的作法。无尽藏的制度,
也是起源于毗舍离的。西方的上座们,忘记了比丘不得受畜金
银的根本意趣,自己早已从"净施"而成为可以受畜,看作如法
如律。对于不太习惯的公开乞求,心里大不满意,这是当时东西
方争执的主要问题。

　　在"波罗提木叉"中,没有不得乞求金银戒,而是不得受畜
金钱。当时的西方比丘,虽引用这"不得受取金银"学处(戒),
而其实是引用《摩尼珠聚落主经》(《杂含》三二·九一一;《相
应部》四二·一〇)。在某次王臣间的闲谈中,摩尼珠聚落主以
为:释子是不应乞求金银的。佛知道了,就告诉比丘们:"汝等
从今日,须木索木,须草索草,须车索车,须作人索作人,慎勿为
己受取金银宝物。"这一经文,还是着重在不应"受取";因为可
以受取(如衣钵等),也就可以乞求了!受取与乞求,在佛的律
制来说,毫无差别。西方比丘容许"净施"的受取,而坚决反对
清净(水净)的乞求,从《摩尼珠聚落主经》来说,可能是适应西
方社会的一般要求,但忽略了适应于东方民族间的佛教情况。
总之,不得乞求金银,是律无明文规定,规定的是"不得受取金
银"。东方以为,既可以受取,就可以乞求。西方却容许受取,
而不许乞求。"如法如律",原是不大容易明白的。我一向不曾

好好地研究它,也就说不出究竟来。近十年来的中国佛教,似乎越来越重律了! 希望有人能作深入的研究,因为这是僧制的一大问题。

（录自《华雨集》三,75—83 页,本版 51—56 页。）

三　传　戒

　　出家的，要受沙弥（女性名"沙弥尼"）十戒、比丘（女性名
"比丘尼"）具足戒，才能完成僧格，成为僧伽的一员。这是成立
僧伽根本，出家的第一大事，所以在"律部"犍度中，"受具足"是
第一犍度。在南传佛教区，发心出家的，只要师长及大众同意，
就可以集众为他受戒，几点钟就完成了，是隆重而又平常化的。
由于我国是大乘佛教，所以出家受戒的，还要受（通于在家的）
菩萨戒，合称"三坛大戒"。不知什么时代开始，我国是举行大
规模的集团受戒，有五十三天的，有三十五天的（极少数是七天
的）。时间长而人数多，成为中国特有的盛大戒会。

　　佛教在印度，由于僧众的分化，出家所依据的"律部"，也就
大同而有些差别。传到我国来的，东晋时译出了五部律，所以早
期中国僧寺所依的戒律是并不统一的。在流行中，《四分律》渐
呈优势。探究律部而大成的，是以《四分律》为宗的唐初（终南
山）道宣律师，为以后中国出家众所尊重。经唐末衰乱，北宋时
有台州允堪、杭州元照，探究发扬，使南山律中兴起来。宋代的
寺院，分禅寺、讲寺、律寺，可见当时是有"依律而住"的僧伽。
痛心的是元代信佛，特重"西番僧"（即喇嘛），弄得僧制废弛，经

忏法事泛滥。到明初,佛寺就分为禅寺、讲寺、瑜伽应付经忏的教寺,而律寺没有了。虽还有传戒的,没有了律寺,当然没有"依律而住"的"六和僧"。直到明末清初,有古心律师,在金陵(南京)弘传戒法。弟子三昧光,与弟子们移住宝华山(今名)隆昌寺,每年传戒,一直到近代。论传戒,宝华山第一! 虽不能促成僧伽的清净,但到底维持了出家的形象,功德是值得肯定的! 然依三昧光弟子见月律师《一梦漫言》所说:见月提议"安居",同门都嫌他标新立异。可见这是一个专门传戒的集团,对戒律是没有多少了解的。传戒而不知戒,当然会流于形式。我是一九三○年冬,在禅、讲、律并重的名刹天童寺受戒的,戒和尚是上圆下瑛大和尚。由于我国是集团受戒,人数众多,所以在三师七证外,有好多位引礼师(女众的名"引赞师");引礼师的领袖,称为开堂、大师父。论到正式传授戒法,没有引礼师的事,但是平常管教戒子的,大师父的地位好像非常重要。我是出了家就去受戒的,佛门中事,什么都不懂。引礼师要我们记住"遮难文",主要是记住"无,无,非,非,非;非,非,无,无,无"(可能有些记错了)。就是问一句,就答一句"无",或答一句"非",依着问答的次第答下去,不能答错就是。引礼师教导我们,如答错了,是要杨柳枝供养(打)的。等到正式受戒,就是答错了,没关系,好在三师们都没有听见。我莫名其妙地记住,又莫名其妙地答复,受戒就是要这样问答的。后来读了"律部",才知"问遮难"等于现代的审查资格。如有一条不合格的,就不准具足戒,所以一项一项地询问,称为"问遮难"。能不能受戒,完成受戒手续,这是最重要的一关。这应该是要根据事实的,而引礼师却教我们要这样回答！这样，来受戒的没有不合格的，原则上人人上榜，那又何必考问？有形式而没有实际意义，在受戒过程中，没有比这更无意义了！不知宝华山怎样？近来台湾的戒会怎样？又如佛制：出家的要自备三衣、一钵，如没有衣钵，是不准受戒的。所以要问："衣钵具否？"引礼师教我们说："具。"其实我国传戒，衣钵由戒常住（向信徒募款）办妥，临时发给戒子。常住早准备好了，还要问"衣钵具否"，不觉得多此一问吗？我受戒时，常住给我一衣（"七衣"）一钵；受比丘戒时，临时披了一次三衣。"五衣"，我没有再接触过（这本是贴身的内衣）；"大衣"，是到台湾来才具备的。现在台湾传戒，戒子们都有三衣一钵，比我受戒时好得多了。不过，常住预备好了，何必多此一问？不！这是受戒规制，不能不问。脱离了实际意义，难怪在受戒过程中，尽多的流于形式。形式化的传戒受戒，可说到处如此，有何话说！不过我觉得，在戒期中，引礼师管教严格，还挨了两下杨柳枝，对一个初出家的来说，不失为良好的生活教育！

台湾佛教，本从国内传来，夹杂些罗祖下的道门（斋教）。受了日本五十年的统治，出家中心的佛教，变得面目全非。光复后，一九五二年，"中国佛教会"发起，首次在大仙寺传授"三坛大戒"，以后每年传戒一次，出家中心的佛教，从此有了转机。这一传戒运动，白圣老法师的功德不小！传戒的流于形式，由来已久，到处皆然，是不能归咎于谁的。在白老指导下，有新的发展，也有值得注意的事。一、"二部受戒"：比丘尼受具足戒，刘宋以来，一向是从大德比丘受的，现在举行二部受，可说是"律部"古制的恢复。在印度，比丘僧与比丘尼僧，称为二部僧；住处,是完全分别居住的。由于佛世的女众,知识低一些而感情又重,难免不如法。为了维护比丘尼僧的清净,所以这样的立制:受比丘尼戒的,先由大德比丘尼(在尼寺)如法受戒;接着到比丘僧住处(寺院),请大德比丘们再依法传授,也就是由大德比丘加以再审查、核准,这是二部受戒的意义。台湾举行律制的二部受戒,应该是大好事。不过台湾举行的"三坛大戒",受戒的男众、女众,一来就住在同一寺院里,与古制不同。既然共住一处,倒不如直接向大德比丘受,也可省些手续。否则,又只有二部受戒的形式,没有二部的实际意义! 二、"增益戒":曾受具足戒的,再来戒会受一次具足戒,称为增益戒。依佛法,通于在家出家的菩萨戒,受了戒不妨再受,可以增益戒的功德。但受出家具足戒的,如犯重而破戒的,逐出僧团,不准再出家受戒。如犯了或轻或重的戒,可依律制忏悔,随所犯的轻重而给以不同的处分,出罪(与大乘的忏法不同)。"忏悔则清净",回复清净比丘或比丘尼的僧格,精进于修行得证。所以受了出家的具足戒,再受增益戒是不合律制的。虽然提倡出家的增益戒,女众来受戒的会更多,传戒的法会更盛大,但这只有法会盛大的形式而已。这两点,我也只是听说,可能与事实不符!

有关传戒受戒,问题多多,无从说起,说起我也无法做到,就这样结束了吧!

(录自《华雨集》四,146—151 页,本版96—99 页。)

四　还俗与出家

　　佛教有出家制,出家的可以还俗吗? 还了俗可以再出家吗?这是个很实际的问题。依"律部"说:出家的可以舍戒还俗,佛教与社会都不应轻视他;出家与还俗,每人有自决的权利。还俗的原因很多,做一个如法而行的在家弟子,不也同样的可以修行解脱吗? 不过,还俗要合法地、公开地舍戒而去,不能偷偷地溜走(以便偷偷地回来)。男众(比丘)还了俗,可以再出家:落发,受沙弥戒,受具足戒,又成为僧伽的一分子。但不论过去出家多久,年龄多高,对佛教的贡献多大,这些资历,由于舍戒而全部消失了,现在还要从末座——最小的比丘做起。女众如舍戒还俗,是不准再出家的。为什么不准再出家? 律师们也许会知道原因的。总之,出家是大丈夫事,还俗并不等于罪恶:佛法是这样说的。

　　出家与还俗,与世间的入籍、出籍,入党、退党一样,都有一定的制度,决不能要去就去,说来就来的。我出家以后,一直往来于闽院、武院、普陀佛顶山阅藏楼,对中国佛教的实际情况实在知道得太少。一九三七年,抗日战争开始,我却在武院病倒了,恹恹无生气,一直无法康复。忽有三位僧青年,从宁波来到武院,大家爱国情深,决心要投入抗战阵营。三位去了半月,又回武院来了。他们曾去了延安参观,共产党表示欢迎,但勉励他们到华中方面宣传抗日。他们有点失望,乙同学回湖南去,丙同学不知怎样地到了云南。甲同学知道沈钧儒到了汉口,就渡江去拜访。沈钧儒为他介绍,到山西李公朴主办的民族大学去学习。于是甲同学脱下僧装,参加革命阵营去了。似乎不到三四个月,由于日军的侵入晋南,民族大学瓦解,甲同学随着民大同学,又渡河去延安访问,但还是回到了武院,重披僧装。似乎有些失望了,所以赋诗说:"再探赤域力疲殚。"不久,去香港弘法,成为弘法海外的大德。那时,我感到非常难过。虚大师门下的僧青年,竟这样的来去自由! 新僧! 新僧! 我不禁为虚大师的革新运动而悲哀。在我出家的岁月中,国难,教难,而自己又半生不死,这一年是我最感到沮丧与苦恼的日子(其实,这种情形,中国佛教由来已久,只怪自己无知,自寻苦恼)。一九四九、五〇年间,在香港见到了又一位,使我更感到震惊。一位天台宗传人,本来在香港弘法。抗战期间,到了后方。响应蒋公"十万青年十万军"的号召,决心还俗从军,以身报国,这是多难得呀! 后来,他陷身在北平。由于香港某教团的需要,设法请他来港。一到香港,马上披起大红袈裟,讲经说法,大法师又回来了。等某教团的事务办妥,又一声不响地去了台湾,从事党务工作。天台宗被称为老派,而竟与新僧同一作风,这是我意想不到的。这位天台传人,一直到退休,才以居士身份,与佛教界相见。过了好几年,台湾中部某寺举行住持晋山典礼,长老们大多来了。他宣布重行出家,据说长老们为他证明,他就是老法师了。从此弘法中外,住持道场。脱掉又穿上,穿上又脱下,一而再地自由出入,我这才知道,在中国佛教界,是由来久矣！以上还可说爱国爱教,事难两全,而另一位优秀的僧青年却大为不同。弘法多年,忽而与同居人改装还俗。由于生活艰难,只好再度出家,在台北临济寺闭关。槟城某法师来台,想请一位法师,于是关中的青年法师被推介而出关了。槟城的极乐寺,是福建鼓山涌泉寺的下院,历届的监院与大护法都是闽北人。这位去槟城的青年法师恰好是闽北人,所以得到护法们的拥护供养。大概一年吧,青年法师得到了不少供养,所以一回台湾,就重过家庭的生活。为什么要闭关,原来这是有旧例的。清末民初,上海租界有一位知名人物黄中央,得到哈同夫人罗迦陵的赏识。中央劝迦陵发心,由他自己主编了一部《(迦陵)频伽大藏经》;中央与中山先生等往来,对国民党的革命事业有相当的贡献;这真是一位为教为国的伟人！二次革命失败后(那时,罗迦陵又赏识了一位伊斯兰教友),黄君回到了镇江金山寺。据说:原来他本名宗仰,是接了金山寺法(有资格当住持)的法师。金山寺是江南名刹,还了俗的不好意思让他再当住持,赶快闭关吧！掩关三年,金山寺推介到另一名刹去任住持。这样看来,还俗的只要闭关一次,就恢复了完全的僧格,可说中国人自己想出来的制度。我以为,这决不是创新,而是中国佛教的惯例。以上几位,有的根本不认识,总之与我说不上恩怨。我所以说起,毫无对人的攻讦意义,而只是略举一例,慨叹佛教界的法纪荡然,由来已久。"入僧"与"出僧",没有法纪可言,传戒有什么意义？如说佛教(出家众)要组织化,那真是缘木而求鱼了！

　　出家受戒，舍戒还俗，是僧伽"依律而住"的基石，这才能达成"正法久住"的目的。大概地说：佛法传来中国，最没有成就的，就是律。早在宋代，离律寺别有禅寺、讲寺；等到只有"传戒训练班"式的律寺，持律只是个人的奉行，无关于僧伽大众了。我国出家与还俗的杂乱，原因是：一、中国文化以儒家为主流，儒家重道德而不重法治，佛弟子受到影响，总觉得律制繁琐，学佛应重内心的解脱。在来台湾以前，听说"天理，国法，人情"，现在台湾上下，改为"情，理，法"。提倡法治而人情第一，可说是"甚希有事"。佛教中，大家人情第一，这样的来去自由，也没有人提出异议。见多了成为常态，只要回来了就好。二、重定慧而轻戒律：唐无著文喜去五台山，遇到有人（据说是文殊）问："南方佛法如何住持？"文喜答："末法僧尼，少修戒律。"文喜反问："此地佛法如何住持？"那人说："这里是龙蛇混杂，凡圣交参。"文喜不忘律制的佛法立场，那人所说，就是大乘佛教了。"龙蛇混杂，凡圣交参"，等于中国佛教隆盛期的忠实描写。等到蛇多龙少，大家向经忏看齐，大德如凤毛鳞角，在社会人士的眼光中，到底佛法是怎样的宗教？三、与佛教的受迫害有关：西元千年以前，中国佛教已经历了"三武一宗"的法难；赵宋以后，又经历了多少的折磨（如宋徽宗、明世宗）。严重的僧尼被杀，轻的也被迫还俗。好在法难时间不久，佛教恢复，心存佛法的又回来了，不一定再受戒。例如禅宗的沩山灵祐，在唐武宗毁佛时，被迫还俗。他觉得道在内心的修证，不在乎有没有落发，后由门人劝请，才再度落发的。还有政府（如唐肃宗）为了筹措经费，大批地出卖度牒（出家的可以免兵役与免丁税），这样的出家众，怎能如法清净？如真是"王难"、"贼难"（如衣服被盗贼剥光，只能临时找衣物来蔽体，再来乞化僧衣，也不能说是还俗），那是佛教的大不幸！但一再遭受迫害（被迫还俗又出家），引起的副作用——还俗而又自由出家，是相当大的。中国出家众，是多苦多难的！如一九四八、四九年间，有的出家人，被强迫地抓来从军，有的为了避难而混在军中。来台湾后，再设法次第地回到僧中（有的就一去不返）。又如服兵役后出家，逢到临时召集，还得改装去参加几天。这样的脱却僧衣，重新穿上，是"王难"一类，出于无奈，是可以谅解的。不过被迫改装再出家，还是会引起副作用的，僧伽是会一天天杂滥起来的。如要整顿佛教，要先将一切出家的纳入组织，有出家与舍戒的档案可查（及"王难"而被迫的），进一步做到破戒（不是犯戒）的勒令还俗，不得再出家，僧团才会有清净的可能。

（录自《华雨集》四，151—158 页，本版 99—104 页。）

五　受戒难·受戒以后更难

听说，嘉义的大仙寺不久要传授戒律。这在中国，是一桩大事，大功德，不能不随喜赞叹。因为佛法的是否住世，全在有否如法如律的僧伽。

一般以为传戒是了不得的大事，其实佛制受戒，并不太难。授戒的，要有三师七证，这不但凑数而已，要有法定的戒腊，要自己能清净持戒。如明白戒律（论理是应该明白的）最好，但这不是学会"传戒正范"，是要明白止作两持，开遮持犯。如果说传戒不容易，也许是清净持戒的三师七证太难得了！受戒的只要有衣钵，不犯遮难。双方的条件具足，传受比丘戒法，一两点钟，究竟圆满。现在的藏地、锡兰、缅甸，还是如此。

中国一向郑重其事，提倡集团传戒。人数一多，问题也多，自然时间要长一点。然真正受戒——沙弥、比丘（再加菩萨戒），也并不需要太久。不过趁这个时候，教导一些礼拜、穿衣、吃饭、睡觉、行路等日常生活，在形仪上做到整齐，也是很好的。

有人见到中国佛教（不但是台湾）的衰落，以为病在传戒太潦草了。于是发表高论，有以为至少要三个月，有以为要一年、三年。这些，根本不知道戒律是什么，传戒是什么。受戒，只是在大(僧)众前,立定誓愿,决意受持某类(或沙弥,或比丘等)律仪,经大众认可。这等于参加党团,举行遵守党规的宣誓仪式。这是重要的、严肃的,但并不是繁难的,真正的难在受戒以后。依据佛的制度,受戒以后,立即开始长期的严格修学,至少也要五年。这才能陶贤铸圣,造就龙象。而我们中国,把传戒看成天大的喜事;等到戒牒到手,谁也问他不到,让他挂单去,赶经忏去,这才是大毛病。怪不得隆重传戒,被讥为粉墨登场,做作一番。

"中国佛教会"重视大仙寺的传戒,起来指导它,使能够像样一点,这真是大功德! 戒律原是马虎不得的。为佛教着想,中国佛教会以及参加传戒的大德,应该格外慈悲! 不但使传戒合法,还应该负起传戒以后怎样来严格训练的应有责任。这才富有意义,这才合法合律。否则,即使如大陆上那样的辛苦传戒,也不免被印光大师慨叹为"滥传戒"。整兴佛教,这确是值得重视的一着。

(录自《佛法是救世之光》,401—403 页,本版 263—264 页。)

六　答慧空尼

一、比丘、比丘尼戒，本为声闻乘戒法。律制半月半月（非限定十四日）布萨诵戒。中国佛教虽受比丘、比丘尼戒，而重在大乘，故半月半月诵菩萨戒者为多（诵戒制并未普遍推行）。

二、中国古代，比丘尼"二部受戒"，现存早期之史料，为梁慧皎所著《高僧传》卷三《求那跋摩传》、《僧伽跋摩传》。

三、师子国来传二部受戒制之比丘尼，虽未见明文，应是上座部系之赤铜鍱（锡兰岛之古名）部。二部制受戒，乃声闻律制，与菩萨戒法无关，故不得云"二部制的三坛大戒"。

四、以传授比丘尼戒而论，合法之授受，为二部受戒。印度旧制，比丘与比丘尼，不得住于一寺。尼众受戒，先于比丘尼僧中受具足；再往比丘寺中，于比丘僧中受戒，即经比丘僧之审定许可，乃为合法。今中国一般传授，尼众直接从比丘僧受戒，不合古制。或有自称二部受戒，而传戒者与受戒者，比丘与比丘尼共住一处，均与古制不合。

具足戒法传受之正当规制，受戒人多少均可，但每坛（次）不得超过三人。传戒者，比丘或比丘尼，应有十师——和尚、羯磨、教授及尊证七人。如在边地，佛法不盛，则可以五师（尊证二人)受具。凡为师长者,需满法定之年龄,即受具足戒十年以上,又须有智慧,能知戒法。比丘、比丘尼受具足,乃在僧(十师或五师)中如法举行,非从某一人受,故受戒以后,成为僧伽之一员。

五、中国之出家戒法,由印度、西域或南方(锡兰)传来。古代,《僧祇》《十诵》《四分》等多部流行。北魏光公以来,法藏部之《四分律》大盛。至唐道宣律师,精研《四分律》,蔚为学众所宗,而后渐归于统一。此后,接受戒法,虽时或衰落,而同属于《四分律》。如依《四分律》受具足,则不得别传他律。

上来,依律典古制而说。中国佛教以大乘为重,虽受出家(比丘、比丘尼)戒,然与拘泥古制(声闻乘立场)者不同。昔在印度,佛灭以后,声闻乘部派繁多。如大众部系之鸡胤部,于律制可依而不必定依。如式叉摩那,律有明文,然在印度早已不受重视。宋代来华之求那跋摩三藏云:"戒法在大僧(比丘僧)中发,设不本事(疑有误字,意指不从比丘尼受),无妨得戒,如爱道(爱道为佛姨母摩诃波阇波提之意译,从佛得戒)之缘。"推此意,则比丘尼直从比丘出家、受戒,亦无妨也。惟男女杂厕,易滋流弊耳!戒律本为世间法("毗尼是世间中实"),含有道德轨范、生活轨范、团体共住轨范。生活与团体规制,因时因地而有所异,有不得不然之势,此固非抱残守缺,拘泥教条,不知制律之意(学律应知制律之因缘,故曰"毗尼因缘所显"),自诩为严持戒律者之所知也。

(录自《华雨集》五,245—247 页,本版 167—168 页。)

七　关于破僧

　　"破僧"是什么意义？僧是梵语僧伽的简称。释尊成佛说法，很多人随佛出家。出家的弟子们，过着团体生活，这个出家的集团，名为僧伽。破僧，就是一定范围（"界"）内的僧众，凡有关全体或重要事项，要一致参加：同一羯磨（会议办事），同一说戒。如因故而未能出席，也要向僧伽"与欲"，"与清净"，僧众是过着这样的团体生活。这样的和合僧团，如引起净执，互不相让，发展到各自为政，分裂为两个僧团：不同一羯磨，不同一说戒，就是破僧。这样的破僧，名为"破羯磨僧"；如拘舍弥比丘的净执分裂（《五分律》二四），就是典型的事例。这一类破僧，当然是不理想的，但并不是最严重的，因为各自集会，各自修行，各自弘法，不一定严重地危害佛教。这一类破僧，最好是复归于和合。在未能和合以前，佛说："敬待供养，悉应平等。所以者何？譬如真金，断为二段，不得有异。"（《五分律》二四）不同的集团，都不失其为僧伽，所以都应受世间的供养。可是提婆达多的"破僧"，意义可完全不同了！以现代的话来说，应该称之为"叛教"。不只是自己失去信仰，改信别的宗教，而是在佛教僧团里搞小组织，争领导权，终于引导一部分僧众从佛教中脱离出去，成立新的宗教、新的僧团。这称为"破法轮僧",不但破坏僧伽的和合,而更破坏了正法轮。这种叛教的破僧罪,是最严重不过的五逆之一。在佛教史上,惟有提婆达多,才犯过破法轮僧的恶行。

（录自《华雨集》三,1—3 页,本版 1—2 页。）

八　关于供僧

供僧,就是供众。佛教的出家弟子,专心于自利利他的法业,生活所需,是依在家众的供施而来的。在印度,佛与出家弟子,每日去村落、城中乞食。布施饮食的,不能说是供僧,因为这是随来乞求的而施与,不是平等地施给多数人。如在家弟子,请多少(不定)众去他家里受供养,平等地供给每一位,那就是供僧了。在供僧中,"安居施"——七月十五日最隆重。佛制:比丘、比丘尼,在夏三月(四月十五——七月十五日)中"雨安居"。这虽由于雨季,不适宜到处游行,而三月中安居修行,也是好事,古人多有在安居中成圣的。所以安居终了,俗称"解夏"。那一天,附近的信众都来供养,称为"安居施"。除丰盛的饮食外,还有供养布匹(做新衣用)的、日常用品的,这是佛教的大节日。佛法是平等的,但法在世间,也不能没有限制。安居施只布施给在这里安居的,人数是一定的。如有听说这里的安居施丰厚,他处的出家人临时赶来,那安居施是没有他这一份的。出家众三月安居,到这天,受比丘戒的年龄,长了一岁,所以比丘(及比丘尼)的年龄,古称多少"夏"。中国佛教不重安居,与世俗的年节混合,所以变成"僧腊"了。这一天,比丘、比丘尼都大了一岁,如父母见儿女长大一样,所以称为"佛欢喜日"。可是中国佛教,七月十五日与饿鬼相结合,成为超度鬼魂的佳节。唉！佛法的演化,有些真是出人意外的!

信众(出家人也可以)到寺院里"打斋"(西藏称为"放茶"),平等供养,就是供僧。我受戒时,天童寺"打斋"的分供众、如意斋、上堂斋,那是依供养金钱多少而分类的。现在台湾戒会,在上堂斋以上,又有××斋、××斋,而最高的是护法大斋。一般人总说佛教守旧,其实创新的也着实不少呢!

七月十五日供僧,中国佛教早变质(度鬼)而忘记了。似乎《菩提树》杂志社发起七月十五日供僧,由信徒发心集合,购买些日用品,选定对象,到时分别寄去,每人一份。虽不是安居施,而确是唤起供僧的先导者! 台北莲花佛学院,多年来也发起这样的供僧。不到十年吧! 中国佛教界,在七月十五日,有斋(比丘、比丘尼)僧大会。元亨寺等,局限于南部县市;台北方面,是全省性的,真可说盛况空前! 四方僧到处远来,见面,晤对,可以增进佛教僧团的和合(团结),也许有些作用的。不过,一、全省性的斋僧,地区未免太广了。遥远的乘车(有的可以搭飞机),远地是要早一天动身的。为了参加一餐午斋(也许还有物品),而要费二、三天时间,总觉得不偿失。将来全国统一,如主办斋僧大会,远地的飞机往来,也要好几天呢! 二、某次斋会,是中佛会与城隍庙合办的(也许是中佛会名义被利用一下)。城隍庙的神像,是属于中国道教的;与中佛会合办,可能城隍爷已经信佛了? 两(?)年前,曾接到一份城隍庙的"月(?)讯",似乎也在努力宣扬。有一篇文字,主题是"佛由心成,教因魔兴"——八个字。"佛由心成",似乎肯定佛教的即心是佛,而"教因魔兴",显然是反对出家教团的。这八个字,原本是"道门"的老话。从城隍庙通讯看来,即使是自称信佛,或者加入"中佛会",而城隍庙分子的反佛教(出家)特性,明显地存在。我建议,要办斋僧大会,切不可与城隍庙、某某宫等合作。将来大家神佛不分,佛魔不分,谁来负因果的责任!

（录自《华雨集》四,158—161 页,本版 104—106 页。）

九　僧装改革评议

（一）僧装改革运动之回顾

僧装改革运动，在新僧派中，虽还不过说说而已，"试用"而已，但这个运动是存在的。被推尊为新僧领袖的太虚大师，早在青年时代，"服随国俗"而出现于公众集会的场所。他说："太虚……出言吐语，大都不经。僻形怪状，不理众口。然随宜示现，不存轨则。……就事相而论，发留一寸，本出佛制。服随国俗，自古已然。彼印度之比丘，固未始穿袍着裤，似吾国俗人今所目为和尚者也。"这位富于革命情绪的青年，勇敢地开始了僧装改革的尝试。此后，虚大师也曾拟过制服，虽没有实行，而"太虚帽"早被某些同袍所乐予采用了。鼓吹"现代僧伽"的闽南佛学院，也曾试用新的制服，据说曾用过一次。僧众受军训，受救护训练，各处都有过不同形式的新装。这些，都是抗战以前的旧事。抗战期间，《海潮音》编者福善法师，除了在"太寓"而外，出门总是披起那件类似大衣的大衣（个人使用，还不配称为僧装）。抗战胜利了，重庆风吹到下江来，焦山东初法师首先响应,发表关于僧装改革的论文,得到许多人的同情。焦山的僧伽训练班,秉承虚大师的意思,开始试用。然而,丛林的老上座们,另有一套反对的理由,有人作文反对。南岳明真法师,也不赞成。尤其是以"新僧派"自居的慈航法师,忠愤悲慨,竟然不惜与师友为难,在"护法"(《中国佛学月刊》出"护法"专号)的旗帜下,硬要打倒"伪装"。这个僧装改革问题,引起的纠纷真不小。虚大师说:"理智要更清明一点!"真的,我们应该更理智一点,从佛教僧伽的立场,来考虑僧装的改革。

(二)先要认清立场

僧装改革,是佛教出家众的服装改革。所以僧装无论如何改革,终久是出家众的服装。承认出家制有存在的必要,愿意站定出家岗位,这才有讨论僧装的应否改革与如何改革的价值,否则是多余的。讨论僧装改革,是以出家制的存在为前提的。那么,应进一步考虑,"出家"是什么意义? 在生活方式、行为操持,以及献身三宝的任务上,出家众与在家众有何不同? 有出家与在家二众,即应有出家与在家的差别。如忽视这点,将有一切似是而非的理论出现;僧伽的革新运动,可能造成一种非僧非俗的现象。出家可以学佛,在家也可以学佛,但我反对不僧不俗的,继承寺庙权益,受人信施,而营为纯世俗的生活。我想,僧装改革的倡导,是为了健全僧团,提高僧格,坚定出家立场,履行出家任务,而不是为了取消出家与在家的差别。这里,准备与这样的僧装改革论者,共同商讨。

(三)僧装的特点与问题

论到改革僧装,先应理解佛制僧装的特点,以及何故而有问题。这才能进而讨论中国僧装的应否改革,如何改革?

佛制僧装,即是"三衣",本是适合印度情况,参照印度服装,略加改革而成。所以今日南方的佛教国,与印度气候相近的,还大体保持佛制僧装的形式。但在温带及寒冷的地方,如我国内地、蒙、藏,及韩、日,即不能没有当地适用足以御寒的衣服。尤其是佛制没有鞋、袜、帽子,在中国等即不能没有。因此现代世界的僧装,不能完全一致。僧装的世界性与地方性,应如何使之协调? 我曾想:合理的僧装,应有统一的三衣与各别(适应各地)的便服,做到佛教国际间的统一而又能适合各地实际的需要。但这一构想,是并不理想的。因为服装的主要作用,在保持适当的体温。在印度,三衣固然有表征僧相,使与在家众不同的(制服的)作用,然佛制"但三衣",正因为印度气候炎热,有三衣即足够保护体温了。三衣在印度,是表征僧相的,也是实用的,做到了标相与实用的合一。但在中国、日本等地,僧装无形中分化了:三衣但有标相——宗教礼服的作用,而保持体温的实用,却有另一类服随国俗的便服。三衣而失去了世俗保温的实用,是会慢慢被忽略的,只能在特殊的节日或场所,点缀庄严而已。三衣在印度虽是非常便利的,但在中国等地区,却成为麻烦的。记得我受戒的时候,先穿好一切便服,再披五衣,又加七衣,然后搭上大衣,不免麻烦。佛制三衣与实用合一,所以经常服用。五衣是贴身的内衣,连睡觉也穿着。在参加众会——羯磨、布萨、饮食等时,即须加穿七衣("入众衣"),可说是常礼服。如走进村落都市、王宫官署、乞食、说法,再披上大衣(大礼服)。三衣不只是表征僧伽德相,且有世俗实用,这才能成为僧众日夕不离的僧装。在中国,三衣没有实用,所以只能在受戒等场所,偶尔表演一下。我们常用七衣,但里面并不着五衣。走入都市或者去乞施,也不着大衣。甚至"三衣不离"的律师,也只能法宝似的随身携带。这决非中国僧众轻视三衣,不遵佛制,实有其实际的原因。三衣虽是佛制的僧装,但五衣算不得礼服。所以在服随国俗的便装而外,再加三衣为制服,不但麻烦,也不合理。这个僧装的标相与实用,应怎样去统一!

　　僧衣本同于一般的服装。但在僧制的建立过程中,僧装向一个目标演进,即表彰僧相使与在家众不同。在颜色方面,为了简别印度在家人的多穿白衣,特别采用染色。染色,不用鲜艳的正色,而取朴实无华的古铜色、灰色、红而暗黑的缁色等,这是服色的不同。在形式方面,采用了割截的福田衣,象征僧团为人类功德生长的田园,这是形式的不同。僧装唯一的倾向,即是要与在家衣有显著的区别。佛何以要制"三衣不离"? 只是要僧众随时随地,能以服装表明佛教出家者的身份。为了爱护佛教,爱护自己,在社会众目睽睽的注视下,警策自己,约束自己。至于佛教内部,一岁比丘如此,百岁比丘也如此,就是佛也如此,一律服用三衣,平等平等。所以,对外差别,对内平等,为佛制僧装的原则。

（四）中国僧装改革的诤论重心

中国不是印度、缅甸……，三衣不够御寒，因而演成佛制三衣与随俗便服的分化。圆领的海青、长袍，大体同于清代以前的中国俗服。到清代，在家人改用满装的方领，容许出家众沿用旧装，于是乎现代中国僧伽的便服，与现在的中国便服脱节。这本是僧众的便服，因为与俗人便服不同，习久相传，成为公认的僧装。讨论中国僧装的应否改革，不能忽略此一事实。事实比之理论，或许更有力量。僧装的改革者，并不是推翻三衣，不过改变不合时宜的便服，何用大惊小怪！然在中国世俗共许的观感上，此圆领衣实已取得表征僧相的作用。所以如加以改革，不能代以明确表显僧相的服装，势必造成进（山）门做和尚，出门充俗人的流弊。僧装改革者，应该记住这一事实，才能认清论诤的焦点。

（五）向反对改革者进一言

我是赞同中国僧装改革的，所以先要向反对改革的老上座们说几句话。反对的理由何在？可惜我还没有看到。我相信，反对者的根本动机，唯一的理由，即为了维护僧制，不忍看进门做和尚，出门充俗人，因而引起不堪设想的流弊。为了护持佛教，沉重的责任感，不能不出来反对。在这点上，我是完全同情的。然反对如此改革，仅是消极的，维持现状的，不是僧装问题的解决。可以反对如此改革,而不应反对改革,应该进一步地研讨足以表显僧相的改革。我们知道,释迦老子的制定僧装,并非保存印度古代的树叶衣、树皮衣,或者寸丝不挂的天衣(裸体)。佛是参照印度当时的一般服装,加以颜色及割截的区别而已。释迦时代的僧装,是参照时代的俗服,而自称佛弟子的中国僧众,偏要保持时俗废弃了的中国古装——圆领方袍,是何道理?所以,不应当反对僧装的改革,而应研讨合理的改革!

(六)回到祖国的怀抱中来吧

东初法师提议的僧装改革,慈航法师是根本反对的。他不是反对中国僧装的改革,是反对僧装的如此改革。他的热情、耿直,横溢于"护法专刊"的言论中。

我想以同门、同学,同属于新僧的立场,先说几句家常话。老学长"太鲁莽了",自以为是新僧,而不大明白新僧的实际。从有新僧以来,照例是宣传多于事实,说过也就算了。"中国佛教会的命令","全国通行",还不是学僧们吹吹而已。××寺与××寺的经济基础,还离不了香火佛事,谁敢不顾一切地全盘改装。论到改装,除少数的大和尚与当家的,在这经济困迫的年头,哪有这分力量! 一分清苦的学僧,连笔墨都还成问题呢! 仰望寺院、学院拿出钱来,那不过是学僧们的幻想。就像住持焦山的东初法师,也未必真能慷常住之慨,让焦山的学僧们,"纠正心理上的不健全,……使僧青年思想发酵"! 中国是会做文章的国家,学僧是正学习写作,这哪里认真得!

反对如此改革，"尽可向作文的一二人，在《海潮音》去辩论"。假定《海潮音》不愿发表，《中国佛学》不是现成的吗？何必说"打倒"，闹"脱离"？现阶段的中国佛教，中国的僧青年，都在盲目地碰命运，谁也难得领导起来。虚大师苦心孤诣的鼓舞作育，何尝敢以新僧的领导者自居！领导，也不过"提示"而已，"试用"而已。到底应该如何，还不是慢慢的，让时间去作最后的决定。热诚的老学长，到底远在异国，不明了现代中国新僧的实情，以为真的改革了，这才忠愤奔放，甚至要请大师负起"祸及万年的因果责任"。老学长！这不过"试用"呀！

撇开私话，再谈公理。关于僧装改革，慈航法师的主张，不失为一项办法。但所持的改革理由与方法，都是可商讨的。为甚么需要改革？他以为："佛教的教主既是一个，佛教的仪式当然也是一样。除了中华系的佛教（包括安南、日本、朝鲜、藏区、蒙古等），僧装奇形怪状外，人家南方的佛教，他们的僧装是完全一合相的。"这样的改革理由，未免过于薄弱，那是未能认清僧装的特点以及何故而有问题。教主是一，服装是一，当然是很理想的。但事实告诉我们，全世界的僧装，为了服随国俗的差别，保持体温的实用，不能没有差别。就像慈航法师建议的僧装，三衣而外，也不能与佛教国合一。随方异宜的便服，时过境迁，或在另一地方的人看来，都有点希奇。慈航法师虽然生长中国，可惜与祖国别离的时间太多，受异邦风俗的熏染，这才会批评中华系的僧装为奇形怪状。要知道，圆领方袍，在中国古代，真是适时合俗，雍容大雅的便服。什么奇怪！不穿裤子才奇怪，黄头黄脚才奇怪（懂得服随国俗，也就无所谓奇怪）！记得法尊法师从西藏(绕道印度)归来,披起南方佛教常用的黄袈裟,上宝华山去。知客师问他:"怪模怪样,穿的是什么?""袈裟。"知客师叽哩咕噜地说:"袈裟怎么不三不四的。"问起来山做什么?"看密师父,密师父约我上山。"知客师这才弄清了来人是谁,除了通知和尚,恭敬地陪到丈室以外,还搭衣持具求忏悔。这个小小的笑话,说明了"少见者多怪"。所以,"他们(南方佛教国)看见中国和尚,都说不是和尚",这不过愚妄者的浅见。应该好好地开导他们,焉能把这些作为中国僧装需要改革的理由。

忽略了服随国俗的正确性,多受他乡风习的熏染,所以提议:"黄衣简别俗服,袈裟表示僧相。""只知道简别俗服,和南方各佛教国的僧装是一色黄",而不能虚心地研讨佛制,甚至说:"什么黄色合不合佛制,那只好去问佛",这成什么话!这何必问佛,中国所传各部派的律典,都用杂染色(南方所传的律,也还是这样);袈裟就是杂染色的意思。弘扬"中国佛学",应当"竖起堂堂正正之旗",改革一色黄的服装为杂染色,怎么反而要中国人去跟别人学?他以为:"若再用黑色和灰色,刚刚和俗人一样分不清楚。"不知杂染色是僧装古制,本为了简别印度的白衣,各处风俗不同,我们哪里能禁止俗人采用?哪里可以因他们采用而我们就不用!至于说:"全世界的人,只有和尚穿黄,在家人唯有不穿黄",也未必尽然。古代的帝王家,多穿黄色。"黄袍加身","黄袍换去紫袈裟","钦赐黄马褂",这应该听见说过吧!在南方,或者还感觉到一色黄的尊贵。在现代中国,黄帽、黄鞋、黄衣,会被人看作封建余毒,如何使得!鲜明的黄色僧装,招摇过市,中国人看起来,这才奇怪呢!

"袈裟表示僧相",大体是正确的。然建议的内穿便服,外披印度式的袈裟,不过中国僧装的老办法。从来的中国僧装,就是在随俗便服的圆领衣上,披上袈裟,结果却引起了问题。佛制袈裟,是在印度当时的俗服上,加以杂色与条纹的标相,是表征僧相的,也是实用的。建议的一色黄,未必合于佛制。而外披袈裟,仅有表相作用,缺乏保持体温的实用。失去实用,袈裟是纯宗教的服饰,会慢慢被轻忽起来的。这哪里是尊重!不离日常生活的、实际的、活的袈裟(三衣),被弄成脱离现实的过去了的古董。我们的僧装,应该有明显的标相,我同情慈航法师的原则。但他建议的理由与办法,不免缺乏对中国佛教的理解与同情。

(七)新乎僧乎

东初法师建议的"改革僧装与提高礼服",附记说:"这只能算是笔者的建议,是否有当,尚待僧中知识见教。"那种虚心与敢于建议改革的胆识,真是太好了,引起我对僧装改革的考虑与商讨的决心。但我以为,这不仅是"笔者的建议",而是代表部分或大部分的"新僧"。"新僧",是进过佛学院的(也不一定重视佛学),年轻点儿的。东初法师不过代表这"新僧"群的意识,吐露"一般人都认为有迅予改革的必要"的要求而已。

改革僧装的理由,主要是:"今日僧装穿起来那种腐败的样子,就给社会一般人一个太坏的印象。……总之,社会群众给我僧众这种冷视的态度,以及种种讥笑,并不是由于僧众心理上或行为上有什么弱点暴露，或是僧众知识能力不够，其主要原因，乃由于僧众服装不能适合群众的心理，因而博取不到群众的欢迎。"这个改革理由，是歪曲的，倒果为因的！今日僧众的遭受社会冷视与讥笑，坦白地说，不是别的，正"由于僧众心理上或行为上"的"弱点暴露"，是僧众的"知识能力不够"。近代的中国僧众，道德、知识与能力，普遍的低落。在社会的群众心目中，不断地印上恶劣印象，这才渐渐地从信仰而怀疑，从尊敬而轻视。等到造成了轻视的社会意识，那就不问你的知识能力与道德如何，只要见了表示僧相的僧装，就会发出轻视与厌恶的表情。这哪里是"僧装之累"？分明是集团累了个人，僧众累了僧装。也就因此，仅是形式（僧装）的改革，或个人的学德，不能有效地改变社会对于中国僧众的冷视与讥笑。如不能认清这点，或故意地不肯承认，想将僧众遭受歧视讥讽的种种难堪，归怨于僧装的腐败，这不能不说太缺乏反省，太自欺欺人了！我希望一般"新僧"并不如此，而只是建议者个人的错误。

基于改革理由的错误，建议的"提高礼服"与"新装样式"，自然也不免犯着严重的错误。他建议除了少数人在特殊时节（宗教礼节），穿着高贵的礼服而外，平时与一般僧众，都改着新装。新装又分德僧服、职僧服、学僧服三品。此种新装的缺点，一、不合僧装对内的平等原则：佛制三衣，是每一比丘所必备的，并没有级别。依照建议的新装，服装将要表示我们的阶级——知识深浅，能力强弱，职位尊卑，德学高低了。这个错误，虚大师是深刻理解的，所以说："此衣之式，略同东初所议职僧服；废德僧、学僧服。"僧装应符合佛制的平等原则，不能有级别的区分。

二、缺乏僧装对外的表相作用:依建议改革的新装样式,不免与在家人服装相混杂。

我相信,新装的拥护者,会用不同的理由来辩护。初步的理由是:我们的新装,并"不同于俗服"。的确,新装的样式,并不与世间的任何服装完全一致。但这种不同,在一般的社会群众,不能一望而知地发觉它的差别,也不能从这点不同中,知道你的身份。简单说,这样的服装,不能明显地表示出僧侣的身份。所以"不同于俗服"的理由,不过是诡辩而已。

温和的修正者,会解说给我听。佛制的三衣是应该遵用的;试用的新装,不过是俗服的改变。有合时宜的便服,有表征僧相的僧装;过去的三衣与海青等,不也是这样的吗? 但这种解说,不能使人满意,因为不足表征僧相的根本问题,并没有解决。佛制表征僧相的僧装,决非专用于上殿、过堂或者说法,而是不离身的,随时随地能从服装中表彰僧伽身份的。现在仅有遵用三衣的空名,不过在山门里用用而已。穿起新装,特别是走向十字街头,试问僧相何在? 如此种新装而普遍使用,进门做和尚,出门混充俗人的流弊,势必不堪设想! 过去中国僧人的便服(圆领衣),与时装有显著的差别,所以出门不披袈裟,仍能表彰僧人的身份。试问试用的新装,能否如此?

新装的建议者,早已自觉到"不同于俗服"的理由是不成理由的,所以索性否定区别僧装与俗装的必要说:"僧众与在俗人,不必在服装上分别,要在心理上分别,要在言行上分别。"在心理上、言行上分别,是对的,不必在服装上分别,却是错的。佛制僧装的染色与割截,正是为了要在服装上分别僧俗,形式与实质并重。假定偏重实质的老上座,作如此解说,我倒还可以原谅,但他决不会起来建议僧装的改革。因为僧众的腐败与革新,不必在服装上分别,要在心理上分别,要在言行上分别。服装的新旧,有什么关系!新装的建议者与拥护者,不能把握社会歧视僧众的原因,浅见地专在形式上打算,想从形式的改变中,消除僧俗的界限,以逃避社会歧视的目光。哪里还记得要在心理上分别,行为上分别!为了掩护自己的错谬言论,才伪装地唱起偏重实质的论调。

建议者又从另一理由,为缺乏僧相的新装作辩护:"事实警告我们,必须由山门内搬到山门外来,佛教才有办法。""要普及佛教于社会(使佛教与社会打成一片),首先要改革僧装,使得僧装群众化,把社会群众与僧众间隔碍化除,达到四摄法中同事化导的目的。""搬出山门外",不外乎僧众健全,能以佛法化导社会,因社会群众的信解佛法,奉行佛法,达到人间佛化的目的。搬出山门外,决非等于取消僧相;保存僧相,也决不会障碍佛法(如天主教的神父、修女,服装特殊,并不障碍该教的普及)。真正有心为教的青年,应该精进地、辛辛苦苦地把佛法搬出山门外,决不能取巧放逸,光是拆掉山门就完事!佛教是有僧众与信众的差别。佛制僧伽,以住持正法为究极目的,类似天主教的神父,基督教的牧师,以及政党的从事党务工作者。所以僧众的化导社会,在乎怎样的教化信众,组织信众;信众就是遍入各阶层各部门的。不仅普及社会,而要实行佛法,化导社会,改造社会。这样的分工合作,才能达成佛化世间的理想。不能明确地意识到自己的应尽责任,而企图化僧为俗,从事信众的社会事业,如此的"与社会打成一片",不过放弃自己的责任而已,取消自己而已。退一步说,如确有为教的真诚,立志要从事社会事业,表现佛教精神,以转移社会心理,也许这更适合于自己的性格与兴趣,那就应该贯彻护教的真诚,退出僧团而改取在家的立场。

新装的建议者与拥护者,会严厉地反驳我。新装是这样的美丽合时,为什么硬要反对?说什么"不足表显僧相"。"今日僧众服装与俗人不同,但僧众的信仰言行,未见得比俗人高超,甚至不及俗人。"到底表显僧相有什么用处?我可以告诉大家:僧装的标相,可以使你尊贵,假使是佛法昌隆、社会尊敬的时代;也可以使你卑贱,假使是僧众窳腐、社会轻视的时代。单从社会的观感来说,表征僧相的形式,不是一定的。也就因此,社会的反应如何,不成为僧装改革的理由。单是形式的改变,不可能有效地转移社会观感;换汤不换药,是无用的。然而僧装的需要标相,却另有理由。佛的建立僧团,是预想僧团的清净和乐。有同一的思想与意志,同一的理想与实践,负起住持正法责任的。佛制戒律,古人立清规,近人谈整理,都是以此为理想而求其实现的。这当然要重视内容,而表相的形式,也可以(相对地)促进僧团的精纯。从生善方面说:僧相,能使自己意识到自己的身份与责任,尊重自己,爱护圣教(古人的一日三摩头,也是此意)。同时,僧相能表征僧伽的德相,易于使俗人识别而起敬信心。从止恶方面说:僧装有了标相,不致被人误会或牵连(古代本因被人误认为盗,才加上染色的区别)。同时,社会意志会加以约束,甚至强迫你履行僧伽的本分。所以"世间增上",为惭愧心生起的因缘。受到社会的约束,顾虑到社会的批评,不敢放逸去为非作恶。表征僧相的僧装，虽没有决定作用，而相对的作用是非常强大的。在佛法衰落的现代，正应该利用社会的约束与督导，而改革者却漠视它的价值，这等于夸谈水利而自毁堤防。

关于提高礼服，佛制的僧伽黎是被废弃了。七衣、海青等高贵礼服，不再是一般僧众的礼服，被奉献为少数阶级的特权与荣耀。这种非法建议，真是岂有此理！

何以而有提高礼服与改革僧装的建议？何以如此建议？构成此项建议的意识根源何在？应该是这样的：向山门外眺望，社会的一切是好的，值得追求的。可是佛教的制度，尤其是僧装，给以种种约束，不得自在。社会人士见了僧装，会立刻歧视、讥笑，连自己也觉得"那种腐败样子"了。但转身向山门内看看，觉得寺院的方丈、当家、法师们的尊严，优裕清闲的生活，是多么理想。从前，住金山与宝华，目的为了当职事，接法当家做方丈。现在时代变了，目的不变，进佛学院也还是为了这个。地主经济的寺产，加上信众的供养与礼敬，是值得留恋的，这些不是都可以取得的吗？然而，谁也不能老在山门里，特别是不大称心的时候，总得去外面看看。有时看久了，觉得外面太好，为什么穿上僧装的和尚，就不能这样呢！决计不干了！可是刚刚向外提起脚步，准备脱下这"腐败"的僧装，一阵说不出的空虚感，又把脚缩了回来。凭什么走出山门？财富吗？学问吗？技能吗？体力吗？或是社会关系吗？什么都没有。想到闲散惯了，一旦走入紧张争逐的社会，多少有点胆怯。越想越怕，心也越冷，还是关起门来做方丈的美梦吧！梦虽是那么美，可是时代的浪花，拍得山门震天价响，不由得揉揉眼睛，留心地察看：寺院的被侵占，寺产的被剥夺，土豪劣绅的压迫，社会普遍的讥刺：想到将来，眼皮儿再也合不上。这样的门外门内，千回百转，竟然找到办法了，而且是十全十美的。"改革僧装"，是多么前进呀！进退两难的苦衷，彻底解决，得到进退的自由。进门做和尚，不消说还是老一套。走出山门，事事无碍，社会人士不再会知道是僧人而加以轻视，也不会以僧人的本分来约束，好不自在！在普及社会的口号下，名正言顺地去学学世俗事业。假定取得僧界权位，也就算了，否则山门外的路宽着呢！这不能不说是好办法！舍不了寺院的财产与权位，受不了社会的刺激与诱惑，该是一般要求僧装改革者的意识根源。

不单是这样，如此改革的心理根据，还有蒂固根深的封建余习。在古老的寺院里，充满封建臭味的阶级性。看到清众衣食住的低劣情况，与和尚当家们作一对照，即可以想像而知。在大殿里，和尚才挂念珠，纠察只许手串，清众是一概不许。阶级性的古规，丛林里还多着呢！建议提高礼服的少数占有，新装式样的阶级性，唯有在这封建气味浓厚的寺院里，熏习成性，才会有意无意地建议出来。海青、黄鞋等，在建议者看来，哪里真是"腐败样子"，这不过是面对社会的自卑感。如在山门里，穿着黄海青，配上合掌帽、黄鞋子，挂一串念珠，一向是被赞赏为大雅美观的。所以被咒诅为改革理由的"腐败样子"的海青、合掌帽，在山门里，却一变而成为高贵的礼服，而且被规定为少数阶级的特殊礼服。这种根源于丛林的阶级意识，透过时代社会的刺激与诱惑，才交织成如此改革。此种改革，对外不像僧，对内

不够新,不新不僧的僧装改革,是难以容忍的,不能不加以彻底
的批判!

(八)我的建议

中国僧装是应该改革的。我的建议,可分两点来说。一、应
该改革;二、如何改革。现代的中国僧装,是应该改革的。不是
为了"奇形怪状",也不是为了"腐败样子"。理由简单明了,那
就是僧装应适合于时代及环境。从佛制僧装的意趣说,僧装即
是那个时代的印度俗服,佛不过加以染色及福田的割截相。佛
没有保存古印度的服制,也没有采用别处的服装,这原则是值得
我们遵行的。从契时契机的观点说,服装因时代因环境而不断
地演变。我们的住处、用具、交通,甚至饮食,都在随时代而推
移,为什么我们的服装,要停留在社会废弃了的古装阶段? 何况
这还是中国古装,与佛制无关。今天不变,明天还是要变的。终
于要变的,谁敢说佛法千万年住世,而中国僧装将永远是圆领
方袍!

说到如何改革,这必须是"合乎佛法,不违世间"的。原则
可以这样的决定:

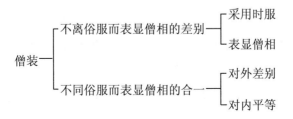

　　僧众负化导社会的责任,即不能使社会误会你为另一时代另一世界的人物,而有碍于僧众与信众的接近。我们应该效法释尊,采用此时此地的服装。以现代中国(内地)的服装来说,根本没有统一,有久经国人服用的满装,有舶来的西装,还有中山装。僧装不应硬性规定,采用某一服式,也不需要创新。在满装、西装、中山装中,如硬性规定某类为僧装,决难得僧团的共同满意。而今日中国的一般村镇,满装还非常普遍,如规定为西装、中山装为僧装,容易引起民间的隔碍。如规定满装为僧装,那在都市中,尤其是西化深的都市,或接近西化的信众,也未必恰当。多少带点党性的中山装,赞成个人的采用,也没有规定为僧装的理由。我也不赞成创新,不但新装的式样,不容易为全体所乐意接受,而规定的一律的新装,将来又不免旧了,我们将常为僧装的仍旧与创新而烦劳!我们只要有僧伽的标相,在共同的僧伽标相下,随教化的环境,随时代的演化,给予每人以服装选择的自由。这是何等彻底(不会再有僧装的改革问题)!何等简单!

　　这样的“采用俗服”,怎么能“表显僧相”?佛制僧装(三衣)的标相,是杂染色与割截相。至于长方形的布幅(袈裟旧样),不过是印度的俗服。如没有染色与割截相,在印度是不足以表征僧相的。今日的僧装改革,应为一劳永逸的彻底计划。尊重佛制原意,中国的僧装,不应采用印度式,而应该中国(俗服)化。即在现代中国俗服——满装、西装、中山装上,加以染色与割截的标相。杂染色不成问题,问题在中国俗服的怎样割截化?我们应该了解,割截不在乎割割截截,在乎作成田畦(稻谷)的形象,用以表示僧伽的功德,也就成为僧人特有的标帜。印度用长方形的布幅为衣,可顺着长方形的布幅而作成传统的袈裟。中国服装,想那样的截成五条、七条,是不可能的。好在福田相是僧伽的标帜,等于国民党(青天白日)的党徽。或制为长方形的旗,或制成圆形的、长方形的徽章。不在乎长方形的圆形的,不在乎旗与徽章,但同样代表了党,谁见了也知道是国民党,这就是标相的真正意义。所以,我建议福田衣条纹的僧伽标相,可仿照军人符号,做成长方形(宽度与长度,应视实际情形再作决定。但宽与长的比例,应依律制而比例缩小)的田形条纹,密着于右胸(一般徽章在左,但佛教是重右的)。为了免除进门挂上、出门除下的流弊,可仿照海青、长衫的牌子(中国古时俗服,此处本有花式。僧众采用,即不用花式而刺成牌子。有的说,这是代表衲衣相的),刺在服装上,明显地表彰出僧伽的身份。这一不离中国俗服而表彰僧相的建议,即不取中国古代的僧装与俗服分化,而恢复佛制的僧装与俗服合一。佛制三衣,即内衣、常(礼)服、大礼服,这是应该保存的古制。好在现代服装,不论是满装、中山装、西装,也有此种意义,所以不难协调。假定是满装,除裤子外,在衬衫与短袄上,可加刺五条田相。在长衫、夹衫、棉袍上,可加刺七条田相。在马褂上,可加刺九条田相。中山装与西装,都可依此而加上内衣五条、常(礼)服七条、大礼服九条的标相。这不仅是僧装与俗服的合一,而且是标相与保温实用的合一。如依此建议,不但中国内地的僧装问题彻底解决,而蒙藏、朝鲜、日本、南洋、欧美的僧装,也可以顺利采用而毫无困难。这种表彰僧相的僧装,对外是明确的,不同于俗相的,随时随地能表示出僧人身份的。这才真的能做到"三衣不离",而不是包起来带在身边的。对内却又一律平等,没有阶级性,表象僧伽的和合。合于佛制的原则,合乎世间的实况。统一而不妨差别的自由,差别而不碍统一的和合。在不息的演变中,不会顽固守旧,也不会标新竞异:我觉得这是非常合理的建议。

依佛制的意趣,僧装应该是:一、材料,以不杀生为原则。不得用丝织品。二、价格,以不奢侈为原则。佛教为一般民众的宗教,应保持淡泊、知足的传统精神。服装价值,可比例此时此地的农工,及一般中下级公教人员的情形为标准。三、颜色,以杂染色为原则。庄重、肃穆、宁静、和蔼,杂染色是最适当不过的。不得用纯黄等正色,及鲜艳的杂色。四、大小,以适中为原则。社会的服装,是时宽时窄、时长时短的,僧装应取乎中道。但宁可宽大一点,表示雍容宽大,切勿过于窄小,使人感到迫促。五、标帜,以显了为原则。在杂染色的俗服上,刺上五条、七条、九条的长短条纹,因为比例的缩小,如做九条以上,会混杂不明。至于标帜的颜色,为明显起见,可用黄色(中国现在的大衣,多用金线)的,但也不一定。此项颜色,佛教也曾有过区别,如五部的服色不同(西藏地区的红帽派与黄帽派);中国明初的僧制:"讲僧衣红,禅僧衣黄,瑜伽僧衣葱白。"此种颜色的不同,并不表示身份的尊卑,而只表示派别。中国僧装的标帜,或也可以参照这种旧例而略有不同。

总之,我的建议,在"合乎佛制,不违世间",作大体的论定。如觉得值得参考,那更需谨慎而周详的研考。尤其是有关实行的时机与步骤,是更不能轻率的。

民国卅六年二月十日,脱稿于世苑。

太虚按:吾原拟于修正东初职僧服上,再加以五条、七条、九条福田僧相的袖章或襟章,试制未试用,兹附提及。

(录自《教制教典与教学》,31—59 页,本版 14—33 页。)

一〇　僧衣染色的论究

(一) 袈裟是什么

　　台北诸山新年团拜,发起了僧侣服色统一运动,这是佛教界的一件好事! 研究小组发表的《中国僧侣服饰统一颜色商榷书》,说我国的僧服,"都是在家人服色,我们不宜于穿用,有违佛制。……应当同南传比丘僧服颜色一样"。圣严法师的《正法律中的僧尼衣制》,也依律制而有所说明。但律制难明,衣色还值得研究,所以我也来略加论列。

　　僧众所穿三衣,一般称之为袈裟。本来,衣的通名是支伐罗;僧衣的别名是僧伽梨,郁多罗僧,安陀会。习惯的称僧(三)衣为袈裟,义净以为:"北方速利诸人,多名法衣为袈裟,乃是赤色义(不尽然),非律文典语。"(《寄归传》卷二)其实不然,以袈裟为法衣的代名,是全佛教的公意,《法句经》、《长老偈》,早就这样称呼了。袈裟是一种颜色,如唐慧苑《音义》(上)说:"袈裟,此云染色衣,西域俗人皆着白色衣也。"玄应《音义》(卷一五)也说:"袈裟,此云不正色。"佛制僧衣,不得用印度俗人的白色,又不得用纯青纯黄等正色;称为袈裟,所以说"染色"、"不正色"。袈裟音为 Kāṣāya,与浊 Kaṣāya 音相近,所以或解为浊色。到底是什么颜色? 佛世并无一定。佛灭以后,那就要看习惯使用的颜色而定了。如北传(有部)说袈裟是赤色(汉译《善见律》说末阐提"着赤色衣",巴利原语就是袈裟);南传(铜鍱部)说是黄色(或译袈裟为"黄金色衣")。

(二)二类僧衣

说到服色,先要知道僧衣的二大类。一、粪扫衣:从垃圾堆、坟墓等处拾来的,早就沾染污渍或脓血的废布,洗洗补补,缝成衣服,名为粪扫衣。佛与弟子们,起初都是穿这种衣的。这种早就沾染杂色的粪扫衣,无论怎样的洗染,总是浅深不一,无法染成一色,所以粪扫衣是可染而不一定要染的。僧服的袈裟——染色、杂色衣,是从这样的服色而沿习下来的名词。二、居士施衣:自从耆婆童子供养贵价衣,佛开始许可僧众接受居士们布施的衣(布)。印度在家人习用的是白色,这当然要经过染色,才可以穿着。说到这里,有一论"三种坏色"的必要。在"波罗提木叉"中,说到比丘如新得衣服,要作三种坏色。各部律典对于三种坏色的解说,分为二说:甲说,三种坏色是"点净";乙说,三种坏色是"染净"。

(三)坏色是点净

甲说,以化地部的《五分律》(卷九·波逸提七七)为例:"若比丘新得衣,应三种色作帜,若青、若黑、若木兰。"佛制戒的因缘,是由于某比丘的衣服,与外道及其他比丘的衣服堆集在一起,无法辨认。所以佛制:如比丘得到了新衣——全新的,或新近得来的,要以这三种色,在衣上作一标记(大小有限度,也不能作图画)。这就是"点净"(净是许可的合法的意思),也叫"坏色"。"作帜",可见这并非僧衣的染色,而是作一标记,以便分别。作这样解说的,还有南传的《铜鍱部律》(大分别波逸提五八),大众部的《僧祇律》(卷一八·波逸提四八),摩偷罗(旧)有部的《十诵律》(卷一五·波逸提五九),《萨婆多毗尼毗婆沙》(卷八·波逸提五八)。依铜鍱部律的觉音释,这是在衣角上点色。《僧祇律》说:"当作点坏色衣。"《萨婆多毗尼毗婆沙》说:"一切如法不如法衣,不作(点)净,着者波逸提。""五纯色衣,不成受持(不如法衣)……若作三点净者,突吉罗。"这是说:不点净的波逸提;颜色不如法的突吉罗。与《僧祇律》点净、染净的分别,完全一样。《十诵律》也说得很明白:如新衣是青色的,应以泥色、茜色来作净;泥色的衣,应以青色、茜色来作净;茜色的衣,应以青色、泥色来作净;如衣是黄色、赤色、白色的,那就应以三种色来作净。这决非在各种颜色(黄赤等色,都不是纯色,纯色应先染净)的衣服上,用三色去染成坏色,而是以三种坏色作点净。

(四)坏色是染净

乙说,是法藏部的《四分律》(卷一六·波逸提六〇)、迦湿弥罗《根本说一切有部律》(卷三九·波逸底迦五八六)的解说。
此外,还有《萨婆多部毗尼摩得勒伽》(卷六),《根本萨婆多部律
摄》(卷一二·波逸底迦五八),《根本说一切有部毗奈耶颂》。
说到制戒的因缘,是因为比丘们"着白色衣(在家服色)行"。所
以《四分律》说:"坏色者,染作青黑木兰也。"《根本有部律》也
说:"染坏者,坏其白色也。"《毗奈耶颂》说:"新衣谓是白……染
色号袈裟。"论到染净与点净时,《四分律》说:"得新衣,不染作
三种色……着新衣者波逸提。""不作(点)净,畜者,突吉罗。"以
不染坏色为波逸提,不点净为突吉罗,与甲说恰好相反。

(五)应用何种染色

僧衣应该染色,不能用白色,是各部公认的。但应用什么染
色呢? 依甲说:如《五分律》(衣法上)说:"青黄赤黑纯色……应
浣坏好色,更染而着。"《铜鍱律》(小品衣犍度)说:"着真青衣,
真黄衣,真赤衣,真茜色衣,真黑色,真红蓝色(胭脂色)衣,真落
叶色衣者,突吉罗。"《僧祇律》(杂跋渠四)说:"不听着上色
衣……真绯(大红),郁金染(大黄),红蓝染,青染,皂(黑)色,
华色——一切上色不听(许可)。"《十诵律》(衣法上)说:"真青
衣及真黄、真赤、真白……比丘不应着。"这可见染色方面,只是
禁止大红、大黄等上色(五大色、五纯色)。依《十诵律》,知道衣
色有青、泥、茜、黄、赤、白等色(这都指非上色而说)。这只是禁
止一些上色(还有绮锦,斑色衣等,各家都不许穿),其他的染
色,就没有明确的规定。如依乙说,那染色就规定为三色。即使

规定为三色,僧衣也没有统一的服色。依据律制,僧衣(袈裟)的服色,就是这样(南传的律典也一样)。

法定的坏色——三种色,各部律一致,只是译名小不同而已。旧译的《鼻奈耶》,作青、皂、木兰。《五分律》、《四分律》、《僧祇律》,作青、黑、木兰。《十诵律》作青、泥、茜。义净新译的《有部律》及《律摄》,作青、泥、赤。(一)青色,这并非真青色。依《大众律》(卷一八)说,有铜青(青而黑的)、空青及长养青,长养青即蓝靛。(二)黑色,或作皂色、泥色(《僧祇律》也以泥色来解说)。我国丛林习用的墨色,及浅深不等的灰色,就近于这一类。(三)木兰色,或作茜色、赤色,巴利语为 Kalasamam,这是带有黑色成分的赤色,赤多黑少,就是绛色。黑色深一些,就是缁色。这三类如法的染色,都不是正色,而且也不许带有光泽。

(六)点净与染净

同一条戒,而甲说是点净,犯者波逸提;染色不如法,突吉罗。乙说是染净,犯者波逸提;不点净,突吉罗。二派的解说不一,判罪的轻重相反。佛制是不会两样的,这无非学派分化,由于环境习俗不同而引起的差别。就事论事,甲说应该合乎佛的意思。点净,在衣上作一标记,这有多大意义,而判不点净的犯波逸提呢? 在佛的时代,关系是很大的,因为当时的服色,并无严格规定(只是不用白色)。彼此的衣服,无可辨认,如不能确认而随便拿一件,拿错了是犯盗戒的。如拿了而有人来争取,说不出证据,结果是徒然的纠纷,甚或自取其辱。如因不能确认而不敢拿,那就自己失去了衣。在古代,物资并不丰富,衣服的得来是并不容易的。而且失去了,又要去乞求,又是一件难事。这含有道德的、社会的、经济的种种关系,所以佛特立点净的制度。至于颜色(佛是不会想到统一的),即使不大如法,多也不过引起讥嫌而已。所以染色不如法,是突吉罗罪。从当时的环境去了解,重点净而轻染净,是有充分理由的!

说一切有部,本以摩偷罗为中心(用的是《十诵律》),发展到北方。在北方,又以迦湿弥罗为中心而向外发展;所用的律,就是义净译的《根本说一切有部律》。法藏部的化区,玄奘传说:乌仗那国有法密(即藏)部(《西域记》卷三·《慈恩传》卷二)。乌仗那在印度西北边省的 Swāt 河流域,今属巴基斯坦。义净的《寄归传》(一)也说:法护(即藏)部“唯乌长那国,及龟兹、于阗杂有行者”。据《萨婆多毗尼毗婆沙》(卷五)说:“罽宾有二种僧:一萨婆多,二昙无德(即法藏)。”可见法藏部与有部,在北方的化区相同;所以解说三种坏色为染色的见解,也就一致了。三色,为法定的如法色,以三色来染衣,是自然的、合理的。如(甲说的)《萨婆多毗尼毗婆沙》,也就以三色为如法的染色。这样的情形,在佛教及社会上,渐成为公认的僧侣服色,也就取得了与外道及一般衣服的辨别作用。如法(三)染色的僧衣,不但不会被误认,盗贼也不会要,拿去既不好穿,也卖不了,当不了。僧衣染色的对外辨别,是明显而经常有用的。在这种情况下,仅有对内(比丘)辨别作用的点净,自然的成为次要。现代的南传比丘,染色的重要性,事实上也重于点净了。律文(成文法)的三种坏色,本没有明说是点是染。而“波罗提木叉”的解说,以及"犍度",起初都是僧团中的习惯法,传说下来,所以出入较大。佛教界以三色为染色的多了,凭这样的染色,就有辨别作用。这在传统不深的北印(佛灭一百余年才流行起来),学者就不自觉地重视染色,而以三种坏色为染净了。律制,本是渊源于佛制,在适应环境的僧团中发展完成的。如以我们现在的处境来说,也一定重于染净。所以迦湿弥罗有部与法藏部的解说,可说不合古旧佛制。但从现实的意义来说,也许更适合些。

(七)金黄色衣

南传佛教国的金黄色衣,研究小组诸公,把它看作律制;圣严法师似乎对之有点困惑。我也没有什么研究,姑且解说一番。金黄色衣,汉译《中含》确有"瞿昙弥持新金缕黄色衣"供佛的记载,但与此相当的南传《中部》(一四二施分别经),及宋施护译的《分别布施经》,都没有说金黄色,而只说是新氎衣。然而,金黄色衣是有根据的。南传《长部》(一六)《大般涅槃经》,说到佛在涅槃那一天,有名叫福贵的,以金色的细绢衣一双,奉上世尊。佛受了一件,要他把另一件供养阿难。阿难将金色绢衣,披在世尊身上。佛身的金色光辉,特别显现出来。这也是汉译《长含·游行经》、《佛般泥洹经》、法显译《大般泥洹经》所说。有部律《杂事》(卷三七)也说:"新细缕黄金色氎",当时"以刀截缕"(截缕净)而着。这件黄金色衣,传说很普遍,中国不是也有金缕袈裟的传说吗?这不但是黄金色,而且佛当时就穿在身上。四阿含经是声闻各部共诵的,但上座部特重《长阿含》,南传佛教就是自称上座正宗的一派。所以《长阿含经》所说的黄金色衣，在这一学派中，是会特别受到重视的。

　　巴利文典的四尼柯耶"与四阿含相当"，毗奈耶，对黄金色衣，与汉译一样的，还没有受到注意。而《小部》（俗称小阿含）教典，对金黄色衣是相当重视的了。小部《本生经》（一五七）说：拘萨罗王的宫女，以五百件衣（布）布施阿难。阿难分给同门弟子，染色而又割截成"如迦尼迦花色"的袈裟，着了去见佛。迦尼迦花，是黄色而又非常光彩的花。又小部的《小义释》，说到十六学童，都着黄色的袈裟而出家。《本生经》与《小义释》，集出的时间迟一些，但足以说明，金黄色的袈裟，在南传佛教中，早就受到重视了。《本生经》（一七二）的又一传说，极有意义。如说：瞿迦梨在大众中，升宝座读经（说法）时，下着乾陀拘罗尼吒草色的袈裟，上着迦尼迦花色（纯黄色）的上衣。乾陀拘罗尼吒色，大概就是乾陀色，是深黄带赤黑的袈裟色。所着的上衣，着在外面的，就是鲜明的黄色衣。从这一传说可推想为：渊源于佛曾受着的金黄色衣（阿难也有一件），受到一般的尊重。这种金黄色的法衣，起初是少数上座，及升高座读经说法时穿着的（如中国的大红祖衣，是住持主持法事，法师讲经所着的一样）。由于受到世人的尊重，普遍化而成为这一学派的特别服色。如以佛制的袈裟色，三种如法色来说，纯一的黄色衣，是"于律无稽"。但传说佛曾受着，而在佛教的发展中，建筑，庄严，衣服，一切都着重端庄严丽，起人信敬，黄色衣也就演化为南传僧团的庄严服色了！我觉得，律制的"如法如律"，是并不容易论定的！

（八）印度僧侣服色不同

佛世僧众的服色，已如上说。佛涅槃后，印度佛教由僧伽的弘扬而广大起来。印度僧众所着的法衣，是什么颜色？西元七世纪（后半），义净三藏从印度传来的僧制，专宗说一切有部。说到僧服的染色时，这样说："出家衣服，皆可染作乾陀。或为地黄黄屑，或复荆蘗黄等；此皆宜以赤土赤石研汁和之。量色浅深，要而省事。"（《寄归传》卷二）又在《百一羯磨》（卷九）中说："乾陀色，梵云袈裟野，译曰赤色。"可见这是赤多黄少的染色。西元七世纪前半，玄奘从印度传来的报告是："色乃黄赤不同。"（《西域记》卷二）据玄奘所见，那揭罗曷国保存的"如来僧伽胝袈裟，细氎所作，其色黄赤"（《西域记》卷二）。梵衍那国所见的，阿难弟子"商诺迦缚裟（即商那和修）九条僧伽胝衣，绛赤色"。这虽不足证明佛与商那和修的服色，但可代表当时北印度的袈裟色。玄奘所见的"黄赤色"、"绛色"、"赤色"，就是义净所传的"赤色"、"黄赤和色"，不过黄赤的成分，多少不同些而已。西元六世纪中，真谛三藏传说："袈裟，此云赤血色衣。"（《玄应音义》卷一五）这都是一切有部的服色。至于玄奘所传，赤色以外的黄色，应该就是南传佛教的金黄色了。

请注意一项事实！有部律虽以青、泥、木兰为如法的染色，但事实上已统一为赤色（微带黄黑）。同样的，上座系的铜鍱部律，只是除去正色，并未限定三衣的服色，而事实已统一为金黄色。僧衣服色的统一，并非表示全佛教的统一，反而是表示了宗派的对立。自声闻学派分化以来,不但义理与修持方法都有些不同;受戒、安居、布萨,甚至衣食住等生活习惯,也都是各有家风。同一宗派,同一律典,同一服色(后来宗派多了,就不一定如此),这是铜鍱部与有部的事实,明白告诉我们的。因之,在西元二三世纪时,传闻印度律分五部的服色不同,我是相信的。《大比丘三千威仪》(卷下)说:萨婆多部着绛色,昙无德部着皂色,迦叶维部着木兰色,弥沙塞部着青色,摩诃僧祇部着黄色。《舍利弗问经》也说到五部服色不同,但说萨婆多部着皂色,昙无德部着赤色,与《大比丘三千威仪》说相反。然而事实所见,萨婆多部确是着赤色的,所以应以《大比丘三千威仪》说为正。律分五部,是北方佛教的实际情形,所以没有说到南方的铜鍱部。我们没有事实可证明大众部不着黄色,所以对此五部的服色不同,不容怀疑。这一节,我要说明一点:古代僧侣的服色统一,并非全佛教的统一,而正代表宗派的对立,各有家风。现在南传佛教的一色黄,并非律制;并非全佛教的服色应该这样,而是说他们——锡兰、缅甸、泰、寮、高棉的佛教,属于同一宗派(上座分别说系铜鍱部)。所以,中国佛教是否"应该同南传比丘僧服颜色一样",还值得讨论!

(九)中国僧众服色沿革

中国佛教,与北印度及西域的佛教,有特深的关系(晋宋间,始渐接触中印的佛教)。起初,出家者的名字,都加上师长的国名,如于、支、竺、安、康、白(龟兹),什么都随师学习,服色当然也跟着改了。其中北印度最盛大的学派,有部僧侣来中国的最多,也就与我国初期佛教的关系最深。《大宋僧史略》(卷上)说:"汉魏之世,出家者多着赤布僧伽梨。"这应是据《牟子理惑论》的"披赤布"而说。这是说一切有部的服色,但在中国,僧侣穿"缁色",早已为社会所公认。缁色是"紫而浅黑","浅赤深黑";如黑色再多一些,近于黑色。所以说到在家与出家,就说"缁素"、"缁白"、"黑白"。在北方,罗什的时候,已经如此。如姚兴令道恒道标罢道说:"苟心存至道,宁系黑白?"(《弘明集》卷一一)一直到北周时,还因"黑衣当王"的谶语,引起破坏佛教事件。在南方,宋文帝时,慧琳作《黑白论》;人称慧琳为"黑衣宰相"。这都可为那时的僧侣,都着缁色衣的证明。梁简文帝作《谢敕赉纳袈裟启》(《广弘明集》卷二八),颜色是"郁泥",似乎也是缁色。这种缁衣,实从有部的赤衣演化而来。赤衣并不是大红,也是红中带(黄)黑的。黑少红多,那种深红(被喻为血色)的颜色,可能不为中国僧众所欢迎,所以加深黑色,成为缁色。依律制,这是如法的染色,似乎比有部的更好些。不过,中国的僧服,不可能统一。律部传来了《四分》、《五分》、《僧祇》、《十诵》;五部服色不同,也传闻于中国了。在印度的声闻学派,不但律制(寺院组织,衣食制度等),就是义理、修持,都各有特色。在中国,一方面是大乘盛行,一方面是缺乏一贯坚定的宗派意识。所以,会随西来的服色不同而改变;也会探求律典,自行决定。缁白、黑白,虽成为公论,而据《僧史略》(卷上):"后周忌闻黑衣之谶,悉屏黑色。着黄色衣,起于周也"(时在西元六世纪中)。缁衣外又多一黄衣,但不知是否如南传一样的黄色！

"满朝朱紫贵"，正红与紫色，是受人尊敬的士大夫的服色。据《事物纪元》：唐武后时，法朗等译《大云经》，并赐紫袈裟。这种赐紫的制度，一直沿用到宋代。紫色不属正色，虽西方僧众很少穿它，但也不违律制。唐时，印度佛教，除了黄色外，已统一为赤色。《四分律》南山宗的道宣律师，在《释门章服仪》中说："木兰一色，此方有之。赤多黑少，若乾陀色。……今有梵僧西来者，皆着此色。"可见他虽然推重法藏部的《四分律》，而服色却顺俗而同一切有部。不过，三坏色中的木兰，其实与赤绛并不相同（参五部服色可知）。木兰色不如赤绛色的深红，反而是黄赤杂和而带黑色，也可说近于中国的缁色。尽管中国谈律，以后都说南山，而服色却并不尊重道宣的规定。到宋初，从赞宁的《僧史略》看来，僧侣服色，到处不同（也许是唐末衰乱，彼此割据所造成的不统一）。如说："今江表多服黑色赤色衣。时有青黄间色，号为黄褐，石莲褐也。东京（汴京）关辅，尚褐色衣。并部幽州，则尚黑色。"正黑色，赞宁也说是不如法的。大概是误解"缁白"、"黑白"的本意，以为缁色就是正黑色吧！

元世祖时，"赐讲经僧红袈裟"（《释氏稽古略续集》卷一），可说是大红祖衣的来源。到明初，国家对佛教有一番整理的意愿，曾分僧众为三类：禅僧、讲僧、瑜伽僧（密宗、应赴僧）。规定为："禅僧衣黄，讲僧衣红（承元制），瑜伽僧衣葱白。"明代重禅，也重黄色。旧有佛着金缕衣的传说，而黄色又是王家的服色。所以不但规定禅僧衣黄，太祖还赐道初法师"金缕僧伽梨"；成祖赐雪轩禅师"金襕衣"（《释氏稽古略续集》卷二）。然而，这些已早成陈迹！现在服色纷乱，虽不一定"有违律制"，但如能统一服色，表现中国佛教的统一，到底是一件好事。至于什么颜色更适合些，那应该要在尊重律制、尊重传统的原则下，而后审慎地决定它！

　　（录自《教制教典与教学》，61—79 页，本版 34—46 页。）

第五篇　戒学拾零

一

释尊最初在鹿苑度五比丘出家,人数少,根性利,所以只简单地提示了师友间的生活标准。到出家的信众一多,不论从人事的和乐上看,修学的策导上看,环境的适应上看,都非有团体间共守的规约不可。十二年后制戒,组织也就一天天地严密起来。僧团的规律,因种种关系,制了又开,开了又制。佛灭后,弟子间因思想与环境的不同,分化为大有出入的僧制:有从严谨而走上琐碎的,如上座部;有从自由而走上随宜的,如大众部。佛教到中国来,虽没有全依律制,起初也还是依律而共住的。后来,先是律寺中别立禅院,发展到创设禅院的丛林,逐渐地产生祖师的清规。这清规还是因时因地而不同。到现在,又渐有不同于过去戒律中心、禅那中心,而出现义学中心的僧团。总之,佛法的思想、制度,流行在世间,就不能不受着无常演变法则所支配。若把它看成一成不变的东西;或以为佛世可以变异,后人唯有老实地遵守,说什么"放之四海而皆准,推之百世而可行";或以为祖师才能酌量取舍,我们只有照着做:这就是违反了佛法——诸行无常法则的佛法。

（录自《以佛法研究佛法》，4—5页，本版3页。）

二

　　思慧成就，也即是净戒具足。约大乘说，也就是慈悲、布施、忍辱、精进等功德的成就。我们对于佛法的进修，正信与正解（见）只不过是初步的成就；次一步的功行，便是将所信所解付之于实际行动，让自己的一切身心行为皆能合乎佛法的正道。思慧，就是从听闻信解而转入实际行动的阶段。它虽以分别抉择为性，但却不仅是内在的心行，而且能够发之于外，与外在身语相呼应，导致众生诸行于正途。在佛法的八正道中，先是正见、正思惟，然后乃有正语、正业、正命。这即是说，有了正思惟（思慧成就），无论动身发语乃至经济生活等等，一切都能纳入佛法正轨了。这是由思慧成就而引出圆满的戒德。同时，大乘的净戒，常与悲心相应；在净戒中，可以长养悲心；也唯有具足悲心，才能成就完善的大乘净戒。悲心与净戒，有着密切的关联性。佛教的制戒，原来具有两面性的意义：一是消极的防非止恶，一是积极的利生济世。究其动机与目的，则不外乎自利与利他。自利，可以压制烦恼不生，得到身心清净；利他，乃因见到众生苦恼，不忍再加损害，先是实行不作损他的坏事，即防非止恶的消极表现，继而发为利乐饶益有情的悲行，也就是大乘悲心的成就。所以菩萨受戒，不仅为自净其身而防非止恶，同时尤重饶益有情的积极行动。因此布施、忍辱、精进等大乘功行，都与净戒俱起。

（录自《学佛三要》,190 页,本版 126—127 页。）

三

律的研求,是"因缘所显",是要从制戒的因缘中去显发佛意。戒律,狭义是戒经,广义是一切律制。这些,佛为什么制?为什么制了又开? 开了又制? 如不把制戒以及制订僧团法规的原意弄明白,就不能判别是犯是不犯,犯轻或犯重;也不能随时地环境的不同,而应付种种新起的事例。所以,律师不仅是严持律仪,而是要善识开遮持犯,善识时地因缘,能判定犯与不犯,也能如法地为人出罪。我国的律学久衰,僧众不能依律而住,这才学会口呼"一起向上排班",也就以律师见称了!

（录自《教制教典与教学》,159—160 页,本版 102 页。）

四

尊敬比丘勿得呵毁:在家信众对于出家人应该尊敬,不能呵毁。如《十轮经》(卷三)说:"若诸有情,于我法中出家,乃至剃除须发,被片袈裟,若持戒,若破戒,下至无戒,一切天人阿素洛等,依俗正法,犹尚不合以鞭杖等……或断其命,况依非法!"说起出家人,凡于佛法中离俗出家,剃除须发,穿上袈裟,就是出家了。但出家的也有好几类:有持戒的,有破戒的,也有无戒的。什么叫无戒? 是已现出家相,但于佛法衰微处没有受戒,随便披起袈裟,看起来也是出家人了。依国家正法,犯什么罪,判什么刑。但凡是持戒、破戒或无戒的出家人,即使触犯刑科,也不应该鞭打拘禁,或断其命。依国家正当的法律,尚且如此,何况不合法的枉刑冤狱呢?换言之,不论如何,只要是现出家相,入僧团中,就不可以世俗的法律或非法的刑迫。佛法自有律法处理,如上面说过,在泰国的出家人如犯了法,由出家大众将他脱去袈裟,逐出僧团,然后才受国法制裁。为了尊敬三宝,不应随便地以世俗的法律来呵毁刑责。

　　清净持戒的比丘,当然不得以世俗的非法来刑责,那些破戒无戒的,为什么也不能以世俗的法或非法来刑责呢?这是有着深刻意义的。如《十轮经》(卷三)说:"破戒恶行苾刍,虽于我法毗奈耶中,名为死尸,而有出家戒德余势。"又说:"出家者虽破戒行,而诸有情睹其形相,应生十种殊胜思维,当获无量功德宝聚:念佛、念法、念僧、念戒、念施、念忍、念出家、念远离、念智慧、念宿植出离善根。"依经文的意义是:破戒比丘,犹如死尸(不可能现身修行证果),佛法大海,不能再容纳他,所以应逐出僧团。但犯戒的恶行比丘,过去曾于出家僧团中受戒;虽然破戒,还有戒德余势。换言之,破戒比丘不是破坏一切戒善,还有些功德在呢!如曾盛过香料的盒子,拿去香料后,还留有香气。破戒者因曾经受戒,所以还有些功德,还能令见者生起十种殊胜思维,增长福德。说到这里,大家倒可以想想自己。现在虽学佛而或者程度已较高了,已受五戒或菩萨戒,但最初是怎样信佛的?当然,有些是遇着大德法师而生起信心,皈依佛法;有些却是幼年在家乡时,见到平常的出家人,慢慢与佛法结缘而学佛;或者见到的是不成样的出家人——破戒或无戒的,也许初见的印象不太好,但还是使你生起良好的观念,知道有佛有法有僧,而种下现在学佛的种子。所以破庙中的佛像,或旧书堆里的佛经,破戒的出家人,都能引起众生对三宝的信心。这样,破戒无戒的比丘,是能令人生起功德,增长殊胜思维的。如念三宝功德不可思议,念持戒、布施、忍辱功德,生起出家,远离烦恼,想到寻求智慧,自己于过去生中的善根。所以若在出家人立场说,破戒恶行比丘,应逐出僧团;但在信众方面说,还能令人增长功德,可作众生福田。总结地说,能持戒的,固然理想,应加崇仰;破戒的,即使知道了,在家居士亦不能对他非法骂辱,或者拘禁,因为这是对僧团而造重罪的。地藏菩萨来五浊恶世,现出家相,充分表现了菩萨的慈悲度生精神,使大家知道剃除须发,身披袈裟。于出家僧团中,是好是坏,还是出家人。当没有逐出僧团,失掉出家身份以前,不予赞叹、供养、护持,是可以的,但却不能于当面或背后用手段对付骂辱。否则,对佛法起不良的影响,无形中造成破毁三宝的重罪。

（录自《佛法是救世之光》,80—83 页,本版 55—57 页。）

五

佛教是实践的人生宗教。“诵习千章,不如一行”,就是教理的探索,目的也在获得正知正见,以指导行践。理解与行践,必然一贯;这在三期佛教的行践中,可以完美证实。佛法中的神奇与臭腐,行践就是试金石。佛陀的本怀,唯有在行践中,才能突破空谈的冒索,正确地把握它。

　　初期佛教,比较接近原始佛教,它的行践特色,可以从佛陀适应时代的根机中去理解。当时的印度,可以分为两大流:一、是出家的苦行者,目的在个人的解脱;除实行严酷的苦行外,注重禅定的修养,以达到廓然无累的解脱。这解脱,在佛陀看来,只是一种定境而已。二、是在家的乐行者,目的在五欲的享受;在后世人、天的快乐;所用的方法,是布施、持戒、祭祀天神。佛陀适应时代的根性,唱道中道之行。反对祭祀,但承认诸天是众生之一。批评无益的苦行,但也赞叹合理的淡泊知足。大体上,初期佛教的声闻(出家)弟子,衣食知足,淡泊、清净、少事少业,修习禅定,是适应这出家苦行者的。释尊的常随众,不多是从外道中来吗? 不同的,在注重出世的"无我正见",与不许有害身心的苦行。其实,在家经营事业,生育男女,也还是可以解脱(兼摄乐行者)。那还不能接受出世法的,佛常说"端正法",就是布施、持戒、生天之法。这主要的,是适应在家的乐行者。释尊反对他们的祭祀生天,但劝导他们布施持戒,这可以得人间天上的果报。不过,要生高级的色无色天,那非修禅定不可,这又是兼摄苦行者了。

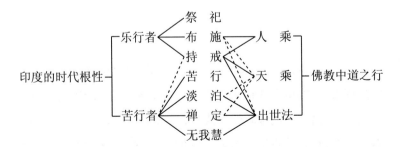

这样看来,人乘是侧重施戒的,天乘又加禅定;出世法再加无我慧。当时出世法,虽可说全部是声闻乘,但也还偶有菩萨,菩萨是侧重利他的。在一般声闻弟子看来,菩萨虽在僧中持戒,但"不修禅定,不断烦恼"。所以声闻是侧重因定发慧的,菩萨是注重布施持戒的。据初期佛教的解说,在智慧上讲,声闻、菩萨,都是观察无常而厌离世间的。总结起来作大体上的分别,人乘是世间乐行者的改善;天乘是世间苦行者的救济;声闻、缘觉乘是引导苦行者出世的;菩萨乘是引导乐行者出世的。从世间到出世的层次上看,布施不如持戒,持戒不如禅定,禅定不如智慧。但从以智慧为主的出世法看,那又声闻的戒定(自利的)不如菩萨的侧重施戒(利他的)了。这一点,将成为佛教徒行践的尺度。

(录自《华雨集》四,100—103页,本版66—68页。)

六

依止经戒:如来入灭了,学众有无所依止、无师可禀承的怅惘,所以佛说经戒为所依止;这与遗教的意趣,大致是一样的。不过佛说极为简要,没有《遗教经》那样的具体。《游行经》说:"阿难!汝谓佛灭度后,无复覆护失所恃耶?勿造斯观!我成佛来所说经戒,即是汝护,是汝所恃。"经中明白举出了经与戒,为比丘的覆护依恃。"法显译本"作:"制戒波罗提木叉,及余所说种种妙法,此即便是汝等大师。"《长部》作:"我所说之法律,为汝等师。"经戒,即法与律,同样是比丘所依止,比丘们的大师。《泥洹经》先说法——十二部经,次说:"常用半月望晦讲戒,六斋之日高座诵经;归心于经,令如佛在。""法祖译本"的"当怙经戒","玩经奉戒",都是举法与律(经与戒)为比丘所依止的。但传诵于北方的有部新律(《杂事》),先说到法(十二分教),次说:"我令汝等,每于半月说波罗提木叉,当知此则是汝大师,是汝依处。"虽说到法与戒律,而对比丘的依处、大师,局限于波罗提木叉,与其余五本不合。本来,法是一切佛法的总称,所以不妨说法为依止,如说:"自依止,法依止,不异依止"(《相应部》四七·九);是佛涅槃那年,佛为阿难说的(《游行经》等)。但佛法分为二,即法与律(法与戒),所以法与律都是比丘们所依止,为比丘所师。如但说戒为依止,戒为大师,所说即不圆满(戒不能代表一切)。流行于西北印度的有部律师,强调戒律的重要,这才但说以戒为师。《遗教经》的"波罗提木叉是汝大师",也正是这一系传诵的教典。在中国,《遗教经》流行得很普遍,所以常听到"以戒为师"。而圆正的、根本的遗教:"法律是汝大师";或"以法为师",反而非常生疏了!

　　(录自《华雨集》三,132—134页,本版89—90页。)

七

　　释迦牟尼佛时候,有一种完善的制度——戒律。传到中国,后来有丛林制度,到现在也许有新的制度。不要以为制度都是一样,佛的制度,实际上研究的人很少,我自己也没有研究。中国现在讲戒律是什么样的呢? 晚上不吃饭,到厕所里去要换鞋子,以为这是最要紧的。对戒律中真正重要的事情,好像不知道一样。所以戒律的真正意义,我们出家人要有人发心去研究。

据我的了解,佛教的戒律是一种集体的生活,修行也就在集体生活中去锻炼。依戒律的观点,佛法并不重于个人去住茅蓬修行——这是共世间的,虽然一般都很尊敬这种人。佛教戒律有什么特色? 它是道德的感化和法律的制裁,两者统一起来。犯了错误,戒律中有种种处罚的规定,但不止于此,而是在充满道德精神感化之下,有一种法律制裁的限制。所以在佛的时代,真正出家的一个个都了不得,就是动机不纯正的人,在这里面多住几年,经过师友的陶冶,环境的熏习,慢慢也会成为龙象的。在这个集体生活里,大家都有共同的信念,净善的行为,彼此和睦,这就是佛教戒律的特质,而发生伟大的作用——正法住世。

这种组织,与社会上的组织不太相同,它是道德感化与法律制裁相综合的。在这里面,是很平等的、是法治的。每一律制,不是对某些人而订的。如在学院的话,如果是学生不许可,老师也绝对不许可。佛的制度是平等的,即使释迦牟尼佛在世,佛也一样地依法而行。佛的律制,是真正的平等、民主。在这道德感化、法律制裁之下,人人都修持佛法、研究法义,各尽其力去发挥。

当然,严格地说,现在并没有这个东西——依律而住的僧团。假使我们去研究,把这里面真正精神原则拿出来,用现在的方式去实践的话,我想会比照着自己的想法,搞一套组织,或是参照政治或其他组织,照人家的办法也来一套,我想会更合于佛法。这是佛法伟大的特质,在我认识释迦牟尼佛不像世俗一般那样,我在研究中加深了我的信心。

（录自《华雨集》五,70—72 页,本版 48—49 页。）

八

"戒"、"受戒",好像是形式的,其实不然。诸位法师都知道,凡出家者由戒师引导受戒,他人都来恭喜他,希望他得到上品的戒。戒的力量确有上品、中品、下品的。受戒者得到的这个戒,以誓愿为体。不应做的事须决心不做,应做的事当尽力去做。要虔诚、恳切、忏悔,有这种坚强的信愿,然后可得"戒"。这种依佛法所得的戒,即是心里增加了一种特殊的力量,这种力量能"防非制恶"。这力量自得戒后,一天一天地增加。一般人,里面的感情冲动很强,外面的引诱力异常的大,推之挽之,不能抵抗。一个不小心,就会做错,所谓"一失足成千古恨"。如得到了戒,则自内心发生一种力量,可以"悬崖勒马",控制自己。

"戒"好比一个城,叫做"戒城"。古时修筑城墙,所以防制匪敌。有了城墙时,如有匪敌进犯,保卫这城者,在里面就发动员令,当然亦可以求外面的救援,但主要的是自力内在的戒备。"戒"的力量是由信佛法所起心理上的变化,发生一种"清净誓愿力"。有了这种力量,一天一天增长,烦恼自然渐除。

（录自《华雨集》四,284—285 页,本版 188 页。）

九

优婆塞(夷)——近事弟子,但受三归而不受五戒,或受而不具足。这就是没有行为改善的心行,但凭对于三宝的信愿,已可成为在家的佛弟子。对在家而受八支斋戒的近住弟子,妙音也有同样的意见,如《大毗婆沙论》卷一二四(大正二七·六四七中)说:

"妙音、众世说曰:应言近住或全无支,或一二三乃至或七,非要具八方名近住。"

这是认为:近住弟子,不一定要受八支,就是一支都没有受,能近僧而住,也可称为近住弟子了。对于在家佛弟子的宽容,就是重视普遍摄受的大乘作风。近事不持五戒,近住不受八支,西方健驮罗的论师们以为这是可以的。然依迦湿弥罗论师,这是不可以的;非受五戒或八支,是不配称为近事或近住弟子的。如受而不能全持,那是不妨的,这是不圆满的少分持,不是没有戒行,只是有缺陷而已。

(录自《说一切有部为主的论书与论师之研究》,312 页,本版 269—270 页。)

一〇

佛所订的制度,我们称为戒律,这套戒律也会因区域而慢慢演变,你说完全不变,还是从前那样,是不可能的。就是现在的

泰国，他们的出家制度，人人可以出家，有的出家七天，有的出家
十五天。严格讲，出家受比丘戒，是要尽形寿受持的。没有说，
我发心去受七天的或两个月的比丘戒，这样发心根本是不能得
比丘戒的。那么他们现在的办法，你说好吗？这不是好不好的
问题，只要懂得这就是变化中的方便就是了！

（录自《华雨集》五,68—69页,本版47页。）

一一

戒律行仪,指示比丘们要安住于律仪的生活;在日常生活
中,内心外行,做到清净如法。这可分五节:一、依持净戒;二、密
护根门;三、饮食知量;四、觉寤瑜伽;五、忍谦质直。

说到依持净戒,就是受持波罗提木叉,这如"戒经"所说。
经上接着说:"不得贩卖……不得畜积。"那主要是严禁比丘们
的邪命——不如法的经济生活。因为有了正业、正语、正命的律
仪生活,才能成就法器,定慧修证。所以经上说:"因依此戒,得
生诸禅定,及灭苦智慧。"律仪的意义,是非常深远的!

密护根门,饮食知量,觉寤瑜伽（《阿含经》通例,还有正念
正知一段）,是达成清净持戒的必要修法,也是引发定慧的应有
方便。什么叫密护根门? 这或译作"根律仪",律仪的本义是
护。这是要学众在六根门头,见色闻声……时,随时照顾。不为
外境所惑,取著贪染而起烦恼,引发犯戒的恶行。本经先说制五
根,次说制意根。"制而不随"四字,正是密护根门的用功诀要。
饮食知量,常勤修习觉寤瑜伽,是指示学众,在饮食睡眠这些日

常生活上，高举解脱的理想，不致于为了贪吃（贪滋味、营养、肥美等）、贪睡，懈怠放逸，而障碍了精进的修学。修习这样的密护根门，饮食知量，勤修觉寤瑜伽，自然如法如律，身心清净；不但戒学清净，修道证悟的法器也陶冶成就了。

忍谦质直，是揭示比丘众所应有的内心特德。慈忍而不暴戾嗔忿；谦卑而不恃慢自高；质直而不谄曲虚伪。这特别是比丘众：安住于僧团（第一嗔不得），依存于信施（恃慢个什么），勤求于深法（谄曲就不能入道），所应有的德性。如上所说的内心外行，精进修习，就是达成安住净戒的修法。

（录自《华雨集》三，117—118 页，本版 78—79 页。）

一二

"僧"（伽），是从佛出家众弟子的组合。佛法是解脱道，依圣道修行而实现解脱，在家、出家是一样的。但在当时——适应那时的印度风尚，释迦佛是出家的；佛法的传宏，以佛及出家弟子的游行教化而广布，是不容争议的。适应当时的社会，在家弟子是没有组织的。对出家众，佛制有学处——戒条，且有团体的与经济的规制。出家众的组合，名为僧伽，僧伽是和乐清净（健全）的集团。和乐清净的僧伽，内部是平等的、民主的、法治的，以羯磨而处理僧事的。出家众，除衣、钵、坐卧具及少数日用品外，是没有私有财物的。寺院、土地、财物，都属于僧伽所有，而现住众在合法下，可以使用。而且，这不是"现前（住）僧"所有，佛法是超越民族、国家的，只要是具备僧格的，从各处来的比丘

（及比丘尼），如长住下来，就与旧住的一样。所以僧伽所有物，原则是属于"四方僧"的。僧伽中，思想是"见和同解"，经济是"利和同均"，规制是"戒和同遵"。这样的僧伽制度，才能和乐共住，精进修行，自利利他，达成正法久住的目的。但"毗尼[律]是世界中实"，在律制的原则下，不能没有因时、因地的适应性。可惜在佛法流传中，重律的拘泥固执，渐流于繁琐形式。而一分专重修证或重入世利生的，却不重毗尼，不免形同自由的个人主义。我想，现代的佛弟子，出家或在家的（现在也已有组织），应重视律制的特质。

（录自《华雨集》四，34—35 页，本版 22—23 页。）

一三

持律与持戒不同；持戒是受持学处（戒），清净不犯，是每一出家者的本分。持律是通二部毗尼，精识开遮持犯，熟悉于僧伽的一切作法——羯磨。举喻说，持戒如国民的奉公守法；持律如法学者、法官、大法官。持律者，才被称为律师。

（录自《华雨集》三，51 页，本版 35 页。）

一四

又如戒，在律师们的心目中，是不可这样，不可那样，纯属法律的、制度的。有的不知"毗尼是世界中实"，不知时地的适应，拘泥固执些烦琐事项，自以为这是持戒。然三学中戒[尸罗]的本义并不如此,如说:"尸罗(此言性善)。好行善道,不自放逸,是名尸罗。或受戒行善,或不受戒行善,皆名尸罗";"十善道为旧戒。……十善,有佛(出世)无佛(时)常有"(《大智度论》卷一三、四六)。尸罗,古人一向译作"戒",其实是"好行善道,不自放逸",也就是乐于为善,而又谨慎地防护(自己)恶行的德行。这是人类生而就有的,又因不断为善(离恶)而力量增强,所以解说为"性善",或解说为"数习"。尸罗是人与人间的道德(狭义是"私德")轨范,十善是印度一般的善行项目,所以不只是佛弟子所有,也是神教徒、没有宗教信仰者所有的。尸罗,是不一定受戒(一条一条的"学处",古人也译为戒)的,也是可以受的。受戒,本是自觉的,出于理性,出于同情,觉得应该这样的。如十善之一——不杀生,经上这样说:"断杀生,离杀生,弃刀杖,惭愧,慈悲,利益安乐一切众生。"(《增支部》"十集")"若有欲杀我者,我不喜;我若所不喜,他亦如是,云何杀彼?作是觉已,受不杀生,不乐杀生。"(《杂阿含经》卷三七)不杀生,是"以己度他情"的。我不愿意被杀害,他人也是这样,那我怎么可以去杀他!所以不杀生,内心中含有惭愧——"崇重贤善,轻拒暴恶"的心理;有慈悲——"利益众生,哀愍众生"的心理(依佛法说:心是复杂心所的综合活动)。不杀生,当然是有因果的,但决不是一般所说的那样,杀了有多少罪,要堕什么地狱,杀不得才不杀生,出于功利的想法。不杀生(其他的例同),实是人类在(缘起的)自他依存中,(自觉或不自觉地)感觉到自他相同,而引发对他的关怀与同情,而决定不杀生的。释尊最初的教化,并没有一条条的戒——学处,只说"正语,正业,正命";"身清净,语清净,意清净,命清净"。一条一条的戒,是由于僧伽的组合,为了维护僧伽的和、乐、清净而次第制立的。制戒时,佛也每斥责违犯者没有慈心。可见(在僧伽中)制定的戒行(重于私德),也还是以慈心为本的。我曾写有《慈悲为佛法宗本》、《一般道德与佛化道德》,可以参阅。总之,佛说尸罗的十善行,是以慈心为本的;财与法的布施;慈、悲、喜、舍三昧的修习,达到遍一切众生而起,所以名为无量,与儒者的仁心普洽,浩然之气充塞于天地之间相近。但这还是世间的、共一般的道德,伟大的而不是究竟的;伟大而究竟的无量三昧,要通过无我的解脱道,才能有忘我为人的最高道德。

（录自《华雨集》四,54—56 页,本版 36—37 页。）

一五

释尊"以法摄僧",使出家众过着"和乐清净"的集体生活。僧伽是"众",是有组织的集合。在僧伽中,人人平等,依德化的法治——戒律而住。彼此间互相警策,互相教诫,互相勉励,在和——团结、乐——身心安乐、清净——健全的僧伽里,努力于修证及教化的活动。释尊曾劝优波离（Upāli）住在僧中,劝大迦叶（Mahākāśyapa）放弃头陀行而来僧中住。离众的精苦行,受到当时（东方）摩竭陀与央伽（Aṅga）民间的崇敬,但释尊戒律的精神,是集体的僧伽;僧伽是佛法在人间的具体形象。

（录自《印度佛教思想史》,14 页,本版 14 页。）

一六

念戒:前三者因信三宝而念,与信相应的念,而念戒是忆念自己持行的净戒。依在家、出家、男、女、成年、未成年等不同,佛施设了五戒、八戒、十戒、学法女戒、具足戒等不同的戒。这是适应不同的性别、年龄、环境,而戒的实质是一样的(力有大小、强弱),所以戒类虽然不同,而都可以依之修定。《大智度论》卷一三(大正二五·一五三中)说:

> "尸罗,(此言性善。)好行善道,不自放逸,是名尸罗。或受戒行善,或不受戒行善,皆名尸罗。"

尸罗,译为戒,是一种离恶行善的力量。戒与一般的善行是不同的,是"好行善道,不自放逸"、习性所成、不断行善的内在力量。一般人,总不免想行善而缺乏力量。如经父母、师长的教导,宗教的启发,或从自身处事中发觉,内心经一度的感动、激发,引发勇于为善、防护过失的潜力。这是通于一般人、异教徒(所以一般人也可得人天福报)的,但佛法却基于这种淑世利群的戒善,而趣向于出世。佛弟子受戒,就是为了得到这一离恶行善的潜力,一般称为"得戒"。如戒行偶有违失,应如法忏悔,回复清净。没有缺失、没有污染的清净戒,可以引发禅定,所以说是"圣者所乐戒"。有了戒善,就不会堕落了,这是通于世间与出世间的。

(录自《华雨集》二,70—71页,本版46—47页。)

一七

应以戒而成熟的众生,菩萨即以戒去成熟他。菩萨有三聚净戒,此中且说摄律仪戒。不作恶而修清净行,就是戒。一切烦恼、恶业,从六根门头来,如眼见色的好坏而起贪嗔。如贼从门入,诸烦恼贼从根门入,所以要守护六根。这不是闭眼不见,塞耳不闻,而要在正念正知。正知,是对境界有正确的认识,不为境界所转。如见金银珠宝,而正知为五家共有,也就不会起贪心了。正念,是对于佛法的正知正见,要时刻忆念不忘。有正念正知,就能守护根门。持戒,不但不作恶,而且要行善,所以要修集清净的身口意三业。严持戒律,三业清净,乃至正四威仪——行住坐卧等小事也能威仪庠序,不落于疏散放逸。以此而成熟众生,建立正法,名尸波罗密。尸罗,是梵语,意云清凉,意译为戒。

(录自《胜鬘经讲记》,102 页,本版 68—69 页。)

一八

佛法并无教权:在一般人看来,随佛出家的比丘僧,受佛的摄导。佛说的话,总是无条件地服从,可说佛是无上的权威者。但真懂得佛法的,就知道并不如此。大家为真理与自由的现证而精进。法,是本来如此的真理,佛只是体现了法,适应人类的智能而巧为引导(或称为佛不说法)。人多了,不能不顺应解脱目标,适合时地情况,制定一些戒律。但这是僧团发生了问题,比丘或信众将意见反映上来,这才集合大众,制定戒条,而且还在随事随时的修正中。大家为了解脱,自愿修习正法,遵行律制。所以在僧团中,有自己遵行的义务,也有为佛教而护持这法与律的责任。这是应尽的义务,根本说不上权利。僧伽,实在不能说是权力的组织。就是对于犯戒者的处分,也出于他的自愿。否则,只有全体不理他("摈");或者逐出僧团了事。在僧团中,佛,上座,知僧事的,都是承担义务,奉献身心而不是权力占有。所以没有领袖,为佛教僧团的惟一特色。

　　(录自《华雨集》三,7—8页,本版5—6页。)

一九

　　释尊住世的时候,在佛是应机施教,在弟子是随解成行,所以佛学的实践与义解,是相依而不是相离的。如出家人,受了戒,就在僧团中。一方面依师而住,在五年内,不得一晚离依止师而自主行动;一方面依师而学,一切律仪、威仪——衣食行住等一切,都依律制而实习。但这决不是偏重戒学,在律仪的生活中,除出外乞食而外,不是去听闻佛及弟子们的说法,便是水边林下,"精勤禅思";"初夜后夜,精勤佛道"——修习定慧。这种"解行相应"、"三学相资"的佛学,实是最理想的佛学模范! 释尊制立的清净僧团,以戒学为本而"三学相资",所以传说的"五夏以前,专精戒律;五夏以后,方许听教参禅",可说是事出有因,而不免误解了!

　　(录自《教制教典与教学》,156—157页,本版100页。)

二〇

出家僧众,佛把他们分为好几类:最好的是有修有证的圣者;其次是虽未能证圣果,却能持戒清净,对佛法理解正确,得佛法正见。另外还有两种不理想的:(一)哑羊僧(如不会说话的羊):出家的佛弟子,要学习戒律。这不但是不杀不盗等戒,而是包括了出家团体中的规律、制度。如具什么资格才能为人师?具什么资格才可以授戒?如何受戒?受戒有什么程序方式?怎样才能修建及主持寺院?……这些,佛都有扼要的规制。个人的,从出家受戒起,到每天托钵、吃饭、穿衣、睡觉。僧团的事,比如请职事、调解纠纷等,都有一定的规章。在团体中的事情,用现在话来说,是民主制度。如举行羯磨就是会议。会议的是否合法,议决须大家通过,而决定的是否合法,对于这些,出家人是应该知道的,应该学习的。若什么都不知道,那就是哑羊僧。(二)无惭愧僧:即破戒比丘。戒律有轻重,这里指破大戒而说。这些无惭愧僧,在家居士可否亲近他?这也可分为两类:一类是可以的,如《十轮经》(卷五)说:"有无惭愧僧,不成法器,称我为师,于我形像及舍利深生敬信,于我法僧,圣所爱戒,深生敬信,……转轮圣王,尚不能及,况余杂类。"这类无惭愧僧,并非天天破戒,而是在一次烦恼冲动,环境所诱而破戒。犯了重戒即名破戒,如杯子有了裂痕。这样的破戒者,不成法器,以后尽管如何修行,参禅念佛,也不能现身成圣,现身解脱。但与一般破戒的不同,所以还是可以亲近。这因为,他虽因烦恼冲动而破了戒,然对三宝还有充足的信心。对于佛的形像、佛的舍利塔寺，都非常尊重敬仰。佛像前极尽清净庄严，恭敬礼拜供养。他自己虽已破戒，然而称赞僧宝；对于清净圣戒，也赞叹敬信。这样的无惭愧僧，自己虽不成法器，不能现身修证，但自身还能增长福慧。对佛教来说，还可使众生培植功德，生信仰心，于佛法中得利益。由于对佛法僧戒的信心充足，所以无论有多大功德的外道，就是世间的转轮圣王，也不及他。转轮圣王是世间的仁王，以十善道德法门教化世间，世间有了圣王，人民就得安乐，但不能引导人趋向出世；而破戒比丘却能使人引起超越世间的出世正见。所以约修证方面说，虽然不成法器；而约护持三宝的功德来说，却能使他人得法益。这种无惭愧僧是可以亲近的，在末法中也是不易得的了。

无惭愧僧中，也有不可亲近的，如《十轮经》（卷五）说："有无惭愧僧，毁破禁戒，不成三乘圣贤法器，坚执邪见，谤别乘，谤别度，不应亲近，近则堕落。"这种无惭愧僧，不但已经破戒，此生不能证圣果，不能得解脱，而且还要搬出大篇道理，自己邪见，反谤正见者；自己不修行，反谤修行者。起大邪见，拨无因果，无善无恶，贼住于僧团中。另有一种，邪知谬解，修小乘的即谤大乘为非佛说；修大乘的即排斥小乘，认为不值得学。又如六度中，只修某一度门，而谤其他度门。这种无惭愧僧，不但不成法器，而且破坏佛法，所以不宜亲近他。亲近他，受了他的熏染，也就会起邪见，毁谤别乘别度，而要堕落地狱了！

（录自《佛法是救世之光》，85—87页，本版58—60页。）

二一

修行也得,学问也得,为佛教做事也得,都是将自己所学的,求其实用;从实际应用中,更充实更深化自己的所学。修学佛法,决不会学无所用的,没有不能增进自己所学的。"没有出路",在佛弟子学佛的辞典中,应该是没有这一词类的。假使说有,那不是自己好高骛远,就是观念上的错误,自己的烦恼作怪!

我想再说三个字,修行是好事,每病在一"怪"字。有些标榜修行:留长发哪,颈项烧一串念珠哪,不吃饭哪,不睡觉哪,放光哪,说前生后世哪,一天念多少哪……说不修行、假修行吗?却活像修行模样。说修行吗?却有点不伦不类。有些是理路不清,有些是眩奇惑众。"索隐行怪",在中国文化中是不足取的。在佛教中,不是邪命,就是大妄语(例如不吃、不睡,是不能生存于世间的)。再不然,理路不清,增上慢人。将所学而用于修行,应从平常切实中做去;否则,滑向歧途,前途是黑暗的!

学问是好事,但每病在一"慢"字。古德说:"说法必恃慢。"于经论多知多见,或者能讲能说,名利恭敬之余,慢心也容易嚣张起来。以研究著作来说,如文义善巧,或条贯整理一番,有一些些贡献,就被称为学者。其实,在出家学佛的立场,这算不得什么!在佛家的富有中,琳琅满目,应有人来发心,登记、管理、陈列、介绍,以便人鉴赏受用。但数点宝物,并不成为管理数点者的家珍。发心去从事研究讲说,是必要的,但恃慢是大可不必!

兴福是好事,每病在一"俗"字。如不发真切心,没有为教的诚意,那么从事与佛教有关的事业,与俗人的成家立业、揽权获利,本质上并没有什么不同。一切以私人利益为原则,对人对事,势必以权利为转移。市侩气、势利态,就会相随而来。佛法平等,不主功利;但如有人说出家人势利,势利的问题就在这里。在这种情形下,一切努力都是为了自己。全盘俗化,毫无道意。即使表面上为佛教而努力,副作用潜滋暗长,终必败坏而后已!

不要说学无所用,不要说无法进步,能从小处做起,与实用相结合,边学边用,越用越学,佛法将成为自己的,充实而有光辉!不要怪,不要慢,不要俗,触处都是功德,无往而非进步。为自己学佛,为佛教久住,珍惜我们自己吧!

（录自《教制教典与教学》,210—212 页,本版 135—136 页。）

二二

夫戒者,习成性善为体,勇于为善,谨于防非为用,此则戒之大本也。然如来应机设教,故戒有多途。其中具足戒法,三师七证,授受之际,最为殷重。盖以出家而入僧,和乐清净为本。必也僧众和乐清净,乃能外启檀众之敬信,内得安心而为道。定慧依戒而引发,正法因戒而久住,如来独重具足戒之授受,良有以也!若菩萨戒,慈悲为本,自利利他,通于在家出家,不拣人及非人,心存广大,故多方便益物之义。若究乎戒之本源,容浅深大小之有别,而戒德性净,固未尝异也。我国戒法相传,具足戒与菩萨戒并重,相得而益彰。具足戒显其尊胜,谨严拔俗;菩萨戒极其广大,悲济群伦;双存而贯以性善之本,岂非我国戒法之特胜欤！而世之言佛法者，或意存性净而轻僧制，虽无碍于个人之修证，而续佛慧命则不足。或拘泥事相，以为重戒律矣，而不知内阙性净之德，无以引发定慧，徒存形仪，安能续佛法以久住世间！是知学佛之道，净化身心以求解脱也，严净僧众以张大法也，并非戒而莫由。佛法之要在于斯，岂可学佛法而不殷勤于戒法者乎！

　　（录自《华雨集》五，225—226 页，本版 154—155 页。）